城市发展与交通建设之重塑与共融
——第32届海峡两岸都市交通学术研讨会论文集

上海市科学技术协会
上海市交通工程学会　主编

同济大学出版社·上海

内容简介

本书为上海市科学技术协会联合台北市交通安全促进会等单位共同主办第 32 届海峡两岸都市交通学术研讨会后,由上海市科学技术协会会同上海市交通工程学会结集而成的论文集,共收录论文 76 篇,内容围绕区域交通的整合与优化,城市交通的人本与赋能,城市更新、宜居与品质这三个专题展开,具有一定的前瞻性和创新性。

本书适合涉及交通运输领域规划设计、教学科研、建设运营、综合管理等部门、单位的科技工作者和管理人员阅读,也可供交通运输院校的学生及其他相关人士参考。

图书在版编目(CIP)数据

城市发展与交通建设之重塑与共融:第 32 届海峡两岸都市交通学术研讨会论文集 / 上海市科学技术协会,上海市交通工程学会主编. -- 上海:同济大学出版社,2025.7. -- ISBN 978-7-5765-1551-0

Ⅰ. U491.2-53

中国国家版本馆 CIP 数据核字第 20254X8W91 号

城市发展与交通建设之重塑与共融——第 32 届海峡两岸都市交通学术研讨会论文集

上海市科学技术协会　上海市交通工程学会　主编

责任编辑　姚烨铭　　**责任校对**　金梦莹　　**封面设计**　陈益平

出版发行	同济大学出版社　www.tongjipress.com.cn (地址:上海市四平路 1239 号　邮编:200092　电话:021-65985622)
经　销	全国各地新华书店
排　版	南京文脉图文设计制作有限公司
印　刷	上海新华印刷有限公司
开　本	889mm×1194mm　1/16
印　张	33.75
字　数	1 045 000
版　次	2025 年 7 月第 1 版
印　次	2025 年 7 月第 1 次印刷
书　号	ISBN 978-7-5765-1551-0
定　价	198.00 元

本书若有印装质量问题,请向本社发行部调换　　版权所有　侵权必究

前 言

海峡两岸都市交通学术研讨会（以下简称：研讨会）由上海市科学技术协会、台北市交通安全促进会于1993年在上海（首次）创办，迄今已在两岸28个城市举办了31届。经每年一届、从无间断的发展，研讨会现已成为两岸交通运输领域合作时间最长、学术层次最高和跨学科、跨部门最广且系列成果最为丰硕的学术会议之一，也成为两岸交通界学术交流的桥梁和情感交融的平台。

2024年8月23—25日，由中国科协港澳台办指导，上海市科协、台北市交通安全促进会主办，上海市科协学会服务中心、上海市交通工程学会、上海市青浦区科协承办，山西、云南、甘肃、江西、江苏、安徽、浙江、海南、湖南等9省市科协和沪台5家交通领域相关机构、单位协办的第32届海峡两岸都市交通学术研讨会，在上海市青浦区举办。包括30余位台湾代表在内的两岸业界专家学者、企业代表300余人与会，围绕"城市发展与交通建设之重塑与共融"，聚焦"区域交通 整合与优化""城市交通 人本与赋能""城市更新 宜居与品质"专题，进行交流研讨，碰撞思想火花，助力交通创新发展，服务民生福祉。研讨会设置开幕式、主题报告会、四个分论坛、专家建言献策会；会上交流主题报告3篇，分论坛报告39篇；建言献策会针对长三角交通运输高质量一体化发展进行专题研讨，提出对策建议。

本届研讨会论文征集工作于2024年4月在两岸同步启动，共征集论文105篇，录用92篇。内容涉及土地与交通协同发展、区域交通一体化推进、智慧交通与数字赋能、韧性交通与主动管控、智慧网联与交通再造、全龄友好与精致管理等议题，展现了两岸交通管理部门和产学研界在交通理论、科研课题、规划设计及运营管理等各方面的新成果，体现了研讨会的学术水平，助推两岸交通领域更紧密的交流合作。

本书收录了73篇论文，以飨广大读者。因时间仓促、编者能力有限，错误疏漏在所难免，敬请各位同仁批评指正。

目 录

前言

主题报告

从交通流到城市空间活动
　　——突破行业思维的转型　　　　　　　　　　　　　　　　　　　　　杨东援（002）
台北市城市交通政策　　　　　　　　　　　　　　　　　　　　　　　　　陈学台（007）
深圳市低空经济探索和新一代城市智慧交通体系思考　　　　　　　　　　　林　涛（011）

专题一　区域交通　整合与优化

交通一体化　引领区域一体化发展
　　——示范区交通一体化发展的探索和实践　　　　　　　　　　　　　　王　健（020）
高铁与区域协调发展研究
　　——以环太湖城市群为例　　　　　　　　　　　　　　　　　　　　　尹海洋（024）
都市圈节点新城轨道多网融合
　　——以天津市宁河区轨道交通四网融合战略规划为例　　　　　袁　扬　周欣荣（031）
两网融合接驳特性与策略探讨　　　　　　　　　　　　　　戚美晨　陈　龙　温　馨（042）
未来社区公交规划发展策略思考
　　——以临港新片区未来国际社区为例　　　　　　　　　　　　　　　　刘晓倩（048）
需求反应式公共运输服务之发展困境与机会　　　　　　　赖弈妘　张学孔　陈雅雯（054）
上海南部环杭州湾通道构建探讨　　　　　　　　　　　　　　　　　罗　超　徐则灵（064）
预警性运输走廊交通管理
　　——以宜花路廊为例　　　　　　　钟佩蓉　张芯玮　庄昆财　刘文凯　韩宗佑（069）
上海虹桥枢纽大客流交通保障对策研究　　　　　　　　　　　　　　于　琛　李　旭（077）
基于仿真的高铁枢纽道路集疏运系统优化研究　　　　　　　　　　　　　　李　瑞（081）
铁路枢纽集散系统研究与应用　　　　　　　　　　　　　于　宵　郭振楠　刘合锋（094）
普速客站站城一体化改造实践　　　　　　　　　　　　　　　　　　吴美发　蔡逸峰（103）
机场综合交通枢纽智慧化发展方向研究　　　　　　　　　　张静静　张　博　梁　璟（111）
合肥国际航空货运枢纽发展对策　　　　　　　　　　　　　　　　　　　　谢　辉（116）
从水翼船的应用初探金门外岛跨运具发展　　　　　　　　尹台生　尹　政　张涵钧（123）
"高速1号"新营立交桥改善　　　　　　　　　　　　　王铭德　刘信宏　蒋封文　陈柏儒（130）
内罗毕综合交通体系的构建研究　　　　　　　　　　　　　　　　　　黄　岩　刘　钊（143）

001

专题二　城市交通　人本与赋能

国内外氢能发展政策综述　　　　　　　　　　　　　　　　　　　　　　陈可达　马迎秋(150)
智慧航道赋能交通新质生产力　　　　　　　　　　　　　　　　　　　　徐明强　胡筱渊(156)
站域土地对高峰系数影响分析　　　　　　　　　　　　　　　　　　　　　　　于　展(164)
城市道路智慧路口方案应用研究　　　　　　　　　　　　　　　　　　　　　　毕焕焕(170)
基于街景数据的街道空间品质评价方法及实证研究　　　　　　　　　　　　　　方雪丽(176)
基于光流法实现低成本交通态势预测的研究　　　　　　　　　　　　　　　　　李　彤(184)
智慧交通下道路碳排放核算削减　　　　　　　　　　　　　　　　　　王成名　钟鸣荟(190)
城市高架交通噪声快速检测研究　　　　　　　　　　　　　　刘大山　黄　岩　诸立嘉(197)
低运量轨道交通系统适用性分析　　　　　　　　　　　　　　　　　　　　　　黄晓斌(202)
道路集装箱运输景气指数研究　　　　　　　　　　　　　　　　　　　　　　　许　林(209)
高速公路逆行违法特征分析与对策研究　　　　　　　　　　　　钱红波　陈　聪　刘京秋(215)
数字经济背景下的ETC拓展
　　——停车场收费应用　　　　　　　　　　　　　　　　　　　　　　谭政宇　陈华强(224)
智慧公共交通信号优先策略研究
　　——以海南省三亚市有轨电车为例　　　　　　　　　　　　吴维棉　杨　浩　饶胜波(229)
基于航拍数据的平交路口进出口车道错位影响分析　　　　　　　　　　　杨智强　刘　俊(237)
基于QPSO-LSTM的高速铁路负荷预测方法　　　　　张海刚　徐俊鹏　杨　哲　曹振丰　殷　铭(245)
城市轨道交通虚拟编组技术研究　　　　　　　　　　　　　　邹劲柏　陈一衡　魏　斌(252)
基于云模型的宁波市轨道交通乘客满意度评价研究　　　　　　朱嵩林　何　俊　张欣环(258)
交通号志灯"故障回报系统"建置　　　　　　　　　　　　　　　　　　　　　周胜次(271)
基于改进SMOTE算法转辙机故障诊断　　　　　　　　　　何子冉　邹劲柏　陈一衡　宋　颖(274)
基于机器学习的基桩完整性自动判定研究　　　　　　　　　倪勇勇　殷　勤　王斯倩　孙　勇(282)
探地雷达在营运隧道空洞专项检测中的应用　　　　　　　　　　　　　　　叶武元　章游斌(288)
地铁专用无线信号监测系统研究　　　　　　　　　　　　　　许哲谱　宋鹏翔　张露露　邹劲柏(294)
不同形式二系惯容悬挂系统对地铁车辆动力学性能的影响　　孙庚辰　陈迪来　陆晨旭　邹劲柏　谢　鲲(301)
地铁铆接车体疲劳寿命评估研究　　　　　　　　　　　　　　　　　　　　　邓　奇(310)
裂缝对地铁盾构隧道结构刚度的影响分析　　　　　　　　　　李庆桐　王飞阳　李　伟(316)
地铁隧道衬砌表面数字图像获取　　　　　　　　　　　　　　李庆桐　邵　华　黄宏伟　郑红彬(321)

专题三　城市更新　宜居与品质

城市更新中的交通品质提升研究
　　——以杜行历史街区为例　　　　　　　　　　　　　　　　　　　　　　　胡　颖(330)
城市更新背景下路缘精细化设计
　　——以陈望道旧居片区为例　　　　　　　　　　　　刘章辉　肖　建　成嘉琪　符　佳(336)
"完整街道"理念在昌圩湖片区道路更新中的应用探讨　　　　　　　　　　　　薛　原(342)
都市步行环境串联
　　——以瑠公绿廊人行环境改造工程为例　　　　　　　李致贤　李怡葳　邓大光　吴嘉文(347)
大中型剧院交通便捷性研究
　　——以上海为例　　　　　　　　　　　　　　　　　　　　　　　　刘小倩　乔瑛瑶(354)
假日高速公路韧性提升策略研究　　　　　　　　　　　　　　　　　　　陈　欢　金　昊(362)

城市交通地质灾害与韧性防控	李泽玮　师永翔(369)
城市绿色交通碳管理技术研究与应用	唐　文　蒋　晔　曾　慕(378)
城际交通可达性对碳减排的影响	孙　平(383)
新能源汽车推广下上海市道路交通领域碳达峰研究　　龙荣显　成子龙　杨骐畅　张佳珊　陶梦鑫　刘晨辉(391)
国省道智慧公路建设标准体系研究	潘　琳(400)
道路定制客运运行评估及可持续发展关键问题	
——以上海市为例	叶新晨(406)
新阶段我国中小城市交通治理的路径	王晔涵　顾　煜(414)
数据驱动下的道路拥堵治理方式研究　　汪　津　张　翔　于　琛　王鼎元(419)
基于精细化管理的共享单车综合管理研究	张　禹　陈小敏(425)
非机动车停放综合治理研究	陈婷婷(429)
浅析应急处置系统在路网应急管理工作中的应用	陈　崧(434)
城市更新下既有隧道匝道改建工程实践	孙　衎(439)
快速路高架施工方案比选方法研究	王文聪(445)
智慧示范公路综合管理系统设计	喻　征(453)
安徽省普通国省干线公路现状及与经济社会发展适应性分析　　戴　越　陈琳娜　卢　川(458)
基于BIM+GIS技术的公路工程施工阶段创新技术研究与应用	
崔聪聪　尧逸民　陈　国　张　驰　李爱民　张　斌(464)
上海市货车驾驶员安全意识评估与改善研究　　邱　坤　陈萌苜　胡昕妍　王晓梦(471)
基于产业链协同发展的交通一体化研究	
——以汽车产业为例	李　喆(478)
地铁快慢车线路节能控车优化	王大庆　薛小平　楚彭子(481)
城市充电网络供需匹配分析与实践	鞠　晨(489)
基于信号强度差值的漏缆故障诊断方法研究　　余凤琴　邹劲柏　胥智鹏　沙　宏　冯毅超(500)
电动公交停车库防排烟设计探讨	
——基于上海临港X2综合停车楼通风与防排烟设计　　刘慕云　陈　瑾　刘慧雯(510)
基于软件无线电的轨道交通零现场测试平台研究　　邹劲柏　陈凌霄　刘晓勇　陈砚明(519)
非开挖排水管道修复工程造价分析	顾雨薇(525)

主 题 报 告

从交通流到城市空间活动
——突破行业思维的转型
From Traffic Flow to Urban Spatial Activity
—A Transformation that Breaks through Industry Thinking

杨东援[1]

摘 要：中国的城镇化已经进入了下半场，在空间扩张速度和城市人口增长放缓的同时，建成区存量更新与城市群/都市圈发展以及空间治理制度框架变革成为阶段性的发展特点，进而促使交通系统建设跳出行业思维的束缚，重新审视新阶段、新理念和新格局下的行动。更加强调体系化对策，更加强调跨领域的协同，更加强调以人为本，这要求我们将研究对象从网络交通流及交通行为拓展到城市空间活动，将关注重点从交通供需关系问题转变为优化城市活动空间结构。

关键词：空间活动；体系化对策；决策分析

Abstract: China's urbanization has entered the second half. While the pace of spatial expansion and the growth of urban population have slowed down, the renewal of the existing stock in built-up areas, the development of urban agglomerations/metropolitan areas, and the reform of the spatial governance system framework have become the characteristics of phased development. This has prompted the construction of the transportation system to break free from the constraints of industry thinking and re-examine the actions under the new stage, new concepts and new patterns. Greater emphasis on systematic countermeasures, greater emphasis on cross-disciplinary collaboration, and greater emphasis on people-oriented principles requires us to expand the research object from network traffic flow and traffic behavior to urban spatial activities, and shift the focus of attention from the issue of traffic supply and demand relationship to optimizing the spatial structure of urban activities.

Key words: spatial activities; systematic countermeasures; decision analysis

1. 引言

城市交通发展正在进入一个转型期，从开发建设思维到空间提升思维，其对策方法、组织实施体系等均在发生本质性调整。且由于制度环境的差异，新阶段的中国城市交通决策支持必须探索适应自身情况的科学方法。为实现这一目标，需要突破行业思维的局限，在更高层面上思考城市交通的根本性目的——让城市空间充满活力、保障城市居民公共服务和社会发展机会的可及性。

2. 顺应时代发展的任务转型

进入新发展阶段之后，城市化模式已经从外延式的开发建设转向以人为中心的社会空间形态建构，以及围绕高质量发展的空间结构优化。城市交通的关注重点，也随之发展深刻改变：从关注提升机动化能力

---

[1] 杨东援，同济大学原副校长、教授，上海市城市规划行业协会会长，联系邮箱：yangdyk@tongji.edu.cn。

支撑开发建设向关注人的空间活动以及城市社会和经济的空间关系结构优化转变。

这种转变首先表现在实践领域,许多传统上并不处于决策重点的问题,正在成为管理者和社会的关注热点。

以上海虹桥商务区发展为例[1],虹桥交通枢纽初步建成之后,在2019年到发客流达到顶峰。在2021年枢纽中由铁路及航空到发组成的对外交通客流的占比达到43%,而市内交通客流(地铁进出站客流等)占比达到57%。在跨城客流结构中,商务人群占比达到52%,其中,35%跨城商务出行目的地位于枢纽周边5 km范围内;休闲人群占比31%,其中,17%在枢纽周边5 km范围内;通勤人群占比8%,其中,70%工作日在虹桥地区,周末在苏州、嘉兴等近域地区。这表明与虹桥交通枢纽紧密关联的商务区已经逐步走向成熟。2018—2022年,虹桥商务区居住人口由45万增长到49.7万,就业人口由62.6万增长到71.8万;2022年,中青年(21—50岁)人口占比80%,企业白领与专业技术人员占比65%;2017—2023年,工作和居住地都在虹桥主城的人口占总工作人口的比例由16.7%提高至32.2%;工作人口的平均通勤距离由12.8 km下降至9.7 km,平均通勤时间由40 min下降至33 min。虹桥商务区集聚企业的类型结构变化,是引发空间集聚人口结构和活动的重要影响因素。自虹桥商务区建设以来,所集聚的企业发生了显著的迭代:从第一代地产开发企业主导(在2017年前快速增长,于2020年开始快速下滑),到第二代TMT、贸易物流企业主导(在2020年前快速增长),直至面向区域的制造型服务企业主导(在2020年后快速增长)。以制造型服务企业为主的核心区,与生物医药及医疗器械(南虹桥)、新能源汽车(北虹桥)、智能制造装备(东虹桥)、数字经济+物流服务(西虹桥)为特色的四个片区之间形成了较高的产业关联度。对于这样一个区域的后续交通系统建设,需要的不仅是简单的完善配套概念,而是要根据产业空间和社会生活空间联系的需求特点,通过跨行政区域协同治理,在超过150 km²范围内,构建高质量的交通服务体系。

上海市一江一河(黄浦江、苏州河)关联的腹地延伸慢行网络系统建设则反映出另一种类型的需求。投入大量资金和行政资源打造的一江一河滨水空间,必须实现从风景线向活力线的拓展,这实际上是城市休闲空间和消费空间再造任务。从目前的城市活力空间分析来看,即使是黄浦江世博滨水空间,仍然存在人员活动活力不足问题。而陆家嘴水环建设后形成的空间组织效果(图1),则给出了一个重要的启示:不是单纯道路网络,也不是简单慢行网络,而是通过适合城市居民亲子休闲活动的网络将不同功能空间进一步组织成为有机整体。

图1 上海市陆家嘴水环空间布局示意图

伴随气候变化,城市韧性问题亦被提上重要议程,从而赋予交通系统新的任务内涵。韧性城市既要具备应对各种冲击降低损失的能力，也要有尽快恢复的综合能力。韧性体系建设不能局限于表面理解，其本质是要降低或者缓解人和组织的行为与客观环境的冲突，构建韧性体系需要艰巨的系统行动。对于城市交通系统来说，涉及生态环境韧性、经济韧性、社会韧性、组织韧性四个维度上的任务(图2)。

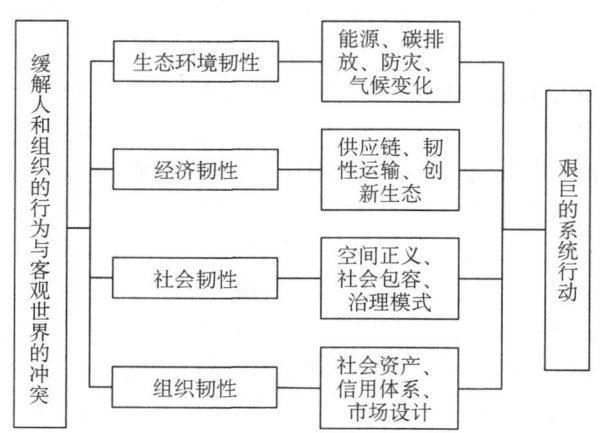

图2　城市交通与韧性城市相关联的四个维度任务的含义

诸如此类实践问题的产生，决定了城市交通必须摆脱就事论事的行业思维局限，从更高层次、更广阔视野来认识面向未来的任务。

3. 问题把握与体系化对策

交通领域的国际研究也显现出类似的趋势，城市发展理念变化，决定了城市交通功能与任务发生了内涵式调整(图3)：从关注车到关注人，从关注设施到关注服务，从关注出行到关注空间中的生活。交通系统已经不再单纯是一种基础性保障，而正在成为城市经济活动及社会生活空间组织的政策工具。

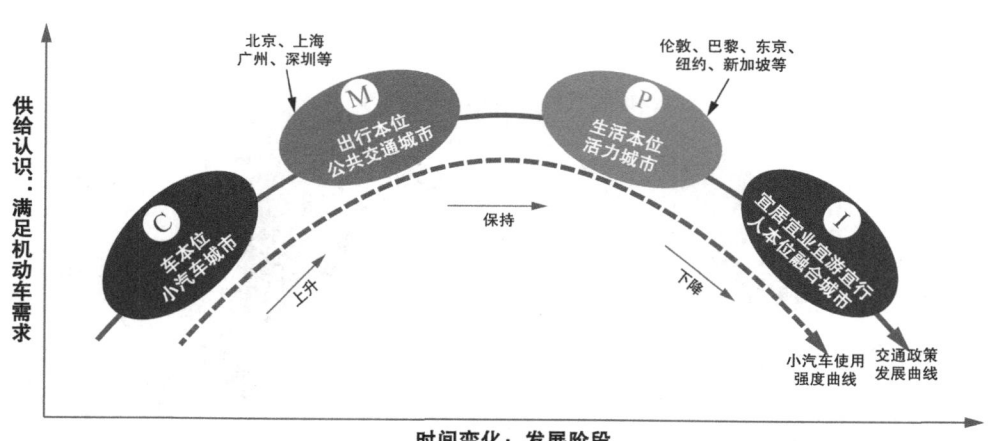

图3　城市交通决策语境的发展变化[2]

总体来看，城市交通必须走体系化对策之路已成为共识。但需要注意的是，伴随任务多元化和协同复杂化，其体系化对策需要更加明确地区分系统内部优化完善与外部协调两个不同特点的构成部分(图4)，二者所涉及的是不同性质的决策支持问题。

系统内部优化完善，更多侧重于交通行业根据外部环境变化，调整完善系统内部的网络布局和功能结构，更多强调的是根据社会发展及时把握对新需求新任务的适时响应；而外部协调则属于协同治理范畴，强调的是在"价值-共识-协作"框架下跨领域、跨部门、跨行政区划的共同行动。

为在现有科层式管理体制下有效实施外部协调的跨界治理，必须将先进理念转化为政府组织的行动，

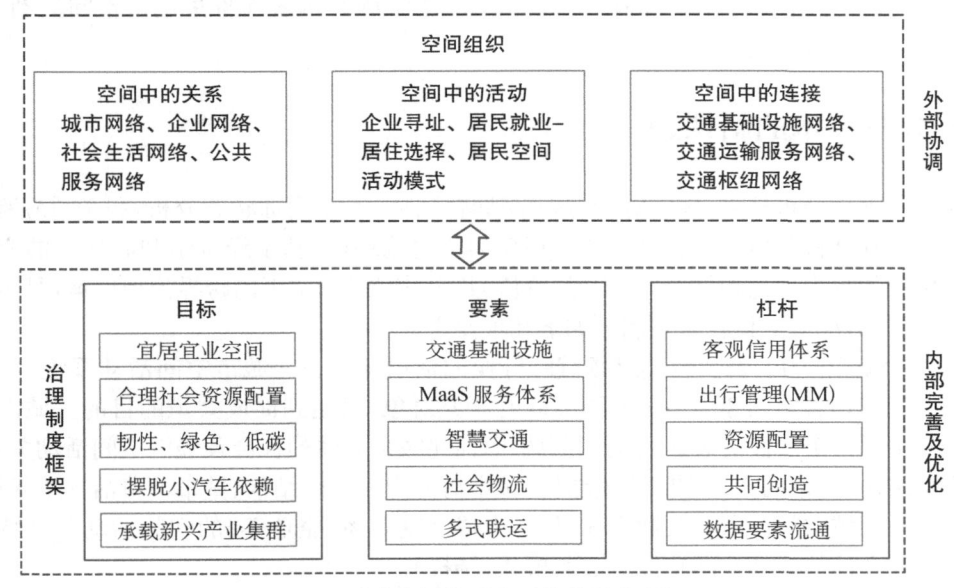

图4 城市交通体系化对策的基本框架

欧盟可持续出行规划(表1)给予我们一个很好的参考案例:从城市空间活动体系着眼,围绕公共服务和社会机会的可及性目标,通过实施规划手段协调各部门之间的行动。

表1 欧盟可持续城市出行规划(Sustainable Urban Mobility Plan,SUMP)与传统交通规划的对比

		传统交通规划	SUMP 1.0	SUMP 2.0
规划关注点		交通(Traffic)	人的出行(People)	人的出行(People)
规划目标		交通流通行能力与移动速度	可达性与生活品质,同时注重可持续性、经济活力、社会公平、公众健康和环境质量	可达性与品质生活
规划思想		分方式的独立系统	不同交通方式协同发展,并向更清洁、更可持续的交通方式转变	不同交通方式协同发展,并向可持续的交通方式转变
规划成果	基础设施建设导向	一系列整合行动计划,成本-效益高的综合解决方案	设施、市场、服务、机制、信息与提升的有机结合
	行业内部规划报告		与相关行业(如土地利用和空间规划、公共服务体系规划、公众健康规划等)整合、互补的规划报告	与相关政策相一致并相辅相成的部门规划文件
	中短期实施规划		与长远目标、战略相协同的中短期实施规划	中短期实施规划融入长期愿景(vision)和战略
	基于行政管理边界		基于人的实际活动(尤其是通勤)空间边界	基于人的实际活动(尤其是通勤)空间边界
规划编制		交通工程师	多学科背景构成的规划团队	多学科背景构成的规划团队
	精英规划		公众和相关利益团体(stakeholders)共同参与	公众和相关利益团体(stakeholders)共同参与
规划效果评估与调整		有限的效果评估	定期规划实施效果监测与评估,适时启动规划完善程序	强化规划影响评估并形成学习过程

我国正在推进的城市更新行动提供了一个推进城市空间活动体系改造的政策窗口,城市更新不仅需要完成老旧住宅改造、低效用地再开发等局部任务,同时需要顺应社会质变进行城市空间关系(职住空间、

消费空间、休闲空间和经济活动空间)重构,可以参考欧盟 SUMP 内容而推进城市空间活动规划,将局部城市更新项目串成新架构空间"项链"。

4. 决策分析技术的新课题

传统交通决策支持分析技术,强于对特定外部边界条件下系统内部状态分析,弱于适应跨界治理需求的系统与外部环境互动机制研究。将基于物理规律的交通流理论、基于经济学和心理学的交通行为分析理论与空间环境中的行为理论相结合,以支撑"价值-共识-协作"框架下的跨界治理决策,是亟待突破的理论问题。面对新问题,决策支持技术须满足如下几项要求。

(1) 加强跨界沟通能力。需要创建跨领域跨行业的话语体系——城市空间活动系统,与在不同知识背景的技术人员和管理者之间建立一个共同关注的研究对象,以达到促成共识的目的。城市空间活动系统由宏观、中观、微观三个层面的表达构成:宏观层面描述城市总体的社会及经济空间活动关系,包括城市的职住空间联系结构、城市的产业空间联系结构、城市对外交流空间结构、城市消费活动空间结构等;中观层面描述城市某一局域空间内所有关联个体(居住者或者就业者、企业等)的空间活动集计特征(集聚、分布);微观层面描述个体的活动空间特征(范围、模式、结构)。

(2) 不受行政区划局限的空间活动表达能力。传统交通模型建立在交通调查数据基础之上,而基于移动通信等大数据的空间活动分析技术,提供了不受行政区划制约的信息获取能力。基于移动通信数据建立栅格网络空间活动表达模型,说明空间关联、空间集聚等特征,并以基于交通网络的空间可达性模型为辅助,说明空间联系条件。进一步采用复杂网络理论中的网络内在模块化结构(社区分析)识别方法、流场分析方法等,为活动空间结构、动力机制等研究创造条件。

(3) 宏微观嵌套分析技术框架。跨界沟通过程中,为了增强说服力,利用深入案例剖析来说明问题是极为重要的手段,但必须避免选择性偏差造成的判断陷阱。为此需要建立宏观、微观嵌套的空间案例剖析技术框架,利用大数据说明宏观特征分布结构,通过案例剖析说明特定类型问题的内在因果。

(4) 易于理解的预判方法。外部协调需要跨行业、跨部门达成共识,因而其对未来发展的预判需要建立在多方印证的基础之上。与此同时,城市空间活动体系规划强调的是框架性、结构性的协调,并非工程操作层面的详细判断。正因为如此,基于证据的群决策方法应该成为主导预判手段。

5. 结语

城市交通系统作为进一步提升空间品质和公众生活质量的政策工具,其系统分析和决策支持必须跳出交通看交通。将城市空间活动系统作为新阶段的研究对象,建立相应的预判分析、绩效评估方法,是适应时代发展的新课题,应该引起学界和业界的重视。

参考文献

[1] 郭祖源. 基于人群和功能变迁的虹桥枢纽地区发展动态观察和思考[C]//上海:第四届三院联合技术交流,2024.
[2] 魏贺,汪光焘. 新时期中国城市交通的语境理解与思考[EB/OL]. [2024-07-22]. https://www.planning.org.cn/news/view?id=15778.

台北市城市交通政策
The Urban Transportation Policy of Taipei City

陈学台[1]

摘 要：台北建城迄今已140年,随着不同时代之需要,城市空间不断地调整与发展,同样地,在城市内及城际间之运输形态,更是随着不同运输技术与价值观改变而改变。近年来,台北市在交通政策层面,也从早期以车为本之规划,转换为更关注以人本为主之交通规划,也从以往注重道路车流旅行速率,转变为重视大众运输之舒适与便捷。

台北市人口结构逐步走向高龄化,于2021年高龄人口占比达到20%,正式步入超高龄社会,适应高龄者需求以及为每类不同需求的民众提供合适交通服务且彼此共融,也是现今城市交通课题的一大挑战。另因应全球气候变迁课题下,重新审视城市空间土地使用的规划来减少不必要的交通旅次,以及运用各项运输政策引导与建立民众共识来移转私人运具至低碳运输,更是城市的未来交通政策布局的重点。

本文以上述重点为轴,分享台北市交通政策的走向与做法,期望借鉴不同城市之经验往前迈步,为未来做更好的准备。

关键词：城市交通;人本;高龄化;低碳运输

Abstract: Taipei has been a city for 140 years. With the needs of different eras, the urban space has been constantly adjusted and developed. Similarly, the transportation patterns within the city and between cities have also changed along with different transportation technologies and values. In recent years, Taipei's transportation policy has shifted from the early vehicle-oriented planning to a more human-oriented transportation planning. It has also shifted from focusing on the travel speed of road traffic in the past to emphasizing the comfort and convenience of public transportation.

The population structure of Taipei City is gradually aging. In 2021, the proportion of the elderly population reached 20%, officially entering a super-aged society. Adapting to the needs of the elderly and providing appropriate transportation services for people with different needs and integrating with each other are also major challenges in the current urban transportation issues. In addition, in response to the global climate change issue, re-examining the planning of urban space and land use to reduce unnecessary transportation trips, as well as using various transportation policies to guide and establish a consensus among the public to shift private vehicles to low-carbon transportation, are the key points of the city's future transportation policy layout.

This report takes the above key points as the axis to share the direction and practices of Taipei's transportation policies, hoping to draw on the experiences of different cities to move forward and make better preparations for the future.

Key words: urban transportation; humanistic; aging; low-carbon transportation

1. 台北市交通现况

1.1 人口及车辆持有

台北市面积约272 km², 人口约251万, 人口密度9 242人/km²。台北市行政区被新北市行政区环

---

[1] 陈学台,台北市政府交通局原局长,联系邮箱:trafficbote@gmail.com。

绕,每日新北市至台北市通勤通学的旅次约79万人,而桃园市与基隆市至台北市通勤通学的旅次各约8.2万人与4.9万人,台北市的日间活动人口数约328.4万。汽车持有率326辆/千人,机车持有率376辆/千人。

1.2 绿运输市占率

2022年绿运输市占率61.2%,目标于2030年达到70%。各项绿运输及其市占率为地铁14.4%、市区公交车12%、公路客运0.8%、高铁0.6%、台铁0.7%、出租车8.4%、交通车0.3%、微型电动二轮车0.2%、自行车5.2%及步行18.6%。2019年绿运输市占率曾达高峰61.9%,但因疫情使大众运输使用下降,目前仍无法回到原来的市占率。

1.3 地铁路网

台北地铁营运路线有5条,路网长度131.7 km,共117个车站,其中转乘站有16站,每日载客194.6万人次。

1.4 市区公交车

(1) 营运路网:有14家公交车业者,营运路线290条,车辆数3 438辆,以500 m半径涵盖率达97.7%(扣除山区无人居住地区),每日载客人次约107万人次。

(2) 公交车专用道:市中心区15条道路设公交车专用道,总长60.5 km。

1.5 自行车路网

台北市自1997年开始推动河滨自行车道,2006年开始于市区道路设置自行车道,2024年总长度519.72 km,其中市区自行车道长407.72 km,河滨自行车道长112 km。

1.6 YouBike公共自行车

共有20 062辆车,1 417处租借站,每日租借次数约为16.5万人次,每辆车每日周转率8.35次,平均每次租借时间为18.3 min。

1.7 共享运具

由民间投资经营,可于道路合法停车处借还车。共享小客车有3家业者营运,2 845辆车,每日每车周转率约2次。共享机车电(动)有3家业者营运,12 732辆车,每日每车周转率约2.8次。

2. 台北市交通政策与愿景

2014年以共享、绿能、智慧、安全四大主轴,透过以下各项策略,期望建立一个友善的绿运输生态系统,并以2030年绿运输市占率达70%为目标。

2.1 打造完善公共运输系统

(1) 地铁路网:持续规划兴建,愿景路网完成后长度可达210.4 km、182个车站。

(2) 公交车路线检讨:2015年启动公交车路线大调整,透过大数据分析上、下车刷卡资料,建构快速、干线、支线、微循环层级式公交车,2018年启用八横八纵干线公交车,尖峰时间班次4~6 min一班,并且与一般公交车间转乘得享半价优惠。

(3) 公交车动态信息系统:提供公交车到站时间,减少民众等车时间,目前普及率82.4%,每月民众查询约4 300万次,满意度94.1%。

(4) 双北公共运输定期票:2018年4月启用1 280元(新台币,后同)定期票,可于30 d内不限次数搭乘双北地铁、公交车及享公共自行车 30 min 免费。

（5）基北北桃 1 200 元都会通（TPASS）：2023 年 7 月启用 1 200 元定期票，可于 30 d 内搭乘基北北桃地铁、基北北桃市区公交车及公路客运、台铁、公共自行车 30 min 免费。同时 1 280 元定期票停止实施。实施后私有运具移转大众运输比例达 7.33%。

（6）地铁常客优惠：依每月搭乘次数给予不同优惠，搭乘 11～20 次 9 折优惠、21～30 次 8.5 折优惠、31～40 次 8 折优惠、41～50 次 7.5 折优惠、51 次以上 7 折优惠。优惠之金额按月拨至乘客之电子票证。

（7）公共运输转乘优惠：地铁、干线公交车、一般公交车彼此间双向转乘可享 8 元（公交车半价）优惠。公共自行车与地铁、公交车间双向转乘，可享公共自行车 30 min 免费。另骑乘机车转乘地铁则给予机车停车 5 元优惠。

（8）公共自行车：2024 年 2 月 28 日起实施前 30 min 免费并于第 3 季导入电动辅助自行车款。目标 2026 年扩增至 2 000 租借站、27 000 辆车。

（9）电动公交车：自 2021 年起不再补助公交车业者购买柴油公交车，仅补助购买电动公交车，且针对电动公交车载客每人次补助 2.1 元。目标于 2030 年全面电动化。

（10）共享运具及出租车：将共享运具纳入绿运输系统，政策上给予鼓励，期改变民众的习惯，不用买车也有合适的交通工具可供选择。另外推动多元出租车、通用出租车、爱心敬老车队、好运专车等服务，满足民众多元需求。

（11）机车退出骑楼：自 1999 年开始推动，将骑楼空间逐步还给行人通行，完善行人系统。

2.2　友善共融交通

（1）台北好行 App：由台北市政府开发，提供无所不包的交通服务，包括地铁、公交车、公共自行车、台铁、高铁、城际客运、道路实时影像、停车信息等。

（2）视障好行：透过台北好行 App 提供搭公交车友善服务。视障者可预约公交车，公交车驾驶员得到信息后，会在公交车站定位点让视障者上车。

另外透过台北好行 App 可自动触发有声号志，可语音报读行人绿灯剩余时间，提供视障者穿越道路之参考。

（3）无障碍公共运输：对于地铁视障者乘客提供引导服务、影像侦测轮椅旅客连动电梯并提供优先道、对身障者提供复康巴士及通用计程车并给予车资补助。

2.3　智慧交通管理

（1）智慧路边停车：建置智慧影像辨识开单设备，自动开单、行动支付及违停举证，另亦提供路边停车位实时信息。

（2）智慧路外停车场：推动无现金多元支付停车费及汽机车 3A 智慧（进出自动辨识、自动开启闸门、自动扣款）。

（3）共享车位：台北市属机关学校停车场均开放公共使用。在住商混合商业区及办公区规划汽机车弹性共同格位，日间机车、夜间汽车停。

（4）智慧交控：建立信息平台，搜集各种与交通相关信息，除作为日常监控外并针对项目活动或紧急事件客制化交通仪表板，实时监控与因应。

（5）动态号志：针对车流变动异常的路口设置动态号志，依据实际车流量变化配置号志时制；另亦结合消防局既有派遣系统搜集紧急车辆 GPS 资料，及时运算分析，提早开放或延长下游路口绿灯，提升紧急救护效率及安全。

（6）感应性号志：针对车流量差异悬殊之路口，以 AI 影像辨识侦测支道人车信息，实时调整号志时制，减少干道停等红灯时间。

（7）高架道路 AI 事件侦测：于高架道路设置 AI 自动侦测交通事件，2022 年侦测道路事故达 120 件，准确率达 93% 以上，平均提早 8 min 发现事件，实时发现并通报警察排除事件，并于电子广告牌（CMS）即时发布讯息,降低对交通之冲击。

2.4 交通安全

(1) 邻里交通环境改善:自 2015 年推动,以整个里做规划,主要目的是建立友善的行人空间并同时整理停车空间,改善社区无障碍环境,维持有效消防空间。

(2) 台北交通安全行:以通畅行人环境、确保路口行人安全、提升大车转弯安全及落实人本理念的道路设计四大主轴,订定 10 项策略 35 项具体工作计划,于 2026 年完成。

(3) 交通友善区:由下而上、民众提案、政府规划,以里为单位重新整理道路交通环境,提升交通安全。

(4) 科技执法:针对重大违规采取科技执法,节省警力减少违规达 9 成以上。

2.5 大众运输导向城市发展

划定地铁车站出入口 500 m 为 TOD 范围,以 TOD 带动地区再生翻转,形塑人本环境,永续发展。

2.6 ESG 鼓励企业推广绿运输

内湖科技园区受地理环境之限制,对外联络交通呈现常态性壅塞,自 2023 年起市政府与企业共同合作,鼓励推广员工搭乘绿运输,并提供企业员工碳足迹,计辅导 61 家企业参与。

2.7 我的减碳存折

2023 年台北市与新北市共同合作推动全民绿运输减碳活动,导入 BSI 国际认证减碳量公式、活动网站及公益平台,准确计算公共运输减碳量及计算数位化,透过活动与减碳量使民众更了解碳权及贴近减碳议题,培养民众搭乘公共运输减碳观念。双北 2023 年办理成效良好,2024 年扩大至基北北桃四县市。

3. 结语

交通政策为跨域治理课题,政策之订定除考虑时空环境、科技提升、世界趋势外,也应与周边共同生活圈城市协调与整合。亦须透过政策公开揭示与倡导,建立全民共同理念及价值,公司协力有效扩展资源,才能发挥综效。

深圳市低空经济探索和新一代城市智慧交通体系思考

Exploration of Low Altitude Economy in Shenzhen and Thinking on the New Generation of Urban Intelligent Transportation System

林 涛[1]

摘 要：近年来，以无人机 eVTOL、智能网联汽车为代表的高效且成本相对较低的新型载运工具快速发展，加快构建地空一体的新一代城市智慧交通系统成为必然趋势。在深入分析高密度高频次低空飞行管理与服务难题的基础上，围绕空间数字化、设施智能化、管服自主化、跨域融合化四个方面分析深圳低空经济发展的主要实践，并结合地空一体交通运输服务、智能技术和关键装备、城市交通基础设施升级三个方向，分析了深圳市地空一体新一代城市智慧交通体系的初步实践，提出全空间、多模式、自主化的地空一体新一代城市交通系统发展思路。

关键词：低空经济；地空一体；新一代智慧交通系统；跨域融合

Abstract: In recent years, the efficient and relatively low-cost new vehicles represented by UAV eVTOL and intelligent connected vehicles have developed rapidly, and it has become an inevitable trend to accelerate the construction of a new generation of urban intelligent transportation system integrating ground and air. Based on the in-depth analysis of the management and service problems of high-density, high-frequency and low-altitude flights, this paper analyzes the main practice of Shenzhen's low-altitude economic development from four aspects: space digitization, intelligent facilities, autonomous management and service, and cross domain integration. Combined with the three directions of ground air integrated transportation services, intelligent technology and key equipment, and urban transportation infrastructure upgrading, this paper analyzes the preliminary practice of Shenzhen's ground air integrated new generation urban intelligent transportation system, and puts forward the development ideas of a new generation of ground air integrated urban transportation system with full space, multi-mode, and autonomy.

Key words: low altitude economy; air ground integration; new generation intelligent transportation system; cross domain integration

1. 引言

随着城市化进程的加速，我国百万人口以上的大城市已达 338 座，居全球首位，近年来，各大城市进入存量提质增效的新阶段，交通基础设施增速逐渐放缓，但出行需求快速增长，供需矛盾突出。同时，在出行结构方面，与欧美发达国家人均机动化出行率 1.8 次/天相比，我国大城市机动化出行率约 1.2~1.3 次/天[1]，在高品质高频次的商务出行、休闲出行方面远低于发达国家。未来出行需求服务多元化发展的趋势对大城市交通网络的服务模式和服务能力提出了更高的要求，多元高效交通方式不足、多模式交通系统协同不足及出行可达性成本较高是其主要制约因素。

伴随无人机、eVTOL 等高效且成本相对较低的新型载运工具快速发展，城市交通 AI 调控技术和装备迎来变革性跃迁，其一，大城市有望构建轨道交通为骨干、地面交通为主体、低空交通为补充的立体多元

---

1 林涛，深圳市城市交通规划设计研究中心股份有限公司董事长，博士，教授级高级工程师，联系邮箱：lint@sutpc.com。

交通网络,逐渐形成地空一体的多元高效城市交通系统。其二,低空经济与车路协同的深度融合,将推动现有智能化技术向全无人自主方向跨越式发展,为城市交通多模式统一调度及 5G 通导监、数字孪生等技术应用提供商业闭环场景。其三,eVTOL、低空载具、智能网联汽车、算力设施、能源网络、复合交通枢纽等一系列设施设备升级优化,将在新型载运工具和客货运服务、多模式运营管控技术和装备、融合枢纽新基建升级改造等方面催生多个万亿级产业集群。

因此,以低空经济发展为基础,通过进一步融合低空飞行、智能网联、需求响应公交等新型交通模式,打造具有"中国特色、国际领先"的地空一体新一代智慧交通系统,成为新时期提升城市交通网络效能,推动智能交通技术变革跃迁,实现整体产业链结构升级的必然要求[2-3]。

多年来,深圳适应城市各阶段发展需求,在创新理念和应用实践上持续升级,形成了智慧交通发展的先行先试和先行示范。新时期,面向低空发展及地空一体新一代智慧交通系统建设要求,深圳充分发挥政策、技术和场景优势,推动形成了一批全国领先的创新示范,本文深入剖析深圳在低空及地空一体智慧交通融合方面的探索实践,以期为大型城市的智慧交通发展提供可借鉴的经验。

2. 深圳市低空经济发展探索实践

2.1 低空经济发展问题挑战

低空经济已成为欧美地区和日本、中国等大国竞相角逐的新兴产业赛道。研究表明,2050 年全球低空经济市场规模将达到 9 万亿美元,我国约占 23% 的份额(图 1),是引领全球低空经济的重要领导者[4-5]。在逐步迈向规模化发展的趋势背景下,低空飞行活动呈现"异构、高密度、高频次、高复杂性"特征,存在飞行管控、业务壁垒、安全保障、资源共享、产业发展五大方面的核心问题[6]。

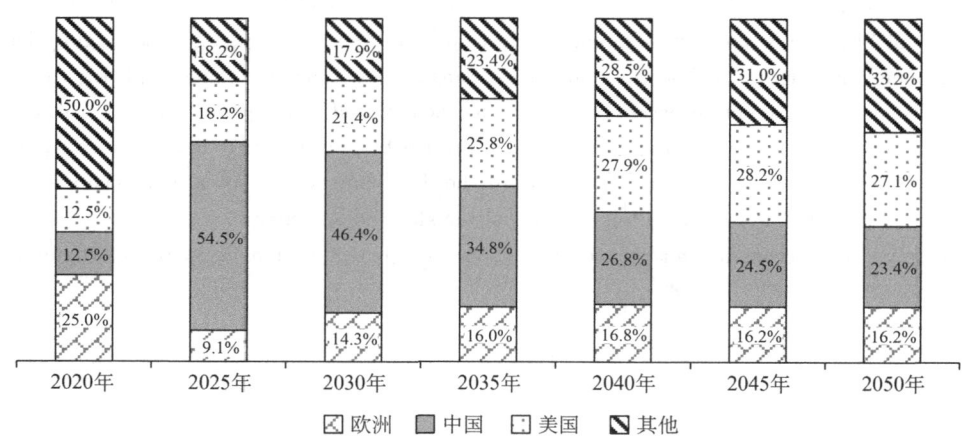

图 1　2020—2050 年全球各国低空经济份额占比趋势

一是飞行器"看不见、呼不到、管不住"。目前,通导监视等低空基础设施建设水平严重落后于行业发展速度,对于低慢小飞行器缺乏有效、完备的发现、识别、管制手段。同时,针对违法飞行的地方管理职责和业务流程闭环未健全,难以满足实时高效的监管服务需求[7-8]。

二是管理服务业务流程、系统数据分散。低空飞行各流程节点涉及众多管理服务系统和多个参与主体,目前,军民地三方尚未建立完善的协同运行机制,且未实现信息系统互联互通,致使低空飞行计划申报流程烦琐,申报审批效率较低,低空飞行数据缺乏共享,无法实现空域、航线、设施多视角,以及飞行器生产、品控、注册、飞行前后和企业运营全周期管控。

三是运营安全保障能力不足。目前,空中避撞等飞行安全规则尚未建立,飞行感知器件精度和误差问题逐步凸显,同时缺乏全飞行过程冲突监测与解脱手段、高覆盖高频率气象信息支撑,低空规模化飞行仍存在气象风险、失控、碰撞风险、隐私风险等诸多问题,难以保障全天候、高密度飞行[9-10]。

四是低空基础设施总量不足,通用能力不足。低空基础设施用地限制、建设协调成本较高且尚未形成商业模式闭环,导致基础设施缺口较大。同时,现阶段低空基础设施主要依靠企业自建,缺乏整体统筹规划和建立标准规范统一的共建共用机制,导致共享、共用、共管、共控程度不高。

五是低空产业链发展面临瓶颈。低空场景效益依赖于本地资源禀赋和居民需求特征,难以全盘复制其他城市经验,需要因城施策,引导培育本地低空场景应用。同时,起降设施、管服平台、通导监视等低空基础设施前期投资较高,规划、建设、运营、共享等商业模式还处于探索状态。

2.2 深圳低空经济发展总体思路

深圳市作为发展低空经济的先锋城市,肩负国家通用航空产业综合示范区、全国通用航空分类管理改革试点城市、民航局无人驾驶航空试验区等重大使命,截至2023年,深圳已开通无人机航线204条,建成低空起降点249个,完成载货无人机飞行量61万架次,飞行规模全国第一,2025年,将进入百万架次飞行规模[6]。面向空域管理、飞行安全协调等问题挑战,深圳市提出以空间数字化为核心,以设施智能化为基础,以管服自主化为抓手,以跨域融合化为支撑,构建城市级低空数字化管理服务平台(图2),支撑深圳超1 300亿元低空产业规模、超1 000条低空商业航线、超150万架次低空飞行活动的发展需求。

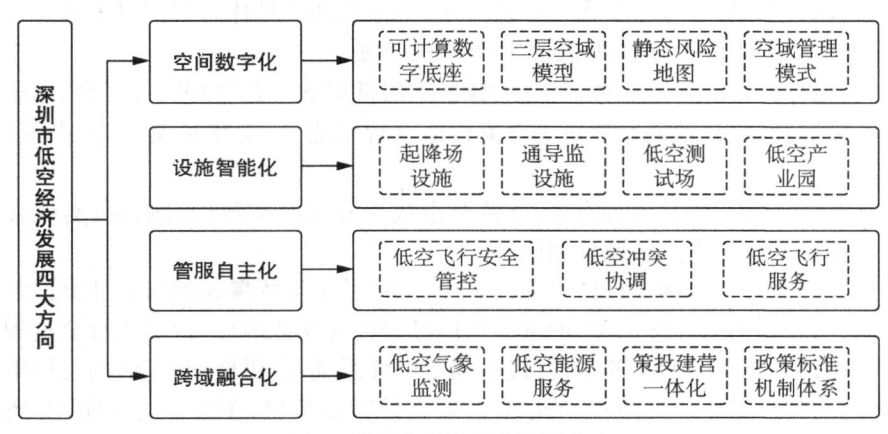

图2 深圳市低空经济发展方向

1) 空间数字化,打造地空一体化可计算数字底座

针对低空飞行可用空域资源少、空域申请使用效率低、空域有效利用程度低等问题,引入分时、分区、配额的航路设计理念,支撑空域资源调配利用最大化,并构建城市级地空一体化可计算数字底座和宏中微三层空域模型,支撑大规模无人机全时空、高频次自主调度服务。

一是采用分时、分区、配额的航路设计理念。深圳市创新探索分时、分区、配额的低空飞行规则及运行机制,并在载人物流空域探索廊道飞行模式,严控高风险时段、释放低风险时段,严控高风险地区、释放低风险地区,实现安全前提下的空域适度释放。

二是构建城市级地空一体化可计算数字底座。基于深圳全市CIM平台数据,实时接入飞行器、通导监、气象和噪声等数据,构建拥有统一飞行时空坐标、完备数字空域要素的城市级地空一体化可计算数字底座,可支撑每日近3 000架次商业化无人机飞行,支撑每日超过10万架次无人机飞行管理,以及飞行数据实时共享,保障多企业、多类型飞行融合。

三是构建宏中微三层空域模型。通过集成低空适飞空域图、城市建筑、城市规划等关键数据,构建适用于不同型号低空飞行器、涵盖宏中微三层网格类型的可计算空域模型,覆盖深圳1 997 km^{2}的低空空域,高度涵盖0~600 m,实现空域实时跟踪与高速处理时延不大于1 s。

2) 设施智能化,打造支撑低空大规模飞行的数字运行环境

针对低空起降设施总量不足、设施共享、共用、共管、共控程度不高等问题,深圳市探索建立分类、分级的低空基础设施体系,加快5G-A通感基站、北斗高精度定位等通导监设施部署,并规划建设多个低空测

试场,为低空飞行活动提供广覆盖、高精度、高可靠的基础设施支撑服务。

一是搭建分类分级的低空起降网络。结合无人机航路网络、eVTOL航线等多用户多场景飞行需求,建立分类分级的低空设施体系,其中市级侧重一级枢纽建设,区级侧重二级起降场及起降点建设,并逐步整合智慧停车、能源等业态,探索跨域复合运营的全空间无人枢纽。

二是构建低成本、广覆盖的通导监设施。针对低空(0～600 m)、核心园区复杂建筑环境等通信覆盖不足问题,按照"点—线—面"推进路径,优先建设起降设施及重点航线的低空通信覆盖,形成全市覆盖的高精度、低延时、高可靠低空融合通信网络。针对差异化通信场景,地面网络建设采用广覆盖与低成本兼顾的综合性方案,依托1.4G基站广覆盖低成本布网,支撑飞行信息上报、基础通信等小规模信控数据传输场景;依托运营商基站实现重点区域密集布网,支撑实时视频等大容量图传数据高速通信场景。针对楼宇密集区、飞行流量密集区域等复杂城市环境下低空飞行器定位误差高等问题,利用增加基站辅助定位、基于图像的无人机定位、基于SLAM的无人机定位等技术,为低空飞行器监管调度与导航服务,提供精准定位信息。

三是构建整机—零部件—系统—场景全链条覆盖的低空测试场。深圳市在宝安、龙岗、坪山分别建成占地超50万 m^2 的无人机测试场,建立无人机零部件—整机性能—飞行管理—低空应用—应急处置全链条测试认证服务体系,可满足飞行性能、飞行管理安全、空中交通管理体系等测试需求。

3)管服自主化,实现日均十万架次低空飞行并发处置

面向空管部门、飞行运营商管理业务需求,构建城市级低空数字化管理服务平台,形成空域规划、航路设计、运行监管、设施监管、事故预测及分析等全流程低空管服能力,支撑实现"管控式飞行"到"城市级服务式大规模飞行"。

一是支撑低空全生命周期业务飞行安全,支持全市数十万架航空器秒级响应,实现有人/无人、合作/非合作飞行器实时动态监视与重点区域反制联动。

二是支撑低空飞行冲突与协调,通过"事前—事中—事后"全流程覆盖的时空冲突预测算法,支持飞行计划冲突检测、空域状态评估与冲突预警、冲突事件回溯评估等功能应用,保障飞行全过程安全高效。

三是支撑低空飞行活动全周期服务,对接民航局UOM系统,提供便捷、高效的飞行申请服务,飞行活动实现从"天级申请"到"小时预约"再到"秒级响应"的高效管理跨越,在飞行试验期,围绕低空空域管理、飞行监管、飞行服务核心功能打造监管服务平台;在应用商业及规模发展期,完善系统功能建设,提供全域的低空态势情况,支撑全周期、全要素、全过程监管等实时动态飞行监测。

4)跨域融合化,打造低空＋气象＋能源多元协同的产业生态

面向低空经济商业模式不清、场景未形成大规模效益等问题,探索低空跨领域、跨业务的融合应用,拓展新商业模式和应用场景,丰富低空经济产业生态圈。

一是推动"低空＋气象"融合,构建基于高密度物流飞行场景的低空气象监测预测体系,重点解决2 km以下,100 m×100 m×10 m网格的实况数字孪生天气和临近预报。

二是推动"低空＋能源"融合,打造集低空客货、光储充检、车网互动、智慧停车、城市服务等多元业态于一体的新型跨域融合枢纽,引领低空、数字能源等新质产业协同发展。

三是探索投建营一体化运作模式,通过联合地方国企等组建SPV公司等多种形式,助力实现产业资源持续导入和投资价值最大化。

四是构建低空产业发展支撑体系,政策方面,构建"1＋1＋N"体系,出台全国首部低空经济产业促进专项法规《深圳经济特区低空经济产业促进条例》,发布《深圳市关于支持低空经济高质量发展的若干措施》,并建立与无人机活动管理链条及系统风险类别相匹配的标准体系;军地民协同方面,组建深圳地区军地民低空协同管理委员会,建立低空运行协调机制,实现军地民融合、责权利一致;市区共建方面,围绕打造南山、宝安、龙岗、龙华4个低空运行试验区,龙岗无人机测试场、坪山智能网联测试场、盐田通航保障基地、大鹏新区无人机测试基地4个测试场,搭建全市分工合理、错位发展的"4＋4"发展格局。

3. 深圳市地空一体智慧交通融合探索实践

低空飞行作为城市交通的重要组成部分,伴随低空经济的发展壮大将逐步形成规模化应用,未来通过融合低空飞行、智能网联、动态公交等新型交通模式,构建地空智慧交通融合体系成为新时期城市交通发展趋势。目前,深圳市聚焦地空一体交通运输服务、智能技术和关键装备、城市交通基础设施升级三大发展方向(图3),初步开展了地空一体智慧交通探索实践。

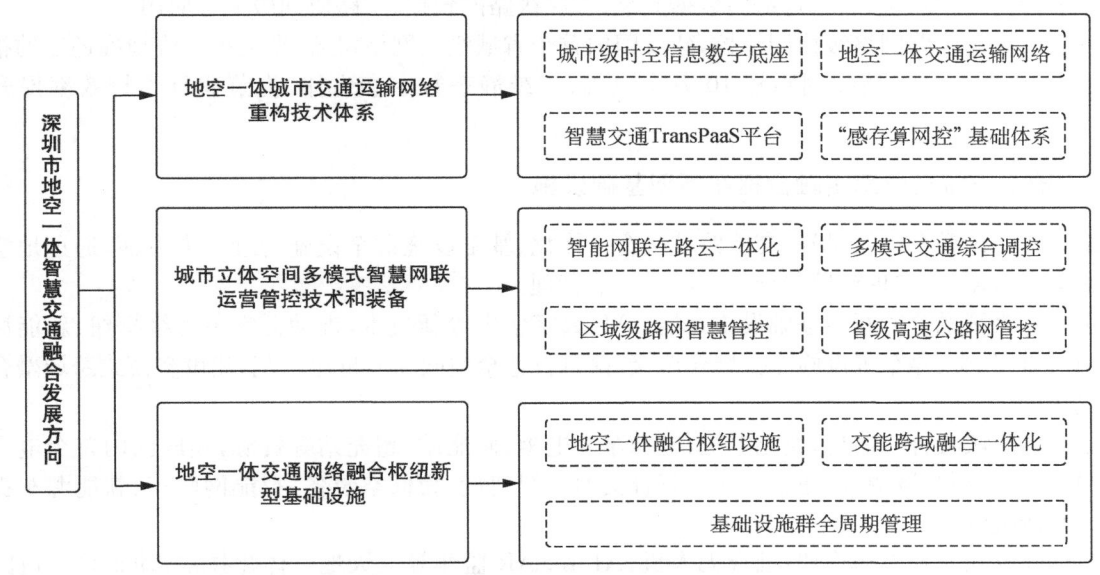

图 3 深圳市地空一体智慧交通融合发展方向

3.1 地空一体城市交通运输网络重构技术体系

围绕城市级时空信息数字底座、地空一体交通运输网络、智慧交通 TransPaaS 平台、"感存算网控"基础体系四大方面,整合地空数据、算力、模型等全要素资源,构建地空一体城市交通运输网络重构技术体系。

一是初步建成全球首个基于城市级时空信息模型的城市数字底座,融合 1 997 km² 高清遥感卫星影像、7 000 个基础设施和公共建筑 BIM 模型、5 700 个商品房小区、65 万栋建筑、1 300 万套房等地-楼-房-权数据,建设国际领先、基于全精模的全市域统一时空信息平台,实现"数实融合、同生共长、实时交付、秒级响应",提升城市精细化、精准化治理水平。

二是构建多网融合的地空一体多元高效交通运输网络,基于 CIM 平台,叠加城市道路、高快速路、轨道、公交和低空空域等各类交通运输网络,构建多网融合新型方法体系,建立地空一体的多模式复合通道,打造立体空间智慧扩容的新一代城市交通运输服务网络,极大提升城市交通出行可达性和自由度。

三是打造全业务支撑、全场景赋能的智慧交通 TransPaaS 平台,基于 CIM 平台及多网融合体系,构建 8 000 km 道路、100 万+活动个体、31 亿孪生体实体的资产库,支撑低空、智能网联、轨道公交等多模式交通协同调控。

四是构建"感存算网控"基础能力,为地空一体交通系统提供云网资源,融合 AI 技术,构建城市交通与能源、算力、通信等系统跨域融合的技术架构,研发多模式智能网联的通信、导航、监视融合装备,为高频率低空飞行提供超大规模算力设施、计算节点和信息枢纽。

3.2 城市立体空间多模式智能网联运营管控技术和装备

围绕车路云一体化、多模式交通综合调控、区域级路网智能管控、省级高速公路管控四大方面,推动城市及区域交通智能化升级,实现多模式、网络级智慧交通管控与运营。

一是面向车路云一体化新型载运装备的自主式管控,融合3 000多个路口信号数据、智能网联实时数据等,建设国内首个城市级智能网联统一监管平台,实现智能网联汽车道路测试、准入登记、上路运行、商业运营等全链条管理。

二是城市级多模式交通综合调控,建设交通运输一体化智慧平台,升级设施管养、运输管控、枢纽出行等业务场景,支撑海陆空铁多模式调度、客货运多式联运等应用。

三是区域级重大通道走廊路网智慧管控,针对大湾区路网拥堵加剧、事故频发等问题,建立骨干高速公路网智能交通管控系统,支撑跨部门数据共享、多层级路网管控、车路协同服务等应用。

四是省级高速公路网络级协同管控,建设国内首个省域级全网络覆盖、车道级三维精准还原的福建省高速公路数字孪生平台,精细刻画超10万个二维、三维静态数字孪生体,为节假日管控效率提升提供支撑。

3.3 地空一体交通网络融合枢纽新型基础设施

围绕地空一体融合枢纽设施、交能跨域融合一体化、基础设施群全设施管理三大方面,通过地空一体基础设施融合与创新,实现跨域融合与全周期智能管理。

一是打造跨域融合的新型基础设施,融合AI、数字孪生等新技术,推动低空各等级枢纽、新能源设施与原有的轨道、公交、停车等设施充分耦合衔接,探索打造全空间无人枢纽示范,建设多模式跨域融合的新型交通枢纽。

二是交能跨域融合一体化,融充电桩、电动车充电柜、储能站、超充站等资源,建成国内首个电力充储放一张网平台,推动跨域融合、地空一体的复合交通枢纽建设,为低空装备、智能网联车、新能源车提供停充一体化便捷服务。

三是基础设施群全周期管理,融合无人机、AI、InSAR监测等空天地一体化技术,动态采集道路交通运行实时数据以及重大设施建设阶段的BIM模型、5年定检数据,构建环境-荷载时空同步耦合模型,支撑重点基础设施群安全监测及预防性养护。

4. 结语

当前,以无人机、eVTOL、智能网联汽车为代表的新型载运工具蓬勃发展,面向未来,通过构建融合城市道路、轨道、公交、低空、网联多模式的地空一体新一代综合交通体系,建设新的融合交通基础设施,支撑城市交通网络效能升级,为市民提供"随处在、如影随、皆可达"的城市交通服务,已成为城市交通转型发展的必然趋势。深圳率先以低空经济高质量发展为先行示范,围绕空间数字化、设施智能化,管服自主化,跨域融合化支撑低空飞行高效安全、助力低空应用规模化发展,未来将进一步推动低空飞行、按需响应公交、自动驾驶汽车等新型交通模式的深度融合,以地空一体交通运输服务、智能技术和关键装备、城市交通基础设施升级为方向,构建全空间、多模式、自主化的新一代城市智慧交通系统,打造高效、安全、环保、便捷的交通体系,重塑城市交通格局。

参考文献

[1] 刘宗巍,张望,陈铭,等. 中国典型城市交通出行特征及未来道路交通演变研究[J]. 现代城市研究,2024,39(1):107-113.

[2] 孙超,邵源,韩广广. 从先行先试到先行示范——深圳市智慧交通发展创新与实践[J]. 城市交通,2023,21(4):1-7.

[3] 薛松柏. 空地一体的未来立体智慧交通[J]. 今日民航,2022(2):6.

[4] COHEN A P, SHAHEEN S A, FARRAR E M. Urban Air Mobility: History, Ecosystem, Market Potential, and Challenges[J]. IEEE Transactions on Intelligent Transportation Systems,2021,22(9):6074-6087.

[5] 张晓兰,黄伟熔. 低空经济发展的全球态势、我国现状及促进策略[J]. 经济纵横,2024(8):53-62.

［6］张奇,黄肖丞蔚. 高密度城市直升机起降点设施规划探索与思考——以深圳为例［C］//绿色智慧融合——2021/2022年中国城市交通规划年会论文集,2022.

［7］张洪海,冯讴歌,李姗,等. 城市低空无人机航路航线划设研究［J］. 中国民用航空,2023(9):15-17.

［8］廖小罕,屈文秋,徐晨晨,等. 城市空中交通及其新型基础设施低空公共航路研究综述［J］. 航空学报,2023,44(24):1-29.

［9］LIN L. Study on the Synergistic Development of the Drone Industry and Low-Altitude Economy［J］. Journal of Global Humanities and Social Sciences,2024,5(8):328-333.

［10］张洪海,李姗,夷珈,等. 城市低空航路规划研究综述［J］. 南京航空航天大学学报,2021,53(6):827-838.

专题一　区域交通　整合与优化

交通一体化　引领区域一体化发展
——示范区交通一体化发展的探索和实践

Integrated Transportation: Leading the Development of Regional Integration — Exploration and Practice of the Integrated Development of Transportation in the Demonstration Zone

王　健[1]

摘　要：位于沪苏浙毗邻区域的长三角一体化示范区，以交通一体化发展为抓手，推动区域整体转型发展。本文梳理分析示范区发展面临的交通困境，提出了示范区交通一体化发展的实施策略，介绍示范区交通领域规划建设成果，并结合元荡路、沪苏嘉城际等交通设施规划建设案例，阐述交通一体化发展的示范引领作用。

关键词：长三角；示范区；交通一体化

Abstract: The Demonstration Zone of Green and Integrated Ecological Development of the Yangtze River Delta, is located in the adjacent area of Shanghai, Jiangsu, and Zhejiang. Taking the integrated development of transportation as the starting point, promote the overall transformation and development of the region. The report summarizes and analyzes the transportation difficulties faced by the development of the demonstration zone, proposed implementation strategies for the integrated development of transportation in demonstration zones, introduces the achievements of transportation planning and construction in the demonstration zone, based on the planning and construction cases of transportation facilities such as Yuandang Road and the Shanghai-Suzhou-Jiaxing Intercity Railway, elaborates on the demonstration and leading effect of integrated transportation development.

Key words: Yangtze River Delta; The Demonstration Zone; integrated transportation

1. 引言

自 2019 年 11 月 1 日揭牌成立以来，长三角生态绿色一体化发展示范区（以下简称"示范区"）牢牢把握"一体化""高质量"两个关键，坚持制度创新和项目建设双轮驱动，制度创新度、项目显示度和民生感受度不断提升，展现出高质量、一体化发展的崭新面貌。示范区交通基础设施的互联互通，为沪苏浙毗邻区域一体化发展注入了新的活力与动力，引领示范区加快从区域项目协同走向区域一体化制度创新。

2. 示范区概述

2018 年，长江三角洲区域一体化发展正式上升为国家战略。随后，长三角区域探索谋划在沪苏浙三省市交界区域建设长三角一体化发展示范区。2019 年 11 月 1 日，示范区正式揭牌成立以来。示范区规划范围为上海市青浦区、江苏省苏州市吴江区、浙江省嘉善县，面积约 2 413 km²，并选取青浦区金泽镇、朱

---

[1] 王健，长三角生态绿色一体化发展示范区执行委员会高级主管，联系邮箱：lxwj@163.com。

家角镇、吴江区黎里镇、嘉善县西塘镇、姚庄镇为示范区的先行启动区，面积约 660 km²。成立以来，示范区积极探索"机构法定、业界共治、市场运作"跨域治理模式，形成了理事会、执委会、发展公司、开发者联盟四位一体的多层次治理架构，推动形成最大共识、凝聚最大合力、整合最大资源。

3. 示范区交通发展概述

3.1 示范区成立前交通状况

示范区位于两省一市交会地带，地处沪宁、沪杭两条传统区域发展轴之间，邻近虹桥综合交通枢纽，区位条件优越。但示范区内外交通衔接不畅，与示范区优越的区位条件不相适应。

1) 对外交通建设发展滞后

成立前仅有沪昆铁路、沪昆高铁从南部经过，青浦区、吴江区对外联系无铁路服务，示范区内部与虹桥枢纽间也缺少便捷的交通联系。从城际铁路的规划看，省市间缺乏统筹，江苏方面谋划嘉昆太城际、苏锡常城际接虹桥枢纽，青浦方面预控自虹桥枢纽出发、衔接沪苏湖铁路的铁路通道，两个规划缺乏统筹考虑，且在示范区内无衔接计划。

2) 内部道路连通性差

示范区内"四横四纵"高速公路和"三横五纵"国省干线公路基本稳定。但在邻边道路衔接方面，存在对接道路少、等级低、网络连通性差的问题，以及毗邻区域常见的限高限宽、客货混行、临景而不见景等道路品质不高的问题。同时，跨界公交组织薄弱，信息化水平不高，线路与吸引点的结合度不足。

3.2 示范区交通一体化发展实施策略

不健全的综合交通体系是行政壁垒的受害者，同时也进一步阻碍了跨行政区域的要素流动，而在区域一体化发展的背景下，交通领域将成为打破行政边界的受益者，也将进一步推动区域合作不断走向纵深。示范区在交通规划、建设、运营、管理的全生命周期中体现生态优先、绿色发展理念，加强交通体系对空间、产业发展的引导和支撑宏观层面，并根据示范区跨区域、多元化、低密度的交通需求特征，因地制宜发展一体化、多样化、特色化的交通服务系统。示范区重点围绕"绘蓝图、建机制、统标准、推项目"，推动交通一体化发展。

（1）绘蓝图。两省一市交通运输部门齐心协力，编制示范区综合交通专项规划，共同绘就跨省域互联互通一张蓝图。

（2）建机制。发挥执委会协调平台作用，三级八方建立沟通协调机制，及时解决交通互联互通涉及的规划衔接、计划协同、标准统一、一体化审批等问题。

（3）统标准。在尊重各自标准、差异需求基础上，对标更高标准，共商形成统一的标准。

（4）推项目。三级八方共同谋划交通互联互通重点项目，推动纳入长三角一体化"十四五"重大项目库（表）、示范区三年行动计划和年度任务，加快推进项目落地。

4. 示范区交通一体化发展成果

4.1 规划成果

示范区国土空间总体规划（2023 年 2 月获国务院批复），明确示范区要深化互联互通，打造高效快捷的交通网络。示范区综合交通专项规划（2023 年 6 月由两省一市交通运输部门印发），衔接总体规划要求，推动交通互联设施的整体布局优化完善和实施落地，推动构建"一体化、数字化、低碳化、共享化"的示范区高质量综合交通设施、服务和治理体系，塑造宜居、宜业、宜游的交通环境，实现对外交通集约畅达、内部交通绿色便捷、交通治理协同高效的目标愿景。规划布局方面，完善干线铁路通道，加快沪苏湖铁路、通苏嘉甬铁路建设;补强城际(市域)铁路,重点规划沪苏嘉城际(上海示范区线、水乡旅游线、嘉善至西塘线等)、如通苏湖城际铁路;优化城市轨道交通,与干线铁路、城际(市域)铁路做好衔接,构成一体化轨道交通系统,以多层次、网络化的轨道交通系统,满足示范区对外及区内不同空间层次的交通出行需求。同时,在现状路网基础上,弥补高速路网短板,落实"四横五纵"高速公路骨架,构建"两横三纵"快速路骨架,提升干线公路连通性,完善跨省界对接道路,增强区内路网连通性和服务水平。

规划指标方面,重点突出生态绿色、集约高效、品质多元等要求。至2035年,示范区绿色出行比例达到80%以上,城市交通碳排放在达峰基础上稳步下降,城镇开发边界内全路网密度达到 8 km/km^2,城镇内部道路断面慢行和绿化空间不低于50%,街道稳静化措施设置率不低于95%,交通基础设施智慧化水平不低于90%,示范区城镇组团内部构建 15 min 社区出行圈,相邻城镇组团之间 30 min 可达,水乡客厅至虹桥枢纽 35 min 可达,水乡客厅至浦东机场 70 min 可达。

4.2 建设成效

近五年来,示范区紧盯交通领域一体化发展共性难点问题持续攻坚,取得重要成果。"轨道上的示范区"建设框架加速形成。沪苏湖、通苏嘉甬两条高铁线路加快建设,沪苏嘉城际铁路于三地同步开工建设,上海轨交17号线实现西延伸,示范区多层次轨道交通体系逐步建立。跨省对接道路加快贯通。持续推进24条(对)跨省对接道路建设,包含示范区内跨省对接道路11条(对),与周边跨省对接道路13条(对)。目前,已建成7条,开工建设8条,推进前期9条。示范区跨省公交持续扩容。示范区公交车跨省线路增至 8 条,累计发送乘客超 330 万人次,两区一县由"邻里间"变成"一家人"。

同时,跨省域交通体系的规划建设,推动了示范区区域一体化发展。2019—2023年,示范区两区一县地区生产总值年均增长5.9%,规上工业总产值年均增长8.06%,上市公司数量从44家增至75家,国家高新技术企业数量从1 560家增至3 319家。

4.3 实施案例

1) 元荡路(东航路—康力大道)

(1) 项目概括

元荡路由东航路新改建工程和X352沪莘线(康力大道)新改建工程两个项目组成,青浦吴江两地酝酿合作,东起青浦区东航路,向西跨越元荡与吴江区康力大道对接全长约 4.5 km,含有桥梁6座,总投资约 4.1 亿元。

(2) 推进过程

项目面临的问题:两地规划不统一,需调整农田布局、林地布局、线位走向;道路性质不统一,东航路规划是二级公路、康力大道规划是城市道路;建设计划不统一,两区步调不一致;标准不统一,设计标准、防洪标准、施工标准、验收标两地存在差异;审批不统一,涉水审批、规划审批两地存在差异。

各方统筹推进建设:发挥执委会协调各方平台作用,按照"求同存异"的原则,促成两地达成共识,项目建设过程中探索联合审批、统一监管、共同验收的跨省项目建设管理新模式。项目于2019年初开工建设,于2020年9月底实现通车。

(3) 建成后成效

项目建成后,上海青浦到江苏吴江的交通时间由 40 min 缩短至 5 min,进一步完善了区域交通路网体系、促进区域要素流动,在项目建设过程中形成一套跨省域道路互联互通一体化推进新机制,为长三角甚至更大范围内同类项目推进提供示范。

2) 沪苏嘉城际铁路

(1) 项目概括

沪苏嘉城际铁路,由上海示范区线、江苏省水乡旅游线、浙江省嘉善至西塘线和嘉兴至枫南线构成,是示范区轨道交通的重要组成部分,三条线路在示范区水乡客厅站实现交会,共同构建示范区轨道交通网络骨架。全线长 170 km,总投资 940 亿元,设计时速为 160 km。

（2）推进过程

沪苏嘉城际并没有被列入《上海市城市总体规划(2017—2035年)》明确的市域铁路线网,在示范区成立后,两省一市积极谋划完善示范区多层次轨道交通体系,得到了有关部委的充分支持,2021年将沪苏嘉城际纳入《长江三角洲地区多层次轨道交通规划》,1年后,两省一市于2022年7月13日同步开工建设,计划2028年建成通车。苏嘉城际全线路实现系统制式、技术标准、建设时序、贯通运营"四个统一",该项目从线路规划批复到开工,仅用时约1年,充分展现了区域协作的制度优势。

（3）建成后成效

建成后的沪苏嘉城际将串联示范区虹桥商务区动力核、青浦新城、环淀山湖创新核、西岑科创中心、水乡客厅、祥符荡创新绿谷、吴江高铁科创新城、嘉兴科技城等核心功能区,推动两省一市交界地区由薄弱地区转变为枢纽节点,示范区相邻组团之间将实现30 min可达,至虹桥枢纽45 min可达,大大促进人员流动、要素流动,进一步增强上海、苏州、嘉兴1 h生活圈活力,实现交通出行的跨省"同城化",为推动示范区区域一体化发展提供坚强支撑。

5. 展望

交通设施建设是毗邻城市间配置资源、提高协作质量和效率的重要基础,交通一体化不仅是区域一体化发展的受益者,也将成为其推动者。未来,示范区将进一步打通跨省对接道路,统筹推进铁路、公路、港航、机场等基础设施建设,推动绿道、蓝道特色交通互联,持续完善公交、运输的一体化服务,提升交通服务"同城待遇",实现对外交通集约畅达、内部交通绿色便捷、交通治理协同高效的目标愿景。

高铁与区域协调发展研究
——以环太湖城市群为例

A Study on the High-speed Rail and Coordinated Regional Development
—A Case Study of Circum-Taihu Lake Cities

尹海洋[1]

摘　要：本文通过对环太湖城市群高铁建设与运营情况的分析，探究高铁与区域协调发展之间的关系。研究认为高铁通过对城市群可达性和产业的影响，改变着沿线城市经济发展状况。为了促进环太湖城市群协调发展，环太湖城市必须面对高铁网络站点不平衡与高铁配套设施不完善的短板。在高铁时代，环太湖城市群应构建环太湖城市群高铁交通网络体系；搭建环太湖城市群高铁建设合作机制；优化环太湖城市群产业发展规划结构，更高效地发挥高铁对环太湖城市群经济的带动作用，实现环太湖城市群的健康均衡发展。

关键词：高铁；区域协调发展；环太湖城市群

Abstract: Based on the analysis of the construction and operation of high-speed rail in the circum-Taihu lake cities. This paper explores the relationship between high-speed rail and coordinated regional development. The research shows that the high-speed rail has an impact on the accessibility and industry of urban agglomeration. High-speed rail has changed the development of cities along the route. In order to promote the coordinated development of urban agglomeration around Taihu Lake, circum-Taihu lake cities must face the disadvantages of unbalanced stations of high-speed rail network and imperfect supporting facilities of high-speed rail. In the era of high-speed rail, the high-speed rail network system should be built around Taihu Lake. We should set up a cooperation mechanism for high-speed railway construction around the Taihu Lake City cluster. We should improve the industrial development planning structure for the Taihu Lake urban agglomeration. We should give full play to the driving role of high-speed rail to the economy of the circum-Taihu lake cities more efficiently and realize the sustainable development of the circum-Taihu lake cities.

Key words: high-speed rail; coordinated regional development; circum-Taihu lake cities

1. 引言

亚当·斯密在《国富论》中说："在一切变革中，交通运输的革新是最为有效的。"而历史的经验也屡次证明，交通运输会为城市的发展带来深刻而持久的影响。在经济增长理论中，交通基础设施建设通常被认为是推动经济增长和发展的关键因素之一。伴随我国经济社会的快速发展以及现代技术的不断突破，交通运输方式的变革逐渐成为区域经济实现跨越式增长的重要因素。中国高速铁路正是以其速度快、正点率高、安全性强的自身优势轻松赢得各地政府和广大人民群众的青睐，不断为区域经济的进一步向前发展创造新的机遇。高铁网络的建设显著改善了地区间可达性，提升了劳动力和资本等生产要素的流动效率，成为带动地区经济高质量发展的新动力。

---

[1] 尹海洋，浙江生态文明干部学院，联系邮箱：brad.yin@zju.edu.cn。

2. 中国高速铁路的发展历程

伴随社会经济的飞速发展,铁路交通行业已成为影响社会经济结构中的重要因素,交通与社会经济的发展具有非常紧密的关系。经过近十年现代交通运输技术的迅猛发展,中国高铁凭借运营经验丰富、里程长、技术先进、可达性高、安全稳定和性价比高的主要优势,逐渐成为当代人们日常出行最受青睐的交通工具之一。

高速铁路源于日本,1964年10月1日,世界上第一条高速铁路东海道新干线正式开通运营,由此进入了全球范围内的高铁发展新时代。随后,法国、德国、意大利等欧洲多数国家纷纷加入修建该国或跨国界高铁队列之中,相继掀起高速铁路的修建浪潮。

与德国、日本等发达国家比较而言,我国高速铁路建设尽管起步较晚,却凭借令世人震惊的速度不断向前发展。进入21世纪以来,我国把对高速铁路的建设提上了新的快车道。纵观我国高铁的发展史,从引进时速200 km的动车组技术,逐渐发展到能够掌握自主技术,时速可达350 km,进而能够创新研制CRH380系列动车组,再到定型制造整体的CR400"复兴号"中国标准组动车,最后到350 km/h"复兴号"制造完成。

2004年1月,国务院通过了《中长期铁路网规划》,认为铁路网应该扩充运输规模,改善相应结构,提升整体质量,并确定发展"四纵四横"铁路网的宏伟目标。2007年4月,中国首趟动车组列始发于上海站,我国以京沪、京广、京哈等铁路干线为代表,进行了第六次大提速,使得火车的最高时速达至200～250 km,标志着中国动车时代的来临。2008年8月,京津城际铁路作为我国第一条自主研发的高铁线路正式通车并投入运营,由此翻开了中国高铁飞速发展的新篇章。2016年7月,国家发改委牵头发布了《中长期铁路网规划》,明确指出构建以"八纵八横"主通道为骨架、区域连接线衔接、城际铁路增补的高铁网。

高铁作为新时代的重要科技成果,依靠高速、大容量、集约型和通勤化的基本特征对区域经济的发展产生了举足轻重的作用。高速铁路沿线城市也都会抓住机会,出台各种高铁新城政策,旨在依赖于高铁站点这个发动引擎,在城市中建立起新的经济中心和商业中心等。

3. 文献回顾

在研究交通对区域经济发展的领域中,较为代表性的是TOD(transit-oriented development)理论,即以公共交通为导向的发展模式,由彼得·卡尔索尔普(Peter Calthorpe)在1992年提出,目前在城市规划领域得到了广泛应用。TOD理论的含义是以城市内的公交站、地铁站、高铁站、机场等交通枢纽为核心,以一定的距离为半径对土地和城市进行有序的开发,其特点主要是依托于城市交通建设和交通政策规划所带来的便利性和可达性,并在此基础上进一步拓展其周边区域的居住、商业、文化、教育等城市功能属性,从而盘活所在区域的经济潜力,使城市进行合理化和协调化的开发,最大限度地避免城市的无序化发展,规避其可能造成的风险和后果。

在国内学界,有许多研究认为高铁开通对于沿线城市的经济发展起到积极推动作用,例如兰秀娟(2022)研究认为,高铁网络能够促进城市群经济高质量发展,且高铁网络对城市群经济高质量发展存在显著的正向空间溢出效应。王雨飞等人(2022)认为优化高铁网络布局、充分发挥其对非中心城市经济增长的带动作用,是实现共同富裕目标的重要途径。龙玉等人(2017)研究认为高铁带来的空间压缩、时间节约、可达性提高,使得高铁城市吸引了更多的风险投资,有利于地方经济转型和推动创新。李欣泽等人(2017)发现,从整体上来看,高铁开通促进了资本要素的流动,优化了资本要素在企业间的配置状况,进而提高了企业生产率。董艳梅、朱英明(2016)研究认为,高铁建设直接或间接地影响了地区就业、工资和经济增长空间,重塑了中国的经济空间。

但是,也有学者认为,高铁建设会为一些城市带来虹吸效应等负面影响。卞元超等人(2018)研究发现,高铁的开通运营能够通过要素流动对区域经济差距产生显著的正向影响,即高铁开通能够拉大区域经济差距,产生极化效应,高铁开通显著扩大了省会城市的经济差距,但是对非省会城市的影响效应是不显著的。张克中、陶东杰(2016)研究认为,高铁的开通显著降低了沿途非区域中心城市的经济增长率,发现距离区域中心城市越近的地级市受到高铁开通的负向影响越大,高铁的"虹吸效应"主要发生在东部地区,对不同产业的影响存在一定的差异性。张俊(2017)研究发现,高铁开通对县级市和县经济发展带来不同影响,高铁开通对有高铁的县级市经济增长贡献为34.64%,而对县级单位经济增长的影响不明显,高铁开通对"高铁县"产业结构则没有产生显著的影响。

因此,总体来说,高铁的产生和发展,不仅在很大程度上减少了两地之间的时空间隔,还加速了生产要素的流通,更突破了地域的限制拓展行业市场,促使萌生新的经济增长点。但是也要注意防范与面对高铁建设中带来的风险与挑战。因此,有必要深化高铁建设与运营对环太湖城市群区域协调发展的研究。本文将聚焦于高铁与城市群发展之间的关系是怎样的及高铁如何推动区域协调发展。

4. 环太湖城市群高铁建设与运营基本情况

十九届五中全会提出,"十四五"时期的经济社会发展要以推动高质量发展为主题,城市群正成为中国经济高质量发展的重要载体。习近平总书记在党的二十大报告中指出,要促进区域协调发展。深入实施区域协调发展战略、区域重大战略、主体功能区战略、新型城镇化战略,推进长三角一体化发展,以城市群、都市圈为依托构建大中小城市协调发展格局,推进以县城为重要载体的城镇化建设。提高城市规划、建设、治理水平。城市群以其独特的优势迅速发展,已逐渐成为取代单个城市的新的区域经济增长极,带动了更大范围的区域经济发展。根据国务院批准的《长江三角洲城市群发展规划》,长三角城市群包括上海、南京、无锡、常州、苏州、杭州、嘉兴、湖州等26市(图1)。其中,环太湖城市群苏州、无锡、常州、嘉兴和湖州位于长三角的核心区位,具有支撑长三角一体化发展的关键作用。

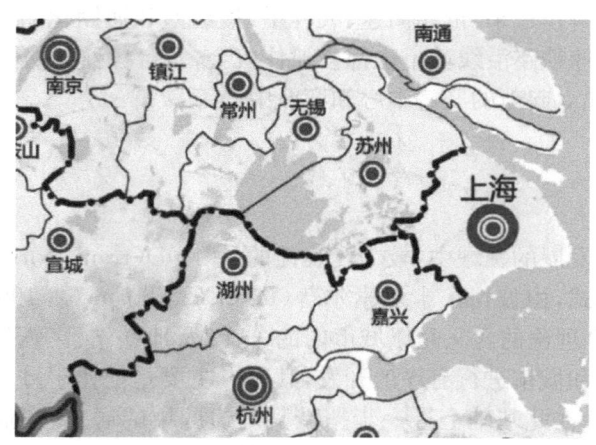

图1 环太湖城市群各城市地理位置

资料来源:https://baike.baidu.com/item/%E9%95%BF%E6%B1%9F%E4%B8%89%E8%A7%92%E6%B4%B2%E5%9F%8E%E5%B8%82%E7%BE%A4/5973620?fr=aladdin。

根据2019年《长江三角洲区域一体化发展规划纲要》(图2),苏州的分工定位为高技术产业基地、现代服务业基地和创新型城市、历史文化名城和旅游胜地;无锡为国际先进制造业基地、服务外包与创意设计基地和区域性商贸物流中心、职业教育中心、旅游度假中心;常州为以装备制造、新能源、新材料为主的先进制造业基地和重要的创新型城市;嘉兴为高技术产业、临港产业和商贸物流基地、运河沿岸重要的港口城市;湖州为高技术产业引领的先进制造业基地、文化创意、旅游休闲城市,是连接中部地区的重要节点城市[9]。

目前,环太湖城市群建设并运营中的高铁站点共有30个,其中苏州有苏州站、苏州北站、昆山南站等12座高铁站,花桥站在2020年关闭运营;无锡有无锡站、无锡东站等5座高铁站;常州有常州站、常州北站等5座高铁站;嘉兴有嘉兴站、嘉兴南站等5座高铁站;湖州有湖州站、安吉站等4座高铁站。可见,苏

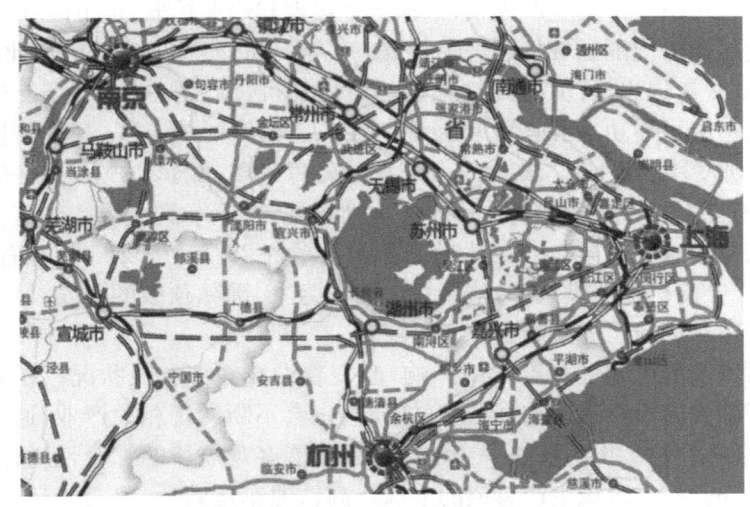

图 2　环太湖城市群综合交通网规划示意图

资料来源：http://jscts.org.cn/web/commit.php?content=true&newid=20。

州在环太湖城市群中拥有运营中的高铁站点最多，湖州最少。环太湖城市群主要以京沪铁路、沪宁城际铁路、宁杭高速铁路、沪昆高速铁路、合杭高速铁路等高铁线路为主，形成环太湖之势。高铁站点的建设从开工到投入运营往往需要 3~5 年。站点建筑面积主要站点为上万平方米，站台数在 4 台以上，小站点多为几千平方米，站台数多为 2 台。

5. 高铁对区域协调发展的影响

从"要想富，先修路"到"火车一响，黄金万两"，人们越来越意识到交通基础设施对于社会经济发展的作用。铁路为代表的现代路网将成为带动沿线城市经济发展的重要枢纽。随着我国城市的快速发展，原有的交通运输方式已经难以满足现代化城市的出行需求。高速铁路的应运而生，将会催生出新的"高铁经济带"。高铁作为一种新型的交通工具，凭借其更加高效、安全、大容量的特征优势以及社会各组成部分间的紧密联系，对沿线城市经济和发展产生了相应的直接和间接影响。

高铁经济带是建立在城市经济带的基础上，侧重于研究高铁开通带来的劳动力资源流动、产业聚集等特点。目前可以形成高铁经济带的区域一般是之前经济发展情况就比较好的，高铁沿线连接的站点城市中有经济相对发达的核心城市，比较典型的有京沪高铁经济带等。与其他交通运输方式相比，比如普通铁路、水路、公路，高速铁路运输具有高效、灵活、快捷等技术经济特点，因此高铁经济带对于区域的拉动和促进作用明显高于其他运输网络形成的城市经济带。

高铁对城市群可达性的影响。高铁的开通与成功运营不仅极大程度地释放了原有铁路的运能，缓解城市的客运紧张程度，进一步提升区域运输能力，而且能够缩短区域间的时空距离，提升经济区位优势，从而改善可达性，以刺激沿线城市经济快速发展。居民的可达性是判断资源配置是否有效的关键基础。通过高铁对城市群可达性的推进作用，沿线城市随之产生了较为明显的时空收缩效应，改善周边城镇和农村的交通状况，加大人力、资本、信息、技术等生产要素的对外联系程度，使得核心城市迅速敏捷地向沿线城市延伸扩充，加速实施城乡一体化进程。

高铁对城市群产业结构的影响。首先，高铁的建设、开通与运营将大大降低人员出行和货物运输的成本，促进产业有序转移，优化产业布局和资源配置，从而将重构该城市与区域之间的产业分工。高铁的建设是一个宏大且复杂的体系工程，涉及的相关领域和产业分布较为广泛，交通条件的改变通常直接引起产业规划的整体性变革，而产业结构布局是否合理成为权衡生产效率和资源配置效率的重要标志。高铁自身就直接带动制造业、机械业、建筑业、通信设备业等多个产业的发展。其次，也通过加强沿线城市的紧密联系促进与其相关的其他产业优化升级，为第二产业、第三产业及高新技术产业的优化提供了可能和必要条件。最后,高铁通过合理引导市场生产要素,推动产业集聚和产业扩散,重组区域间的优势资源,调整区域内的产业布局,强化城市对周围区域的经济辐射效应,从而促进整个城市群的产业结构升级。

以苏州为例,在2012年提出,将抓住高铁站点的建设契机,倾力打造智慧型交通枢纽并发展新兴产业,进一步拓展站点周边的居住功能和产业功能等。在苏州相城的核心区,高铁新城已经启动建设占地10 km² 的长三角国际研发社区,打造350万 m² 研发办公写字楼,配套120万 m² 人才公寓、7所国际学校、4所公立学校、10所以上楼宇大学、10个开放式运动场地、30 km 滨水慢行步道。目前已引进高科技研发项目560多个、高层次人才近2 000人、大院大所创新平台28个。计划5年左右完成建设,5~8年完成入驻,集聚10万名以上高科技研发人才,建成一个以人为本、国际顶级的研发社区,推动相城打造产城融合样板区、长三角一体化创新发展先导区。

因此,高铁通过对城市群可达性和产业的影响,改变着沿线经济发展状况。在高铁的规划建设过程中,伴随着高铁自身基础设施投资的增加,沿线区域周边也会不断涌现相关产业,通过需求拉动和资本积累两种方式促进区域经济增长。作为反映一个地区经济发展客观规律的综合性指标,区域经济增长表现为该区域内社会总财产的增多、区域生产总值的上涨。高铁通车运营后,以交通运输的形式加快资本、信息、技术等要素的流通速度,加深各区域间的开放程度,进一步扩大市场规模、优化资源配置,从而完成区域经济程度的整体提升。但高铁提供巨大发展契机的同时也吸引大量的生产要素向优势区域集聚,不断强化增长极,形成负溢出效应,需要制定自身发展战略,积极开展地区之间的交流合作,促使各区域经济发展更加协调均衡。

6. 高铁与区域协调发展之间存在的问题

根据以上研究分析,高铁建设与运营改变了沿线区域的交通运输方式,加快了资本、劳动、信息等必需生产要素的流动速率,也节省了环太湖城市群出行的时间和成本,显著提高区域可达性水平,拓宽主要吸引外来投资的第三产业发展渠道,还创造了大量的就业机会,为环太湖城市群经济发展带来了巨大契机。

尽管高铁能够极大程度地带动沿线城市经济实现快速增长,但同时也存在各区域差异较为明显以及就业后期发展放缓的问题,如未能及时正确对待,可能造成各区域经济之间的差距逐渐扩大,进而加剧区域发展之间的矛盾。对于城市群中的各城市而言,从外部看表现为高铁网络站点不平衡;从内部看则突出表现为高铁配套设施的不完善。

高铁网络站点不平衡。环太湖城市群例如从湖州到无锡等线路,尚无直达班次,必须经换乘方可到达。协调机制失效,近年来,不少主流媒体和学者对地方政府的指责颇多,例如"央地博弈""诸侯经济"、土地财政等。但实际上,我们能够理解在现行制度设计下,央地间的博弈无可厚非。"跑步前进""驻京办现象"等现象的出现是由于中央集中了财权和事权。因此,我国部分城市规划高铁站点时,常常忽视城市自身人口规模、经济实力、资源禀赋等因素,一味追求建设等级高、规模大、技术先进、世界一流的高铁站点,把高速铁路的开通和高铁站点的修建视为带动城市新区建设和经济发展的良机,使得很多高铁站点的规划过于超前,造成了资源的浪费。

高铁配套设施不完善。高铁虽然拉近了城市间的时空距离,但是部分城市的高铁站点的选址往往远离市中心甚至设在郊区,过分重视高铁站点带来的影响,试图将高铁新区建设成为新的商业中心、经济中心,建立城市新的增长极,但又没有规划合理的城市公共交通系统作为衔接,导致旅客出行不便,结果反而适得其反,制约了高铁的优势发挥,严重影响了高铁自身的功能属性和对城市发展的积极影响。

7. 高铁推动城市群高质量发展的对策建议

为了更高效地发挥高铁对环太湖城市群经济社会发展的带动作用,实现高铁时代环太湖城市群的可持续发展,针对目前存在的问题提出相对应的政策建议。

(1) 构建环太湖城市群高铁交通网络体系,改善沿线区域可达性。要想更大程度地发挥高铁的交通导向作用,不仅需要完善区域内部高铁交通基础设施建设及其配套服务,而且应该加强区域外部高铁网络的联系。要借助长三角一体化的契机,积极贯彻落实国家发改委和交通运输部出台的《长江三角洲地区交通运输更高质量一体化发展规划》,打造高铁"公交化"的一小时交通经济圈,构筑高铁网络的合作共赢格局。

(2)搭建环太湖城市群高铁建设合作机制,促进城市群协调发展。根据地理特征、换乘便利、网络效率等因素规划高铁路线并合理选取高铁站点,注意兼顾部分偏僻地区的交通需求,以免造成区域可达性过度失衡,还要在安全提升高铁速度和站点进出效率的同时,完成其与公交、地铁等其他交通配套设施的无缝衔接,从而提升交通网络体系的整体通行效率。

(3)优化环太湖城市群产业发展规划,避免环太湖各城市之间的过度竞争。高铁的建设、开通与运营扩大了产业结构优化的范围,不仅使得各个城市之间的时空距离缩短,还使得经济要素在城市群内各城市之间的交流更加频繁,推动了城市群内各城市之间产业的扩散和集聚。因此,为了促进资源的合理配置,就必须要站在城市群的高度进行规划。同时,为了防止虹吸效应的产生,各城市有必要依据自身实际发展情况,探索适合自己的开放型区域经济发展模式,以带动当地实体经济和服务经济。高铁沿线城市的产业发展是有差异性的,每个城市都根据自身要素禀赋、产业基础,充分发挥比较优势和竞争优势,合理选择主导产业,形成合理的、有活力的产业结构,避免城市间过度竞争,造成资源配置效率降低。加强各区域间的交流协作,充分发挥经济的扩散效应,进一步缩小区域间经济水平差距,推动区域协调发展,迈向共同富裕。

8. 结语

伴随环太湖城市群区域协调发展不断深入推进,高铁的建设、开通与运营对推动环太湖城市群高质量发展的作用愈加显著。2020年,沪苏湖铁路开工建设,计划2024年开通运营。沪苏湖铁路(图3)东起上海市,途经江苏苏州吴江区,西至浙江湖州市,全线设上海虹桥站、松江南站、练塘站、汾湖站、盛泽站、南浔站、湖州东站、湖州站8个车站。作为沪苏湖和通苏嘉甬两条高铁"十"字交会枢纽的苏州南站目前桩基工程正在加快推进。各城市在发展的过程中,要客观认识高铁对区域协调发展的作用,科学规划高铁网络建设,合理设置站点,完善高铁配套交通体系,实现环太湖城市群高质量发展的目标。

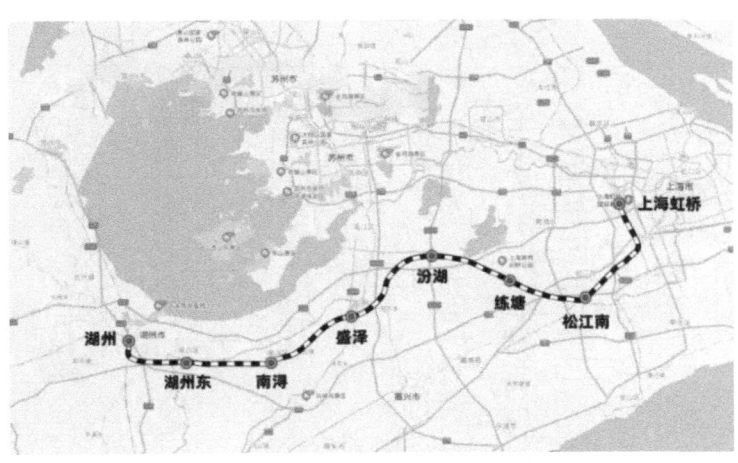

图3 沪苏湖铁路线路示意图

资料来源:中国铁路上海局集团有限公司融媒体中心。

参考文献

[1]卞元超,吴利华,白俊红.高铁开通、要素流动与区域经济差距[J].财贸经济,2018,39(6):147-161.

[2] 董艳梅,朱英明.高铁建设能否重塑中国的经济空间布局——基于就业、工资和经济增长的区域异质性视角[J].中国工业经济,2016(10):92-108.

[3] 郭万清.高铁时代的泛长三角区域城市协调发展[J].江淮论坛,2011(1):13-17.

[4] 龙玉,赵海龙,张新德,等.时空压缩下的风险投资——高铁通车与风险投资区域变化[J].经济研究,2017,52(04):195-208.

[5] 李欣泽,纪小乐,周灵灵.高铁能改善企业资源配置吗?——来自中国工业企业数据库和高铁地理数据的微观证据[J].经济评论,2017(6):3-21.

[6] 兰秀娟.高铁网络促进了城市群经济高质量发展吗?[J].经济与管理研究,2022,43(06):106-128.

[7] 孙伟增,牛冬晓.高铁网络带动区域经济高质量发展[N].中国社会科学报,2022-08-17(3).

[8] 王雨飞,王雅琦,曹清峰.高铁开通对促进城市经济增长的影响——基于企业选择效应的研究[J/OL].[2022-11-5].北京工业大学学报(社会科学版):1-14.

[9] 肖金成.长三角城市群一体化与高铁网络体系建设[J].发展研究,2014(5):8-12.

[10] 张克中,陶东杰.交通基础设施的经济分布效应——来自高铁开通的证据[J].经济学动态,2016(6):62-73.

[11] 张俊.高铁建设与县域经济发展——基于卫星灯光数据的研究[J].经济学(季刊),2017,16(4):1533-1562.

[12] IBRAHIM S M, AYAD H M, SAADALLAH D M. Planning Transit-Oriented Development (TOD): A Systematic Literature Review of Measuring the Transit-Oriented Development Levels[J]. International Journal of Transport Development and Integration, 2022, 6(4).

都市圈节点新城轨道多网融合
——以天津市宁河区轨道交通四网融合战略规划为例

Multi-system Integration of Rail Transit for Node City in Metropolitan Area
—Strategic Planning of Rail Transit Multi-system Integration for Ninghe District in Tianjin as Example

袁 扬[1]　周欣荣

摘　要：宁河区区域协同职能不突出、产城空间集聚不充分，需要轨道交通体系构建与融合为经济社会发展引入优质资源要素。文章以作为都市圈节点新城的宁河区为对象，以多层级轨道网络体系融合的必要性为基础，重点论证不同层级轨道系统在体系构建与融合中的方法，提出宁河区轨道交通体系融合的四大策略。笔者认为宁河区引入环渤海城际铁路站点，可主动参与北京疏非和津冀协同职能；引入津宁线、Z4线等多条市域轨道，可积极承接产业功能和优质资源疏解；搭建城区中、低运量轨道网络，引导优质资源在城区空间上的落位；构建轨道交通枢纽系统，有效融合多层级轨道交通体系，提升轨道交通服务城市发展的效能。

关键词：节点新城；轨道交通；多网融合；区域协同；资源要素

Abstract: In Ninghe district, the function of regional synergy and the spatial agglomeration of the city are not prominent. The construction and the integration of rail transit systems are needed for introducing the high-quality resources to promote the economic and social developments. Taken Ninghe—the code city in Tianjin metropolitan area as the subject, the necessity of the rail transit multi-system integration is demonstrated, and the roads to the construction and the integration of rail transit systems are studied, and then four measures are proposed. It is confirmed that the station of the intercity railway around Bohai sea will be served for relieving nonessential functions for the capital and enhancing the cooperation of Tianjin-Hebei, and two urban express rail lines–Tianjin-Ninghe line and Z4 line will be served for relieving the industries and the high-quality resources from the core area. The medium-capacity rails system will be constructed for leading the layouts of the high-quality resources in the urban area, and the hub-stations system will be constructed for fusing the rail transit systems to improve the efficiency of the urban developments.

Key words: node city; rail transit; multi-system integration; regional synergy; resource elements

1. 前言

新时代，我国步入了以城市群为经济社会发展主要载体的新阶段，京津冀协同发展国家战略向纵深不断推进；天津步入了以都市圈为经济社会发展主要引擎的新阶段，"多节点"高质量发展和跨界协作引领着天津都市圈不断成长。作为城市群、都市圈节点新城，《天津市国土空间总体规划》[1]提出，宁河区定位为京津冀"飞地"协同发展示范区、环首都重要湿地生态涵养区、天津东北部绿色产业融合区、宜居宜业宜游生态美丽城区，重点提升商务休闲和旅游服务发展水平。宁河是位于天津都市圈60 km圈层的远郊节点，可承接津、滨双城人口、技术等资源的有序疏解；在环渤海发展廊道上，与唐山跨界发展协作和共同管控，

1　袁扬，天津市城市规划设计研究总院有限公司，博士研究生，高级工程师，联系邮箱：tjghyscjyb@163.com。

打造产业协同、机制创新、利益共享的共建示范区。

轨道交通是推进城市群、都市圈一体化发展的重要手段,《交通强国建设纲要》[2]指出,建设城市群一体化交通网,推进干线铁路、城际铁路、市域(郊)铁路、城市轨道交通融合发展;《中华人民共和国国民经济和社会发展第十四个五年规划和2035年远景目标纲要》[3]提出,推进城市群、都市圈交通一体化,加快城际铁路、市域(郊)铁路建设,有序推进城市轨道交通发展。利用多层级轨道交通融合体系,快速、便捷地联系中心城市与周边中小城(市)镇,使节点城市可共享门户城市、大城市参与到更大乃至全球范围内资本、信息等资源自由流动的红利,服务于节点新城经济社会高质量发展。

为全面提升宁河区轨道交通的发展水平,支撑城市功能空间布局落位,积极谋划轨道交通体系规划建设的前期相关工作,本文以宁河区轨道交通体系网络为分析对象,重点研究体系融合的必要性、方法以及网络布局的规划策略、建议,力求为其他节点新城轨道交通发展的规划及建设决策提出参考意见。

2. 必要性分析

宁河区现状钢铁、造纸等传统产业比重较大,经济发展进入平台期,需要城际铁路高效链接京、雄门户城市,服务于资本、信息等优质资源的引入,诱发经济快速增长。同时,宁河区作为天津市域面向冀东地区的"第一站",为合作共建跨界示范区,需要城际铁路有效拓展与唐山、秦皇岛等节点城市的联系,带动环渤海地区协同发展。根据《城市综合交通体系规划标准》(GB/T 51328—2018)[4],区域节点城市宜设置高、快速铁路客运站。通过城际铁路"牵线",强化北京疏非功能承接和津冀协同职能发挥,落实宁河区作为京津冀"飞地"协同发展示范区的规划定位。

宁河区是天津都市圈东北方向上60 km圈层的远郊节点,需要市域快线轨道快速联系津、滨双中心城区,结合未来科技城功能组团承接高校布局的任务,引入岗位、技术等优质资源,加速绿色产业发展。宁河区湿地、河流等生态资源丰富、耕地禀赋优越,需要市域快线轨道加强与津、滨双中心的交通联系,服务休闲旅游产业发展。根据《城市综合交通体系规划标准》(GB/T 51328—2018),外围节点新城应利用城市快线轨道联系城市主、次中心。通过市域轨道"搭桥",强化绿色经济产业升级发展,落实宁河区作为天津东北部绿色产业融合区的发展定位。

宁河区现状有84%的人口生活、工作在本行政区域内,需要中、低运量轨道系统形成城区客运交通体系的骨干,打造有竞争力的公共交通服务网络,有效组织城区内出行。通过城际铁路、市域轨道而从外部引入的资本、信息、岗位、技术等各种资源要素,需要中、低运量轨道系统引导资源在城区内空间上的合理落位,落实宁河区作为宜居宜业宜游生态美丽城区的规划定位。

城际铁路是节点城市共享城市群门户城市核心资源的战略手段,市域轨道是远郊节点承接都市圈中心城市功能疏解的战略手段,城区中、低运量轨道是节点新城引领自身高质量发展的战略手段,因此,轨道交通多层级网络融合是节点城市引导外部资源实现内部落位的战略手段,非常具有必要性。

3. 体系网络构建与融合

3.1 城际铁路站点引入

宁河区现状需借助滨海北站实现与北京门户城市的交通联系,无直达北京的城际铁路,疏非平台无竞争优势,从宁河城区至滨海北站的道路接驳交通需要0.5 h,城际铁路快速通达的优势被稀释;同时,宁河区现状无直达铁路实现与京、津三大机场的交通联系,无法吸收城市群核心资源服务经济升级发展,如图1所示。

在环渤海廊道上,现状津秦高铁和津山铁路形成复合铁路通道,但该通道主要服务京唐秦区域发展轴,与沿海发展轴在空间上不匹配,对于支撑天津都市圈内宁河-唐山共建跨界示范区的引领作用不强。

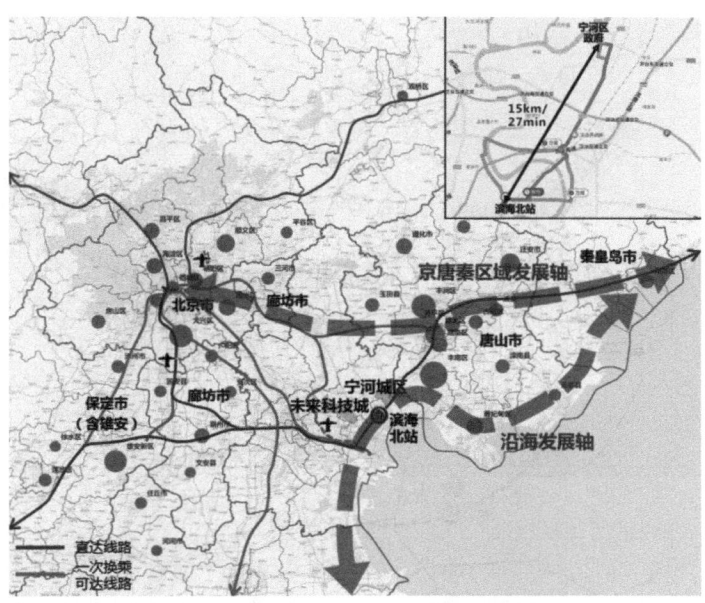

图 1　宁河区对外区域出行规划分布与铁路设施现状供给分析图

通过规划调整城际铁路线位将快速铁路站点引入宁河城区,可实现宁河融入国家高速、城际铁路网络,进入东北地区南下华东、华南、西南等地区的国家通道;实现与北京中心城区、通州副中心以及京、津三大机场的直达联系,主动融入城市群发展,助力北京疏非;实现与唐山沿海地区的广泛联系,强化环渤海发展廊道,推动津冀协同发展,如图2所示。

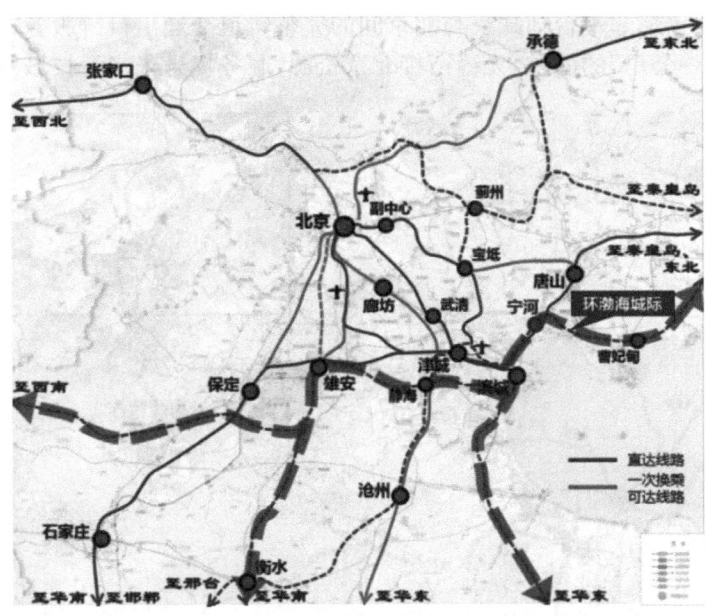

图 2　宁河区引入城际铁路站点规划分析图

3.2　市域轨道线路引入

宁河区需要主动融入天津都市圈发展,通过市域快线轨道线路的引入,实现宁河城区位于津城"1小时交通圈"内,助力津城绿色产业功能至东北方向有序疏解;实现宁河城区位于滨城"1小时交通圈"内,助力滨城沿环渤海廊道的辐射带动作用加强;营造"到宁河就是到天津中心城"的归属感,助力宁河城区吸引冀东地区产业、人口加速落户,如图3所示。

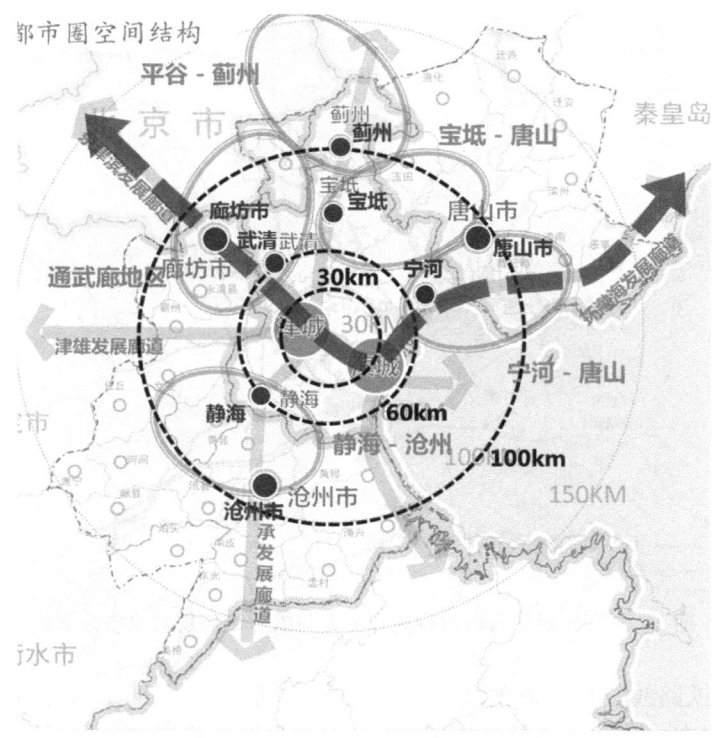

图 3　宁河区在天津都市圈空间结构中的区位分析图

同时,考虑到京津合作示范区现已落位在未来科技城进行开发建设,但现状和规划的城际铁路、市域轨道均无法直达,作为北京疏非平台却缺乏与北京间的完整轨道交通出行链服务,亟须市域轨道线路的引入,解决轨道交通"最后一公里"的问题,无缝衔接北京资源,服务提升未来科技城发展,如图4所示。

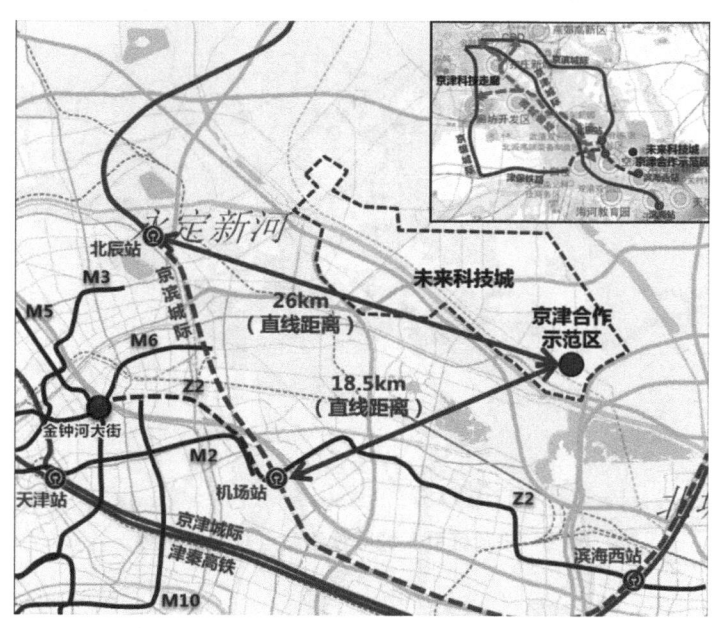

图 4　未来科技城与北京联系的轨道交通设施现状供给分析图

宁河城区与滨城北翼的汉沽城区现状联系十分紧密,出行目的以双向通勤交通为主,如图5所示,亟须市域轨道线路的引入,提供高品质公共交通出行服务,引领宁河新城的升级发展。

城际铁路、市域轨道的引入,为宁河带来了高质量发展所需要的资本、信息、岗位、技术等各种资源要素,

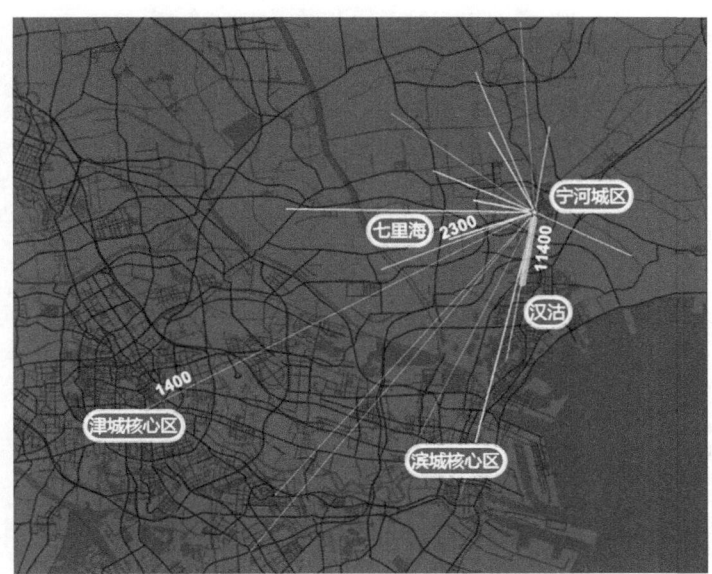

图 5　宁河城区对外市域出行现状情况分析

需要通过中、低运量轨道系统的搭建,引导资源要素在宁河城区空间上的合理布局,服务要素落地实现。

此外,宁河城区内现状南北方向道路通道的拥堵情况较为严重(图6),需要中、低运量轨道线路的引入,提高南北方向上公共交通的客流输送能力,引导城区交通出行方式的结构发生转变,缓解现状拥堵状况。

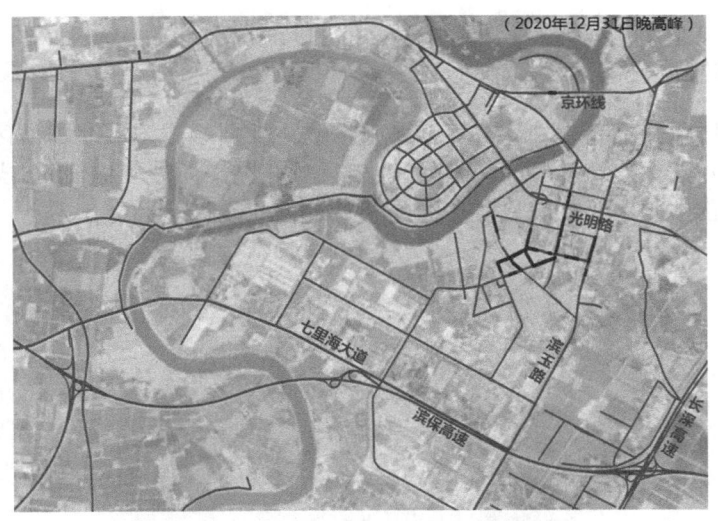

图 6　宁河城区道路拥堵现状情况示意图

未来宁河城区沿袭生活、生产用地空间分别分布在城区北部和南部的空间结构,在北部生活空间,结合城市更新,规划"十字形"公共服务轴线,将推导形成桥北新区-中心区-经开区的城区客流主要走廊(图7)。需要中、低运量轨道网络的搭建,打造成城区客运交通体系的骨干网络,服务宜居宜业宜游的生态美丽城区建设。

3.3　枢纽系统构建

服务城区对外交通的城际铁路、市域轨道和解决城区内部交通的中、低运量轨道需要通过轨道枢纽站点的融合,实现不同层级轨道交通的换乘连续,引导城市外部资源无缝畅达城区内部。

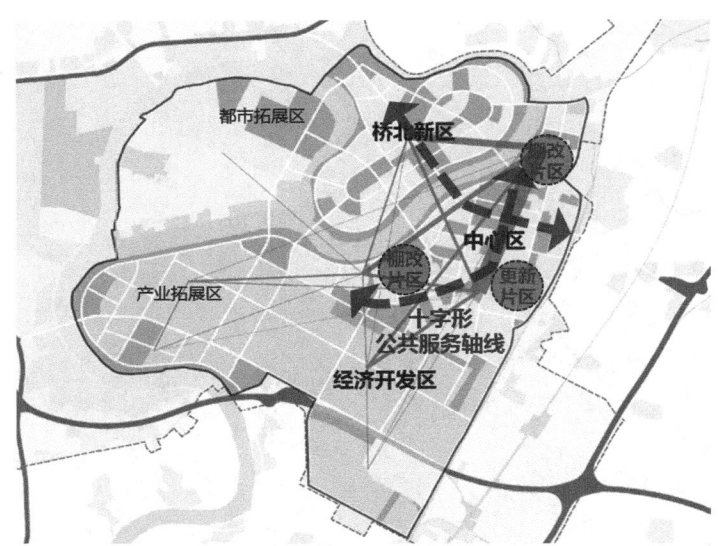

图 7　宁河城区空间结构规划布局与内部出行规划情况分析图

城际铁路、市域轨道与中、低运量轨道规划在城区内的不同枢纽站点实现接驳衔接，需要轨道枢纽系统的构建，整合各个轨道枢纽站点，实现不同层级轨道交通体系的融合，共同做好节点新城客运交通骨干网络的运输服务。

4. 规划策略建议

4.1 城际铁路方案调整

根据《京津冀核心区铁路枢纽规划》[5]，环渤海城际铁路规划经过滨城北翼城区并设站。为将城际铁路站点引入宁河城区，建议优化调整环渤海城际铁路线位，并在宁河城区内设站，支撑宁河作为区域节点新城的地位，服务天津都市圈东北部门户节点的确立，如图 8 所示。

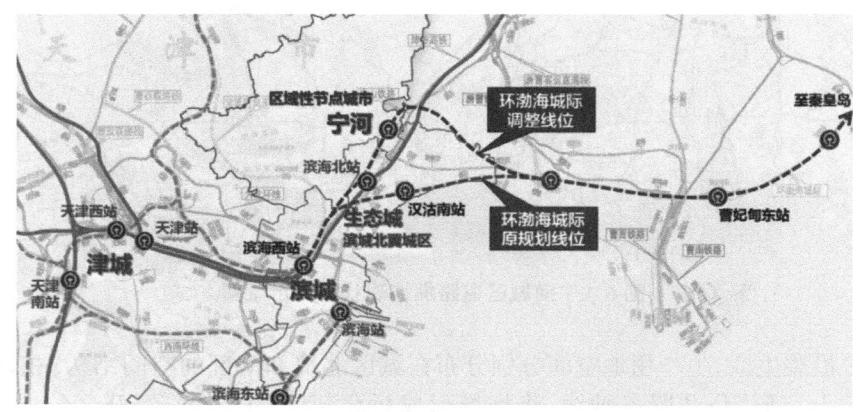

图 8　环渤海城际铁路规划调整示意图

在宁河城区范围内，为集约用地，环渤海城际铁路规划沿既有津山铁路、滨玉路之间的绿化带敷设；规划宁河站设置在城区东侧，结合城市用地、道路网布局，拟选址在朝阳路尽端附近，采用高架车站方式，站前组织空间条件好，如图 9 所示。

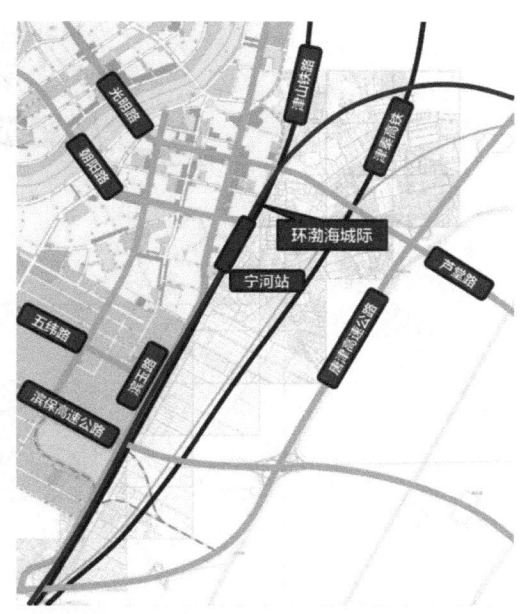

图 9　环渤海城际铁路在宁河城区内的规划线、站位示意图

4.2　市域轨道方案调整

根据《天津市轨道交通线网规划》[6]，津宁线市域轨道串联宁河城区、未来科技城、东丽湖、空港、滨海机场等地区，可实现宁河城区 1 h 内到达津城核心区；津宁线支线市域轨道联通未来科技城与京滨城际铁路北辰站，可形成京津合作示范区与北京之间的轨道交通完整出行链，如图 10 所示。

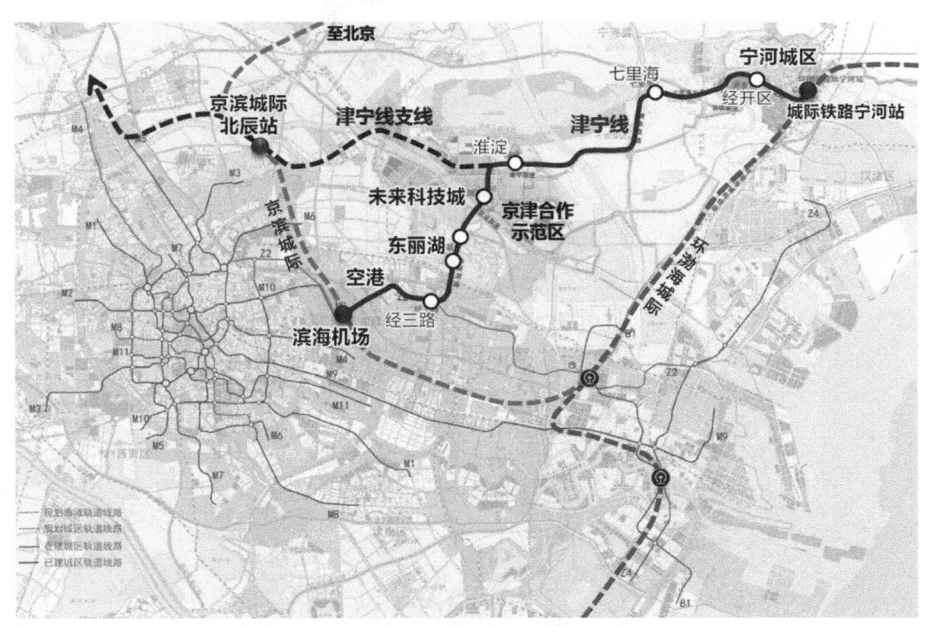

图 10　津宁线、津宁线支线市域轨道规划示意图

考虑到津宁线的客流以科研、商务、旅游等出行目的为主，建议优化调整宁河城区段线、站位，提升对城区生活组团的服务水平。津宁线自规划宁河站枢纽出线后，由原规划的经城区南部产业园区调整为经城区北部的中心区、桥北新区、都市拓展区、大北镇；车站由原规划的 1 座车站加密至位于每个生活片区的 4 座车站，如图 11 所示。

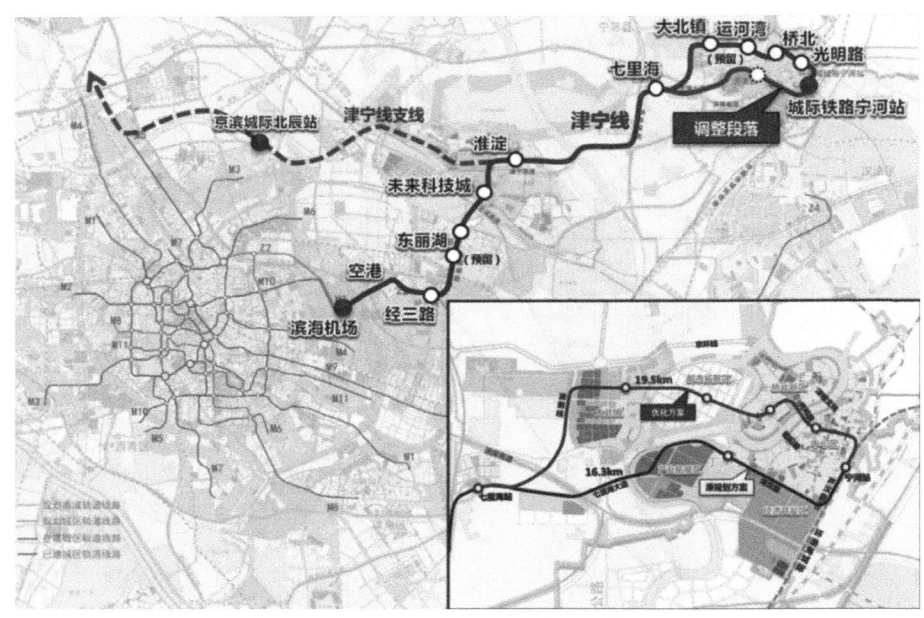

图 11　津宁线市域轨道规划调整示意图

根据《天津市轨道交通线网规划》[6]，市域 Z4 线轨道串联滨城汉沽北翼城区、生态城、核心城区、大港南翼城区等地区，引导滨城空间双向拓展，支撑沿海廊道发展。Z4 线一期工程北端终至汉沽城区东部，远期线路规划延伸至滨海北站，如图 12 所示。

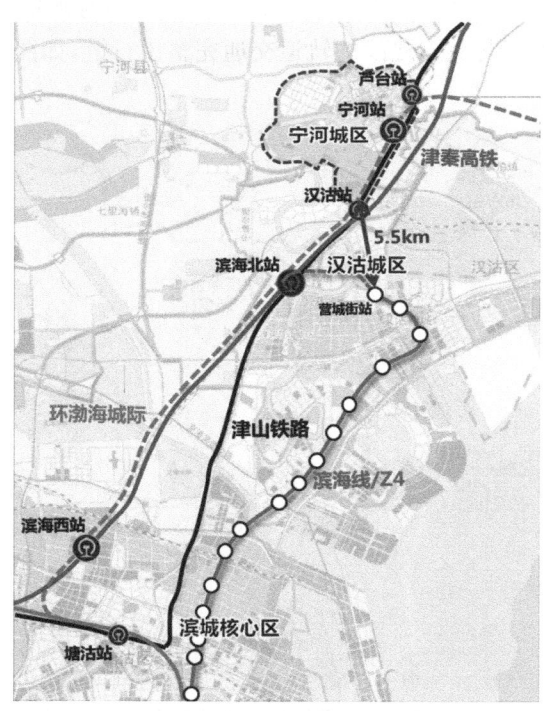

图 12　市域 Z4 线轨道规划示意图

为实现宁河城区经汉沽城区至滨海核心区的轨道交通联系，建议优化调整 Z4 线远期线、站位，服务通勤、商务、旅游等出行需求。Z4 线自在建北端站点——营城街站出线后，由原规划的向西至滨海北站调整为向北经汉沽城区北部和宁河城区的经开区、中心区、桥北新区；车站由原规划的 1 座车站加密至位于每个片区的 5 座车站，如图 13 所示。

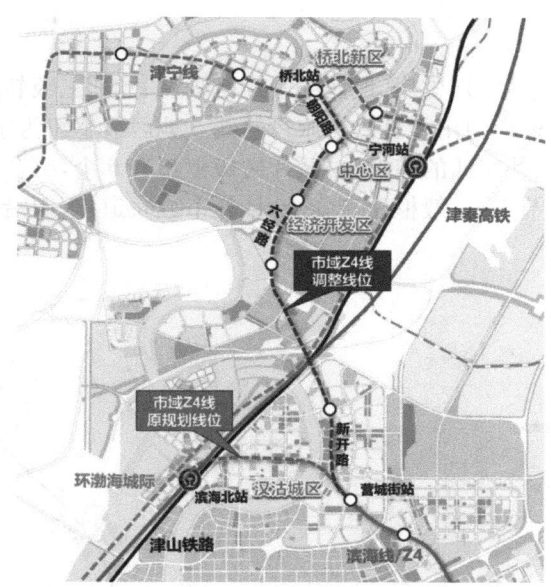

图 13　市域 Z4 线轨道规划调整示意图

4.3　新增中、低运量轨道网络

为搭建新城内中、低运量轨道系统,以宁河城区的空间结构和客流出行特征为基础,以对外轨道站点、生活和生产重要目的地以及可更新改造片区为节点,规划新增"U 字形"中、低运量轨道线路。

中、低运量 T1 线轨道串联桥北新区的居住、学校等地块—中心区的医院、学校、商业、居住、宁河站、可更新片区等节点—经开区的重点企业;与城际铁路、市域轨道在宁河站、光明路站、五纬路站实现接驳换乘,如图 14 所示。

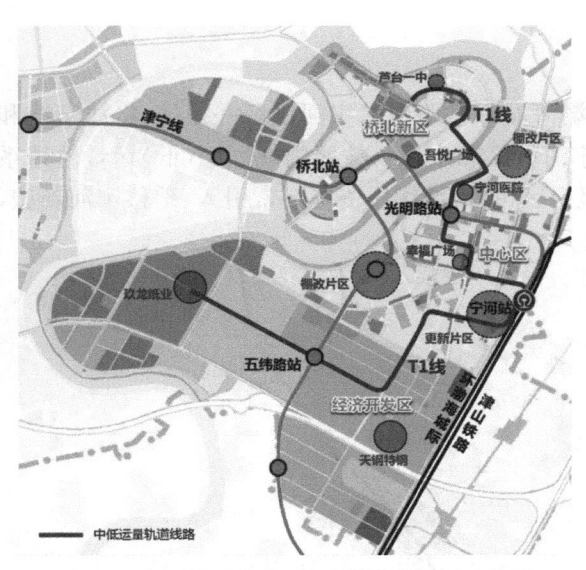

图 14　宁河城区内中、低运量轨道规划示意图

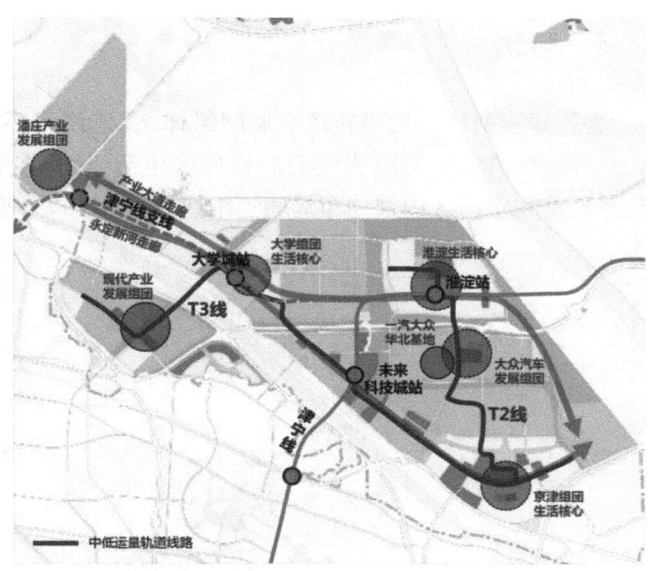

图 15　未来科技城内中、低运量轨道规划示意图

未来科技城内以城区空间结构为框架,以对外轨道站点、生活和生产组团核心为节点,规划新增"T 形"中、低运量轨道网络。T2 线串联淮淀生活组团—大众汽车产业组团—京津生活组团,与津宁线在淮淀站换乘;T3 线串联京津生活组团—大学生活组团—现代产业组团,与市域轨道分别在未来科技城站、大学城站换乘,如图 15 所示。

4.4 新增轨道枢纽站点

为高效融合各层级轨道交通,规划构建"地区级—片区级——一般"三级轨道枢纽系统(图16),通过"零距离"换乘,有效缩短乘客在轨道交通出行链内的旅行时间。地区级枢纽为宁河站,融合城际铁路、市域轨道和城区轨道,打造宁河城区内外交通的转换中枢;片区级枢纽有6个,融合市域轨道和城区轨道,塑造城区内各个片区内外交通的转换节点;一般枢纽有3个,依托市域轨道,组织沿线各镇区内外交通的转换。

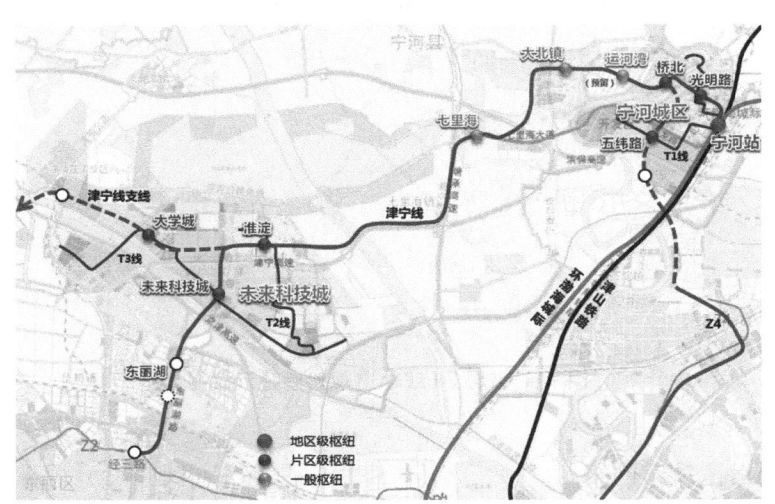

图16 宁河区轨道枢纽系统规划示意图

宁河站枢纽规划引入环渤海城际铁路、津宁线市域轨道和中、低运量T1线轨道,配套城市常规公交、机动车、非机动车等交通场站设施,实现多种交通方式的"零距离"换乘;并利用站前空间融合设置商业、办公等多重城市功能,可打造成为天津东北部城市门户客厅和都市魅力街区。

5. 结语

为构建宁河区多层级轨道交通网络体系,建议将环渤海城际铁路引入宁河城区并设站、将津宁线和Z4线市域轨道线位调整为主要经过城区生活组团、在宁河城区和未来科技城内规划中(低)运量轨道系统,并着重在宁河区内规划布局轨道枢纽系统(图17),吸引区域、市域优质资源要素引入、落位宁河新城,

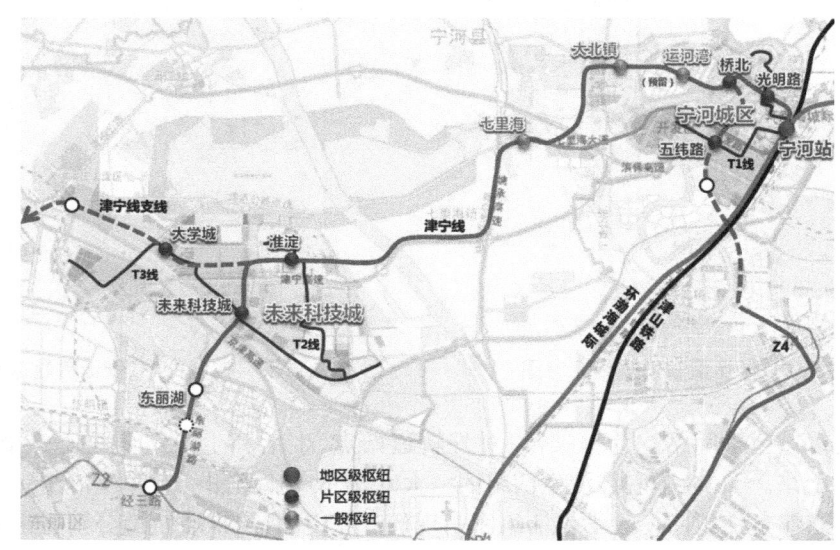

图17 宁河区多层级轨道交通融合体系规划示意图

服务宁河经济社会高质量发展。

结合天津市国土空间总体布局,针对武清城区、静海城区、宝坻城区、蓟州城区等节点新城,建议局部优化调整津雄城际铁路、京蓟线等城际铁路、市域轨道线位,规划新增外围城区中(低)运量轨道系统,重点打造轨道枢纽站点系统,形成多层级轨道交通融合体系,助力节点新城高质量发展。

―――――――――――――| 参考文献 |―――――――――――――

[1] 天津市国土空间总体规划(2021—2035年)规划说明(报审稿)[R].北京:中国城市规划设计研究院,2023.
[2] 中共中央 国务院印发《交通强国建设纲要》[EB/OL].[2019-09-19]. https://www.gov.cn/zhengce/2019/09/19/content_5431432.htm.
[3] 中华人民共和国国民经济和社会发展第十四个五年规划和2035年远景目标纲要[EB/OL].[2021-03-13]. https://www.xinhuanet.com/2021-03/13/c_1127205564_4.htm.
[4] 中国城市规划设计研究院.城市综合交通体系规划标准:GB/T 51328—2018[S].北京:中国建筑工业出版社,2018.
[5] 京津冀核心区铁路枢纽规划(2016—2030年)(报审稿)[R].天津:中国铁路设计集团有限公司,2019.
[6] 天津市轨道交通线网规划(2021—2035年)(征求意见稿)[R].天津:天津市城市规划设计研究总院有限公司,2023.

两网融合接驳特性与策略探讨

Research on the Characteristics and Strategy of the Transfer of Rail Transit and Bus in Zhangjiang Science City

戚美晨[1] 陈 龙 温 馨

摘 要：在城市轨道覆盖不足区域，轨道交通站点与常规公交接驳对于扩大城市轨道交通辐射范围、提高公共交通吸引力具有重要作用。本文以张江科学城为例，在对其接驳出行时空特征、接驳覆盖范围以及站点融合等特征的分析基础上，总结分析接驳出行主要问题及成因，进而提出轨道交通与常规公交接驳规划的主要思路与策略，以期对增强区域轨道辐射、提高接驳出行效率、促进绿色出行发展等公共交通发展问题提供参考和借鉴。

关键词：轨道交通；常规公交；接驳出行

Abstract: In the area with insufficient coverage of rail transit, the transfer of rail transit and conventional bus plays an important role in expanding the radiation range of urban rail transit and improving the attraction of public transit. Taking Zhangjiang Science City as an example, this paper summarizes and analyzes the main problems and causes of transfer travel based on the analysis of the spatial and temporal characteristics of transfer travel, the coverage area of transfer travel and the integration of stations, and then puts forward the main ideas and strategies of rail transit and conventional bus connection planning. Then provide reference about enhancing the regional rail radiation, improving the efficiency of transfer travel, promoting the development of green travel and other public transport development issues.

Key words: railway transit; conventional bus; transfer travel

1. 引言

张江科学城于1992年7月正式开园，从规划面积17 km² 的园区成长为规划面积220 km²、具有全球影响力的科技创新中心核心承载区。根据张江科学城最新一轮规划，未来规划人口、岗位数量将显著增长40%左右，对张江科学城交通系统的要求进一步提高。

目前，张江科学城公共交通建设仍在不断发展中，轨道交通现状共5条线路途径，共设置12处轨道站。近期随着21号线、13号线东延伸段、机场联络线的开工与建成，将新增9处轨道站。公交线路共94条，可接驳轨道交通站点的线路40条，约为线路总数的42.5%，接驳公交站点主要分布在张江科学城北部。

但由于张江腹地辽阔，轨道站点分布北密南疏，现状轨道站点600 m范围覆盖率仅为11.9%，与中心城区40.9%的覆盖率仍有一定的差距。因此，面对张江科学城轨道站点覆盖面积不足的现状，推动轨道交通与公交协调发展，优化接驳设施建设及公交线路，完善轨道"最后一公里"接驳服务显得尤为重要。本文以上海市张江科学城为研究对象，提出加强轨道交通与地面公交接驳衔接的解决方案。

2. 轨道公交接驳特征指标

轨道公交接驳出行包含出行者到达轨道站点后换乘至公交站点，乘坐常规公交到达目的地的过程，轨

---

[1] 戚美晨，上海浦东建筑设计研究院有限公司，助理工程师，联系邮箱：pdad@pdadri.com。

道站点的分布直接影响接驳系统的服务覆盖范围,而与其接驳的公交线路及站点则是对接驳系统服务面的扩展,它们的布局均影响着接驳系统的服务面及服务效率。因此,针对轨道公交接驳特征,除了常规时空分布指标外,我们选取接驳站点覆盖率、站点融合水平以及高峰时段服务水平进行指标分析。

2.1 接驳覆盖水平分析——接驳覆盖率

根据是否经过轨道站出入口 100 m 范围内的中途站点作为分类标准,将公交线路分为接驳公交线路和普通公交线路。查阅相关文献并结合出行实际体验,我们认为轨道站点 600 m 直线范围内以及公交站点 300 m 直线范围内,为出行者可承受的步行范围。基于此提出站点可达性的评价指标——接驳出行覆盖率,其计算定义如式(1)。

$$接驳覆盖率 = \frac{轨道站点\ 600\ m\ 覆盖范围面积 + 接驳公交站点\ 300\ m\ 覆盖范围面积}{研究范围面积} \times 100\% \quad (1)$$

2.2 站点融合水平——换乘距离

对于轨道公交接驳出行,主要换乘距离为轨道交通站点出入口与接驳公交站点的距离。《上海市公共汽(电)车客运线路优化导则》中规定,新建轨道交通站点 50 m 范围内必须有公共汽车接驳,不符合则改动站点位置,调整线路走向。根据此条例,对区域内轨道站点附近公交线路服务情况进行评估,并设定 50 m 为一级,对换乘距离进行 A~E 级划分,其中 A 为优秀,E 为较差。

2.3 接驳公交线路高峰期服务水平——发车间隔

影响接驳出行效率的另一因素是接驳公交的服务水平,发车间隔短、车辆满载率低,接驳公交的服务水平高,将会提高接驳出行效率。因此选择高峰时段公交线路的发车间隔,以表征高峰时段公交出行服务的供给服务水平。

3. 张江科学城接驳特征及问题分析

3.1 接驳行为时空特征分析

根据张江科学城范围内轨道交通及常规交通出行工作日一天的数据,对接驳行为进行判别,分别统计其出行时段及出行时耗,具体结果如下所述。

1) 接驳出行时段分布

根据接驳出行时段分布图(图1)可知,轨道交通、常规公交以及两者的接驳出行在 6:00—9:00、16:00—18:00 出现明显的出行高峰,与上下班高峰出行一致,说明张江科学城的接驳出行主要服务于通勤出行。

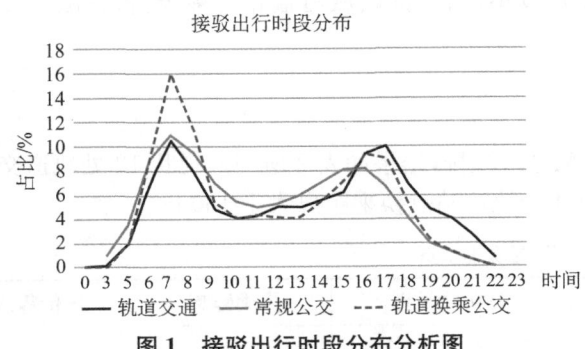

图 1 接驳出行时段分布分析图

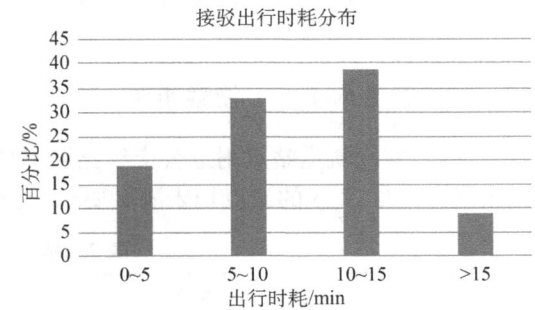

图 2 接驳出行时耗分布分析图

2) 接驳出行时耗分布

对从轨道站点出发换乘公交前往目的地的接驳出行时耗进行统计,结果如图 2 所示,发现出行时间主要集中在 5~15 min 内,5 min 以下和 15 min 以上占比较少,说明接驳行为主要承担轨道站点到目的地的

"最后 X 公里"的接驳功能,整体出行时耗较短,接驳出行效率一般,存在一定优化空间。

3.2 接驳覆盖水平分析——接驳覆盖率

根据接驳覆盖率计算公式,结合张江科学城轨道及公交站点空间分布数据,接驳覆盖情况如图 3 所示,计算接驳覆盖率如表 1 所列。

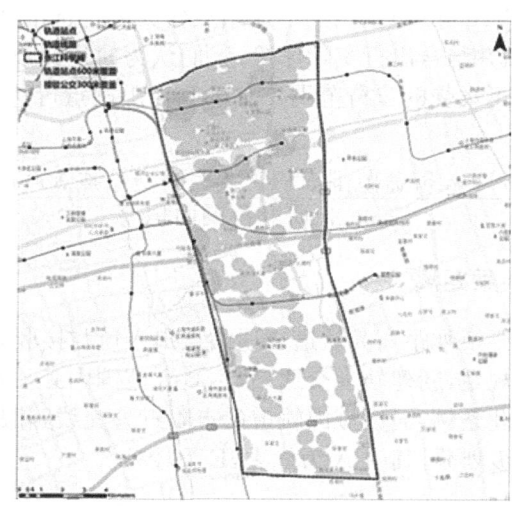

图 3　张江科学城接驳覆盖图

表 1　张江科学城接驳覆盖率

研究范围	现状覆盖率	近期覆盖率
张江科学城全域	51.4%	54.3%
张江科学城外环内区域	72.8%	75.8%
上海市内环内	96%	—
上海市中环内	90%	—
上海市外环内	82%	—

注:近期覆盖率是指 21 号线、13 号线东延伸段、机场联络线建设完成后的区域覆盖率。

根据表中结果,张江科学城内全域的接驳覆盖率水平较低,仅为全部区域的 50% 左右,对于张江科学城内环内区域,距上海市外环内接驳覆盖水平仍有差距。结合图片分析,整体覆盖呈北密南疏的特点,且北部区域接驳覆盖相对较全面,覆盖缺口较少且面积较小,而南部区域覆盖相对稀疏,覆盖缺口多且面积大。

3.3 站点融合水平——换乘距离

对张江科学城内轨道站点附近公交线路服务情况进行摸排,结果如表 2 所列。现状 12 处轨道交通站点中,A 级仅有 4 处,2/3 的站点均未满足要求,且有 4 处轨道站点换乘距离大于 150 m。

表 2　站点换乘距离摸排情况

轨道交通站点	换乘公交站点	公交站类别	换乘距离	评价等级
张江高科站	张江地铁站	首末站	100 m	B
金科路站	祖冲之路金科路	临时首末站	<50 m	A
广兰路站	祖冲之路广兰路	临时首末站	<50 m	A
华夏中路站	罗山路华夏中路站	中途站	120 m	C

(续表)

轨道交通站点	换乘公交站点	公交站类别	换乘距离	评价等级
中科路站	中科路海趣路	中途站	<50 m	A
学林路站	中科路哥白尼路站	中途站	150 m	C
张江路站	中科路张江路站	中途站	80 m	B
罗山路站	罗山路地铁站	中途站	150 m	C
秀沿路站	秀沿路地铁站（汤巷馨村）	中途站	80 m	B
康新公路站	秀浦路康新公路站	临时首末站	210 m	E
周浦东站	周浦东枢纽站	枢纽站	<50 m	A
鹤沙航城站	鹤沙航城地铁站	首末站	150 m	C

3.4 接驳公交线路高峰期服务水平——发车间隔

统计张江科学城内接驳公交线路在高峰时段的发车间隔,结果如表3所列。区域内接驳线路的发车间隔均在5 min以上,其中占比最多的为11～15 min,占比40%,而6～10 min和大于15 min的线路各占30%。平均发车间隔为15.2 min,发车间隔较长,可能导致高峰时段较长的等车时间以及较高的满载率,从而影响接驳出行效率。

表3 接驳公交线路发车间隔分布表

发车间隔/min	线路数	比例
0～5	0	0
6～10	12	30%
11～15	16	40%
>15	12	30%

3.5 接驳问题分析

1) 既有公交线路与轨道交通站点关联性较弱

研究区域内公交线路共94条,途经轨道交通站点的线路仅40条,约为线路总数的42.5%,大量的线路未经过公交场站,导致接驳出行的换乘公交线路较少,接驳覆盖水平较低,接驳线路的严重缺乏导致科学城南部区域接驳覆盖缺口多且面积大。

2) 公交车辆停放与场站容量之间的需求差距

研究范围内投入使用的场站共12处,现状可停放公交线路38条,但区域内线路停放需求为62条,场站建设滞后于线网发展。同时张江科学城人均场站面积为583 m²/万人,明显低于浦东新区的平均水平740 m²/万人(表4),场站建设水平较低。场站建设不足,会导致公交线路缺少首末站停放空间,制约公交线路布设。

表4 人均场站面积对比表

研究区域	人口(万人)	场站占地面积(m²)	人均场站面积(m²/万人)
张江科学城	43	25 104	583.814
浦东新区	568	420 868	740.964 8

3) 接驳设施建设不足,站点融合水平较低

根据3.3中的分析结果,张江科学城内仅1/3的轨道交通站点满足50 m换乘距离的要求,换乘距离

较远,站点融合水平较低,换乘时间的大大增加严重影响了接驳出行的效率和便捷性。

4) 公交线路服务水平弱,"有线无车""有车无座"问题突出

实地调研发现,高峰时段接驳公交常出现车辆等候时间过长、车厢拥挤等现象,反映出公交发车间隔长、车辆满载率高的服务问题。结合 3.4 中有关接驳公交线路的发车间隔统计,区域内发车间隔均大于 5 min,并且存在大量线路发车间隔在 15 min 以上的情况。

4. 面向需求的轨道公交接驳规划策略

轨道交通与常规公交的接驳出行,由于轨道交通线路和站点的固定性、常规公交的灵活性,其出行效率和体验主要受到常规公交"场、站、线、车"的规划建设影响。

4.1 结合人口岗位与线网规模,确定科学合理的场站规模

场站建设主要服务于区域内公交线路车辆的停放、周转等需求,而公交线路的布设与人口、岗位分布紧密相关。因此场站规划应从区域人口、岗位分布入手,通过出行需求预测确定线网规模,进而确定场站规模。图 4 所示为张江科学城场站规模计算过程。

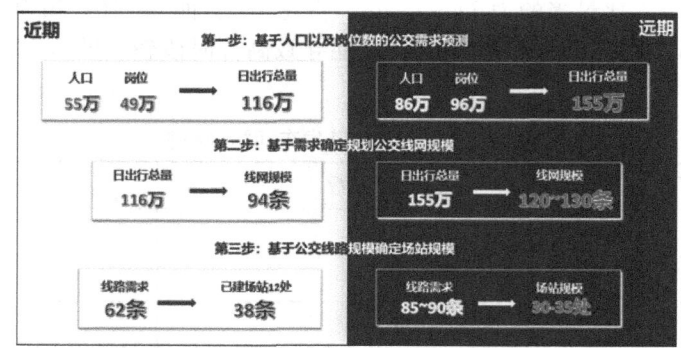

图 4 张江科学城场站规模预测分析示意图(根据规划数据推算)

4.2 基于需求预测、围绕重复系数与非直线系数的线网优化策略

第一,依托现状公交车辆 GPS 数据、运营数据,公交 IC 卡数据等大数据技术的支持,对区域内接驳出行需求进行预测,明确接驳出行的主要客流方向。第二,结合线网评价指标如线路重复系数、非直线系数等,对线网进行优化。

针对存在出行需求,但线路覆盖空白地区,可结合场站建设计划,进行线路新增,从而扩大线路覆盖面,而针对重复系数过高的区域,可结合需求预测结果进行线路走向调整,充分发挥线网资源优势,避免资源浪费。例如张江科学城范围内,针对张江高科地铁站周边线路重复系数过高的情况,对 778 路进行线路走向调整(图 5)。

4.3 空间维度两网融合、结合线路扩大覆盖率的规划策略

针对换乘距离过远的轨道公交站点及其接驳公交站点,应在满足各项规范的前提下,尽可能缩短换乘距离,实现无缝换乘以及空间层面上的两网融合。同时,结合线路调整和新增规划,进行中途站的调整与新增,完善线路服务,方便接驳出行。例如,张江科学城范围内,从两网融合角度,建议搬迁祖冲之路牛顿路站,从而实现与张江高科站的换乘融合。

4.4 通过车辆调度手段实现班次和客流的精准匹配的优化策略

现有的车辆调度优化措施主要有增加车辆供给、多种出行方式时刻表协同优化等,除此之外也可通过

图 5　778 路线路建议调整方案

设置区间线、大站快车等形式来针对性解决解决高峰时段、高峰区间出行问题。

5. 结语

通过对轨道公交接驳特征及设施配套进行研究,强化轨道与地面公交的一体化衔接,构建以轨道交通站点为核心的高效、便捷、舒适的换乘系统,提升轨道接驳服务品质和整体公共交通服务水平。本文以张江科学城为例,对现状接驳特征指标进行选取、计算与分析,并归纳总结了"场、站、线、车"四个层面的优化策略,旨在提升接驳出行效率、增加公共交通系统吸引力,满足多样化出行需求,从而为区域接驳交通出行优化提供案例借鉴与参考。

参考文献

[1] 顾天奇,邓雄成,陈敏,等.多源数据驱动的轨道交通与公交换乘特征和服务范围研究[J].交通与运输,2021,37(06):6-10.
[2] 梅丽.轨道交通与常规公交换乘衔接分析[J].专用汽车,2021(11):94-96.
[3] 黄怡斌.城市轨道交通与常规公交换乘需求分析及效率评价[D].北京:北方工业大学,2018.
[4] 王禄为.城市轨道交通与常规公交的换乘模式分析与评价[D].北京:北京交通大学,2014.

未来社区公交规划发展策略思考
——以临港新片区未来国际社区为例

Reflection on the Development Strategy of Future Community Public Transport Planning
—Taking the Future International Community in Lingang New Area as an Example

刘晓倩[1]

摘 要：未来社区是近几年比较热的话题，本文通过研究未来社区公交系统定位及演进趋势，初步提出未来公交发展策略，并尝试以临港新片区未来国际社区为例，思考未来公交规划方法和发展建议。
关键词：未来社区；公交规划；发展策略

Abstract: Future communities have been a hot topic in recent years. This article studies the positioning and evolution trend of future community public transportation systems, and proposes preliminary development strategies for future public transportation. Taking the future international community in Lingang New Area as an example, it attempts to consider future public transportation planning methods and development suggestions.
Key words: future communities; transportation planning; development strategies

1. 引言

未来社区是以满足人民美好生活向往为根本目的的人民社区，它围绕社区全生活链服务需求，以人本化、生态化、数字化为价值导向，构建新型城市功能单元。它以未来邻里、未来教育、未来健康、未来创业、未来建筑、未来交通、未来能源、未来物业和未来治理九大场景创新为引领，致力于打造科学规划、精心布局、智慧先进的物理和文明空间[1]。

随着自动驾驶技术的广泛应用、共享出行模式和平台的普及化、大数据分析及智慧化手段对个性化需求的满足，未来社区的未来交通场景将呈现一系列创新和变革。对于社区而言，交通出行面向的主体是人、车、物必须以"人畅其行、车畅其道、物畅其流"作为目标才能让居民满意。而公交在未来交通中发挥着至关重要的作用。它不仅提高出行效率，促进绿色环保，还提升社区品质和支持了可持续发展。因此，在规划和建设未来社区时，应充分考虑公交系统的发展需求，为居民提供更加便捷、舒适、环保的出行方式。

2. 未来社区公交发展定位和演进趋势

2.1 未来社区公交定位

2022年10月发布的《上海市交通发展白皮书》，提出打造层次清晰、便捷舒适的地面公交服务。优化完善由骨干线、支线（区域线）、接驳线及多样化线路组成的多层次线网结构（图1）。要求增设接驳线，强

---
1 刘晓倩，上海市城市建设设计研究总院(集团)有限公司，交通运输规划与管理，硕士研究生，高级工程师，联系邮箱：liuxiaoqian@sucdri.com。

化主要社区之间及社区与轨交、骨干线间的衔接,打造更灵活、更便捷的"最后一公里"公交服务[2]。由此可见,未来社区公交是城市地面公交层次的最后一个层级,而重点完善骨干线加接驳线(含社区公交)的便捷换乘体系[3],或许是当前及未来突破城市公共交通发展的瓶颈值得探寻的科学有效方法之一。

图1　公交体系构成

2.2　未来社区公交发展模式演进趋势

关于未来社区公交发展趋势(图2),可以大致划分为初级模式、中级模式、高级模式三个阶段。

(1) 初级模式:传统社区巴士多为初级模式,是常规公交的延伸,运行模式也与常规公交模式趋同,线路和站点相对固定,发车间隔较大,响应程度较低,采用人工驾驶车辆,整体运营成本较高。

(2) 中级模式:目前多地陆续推出"响应式公交"服务试点。如南京38条响应式停靠线路,杭州110条线路推出了"响应式停靠"。此阶段的社区公交站点和线路有一定灵活性,响应程度较高,但多数仍采用人工驾驶,运维成本较高。

(3) 高级模式:未来社区公交目标,除了灵活的站点、线路设置及实时响应外,采用自动驾驶车辆,省去人工成本后,运维成本将大大降低。

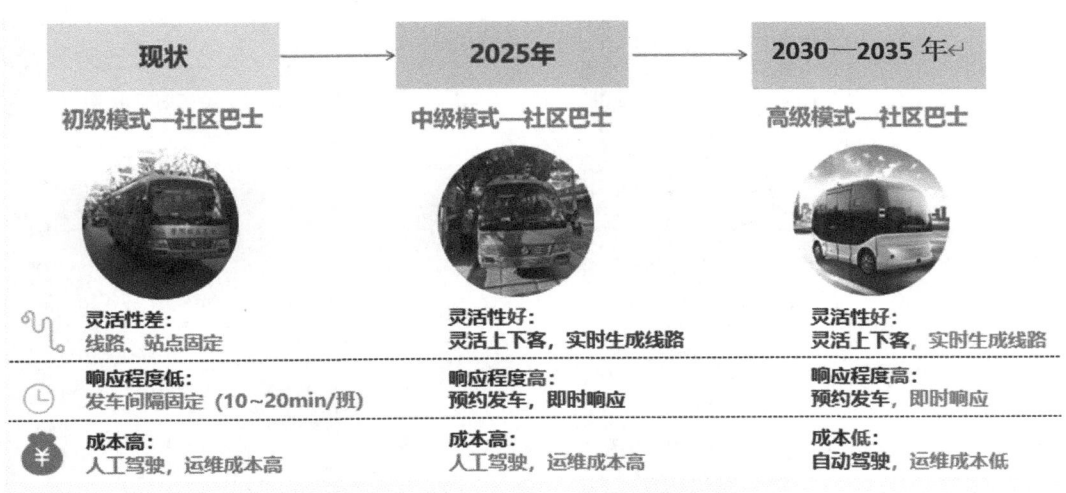

图2　未来社区公交发展演进趋势

3. 未来社区公交发展策略

未来社区公交发展策略尝试分为公交设施的"引导性"策略和公交服务的"适应性"策略。其中,公交设施的"引导性"是贯彻 TOD 理念,提升站点周边开发强度和混合度,保证公交客流基础。公交服务的"适应性"是适应社区空间用地整体小尺度和组团化布局特征,适应机动化发展和人对出行服务品质要求的提高,通过提升服务,保障公交的竞争力和吸引力。

3.1 公交设施的"引导性"策略

1)策略一:高效率,稳定轨交线网,锚固公交枢纽

贯彻 TOD 理念,以轨交和中运量构成保障公交运行可靠性的骨干基础设施网络,提升沿线周边用地开发强度和混合度,保证公交客流。

2)策略二:广覆盖,合理布局线路,优化站点设置

优化常规公交线路,合理规划站点布局,服务社区内交通出行需求,提高公交站点换乘效率。

3.2 公交服务的"适应性"策略

1)策略一:多层次,服务多元出行,体现共享特色

构建特色公交多元化服务,将共享式公交作为公交服务延伸,适应社区整体小尺度和组团化布局特征,发展灵活性好、个性化、可定制的公交服务,减轻对小汽车的依赖性。

2)策略二:全智慧,发展智慧公交,打造数字便民

实现公交运营、管理、发布、设施等的智慧化,实现生活场景数字化融合联动,满足市民多样化、个性化的出行需求。

4. 实例分析

4.1 规划背景

未来国际社区,位于上海滴水湖核心区 105 现代服务业开放区东南方位(图3),南接 104 社区,处于沿海发展集聚带上,总体设计范围约 2.89 km²,规划人口 3.73 万人,现状场地尚无地块启动建设(图4)。

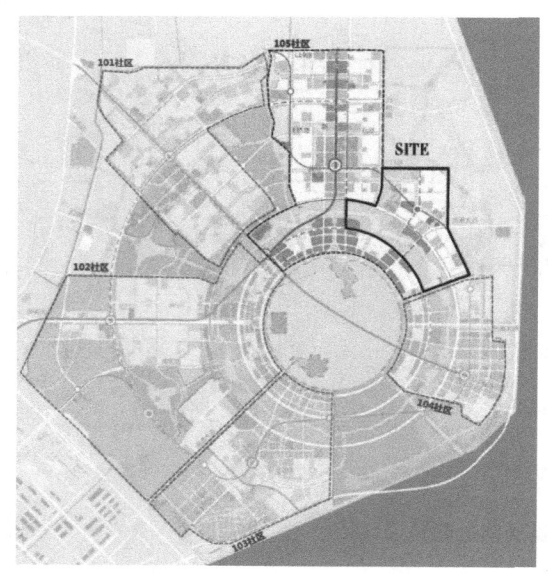

图3 项目区位

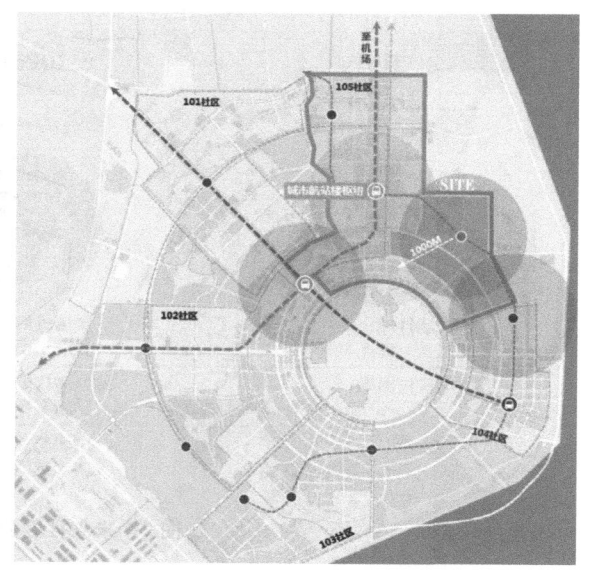

图4 项目周边轨道交通及枢纽[4]

4.2 未来公交发展目标

未来临港公交发展目标是,实现绿色交通出行比例不低于 85% 目标;控制小汽车使用,不超过 15%;

新片区主城区公交出行力争达到35%以上;对外提高轨交和常规轨交比例,内部提高社区公交使用[5]。然而临港新片区现状公交出行比仅9%,距离35%的发展目标还有较大的增长空间(图5)。

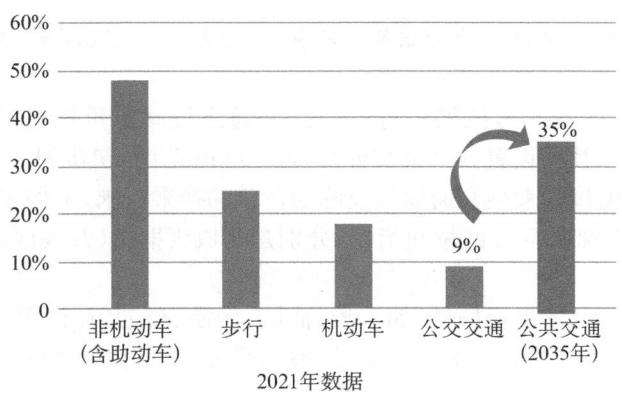

图5 现状临港新片区交通方式比例

4.3 未来公交发展需求

结合社区人群画像,未来社区居民多为具有国际视野、兼具高学历的年轻化人群(图6)。为提高公交出行比,需要做到:对外——追求公交出行效率,减小对小汽车的依赖;对内——提升公交便捷度和出行品质,实现社区内与慢行自适应式切换。

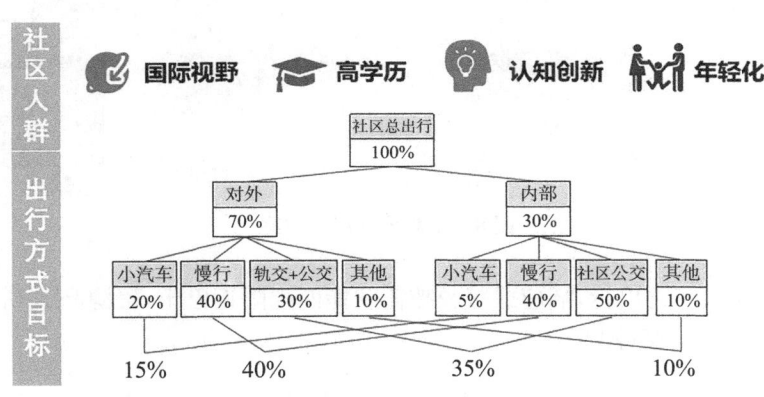

图6 未来社区出行划分

同时,社区居民不同的出行目的(图7),对社区公交服务有不同的侧重。比如,通勤和通学对高效性和安全性有较高要求。

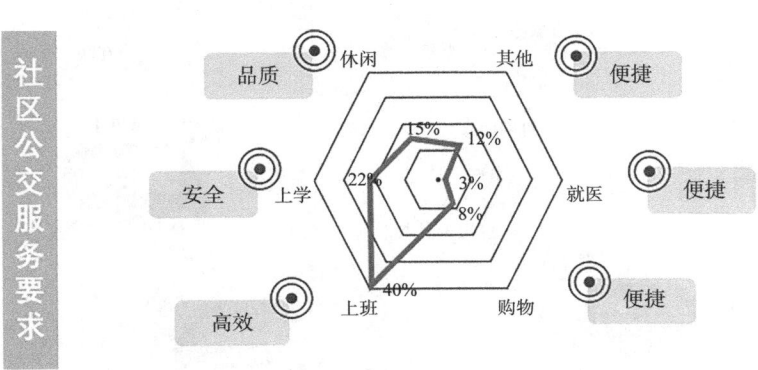

图7 未来社区公交出行目的构成

5. 规划方案

基于上述分析,初步提出未来社区公交服务区域化、枢纽喂给化、线路短程化、车辆小型化、便民智慧化、场站适配化的规划方案建议。

(1) 公交分区:分区尺度的确立,依据出行者公共交通出行站点可接受的空间距离,衔接社区日常 1 km 内生活出行。建议未来社区设置 2 个公交分区,以 500 m 范围,初步划分公交服务单元。

(2) 枢纽接驳:满足居民接驳大型交通枢纽设施的衔接和换乘需求,确保多层次公交服务衔接便捷高效,1 次乘车到枢纽。建议未来社区 2 级枢纽衔接,分别是区域级枢纽(开放区枢纽、滴水湖枢纽),社区级枢纽。

(3) 生活服务:衔接居民日常出行场景,如学校、商圈、医院、公园、社区服务等,主要满足公交社区居民的短距离常规出行需求。建议构建两大出行场景,除通勤外,社区内的通学出行和生活服务出行(就医、休闲、购物)。

(4) 车型选择:除了校车,社区巴士可选择长 6 m,仅比普通私家车长 1 m 左右,最小转弯半径不到 8 m,车身宽度 2.02 m,荷载 24 人;可走街串巷,在道路/地块/绿道内走行,小巧又灵动。主要有校车和小巷巴士 2 种车型设想(图 8)。

图 8　未来公交线网方案

(5) 智慧便民:公交数字化出行,响应式接驳按需智能匹配附近巴士,资源高效利用,动态规划出行线路,串联全社区特色微循环公交(图 9)。

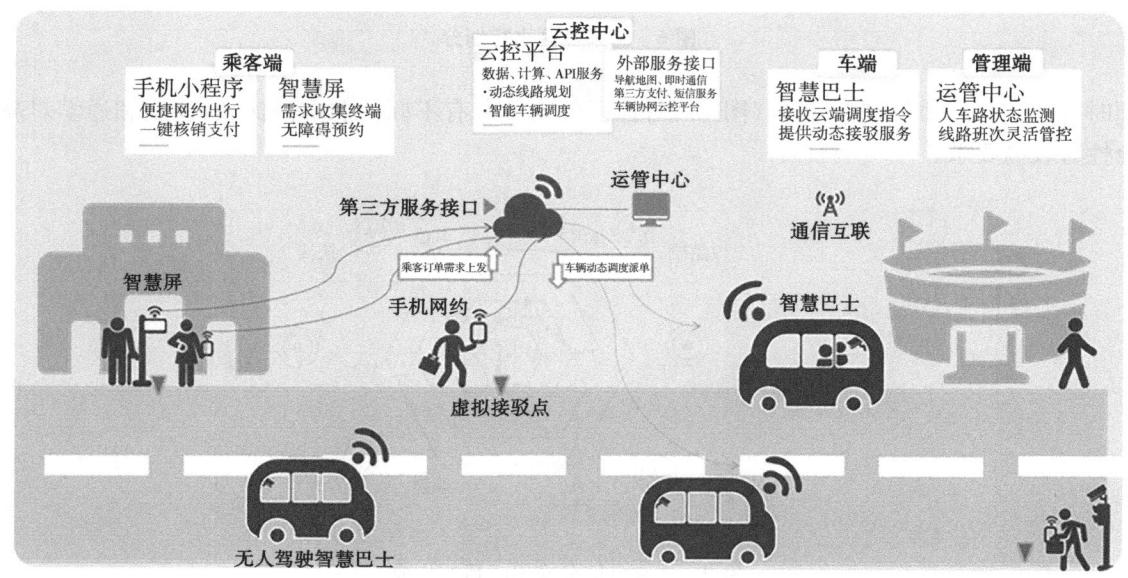

图 9　未来公交智慧场景

（6）场站适配：公交中途站适配化体现在站点便捷、可达基础上，实现与街道功能和景观的融合（图10）；公交首末站适配化体现在建设模式上，鼓励"配建公交首末站＋综合开发"模式。根据规范要求，社区应设置1处公交首末站，建议设配建停车场，与其他用地混合开发（图11），达到集约用地、客流分布紧密结合的目的。

图10 中途站与街道休憩功能融合

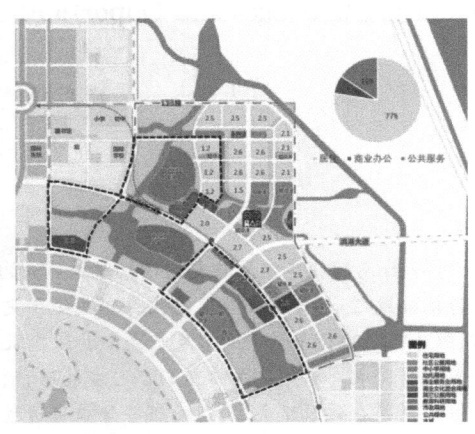

图11 配建首末站与其他用地混合开发

6. 结语

本文分析了未来社区未来公交定位与模式演进趋势，在未来公交场景策略上进行了进一步探索，尝试提出公交设施的"引导性"策略和公交服务的"适应性"策略。结合临港未来国际社区未来公交规划的实际案例，分析研究了未来社区公交发展需求，初步提出未来社区公交服务区域化、枢纽喂给化、线路短程化、车辆小型化、便民智慧化的规划方案建议，为未来社区构筑高效、安全、便捷、品质公交系统，为城市居民提供公平和便利的未来公交出行服务。

―――――――――――{ 参考文献 }―――――――――――

[1] 杨继伟. 基于浙江省"未来社区"试点建设的老旧社区更新规划研究[D]. 昆明：昆明理工大学，2021.
[2] 上海市交通委员会. 上海市交通发展白皮书[M]. 上海：上海人民出版社，2022.
[3] 刘伟杰. 同行畅行[EB/OL]. [2024-05-30]. https://mp.weixin.qq.com/s/XdU0awgDu1oy7cuqlVMqQA.
[4] 上海市交通委员会. 上海自贸试验区临港新片区综合交通规划[EB/OL]. [2020-03]. https://jtw.sh.gov.cn/xydt/20241112/3de1bc5292364347921b3f1550e04ecc.html.

需求反应式公共运输服务之发展困境与机会
Development Challenges and Opportunities of Demand-responsive Transit Services in Taiwan

赖弈妘[1]　张学孔[2]　陈雅雯[3]

摘　要：台湾的城市发展与交通密切相关，而天然的地形和地理差异导致东西部发展不均衡，特别是在面对少子化与高龄化挑战之下，传统公共运输生存环境变得更加窘迫，且因应高龄化社会，须投入更多资源提供医疗及无障碍服务，以维持移动的公平性。需求反应式公共运输服务（DRTS）因其弹性特质，可有效解决偏乡地区的公共运输困境，并照顾高龄者需求。本文旨在回顾 DRTS 发展历程、检视现有的服务网络与运量，探讨其在台湾的发展方向。本文建议 DRTS 不仅是在偏乡服务，其运输服务缺口可透过多元整合旅运服务（MaaS）进行整合，并辅以规定的松绑、善用有限资源，期能缩短城乡发展差距并维持基本民行。

关键词：需求反应式公共运输服务；永续发展；偏乡；多元整合旅运服务

Abstract: The urban development in Taiwan is closely linked to transportation. However, natural topographical and geological differences have led to uneven development in the eastern and western regions in Taiwan. The challenges posed by declining birth rates and an aging population further strain the traditional public transportation system, necessitating increased resources for medical and accessible services to ensure mobility equity. Demand-Responsive Transit Services (DRTS), with their flexible characteristics, effectively address the public transportation challenges in rural areas and meet with the mobility needs of the elderly. This study aims to review the DRTS evolution in Taiwan, assess the existing service network and service performances. The research concludes that DRTS is no longer limited to rural areas, and current transportation service gaps can be integrated through Mobility as a Service (MaaS). Coupled with regulatory relaxation and optimal use of limited resources, these efforts are expected to reduce the urban-rural development disparity and maintain basic mobility services.

Key words: DRTS; sustainable development; rural areas; mobility as a service

1. 前言

台湾是一个四面环海的海岛地形，总面积约为 36 197 km²。以土地面积来说，要实现各地区的均衡发展并不困难。但由于地形与地理等环境因素，东部和西部地区在公共运输系统的发展也存在显著的差异。事实上，在西部走廊的发展并不均衡，像中部的彰化县，由于资源获取困难而许多乡镇被归类为偏乡地区。

另外，台湾正面临少子化与高龄化的挑战，因此，在提供运输服务时，除了需要考量因人口减少而难以撑起传统公共运输的问题外，还必须投入更多资源来满足高龄者的需求，例如医疗及无障碍服务。此时，需求反应式公共运输服务（Demand-Responsive Transit Service，DRTS）就是很好的方案。然而，在高龄化社会中，不仅要将身体上的不方便纳入服务设计的考量，还须考虑到数位落差所带来的不公平，这也使

1　赖弈妘，台湾大学，硕士研究生，联系邮箱：r12521525@ntu.edu.tw。
2　张学孔，台湾大学，教授，联系邮箱：skchang@ntu.edu.tw。
3　陈雅雯，台湾大学先进公共运输研究中心，联系邮箱：yychen@aptrc.tw。

得当局在推行各种智慧运输服务时,皆须考量到要如何弥平落差及提供相应的资源,特别是需求反应式运输服务需要辅以数位科技,才得以发挥最大效益。因此,加强高龄者对于数位技术的理解和使用,才能使需求反应式的运输服务效益发挥到最大。

在考量地形环境及社会现况的条件下,交通运输部门试着利用需求反应式服务,来解决偏乡地区在公共运输资源不足及因地形限制使传统公共运输不易到达的困境,并透过需求反应式服务弹性的优势(如车辆、搭乘时间、地点等),照顾高龄者的需求,使其不再因为身体条件而致行动受限,逐步为高龄化社会的移动公平性,理出一线生机。

因此,本文旨在盘点台湾地区在公共运输的发展与面临的挑战和课题,并以回顾需求反应式服务的发展历程及营运状况、统整各县市的需求反应式服务与运量分析,并提出需求反应式服务在台湾的发展方向。

2. 台湾需求反应式发展历程及课题

2.1 台湾公共运输发展所面临的挑战及课题

1) 台湾地区公共运输发展所面临的挑战

台湾地区交通事务主管部门运输研究所于2022年10月起办理的《智慧公共运输服务发展策略规划》计划指出,虽然在过去十年间,经过公运计划及相关事务主管部门、团体的努力之下,公共运输的成长已有显著的提升,但近年的增长率却逐渐趋缓,因此需要对推动之课题进行通盘性的回顾及检讨。此计划有鉴于台湾各地区之发展、地形环境、行为习惯、道路条件不同,进行因地制宜的规划与设计,才能有效地解决该地的困境。因此,其针对台湾地区公共运输发展所面临的挑战,分别就城市、偏乡地区、观光旅游地区进行探讨,本文除根据该计划整理之课题外,更根据交通事务主管部门(2020)运输政策文件、六大区域运输发展研究中心(2020)公共运输跨域发展策略论坛综整台湾地区于城市、偏乡及观光旅游地区所面临的挑战列如表1。

表1 台湾于城市、偏乡及观光旅游地区发展公共运输的挑战

	城市	偏乡地区	观光旅游地区
挑战	城市公交车相较私人运具竞争力仍不足	偏乡地区特性(人口外移、地形限制)影响公共运输发展	私人运具仰赖程度高,壅塞问题层出不穷
	在人口减少的大环境下,如何提升运量减轻财政负担	公共汽车收益低难吸引客运业者主动投入	公共运输路线及接驳规划不足
	运具转乘无缝之重要性	偏乡地区之运输服务人力不足	缺乏整体运输规划及配套措施
	落实大众运输导向(TOD)的土地与运输整合规划	偏乡地区公共运输服务(高龄化、聚落分散)仍待强化	公共运输系统与观光资源缺乏整合
	因时因地调整服务模式及运具整合	偏乡地区联外运输与多元性不足	运输弹性服务与营销手段
	培养民众使用习惯	营运规范因地制宜之弹性	缺乏转运设施

资料来源:根据台湾地区交通事务主管部门(2020)《运输政策文件》、六大区域运输发展研究中心(2020)"公共运输跨域发展策略论坛"、交通事务主管部门运输研究所(2023)《智慧公共运输服务发展策略规划》等汇整而成。

2) 台湾地区公共运输发展的课题

由表1可知,公共交通不便的情形已然不是偏乡地区的专利,在城市中亦有类似问题,如人口减少、高龄化、运量不足等;于观光地区也无法避免,如运输系统整体性规划不足、私人运具仰赖程度高、财务困境等。然而,上述问题皆会使得业者难以持续营运,进而削减服务量能,使得交通服务变得更加稀少。另外,考虑交通运输基础设施不足的前提条件之下,经济社会活动将大幅降低等,而形成恶性循环。

因此本文参考交通事务主管部门运输研究所(2024)偏乡交通行动服务 MaaS 服务范畴界定与推动策略规划一案,整理出台湾地区在公共运输发展上,于不同区域所共同面临的课题,并汇整如表2所列。

表2 台湾不同区域所共同面临的课题

	相关议题与细项		说明
课题	高龄化和人口减少	高龄化	由于高龄化情形日益严重,可能需要更多的交通选择与弹性服务,以满足高龄者的需求,例如医疗交通服务、低地板运具
		人口外移	由于偏乡地区交通不便、基础设施不足,可能面临人口外流;而非偏乡地区,也可能日益发达之国际运输,人们发展也不再受限于一地
	运输工具缺乏多样性且规划缺乏整体性	运输之整体性规划不足	缺乏整体性的运输系统规划,如:公共运输系统、道路设计、基础设施等,除了接驳不完善之外,整体性规划仍不足,导致居民难以快速、方便地移动
		运具缺乏多样性	可能只能依赖有限的公共运输,使得私有运具的依赖居高不下
	运输成本	运输成本逐渐攀升	缺少具竞争性的交通工具和有限的运输供给,或是少子化社会所产生的人口减少,都可能导致高昂的运输成本,造成政府的财政日益窘迫
		交通费用不透明	缺乏透明的票价和费用结构,居民难以预估和规划交通支出,例如偏乡及观光地区因公共运输不足,需仰赖当地白牌车进行接送
	技术水平存在落差	数位落差	可能面临两种数位差距之情形,一为数位基础建设的不足,二为偏乡地区年长者居多,使用相关智能型设备系统上较为困难,或甚至未有传统电话之情形,故电子支付、智慧交通管理等现代技术难以在这些地区发挥作用
		缺乏智慧交通方案	可能影响交通移动性和管理上较需更多人力投入,其中,交通移动性意指在地区内的居民或访客,是否有效、方便且具连续性地在区域内进行移动,满足生活所需

3) 台湾公共运输引进需求反应式服务研析

由上述研析及观察台湾地区各县市发展得知,不只是偏乡才会存在交通不便及发展课题,例如:新北市乌来区、台中市雾峰区、台南市北门区等。若再进一步探索台湾西部,例如:苗栗县公馆乡、云林县虎尾镇、新竹县新埔镇等,也都存在着公共运输不足及不便的现况。综合整理本小节的四大课题发现,课题之间可能相互关联,进而形成一个复杂的系统。因此,解决交通问题是需要跨部门的合作,并结合基础设施建设、技术创新、社会经济发展等方面进行策略规划,以因应瞬息万变的交通环境及所需面临的挑战。

由此可见,若要突破台湾之公共运输服务,除了要解决因人口减少而难以撑起的传统公共运输外,还必须考量如何在有限的条件下,投入更多样化的资源,以满足不同的地形限制,此时,需求反应式服务就是非常好的解方。故在考量地理环境及社经发展的条件下,台湾地区交通事务主管部门试着利用需求反应式服务,来解决偏乡地区在公共运输资源不足及因地形限制使传统公共运输不易到达的困境,从借鉴境外 DRTS 的营运模式,打破过去以"供给"为导向的运输服务,并透过需求反应式服务弹性的优势(如车辆、搭乘时间、地点等),照顾高龄者的需求,使其不再因为身体条件而致行动受限,逐步为高龄化社会的移动公平性,理出一线生机。

2.2 台湾需求反应式服务的发展历程

1) 需求反应式服务的萌芽时期

2010 年开始,台湾地区交通事务主管部门运输研究所即针对需求反应式公共运输系统之整合,进行为期三年的研究[4],并选定桃园复兴乡为计划试验地区,共历时六周。本文也针对总旅行、步行以及等车时间节省三项效益进行量化分析。此后,需求反应式服务如雨后春笋般地在台湾遍地开花,本文汇整台湾之需求反应式服务在初期以不同样态发展之案例,如表3及图1所示。

表3 台湾之需求反应式服务于萌芽时期

萌芽时期的需求反应式服务			
时间	县市	名称	说明
2012年	台中市	蓝光一号	台中市政府交通局于台中工业区创立客制化、网络预约——蓝光一号,依据民众预约的地点进行接送服务,期能解决台中工业区每天约四万名员工通勤的需求,此为DRTS服务应用在台湾于都市通勤需求的首创
2014年	高雄市	公交车式小黄	高雄市政府交通局于高雄市冈山区推动公交车式小黄服务计划,在离峰时间以出租车取代公共汽车服务,除了解决偏乡公交车搭乘率不高的问题外,也得以将服务延伸到更多公交车不易到达的地方,此计划亦为幸福系列的起源
2016年	新竹县尖石乡、宜兰县壮围乡等	需求反应式公共运输项目计划	交通事务主管部门公路局、交通事务主管部门运输研究所、地方政府及六个区域运输发展研究中心共同合作办理需求反应式公共运输项目计划,为提升偏乡公共运输服务之量能,分别于新竹县尖石乡、宜兰县壮围乡等多处进行DRTS的试办
2018年	花莲县卓溪乡、台东县延平乡、新竹县尖石乡等	噗噗共乘	2018年由交通事务主管部门从智慧运输发展建设的角度出发,以科技平台、结合本地资源,在提供精准服务的期望下,推动噗噗共乘DRTS服务,并选定新竹县尖石乡,台东县延平乡,花莲县卓溪乡、万荣乡及富里乡等,共计5处作为推动噗噗共乘的场域

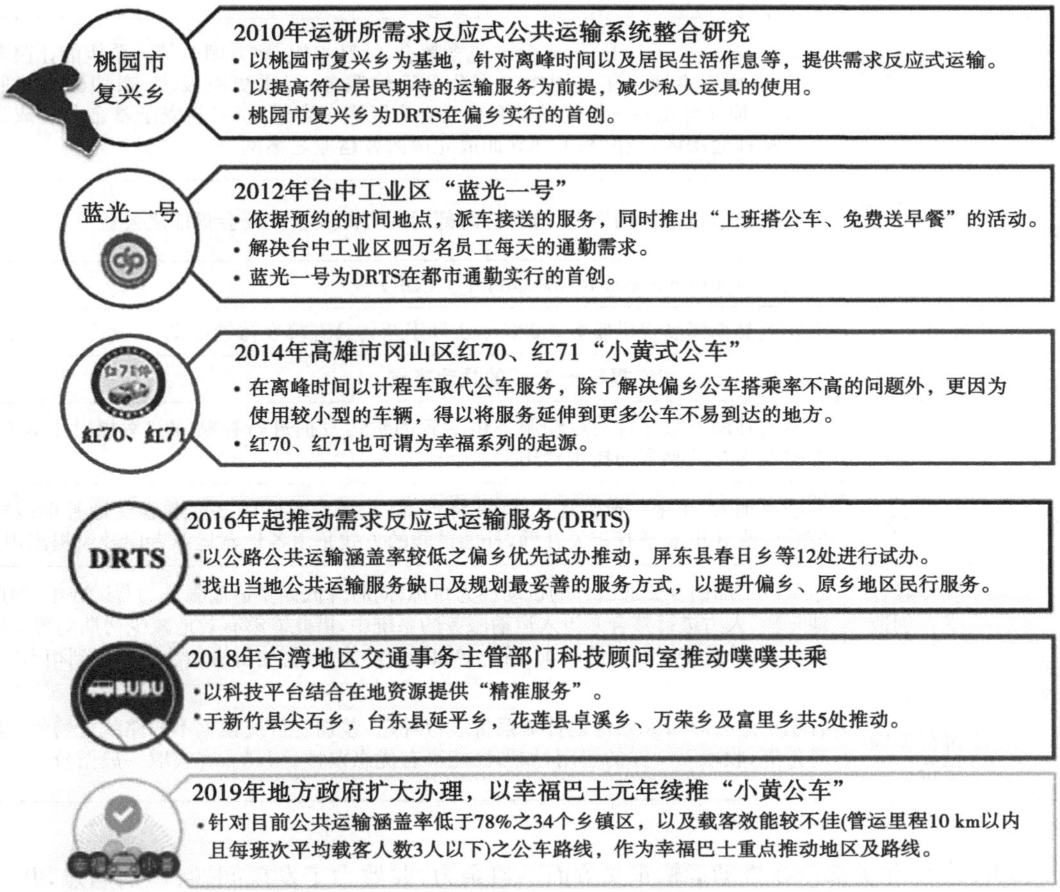

桃园市复兴乡
2010年运研所需求反应式公共运输系统整合研究
- 以桃园市复兴乡为基地,针对离峰时间以及居民生活作息等,提供需求反应式运输。
- 以提高符合居民期待的运输服务为前提,减少私人运具的使用。
- 桃园市复兴乡为DRTS在偏乡实行的首创。

蓝光一号
2012年台中工业区"蓝光一号"
- 依据预约的时间地点,派车接送的服务,同时推出"上班搭公车、免费送早餐"的活动。
- 解决台中工业区四万名员工每天的通勤需求。
- 蓝光一号为DRTS在都市通勤实行的首创。

红70、红71
2014年高雄市冈山区红70、红71"小黄式公车"
- 在离峰时间以计程车取代公车服务,除了解决偏乡公车搭乘率不高的问题外,更因为使用较小型的车辆,得以将服务延伸到更多公车不易到达的地方。
- 红70、红71也可谓为幸福系列的起源。

DRTS
2016年起推动需求反应式运输服务(DRTS)
- 以公路公共运输涵盖率较低之偏乡优先试办推动,屏东县春日乡等12处进行试办。
- 找出当地公共运输服务缺口及规划最妥善的服务方式,以提升偏乡、原乡地区民行服务。

2018年台湾地区交通事务主管部门科技顾问室推动噗噗共乘
- 以科技平台结合在地资源提供"精准服务"。
- 于新竹县尖石乡,台东县延平乡,花莲县卓溪乡、万荣乡及富里乡共5处推动。

2019年地方政府扩大办理,以幸福巴士元年续推"小黄公车"
- 针对目前公共运输涵盖率低于78%之34个乡镇区,以及载客效能较不佳(营运里程10 km以内且每班次平均载客人数3人以下)之公车路线,作为幸福巴士重点推动地区及路线。

图1 台湾之需求反应式服务于萌芽时期之多元发展形势

2）关于幸福的需求反应式服务的历程

台湾地区交通事务主管部门为解决萌芽时期之需求反应式服务的命名太过繁杂的问题，以及一般大众对于需求反应式公共运输服务无法很直觉地理解，于是在2019年正式将DRTS这项服务命名为"幸福巴士"，希冀能够扩大推动，以完善传统公共运输无法满足之地区的运输需求，确保所有人的出行正义。而相对于"幸福巴士"，高雄市首先推出的"幸福小黄"，则是以出租车（小黄）在乘客少的路线提供巴士服务，亦即民众只负担巴士客运票价，成本的差异则由政府来负担。

"幸福巴士"的推广相当成功，于2020年在屏东县满州乡试办"幸福巴士2.0整合示范服务"，除资源与规定上的精进之外，也导入在地之非政府组织的团体，将跨部门的资源及企业社会责任之公益反馈（Corporate Social Responsibility，CSR）结合。侯胜宗（2023）发现，幸福巴士2.0精进方针中的资源整合仍有改善空间，因此建议"幸福巴士3.0"希冀能借由改变补助方式，来吸引更多运输服务供给，以更加贴合偏乡的运输需求。本文参考交通事务主管部门运输研究所（2024）偏乡交通行动服务MaaS服务范畴界定与推动策略规划，将"幸福巴士2.0"及"幸福巴士3.0"的推动亮点整理如表4所列。

表4 "幸福巴士2.0"及"幸福巴士3.0"的推动亮点

"幸福巴士2.0"的推动亮点			
项目	建构平台与规定的精进		台湾地区于2020年为强化偏乡地区的公共运输服务，除了将民间资源有效利用、松绑规定依据，并修正发布《汽车运输业管理规则》及《汽车运输业审核细则》中第4点规定，降低汽车运输业设立门槛与条件、开放社会团体或个人，成立市区汽车客运业及5人座小客车营运，除了让民间白牌车能够合规地在偏乡进行运输服务，也开放行驶班车提供货运服务，借此增加参与偏乡公共运输服务弹性
	导入在地之非政府组织的团体及民间资源参与		Non-Governmental Organization，包含教会、社区组织、地方团队等。希望能让服务更加在地化，并吸引本地青年或团体投入公共运输服务，提供更有温度、亲切的运输服务。于2021年辅导屏东县一粒麦子基金会成立市区汽车客运业，一粒麦子基金会也成为全台第一个从社会团体，经由相关辅导而成立市区客运业之案例
	整合跨部门及本地资源		善用资通信技术利用平台，将整合跨部门的资源及企业社会责任之公益反馈（Corporate Social Responsibility，CSR）
	开放客货共载		于花莲县卓溪乡提供服务，2023年9月于新竹县五峰乡持续推动
"幸福巴士3.0"的推动亮点			
项目	补贴使用者		原本的补助方案是针对运输服务供给者的营运亏损进行补贴，而"幸福巴士3.0"将会把补贴改为补贴乘客的搭乘费用
	多元运具进行载客		鼓励本地人、车来组成营运主体，并将各部门、地方政府的多元载客交通补助范畴，其中，搭乘的乘客也能享有相关补助，补助请领的方式是由各地营运业者向政府提出申请
	共乘载客并数字化	利用媒合平台创造供给	希望以增加偏乡交通服务的机动性为目标，同时降低偏乡运输服务的营运成本，因此需将本地车辆、人力进行整合并投入运输服务的系统中，借此能够有效地减少初期购置车辆的辅助成本，另外若能增加电话叫车、系统增加派遣功能等，将使得机动性能得到相当的提升
		票价收费进行差别定价	有别于过去政府无条件地针对票价进行补贴，差别定价应根据不同路线之特性、搭乘者的身份等，收取不一样的费用，如居民能享有优惠票种，而观光客收取一般票价

资料来源：参照运输研究所（2024）汇整而得。

自2010年至今，相关部门在推动运输正义方面不遗余力，并致力于发现问题、识别痛点，并借鉴岛外成功经验，期望运输服务日益完善。回顾需求反应式服务执行的地区，主要面临的问题包括：财务不永续、资源未能有效整合以及未能真正因地制宜。其中，偏乡地区的公共运输过去存在补贴过高的问题，导致政府财务负担加重，但却缺乏相应措施来平衡。

在资源整合方面,可以借鉴日本偏乡的经验,将闲置车辆及人力进行有效整合;欧盟相关国家以多元运具完成旅程,积极推动多元整合旅运服务(MaaS)及相关平台。台湾亦可考虑将共享电动机车纳入整合,尽管在车辆及驾驶管理上仍面临挑战。此外,利用资通信技术整合各运具的时间和空间信息,确实方便了使用者的信息查找。但偏乡地区高龄者比例较高,缺乏使用数位平台的经验。可借鉴岛外鼓励年轻人带动年长者使用平台的做法,缩短年长者与数位平台之间的距离,提升他们的使用便利性。

3. 台湾幸福系列发展现况

3.1 幸福系列的现况分析

截至 2023 年年底台湾地区交通事务主管部门公路局提供的幸福巴士及幸福小黄路线最新资料,台湾幸福巴士与幸福小黄之营运状况如图 2 所示,包含 246 条幸福巴士路线与 184 条幸福小黄路线。其中,幸福巴士路线以屏东县 42 条最多;幸福小黄则以高雄市 66 条最多,本文综合整理如表 5 所列。而试办噗噗共乘截至 2023 年 11 月 10 日则有台东县延平乡、花莲县卓溪乡、万荣乡、富里乡及新竹县尖石乡有提供服务。

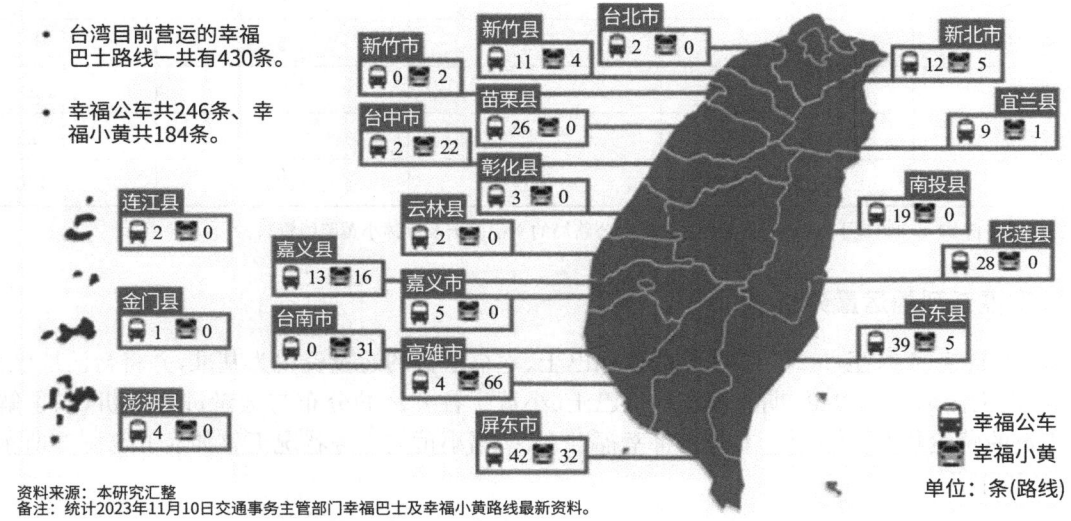

资料来源:本研究汇整
备注:统计2023年11月10日交通事务主管部门幸福巴士及幸福小黄路线最新资料。

图 2　台湾幸福巴士与幸福小黄之营运状况

表 5　台湾幸福巴士与幸福小黄的数量统计

推动县市	推动路线数量			
	乡镇区数量	幸福巴士	幸福小黄	加总
台北市	2	2	0	2
新北市	5	12	5	19
基隆市	0	0	0	0
桃园市	1	22	0	9
新竹市	1	0	2	2
新竹县	2	11	4	11
苗栗县	7	26	0	27
南投县	9	19	0	16
台中市	21	2	22	22

(续表)

推动县市	推动路线数量			
	乡镇区数量	幸福巴士	幸福小黄	加总
彰化县	1	3	0	3
云林县	2	2	0	2
嘉义市	2	5	0	4
嘉义县	10	13	16	27
台南市	17	0	31	25
高雄市	30	4	66	72
屏东县	15	42	32	64
澎湖县	1	4	0	5
宜兰县	6	9	1	10
花莲县	10	28	0	25
台东县	12	39	5	41
金门县	1	1	0	1
连江县	1	2	0	2
总计	140	246	184	430

资料来源：汇整自 2023 年 11 月 10 日交通事务主管部门公路局的幸福巴士及幸福小黄路线资料。

3.2 幸福系列的运量分析

本文以 2019 年 4 月至 2022 年 10 月的幸福巴士、幸福小黄的运量资料为基准，并将台湾地区分成北、中、南、东部四大区域进行讨论，期能透过幸福巴士、小黄于各分区的分布与运量进行分析，以了解幸福巴士、幸福小黄的营运状况及瓶颈。本研究将幸福巴士、幸福小黄的服务状况汇整如表 6 与图 3 所示。由量化数据可知以下几点。

表 6　台湾幸福巴士与幸福小黄的数量统计

	分析项目	分析结果
北部区域	路线分析	(1) 幸福巴士从 2019 年 4 月的 12 条路线，每年以约 20% 增长速度，截至 2022 年 10 月已有 50 条。 (2) 幸福小黄仅有 2 条线
	运量分析	(1) 幸福巴士总载客数量从每月累积 3 984 人次提高至每月累计 8 710 人次。 (2) 幸福小黄虽仅有 2 条线，但搭乘人数在三年中也约增长了 30%
中部区域	路线分析	幸福巴士从 2019 年 4 月有 8 条路线，截至 2022 年 10 月已有 40 条路线
	运量分析	幸福巴士中部地区每条路线平均每月累计搭乘人数从 673 人次下降至 174 人次，下降约 76%，为四个区域中下降幅度最大者
南部区域	路线分析	(1) 幸福巴士从 2019 年 4 月的 18 条，截至 2022 年 10 月已有 33 条路线。 (2) 幸福小黄以 112 条为全台服务最密集的区域
	运量分析	幸福小黄总载客人数也以每月累计 21 692 人次居首
东部区域	路线分析	从 2019 年 4 月的 7 条，截至 2022 年 10 月已有 89 条路线，其中台东县拥有 59 条幸福巴士路线，为全台增加最多条线的区域

资料来源：汇整自 2019 年 4 月至 2022 年 10 月交通事务主管部门公路局之 DRTS 路线运量资料。

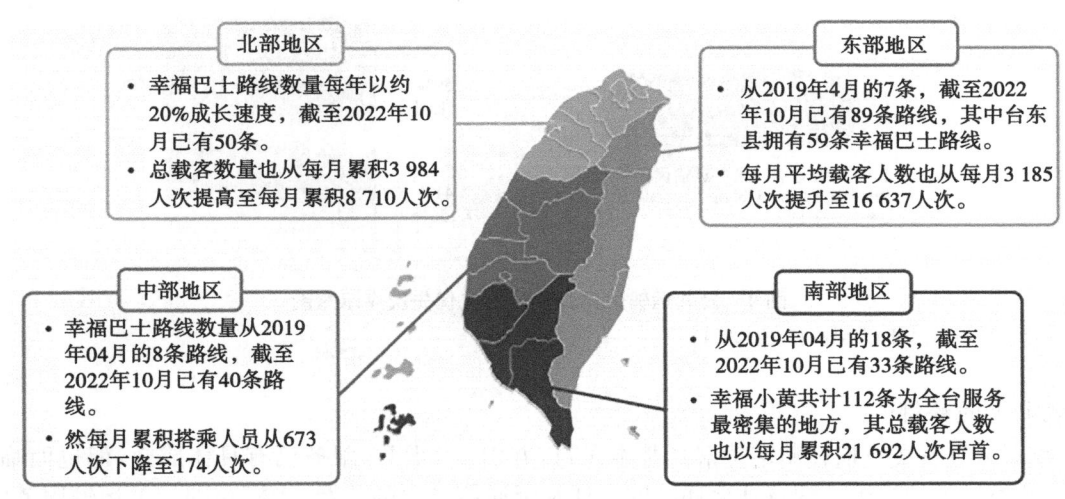

图 3　幸福系列的路线及运量分析

资料来源：汇整自 2019 年 4 月至 2022 年 10 月交通事务主管部门公路局的路线运量资料。

(1) 四个分区的路线数量都呈现逐年稳定增长的趋势，然而每条路线的每月平均累计载客数量却均呈现下滑趋势，中部的下降幅度甚至达到 76%，当然，在这期间受到 COVID-19 影响甚巨，但路线的供给与需求的紧密度或是路线的重复性是否太高，都值得后续探究。

(2) 四个分区均于 2021 年 6 月至 8 月时，搭乘人数急剧下降并于 9 月时恢复约 80%，此系受到 COVID-19 疫情首次在台湾地区大规模扩散有关，造成民众搭乘大众运输意愿下降。北部地区下滑 84%，而每条路线每月平均累计人数仅剩 37 人次，为受影响最严重的区域。

本文在进行台湾的幸福巴士、幸福小黄统整时发现，东部区域的交通问题因为受到很强烈的关注及重视，投入的资源比想象的丰富许多。反观运输发展较早的西部地区，却有许多缺口仍未被重视，甚至台北地区一些乡镇之基本民行仍有改善、提升的必要。

以彰化县幸福巴士为例，其搭乘信息取得不易、官方网站未清晰载明服务路线、信息不对等的情况，使路线无法到达预期的运量。因此，在规划、新辟 DRTS 路线时可以结合定班定线公共运输及 DRTS 的优点，同时通过资通信技术将时刻表、运具转乘信息、车外时间等完整呈现，同时可以配合共享电动机车及公共自行车来完成"最后一里路"。

3.3　需求反应式服务的未来发展

1) 导入 MaaS 系统整合运输服务

台湾之需求反应式公共运输发展多年，但仍存在与现有公共运输整合上的缺口。本文认为可以将现有的服务做创新智慧化的应用调整为更具包容性的设计，来去满足不同人群与需求。例如：幸福巴士（包括：噗噗共乘 2.0、幸福巴士 2.0 以及幸福小黄 2.0 等）为目前偏乡运输主要服务类型，而 MaaS 之主要核心概念即为多元运具与服务之整合，故幸福巴士亦可称为偏乡 MaaS 的一类。

台湾地区交通事务主管部门运输研究所（2024）之偏乡交通行动服务 MaaS 服务范畴界定与推动策略规划，对于偏乡服务的定义有别于以往是采用人口密度量化指标直接划分区域，而是采用质性的定义，其服务扩大为所有有需求之乡镇区，惟须合乎公共运输优先强化区各分类盘点之优先次序第一、二项，分别为公共运输优先强化区及近期改善之公共运输优先强化区。根据此一实质需求的偏乡服务定义，共计提出 218 个乡镇（区）有其需求（图 4）。而在第一优先次序的 77 处乡镇行政区，有 17 处是隶属于六大城市，此显示即便是较进步的六大城市仍存在公共运输之服务缺口。

换言之，即便是不是传统定义中的偏乡地区，北中南城市、观光地区也会有公共运输需求的缺口。因此，本文认为未来 DRTS 服务范围应跳脱既有地理区域限制，使运输服务不再因为行政区划分而受限，应该是正视个别区域之需求，期能由有需求的地方自行提出计划，并由都市或生活圈中心与当地服务模式去做串联。

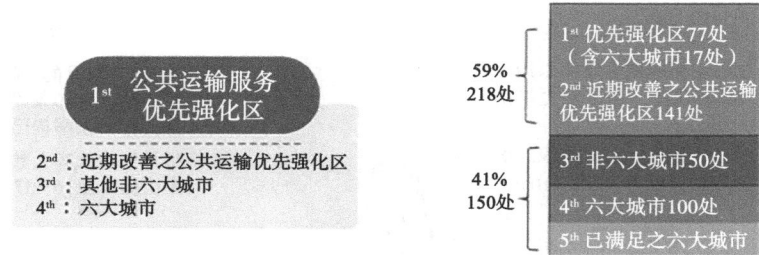

图 4　公共运输优先强化区盘点优先次序示意图

资料来源:交通事务主管部门运输研究所(2024)。

2) 规定上的松绑

近年政府透过营运亏损补贴维持偏乡基本民行,并引入 DRTS 服务已有具体成效,但也面临资源有限、服务绩效不显著的情况。随着社会环境的变迁及资通信技术的普及,大幅松绑相关运输服务的规定,确有其必要性。针对 DRTS 永续经营之发展需求,下列相关规定修改亦已逐步完成。

(1) 允许当地社会团体或个人成立市区汽车客运业

因应 DRTS 服务之相关规定中,《汽车运输业管理规则》于 2020 年修订,是为因应偏乡地区公共运输资源匮乏,且既有汽车运输业者经营意愿低。故为强化公共运输服务并善用民间资源,改善地方政府所辖市区客运中的偏乡地区运输,故新增《汽车运输业管理规则》第 44 条第 2 项。

① 该规则允许公路主管机关规划特殊服务方式及相关规范,征求现有市区汽车客运或出租车客运业者营运;若无意愿,则辅导当地社会团体或个人成立市区汽车客运业。

② 明定市区汽车客运之偏远路线,经公告无业者有意愿经营时,公路主管机关得辅导当地社会团体或个人成立市区汽车客运业经营,或由地方政府自行经营,其资本额、车辆及场站、设备,不受汽车运输业审核细则第 4 条第 1 项第 3 款、第 4 款及第 4 条第 2 项规定的限制,以善用当地资源。

(2) 得使用座位数五人以上小客车为营业车辆

为提升外岛或偏远地区路线客运业者营运调度弹性,提升载客效能,修正《汽车运输业审核细则》第 4 条第 1 项第 4 款第 1 目规定,放宽经营该路线,且经公路主管机关同意者,得使用座位数五人以上小客车为营业车辆。

规定松绑后,偏乡地区将可结合当地既有人力、车辆资源,透过媒合平台,提供更弹性、多元的运输服务,满足通勤、通学及就医、购物等需求,创造有限资源的更佳运用效果,期能缩短城乡发展差距并维持基本民行。但若后续能更简化审查流程,允许更多灵活运输模式与异业结合,将更具推动之助力。

4. 结语

(1) 台湾地区自 2010 年开始试办、推动 DRTS 服务,截至 2023 年年底已有 430 条路线,包含 246 条幸福巴士路线与 184 条幸福小黄路线(以出租车提供公共运输服务),其对偏乡公共运输服务确实产生重大影响,民众普遍肯定此类因应需求的弹性服务。政府部门亦能善用补贴经费与多元运具,让有限资源发挥最大功效。

(2) 随着 DRTS 推动,松绑偏乡运输服务相关规定亦为重要举措,其中对于《汽车运输业管理规则》第 44 条第 2 项的新增:允许当地社会团体或个人成立市区汽车客运业,即为适应地方需求、结合本地资源以及永续经营理念,让经营团体更具弹性。此外,对于《汽车运输业审核细则》中亦有相关修订,使经营业者得使用座位数五人以上小客车作为营业车辆。这些规定松绑措施,结合当地既有人力、车辆资源,并透过媒合平台,提供更弹性、多元的运输服务,可以满足偏乡地区通勤、通学及就医、购物等不同需求,创造有限资源的更佳运用效果。

(3) 检视台湾地区 DRTS 在偏乡服务的经验,可以发现以人口密度定义偏乡的传统做法,对于推广

DRTS整合服务已不适用,许多地区虽不在传统偏乡范围,但仍有公共运输服务缺口,仍有推动需求反应式服务的需求。此外,观光景点亦有其应用DRTS之需求,值得结合生态旅游理念来推动。因此,未来可以提出建立合理机制,引发地方政府针对实质需要提出DRTS营运计划,同时透过交通事务主管部门在各地成立之区域运输中心进行路线设计与营运服务之指导,使更多民众受惠。

(4) 展望未来,除了对于既有430条DRTS路线进行绩效评估与检讨,也可由MaaS的观点思考整体公共运输系统的优化,通过多元运具与共享交通的整合,将幸福巴士服务纳入偏乡MaaS范畴,提升运输服务的包容性和智慧化水平。同时可以进一步简化审查流程,允许更多灵活运输模式与异业结合,需求反应式服务在台湾的应用将更具永续性,也有助实现城乡运输服务的均衡发展目标。

参考文献

[1] 智慧运输系统发展建设计划(2021—2024年)[R]. 台湾地区交通事务主管部门,2020.
[2] 2021交通科技产业政策文件[R]. 台湾地区交通事务主管部门,2021.
[3] 台湾地区交通事务主管部门公路局,幸福巴士推升公共运输成效[EB/OL]. https://www.thb.gov.tw/News_Download.aspx?n=273&sms=12823.
[4] 张学孔,张朝能,等. 需求反应式公共运输系统之整合研究(3/3)专题研究报告(编号:MOTC-IOT-100-MDB001)[R]. 台湾地区交通事务主管部门运输研究所,2012.
[5] 区域运输发展研究中心服务升级2.0计划之初探(编号:MOTC-IOT-109-IMBA007)[R]. 台湾地区交通事务主管部门运输研究所,2021.
[6] 公路公共运输服务升级计划(2021—2024年),交通事务主管部门运输研究[EB/OL]. https://www.motc.gov.tw/ch/app/statistics401/view?module=month&id=579&serno=201111160035.
[7] 台湾地区交通事务主管部门运输研究所. 区域中心服务升级2.0计划架构及功能定位[EB/OL]. https://www.motc.gov.tw/ch/app/statistics401/view?module=month&id=579&serno=201111160035.
[8] 台湾地区交通事务主管部门运输研究所. 智慧公共运输服务发展策略规划[EB/OL]. https://www.motc.gov.tw/ch/app/statistics401/view?module=month&id=579&serno=201111160035.
[9] 台湾地区交通事务主管部门运输研究所,偏乡交通行动服务MaaS服务范畴界定与推动策略规划[EB/OL]. https://www.motc.gov.tw/ch/app/statistics401/view?module=month&id=579&serno=201111160035.
[10] 侯胜宗. 政府、市场、服务"三不灵"!地方创生如何打通偏乡交通?|移动翻转偏乡(上),未来城市[EB/OL]. https://futurecity.cw.com.tw/article/1397?rec=i2i&from_id=3021&from_index=8.
[11] 侯胜宗. 科技、人文联合讲座/幸福巴士3.0:偏乡交通人权新解方[EB/OL]. https://udn.com/news/story/7339/7512254.
[12] 台湾地区规定数据库. 汽车运输业管理规则[EB/OL]. http://www.chinataiwan.cn/tsfwzx/swgc/jtys/.

上海南部环杭州湾通道构建探讨

Discussion on the Construction of around Hangzhou Bay Passage in the South of Shanghai under the Background of Yangtze River Delta Integration

罗 超[1]　徐则灵[2]

摘　要：在长三角一体化发展国家战略背景下，环杭州湾廊道发展对上海引领都市圈协同发展起到重要的带动作用，而沿湾交通通道构建将成为支撑区域协同发展的重要一环。随着上海航运中心建设加快，疏港需求增加，加之上海南部城市空间发展，交通通道的支撑作用将更加突出。两港大道-S3-S4-G15 串联形成上海市域南部沿湾通道、省际对接通道、疏港通道及区域直联通道，对上海辐射长三角及自身发展具有十分重要的意义。

关键词：长三角；环杭州湾；通道

Abstract: In the context of the national strategy for the integrated development of the Yangtze River Delta, the development of the corridor around Hangzhou Bay plays an important role in leading the coordinated development of the metropolitan area in Shanghai, and the construction of the traffic channel along the bay will become an important part to support the coordinated development of the region. With the acceleration of the construction of Shanghai shipping center, the demand for port thinning increases, and the urban space development in the south of Shanghai, the supporting role of traffic channels will be more prominent. The series of Lianggang Avenue-S3-S4-G15 forms the southern bay channel, the inter-provincial docking channel, the port channel and the regional direct connection channel of Shanghai, which is of great significance to Shanghai's radiation of the Yangtze River Delta and its own development.

Key words: Yangtze River Delta; surrounding areas of Hangzhou Bay; Channel

1. 引言

2018 年，长江三角洲区域一体化发展上升为国家战略，其中，交通一体化发展是落实国家战略的关键抓手，在推进长三角互联互通中起着基础性和引导性作用；上海在长三角一体化发展中起到重要的龙头带动作用，完善上海对外通道格局，增强杭州湾沿湾联系，促进上海大都市圈融合发展，对建设长三角世界级城市群等具有重要意义。2024 年 1 月，上海市十六届人大二次会议提出加快国际经济中心、金融中心、贸易中心、航运中心、科技创新中心"五个中心"建设作为主攻方向，上海国际航运中心地位更加凸显；强化上海临港、洋山港疏港能力，提高陆海联运效率，是推进航运中心建设的重要依托。因此，加强上海与长三角区域交通联系，对上海带动长三角一体化发展，加快航运中心建设，促进区域产业联动发展的重要性尤为突出。

2. 研究背景

上海市域高速干线公路形成"一环、十三射、一纵一横、多联"的总体布局（图 1），其中 S3、S4 为射线，

---

1 罗超，上海市政工程设计研究总院（集团）有限公司，学士学位，高级工程师，联系邮箱：luochao@smedi.com。
2 徐则灵，上海公路投资建设发展有限公司，硕士研究生，高级工程师。

G15为一纵,两港大道为区域重要的快速路。将S3、S4、G15及两港大道进行串联将有效弥补上海南部区域交通的空白,串联后的"两港大道-S3-S4-G15"通道将成为上海市域南部东西向沿海交通走廊,亦是环杭州湾发展廊道上的交通通道。随着长三角一体化以及上海大都市圈协同发展的进一步推进,环湾沪浙省际对接交通及南北两岸跨湾交通需求增长迅速(图2);且临港新片区成为上海新一轮发展热点,将建设成为具有较强国际市场影响力和竞争力的特殊经济功能区及核心承载区,洋山港将建成为全球领先的国际航运中心核心区;加之上海市域南部奉贤新城、金山新城及重点转型区域发展需求,构建"两港大道-S3-S4-G15"通道,形成上海市域南部沿湾通道、省际对接通道、疏港通道及区域串联通道,将极大促进区域一体化发展。

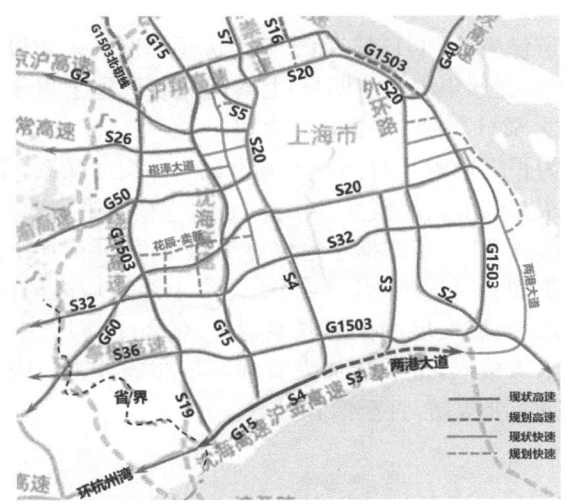

图1 上海市域高速干线公路总体布局

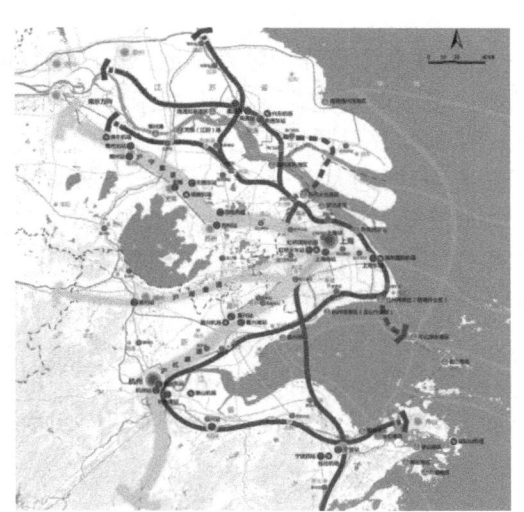

图2 环湾沪浙省际对接交通规划

3. 研究过程及内容

3.1 发展需求分析

1)长三角区域发展要求:打造强劲活跃增长极、区域一体化发展示范区

长三角正在加快构筑强劲活跃增长极,致力形成区域一体化发展示范区,对交通基础设施互联互通要求在不同时机不同层面上都提出了明确要求。2019年12月《长江三角洲区域一体化发展规划纲要》发布,提出到2035年,长三角一体化发展达到较高水平,基础设施互联互通全面实现,推动上海与近沪区域及苏锡常都市圈联动发展。2020年4月《长江三角洲地区交通运输更高质量一体化发展规划》发布,提出完善高速公路网络,强化公路对外互联互通,优化高速公路网络层次结构,加快省际高速公路建设。2022年《上海大都市圈空间协同规划》提出环杭州湾发展走廊强化湾区产业平台协作,加强交通联通和综合枢纽建设。环杭州湾发展走廊为长三角区域一体化发展的重要发展轴,实现上海南腹地与湾区高效交通联系为发展基础。

2)上海市域发展要求:强化5个方向通道布局,提升7条区域运输走廊能级

《上海市城市总体规划(2017—2035年)》在对外交通走廊建设方面提出,强化五个主要联系方向通道布局,提升七条区域综合运输走廊能级。"五个方向"指南京、杭州、南通、宁波、湖州等主要联系方向上国家铁路干线与高速公路通道的布局,但受南向交通走廊建设滞后影响,上海市域多廊空间格局未能完全打开。规划沪甬通道,将补齐上海对外五个主要方向上的交通走廊短板,加强与杭州湾南岸地区的交通和经济联系。未来沪甬通道接入后,可较好匹配跨湾交通需求,但对两侧接线交通需求也提出了更高的要求,需要相应省际衔接通道进行匹配,对上海市域南部交通通道提出新的高要求。

3) 产业发展要求：加强沿湾产业联动，推进市域南部区域协同发展

《上海市城市总体规划（2017—2035年）》指出针对上海与周边省市具有区域价值的战略性地区，形成战略协同区，并重点统筹战略协同区共同发展。因此，串联临港、奉贤、金山、嘉善、平湖等地区，形成沿杭州湾北岸集产业、城镇和休闲功能于一体的战略空间，将推进沿湾产业联动。加强上海南部沿湾交通联系，构建上海南部交通通道，提高交通服务品质，是推进实现区域协同发展的首要任务。

3.2 主要问题分析

现状两港大道-S3尚未建设，S4-G15现状仅为双向四车道，问题主要集中于存量通道单一且容量不足与交通发展需求的矛盾。

一方面，现状上海洋山港及临港片区疏港货运通道仅为S2-G1503，由于两港大道-S3尚未建设，平行通道两港大道-S3-S4-G15未闭合，未形成多通道，货运交通集聚效应明显；且客运与货运通道重叠，客运增长进一步加剧存量通道S2-G1503交通压力，现阶段S2-G1503交通已过饱和。

另一方面，两港大道-S3-S4-G15交通组成主要为长三角省际对接及上海市域内部交通联系；①省际对接上海侧交通主要起讫点向北为上海市中心城，向东为临港新片区及洋山港，于远端衔接虹桥商务区及东方枢纽；随着上海"五大中心"的建设，临港片区、虹桥商务区、东方枢纽地位更加凸显，发展更加迅速，上海市服务长三角一体化的带动作用更加明显，也进一步加大对近沪地区的吸引。②上海市域内部两港大道-S3-S4-G15串联金山新城及奉贤新城、南汇新城，是区域发展的交通联系通道，随着上海加快五大新城建设，新城之间的交通需求不断加强。③沪甬通道未来接入，进一步加大省际对接交通冲击。因此，在多方发展需求加持之下，现有S4-G15双向四车道交通需求激增，直至饱和过载。

3.3 问题解决思路

为更好地解决现状问题及适应未来长三角一体化及上海城市发展需要，建议辟通两港大道-S3，串联扩容S4-G15出省段，形成上海市域南部沿湾通道、省际对接通道、疏港通道及区域连接通道。

(1) 从区域交通上分析，现状上海市域与杭州方向主要通过G60进行衔接，致使G60交通过于集中，而G15方向则流量较小，存在较大的富余空间。由于通道单一，临港片区现状主要通过S2-G1503-S36联系G60，为临港至杭州方向最直接通道，这进一步加剧S2-G1503的交通压力。因此，开辟新通道，形成多通道分流及吸引，将有效改善区域交通问题。

(2) 从现状路网结构分析，辟通上海市域南部重要沿湾通道两港大道-S3将是重要的改善思路。一方面，两港大道-S3辟通，连接S4-G15，形成临港片区联系杭州方向更直接通道，将有力吸引S2-G1503-S36交通，减少其现状交通压力；另一方面，与G1503平行形成双通道，对G1503起到分流作用，将有效改善其交通状况。而随着新通道的辟通，将会对存量S4-G15形成有力冲击，存量通道扩容规模需进一步深入研究。

4. 方案论证

新辟两港大道-S3-S4-G15将有效解决未来交通发展需求问题，与S2-G1503-S36形成平行双通道（图3）。但从系统交通需求及经济性角度考虑，本文重点研究存量通道扩容与新建通道的对比分析，提出不同的应对策略。

1) 策略一：扩容S2-G1503-S36

现状S2为双向六车道，G1503-S36为双向四车道，现状G1503双向四车道交通服务水平已为三级，已接近饱和。拟考虑对其进行扩容，由双向四车道拓宽为双向八车道，对其区域进行交通需求预测分析，2030年其单向高峰小时交通量将达到8 439 pcu/h，双向八车道服务水平将达到三级下限，即2030年需要考虑进一步扩容，从交通适应性及经济性上均不适应。

2) 策略二：新建两港大道-S3，扩容S4-G15

开辟新通道，形成多通道分流及吸引，将有效改善区域交通问题。一方面，两港大道-S3辟通，连接

S4-G15，形成临港片区联系杭州方向更直接通道，将有力吸引 S2-G1503-S36 交通量；另一方面，与 G1503 平行形成双通道，对 G1503 起到分流作用，将有效改善其交通状况。从交通需求预测分析结果可知，2030 年两港大道-S3-S4-G15 高峰小时交通量为 5 127 pcu/h，服务水平为三级上；G1503 高峰小时交通量 5 305 pcu/h，双向四车道服务水平达到四级，可适时考虑扩容，适应性较好。

3）策略三：扩容 S2-G1503-S36＋新建两港大道-S3，扩容 S4-G15

同步扩容 S2-G1503-S36＋新建两港大道-S3，扩容 S4-G15，将有更好的适应性，但存在近期投入过大的问题，存在一定的投资超前。2030 年两港大道-S3-S4-G15 交通量服务水平为三级上；G1503 双向八车道服务水平达到三级，适应性好。

从以上三种策略分析可知，仅扩容现状存量 S2-G1503-S36 通道无法满足未来交通发展需求，其扩容至双向八车道仅能满足 2030 年的需求，经济性差且社会影响大。因此，辟通两港大道-S3 形成新通道，将成为未来交通发展的必然需求。至于扩容现有存量通道或是辟通两港大道-S3 先后顺序，将进一步结合区域发展需求分析确定。

从长三角一体化发展角度，上海临港势必将成为上海市南部辐射引领长三角发展的重要指引点，加强临港片区与长三角区域的联系，实现其与浙江方向的快速互联互通，势必会变得更加迫切，且其建设将会很大程度上分流现有存量通道 S2-G1503 的交通压力。因此，从未来发展及解决近期问题的双重角度，辟通两港大道-S3-S4-G15 形成上海南部环杭州湾通道均为最佳选择方案。

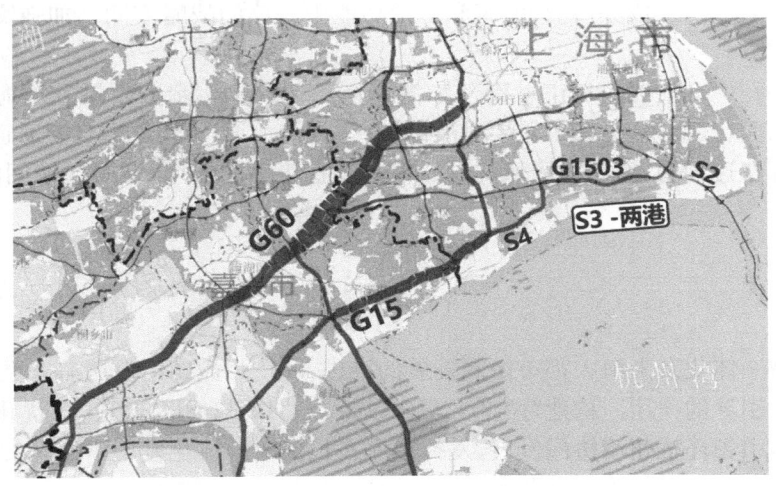

图 3　两港大道-S3-S4-G15 方案

5. 通道构建意义

1）国家战略层面，落实长三角一体化国家战略，加速构筑强劲活跃增长极

2023 年 11 月 30 日，习近平总书记在上海主持召开深入推进长三角一体化发展座谈会强调，要加强各类交通网络基础设施标准跨区域衔接，提升基础设施互联互通水平；要加快上海"五个中心"建设，大力实施自由贸易试验区提升战略，推进上海自由贸易试验区临港新片区更高水平对外开放。

上海必须面向全国、立足长三角、聚焦上海大都市圈，加快完善对外交通体系，引领长三角一体化交通体系构建，全面融入国家综合立体交通网，支撑长三角打造强劲活跃增长极。"两港大道-S3-S4-G15"通道构建，将形成上海南部沿海大通道，推进上海南部腹地向西与长三角的快速衔接，是上海落实长三角一体化国家战略的重要体现。

2）都市圈发展层面，强化环杭州湾经济带协同发展，支撑上海对外多廊空间格局打开

上海大都市圈空间协同发展需构建"紧凑开放的网络型"空间结构，提出廊道引领、网络流动、板块协作三大核心理念，以空间模式转型推动更高质量发展。环杭州湾发展走廊是上海多廊道空间发展格局中

的重要一环,加强其协同发展是促进上海对外空间格局打开的重要保障。

"两港大道-S3-S4-G15"通道形成环杭州湾发展廊道上海市域交通通道,与杭州湾发展廊道紧密结合,与都市圈协同发展息息相关。随着上海大都市圈协同发展,上海引领环杭州湾在智能制造、国际航运、自贸服务等多方面一体化推进,"两港大道-S3-S4-G15"通道支撑上海环杭州湾协同发展的意义更加突出。

3) 市域路网层面,打通省际联系瓶颈、强化疏港能力、构建韧性网络体系

上海市域高速干线公路形成"一环、十三射、一纵一横、多联"的布局,"两港大道-S3-S4-G15"通道将形成上海市域南部对接浙江的交通门户,衔接上海中心城及虹桥商务区辐射长三角的重要交通廊道,向东形成临港新片区及洋山港集疏运交通直接疏港通道,与S2-G1503共同形成向东疏港双通道,强化疏港能力。

"两港大道-S3-S4-G15"通道贯通连接,形成市域南部及临港新片区重要的对接浙江的出省通道,随着未来规划沪甬通道的接入,其将承担跨杭州湾通道与市域路网衔接的重要功能。在省际衔接、疏港需要共同加持之下,未来交通需求激增,从系统预控角度,提高路网系统的整体服务能力,加强通道能级水平,实现韧性路网体系。

4) 空间布局层面,支撑上海市域南部新城及重点转型区域发展,优化城市空间格局

《上海市城市总体规划(2017—2035年)》指出重点统筹战略协同区共同发展,推进临港、奉贤、金山、嘉善、平湖等地区协同发展,形成集产业、城镇和休闲功能于一体的战略空间。加强交通联系是优化城市空间格局的重要基础。

两港大道-S3-S4-G15沿线经过市域南部临港新区、奉贤新城、金山新城及滨海地区等转型更新区域,远距离连接松江、闵行、虹桥、浦东等重要发展区域。"两港大道-S3-S4-G15"通道实现上海市域南部新城及其他区域内部快速沟通,对沿线区域的发展将起到直接串联作用,缩短区域间的时空距离,优化城市空间总体布局。

6. 结语

随着长三角区域一体化及上海大都市协同发展的推进,环杭州湾廊道发展需求更加突出,交通通道对廊道发展起到基础及引导的作用。构建"两港大道-S3-S4-G15"交通大通道,对优化上海南部城市空间布局,强化疏港能力,引领环杭州湾协同发展,发挥上海在长三角一体化发展中的龙头带动作用,具有十分重要的意义。

参考文献

[1] 李东瑾.长三角地区交通一体化发展对策.综合运输[J].2024(03):23-29+50.
[2] 吴璟桉,万勇,吴永康.长三角深度一体化背景下环杭州湾大湾区经济发展战略研究[J].上海经济,2019(02):17-31.
[3] 张逸,陶希东,马璇,等.上海大都市圈规划建设的目标定位和行动策略[J].科学发展,2022(03):62-69.
[4] 朱子龙.都市圈发展阶段及潜力空间研究——以上海都市圈为例[J].建材与装饰,2019(14):80-81.

预警性运输走廊交通管理
——以宜花路廊为例

Early Warning Traffic Management in Transport Corridors
—A Case Study of Yihua Corridor

钟佩蓉[1]　张芯玮[2]　庄昆财[3]　刘文凯[4]　韩宗佑[5]

摘　要：宜花路廊位处高速公路、省道、市区道路汇集的公路枢纽，因连假交通量庞大且具车流高度集中特性，当日运量达2万辆以上时，原订定调控门槛已无法实时应对，致使速率骤降及车流回堵的情形，需耗费数小时才能恢复正常运行，由此凸显预警管理对维持路廊交通稳定运行的重要性。本文透过细化调控门槛并导入智慧化车流监控平台等优化方式，实时掌握车流及实施交通号志调控，并以清明连假进行验证，优化后整体疏运效率大幅提升，后续得以应对未来苏花安通车后所迎来的挑战，从而提升宜花路廊的运行效益。

关键词：宜花路廊；预警管理；号志调控；调控门槛；智慧化车流监控平台

Abstract: Yihua Corridor is located at the highway hub where regional highways, provincial highways and urban roads gather. Due to heavy traffic and concentrated traffic during the consecutive holidays. When the traffic volume reaches more than 20 000 vehicles, the original control threshold was no longer able to respond immediately. It would take several hours to return to normal operation, thus highlighting the importance of early warning management. This article refines the threshold value and introduced an Smart Traffic Monitoring Platform to real-timely grasp the traffic flow and implement signal control, and verified it during the Qingming Festival. After implementation, the overall transportation efficiency has been greatly improved. In the future, it can be used to respond to new challenges, thereby improving the operational efficiency.

Key words: Yihua Corridor; early warning management; signal control; threshold value; smart traffic monitoring platform

1. 背景说明

1.1　宜花路廊范围及形态

台湾东部区域涵盖宜兰、花莲、台东等县市，受中央山脉阻隔，形成了独特的地理环境，其交通服务主要仰赖公路运输系统，包括5号高速公路，临海的省道台2线，以及贯穿东部区域的省道台9线等。其中5号高速公路始于台北南港，穿过雪山山脉后迄于宜兰苏澳，是台湾东西部间最重要的联系公路系统，而台北南港-宜兰苏澳间尚有台2线、台9线可替代分担。车流经前述二股主要公路抵达宜兰苏澳后，接续

---

1 钟佩蓉，台湾世曦工程顾问股份有限公司，工程师，联系邮箱：pattychung@ceci.com.tw。
2 张芯玮，公路管理部门东区养护工程分局，联系邮箱：such@thb.gov.tw。
3 庄昆财，台湾世曦工程顾问股份有限公司，工程师，联系邮箱：tsai02339306@ceci.com.tw。
4 刘文凯，台湾世曦工程顾问股份有限公司，工程师，联系邮箱：chia95043@ceci.com.tw。
5 韩宗佑，台湾世曦工程顾问股份有限公司，工程师，联系邮箱：hanyo10011001@ceci.com.tw。

则以省道台9线为疏运干道衔接花莲及台东，并联结台湾南部地区。整体而言，东部区域公路系统大致可分为以下三大路廊。

（1）台北南港至宜兰苏澳（北宜路廊）：以5号高速公路为主，台2线、台9线为辅，因高速公路终点设于宜兰苏澳，大量长途旅次于苏澳转接省道系统。

（2）宜兰苏澳至花莲崇德（宜花路廊）：本路段以省道9线为主，并以宜兰苏澳为出入门户，全线涵盖多座隧道及山区道路，道路条件较为受限，多采单向单车道配置。

（3）花莲崇德至台东（花东路廊）：省道台9线在崇德以南进入平原区，属多车道配置之平面道路，行经花莲、台东续往南部地区，海侧另有平行之省道台11线。

本文研究范围——宜花路廊全长合计约76.5 km，沿线涵盖苏澳、东澳、南澳、和平、和中、和仁、崇德等乡镇聚落，范围如图1所示，宜花路廊北端承接北宜高速路网，南端则衔接花东公路系统，一旦发生中断或壅塞将严重影响大量东西部及东部城际旅次之旅次链，其中宜兰苏澳汇集了高速公路、省道、市区道路，为宜花路廊的吞吐门户，各类旅次在此转接不同层级的公路系统，具有东部公路枢纽之地位。

宜花路廊受限山区路段道路条件及线型不佳，在道路标准及容量均较低之情况下，行车安全性与舒适度较差，于2018年纳入苏澳至花莲山区道路改善计划（以下简称"苏花改"）后，因部分用路环境获得改善，大幅提升路廊安全性与便利性，惟路廊仍维持单车道配置，各路段道路特性及容量差异甚大，车流负荷程度不均，以及长隧道冲击波效应及市区路段号志路口影响等，存在多处影响车流运行之瓶颈点，因此，透过细致化的交通管理方式使路廊的交通量维持可负荷状态，是路廊管理的最大挑战。

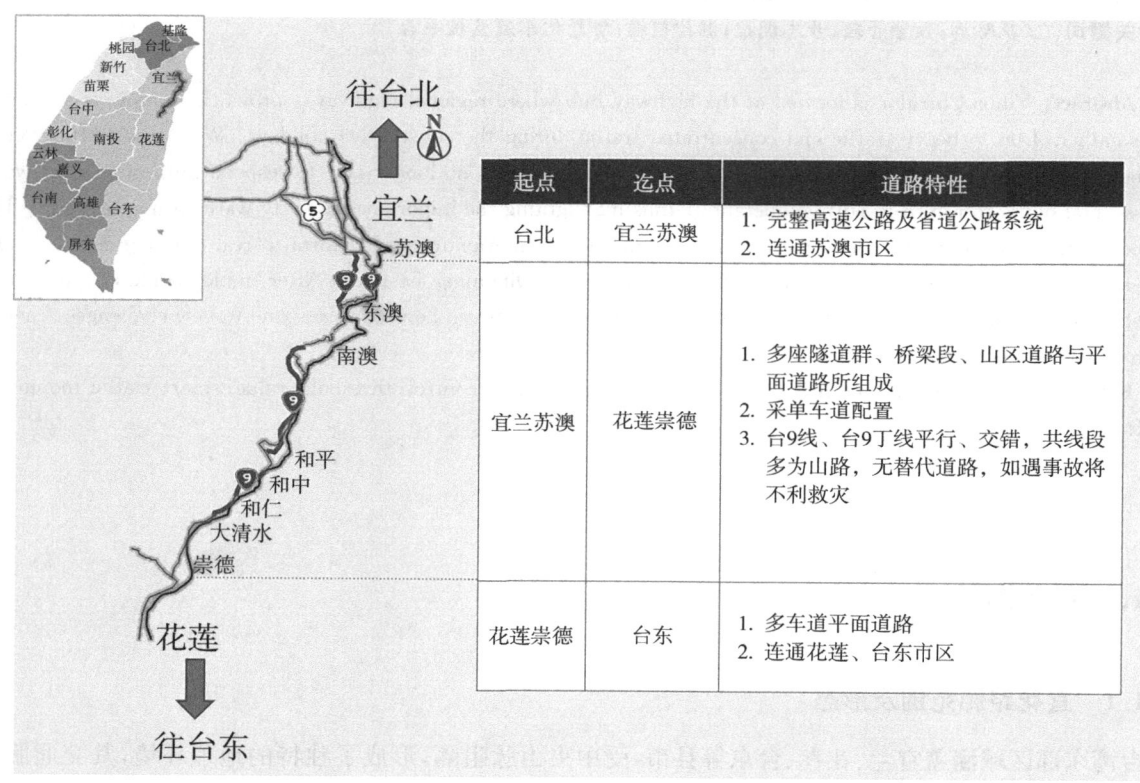

图1　宜花路廊范围及特性示意图

1.2　路廊交通特性

本文汇整2017年至2023年宜花路廊平日、假日及连续假日之双向日平均交通量如图2所示，除了2021—2022年受COVID-19疫情影响导致成长略缓外，宜花路廊交通量呈现大幅增长态势，显示苏花改通车后，因安全性及便利性提升，宜花地区整体旅游需求日益升高。

由图 2 可知，宜花路廊假日及连续假期之日平均交通量大约为平日的 1.2~2 倍，平假日交通量差异甚大，而连续假期之单日最大量相较平日高达 3 倍以上，且在连续假期车流量大及快速涌入情况下，对路廊交通冲击影响相当大，凸显了宜花路廊连假车流管理之重要性及迫切性，因此，道路管理单位于通车前即订定整体车流之管理目标及策略，并持续依据不同内外生变量滚动调整。

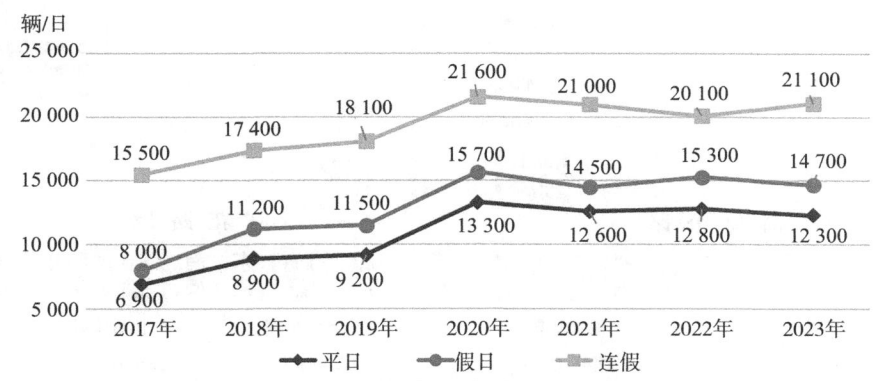

图 2　历年宜花路廊双向日平均交通量图

注：2018 年苏花改局部通车；2020 年苏花改全线通车。

1.3　连假疏运管理策略

1）观测指标及门槛值订定

为利于管理，管理单位订定并量化"车流量"及"平均速率"两项指标，依据台湾地区交通事务主管部门公路局之道路绩效标准，指标可区分为顺畅（平均速率≥70% 速限者）、车多（平均速率＜70% 速限且≥40% 速限者）及壅塞（平均速限＜40% 速限者为壅塞）三种等级。经历次连续假期实际观察小时车流量与平均速率的关系，及相对应的道路绩效表现如下：

（1）当车流量达 1 050 辆/h 将呈现车多情形（平均速率落于 40~50 km/h 之间）。

（2）当车流量达 1 150 辆/h 将呈现拥塞情形（平均速率＜30 km/h）。

（3）当车流量持续维持 1 100 辆/h 以上，数小时之后其通行效率则会严重衰减，导致小时车流量及平均速率明显降低。

由上述可知，宜花路廊之容量在 1 000~1 100 辆/h，为预留管控弹性，确保宜花路廊可稳定其服务流率，管理单位将目标值订定为 900~1 000 辆/h，并加入复合式绩效指标概念，当车流量达管理目标值时，接续以平均速率作为主要观察指标，平均速率管以 49 km/h（速限 70%）为管理值，避免车流呈现车多等级。

2）管理策略及措施

为因应邻近不同运输路廊或公路系统与宜花路廊容量差异产生的冲击影响，因此，本文研究宜花路廊车流管理策略及措施，并以整体路廊南下方向为例。

（1）拦截圈及交通信号控制策略

根据 E-tag 旅次起讫比对，连假期间由高速公路进入宜花路廊的比例高达 60%，故于拟订交通管理策略时，宜将关注范围扩至上游区段，并以划设拦截圈方式来控制进入之车流。由于路廊管理应考虑上下游的车流续进情形，故分别将苏澳市区及南澳市区拟定为主要拦截圈及次要拦截圈，利用沿线路口交通信号调控方式管制进入路廊之车流量，包含调控干道各路口的绿灯时比，以及协请警察单位动态封闭管制高速公路南下立交桥出口，以有效抑制进入宜花路廊之流量。此外，于路廊内则透过调整各路口交通信号干道方向为长绿增加车队纾解率。

（2）车流监控及预警机制

透过拦截圈上游路段及宜花路廊内车流监控及预警机制之订定，作为交通信号调控措施的启动门槛依据，并将预警机制细分为预警值、警戒值及行动值，依据车流的实时状况进行动态的策略调整，以确保交通信号控制策略可实时执行且不错失管控时机。

主要拦截圈监控范围由北至南依序为高速公路上游路段、苏澳地区及进入路廊第一座长隧道——东澳隧道,并以 15 min 之流率作为观测指标,同时,为因应上游持续涌入之车流,须实施更强力之截流措施,故透过影像侦测器辅助观测路廊车队停等距离作为各阶段之截流启动门槛,并执行相对应的交通信号调控策略,路廊车流调控范围如图 3 所示。

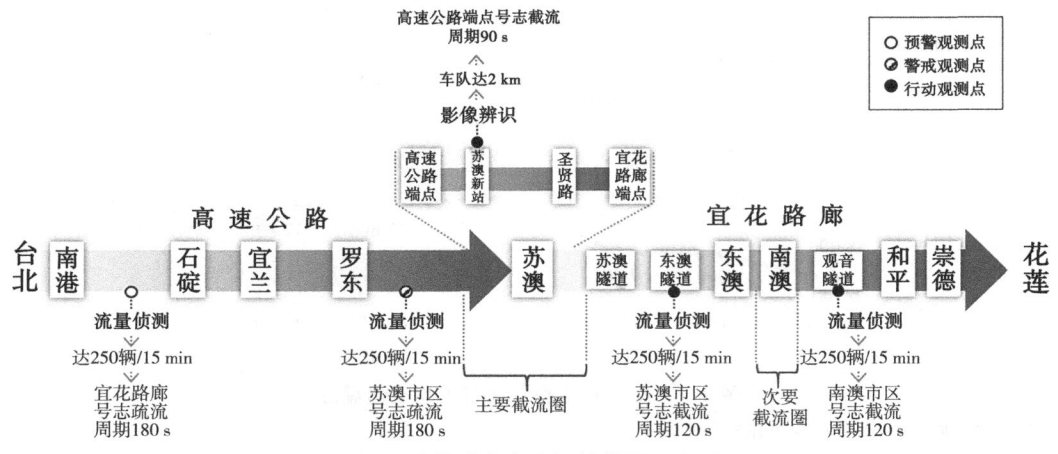

图 3 宜花路廊车流调控范围示意图

(3) 疏导分流及运输需求转移

由于宜花路廊的道路容量有限,当大于道路容量之车流量同时涌入时,必定形成壅塞回堵的现象。因此,在疏导路线上规划南下一条龙策略,导引南下车辆皆行驶台 9 线,减少因主线壅塞而溢流至台 9 丁线的车流,缓解车流于交会路口竞争通行的问题。

同时,透过新闻媒体或相关信息显示面板设备(CMS)提供用路人车流预估及实时路况信息,使用路人避开尖峰时段及路段,达到需求分散目的,减少尖峰时段进入路廊的车流量,亦减少用路人塞车停等时间。路口上游路段,则设置交通锥并摆放分流牌面,提早导引不同旅次目的车辆进行分流,减少车流于路口的交织行为进而产生回堵。

(4) 运输需求预测

有关连假交通管理之策略拟订、交通布设范围、警察单位人力部署等,均须以连假交通量及时段预测为基础,更凸显了行前需求预测系掌握交通管理策略及人力部署的关键,管理单位透过大数据及分析历次连假交通量,归纳不同连假之旅运特性及交通量变化,并找出交通量影响参数(天数、天候、连假特性等)后,建构旅运需求预测模式,以预测较符合之连假交通量及尖离峰时段,拟订对应的疏运交管策略,如交工设备、人力部署、调控门槛等,经与实际值比对检讨后,平均每日误差约 15%～20%(MAPE=各日实际交通量与预测交通量之差取正值除以实际交通量加总后除以该次连假天数)。

2. 管理优化

2.1 管理优化的原因及目的

根据历次连假车流大数据分析,本文发现宜花路廊车流有显著的方向性,连假初期会以南下车流为主,并以首日(春节为初一)为最大量,而在连假中后期则转为北上车流,进一步利用 E-tag 进行旅次起讫的比对,本文发现连假首日南下的旅次中,约有 70% 旅次会选择在连假中后期北返,因此在预测连假流量规模时,南下首日交通量成为一项重点指标。

本研究汇整连假首日南下交通量如表 1 所列,于一般连假之全日交通量约为 11 000～17 000 辆;而特殊民俗连假因返乡节庆等民俗活动,需求明显偏高,全日交通量约为 13 000～24 000 辆,并以清明节之运量最高,单向日运量约可达 20 000 辆以上,且配合长途旅运特性,车流进入路廊集中度高,故较易发生壅塞。

表1　宜花路廊历次连假南下首日交通量汇整表（单位：辆/日）

年度	一般连假			特殊民俗连假			
	元旦	228	双十假期	春节	清明	端午	中秋
2017	11 100	11 500	13 900	15 400	15 600	13 000	—
2018	—	—	—	14 800	24 800	8 800	13 100
2019	12 300	14 900	17 500	18 000	20 000	12 200	12 800
2020	—	16 300	12 500	17 800	21 500	20 400	16 600
2021	12 900	14 300	16 100	18 100	23 100	5 800	20 990
2022	15 500	14 900	12 100	18 400	22 300	13 700	17 600
2023	14 100	16 300	16 600	17 600	23 500	17 900	13 600

资料来源：VD流量资料，本研究汇整。

本研究将南下交通量规模分级如下。

(1) Level 1：全日交通量约为12 000～17 000辆，道路通行顺畅，车流能以接近速限行驶。

(2) Level 2：全日交通量约为17 000～20 000辆，车多速缓，但尚在可控范围内。

(3) Level 3：全日交通量达20 000辆以上，道路呈现严重拥塞情形。

近年来宜花路廊交通量达到Level 3的次数并不多，此类型连假具有尖峰小时系数（PHF）低，车流集中度较高等特性，以2021年清明连假为例，在道路容量过饱和情况下，原订定调控门槛（东澳隧道流率达250辆/15 min）已无法实时应对瞬间涌入大量车流，此时车速将骤降50%以上，并需耗费数小时才能恢复正常旅行速率，如图4所示。

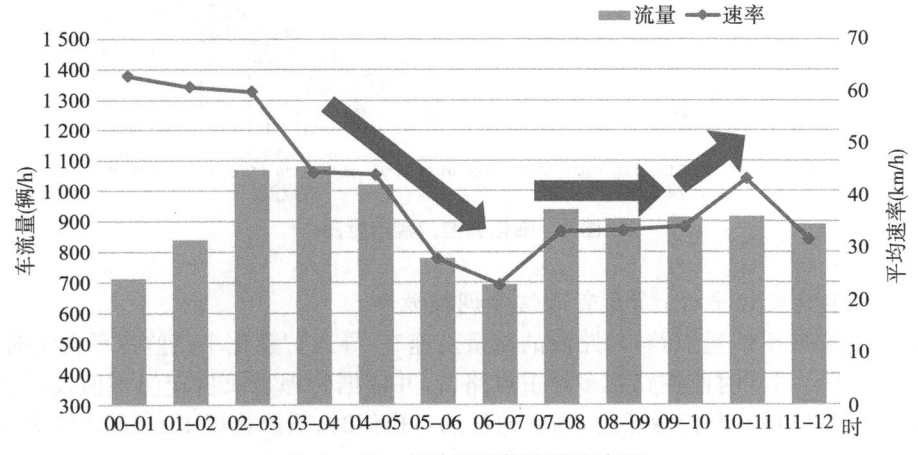

图4　2021年清明连假流量速率图

鉴于后续宜花路廊将新增苏花公路安全提升计划及高速公路衔接苏花改计划，根据台9线苏花改通车后交通影响评估报告内容，预估2041年宜花路廊连假南下日平均交通量将增长至2.1万辆，尖峰小时交通量达1 316辆/h，可预期此类型之连假将越来越多，为因应Level 3等级之交通问题，在不增加道路容量之前提下，仍须透过交通管理方式控制交通量之集中性，因此本研究进一步实施预警管理策略之优化。

2.2 预警机制优化

当预测流量达Level 3时，本研究透过提高交通信号调控门槛精度及导入智慧化车流监控平台，以实时掌握截流的黄金时机。

1) 细化调控门槛值，精准掌握最佳截流时机

为适应高速公路快速涌入的庞大车流，原启动截流策略之关键点为东澳隧道及观音隧道之车流，截流

门槛值为 250 辆/15 min 流率,惟当单向交通量达 20 000 辆以上时,原订定调控门槛已无法实时应对,遂新增上游观测点位,并细化主次要拦截圈之调控门槛值。

流量侦测门槛系由 250 辆/15 min 流率,改以连续两笔 80 辆/5 min 流率作为门槛,借此提高预警敏感度;影像观测门槛部分,则新增圣贤路作为停等车队之观测点,并细化截流范围为高速公路端点及苏澳市区,调整内容如图 5 和图 6 所示,希望借由细化主次要拦截圈的调控门槛值,掌握最佳号控截流时机。

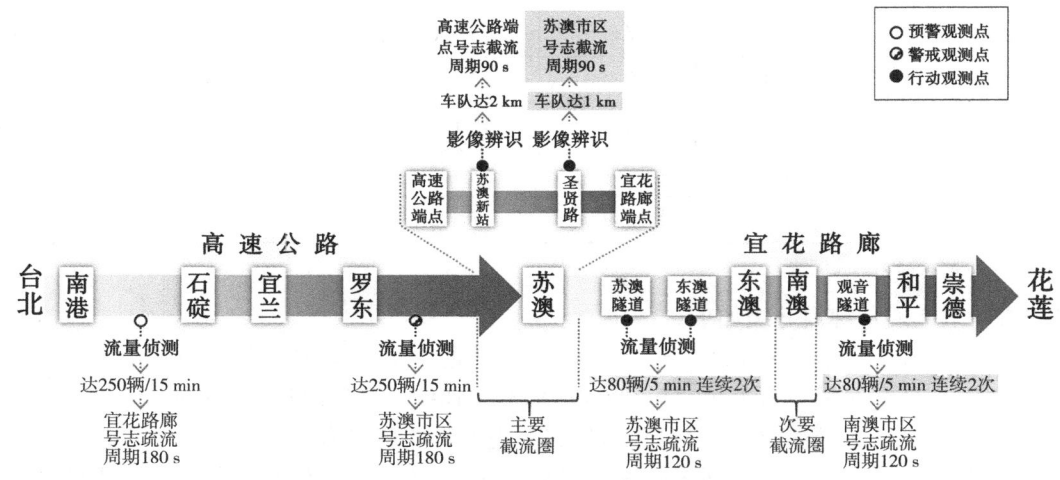

图 5　宜花路廊车流调控优化示意图

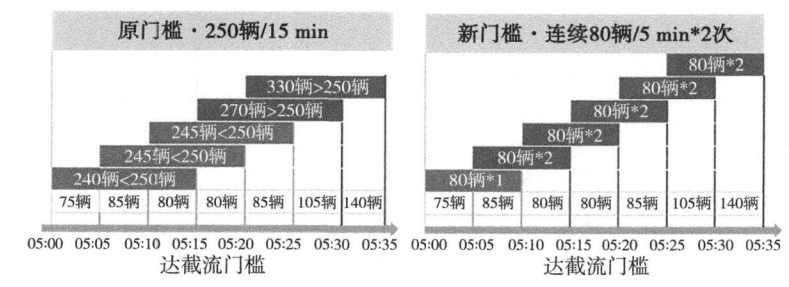

图 6　细化调控门槛示意图

2) 导入智慧化车流监控平台,提升交通信号调控效率

为实时掌握宜花路廊沿线重点路口、路段的流量及速率,导入智慧化车流监控平台实时监控指标变化趋势,如图 7 所示。平台可同时监控路廊多处重点路口,并依据管理需求自定门槛值及观测区间(最低能以 5 min 流率为单位),以提升监控敏感度,当交通量达门槛值时,系统将以 Line Notify 自动示警,管理单位同步启动号志调控来提升管理效率。

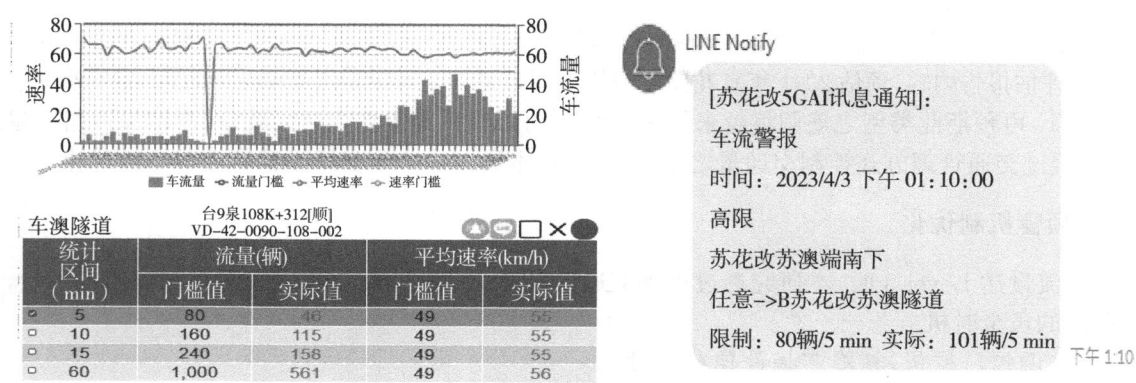

图 7　智慧化车流监控平台

3. 优化后宜花路廊交通绩效分析

为检视预警性管理优化前后绩效成果，本研究以优化前后的 Level 3（单向全日交通量达 20 000 辆以上）规模假期进行比较分析，优化前、后分别以 2021 年及 2023 年清明假期上午 0∶00—12∶00 属车流量较大的时段进行分析，如表 2 及图 8 所示。

表 2 管理优化前后之流量与速率汇整表

	优化前（2021 年）	优化后（2023 年）	优化前后差异
全日车流量	23 100 辆	23 500 辆	＋400 辆
流量达目标值（900～1 000 辆）之持续时段	1 h	4 h	＋3 h
平均速率	37.5 km/h	44.0 km/h	＋17.3％
旅行时间	141 min	132 min	节省 9 min

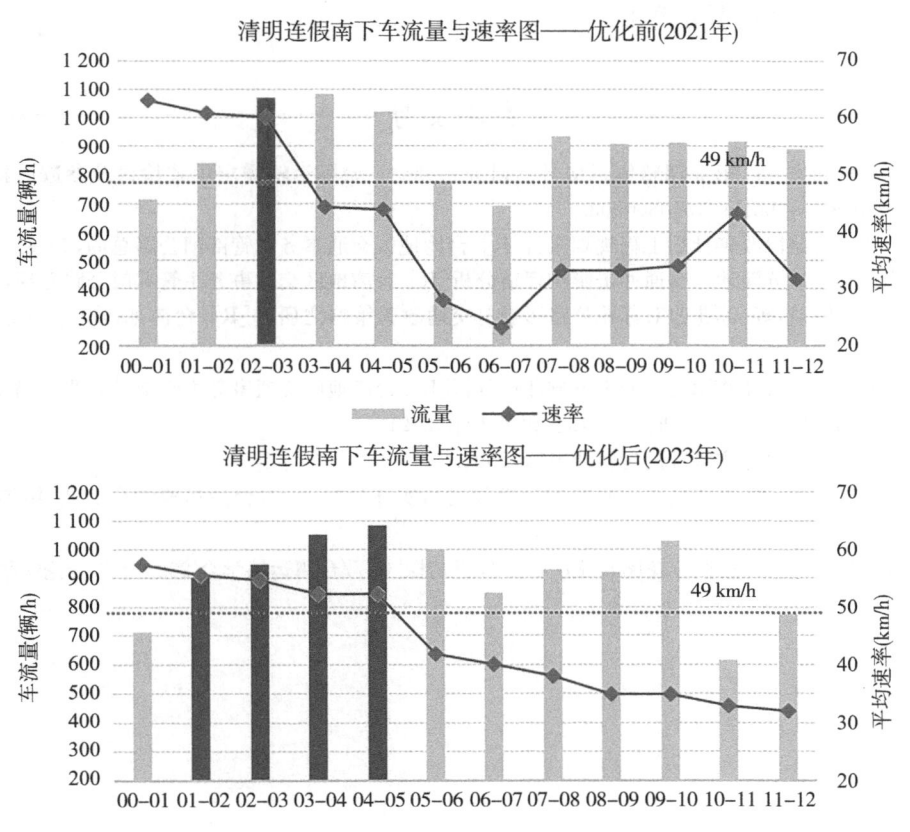

图 8 管理优化前后之流量与速率图

清明首日南下车流自凌晨 1 点开始涌现后，初期速率均可维持 55～60 km/h，每当车流量达 900 辆以上时，优化前之速率由 60 km/h 开始骤降至 35 km/h 以下，整体呈现拥塞情形；优化后之速率则依旧维持 50 km/h 以上，持续时段由优化前之 1 小时提升至 4 h，且尖峰时段之平均速率由 37.5 km/h 提升至 44.0 km/h，约提升 17.3％，优化后整体疏运效率已显著提升。此外，主、次要拦截圈实施管理优化后，苏澳至崇德的旅行时间亦可由 141 min 降至 132 min。

4. 结语

未来苏花公路安全提升计划及高速公路衔接苏花改计划加入后,因受路廊安全性及便利性提升,预期车流量将随之增长,为因应宜花路廊流量达 Level 3(单向全日交通量达 20 000 辆以上)时,原定调控门槛已无法实时应对的课题,管理单位以综观角度管理路廊全线车流续进,实施主、次要拦截圈调控,并透过提高交通信号调控门槛精度及导入智慧化车流监控平台,精准掌握截流的黄金时机。实施优化后,当车流量达管理目标值 900~1 000 辆/h,且平均速率达 49 km/h 的持续时段,已由 1 h 增加至 4 h,平均速率由 37.5 km/h 提升为 44 km/h(提升 17.3%),苏澳至崇德旅行时间亦节省 9 min,显见实施管理优化后,整体疏运效率大幅提升。

除了优化预警管理策略,未来亦可由运输需求管理着手,透过行前需求预测得知流量及时段后,提前发布尖离峰时段信息,鼓励驾驶人提前或延迟出发,以降低路廊所承受之尖峰交通压力,现行已于 2023—2024 年春节办理疏运在线抽福袋活动,鼓励民众离峰时段行驶宜花路廊,实施后于尖峰时段约可移转 10% 交通量,故未来建议持续办理相关活动措施,并滚动式调整相关预警性管理策略,盼能透过双管齐下管理,改善并提升宜花路廊的服务效能。

参考文献

[1] 苏振维,张舜渊,杨幼文,等. 第 5 期整体运输规划研究系列——城际运输需求模式检讨及参数更新研究[EB/OL]. https://gpi.culture.tw/books/1010800903.
[2] 台 9 线苏花公路山区路段改善计划工程规划报告[R]. 台湾地区交通事务主管部门公路总局,2018.
[3] 台 9 线苏花改通车后对苏澳地区交通冲击影响评估分析[R]. 台湾地区交通事务主管部门公路总局,2018.
[4] 张舜渊,杨幼文,江明益,等. 苏花改对苏花公路影响与交通改善策略之研究[R]. 台湾地区交通事务主管部门运输研究所,2018.
[5] 台 9 线苏花改通车后对宜花路廊交通冲击影响评估分析[R]. 台湾地区交通事务主管部门公路总局,2019.
[6] 许文瑜. 高速公路假日旅次特性分析[D]. 台北:台湾大学,2021.
[7] 公路容量手册[S]. 交通事务主管部门运输研究所,2022.
[8] 庄昆财,张芯玮,吴心琪,等. 苏花路廊连假车流管理策略与实务分享[C]//台湾运输学会 2022 年年会论文集,2022:634-653.
[9] 韩宗佑,张芯玮,吴心琪,等. 连假苏花路廊旅次特性分析初探[C]//台湾运输学会 2023 年年会论文集,2023:507-529.

上海虹桥枢纽大客流交通保障对策研究

Research on Large Passenger Flow Traffic Guarantee Countermeasures at Shanghai Hongqiao Transportation Hub

于 琛[1]　李 旭[2]

摘 要：上海虹桥枢纽自2010年投入运营以来，客流量逐年攀升，大客流集疏运面临严峻挑战。本文以重要节假日上海虹桥枢纽交通疏导为例，跟踪评估了虹桥枢纽大客流情况下的交通运行特征，分析了虹桥枢纽大客流交通保障面临问题，研究了虹桥枢纽大客流交通保障对策，能够为城市综合交通枢纽交通保障提供参考。

关键词：虹桥枢纽；大客流；交通保障

Abstract: Shanghai Hongqiao Transportation Hub has experienced an increasing passenger flow year by year since its operation in 2010, and the collection and distribution of large passenger flow at Hongqiao Transportation Hub faces severe challenges. Taking the traffic guidance during major holidays at Shanghai Hongqiao Transportation Hub as an example, this article evaluates the traffic operation characteristics under large passenger flow conditions at Shanghai Hongqiao Transportation Hub, analyzes the problems faced by the traffic guarantee for large passenger flow, and studies large passenger flow traffic guarantee countermeasures, which can provide reference for comprehensive transportation hub traffic guarantee.

Key words: Shanghai Hongqiao Transportation Hub; large passenger flow; traffic guarantee

1. 引言

上海虹桥枢纽于2010年正式运营，作为国际枢纽门户之一，为上海市乃至长三角地区的发展作出了卓越的贡献[1]。随着虹桥枢纽自身及周边设施的逐步投入运营，虹桥枢纽客流逐年攀升，尤其是重要节假日期间，虹桥枢纽交通运营压力较大。为提高虹桥枢纽大客流交通保障能力，本文分析了虹桥枢纽大客流情况下的交通运行特征，研究其面临问题，提出相应交通保障建议。

2. 虹桥枢纽运行情况

2.1 交通设施情况

上海虹桥枢纽根据主要服务功能分区，自西向东分为西交通广场、铁路车站、磁悬浮车站、东交通广场、虹桥国际机场2号航站楼[2]。

西交通广场包含长途客车枢纽站、公交站、地铁站厅及站、P9及P10停车库等区域；铁路车站包含地下高铁出站厅、高铁站台、高铁出发层等空间区域；磁悬浮车站包含：申虹国际大厦地下大通道、磁浮站台、

---

1 于琛，上海市交通发展研究中心，交通规划，高级工程师，联系邮箱：24465788@qq.com。
2 李旭，上海市交通发展研究中心，交通运输规划与管理，硕士研究生，高级工程师，联系邮箱：654664117@qq.com。

磁浮到达层、磁浮出发层等区域；东交通广场包含公交站、地铁站厅及站、P6及P7停车库等空间区域；虹桥国际机场2号航站楼包含办票大厅、安检大厅、到达层、换票大厅等空间区域。

上海虹桥枢纽涵盖了航空、铁路、长途等对外交通以及地铁、公交、出租等城市交通，最终形成轨、路、空三位一体的超大型城市对外综合客运枢纽[3]。

1）对外交通

一是机场，虹桥国家机场为4E级民用国际机场，有1号航站楼和2号航站楼，共有2条跑道。二是铁路，铁路虹桥站车站规模为16站台30股道，每日开行300余对。三是长途汽车，位于铁路客站与机场之间，发往江苏省、浙江省、山东省等地（图1）。

2）城市交通

一是道路系统，基本形成崧泽高架、建虹高架、虹渝高架、虹翟高架衔接外围快速道路系统（图2）。二是轨道交通，现有轨道交通2号线、10号线、17号线，未来规划建设机场联络线、嘉闵线等。三是地面公交，分设于东交通中心和西交通中心；四是停车场库，同样分设于东西交通中心，每个交通中心南北均有停车场。

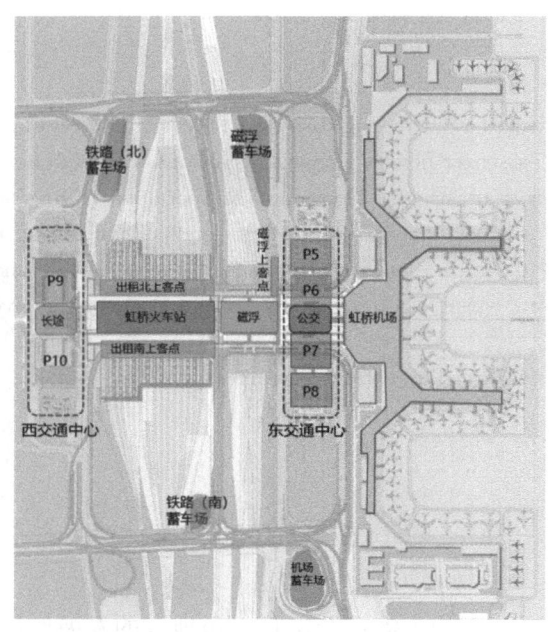

图1　虹桥枢纽平面布局示意图

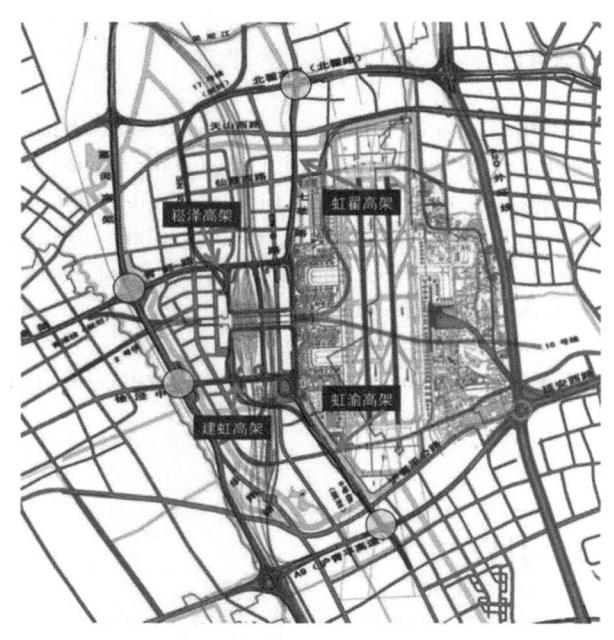

图2　虹桥枢纽道路系统示意图

2.2　枢纽大客流情况

1）节假日期间客流屡创新高

2023年"五一"假期期间及节前一天，虹桥枢纽对外交通与城市交通总客流量为900.44万人次，日均150.07万人次，5月3日达到本年度单日最高客流纪录162.18万人次，与2021年5月1日历史单日最高客流纪录162.64万人次规模相当，是2019年5月4日历史单日最高客流的1.11倍。其中，虹桥高铁到发旅客369.5万人次，日均61.6万人次，最大客流日达到66.3万人次，创铁路客流历史新高（图3）。

2）个体机动化方式占比升高

2019年虹桥枢纽城市交通方式中，集约方式与机动化方式分别为56%、44%，与规划的60%和40%相当。2020—2022年个体化出行意愿增强，2022年个体化出行方式占比接近50%。

3）部分集散设施运营压力较大

2023年"五一"假期期间枢纽周边虹翟高架、扬虹高架、虹渝高架、建虹高架4条快速集散通道中，虹

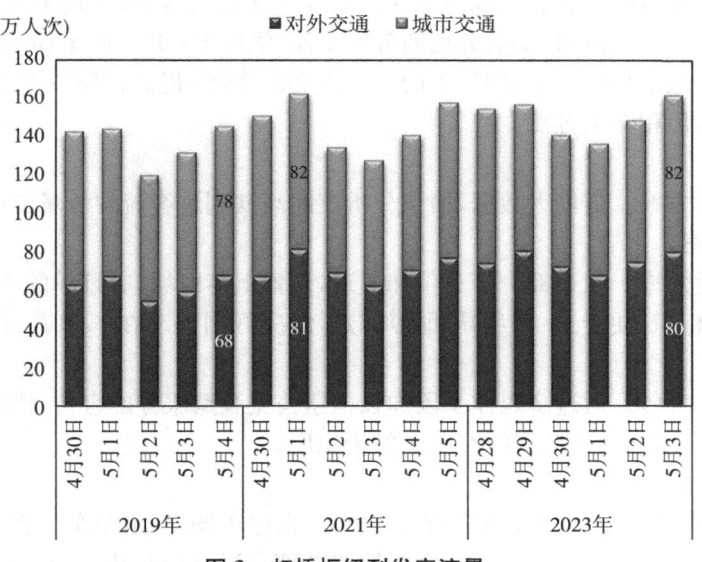

图 3 虹桥枢纽到发客流量

渝高架饱和度为1.05,其余高架饱和度约0.6~0.86;在库车辆高峰车位利用率达到105%,处于饱和状态;蓄车场的蓄车能力和出租车上车点已经到上限;轨道交通高峰小时上客量达到3万人次。

3. 面临问题及发展趋势

随着虹桥国际开放枢纽建设总体方案的落实,虹桥枢纽功能的复合性不断增强,对外客流持续高位运行,商务区交通需求持续增长,在此发展趋势下,虹桥枢纽关于大客流的应对将面临较大挑战。

1) 虹桥枢纽功能集中,多种出行需求相互叠加

根据《虹桥国际开放枢纽建设总体方案》,将形成"一核两带"功能布局,"一核"是上海虹桥商务区,面积为151 km²,主要承担国际化中央商务区、国际贸易中心新平台和综合交通枢纽等功能[4]。届时商务区客流逐渐叠加至虹桥枢纽,虹桥枢纽将进一步累积通勤客流。同时,人民出行日趋活跃,重要展会、赛事等活动相继举办,交通运行保障压力将进一步增加。

2) 夜间大客流情况下设施压力大,疏散能力不足

节假日期间高铁服务高频,夜间临线服务密集,2023年十一期间夜间实际到达客流达到运力的95%。地面公交夜间出行占比低,利用率不足,疏散能力有限。机动化集疏运意愿强烈,停车场压力大,停车场库、巡游出租车和周边道路通行能力均已接近极限。

3) 智慧化、孪生式运营调度水平待进一步提升

虽然在枢纽内部的出租车上客点、停车库内上下客通道、公交站等区域设置了多处监控设备,但仍有部分客流数据采集依赖人工记录,缺乏更加实时精准的信息化采集与分析手段,不足以支撑更及时、更高效、更智能的运力调度与交通组织。

4. 大客流交通保障对策

围绕虹桥枢纽大客流场景下交通运行特征以及面临的问题,提出以下大客流交通保障建议,提升虹桥枢纽大客流应对能力。

1) 提高设施韧性

一是优化铁路运力资源配置。上海松江站预计年底启用,应差异化发挥各铁路站对外交通服务功能,优化铁路线路资源配置,均衡客流需求时空分布,均衡城市交通衔接压力。

二是完善商务区交通基础设施。形成商务区核心独立交通系统,强化商务核心区公共交通系统。研究完善枢纽集散高架系统出入匝道,提前分离商务区车流,缓解 P9、P10 停车场衔接匝道压力。

三是在枢纽合适区域增加巡游车、网约车的上客点和蓄车场,提高极限发车能力。可利用磁浮、长途汽车站等场地合理设置出租车上客点。

2）提高网络韧性

一是灵活制定疏运方案。借助大数据,精准分析夜间高铁到达客流的流量流向,研究更加灵活的专线巴士、定制客运线路方案。

二是提高出租疏运效率。改造部分停车位和通道,设置上客区域(有订单的车辆方可驶入),优化车库内车流组织,完善点位标识,便于人-车互寻,即停即走,解决好网约车在车库通道候客、寻客、上客导致的通道拥堵问题。

三是加强疏运方案宣传。通过多媒体手段加强枢纽公交线路服务的宣传,增加市民的知晓度,同时在枢纽内部做好引导标识,增强地面公交线路服务的辨识度。

3）提高组织韧性

一是提高枢纽交通组织与运营管理的智能化水平。在停车场库、出租车上客点、网约车上客点增加视频监控设施,并加强视频数据采集分析能力,完善枢纽外部交通和内部集散指标体系,实现枢纽各方式之间数据共享和全方位、全量化实时监测,并形成大客流研判和预警机制。基于实时监测数据和票务客流信息整合,加快枢纽管理数字化转型形成跨条线、多终端的运营管理平台,推动各部门一体化高效响应,提高应急响应指挥调度效能。

二是根据客流变化特点灵活调整枢纽交通管理策略。针对工作日、节假日枢纽和商务区停车需求错时错峰的特征,进一步统筹虹桥枢纽及商务区停车场库以及车库衔接匝道资源,利用可变车道等手段灵活分配交通资源,以应对不同时期的需求。通过价格杠杆引导长时停车需求的车辆至机场停车库。

三是精细化客流研判和评估分析。一方面固化节假日和大型活动虹桥枢纽专题交通研判,重点对虹桥枢纽高铁站的返沪高峰客流,以及重点时段轨道、公交、巡游车、网约车、停车场、集散路网等各业态开展精细化研判和对策研究。另一方面扩大事中跟踪和后评估范围,针对枢纽溢出至商务区的客流疏散特征分析,以网约车、出租车和小汽车为主;借助互联网地图数据、网约车数据、新能源车辆数据分析夜间共享停车场运行状态和客流分布情况。

参考文献

[1] 王亿方,刘翀,谢辉. 虹桥综合交通枢纽十年发展回顾与展望[J]. 城市交通,2019,17(05):59-65.
[2] 曹阳. 地铁车站地下商业空间设计研究[D]. 太原:太原理工大学,2017.
[3] 黄岩,黄夏飞,李彬. 虹桥综合交通枢纽地区内部驳运公交规划[J]. 城市规划学刊,2009(05):57-63.
[4] 发展改革委关于印发《虹桥国际开放枢纽建设总体方案》的通知[EB/OL]. [2021-03-10]. https://www.gov.cn/ziliao/fgwj/gwygb/lsgb.htm.

基于仿真的高铁枢纽道路集疏运系统优化研究
Simulation-based Optimization Study of High-speed Rail Hub Road Collection and Distribution System

李 瑞[1]

摘　要：随着全国高铁网络的不断完善，高铁枢纽在城市发展中作用日益凸显。道路集疏运系统作为高铁枢纽的城市接入端口，其在规划设计阶段的优化工作对于提高枢纽的整体运行效率和服务水平十分重要。本文以大型高铁枢纽道路集疏运系统为研究对象，以武汉市汉阳高铁站为例基于微观仿真的方法对其进行分析评价，并提出了相应措施进行优化。评价结果表明，基于仿真的优化措施能够有效提高道路集疏运系统的运行水平，为高铁枢纽支撑站城一体化发展提供了科学依据。

关键词：微观仿真；高铁枢纽；集疏运系统

Abstract: With the continuous improvement of the national high-speed rail network, the role of high-speed rail hubs in urban development has become increasingly prominent. As the urban access port of high-speed rail hubs, the optimization of the road collection and distribution system in the planning and design stage is crucial for improving the overall operational efficiency and service level of the hub. This article takes the road collection and distribution system of large-scale high-speed rail hubs as the research object, taking Wuhan Hanyang High-speed Railway Station as an example, analyzes and evaluates it based on the method of microscopic simulation, and proposes corresponding measures for optimization. The evaluation results show that the optimization measures based on simulation can effectively improve the operational level of the road collection and distribution system, providing a scientific basis for the integrated development of high-speed rail hubs supporting the city and the station.

Key words: microscopic simulation; high-speed rail hub; collection and distribution system

1. 引言

随着我国高铁网络的不断扩大和完善，大型高铁枢纽的规划设计成为当今交通运输领域的热点课题。大型高铁枢纽作为高铁运输的重要节点，其道路集疏运系统的效率对整个高铁运输系统的运行起着至关重要的作用。然而，由于高铁枢纽系统设施规模庞大、交通组成复杂、功能需求多元等特点，其道路集疏运系统面临着诸多挑战，如交通拥堵、运输效率低等问题。因此，对大型高铁枢纽的道路集疏运系统进行优化研究具有重要的实际意义。

当前，高铁站"4.0时代"强调站城融合、绿色智能，实现站融于城、以站带城，充分发挥枢纽的影响力，打造以枢纽为核心的高铁功能区。道路集疏运系统是高铁枢纽与城市道路网络之间的连接系统，主要包括高铁站前广场、停车场、公交枢纽、出租车停靠点等设施。道路集疏运系统的优化设计和管理可以有效提高高铁枢纽的整体运行效率和服务水平，缩短旅客的出行时间，提高旅客的出行舒适度。

---

[1] 李瑞，武汉市规划研究院（武汉市交通发展战略研究院），城市及区域交通规划，工程师，联系邮箱：15261897770@qq.com。

2. 高铁枢纽集疏运方案设计

2.1 汉阳高铁站功能定位

1) 基本概况

目前,以武汉站、汉口站、武昌站为核心的枢纽体系已成为全国四大铁路枢纽之一和六大客运中心之一。武汉市交通运输发展"十四五"规划指出,要增强铁路枢纽功能,新建汉阳站等形成"五主两辅多点"客站格局,建设"超米字形"高铁网,预计汉阳站2045年旅客发送量为3400万人次(表1)。

表1 武汉市"五主"铁路枢纽客流预测情况

车站	2018年发送量(万人次)	2045年发送量(万人次)	设计车站规模	最高集聚客流(万人次)
汉阳站	—	3 400	13台24线	0.6
武汉站	2 810	4 900	11台20线	0.95
汉口站	3 066	5 500	10台20线	1.0
武昌站	1 900	2 800	5台12线	0.75
武汉天河站	—	3 800	—	—

近年来,武汉市正大力推进沿江高铁、枢纽直通线等工程建设,补齐国家"八横八纵"高铁网络东西向通道。2016年,国家发改委与广州、武汉、郑州联合签署《共建综合交通枢纽示范工程合作框架协议》指出,以规划建设高铁站为主体,建设集大型综合枢纽、商业、商务、文化、生态等为一体的城市功能区示范工程。

新建汉阳站铆接武仙城镇带,作为西武福高铁的重要枢纽节点,承担武汉西门户节点功能,将进一步巩固武汉国家综合交通枢纽城市地位。新建汉阳站线路总体布局(图1)为南北走向,车站规模为13台24线(近期高铁7台12线,远期城际6台12线),采用高架场站形式。汉阳站将成为未来武汉规模最大的枢纽站。汉阳站站城一体化功能区总面积为12.68 km²,预计建筑体量为710万 m²,涵盖商务、商业、居住等复合功能。

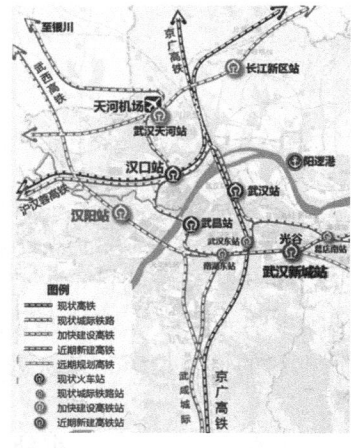

图1 汉阳站枢纽区位及设计意向

2) 功能需求

汉阳站选址与武汉目前三大主站不同,它位于主城与西南副城的交界地带,向北是高密城区,向南是湖野生境,因此,汉阳站站城一体化区域城市设计将高铁功能区定位为"武汉西极",以"风景站城""创新目的地"为价值取向,旨在打造"生态型城市副中心"实现从边界到特色中心的转变。

高铁功能区按照"一核引领、一区共融、五廊延伸、组团共生"的规划结构,在高铁枢纽核周围布局现代服务、健康生活、数字文创、元宇宙科技等功能组团,通过多条生活、服务和生态走廊与城市主要功能区衔接。根据汉阳高铁站功能布局,该综合交通枢纽涵盖高铁、城际、城市轨道、常规公交、大巴、出租车、私家车等综合交通方式。总体方案强调多触角的城市轴线发展关系,结合多条公共绿廊,以站点为核心驱动,地铁为发展支撑,促进全域协同发展,强化周边地铁TOD的功能集聚与空间布局,进一步放大枢纽辐射效应。

2.2 道路集疏运系统组成与需求特征

1) 枢纽功能区路网

站城一体化功能区按照"南站北城、快慢双疏解系统,兼顾效率与体验"的策略构建疏解体系(图2)。一方面,通过快速路与城市高快速路系统衔接拓展枢纽空间服务范围;另一方面,通过站前支路网系统为功能区提供高品质出行体验。具体的,外围高快速路形成分流环(汉蔡高速—四环线—龙阳湖南路—三环线),分流过境交通;内部主次干道形成集散环(快活岭路—半环路—横二路)+放射线(新天南路、快活岭路、纵二路、横二路)结构,疏解及近端的到发交通,高铁功能区道路网密度为 8.2 km/km^2。

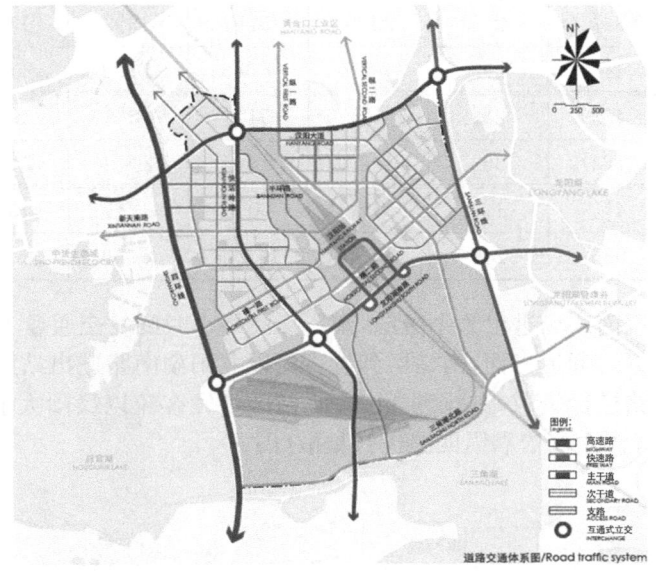

图2　汉阳站高铁功能区道路交通网络图

出于"站城融合"考虑,汉阳站采取腰部进站方式。落客平台设置于站厅南北两侧,衔接匝道位于铁路两侧灰空间内,以降低对城区环境影响。对外集疏运形成"2+3"专用枢纽集散体系(图3),即在2条集散干道汉阳大道和龙阳湖南路上共设置3处立交节点。

图3　枢纽对外集疏运道路体系

2) 进出站交通需求

汉阳站未来客流主要分为三类：跨区域性高铁客流、区域城际客流及市内及周边客流。跨区域性客流以武西高铁沿线城市客流为主，为长距离相对低频次的客群，该客群以旅游、商务（中欧班列商务）出行为目的，快速转换需求突出，注重交互、畅快及多样的出行环境；区域城际客流以汉川、咸宁等省内城市为主，与成熟都市圈的城际出行群体不同，该客群以探亲访友为主，商务需求相对较小。市内及周边客流主要为武汉市内的客群。

根据有关专题客流预测结果(表2)，汉阳站枢纽近、远期分别承担武汉枢纽2 200万人、3 400万人的旅客发送量，建成后可服务11个方向的发车。核心覆盖半径为15 km区域，直接服务部分主城区、临空副城、车都副城以及西部新城组群。近、中、远期汉阳站旅客高峰小时到发量预计分别为1.0万人次/h、2.3万人次/h和2.8万人次/h。

表2 高峰小时枢纽车流预测表

年限	方式	铁路	长途客车	常规公交	轨道交通	出租车	小汽车	其他	合计
2030年	比例	3%	2%	11%	51%	13%	17%	3%	100%
	车流量(人次/h)	444	296	1 627	7 545	1 923	2 515	444	14 794
2035年	比例	4%	2%	9%	54%	13%	15%	3%	100%
	车流量(人次/h)	723	362	1 627	9 764	2 351	2 712	542	18 082
2045年	比例	4%	1%	8%	60%	12%	13%	2%	100%
	车流量(人次/h)	986	247	1 972	14 794	2 959	3 205	493	24 656

汉阳站出行交通需求以南广场进出为主流向，南广场高峰小时到发交通量1 740 pcu/h，约占58%，北广场1 260 pcu/h，约占42%。通道方面，南站区到发客流以龙阳湖南路进出站区为主通道，占比73%，高铁功能区客流主要以横二路进行集散，占比约14%；北站区到发客流以汉阳大道、快活岭路起辅助作用，占比约47%，高铁功能区客流主要依靠纵四路进行集散(图4)。

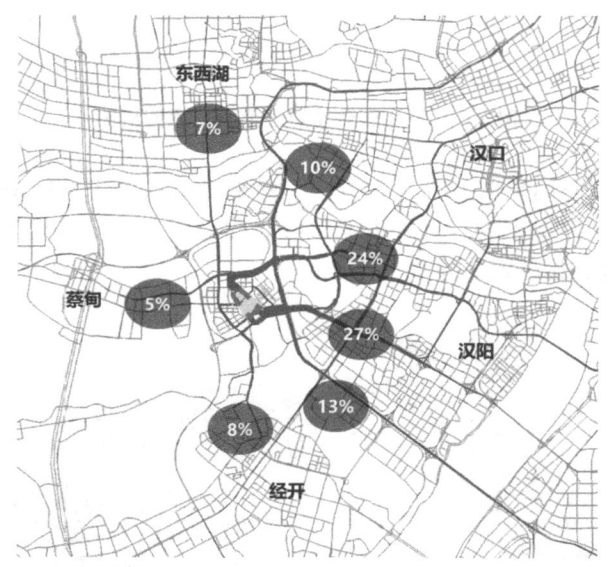

图4 枢纽到发交通流量分布

3) 枢纽内场站布局(图5)

规划汉阳站为高架场站形式，高架层为出发层、地面层为到达层。站房南侧腰部下方，地面层分区域布置有社会车、网约车和出租车蓄车场，地上夹层全部为社会车停车场；站房南侧腰部下方，地下一层和地下夹层均为社会车停车场，地面层为大巴、公交和出租车蓄车场(表3)。

表3 汉阳站枢纽集疏运设施布局情况

楼层	北站房	南站房
高架层	高架落客系统	高架落客系统
夹层	—	社会车停车场
地面层	出租停车场、公交停车场、大巴停车场	出租停车场、网约车停车场
地下一层	社会停车场、落客边	—

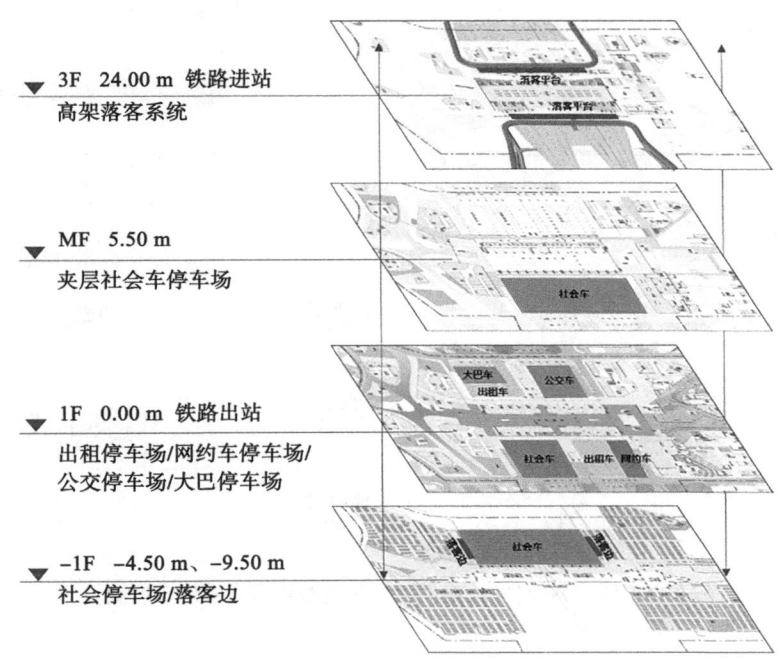

图5 汉阳站枢纽集疏运设施布局示意图

4) 内部集疏运设施

为提高长距离接送交通周转效率,在车站腰部分别设高架接送平台,并与外围快速路分流环衔接。高架落客平台前后均有上下匝道与地面道路衔接,以保证高铁功能区近端到发交通可通过"集散环＋放射线"的地面道路系统实现进出站(图6)。

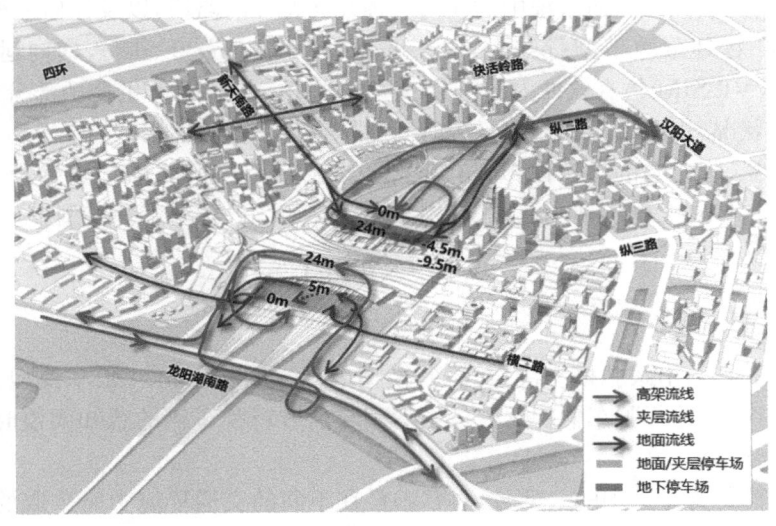

图6 枢纽区集散交通流线

南、北两侧的内部停车场组团之间以及上、下层之间各自设有进出匝道，针对接送客的小汽车设有专用回场匝道与高架系统衔接，大巴车、公交车停车场设有相对独立的进出口(图7)。

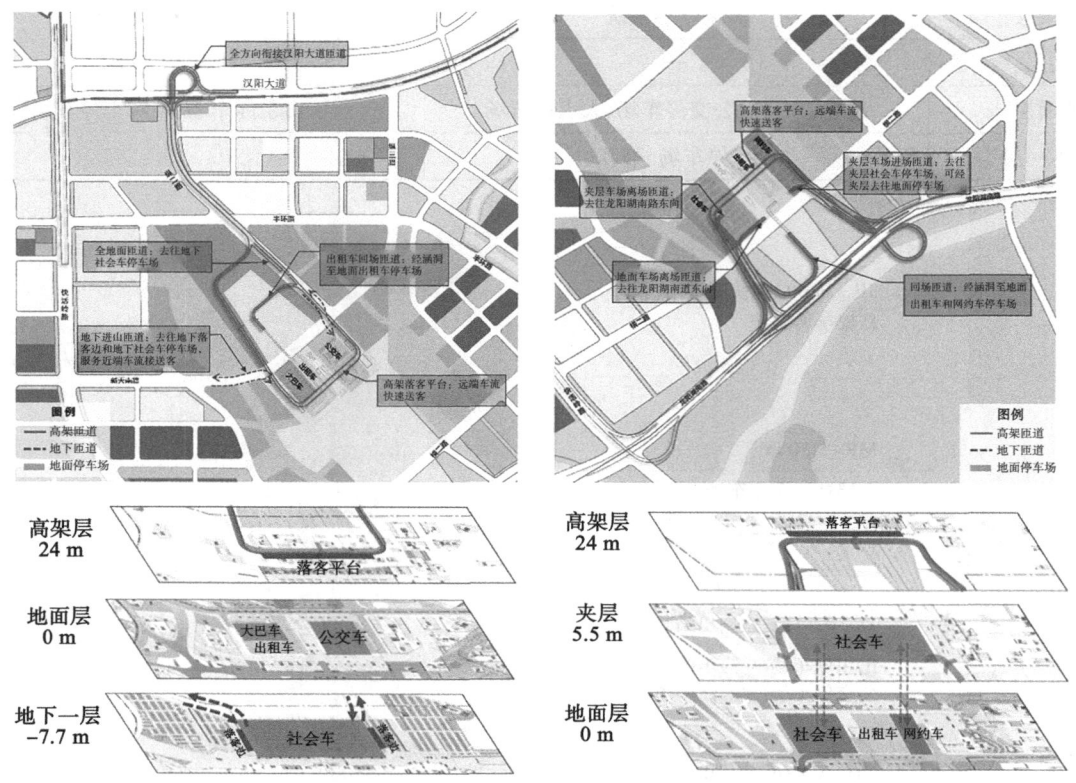

图7　汉阳站北(左)、南(右)站区道路集疏运系统示意图

3. 微观模型构建

3.1　微观仿真介绍

交通仿真软件 VISSIM 模拟所有交通参与者及他们的交互活动，是一种时间驱动、基于驾驶行为的仿真建模工具，可以使用户模拟在交通系统中的任何一种几何特性的路段，以及任何一种驾驶行为。车辆的纵向运动采用了心理-物理跟驰模型(psycho-physical car following model)，横向运动采用了基于规则(rule-based)的算法。VISSIM 仿真软件内部由交通仿真器和信号状态产生器两部分组成，既可以在线生成可视化的交通运行状况，也可以离线输出行程时间、排队长度等各种统计数据。

本方案涵盖多场景、多对象的仿真模拟，仿真场景包括高架快速路、城市道路及交叉口、枢纽落客平台、停车场等不同类型，仿真车辆包括小汽车、出租车、公交车、大巴车等多种类型。

3.2　模型构建

1) 基础参数设置

仿真中的车辆行驶行为由跟驰模型决定，跟驰模型采用 wiedemann74 跟车模型为基础，这种模型的基本思想基于驾驶意识，高速行驶车辆的驾驶员当达到与前方行驶车辆的感知阈值时开始刹车。车型包括小汽车、大巴车、公交车等。

驾驶员行为是车辆行为模型中的一部分，对驾驶员在不同的交通环境中所采取的各种细节性行为进行管理，包括加减速、车道变换、车头时间、合流、让行和其他行为进行仿真，以保障微观仿真模型的精确性,减小仿真结果与实际情况之间的误差(表4)。

表4 模型基础参数

参数名称	设定值	参数名称	设定值
前视距离最大值/m	250.0	平均停车间距/m	2.0
后视距离最大值/m	150.0	最小车头时距/m	0.5
静态障碍物停车距离/m	0.5	协调刹车的最大减速度/(m·s^{-2})	−3.0

考虑社会小汽车停车场以接送乘客车辆为主,停车时间按照正态分布 $N(0.5, 0.5)$,即平均停车时间为 0.5 h。

2) 北站区道路集疏运系统建模

车站北向来车通过汉阳大道立交节点沿纵一路进入北进出站平台,进出站环形匝道按逆时针单行组织,驶离接送平台一端设出租车回场匝道供其进入地面出租车场。根据枢纽服务到发交通预测结果,进一步预测枢纽近端道路断面流量,高架落客平台高峰时段最大断面流量为 700 pcu/h,要求不低于 4 条车道,其他断面高峰时段最大流量及其车道规模需求如表 5 所列。

表5 北站区道路集疏运系统预测断面流量及推荐断面

序号	名称	高峰时段最大断面流量(pcu/h)	推荐断面(单向)
1	高架落客平台	700	不低于4车道
2	衔接汉阳大道匝道	进站 900 出站 680	不低于2车道
3	至地面匝道	进/出站各 200	不低于1车道
4	出租车回场匝道	220	不低于2车道
5	地下进出匝道	400	不低于1车道

地面道路系统中,纵一路高峰小时双向交通量(含过境及枢纽到发交通)为 1 050 pcu/h,纵二路为 1 200 pcu/h,车道规模分别为双向 4 车道(进口道展宽为 5 车道)、双向 6 车道条车道。北站区大巴、公交车和出租车蓄车场通过设置减速路段和停留时间的方式简化停车场内进出场情景,并在出租车通道设置候客区模拟候客情景(图8)。

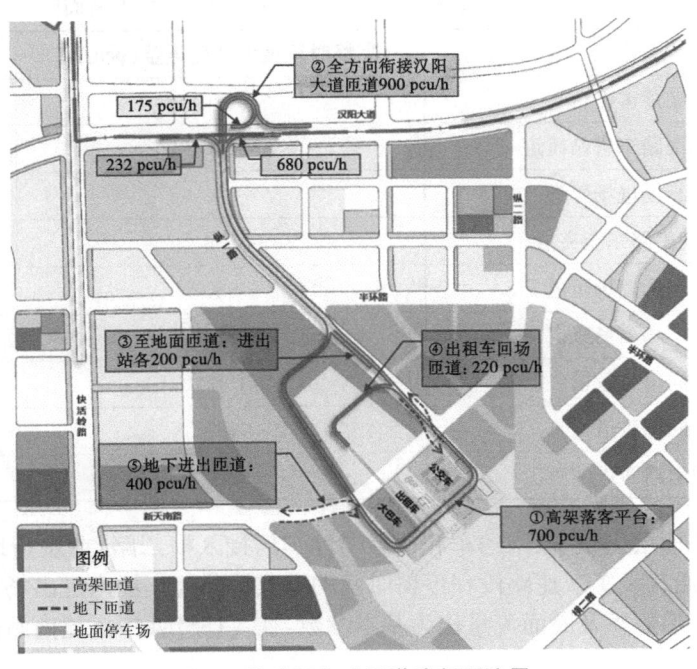

图8 北站区集疏运道路断面流量

以上述设施衔接、车道规模及断面流量作为基本参数，在 VISSIM 中搭建车站北站区集疏运系统基础模型并输入车辆数据等(图 9)。

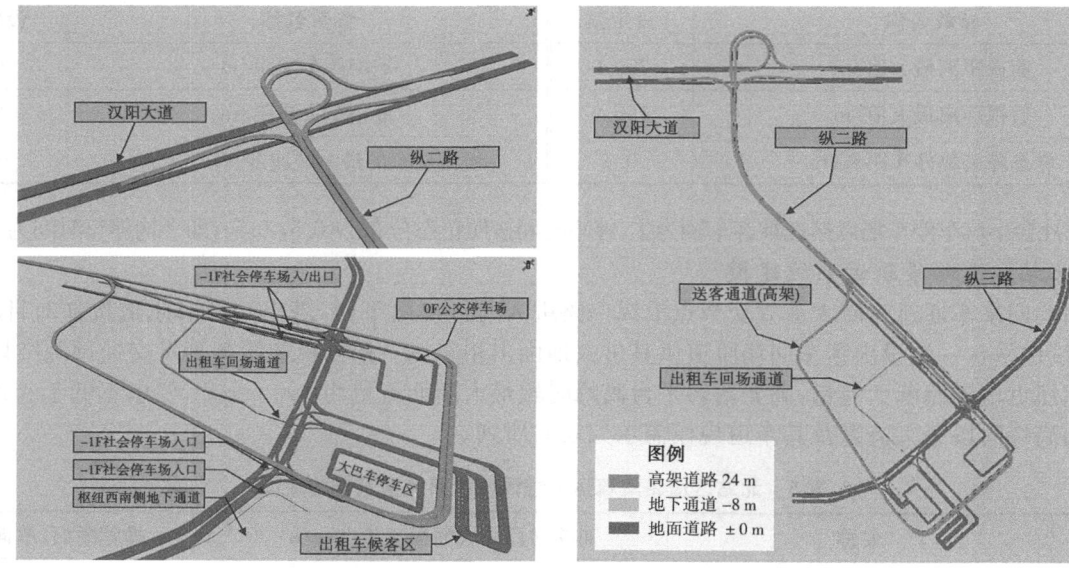

图 9　北站区道路集疏运系统基础模型

路径决策点主要集中在纵一路高架进场与下地面及进入地下停车场的分流点处，以及落客平台下游高架回场分流点处；地面系统路径决策点主要分布于交叉口、停车场内部分流点处。道路模型转弯处设置 10～30 km/h 不等的减速段。

3) 南站区道路集疏运系统建模

车站南向来车通过龙阳湖南路两个立交节点在站房南侧形成逆时针集疏运高架系统。进站端高架分别设置进入夹层车场匝道和落客高架平台，出站端设龙阳湖南路双向衔接匝道、夹层和地面车场的离场匝道以及回场匝道。根据预测结果，南站区高架落客平台高峰时段最大断面流量为 1 010 pcu/h，要求不少于 6 车道，其他断面流量及其推荐断面如表 6 所列。

表 6　南站区道路集疏运系统预测断面流量及推荐断面

序号	名称	高峰时段最大断面流量(pcu/h)	推荐断面(单向)
1	高架落客平台	1 010	不少于 6 车道
2	龙阳湖南路东进站匝道	840	不少于 2 车道
3	夹层车场进场匝道	640	不少于 2 车道
4	龙阳湖南路东至夹层	530	不少于 2 车道
5	夹层车场离场匝道	530	不少于 2 车道
6	地面车场离场匝道	380	不少于 1 车道
7	东向出站匝道	1 370	不少于 3 车道
8	回场匝道	460	不少于 2 车道
9	龙阳湖南路西进站匝道	280	不少于 1 车道

地面道路系统中，地面层出租车、网约车和社会车停车场接入横二路，夹层与地面层停车场的内部设有转换匝道。各停车场通过设置减速路段和停留时间的方式简化停车场内进出场情景(图 10)。

以上述设施衔接、车道规模及断面流量作为基本参数，在 VISSIM 中搭建南站区道路集疏运系统基础模型并输入车辆数据等(图 11)。

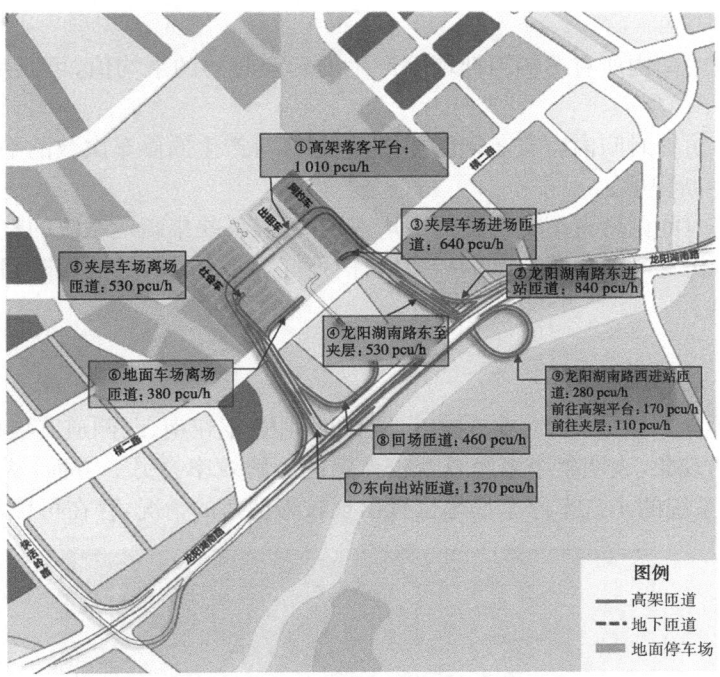

图 10　南站区集疏运道路断面流量

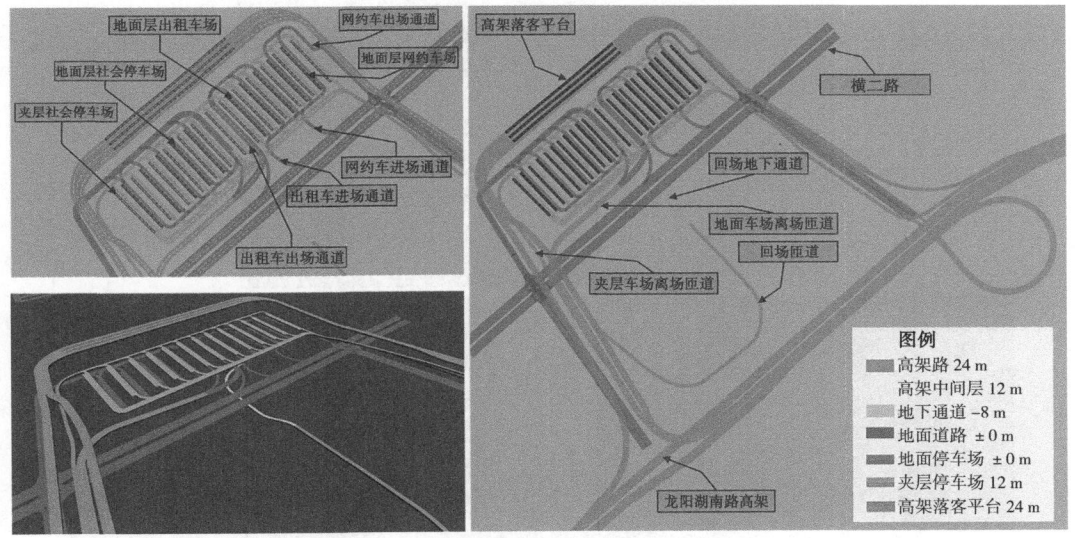

图 11　南站区道路集疏运系统基础模型

路径决策点主要分布于龙阳湖南路高架路转换节点、进入落客高架与进入车库分流点、一层与二层车库转换坡道、出库车流分流点、交叉口等位置，停车场内部模拟车辆选择进入通道泊车与驶离车场等的路径。道路模型转弯处设置 10～30 km/h 不等的减速段。

4. 仿真分析

4.1　仿真结果分析

1）评价标准

对南、北侧仿真系统分别进行整体性能评估，评价指标包括平均延误、平均停车次数、平均速度、平均停车延误等。

① 平均延误，仿真时间内所有车辆因拥堵等产生的延误时间的平均值，可以反映集疏运系统的整体顺畅程度。

② 平均停车次数，仿真时间内所有车辆因拥堵、信号灯等产生的停车次数的平均值，可以反映映集疏运系统的车辆运行被中断程度。

③ 平均速度，仿真时间内所有车辆行驶的平均速度，可以反映集疏运系统的整体运行效率。

④ 平均停车延误，仿真时间内所有车辆因拥堵、信号灯等停车导致的延误时间平均值，可以反映集疏运系统的停车延误程度。

2）仿真评价

（1）运行效果

从仿真运行可视界面来看（图12），在3 600 s仿真时间内，枢纽南、北侧道路集疏运系统整体均未出现排队溢出和拥堵扩散的现象，表明整个系统具有较稳定的疏解效率。另一方面，从局部节点来看，北侧系统的地面交叉口、南侧系统的小汽车停车场等位置出现较为拥挤的情况，存在可优化空间。

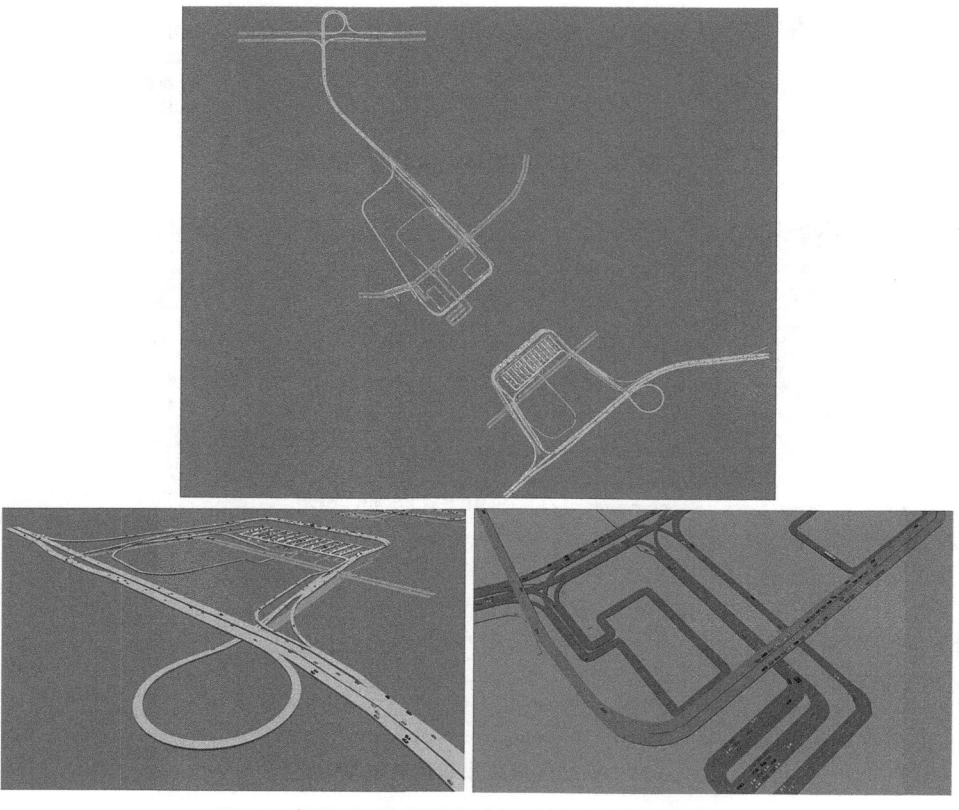

图12　枢纽南、北站区集疏运系统及局部仿真模型

（2）总体评价

北侧集疏运系统总体运行水平较好，高架系统及送客平台能够满足预测的交通需求，纵三路受枢纽服务交通影响运行压力较大。南站区集疏运系统总体运行水平较好，高架系统及送客平台能够满足预测交通需求（表7）。

表7　枢纽南、北侧集疏运系统仿真总体评价指标

总体指标	北站区	南站区
仿真时间（s）	3 600	3 600
到达车辆（辆）	4 150	5 275

(续表)

总体指标	北站区	南站区
平均延误(s)	67.73	27.35
平均停车次数(次)	3.06	0.62
平均速度(km/h)	16.58	18.48
平均停车延误(s)	41.59	16.18

(3) 问题分析

北站区集疏运系统:纵二路—纵三路南、北进口交通压力较大。纵三路进口道均存在不同程度排队,交叉口排队溢出问题的主要诱因,一是信控交叉口间距太小,200 m 长度内有三组信号控制交叉口,二是枢纽进出车辆与社会车辆交织过程受阻。交叉口时空资源错配及车流交织导致整体通行能力较低,导致北站区整体延误水平高于南站区。

两条平行式 200 m 落客平台能够支撑到达交通量 700 pcu/h 的落客需求,落客平台平均停留时间 3 min,平均停车延误 6.10 s,平均车辆延误 12.83 s,停车延误指标显示落客平台运转较为良好。

南站区集疏运系统:社会停车场受仿真布局限制,对 200 个车位高周转的接客车辆,仿真显示其处于基本满足周转需求的状态。

3) 优化措施

(1) 优化枢纽区地面道路设施

回场匝道以地下通道形式下穿纵三路和横二路。对纵一路上、下高架匝道及进出地下停车场通道的布局进行调整,减少局部交织。

(2) 优化停车场布局

对南站区地下一层、北站区地面层及夹层的社会车停车场通道进行优化,增加并优化分层停车场之间的进出坡道方案。长途客车、公交车、出租车等分区布置,并设置独立进出停车场通道。

(3) 交通组织优化

对枢纽内纵三路和横二路上交叉口进行交通组织优化。提升信号灯相位配时与各进口道交通流量匹配度,枢纽接入车道进行展宽,增加交织缓冲距离,以提高地面道路系统整体通行效率。其中北站区出租车蓄车场的进出口作为降低纵三路通行能力的重要诱因,考虑由 T 形交叉口调整为右进右出控制交叉口。

4.2 优化效果评估

北站区通过对北站区交叉口及进出车场通道调整,系统平均延误为 49.54 s,优化提升约 27%;对南站区停车场及站区地面交叉口交通组织方案优化后,系统平均降低至 24.81 s,指标提升约 9%。经优化后的枢纽道路集疏运系统运转效率有较为明显提高(表8)。

表 8 枢纽北、南站区道路集疏运系统优化后评价指标

指标	北站区		南站区	
	优化后	优化幅度	优化后	优化幅度
平均延误(s)	49.54	27%	24.81	9%
平均停车次数(次)	2.88	6%	0.58	6%
平均速度(km/h)	15.09	9%	16.52	8%
平均停车延误(s)	34.10	18%	15.29	5%

1) 整体仿真效果

从仿真车辆运行速度分布情况,速度低值主要分布于停车场、交叉口进口道、落客平台及车道转弯区

域,属于车辆停泊或减速过弯的自然现象,交叉口进口道、落客平台等关键节点均未出现排队蔓延现象,仿真到达车辆可以有序且持续消散,集疏运系统承担预测交通流量表现出较好的可持续运行能力(图13)。

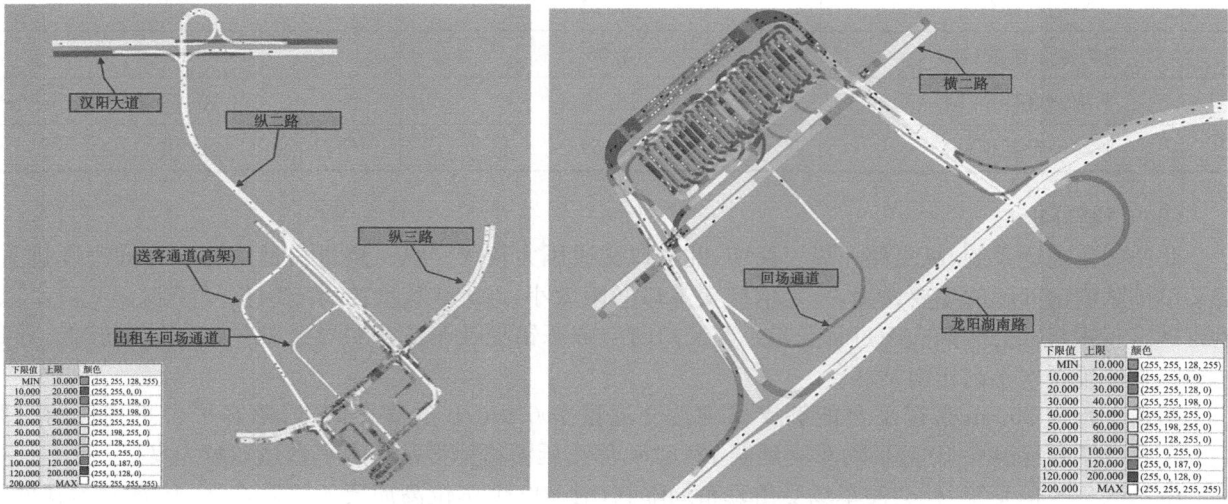

图 13 枢纽北(左)、南(右)站区集疏运交通系统仿真运行速度分布图

2)局部仿真效果

从局部仿真效果来看,由于北站区纵三路高峰小时流量较大,因此交叉口存在一定的通行压力,但仿真过程中未出现排队蔓延问题,通过交通组织及信号控制优化,每个信号周期内均能实现全部放行。南站区停车场内满场率较高,一是因为仿真车位规模制约,二是仿真车辆达到存在波动现象所致(图14)。

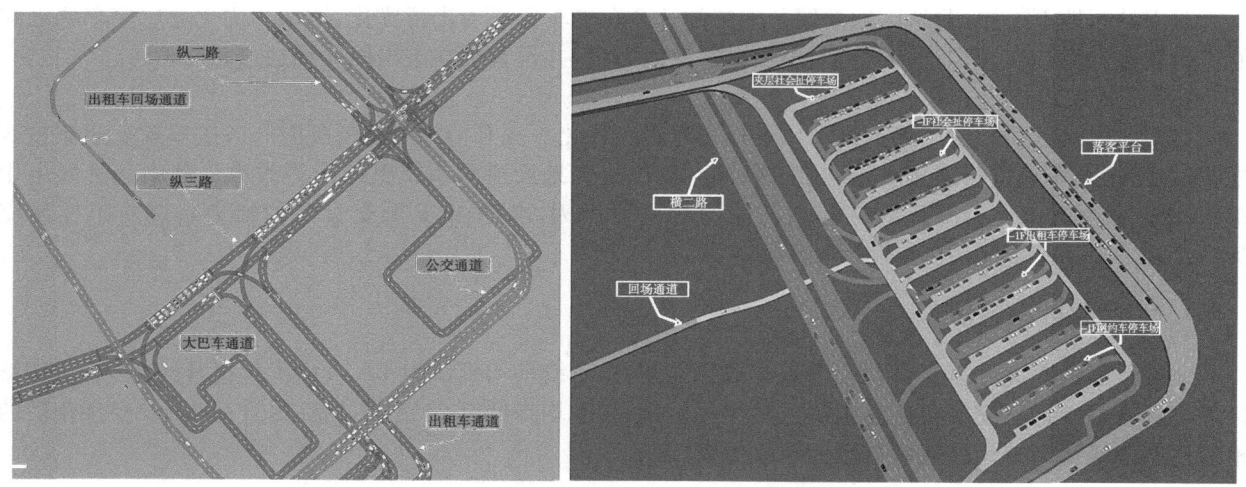

图 14 枢纽北(左)、南(右)站区集疏运交通系统仿真运行速度分布图

5. 结语

高铁枢纽"4.0时代",如何更好实现产站与城市有机融合,建设便捷、高效、绿色、韧性的可持续枢纽集疏运系统,逐渐引起人们的重视。要充分提高枢纽整体运转效率,必须突破传统的规划设计方法,采用数字化、可视化的仿真手段,针对枢纽区域的道路集疏运方案进行系统建模和仿真,通过量化指标和可视效果,找出制约其运行效率甚至潜在瓶颈的关键问题,予以改善优化并迭代升级得到最优规划方案。本文基于VISSIM交通仿真的枢纽评价与优化方法在武汉汉阳站枢纽的道路集疏运系统规划过程中得到了良好的应用,未来仍需在仿真评价指标体系与方案迭代有效性等方面不断改进和完善。

参考文献

［1］王新慧,高文灿.基于站城一体化发展的高铁枢纽车行交通组织研究[C]//中国城市规划学会城市交通规划专业委员会.韧性交通:品质与服务——2023年中国城市交通规划年会论文集,2023.077688.

［2］朱健.基于VISSIM仿真的高铁枢纽片区交通规划设计[J].现代交通技术,2021,18(02):53-59.

［3］龙元.基于VISSIM的交通枢纽仿真[J].山西建筑,2023,49(03):51-54.

［4］王冠,袁镇,代琦.站城融合模式下武汉高铁枢纽区域交通规划——以新建汉阳站为例[J].铁道经济研究,2022(S1):40-43.

［5］余朝玮,柳伍生,晏克非.虹桥综合客运枢纽车道边规模论证与仿真评价[J].交通与运输(学术版),2007(01):45-48.

［6］麻旭东,王彪,杨应科.交通仿真应用探索——以惠州北站仿真为例[J].交通与运输,2020,33(S2):67-71+85.

［7］覃矞,龙俊仁,宗传苓.深圳市福田站综合交通枢纽规划研究[J].都市快轨交通,2011,24(05):21-26.

［8］王海燕.大型综合交通客运枢纽系统仿真关键技术探讨[J].城市道桥与防洪,2012(08):88-90+381.

［9］苏业辉,刘尔辉,谢志明.基于微观仿真的综合枢纽集疏运立交节点优化[J/OL].综合运输:1-9[2024-04-25].http://kns.cnki.net/kcms/detail/11.1197.U.20231108.1503.004.html.

［10］张虎.某交通枢纽立交桥VISSIM路网微观交通仿真[J].机电信息,2018(27):118-119.

铁路枢纽集散系统研究与应用
Research and Application of Railway Hub Distribution System

于 宵[1]　郭振楠[2]　刘合锋[3]

摘　要：随着社会经济的迅猛发展，我国铁路枢纽的建设取得显著成就。在国家相关政策的引导和大力支持下，铁路枢纽规划设计也越来越重视与城市公共交通、道路集散系统的衔接。为保障铁路枢纽与城市交通有序衔接、实现旅客高效集散、促进站城融合发展，本文聚焦铁路枢纽道路集散系统，针对平铺式车场铁路枢纽和叠层车场铁路枢纽的道路集散系统进行研究，同时研究了道路集散系统接入铁路枢纽采用端部进站模式、腰部进站模式的形式特点和适用性。并根据上述研究结论及国内外案例分析结果，提出了铁路枢纽道路集散系统的评价指标。最后将研究成果应用于铁路上海宝山站枢纽项目规划设计中。应用结果表明，本文的研究成果填补了国内铁路枢纽规划设计在铁路进站模式、道路交通集散系统接入模式及评价指标等方面的空白，具有推广应用价值，能广泛适用于指导各类铁路枢纽集散系统的规划设计。

关键词：铁路枢纽；集散系统；评价指标

Abstract: With the rapid development of social economy, the construction of railway hubs in China has made remarkable achievements. Under the guidance and strong support of relevant national policies, the planning and design of railway hubs also pay more and more attention to the connection with urban public transportation and road distribution systems. In order to ensure the orderly connection between railway hub and urban traffic, realize efficient passenger distribution and promote the integrated development of station and city, this paper focuses on the road distribution system of railway hub, and studies the road distribution system of the railway hub of the same level depot and the railway hub of the tiered depot. At the same time, the paper studies the characteristics and applicability of the road distribution system connecting to the railway junction using the end and waist modes. According to the above research conclusions and the results of case analysis at home and abroad, the evaluation index of railway junction road distribution system is put forward. Finally, the research results are applied to the planning and design of Shanghai Baoshan Railway Station hub project. The application results show that the research results of this paper fill the gaps in the planning and design of railway hubs in China in the aspects of railway inbound mode, road traffic distribution system access mode and evaluation index, and have the value of popularization and application, and can be widely applied to guide the planning and design of various railway hubs.

Key words: railway junctions; distributed systems; evaluation index

1. 引言

随着我国经济的迅猛发展，带来了交通基础设施需求的增大。截至 2023 年，中国铁路营业里程达 15.9 万 km，其中高铁里程达 4.5 万 km（不含港澳台地区）。铁路枢纽不再仅仅是交通运输的节点，也越来越成为城市区域发展的驱动器。目前，国内各大城市都在规划建设多个铁路枢纽，为城市经济的发展源

---

[1] 于宵，上海市政工程设计研究总院（集团）有限公司，硕士，教授级高级工程师，联系邮箱：yuxiao@smedi.com。
[2] 郭振楠，上海市政工程设计研究总院（集团）有限公司，学士学位，高级工程师。
[3] 刘合锋，硕士研究生，工程师。

源不断地注入活力。例如,北京市目前已经建设8主2辅铁路客运枢纽,上海市规划建设4主多辅铁路客运枢纽等。

铁路枢纽作为铁路网络的重要节点,其规划设计必须满足国家铁路网发展规划,同时要综合考虑城市区位、周边土地开发需求、枢纽TOD开发、综合交通规划以及枢纽周边现状及规划道路等因素,确保铁路枢纽高效、安全、便捷运行。在铁路枢纽的规划设计方面,目前,国内外的学者和机构主要集中于交通流量预测模型构建、旅客换乘流线仿真优化、铁路站房构型优化设计、落客车道边形式优化及设计标准研究等角度,缺乏针对铁路枢纽道路集散系统的研究,特别是针对不同车场布局模式的铁路枢纽的道路集散系统接入形式的研究。

为高效地集散客流,实现枢纽与城市有序衔接,本文聚焦铁路枢纽道路交通集散系统,借鉴国内外铁路枢纽的经验,研究了铁路枢纽平铺式车场、叠层车场不同形态下道路集散系统的特点及适用性,以及道路集散系统接入站房采用腰部进站方式和端部进站方式的特点和适用性。并根据上述研究结论及国内外案例分析结果,提出了铁路枢纽道路集散系统的评价指标。最后将研究成果应用于铁路上海宝山站枢纽项目规划设计中。

2. 铁路枢纽典型案例及经验启示

本文选择国内外典型铁路枢纽案例,研究其集散系统的构成及特点(表1),总结出铁路枢纽建设的经验启示,归纳如下。

表1 案例研究及启示

序号	枢纽	区位	站台规模	旅客到发量(万人次/d)	集散模式	经验启示
1	柏林火车站	柏林市中心	高架6台6线 地下8台8线	15	叠层车场、腰部集散	位于柏林市中心,占地面积小,采用分层进站立体化布局,整合多种运输方式,实现"零换乘"
2	上海虹桥站	上海市主城区	16台30线	14	平铺式车场、腰部集散	占地面积较大,对内集散方式包括轨道交通及公交,对外有集散路网系统
3	南京南站	南京市主城区	15台28线	6.4	平铺式车场、端部集散	占地面积较大,采用立体化交通枢纽综合体,在国内铁路站房中首次实现"零距离"换乘
4	杭州西站	杭州市近郊	11台20线	10.4	平铺式车场、腰部集散	占地面积较大,站城高度融合,构建枢纽专用集散系统
5	北京丰台站	北京市三环外	高架6台12线 地面11台20线	8.7	叠层车场、腰部集散	占地面积较大,采用立体化布局,国内首个叠层车场的大型铁路枢纽
6	乌鲁木齐站	乌鲁木齐近郊	9台18线	8.1	平铺式车场、端部集散	占地面积较小,采用立体化布局,保证大容量轨道交通,以及时效性高的出租车系统的零距离换乘

(1) 从不同铁路线路接入铁路枢纽形式的角度分析,铁路车场分为平铺式车场及叠层车场。平铺式车场,即不同铁路线路的车场布置在站房内部同一层位,它的特点是有利于降低建筑层高、工程投资较低但占地面积大;叠层车场,即不同铁路线路的车场分层设置在站房内部不同层位,它的特点是有利于集约用地,占地面积小,但建筑层数较多、工程投资较大。

(2) 从枢纽外围道路集散系统接入铁路站房位置的角度分析,铁路枢纽集散模式可分为端部进站模式和腰部进站模式。端部进站模式,即枢纽落客平台设置在站房的前端或后端,它的特点是车道边长、落客效率高,且集散系统的交通组织形式简单、流线清晰便于组织停蓄车辆,但车道边位于站前广场,对站前景观及枢纽商业综合开发不友好;腰部进站模式,即落客平台设置在站房的两侧,它的特点是对站前景观及枢纽商业综合开发友好,但车道边长度较短,交通量较大时需设置多组车道边,同时集散系统的交通组织较复杂,需结合腰部落客形式设置多处停蓄车场,导致工程投资较高。

3. 铁路枢纽进站模式研究

结合枢纽规模、站型及铁路车场布局形式,提出了铁路枢纽同层进站和分层进站两类模式,综合分析了不同进站模式下道路集散系统的特点及适用性。

3.1 同层进站模式

不同的铁路线路及站台集中设置在枢纽内部同一层位(一般是地面层),进站方式及目的地不同的旅客在落客平台集中进站,再通过枢纽站内部的通道去往候车厅及候车站台。在铁路同层进站的情况下,落客车道边往往也设置在站房的同一层(地面层或高架层)(图1)。根据落客车道边的位置及交通组织形式的不同,铁路枢纽可采用"上进下出"或"同进同出"的形式。

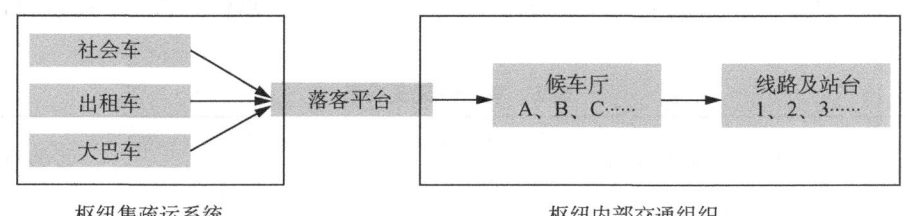

图 1 枢纽同层进站模式示意图

同层进站模式的特点如下:
① 枢纽的交通组织简单、流线清晰;
② 停蓄车场往往也采用平铺形式设置在地面层,有利于降低站房层高;
③ 枢纽设施主要位于地面层,实施难度小、工程投资低;
④ 铁路车场及枢纽停蓄车场主要设置在地面层,枢纽占地面积大,不利于集约用地。
因此,同层进站模式主要适用于规划用地面积较大的新建铁路枢纽。

3.2 分层进站模式

不同的铁路线路的车场设置在枢纽内部不同层位(地面层、高架层或地下层),进站方式及目的地不同的旅客在落客车道边集中进站,再通过枢纽站内部的通道去往不同层位的候车站台(图2)。在铁路分层进站的情况下,落客车道边往往也设置在站房的同一层。根据交通组织形式的不同,铁路枢纽可采用"上进下出"或"同进同出"的形式。

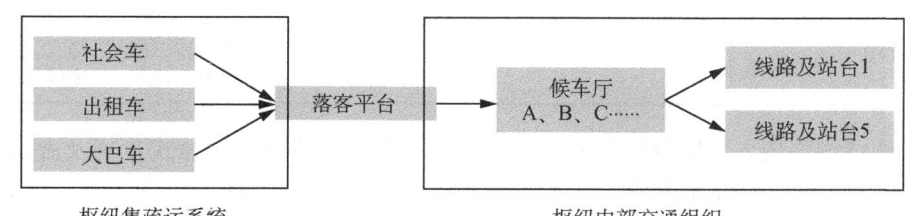

图 2 枢纽分层进站模式示意图

分层进站模式的特点如下：
① 枢纽外部的交通组织形式简单、流线清晰，但枢纽内部人行流线组织较复杂；
② 铁路车场设置在站房的不同层位，落客车道边往往设置在叠层车场的某一层或夹层中，站房建筑层位较高；
③ 除地面铁路车场外，还需设置高架铁路车场或地下铁路车场，实施难度较高，工程投资较大；
④ 铁路车场及落客平台竖向叠层设计，占地面积小，有利于集约用地。
因此，分层进站模式主要适用于规划用地面积较小的新建铁路枢纽。

4. 道路交通集散系统接入模式研究

根据集散道路系统接入站房位置的不同，分为端部进站模式、腰部进站模式，分别研究不同进站模式的特点及适用条件。

4.1 端部进站模式

端部进站模式（图3），即道路交通集散系统从站房前端或后端接入，枢纽落客平台设置在铁路站房的端部区域，接送客车辆流线与铁路行车流线平行。

图3 端部进站示意图

端部进站模式的特点如下：
① 枢纽交通组织简单、流线清晰；
② 落客平台设置在铁路站房的端部，车道边较长，落客效率高；
③ 若采用单侧落客平台，则停蓄车场沿铁路站房的一侧集中布设，有利于简化枢纽内部行车流线、降低工程投资；
④ 落客平台及停蓄车场位于铁路站房的端部，对于枢纽整体景观及商业综合开发不友好。
因此，端部进站模式主要适用于设计规模较小的铁路枢纽。

4.2 腰部进站模式

腰部进站模式（图4），即道路交通集散系统从铁路站房的两侧接入，枢纽落客平台设置在铁路站房的两侧腰部区域，接送客车辆流线与铁路行车流线垂直。
腰部进站模式的特点如下：
① 枢纽交通组织较复杂，但对配套高快速路网完备、多方向进出交通特征显著的铁路枢纽比较友好，通过设置不同的定向匝道即可快速衔接至不同的高快速路系统中；
② 落客平台设置在铁路站房的腰部，车道边较短、落客效率较低，设计规模较大时需设置多组车道边，但外侧车道边利用效率降低；

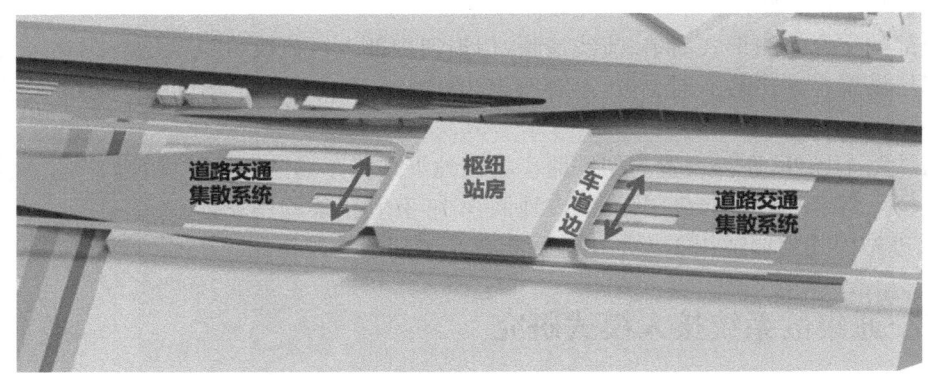

图 4　腰部进站示意图

③ 结合两侧腰部落客平台，需在铁路站房两侧分别设置配套的停蓄车设施，工程投资较大，且需在设计阶段综合考虑站房两侧停蓄车设施动态平衡的措施；

④ 落客平台及停蓄车场位于铁路站房的腰部区域，对于枢纽整体景观及商业综合开发友好。

因此，腰部进站模式主要适用于周边配套高快速路系统成网、设计规模较大、对枢纽景观或商业综合开发需求较高的铁路枢纽。

5. 道路交通集散系统评价指标

建立铁路枢纽道路交通集散系统评价指标体系的目的是提供客观、有效、便捷的综合评价方法，对铁路客运枢纽与集散道路系统之间换乘衔接进行多目标、多阶段的综合评定。既有的铁路枢纽换乘衔接评价指标如图 5 所示，采用三段式结构模型提出了 8 条评价指标，能较好地反映铁路枢纽换乘系统的合理性。但是该评价体系未提出具体的指标分级和规划设计建议，且主要针对铁路客流换乘城市公共交通的情景，而对道路交通集散系统适用性不强。

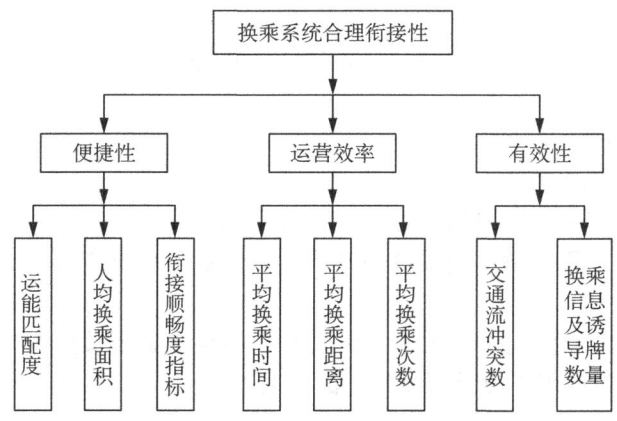

图 5　既有换乘评价指标体系结构

因此，根据国内外枢纽案例和上述研究成果，本文提出将铁路枢纽的道路交通集散系统分为四级（表 2），从高到低分别是"优秀 A""舒适 B""基本 C"和"不舒适 D"；并提出将以高峰落客时间、到达疏散时间作为评价枢纽整体集散效率的指标；以集散道路的饱和度及服务水平作为评价枢纽集散道路功能的指标；以车道边的饱和度及服务水平作为评价枢纽落客系统功能的指标；以标识系统作为评价枢纽道路集散系统交通组织功能的指标。对于新建铁路枢纽，规划设计时宜采用"舒适 B"及以上，条件受到限制时，可采用"基本 C"；对于改建铁路枢纽，规划设计时宜采用"基本 C"及以上。

表 2　铁路枢纽道路交通集散系统评价指标表

	优秀 A	舒适 B	基本 C	不舒适 D
高峰落客时间	<2 min	<5 min	<8 min	≥8 min
到达疏散时间	<5 min	<10 min	<15 min	≥15 min
集散道路饱和度	<0.30	<0.60	<0.85	≥0.85
集散道路服务水平	A	B	C	D
车道边饱和度	<0.30	<0.60	<0.85	≥0.85
车道边服务水平	A	B	C	D
标识系统	3次预告、1次指示，预告最小间距>200 m	2次预告、1次指示，预告最小间距>150 m	1次预告、1次指示，预告最小间距>120 m	1次预告、1次指示，预告最小间距>80 m

6. 铁路枢纽集散应用实践案例

铁路宝山站，站台规模为8台18线，远期年旅客到发量5 400万人次/年，是沪通铁路过路站和沪渝蓉高铁始发站，计划于2024年开工建设，于2027年建成运营。2024年5月13日，上海市人民政府批复《铁路上海宝山站综合交通枢纽及配套工程专项规划》。目前，该项目主体站房工程已完成初步设计评审，正在流转初设批复流程；交通集散中心、市政道路等配套工程已取得项建书批复，正在进行工程可行性研究。

宝山站枢纽规划设计时，采用上述研究成果，研究了宝山站的铁路进站模式和道路交通集散模式，结合城市总体规划、铁路线路规划设计方案、宝山站构型、枢纽TOD开发及道路交通条件等，推荐采用叠层车场、腰部进站模式。

6.1 宝山站铁路进站模式研究

铁路宝山站是沪通铁路过路站和沪渝蓉高铁始发站。其中，沪通铁路采用盾构隧道形式在宝山站东侧越江，受制于铁路爬坡度的限制，在宝山站设地下贯通式车场，设计轨面高程约－8.32 m；沪渝蓉高铁，在宝山站为始发站，采用高架车场形式，设计轨面高程约21.25 m。因此铁路宝山站采用分层进站模式，设叠层车场，其中沪通铁路采用地下车场形式，沪渝蓉铁路采用高架车场形式，如图6所示。

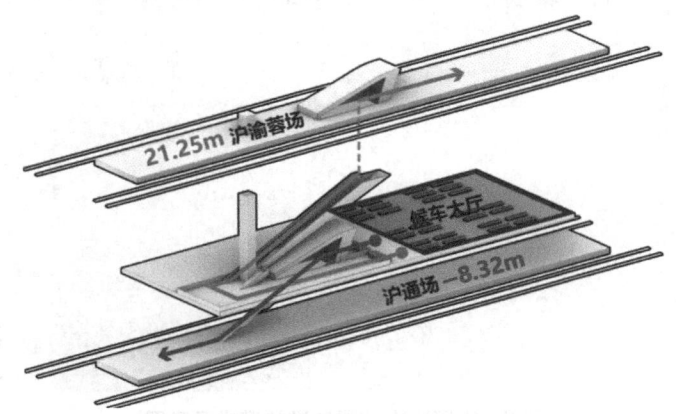

图 6　铁路宝山站叠层车场、分层进站模式示意图

6.2 宝山站道路交通集散系统接入模式研究

1) 端部进站模式

宝山站端部集散模式如图7所示，在宝山站主体站房南侧设置集中式的地面夹层落客平台，送客车流

从站房东侧进场,在落客平台落客后,从站房东侧离场。利用站前广场空间设置出租车蓄车场、大巴车蓄车场及社会车停车场等。由于落客平台进、出口单一,枢纽南侧旅客进站方便而其他方向的进场车流绕行较远,交织较多。此外,东西向贯穿枢纽的交通设施影响枢纽景观效果,也不利于站城融合开发。

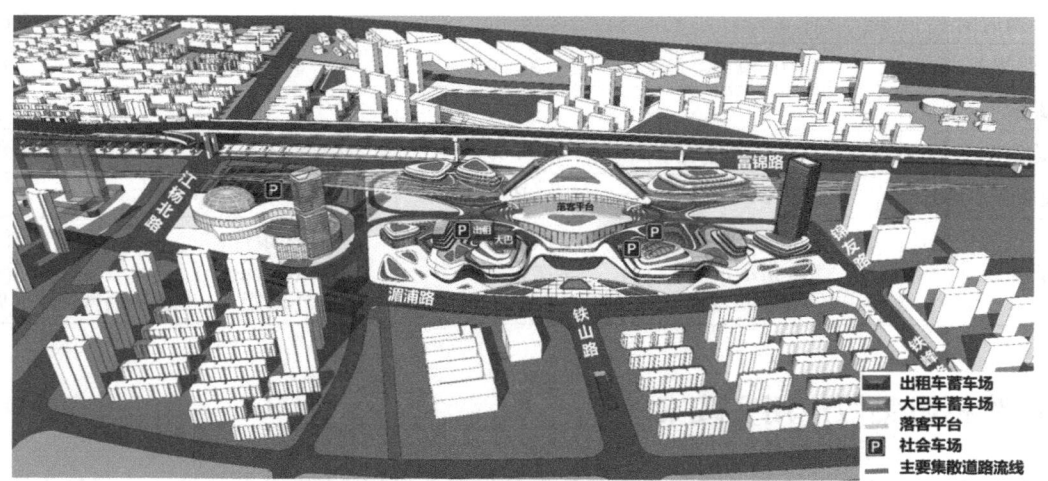

图 7　铁路宝山站端部进站模式示意图

2)腰部进站模式

结合宝山站双层车场,中央候车厅的站型特点(图 8),充分站房地面层与高架站台层之间的空间,在国铁候车厅两侧利用高大空间设置地面夹层落客平台,新建 6 根匝道,快速衔接至同济快速路、S20 外环线,满足宝山站快速集散的交通需求。在站房两侧分别设置地面层出租车蓄车场、社会车停车场,在站房西侧设置地面层大巴车蓄车场,站房南广场用于商业综合开发。腰部落客平台既不影响枢纽景观效果,也不影响站城融合开发。

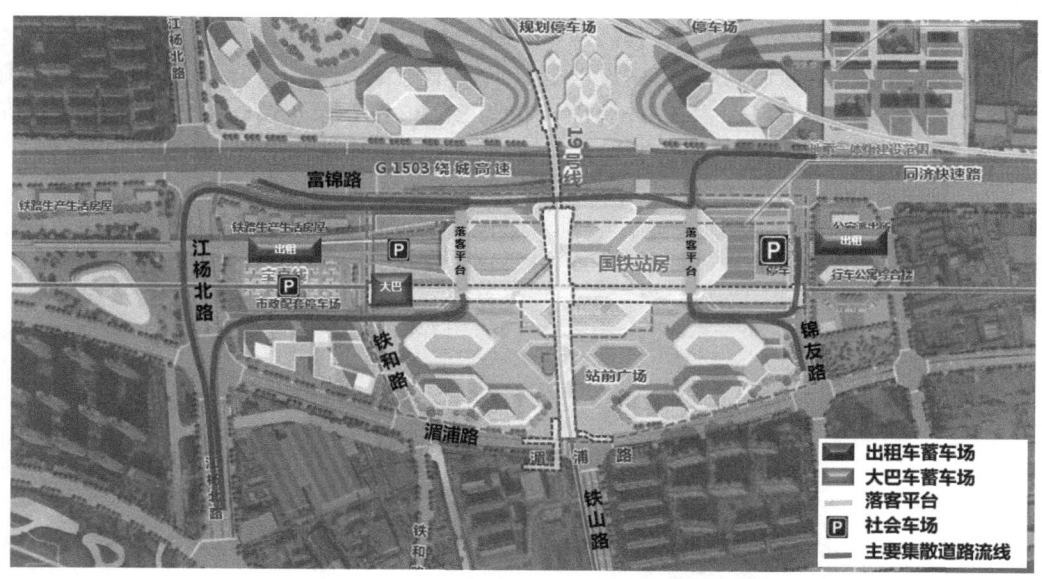

图 8　铁路宝山站腰部进站模式示意图

因此,综合考虑交通功能、站城融合、枢纽景观等因素,推荐宝山站采用腰部进站模式。

6.3　宝山站外围配套路网研究

根据交通预测结果,宝山站周边规划"二纵二横"高快速路、"六纵六横"骨干道路系统(图 9)。

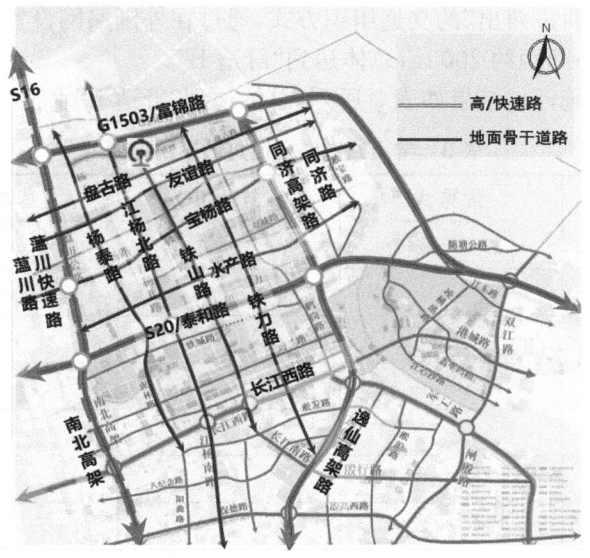

图 9　宝山站外围配套路网

6.4　宝山站道路交通集散系统评估

宝山站竖向布局如图 10 所示，旅客从车道边或社会车停车场至候车大厅的平均步行距离约 200 m，高峰落客时间 3～4 min，总体达到"舒适 B"；旅客从达到大厅至公交停车场、出租蓄车场、社会车停车库的平均步行距离约 300 m，高峰落客时间 5～6 min，总体达到"舒适 B"。

图 10　宝山站竖向布局图

宝山站远期年旅客到发量 5 400 万人次/年，其中道路交通占比 58%，高峰单向车流量 4 212 pcu/h，主要通过同济快速路及江杨北路集散交通（图 11），远期集散道路饱和度 0.6，服务水平为 B 级。

宝山站远期车道边需求长度 360 m，落客车道设计长度 600 m，车道边饱和度 0.6，服务水平为 B 级。

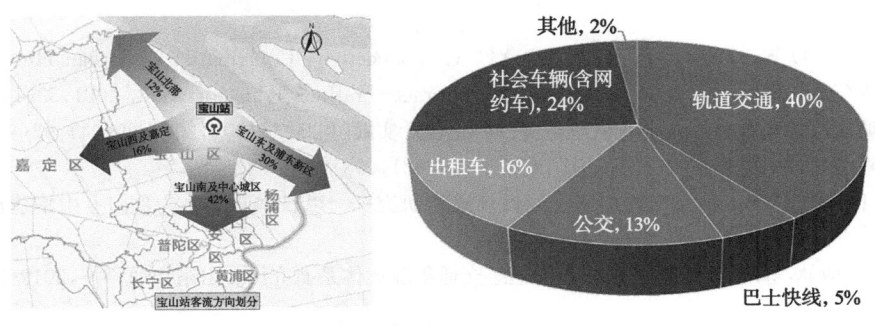

图 11　宝山站远期客流方向及交通方式构成

宝山站采用"东进东出、西进西出"的交通组织方式,通过在外围路网设置2次预告标牌及1次指示标牌引导进出站车辆,预告最小间距约200 m,总体达到"舒适B"。

宝山站道路交通集散系统评估结果如表3所列,总体达到"舒适B"水平。

表3 宝山站道路交通集散系统评估

	优秀A	舒适B	基本C	不舒适D
高峰落客时间	—	√	—	—
到达疏散时间	—	√	—	—
集散道路饱和度	—	√	—	—
集散道路服务水平	—	√	—	—
车道边饱和度	—	√	—	—
车道边服务水平	—	√	—	—
标识系统	—	√	—	—

7. 结语

本文针对铁路枢纽集散系统进行研究,首先,通过研究国内外典型铁路枢纽案例,总结出铁路枢纽进站模式及集散系统建设的经验启示;其次,以铁路接入枢纽的模式为依据,研究了铁路枢纽平铺式车场、叠层车场不同形态下道路集散系统的特点及适用性;再次,研究了道路交通集散系统接入铁路站房采用端部进站模式、腰部进站模式的特点及适用性,同时提出了铁路枢纽道路交通集散系统评价指标体系;最后,将研究成果应用于铁路宝山站项目规划设计中。该方法可广泛应用于各类铁路枢纽的规划设计。

本文中探讨的研究方法为铁路枢纽道路交通集散系统规划布局的基本原则及方法,实际运用中,由于枢纽的规划布局极其复杂,涉及自然条件、经济环境、政策因素、文化背景、历史沿革等差异性因素,因此需要灵活变通,保证既能使枢纽集散系统高效有序,又能和周边城市协调一致,最终目标是提高枢纽的交通集散效率,促进站城融合协同发展。

参考文献

[1] 于宵. 昆明长水综合交通枢纽集输运系统规划方案[J]. 城市道桥与防洪,2021(11):8-13+252+10.

[2] 于宵. 大型综合交通枢纽区域规划布局方法探讨[J]. 交通与运输,2018,34(04):32-34.

[3] 张慧汇. 铁路枢纽与城市交通换乘衔接研究[D]. 大连:大连交通大学,2019.

[4] 叶松,毛广澳. 长三角城市带区域性交通枢纽城市建设研究——以铜陵为例[J]. 住宅与房地产,2021(34):5-6.

[5] 张国强. 交通枢纽与经济发展[J]. 综合运输,2021,43(09):1.

[6] MARQUEZ R. Implementing a Transportation Hub: A holistic approach to a systemic problem[J]. Oncology Issues,2021,36(3).

[7] YUAN G, KONG D W, SUN L S, LUO W, XU Y. Connectivity Contribution to Urban Hub Network Based on Super Network Theory — Case Study of Beijing[J]. Promet-Traffic&Transportation,2021,33(1).

[8] 曾令福. 中心城区改扩建铁路综合交通枢纽站城一体化设计实践[J]. 建筑技艺,2023,29(04):92-94.

[9] 李全瑞. 铁路枢纽站城一体开发探讨[J]. 中国设备工程,2021,(08):239-240.

[10] 蒋昕萌. 基于TOD模式下的铁路交通枢纽空间设计策略研究——以日本京都站为例[J]. 中华建设,2020,209(04):82-83.

[11] 张翼军,何杰,李炳林,等. 基于圈层结构的高铁枢纽交通集疏运体系研究[J]. 山东交通科技,2019(05):17-21+25.

普速客站站城一体化改造实践
Practice of Station City Integrated Transformation of Ordinary Speed Railway Station

吴美发[1]　蔡逸峰

摘　要：随着城市的发展，众多普速客站所在的城郊地带逐步演变成为城市中心区，为提升土地资源的利用效率，对普速客站进行改造成为城市更新的一个热点，与之相关的理论和方法亟待研究。通过剖析站城一体化枢纽的交通特征及影响，讨论站城一体化的基本需求，结合嘉兴站枢纽的改造实例，提出了将枢纽交通和城市交通进行分离、枢纽引入城市功能业态、对铁路割裂的空间进行缝合等方法，以实现交通一体化和城市复合功能一体化，探讨了立体化空间布局、将城市公园与火车站连为一体等手段，以实现地上地下空间一体化和与城市生态环境一体化，对普速客站进行站城一体化改造有一定的借鉴意义。

关键词：站城一体；普速客站；综合交通枢纽；改造

Abstract: With the development of cities, the suburbs where a large number of ordinary speed passenger stations are located have gradually evolved into urban centers. In order to improve the efficiency of land use, the transformation of ordinary speed passenger stations has become a hot spot in urban renewal, and the related theories and methods need to be studied urgently. By analyzing the traffic characteristics and influence of station-city integration hub, discussing the basic requirements of station-city integration, combining with the reconstruction example of Jiaxing station hub, this paper puts forward some methods such as separating hub traffic from urban traffic, introducing hub into urban functional format, stitching the separated space of railway, etc., so as to realize the integration of traffic and urban compound function, and discusses the means such as three-dimensional spatial layout, connecting urban park and railway station into one. It has certain reference significance for station city integration transformation of ordinary speed passenger station.

Key words: integration of station and city; ordinary speed passenger station; comprehensive transportation hub; reconstruction

1. 引言

随着城市的发展，众多普速客站所在的城郊地带逐步演变成为城市中心区，普速客站如何适应城市发展的新格局，成为人们关注的一个热点问题。有观点认为，普速铁路应逐步外迁，为高铁进城腾挪出宝贵的通道资源，如郑州站将普速铁路分流至郑州南站，青岛站将普速铁路迁移至红岛站和青岛北站；也有些地方主张通过对普速客站提质改造，让其焕发新的光彩，如开封站、兰考站等。而随着站城一体化的理念深入人心，很多学者提出，应该对普速客站所在区域进行城市更新，实现站城一体。但迄今为止，在站城融合方面比较成功的案例主要集中于两种类型：一类是完全新建的铁路客站，如杭州西站，在设计之初就考虑了与周边城区的融合；另一类是包含高铁在内的综合交通枢纽改造，如重庆沙坪坝站，通过改造实现了与城市的紧密结合。对于普速客站，如何进行站城一体化改造，目前相关案例较少，有待进一步研究和总结。

---

1 吴美发，同济大学建筑设计研究院（集团）有限公司，综合交通枢纽、路基路面等，硕士研究生，联系邮箱：20708218@qq.com。

2. 站城一体化枢纽的交通特征及影响

1) 出行目的多样化

常规交通枢纽以广场、交通设施用地为主,兼顾部分服务商业,而站城一体化的交通枢纽中,通常还会包含商业、办公等城市功能用地,因而出行目的呈现多样化的特点,如工作出行、业务出行、休闲、购物出行等。因此,站城一体化枢纽交通设施规模的确定,须兼顾枢纽本体和站城开发两个方面[1]。

2) 整体交通量更大

站城融合发展理念下,城市客流和枢纽客流叠加,交通生成量较常规交通枢纽更大。在外部路网疏散能力有限的情况下,需要充分发挥公共交通载客量大的优势,提高绿色交通出行的分担比例。

3) 步行可达性要求更高

常规交通枢纽对城市空间往往存在一定程度的割裂,而站城一体要求枢纽空间与城市空间高效融合[2]。因此,枢纽的布局更加紧凑,通常采用立体式空间布局,各类空间之间,需要通过一定的措施,如垂直交通、通道、连廊等,实现区域步行可达。

3. 站城一体化枢纽的基本需求

对于综合交通枢纽而言,要实现站城一体化,需要做好以下几点[3]。

1) 交通系统一体化

要做好整体交通组织,避免枢纽客流交通流线与城市日常交通相互干扰,并将枢纽交通与开发诱增交通适度分离。

2) 城市复合功能一体化

需要解决铁路对城市造成的割裂问题,采取各种措施进行空间缝合。须进行充分研判,确定枢纽区域城市功能的类型与分布。

3) 地上地下空间一体化

需要集约化利用空间,做好城市公共设施的预留,枢纽与城市公共空间形成整体。地下空间通过垂直交通、下沉式广场等方式与地上空间及地面环境形成整体。

4) 与城市生态环境一体化

须围绕枢纽打造低碳有活力的生态环境,与城市的绿色生态系统形成整体。

4. 案例分析

4.1 项目简介

嘉兴站是中国铁路上海局集团有限公司管辖的二等站,也是沪昆铁路的中间站,位于嘉兴市主城核心区,人民公园对面,距中共一大会议闭幕地——南湖仅 2 km。改造前的嘉兴站,主要存在以下问题。

1) 站房规模不足

既有站场规模为 3 台 5 线,2018 年,嘉兴站旅客发送量 343 万人次,根据中铁第四勘察设计院集团有限公司(简称"铁四院")提供的预测资料,2035 年,嘉兴站旅客发送量为 656 万人次,现有站房容量无法满足不断增长的客流需求。

2) 交通设施容量不足

现状嘉兴站仅有北广场,在不到 9 000 m² 的空间内,布置了 22 条线路的公交首末站、出租车候车区、社会车辆及非机动车停车场;各种交通方式用地面积不足,相互干扰。

3）铁路割裂地块，区域风貌杂乱

区域既包含了20世纪初部分民居和老火车站，也包含了近20年新建的办公楼、商业设施，风貌杂乱，亟须整合提升。铁路对城市的割裂明显，南侧地块未得到有效利用。

在这一背景下，嘉兴站的改造被提上日程，改造后的嘉兴站区域，既是集铁路、地铁、有轨电车、公交、出租等一系列城市对内、对外交通功能于一体的综合性交通枢纽，也是包含公园、文旅、商业、商办等城市业态的站城融合片区。

4.2 交通预测及规模确定

火车站枢纽的交通需求主要源于三个方面：大交通方式，包括铁路等大交通方式出行；火车站枢纽本体的职工交通需求；火车站枢纽本体的商办交通需求。

1）大交通方式出行

根据预测，嘉兴站远期（2035年）年旅客发送量为656万人次，高峰日集中率取1.4，计算得出高峰日旅客发送量约2.52万人次。

考虑到2035年嘉兴火车站枢纽地块集合了城市轨道交通及有轨电车，通过类似政策导向型的交通发展战略，利用较大的政策引导力度来实现公交为主的集疏运目标方式结构，即远期公共交通占比47%（轨道交通占25%，常规公交占17%，长途巴士占5%），私人交通占比53%（其中，出租车占20%，私家车占25%，其余占3%）。

2）本体职工出行

站房规模约1.5万m^2，根据类似站房规模预测，火车站枢纽工作人员约180人，商业岗位数约200人，总职工数达到380人，按照每日2.0次出行计算，本体职工的出行量为760人次/日。

远期2035年本体职工出行方式为公共交通占比40%，私人交通占比50%，慢行交通占比10%。

3）本体商办出行

嘉兴火车站枢纽商业及办公建筑面积约14.35万m^2，按照嘉兴市类似商业办公的出行特征，预测嘉兴火车站本体商办出行量约为0.9万人次/日，其出行方式与本体职工一致。

根据上述三个方面的交通出行生成预测，2035年，嘉兴火车站枢纽的高峰日出行次数为3.5万人次/日。

基于各类型交通客流规模、停车周转率、平均载客人数等交通枢纽运行特征指标，得出远期各交通设施需求规模约5万m^2。

4.3 为实现站城一体化采取的措施

1）交通系统一体化

在北广场中，通过性的城市交通从隧道内直接通过，枢纽客流交通则通过地面辅道上设置的两对出入口进出地下车站（图1），避免了枢纽客流交通与城市日常交通之间的相互干扰，实现机动车过进分离。

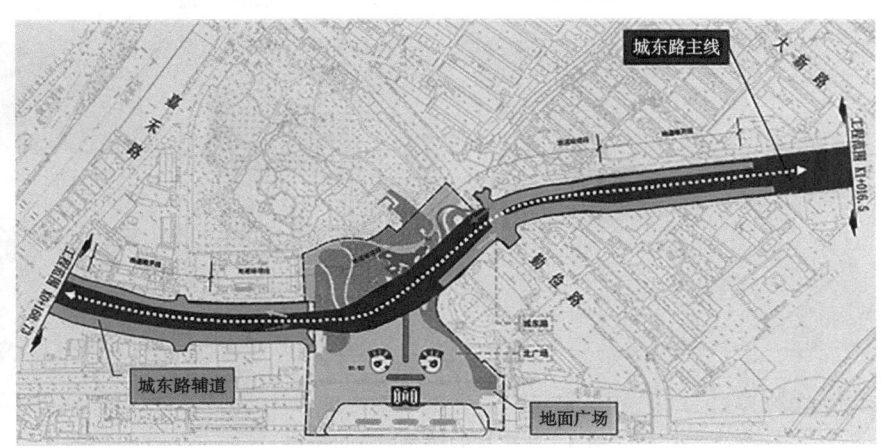

图1 北广场过进分离

在南广场中,枢纽客流交通通过纺工路进出,而本体职工和商办交通通过甬里街进出,实现了枢纽客流交通与枢纽综合开发产生的诱增交通适度分离。

与城市步行交通相比,枢纽换乘时旅客行李多、步行速度慢,在站房进出口处、售票厅门口等区域比较集中,项目通过合理安排步行流线,将城市步行交通流线避开上述区域,与枢纽换乘流线适当分离,减少相互之间的对冲和干扰,提高步行效率。

2)城市复合功能一体化

(1)功能复合

火车站南侧分布着一些20世纪末伴随火车站发展起来的一些落后产业,不满足现代经济发展需求,无保留利用价值,因此,采用较为彻底的拆旧建新的更新策略。

火车站北侧既有20世纪初的老火车站、民居,也包含了近20年新建的办公楼及一些配套商业。在项目中,针对不同建筑区别对待:对于具有历史保护意义的老站房和传统民居,进行修缮保护,改作他用;对于区域内3幢高层建筑,外立面进行适当修饰,保留利用;其余部分则按照整体方案进行改造提升。结合以上更新策略,将火车站片区分为四个区域(图2)。

图2 嘉兴站分区布局

① 北广场及人民公园

拆除人民公园的围墙,对其进行修缮,与站前广场连为一体,塑造成为开放的城市休闲公园。北广场地下共两层,B1层站前为疏散空间和商业服务设施,远端为社会车库,B2层为落客平台和社会车库,并结合城东路隧道(B2层),布置港湾式中途停靠站(图3)。

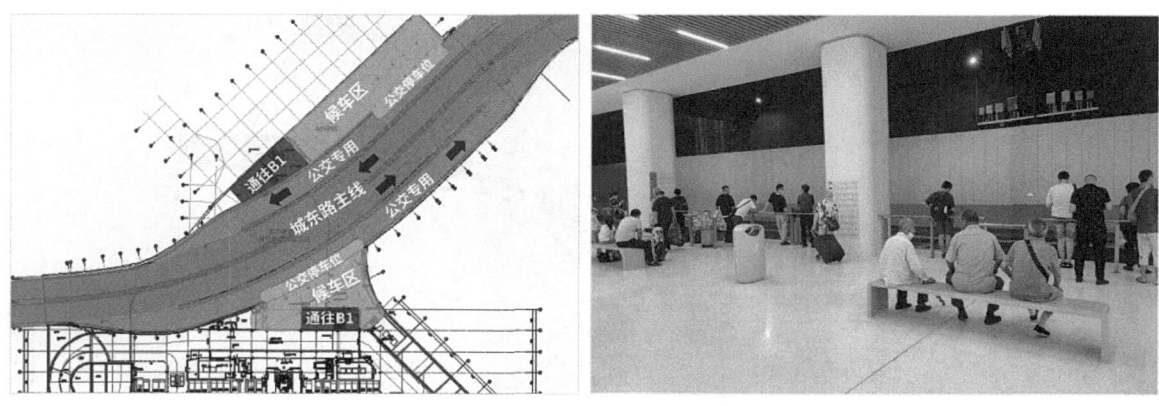

图3 北广场的地下中途公交站

本区域除了交通设施用地外,主要还包含零售、餐饮、公园等业态。

② 宣公弄片区

结合嘉兴市重走一大路的线路,打造集红色教育、旅游休闲等功能于一体的历史文化街区。保留修缮1940年嘉兴站站房,用作爱国主义和革命历史主题教育展馆。复建宣公祠,向广大党员干部和游客旅客进行廉洁教育。本区域主要包含零售、餐饮、文旅等业态。

③ 站场及站房

遵循"忠实再现""修旧如旧"原则,按1∶1复建的1921年站房位于地面(图4),供展览、旅游使用,具体的站房功能(旅客候车、进出站等)位于地下一层。

图4 复建的1921站房

④ 南广场

南广场地面(含地面以上)部分,正对站房区域是艺术景观绿地,公交起点站和终点站位于西南角;东侧为还建铁路的办公楼,其余均为三至四层的商业办公建筑。地下共三层(图5):地下一层为有轨电车车站、站前疏散空间、商业和远端停车库。地下二层为预留地铁站厅、落客平台、出租车蓄车及上客、社会车库。地下三层为地铁站台层,近期只实施结构。

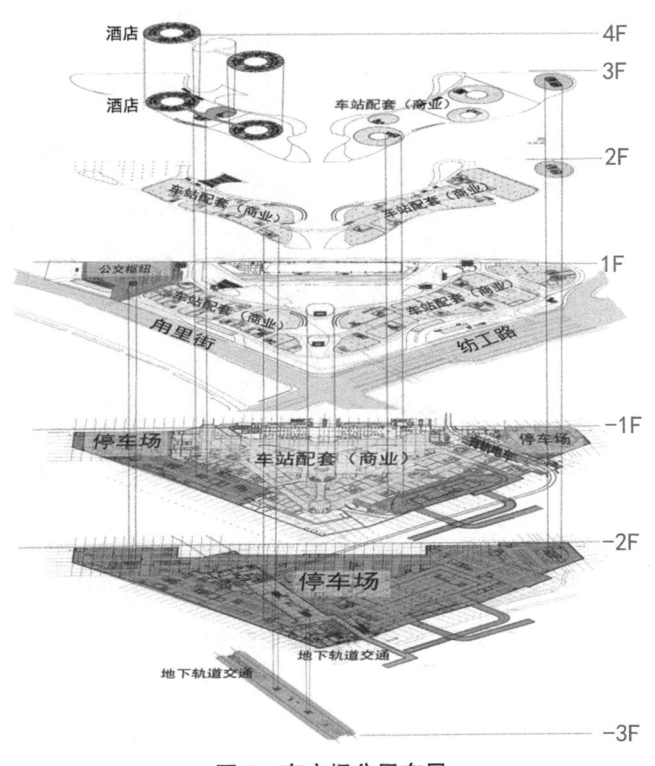

图5 南广场分层布局

本区域除了交通设施用地外,主要还包含零售、餐饮、酒店和办公等业态。

(2)空间缝合

在嘉兴站的两侧,布置了2个地下步行社会通道(图6),强化南、北广场的交通联系的同时,也方便城市中的行人穿越铁路,避免铁路及站房对南、北两侧地块造成割裂,促进协同发展。

将站前市政路—城东路由地面道路调整为下穿隧道,加强了与周边城市片区之间的联系,提升了枢纽片区的可达性。

3)地上地下空间一体化

(1)地铁预留

根据相关规划,地铁1号线在嘉兴站设置一处站点,但其尚未纳入实施计划,地铁的型号、制式等也尚未确定。如嘉兴站不预留地铁站,后续地铁1号线实施时,就无法在南广场布置站点,将极大地影响地铁和铁路之间的换乘效率。

经过多轮协商,嘉兴站在南广场按市域B型车对地铁站进行预留,站厅位于地下二层,站台位于地下三层,近期只实施结构部分。

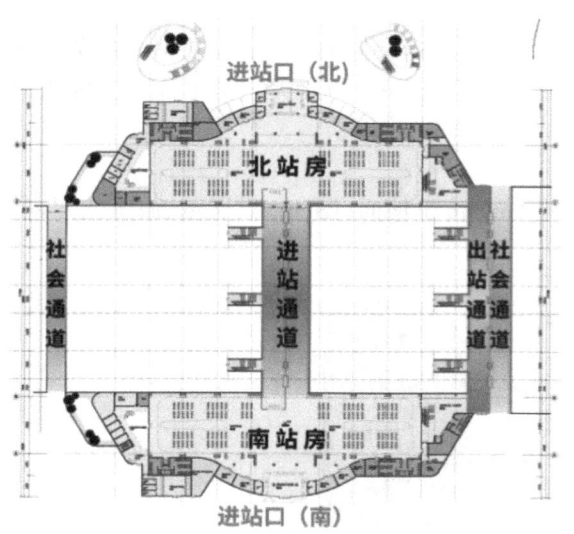

图6 站房两侧的社会通道

(2)与地面及地上形成整体

火车站区域设置了六处下沉庭院(北广场两处、南广场四处),七处地下一层与地面的垂直交通(北广场两处、南广场五处),从而让地下与地上空间及地面环境形成一个整体(图7)。

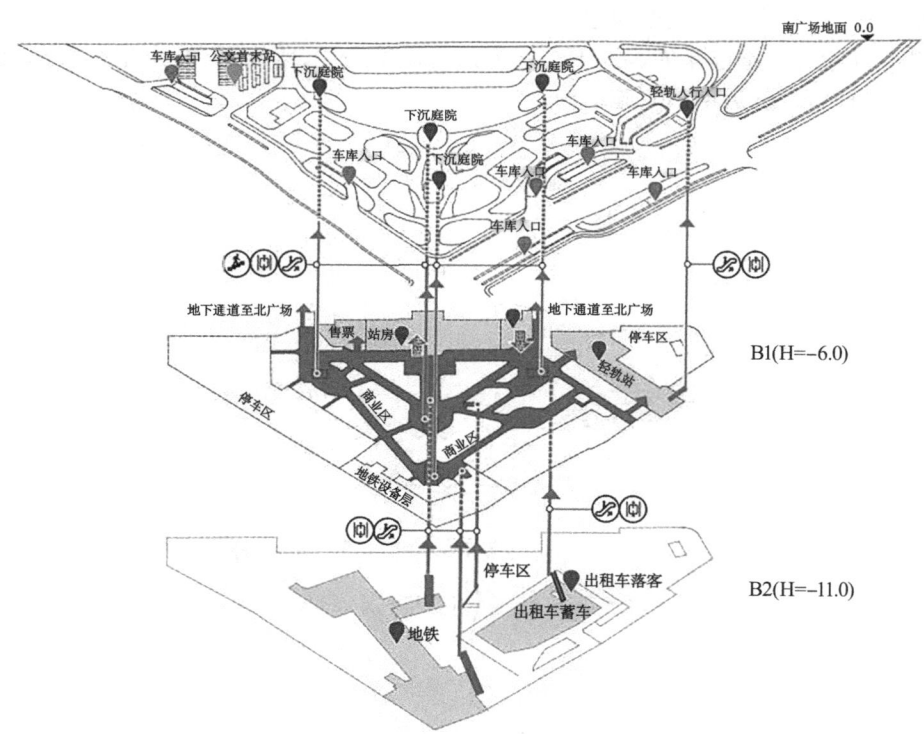

图7 南广场地下垂直交通分布

4) 与城市生态环境一体化

(1) 与人民公园一体

将站前的市政路下穿,拆除对面人民公园的围墙,通过景观水体和阵列乔木,将人民公园就与火车站连为一体,从而将枢纽与城市的绿色生态系统形成整体(图8)。建成后,这里既是站前地面广场,也是城市公园,成为市民休闲娱乐、举办各种活动的理想场所。

图 8 北广场与人民公园

图 9 南广场总体布局及屋顶绿化

(2) 枢纽场地海绵设计

按整个火车站区域进行整体统筹设计,采用下沉式绿地、滤水沟、生物滞留池、渗排水沟、绿色屋顶、雨水调蓄池等LID设施(图9),最终实现年径流总量控制率≥70%、综合雨量径流系数≤0.65和面源污染削减率(以SS计)≥40%等目标。

4.4 站城一体化实践总结

为改善出行条件,提升中心城区土地资源利用效率,嘉兴站枢纽改造时,通过做到四个"一体化",来实现站城融合的目标。

(1) 优化区域整体交通组织,实现了进站交通与城市过境交通分离、枢纽客流交通与综合开发交通适当分离、城市步行交通与枢纽换乘流线适当分离。通过合理的交通组织,避免各种流线之间的相互干扰,实现交通系统一体化。

(2) 在枢纽及周边进行适度开发,摒弃铁路客站区域自发形成的传统商贸等不适应新时代发展的产业,引入有利于促进区域经济发展的城市功能业态,对枢纽与周边地块之间的空间进行缝合,提高枢纽的可达性,实现城市复合功能一体化。

(3) 集约化利用土地资源,进行立体空间布局,对重大交通基础设施进行预留,构建垂直交通体系,实现地上地下空间一体化。

(4) 通过市政路下穿,将城市公园与火车站连为一体,对整个区域统筹进行海绵设计,实现与城市生态环境一体化。

嘉兴站主体及北广场于2021年6月改造完成并投入使用,南广场于2022年1月投入使用,目前,除预留的地铁外,整个枢纽内的交通设施(如有轨电车、公交起点站和终点站、地下公交中途站、落客平台、社会车库等)均已投入使用,运行状况良好,"站"的建设已基本完成,但"城"的建设还未结束,区域内相关商业、办公的招商工作尚在进行中,已招商的部分也还在进行内部装饰。站城一体化改造后的嘉兴站是否能达到预期的效果,还有待时间的进一步检验。

5. 结语

在城市发展逐渐由增量扩张向存量提升转变的背景下,对中心城区的普速客站进行站城一体化改造,是城市更新的一种有效方式,其不仅能够改善交通出行条件,提升枢纽交通集散服务功能,也有利于提高城市土地资源利用效率,带动区域经济协调发展。嘉兴火车站区域的更新改造,在站城融合方面做了一些积极的尝试,将铁路客运枢纽与城市一体化开发相互融合,为普速客站站城一体化改造积累了相关实践经验。

参考文献

[1] 综合客运枢纽设计指南课题组.综合客运枢纽设计指南[M].北京:人民交通出版社股份有限公司.2015.
[2] 齐岩,战国会,柳丽娜.综合客运枢纽功能空间组合设计——理论与实践[M].北京:中国科学技术出版社.2014.
[3] 中华人民共和国交通运输部.综合客运枢纽设计规范[S].北京:人民交通出版社,2023.

机场综合交通枢纽智慧化发展方向研究

Research on the Intelligent Development of Airport Comprehensive Transportation Hubs under the Background of a Strong Transportation Country

张静静[1]　张　博　梁　璟

摘　要：新一轮科技革命和产业变革的发展，引发了全球数字化浪潮，加快机场综合交通枢纽智慧化建设，既是更好地服务国家发展战略，满足人民美好生活需求的客观需要，也是深化民航供给侧结构性改革，提升运行效率和服务品质，支撑交通强国建设的内在需求。本文在分析机场综合交通枢纽存在问题的基础上，通过对全国先进机场综合交通枢纽智慧化在硬件设施、软件系统、数据资源等方面的成功案例和先进经验的剖析，分析未来机场综合交通枢纽智慧化建设面临的挑战和需求，为未来的机场综合交通枢纽智慧化发展规划和决策提供科学依据。

关键词：机场综合交通枢纽；智慧化发展；运行效率；服务品质

Abstract: The development of a new round of scientific and technological revolution and industrial change has triggered a global wave of digitalization. Accelerating the intelligent construction of the airport comprehensive transportation hub is not only an objective need to better serve the national development strategy and meet the people's demands for a better life, but also an inherent need to deepen the supply-side structural reform of civil aviation, improve operational efficiency and service quality, and support the construction of a transportation power. Based on the analysis of the existing problems in airport comprehensive transportation hubs, this article dissects the successful cases and advanced experiences of the intelligent construction of advanced airport comprehensive transportation hubs across the country in terms of hardware facilities, software systems, data resources, etc., to analyze the challenges and demands faced by the intelligent construction of future airport comprehensive transportation hubs, and to plan and make decisions for the intelligent development of future airport comprehensive transportation hubs Provide scientific basis.

Key words: airport comprehensive transportation hubs; intelligent development; operational efficiency; service quality

1. 引言

《交通强国建设纲要》指出，"要大力发展智慧交通，推动大数据、互联网、人工智能、区块链、超级计算等新技术和交通行业的深度融合，推进数据资源赋能交通发展"[1]，利用智慧交通为人民群众出行和货物运输创造一个更加快速、通畅的环境，成为摆在我们面前的一项重要课题。当前，中国正处于构建现代化经济体系、追求产业迈向全球价值链中高端的转型发展阶段，在产业互联网万物互联的时代，随着大数据、人工智能、云计算、5G等数字技术的蓬勃发展，加快智慧化建设是机场跟随时代脚步实现自身快速发展的关键一步。2021年，交通运输部发布《关于印发〈交通运输领域新型基础设施建设行动方案（2021—2025年）〉的通知》，到2025年，打造一批交通新基建重点工程，形成一批可复制推广的应用场景，制定、修订了一批技术标准规范，促进交通基础设施网与运输服务网、信息网、能源网融合发展。2022年，民航局

1　张静静，山东省交通科学研究院，高级工程师，联系邮箱：877592289@qq.com。

《"十四五"民用航空发展规划》要求形成一批以机场为核心的现代化综合交通枢纽,推动各种运输方式集中布局、空间共享、信息互通、便捷换乘,打破行业分割,打通运营规则,推进服务对接,满足旅客便捷出行运输需求。

2. 机场综合交通枢纽智慧化存在的问题

随着对机场多元化功能需求的日渐增多,机场综合交通枢纽智慧化开始迅速发展,但从建设的实践来看,仍存在一些问题。

2.1 基础设施建设不足

随着经济的持续增长和人民生活水平的提高,交通出行方式和出行结构发生了很大变化,民用机场作为重要的交通枢纽,其运输业务量随之呈现出持续且迅速的增长态势。近年来各类机场陆续开工建设,机场的数量和规模逐步扩大,机场由单一交通方式发展成为多交通方式并存的综合枢纽。然而,尽管机场综合交通枢纽已实现多交通方式的物理空间汇聚,但机场的基础设施建设也在后期使用中逐渐暴露出不足,多交通方式衔接存在问题,如换乘设施不足,缺乏足够的候车室、站台、停车位,导致换乘拥挤、等待时间过长;换乘中指示标志不清晰,给旅客带来困扰,人们出行要求的提高成为制约其进一步发展的关键因素。

2.2 运营管理不协调

国内大多数机场综合交通枢纽没有建立统一高效的协调机制,导致各个管理部门和服务环节之间无法形成有效的协同。如机场航班和地面交通不协调,导致航班大量到达时,地面交通无法及时疏散旅客;不同交通方式管理部门有自己的运营模式和规定,不易充分保证机场综合交通枢纽内各交通方式的协调运营;机场内不同服务环节(值机、安检、行李提取等)衔接不紧密,导致旅客在机场内长时间排队等待,影响旅客正常候机体验;机场在高峰期面临登机口、停机位、行李传送带等资源紧张的问题。机场综合交通枢纽管理运营体制带来的管理分散,降低了机场综合交通枢纽效率。

2.3 数据整合难度大

机场综合交通枢纽在智慧化发展方面缺乏统一的规划和标准[2],机场内部系统之间协调不够、联动性不强,发展不平衡。这种分散的建设方式导致不同的系统之间,不同设施设备之间以及系统与设施设备之间互联互通存在问题,难以实现数据的有效整合,尽管局部范围内可能实现了一定程度的智能化,但整体上仍无法实现智慧化运营。以无人驾驶设备为例,尽管这类设备在技术上已经相当成熟,但要使其在机场环境中与有人设备、航空器等协同运行,仍需要解决一系列复杂的通场协同问题,才能够有效发挥作用。各类的刷脸、刷码通关系统虽然在一定程度上提高了通关效率,但如果没有对全流程通关机制进行深层次的优化,就仍然无法解决旅客排长队等待的问题。管理部门的不同也会限制系统、数据之间的交互,目前国内很多机场陆续建设智慧系统,旨在统筹监管枢纽整体运行情况,为此接入各交通方式、设施设备等动态信息,但是由于数据接入标准不统一,导致接入数据及时性差、数据项少,造成信息孤岛和数据无法共享,影响了运营效率和乘客体验。

2.4 服务水平参差不齐

人工智能、大数据、云计算等技术在机场智慧化建设中还有部分技术还处于发展期,应用在机场综合交通枢纽还处于试验阶段,还有待进一步研发和应用。部分机场在智慧化发展过程中,注重提升服务质量,通过引入智能化设备、优化服务流程等措施,为旅客提供更加便捷、高效的服务,也有部分机场在服务方面存在不足,如设备故障率高、服务响应速度慢等问题,影响了旅客的出行体验。技术运用也会出现一些短板和暴发点,从而导致系统崩溃等,或者在应用中也会出现暴发点和突发情况,需要建立完善的应急措施。

2.5 成本和投资问题

机场综合交通枢纽智慧化建设投资较大,目前,各地机场综合交通枢纽智慧化建设主要投资项目多为弱电集成工程项目、机场综合交通枢纽协同决策系统等项目,机场综合交通枢纽智慧化建设需要引入大量的先进技术及设备,如智能航班显示系统、自助值机与行李托运设备、智能安检系统、人脸识别技术、无人驾驶车辆、物联网传感器等,这些不仅要投入大量的资金来引进,还要付出大量的安装调试成本。目前,机场综合交通枢纽中的智能系统也是多个系统分开运行,中心化集中联网运行可能会增加额外的成本,智慧化系统的日常运行、维护和升级也需要持续的资金投入。此外,机场综合交通枢纽智慧化带来的盈利周期长,要长期承担建设阶段的资金压力,因此,机场综合交通枢纽智慧化建设项目投资风险较大。机场综合交通枢纽智慧化一年的运行费用、能耗也呈几何级数不断上升,巨额的投资,致使一些中小型机场综合交通枢纽智慧化建设遭遇资金瓶颈。

尽管近年来国内机场综合交通枢纽在智慧化建设方面投入了大量资源,但由于上述原因,智慧化的效果仍然有限。

3. 国内先进机场综合交通运输枢纽智慧化现状

纵观先进机场综合交通枢纽,从其成功之处可分别归纳出智慧化的发展方向。

3.1 实现数据整合与共享

国内先进机场综合交通枢纽在智慧化建设方面通过建立统一的数据平台对机场综合交通枢纽内各个部门和业务环节产生的数据进行整合,消除信息孤岛,实现跨系统、跨部门、跨业务的数据流通。借助物联网、大数据等技术,先进机场综合交通枢纽能实时捕获并处理海量运行数据,涵盖航班动态、旅客流量、行李处理及设备状态、枢纽各交通方式等关键信息,并进行数据整合;在此基础上,进一步运用大数据和挖掘技术,针对枢纽内人流、车流、行李流、货运流等进行研究与分析,通过对历史数据和监测实时数进行深度处理,挖掘数据背后的规律和趋势,为枢纽综合平台科学化管理提供支持。

3.2 实现机场综合交通枢纽运行协同

国内先进机场综合交通枢纽借助大数据、人工智能等技术,实现机场内部各部门以及与外部交通方式之间的智能化协同决策,通过数据共享、监测指标构建、协同调度平台搭建、智能决策支持、应急处置和信息服务等步骤,可以有效地提升枢纽的运行效率和旅客的出行体验。通过统一的数据资源管理中心,收集、整合和共享各种交通方式的数据信息,各运营主体可以了解当前枢纽的运行状态和需求;通过监测指标体系构建,包括客流量、车辆通行效率、场站利用率、设备故障率等,可以发现潜在的问题和瓶颈;通过协同调度平台搭建,各运营主体可以实现实时的信息交互和协同决策;通过建立智能决策支持系统,可以根据实时数据和历史数据,预测未来的客流和车流变化,为各运营主体提供优化调度建议,通过建立应急处置机制,在紧急情况下,各运营主体可以快速响应,协同应对,确保枢纽的正常运行和旅客的安全。

3.3 实现旅客服务智能化和个性化

国内先进机场综合交通枢纽通过引入智能化和个性化服务手段,提升旅客出行体验,如通过自助值机、自助行李托运、智能安检等设备,使旅客可以更加便捷、高效地完成值机、托运、安检等流程,减少排队等待时间;借助大数据和人工智能等技术,机场对旅客的出行习惯、偏好等进行分析,为旅客提供更加个性化的服务,根据旅客的历史出行纪录和航班信息,推荐合适的航班、座位、餐饮和购物等服务,通过智能导航系统,为旅客提供更加便捷的路线规划和导航服务。

3.4 实现先进技术应用助力

国内先进机场综合交通枢纽注重新技术应用,新技术共同助力机场综合交通枢纽实现更高效、便捷和安全的服务。如利用人工智能技术进行航班管理、预测和调度,实现更加准确的航班信息和旅客信息服务;利用无人机技术进行机场综合交通枢纽内部的监测和巡逻,加强机场的安全性;而沉浸式技术则能够呈现一个包括所有细节在内同时真实、完全的被用户沉入其中无法觉察出真实度来区分的仿真环境,而在机场中的应用如 AI 智能语音、智能终端则可以使乘客在购票、导航等使用更方便、提高服务效率。新技术的运用在提高机场运行效率的同时也达到了更好地方便乘客、更大程度提升机场乘客服务质量,更安全、更舒适的出行环境。

4. 机场综合交通枢纽智慧化发展对策及建议

机场在国家开启全面建设社会主义现代化强国的新征程中发挥着基础性、先导性作用[3],我们认为,在今后机场综合交通枢纽智慧化建设时,应坚持系统观念、改革创新、开放融合,完善协调机制、保障机制,努力打造新型机场综合枢纽。

4.1 坚持系统观念

机场综合交通枢纽是一个由多个子系统组成的复杂系统,在智慧化发展过程中,需要树立系统性观念,将各个子系统视为一个整体,实现信息共享、资源互通和协同工作。系统理念一方面体现在规划层面的系统考虑,机场综合交通枢纽是各个运行环节有效衔接的有机体,在智慧化建设时需要统筹考虑机场综合交通枢纽的不同运行场景[4]。另一方面,系统观念还体现在智能技术的深度融合,实现不同数据、技术、网络系统之间的融合,建立感知、显示、处理、上报等不同环节之间的数据交汇。

4.2 完善基础保障

在数字化升级中可利用云计算、大数据、人工智能等技术,实现机场综合交通枢纽的数字化转型,提高运营效率和管理水平。建立完善的信息化基础设施,充分发挥数字基础设施的底座功能和数据资源的核心要素作用,如进行云平台建设,通过提供统一的云服务,基于数字化底座,将各类资源数字化,并持续推出和运营数字化业务,为航司和旅客出行提供高效便捷服务。

4.3 创新发展技术

适时引入或整合虚拟现实、大数据、AI 和物联网等"前沿技术",为机场综合交通枢纽发展创造有利条件。机场综合枢纽建设中在应用大数据、人工智能、物联网等技术方面,结合当前建设需要,将其应用分期分批、渐进式引入,如引入大数据分析、机器学习、人工智能等技术,来实现机场经营管理智能化;引入虚拟现实、增强现实等技术,来为旅客提供多元化服务。

4.4 完善协调机制

建立机场综合交通枢纽一体化协调管理机构,对枢纽内部协调过程进行梳理,对机场综合交通枢纽内资源(设施、设备、服务)进行统一规划,合理配置机场综合交通枢纽内资源。构建机场综合交通枢纽内部各业务部门、单位信息共享平台,打破资源隔阂,有效实现机场综合交通枢纽内部各单位、部门信息共享,避免机场综合交通枢纽内部信息孤立现象,提高机场为能力及服务决策效率。优化机场全过程协同流程,简化手续和程序,提高机场综合交通枢纽的运行效率,如通过智能化手段实现快速安检、行李托运等服务的自助化和无人化。

5. 结语

随着全球航空业的快速发展,在倡导新质生产力的今天机场综合交通枢纽面临着前所未有的挑战,智慧化转型是机场未来发展的必然趋势。机场综合交通枢纽的智慧化发展是一个巨大的系统工程,以"物畅其流人享其行"为目标,从系统规划、基础保障、技术创新、政策引导等多方面共同努力。未来,随着智慧化水平不断提升,机场综合交通运输枢纽将成为展示城市形象和国家实力的重要窗口。

参考文献

[1] 中共中央,国务院.交通强国建设纲要[N].经济日报,2019-09-25.
[2] 王识达.机场智慧化的瓶颈与路径选择[J].民航管理,2019(08):31-33.
[3] 孙向东.航空公司机队可靠性预警与控制研究[C]//中国民用航空飞行学院,2021,(03).
[4] 张欣.技术创新与智慧机场建设探讨[J].民航管理,2022(07):18-31.

基金项目
2022年山东省交通运输科技计划项目:山东省创建交通强国示范区思路与对策研究。

合肥国际航空货运枢纽发展对策

Development Countermeasures of Hefei International Air Cargo Hub

谢 辉[1]

摘 要：航空货运枢纽是现代物流中重要一极。首先分析了合肥国际航空货运枢纽的必要性、既有基础和存在问题。其次选取上海浦东国际机场和郑州新郑国际机场作开展对标分析，发现足够的货运空间、国际航线网络、发展多式联运是发展航空货运的重要前提与关键要素。最后立足合肥国际航空货运枢纽为长三角西翼门户枢纽的战略定位，提出提升新桥机场航空货运能级，突出发展高端制造业、冷链等航空物流功能，拓展与浦东机场形成互补的航线网络，利用空铁联运延伸长三角货运腹地，统筹规划货运区提升机场货物承载能力和处理效率等发展对策。

关键词：国际航空货运枢纽；长三角一体化；合肥机场；发展对策

Abstract: Air freight hub is an important part of modern logistics. Firstly, the necessity, existing foundation and existing problems of Hefei international air cargo hub are analyzed. Secondly, Shanghai Pudong International Airport and Zhengzhou Xinzheng International Airport are selected to carry out benchmarking analysis. It is found that sufficient cargo space, international route network and the development of multi-modal transport are the important prerequisite and key elements for the development of air cargo. Finally, based on the strategic positioning of Hefei international air cargo hub as the gateway hub of the west wing of the Yangtze River Delta, Highlight the development of high-end manufacturing, cold chain and other air logistics functions, expand the formation of complementary route network with Pudong Airport, the use of air and rail transport to extend the Yangtze River Delta freight hinterland, the overall planning of the cargo area to enhance the airport's cargo load carrying capacity and processing efficiency.

Key words: International air cargo hub; Yangtze River Delta integration; Hefei airport; development strategy

1. 引言

2021年2月，中共中央、国务院印发《国家综合立体交通网规划纲要》，明确提出在现有国际航空（货运）枢纽基础上，重点推进郑州、天津、合肥、鄂州等国际航空货运枢纽建设，形成航空物流集散的产业集群。2024年3月安徽省发展改革委发布《虹桥国际开放枢纽安徽联动发展区建设方案》提出深化安徽机场集团与上海机场集团战略合作，加快建设合肥国际航空货运集散中心，全力打造新引擎。合肥作为长三角世界级城市群副中心城市，"一带一路"和长江经济带战略双节点城市，在构建新发展格局中处于承东启西、连南接北的区位优势。此外，合肥"芯屏汽合""集终生智"等新兴产业，对航空运输特别是航空货运提出巨大需求。把握住航空货运发展机遇期，以国际航空货运枢纽建设为抓手，构建供需适配的国内国际物流通道网络，对强化合肥市在"通道＋枢纽＋网络"国家物流运行体系中的地位具有战略意义。

---

1 谢辉，上海城市综合交通规划科技咨询有限公司，高级工程师，联系邮箱：xiehui110@126.com。

2. 建设合肥国际航空货运枢纽的必要性

2.1 国家战略和省市政策要求

自2019年以来,国家出台了《长江三角洲区域一体化发展规划纲要》《国家综合立体交通网规划纲要》《长江三角洲地区民航协同发展战略规划》《关于新时代推动中部地区高质量发展的意见》等多个政策文件,提出加强航空货运设施建设,明确要求加快合肥等国际航空货运枢纽建设。近年来,安徽省和合肥市积极响应国家战略要求,印发了《长三角(安徽)世界级机场群建设工程实施方案》《安徽省综合立体交通网规划纲要》《安徽省"十四五"发展规划》以及《合肥国际航空货运集散中心建设工作推进方案》等政策文件,明确提出建设合肥国际航空货运枢纽。

2.2 航空物流产业快速增长要求

根据国际航空运输协会(IATA,简称"国际航协")全球航空货运市场定期数据显示,2023年,全球航空货运需求恢复至2019年的96.7%。2023年,航空货运运力较2019年相比增长2.5%。亚太地区是世界货运发展潜力最大地区,2023年,运力增长28.5%。我国航空货邮吞吐量稳步增长,其中东部地区经济发达、外贸活跃、产业结构优化、消费水平高等因素,对高效快捷的航空物流服务需求旺盛。2023年,东部地区航空货邮吞吐量占全国七成以上,合肥机场货邮吞吐量在东部地区排第9名。同时,跨境电商、生鲜电商冷链、医药冷链等高价值、高时效性货物的市场规模快速增长,给航空物流发展带来了新增长点,也提出了新的要求。

2.3 临空产业体系集聚发展要求

以合肥为中心,半径100 km范围(车程2 h以内)作为合肥机场内生航空货运需求的核心腹地,覆盖了周边的六安市和淮南市,包括淮南市寿县新桥国际产业园、合肥新站高新技术产业开发区、合肥高新技术产业开发区、合肥经济技术开发区、六安经济技术开发区等多个主要产业聚集区(图1)。合肥机场周边临空偏好型产业及规模以上项目在机场东侧布局唯品会安徽物流园、中外运(合肥)空港物流有限公司、菜鸟网络合肥经开园区、空港保税物流中心(B型)等,产业关联性好。

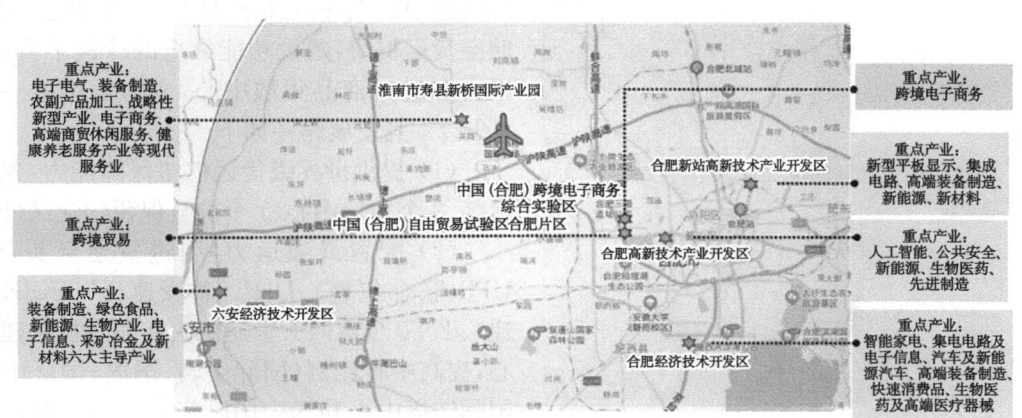

图1 合肥机场及周边临空产业体系情况

3. 发展基础和存在问题

3.1 发展基础

随着国际贸易订单增加,航空货运持续复苏,合肥新桥国际机场国际航空货运业务迎来强劲增长。自

2023年10月起国际货运航班数量已超过客运航班,截至2023年12月底,合肥新桥国际机场已开通合肥至日本、韩国、芝加哥、洛杉矶、纽约、达拉斯、布鲁塞尔、阿姆斯特丹、伦敦等9条货运航线,货邮吞吐量11.46万t,其中国际货运量已近3.1万t。国际货物中进口货物主要以集成电路制造设备、科研用成套设备、电子化学品为主,出口货物跨境电商出口表现抢眼,同比增长160%。合肥机场航空货邮吞吐量总体呈上升趋势,发展速度高于全国航空货邮吞吐量增速,发展趋势向好。

3.2 存在问题

(1) 区域腹地市场支撑有限。适合航空的外向型产业发展不足,合肥汽车、光伏、白色家电等产业优势明显,产量较大,但不太适合航空运输,机场周边布局的产业集聚多为快递、电商,但未形成规模。人均收入处于长三角较低水平,高端消费市场亟待拓展。机场货运持续快速增长的内生动力不足,需要发挥地面综合交通,拓展腹地市场空间。

(2) 基础设施保障能力不足。合肥新桥机场货站设施的保障能力、服务功能和规划布局不能适应新时期航空货运的新特点和新需求。现有货运区共11.7万 m^2,场地整体进深较小,难以保障15万t以上航空货邮吞吐量需求。国际货站仓库面积小,不足5 000 m^2,影响国际货运作业效率。

(3) 货运专业服务效率不高。国际通达、国内分拨、高效集疏的航线网络尚未形成,且航班频次密度不足,尚无本土(基地)货运航司,开展合作的物流企业、货代公司和货运航空公司较少等,难以满足本地企业运输需求,京东方、长鑫、联宝、维信诺等一批临空指向性高的企业,货物主要通过上海、武汉、郑州等周边机场进出。

4. 国际航空货运枢纽对标分析

选取长三角区域上海浦东国际机场和中部地区郑州新郑机场打造国际航空货运枢纽进行对标分析。

4.1 上海浦东国际机场

根据《长三角民航协同发展战略之上海篇(2020—2035)》(2019年送审稿)显示,浦东国际机场战略定位为我国最重要的国际航空枢纽和亚洲最重要的洲际转运中心之一,打造全球领先、全业态、智能高效的航空货运枢纽,建设功能最全的冷链平台,跨境电商平台和进口商品集散中心,成为全球第一货运枢纽(图2)。其发展路径如下。

(1) 提供世界级货运枢纽保障能力,建设3个货运区、3个转运中心、1个综合保税物流区(B型)。

(2) 配置最强运力,引进货运巨头,包括引进UPS(联合包裹)、DHL(敦豪速递)、FedEx(联邦快递)、TNT全球四大货运巨头在浦东机场建立转运中心,提高中转比例(国际中转、国内-国际中转),成为国际转运中心和国内国际门户枢纽。通过吸引中货航、国货航等国内货运航空公司入驻浦东机场建立国内与国际市场的门户枢纽。

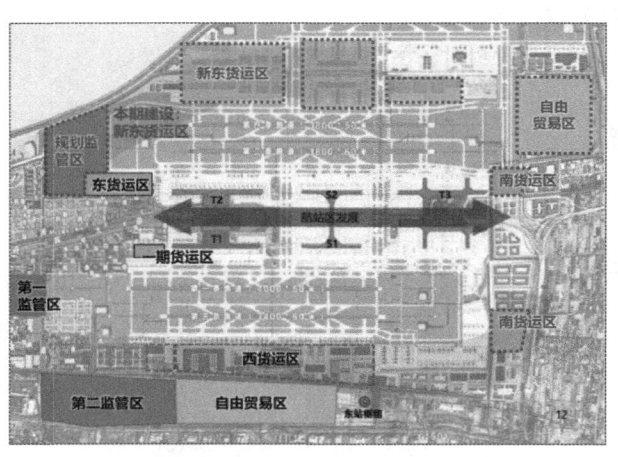

图2 上海浦东国际机场货运区布局

(3) 构建顶级冷链中心。浦东机场冷链中心是国内规模最大、标准最高冷链货站,进出港、冷链处理功能完善。

(4) 超期规划,未来规划建设超级货站,对标全球最佳实践的香港超级货站,对标技术领先的迪拜航空自贸港,打造全球一流的货站设施。

4.2 郑州新郑国际机场

根据 2018 年河南省和中国民航局批复的《郑州国际航空货运枢纽战略规划 2035》,郑州新郑国际机场的战略定位为全球航空货运枢纽、国际快(邮)件分拨中心、跨境电商分拨中心、国际冷链物流中心和全球供应链管理中心等,形成国际航空物流中心(图 3)。发展目标是 2025 年货邮吞吐量 300 万 t 以上,2035 年达到 500 万 t,是 2018 年的 10 倍。发展路径如下。

(1) 提供充足的货运保障能力,建设 4 个货运区面积超 400 万 m^2,保障 500 万 t 货运吞吐量的服务能力。

(2) 加强航空运力保障。建设郑欧、郑美等航空货运快线,以卢森堡、芝加哥、安克雷奇等机场为重点,着力打造服务全球国际贸易的航空货运大通道。打造主基地货运航空公司,在航权时刻、财税金融、土地等方面给予基地货运航空公司大力扶持。积极引入具有航空运输能力或资质的快递企业入驻郑州,加快建设快件转运中心。鼓励国际大型物流集成商拓展至郑州机场的货运网络,将郑州打造成全球物流体系的重要节点。与海外货运枢纽强化中转与联运协作,着力打造 24 h 全球可达的航空货运服务体系。

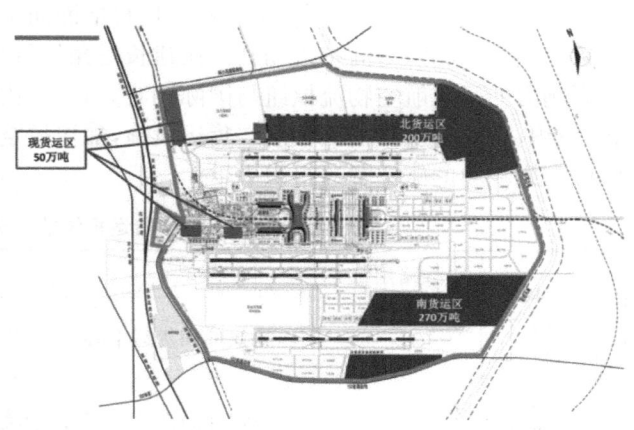

图 3 郑州新郑机场货运区规划布局

(3) 强化航空物流地面配套体系。探索"航空+高铁"联运货运发展模式,拓展郑州机场辐射全国的快件物流网络。

(4) 提升货运专业能力和效率。建设以郑州机场为核心的多式联运信息平台,创新多式联运"国际物流数据标准",实现海关等部门嵌入式监管。与卢森堡、洛杉矶等机场开展战略联盟合作,强化货运航线互联,推进物流信息共享。

4.3 主要经验总结

(1) 足够的货运空间是发展航空货运的重要前提。货运区的布局以提升货物的装卸、转运效率为首要原则进行布置,货物区空间面积需予以必要的预留以保障其中长期发展需求。同时要强化智慧化、自动化、数字化技术的提升货运区的作业效率。

(2) 国际航线网络是驱动国际航空货运枢纽建设的关键。通过优化航司招引政策、提高航权开放水平、提升机场运营服务,从而扩大机场的国际货运服务是首要任务。

(3) 发展多式联运是扩大货运机场陆侧辐射范围的重要途径。合理的货运集疏运体系对机场航空货运发展有强大的带动作用,对腹地临空产业的发展也有明显的支撑作用。

5. 发展战略定位

5.1 合肥区位优势显著

2019 年 5 月,中共中央、国务院印发实施《长江三角洲区域一体化发展规划纲要》,明确加强航空货运设施建设,加快合肥国际航空货运集散中心、淮安航空货运枢纽建设,规划建设嘉兴航空联运中心。此外,芜湖芜宣机场也在加快建设具有全球影响力的专业性航空货运枢纽机场,南通打造上海第三机场。未来长三角范围航空货运机场将显著增加。

根据各机场的地理位置分布看,长三角航空机场分布,绝大部分位于长三角东部范围,而长三角西部区域目前只有合肥新桥机场和刚刚新建的芜宣货运专业机场,可见合肥具有广阔的腹地空间和发展潜力。在中部城市群范围,也距离郑州新郑机场和湖北鄂州机场存在合理分工。根据民航局《2023年全国民用运输机场生产统计公报》,长三角机场群完成货邮吞吐量566.8万t,远超其他三大城市群,较上年增长13.9%。其中,安徽货邮吞吐量以65.3%的增速排名全国第四,发展潜力巨大。

5.2 功能定位为长三角西翼门户枢纽

结合合肥的区位条件,合肥新桥机场打造面向全球的交通门户,航空货运在长三角的定位为"国际航空货运集散中心",与浦东机场共同构建长三角国际航空货运主枢纽(表1),打造长三角具有国际竞争力和影响力的区域航空物流枢纽与国际门户。以合肥新桥机场航空物流基地为核心,集中布局建设"轴辐式"组织、中转型服务的区域航空货运设施,加快航空物流平台建设,规模化培育和拓展全货机航线,形成区域有影响力的航空货运组织中枢。

表1 合肥国际航空货运枢纽的战略定位与承担功能及周边机场的比较

	战略定位	承担功能
上海浦东机场	全球航空货运枢纽-综合性	国际快件和货运中心、国际物流枢纽和供应链资源配置中心、跨境电商处理中心
郑州新郑机场		国际快(邮)件分拨中心、跨境电商分拨中心、国际冷链物流中心和全球供应链管理中心
合肥新桥机场		国际快(邮)集散中心、国际冷链物流中心、高端制造业物流中心
鄂州民用机场	货运枢纽-专业型	国内各主要城市及境外的航空快递运营中转业务
淮安涟水机场	货运机场-专业型	圆通速递及圆通航空中心
嘉兴南湖机场		货运支线机场

6. 发展对策与建议

6.1 提升新桥机场航空货运能级

根据市场综合分析法预测,结合长三角城市群航空货运发展趋势、周边航空货运机场发展趋势,以及经济水平、产业特征、民航基础条件、政策导向等,对合肥航空物流市场进行分析,合肥航空物流将充分、快速发展,将承担长三角5%~10%的货邮吞吐量,至2035年按200万t货邮吞吐量保障,至2050年按照400万t货吞吐量保障。

6.2 聚焦国际快(邮)、国际冷链物流、高端制造业物流等航空货运物流功能,服务长三角、都市圈产业和合肥生活消费需求

合肥新桥机场现状航空货源稳步增长,其中国际出港货物中,主要出口产品包括工业制成品、纺织品、锂电池、机械产品等产品,产品来源以长三角为主,其中安徽36%、上海25%,苏浙37%。国际进港货物中,主要以水果、冰鲜、食用水生动物等冷链货物,以北美方向为主。国内出港货物中,以长三角的快递为主,占出港量的80%;其次是水产品占比15%,主要是江苏和安徽全省,本地企业的产品约5%。

合肥新桥机场未来航空物流功能方向,聚焦高科技产业、制造业的工厂使用的高精尖仪器、生鲜高端食品等航空货运运输。其中服务都市圈及长三角区域的高科技产业产品物流包括航空冷链(农产

品)、汽车零配件、集成电路、智能产业、电子产品、生物医药等,服务本地商贸、生活的冷链、电商快件、快递需求。

6.3 航线网络聚焦向西服务导向,与浦东机场形成互补

立足省市制造业、商贸业、跨境电商等航空货运需求,补齐航空货运短板。每年新开通国际国内全货机航线3~5条,重点开通北美、欧洲、日韩、东南亚、港澳台地区等航线,构筑覆盖国内、联通全球的国际航空货运网络。拓展加密国际货运航线,满足合肥乃至全省企业空运进出口需求,助力新兴产业快速发展,保障供应链稳定、持续。提高客机腹舱载货率,利用发达的国际客运航线网络发展国际航空货运业务,增强航空物流连通度和辐射服务能力。货运腹地:聚焦长三角西部区域与内陆交流的航空货流,分担浦东机场压力。

6.4 聚焦空铁联运货运新模式,利用合新六城际高附加值货运功能,延伸长三角货运腹地

全力推动合肥机场多式联运建设。加速构建合肥"两横三纵"区域高速通道结构、"三横五纵"快速路路网,实现机场借助高速、快速路网向外快速辐射(图4)。以"卡车航班"为重点强化机场货物集疏运能力,打造内陆集散中心和快件分拨中心。推进轨道交通S1号线、合新六城际铁路建设,争取合康、合武高铁连接合肥机场,设置"空铁联运"专线。设置机场物流专用通道,实现快慢分离、客货分离,满足不同货物的时效需求。推动合肥机场综合交通中心(GTC)项目建成投用,优化完善合肥机场交通中转体系,实现多式联运全过程数据共享,打造集报关、订舱、公路、仓储等为一体的服务链。

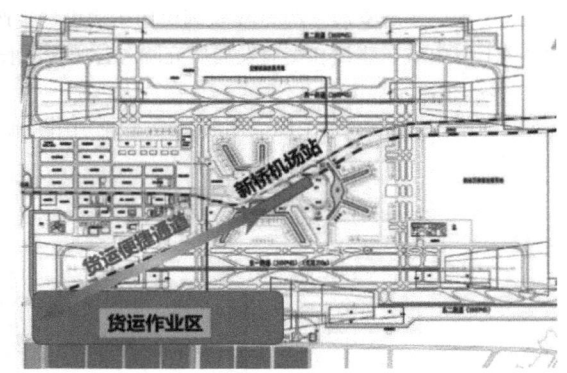

图4 合肥新桥机场空铁联运通道

6.5 统筹规划机场货运区和物流作业区,提升机场货物承载能力和处理效率

近期-建设西货运区,满足50万t航空货邮吞吐量需求。其中东货运区,在既有基础上新建1.5万 m^2 国际货站,服务全货机,满足30万t航空货邮吞吐量。建设西货运区,服务腹舱带货,规划用地5.8 hm^2,2.5万 m^2 货库,满足20万t航空货邮吞吐量。

中远期:建设新东货运区,满足100万t航空货邮吞吐量需求。新东货运区为国际货运区,总占地81 hm^2+20 hm^2(预留)。打造国际冷链分拨中心,结合进境商品指定口岸(冰鲜、水果、食用水生动物、肉类、药品等),建设集活品暂养池、冻品初级加工及冷库于一体的冷链专属货站。打造跨境电商集散分拨中心,建设国际快邮件中心,引进知名国际快递物流企业。

远景:在西二跑道西侧预留新西货运区,未来配套综合保税区(拟)发展需求(图5)。

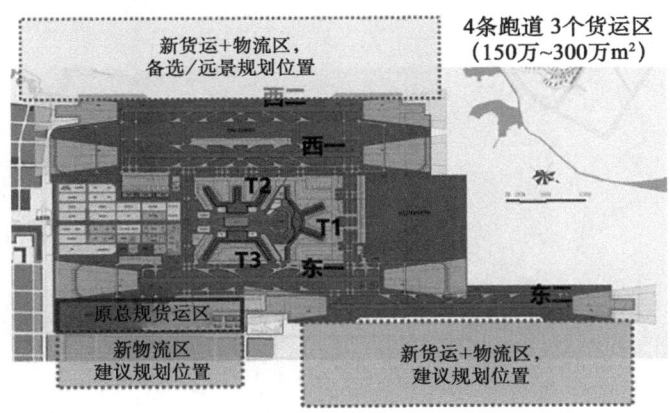

图5 合肥新桥机场货运区规划布局

7. 结语

本文分析了合肥新桥机场近几年的发展基础以及对比货运枢纽机场还存在区域腹地市场支撑有限、基础设施保障能力不足、货运专业服务效率不高等问题。同时,基于上海浦东国际机场和郑州新郑国际机场的分析,发现足够的货运空间、国际航线网络、发展多式联运是发展航空货运的重要前提与关键要素。并从合肥国际航空货运枢纽的战略定位出发,从提升航空货运能级、航空物流功能,国内国际航线网络、空铁联运、货运区布局五个方面提出了发展对策与建议。当然,航空货运枢纽建设是一个系统工程,需要结合合肥产业特征,持续研究国际航线开通城市、临空产业发展等。

---| 参考文献 |---

[1] 中国民用航空局.《2023年全国民用运输机场生产统计公报》[R]. 中国民用航空局,2024.
[2] 上海市城乡建设和交通发展研究院.《合肥融入长三角推进交通强国建设规划》[R]. 上海市城乡建设和交通发展研究院,2019.
[3] 河南省人民政府,中国民用航空局.《郑州国际航空货运枢纽战略规》[R]. 河南省人民政府,中国民用航空局,2018.

从水翼船的应用初探金门外岛跨运具发展

From the Application of Hydrofoils, Cross-fertilization Vehicles in Kinmen Islands is Explored

尹台生[1] 尹 政[2] 张涵钧[3]

摘 要：地形的复杂影响资源的利用效果与分配效率，交通运输是解决地形的复杂及资源的利用与配的瓶颈，通常从交通运输载具区分为陆运、空运与海运，每类交通运输载具均有其特殊的运作场域，陆运有道路与轨道运输，海运有航路及船舶运输，空运有空域及航空运输。本世纪初研究介于海运与空运的载具，发展成依靠船，可浮航于水面，亦可翼航于空中的水翼船。台湾是一个海岛地区，外岛交通运输，传统海运与航空是交通运输生存命脉，偏乡外岛的交通运输是不可忽视的交通运输施政，经营水翼船能布建航安信息，充分发挥海域之助导航功能。本文探讨水翼船在台湾的发展及对外岛交通运输及蓝色公路的开展的可行性。研究概述：通过档案资料以质性研究的方法，探讨水翼船的技术发展及应用，现阶段规定的限制与管理推展瓶颈现象。

关键词：水翼船；蓝色公路；水翼船的概念

Abstract: The complexity of the terrain affects the utilization effect and distribution efficiency of resources. Transportation is the solution to the complexity of the terrain and the bottleneck of the utilization and distribution of resources. It is usually divided into land transportation, air transportation and sea transportation from the vehicles. hydrofoil boats that rely on boats, can float on the water, and can also wing-fly in the air. Taiwan is an island area. however, transportation on outlying islands is a transportation policy that cannot be ignored. In the future, operating hydrofoil ships can deploy aviation safety information and give full play to the auxiliary navigation function of sea areas. This article discusses the development of hydrofoils in Taiwan and the feasibility of developing outlying island transportation and blue highways.

Key words: hydrofoil; blue highway; hydrofoil concept

1. 前言

1.1 研究背景

台湾四面环海，属于海岛型经济地区。四周有许多外岛，如金门、马祖、澎湖群岛、绿岛、兰屿、小琉球等，皆靠海空运为之载具，其中因为船舶接触水面，黏性阻力大，造成船舶航速较慢，但载量多可依船型大小装载大件物品；而空运则依靠飞机，虽然速率较快，但是需要广阔的机场土地作为起降用，然而飞机价格昂贵，装载量有限，运送成本较高。船舶之船速经多年来研究改进，时速虽可达 50～60 海里，但是因海象及舒适度平均以 30 海里居多，而飞机时速则达 300～500 海里（约 930 km/h），因此，科学家及工程人员希望能找出具备有速度快、成本低、维护简易、耗油率低的载具。

---

1 尹台生，元智大学管理学院博士候选人，中国土木水利工程学会铺面工程委员会委员，联系邮箱：yintsanws@gmail.com。
2 尹政，桃园国际机场公司，助理工程师，联系邮箱：wondreangel@gmail.com。
3 张涵钧，桃园市交通局聘任研究员，联系邮箱：jean099105@gmail.com。

1.2 研究动机

在冷战期间，苏联为了军事用途开发水翼船，因为水翼船有效利用表面效应的趋势，使其兼具船舶与航空器的优点，相当符合低成本、高速度的需求。苏联解体，俄罗斯对外开放，导入自由经济制度之后，水翼船的应用又重新被提起。在台湾海况条件下，能运用水翼船的优点。水翼船是表面效应载货（Wing-In-Surface Effect，WISE）的一种海空运输载具，成为船舶与飞机之外的一种比较经济省油、高速、多元发展的运输工具。具有实现水上飞机大型化与船舶高速化的双重功能，因为水翼船所应用的表面效应理论已经相当成熟，而且根据相关文献，苏联为了军事用途所发展的非翼船也被成功运用，而伊朗、韩国等也在海防充分地发展及运用。

2. 研究方法与综述

2.1 研究方法

方法论（Methodology）是思考与分析现实情况的研究理论，而方法（Methods）就是搜集资料与研究的一组程序与技术，研究方法是指从事研究工作所实际采用的程序或步骤，质性（qualitative）研究方法系由深度访谈、直接观察和文献记录三种资料收集方式组成，本文系以质性研究探讨海上新型载具的功能配合外岛发展与蓝色公路的发展。

2.2 综述

质性档案研究方法，引用杜明（Toulmin）的政策论证模式切入水翼船议题，并从政策论证的观点（图1）探讨水翼船的监理及外岛交通应用。

（1）政策论证（policy argument）模式如图1所示。
（2）台湾地区交通事务主管部门修正通过水翼船管理规则，将此介于陆空的载具依据 IMO 及 ICAO 定义为属于海洋工艺，在形态与经营政策不明确的前提下，遂依水翼船管理规则建立安全营运方针。因政府组织再造，许多具有连贯性的政策断炼，如船舶规定及水翼船管理规则的后续训练、证照、场域等，这是属于政策反驳。

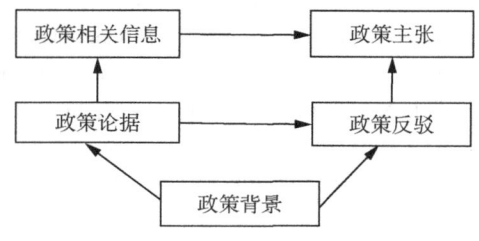

图1 杜明（Toulmin）的政策论证模式

3. 船舶规定及水翼船管理规则的竞合

3.1 船舶规定及水翼船管理规则的突破

1930年12月4日，国民政府制定《船舶规定》，因航运生态变化迅速而多次修订，从近年的版本可以略知海洋运输的发展趋势。《船舶规定》（1996年10月2日）将船舶分为五类：客船、非客船、小船、动力船舶、非动力船舶。2010年12月8日，台湾地区交通事务主管部门修正，根据新订的船舶规定将水翼船定义为"装设有水翼，航行时可借水翼所产生的升力，使船身自水面升起而行驶的特种船舶"，明确将水翼船纳入特种船舶。并将验船机构及验船师纳入规定。

3.2 水翼船管理规则

政府组织再造，使某些延续性、整体性的政策无法无缝接轨，这是组织再造政策论据的耗损，如船舶规定于2010年修正，但水翼船管理规则仍停留在2004年的修正版。

该规则系依《船舶规定》第87条第7项规定，该版船舶规定的船舶分类并无水翼船的叙述，仅参照国际公约报行政管理机构采用。2004年11月19日,台湾地区交通事务主管部门修正水翼船管理规则,水翼船属于特种船舶,其航行方式有"翼航与浮航",并设置靠泊站与避难站。

2012年10月30日,台湾地区交通事务主管部门修正水翼船管理规则,该规则系依船舶规定第37条规定如下所述。

(1) 水翼船、气垫船、高速船及其他经主管机关认可及公告采用国际章程的船舶,应由船舶所有人或船长向船舶所在地航政机关申请检查合格,取得证书后,方可航行;其检查、构造、装置、设备、乘客舱室、乘客定额、证书之核发、换(补)发、注销、撤销或缴销、检查费、证书费的收取及其他应遵行事项规则,由主管机关确定。

(2) 在主客观条件中,载具是一个主要的操作项目,当今推出的水翼船,是一种新型的载具,除军事用途及海难救助外,在第三走廊(蓝色公路)的议题上,它是一颗明日之星。

4. 水翼船概要

水翼船亦称地面效应飞行器,是一种速度比高速船为快、较飞机为慢的载具。高效能水翼船是利用"地面效应原理",使其特殊设计水翼在高速时产生自然稳定的动态气垫效应,而可具有较现有各类型船舶高出三倍以上的高速运输效率。地面效应船或称高效能水翼船如图2所示。

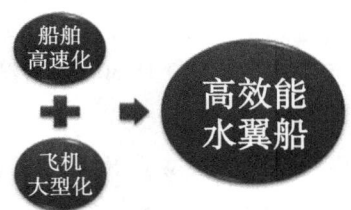

图2 水翼船的概念

1) 特性
(1) 高科技复合材料,坚固耐用。
(2) 高级柴油,更经济,更安全。
(3) 数字化驾驶舱,操作容易。
(4) 速度快,效率高。
(5) 维修容易,高妥善率。

2) 效益
(1) 亲水航行及离水掠飞(地效翼航):水翼船可如船舶亲水航行,稳定性高,操控性佳。水翼船可离水掠飞,高度约150 m。水翼船适于海、湖、河、陆地、沙漠等各式地理环境上操作。

(2) 高速行驶之能力:亲水航行速度可达95 km/h(51节)。离水掠飞速度可达180 km/h以上(97节)。较传统船舶快好几倍,较气垫船及水翼船快好几倍以上。

(3) 高机械效益:表面效应飞行翼升阻比为传统飞机5倍以上。巡航飞行时耗油率为传统飞机1/5倍。机械效益较一般水翼船高3倍,较飞机高5倍。

(4) 低建造、维修费用:航站设施简易,土地面积需求小。建造、维修费用较飞机低廉。易于驾驶操控,卫星定位与地面航管支援。驾驶操作仅需小船驾驶执照(IMO)不需如同飞机的复杂驾驶训练。

(5) 就航行安全方面而言:自动保持高度之稳定性。不需飞行驾驶执照与经验性。具飞航能力、回船半径小、降落停靠距离短。以船舶规定登记注册。检查费用较飞机为低。

3) 水翼船的用途

水翼船是21世纪人类创新的产物,是针对海陆运输用途的交通载具,包括对缉私、巡逻、搜寻、勘查、救援、伤员后送监测、环污监测客货运输、岛际旅运、货运输实时运送包含鲜货的农渔产品的运输,对易腐货物和高附加价值产品的运送,钻油台的服务旅游、娱乐、空中游览可作为人员运输、货物运输、海事运输(表1)。

表1 水翼船的用途

乘客运输	货物运输	海事用途
1. 急难救助 2. 中长距国际 3. 短距岛屿间	1. 生鲜食品 2. 海鲜活体 3. 易腐坏物	1. 缉私 2. 海洋环保监测 3. 快速补给、救援

(续表)

乘客运输	货物运输	海事用途
4. 水上出租车 5. 竞速赛艇 6. 岛屿及灯塔运补观光	4. 高价值物品	4. 生态保育

5. 水翼船管理规则的接轨

5.1 水翼船管理规则内容

现行水翼船管理规则（2012年10月30日）第9章第82条。该规则较早是依船舶规定第87条第7项规定订定，该版船舶规定的船舶分类并无水翼船叙述，仅参照国际公约报行政管理机构采用。台湾地区交通事务主管部门修正水翼船管理规则水翼船是属特种船舶，其航行方式有"翼航与浮航"，并设置靠泊站与避难站。

2012年10月30日，台湾地区交通事务主管部门修正水翼船管理规则本规则系依船舶规定第37条规定订定如下。

```
第一章  总则
第二章  检查
        通则
        特别检查
        定期检查
第三章  构造与装置
        船身
        轮机
        操纵装置
第四章  乘客舱室与乘客定额
第五章  设备
        救生设备
        消防设备及防火措施
        航行仪器及通信设备
第六章  船上秩序
第七章  证书
第八章  检查费
第九章  附则
```

5.2 特种船舶高速水翼船与海事公约

1) 水翼船管理规则、高速船舶与海事公约

国际海事组织（IMO）通过 MSC.97(73) 及 MSC.99(73) 决议，采纳"2000 HSC Code"。

水翼船 hydrofoil(WIG) 是兼具飞机与船舶运输优点的地面效应飞行器，乃是利用地面效应的特长，为高载运量、及省油经济的新式交通工具。

（1）水翼船依飞行高度分类

A 型：不能在地面效应高度以外飞行的飞翼船。

B 型：能暂时增加飞行高度于地面效应高度以外飞行的飞翼船，其最大高度应小于 ICAO（国际民航组织）所订的最小安全高度 150 m，以便在紧急时能跳跃过海上的障碍物。

C型：能长时间在地面效应高度以外飞行者,且超过 ICAO 所订的最小安全高度 150 m。

(2) 依照 IMO(International Maritime Organization)分类

Type A：Craft that always operate in ground-effect mode.

低成本：只需满足船舶等级的建造规定。

Type B：Craft that fly out of ground-effect mode for a short time when necessary.

中成本：需满足船舶及部分航空器等级的建造规定。

Type C：Craft that utilize ground-effect only at takeoff and landing. (Classified as aircraft)

高成本：需满足航空器等级的建造规定。

2) 水翼船依用途分成

A 类水翼船：指在航路任何地点发生事故时其乘客及船员在 4 小时以内可获得安全救助的载客水翼船。

B 类水翼船：指 A 类水翼船以外的载客水翼船。

C 载货水翼船：指载客以外的水翼船。

国际海事组织相关安全规定：验船中心搜集资料,国际海事组织(IMO)辖下船舶设计及设备次委员会于 2001 年 3 月间召开第四十四次委员会议,研订水翼船安全准则,并于 2003 年底报请海事安全委员会(MSC)采纳。复依该次委员会第四十五次会议,所拟定的水翼船安全准则草案(2002 年 12 月 16 日发布),水翼船应持有水翼船安全证书,另对从事商业营运者,另需取得具备安全管理水翼船的操作与保养事宜、适当通信设备、气象预报及保养设备、在营运区域有随时可用的适当援救设施的营运许可。业者引进的水翼船本部将依国际海事组织(IMO)于 2003 年完成之该水翼船安全准则予以管理。为有效管理水翼船,已请验船中心搜集相关资料,并协助交通事务主管部门研订有关水翼船营运、船员训练、证照核发、航行限制等管理规定草案完成规定的订定。

3) 目前其他国家使用情况

俄罗斯中央水翼设计局与克莱洛夫造船研究所是目前俄国研发飞翼船的主要机构,目前建造中最大的陆恩级,长 73 m、宽 44 m,最大起飞重量 400 t,可载运 400 名乘客及货物。德国 BOTEC 公司所生产的气动力地面效应船,目前已有一系列商品；美国康乃迪克州的 FLARECRAFT 公司亦已开发出商业化的地面效应船。

5.3　水翼船管理规则的困境

水翼船是介于飞机与船舶之间的载具,国际公约分别由不同组织管理,海事船舶由国际海事组织(IMO)负责,航空运输由国际民航组织(ICAO)负责,由于航空规则的复杂,且水翼船翼航的高度有限,就划归 IMO 负责,但水翼船又有飞行的动作,水翼船管理规则对于飞行的行为并无相当的规定,只是呈现以快速船舶的模式套入。

5.4　水翼船管理规则的检视

因为水翼船是新创的载具,构造与装置均与船舶不尽相同,水翼船管理规则必须纳入航空管理的概念,而且验船机构必须具航空设备的常识。如台湾地区交通事务主管部门委托现行的财团法人中国验船中心的验船作业及收费标准。水翼船管理规则检视：第十条(水翼小船)、第四十六条与第七十二条(水翼船、客船管理规则)、第八十条(水翼船缴纳检查费、动力船舶检查费、小船检查丈量规则小船检查费加倍缴纳)。

6. 在金门外岛应用高效能水翼船

6.1　金门地理位置

金门岛形如哑铃状,面积 124 km^2,四周都是海,正是发展海洋休闲观光及蓝色公路的绝佳环境。

6.2 金门交通困境

气候影响,节日运量不足,医疗资源不足,外岛交通的不便,金厦"小三通"的船运舒适性不足,缺乏急难救助快速载具。

6.3 水翼船的亲水性运输功能

高效能水翼船具有水陆两栖的功能,水翼船在码头将搭乘旅客及货物后,以倒车及转向等方式驾驭操作水翼船离开码头,再配合港区规定依浮航船速 20~30 km/h(10~16 节)开出至规定的起降区前,以时速 30 km 加速至 45 km(约 25 节)以上后开始滑行,时速至 75 km 左右时,驾驶操作将船首抬高而离水面,维持翼航高度约 1~1.2 m,以时速 75~170 km 稳定航行。有飞机的快速性与船舶的经济性,为近海及外岛交通的最佳运输工具。此种新型高效能水翼船,完全在自然的动态气垫上滑行,并不需要特别的航道,无论在浅滩、内河或结冰的水面,均可通行无阻。此种高效能水翼船,因其有航速快、耗油少、机动灵活的优点,未来的发展潜力无限。

6.4 水翼船的可行路线规划

1) 金厦三通路线

应用高效能水翼船可以缩短航行时间,增加舒适性,提高大陆旅客来金门旅游的意愿,增加观光人数,提振金门的经济。也可以实现金门到厦门工作一日生活圈的愿景。

2) 外岛与蓝色公路

应用高效能水翼船实施环状航行,加入外岛地点,海上蓝色公路与海洋资源与水翼船的应用:台湾四面环海,海岸线长达 1 193 km 符合蓝色高速公路,台湾的陆上及空中交通饱和,土地寸土寸金,取得不易。水翼船的速度比火车快,耗油量比飞机少,而使用空间跟一般船舶相当。水翼船是介于一般船舶与飞机之间的交通器具,可在近海发挥高速运输的特性,也可能发展成为海上新干线。环绕台湾一圈的海路航线:台北到高雄有 209 海里(387 km),高雄到花莲 205 海里(380 km),花莲到台北 110 海里(204 km),顺时针或逆时针方向环岛绕行一圈航程约 971 km。高速水翼船环岛航行一圈只需 4 h,而台北-高雄-花莲任何两点之间的飞行时间则都在 1.5 h 以内。台湾是长海岸线的临海地区,发展海上蓝色公路(图 11—图 13)具有其先天的优势,也是配合蓝色公路的最佳载具,台湾地区多岛屿,沿岸大多是沙岸,非常适合水翼船运作。

3) 外岛的运补及海难救助

在天候不佳时也可以正常地运补,逢年过节及雾季、后送医疗、急难救助,高效能水翼船可以快速救援,如针对古岗湖溺水及复国墩翻船事件,当事人有较大的存活机会,能更好地保证居民生命安全。

4) 澎湖外岛更需要水翼船的运作

澎湖群岛位于北纬 23°12′至 23°47′,东经 119°19′至 119°43′,岛屿数为 90 座。极东为查母屿,极西为花屿,极南为七美屿,极北为大礁屿,北回归线 23°27′穿过群岛之中的虎井屿之南。

7. 外岛的水翼船产学合作

(1) 第一阶段:学研机构完成跨域联盟,提出高效能水翼船研究计划,申筹经费,培训组装、维修人才,完成初阶水翼船组装及测试航行,取得学术验证。

(2) 第二阶段:将组装及完成试航行的水翼船,于外岛及蓝色公路试运行,以验证其可行性,完成后移转政府车管处使用。由政府及厂商成立水翼船维修部门,可培养高效能水翼船的修护人才,提供就业机会,促进金门外岛科技发展。

(3) 第三阶段:依实际需要,水翼船全面营运,由政府自营或移转民间企业经营,解决金门交通上的困境,也促进金门的水翼船发展。

8. 结语

（1）发展外岛运输是水翼船的优势。外岛交通是地区政策，含有助导航、观光、文化元素，积极推动载具多元化发展对于外岛与外岛的运补水翼船是突破性的机制。

（2）水翼船管理规则应与航空及航海运输的标准竞合。台湾是岛，水翼船是经济便利的跨领域载具，应建立专业管理的发展机制。

（3）蓝色公路是水翼船的场域。台湾是海洋地区，海洋区域是本岛的3倍，因此，蓝色公路场域是交通的发展重点产业，水翼船是最佳的推手。

（4）验船机构及收费标准要与专业社群及国际接轨。为有效管理水翼船，研订有关水翼船营运、船员训练、证照核发、航行限制等管理规定，台湾地区交通事务主管部门对于水翼船的监理制度应确实快速完成。

（5）建立产官学研的发展链。水翼船是一项新兴跨运具的产业，是整合现有载具的方案。

参考文献

[1] International Convention for the Safety of Life at Sea (SOLAS), 1974.
[2] Code of Safety for Dynamically Supported Craft (DSC Code) (IMO resolution A. 373(X)).
[3] International Code of Safety for High-Speed Craft (HSC Code) 1994 (IMO resolution MSC. 36(63)).
[4] International Code of Safety for High-Speed Craft (HSC Code) 2000 (IMO resolution MSC. 97(73)).

"高速1号"新营立交桥改善

"Freeway 1" of Xinying Interchange Improvements

王铭德[1]　刘信宏[2]　蒋封文[3]　陈柏儒[4]

摘　要：新营市为原台南县政府所在地，辖内机关林立，为台南县政经文教中心，2010年县市合并后，改制为新营区，目前为台南市政府民治市政中心所在，而"高速1号"新营立交桥为进出新营、盐水地区的主要门户，通勤时段车流量高，下匝道车流易受平面路口交通号志影响而导致拥塞回堵的情形，历年来台南市政府交通局以交通工程及管理措施针对新营立交桥周边进行相关改善，虽有成效，但其北向右转匝道长期回堵，因而提出工程改善方式解决其交通问题，并进行改善预期效益分析。

关键词：立交桥改善；交通工程；交通管理；效益分析

Abstract: Xinying City was originally located at Tainan County, there were many agencies within this jurisdiction. It used to be a political cultural and educational center for the Tainan County. After the merger of County and City in 2010, it is now called Xinying District and currently this district is currently home to Tainan City Civic Center. "Freeway 1" serves comings and goings at Xinying, and it is the main gateway for Yanshui District. Since, it has high traffic flow during the rush hour, this result in congestion, and bottlenecking the traffic. The road signs at the flat level will affect the traffic when it comes down from the ramp. Over the years, the department of transportation of Tainan City Government has implemented traffic engineering and management measures to improve situations around the Xinying Interchange. Despite some effectiveness, the northbound right turn off ramp causes the traffic to bottleneck. Thus, engineering improvement needs to be provided to address these traffic issues and an analysis of the expected benefits of these improvements needed to be done.

Key words: interchange improvements; traffic engineering; traffic management; performance analysis

1. 前言

新营市为原台南县政府所在地，辖内机关林立，为台南县政经文教中心，2010年，县市合并后，改制为新营区，目前为台南市政府民治市政中心所在。"高速1号"新营立交桥（以下简称"高1"新营立交桥）上下匝道车流庞大，常造成交流道周遭平面道路拥塞，如图1所示，北向右转匝道尤为明显，随着新营立交桥周边重大开发建设引入人流，交通量亦随之增长，拥塞情形愈加严峻。

台南市政府于2017年办理"2017年台南市运输走廊拥塞改善计划-区域交控整合扩充案"，改善新营立交桥周边交通问题，建置"国1"新营立交桥及其平面道路的协控系统，有利于"高速"与平面道路衔接界面交通瓶颈改善及落实区域交通控制策略，相关做法及成效说明如下。

（1）针对"高1"新营立交桥上下匝道及其横交干道（复兴路），进行区域协控模式的建构与验证；硬件

1　王铭德，台南市政府交通局局长，联系邮箱：mtwang@mail.tainan.gov.tw。
2　刘信宏，美华工程科技顾问有限公司，执业交通工程技师，联系邮箱：sinhong@ctc-taiwan.com.tw。
3　蒋封文，康地科技顾问股份有限公司，执业交通工程技师，联系邮箱：amegids@comdycs.com。
4　陈柏儒，美商美联科技股份有限公司台湾分公司，交通工程师。

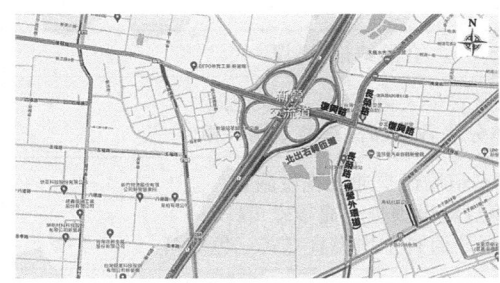
新营立交桥交通情形示意图

北向右匝道与复兴路路拥塞情形

北出匝道拥塞情形

复兴路现况

图1　新营立交桥匝道车流实况图

设施规划与布设方面,共计新设车辆侦测器5座及路口影像监视器3座,及汰换三处交通号志控制器,并介接台湾地区交通事务主管部门高速公路局(以下简称"高公局")既有车辆侦测器进行系统实作。

(2) 软件模式部分,为维持协控区域交通号志群组运作的稳定,并确保交通号志群组内及群组间的连锁关系,以动态查表策略作为交通号志时制方案的决策核心,再纳入匝道出入口车流量及拥塞指标共同进行交通号志时制计划的计算与配置。

(3) 协控请求采半自动模式,台南市、高公局南分局针对匝道入口协控事件的内容进行审查,于确认同意后方能执行该匝道协控策略(仅控率调整)。

(4) 区域协控系统运作测试方面系采模拟情境资料进行运作程序的验测,借以完整验证系统运作逻辑。经软件模拟测试后,系统均可正常运作并依据车流资料运算并产出对应的控制略。

(5) 新营立交桥区域协控系统实际执行后,可有效提升平面干道通过量最高达23.9%(运能指标),并提升平面干道行车速率最高达40.8%(效率指标),整体运作绩效良好。

此外,2018—2024年复兴路及长荣路路口交通工程改善历程汇整如表1所列。

表1　新营立交桥的交通管制作为历次会勘/决议汇整表

项次	日期	会勘结论/决议
1	2018年2月14日	① 为改善长荣路尖峰时堵塞情形,将增加交通号志右转时相秒数,并扩增机慢车停等区宽度。 ② 长荣路邻近交流道路段双白实线缩短为20 m。 ③ 考量长荣路人行道使用率低,请工务局评估人行道拆除供车道使用可行性。 ④ 另有关高速公路立交桥南下出口匝道过于临近复兴路及长荣路交岔路口,导致车流交织问题,请高公局南区养护工程分局新营工务段评估增设匝道出口可行性或增加相关交通安全设施改善
2	2018年7月19日	因新营立交桥北上、下匝道衔接路口汽车左转常与机车擦撞及少数车辆不依规定行驶车道,建议改善交通安全设施。 决议:为保障用路人安全及区分车道,于下匝道口延伸至路口增设软质杆
3	2019年12月11日	2019年12月道安工作圈决议:于新营立交桥机车引道增设实体分隔暨增加机车道专属时相

(续表)

项次	日期	会勘结论/决议
4	2019年12月31日	本市2019年12月份道安会报暨安全大台南项目会议记录： 采用方案2，机车引道增设实体分隔暨增加机车道专属时相
5	2020年7月7日	新营立交桥下匝道处东向机慢车道增设交通工程设施： ① 机慢车引道的第二杆路灯附近新设预告交通号志1杆。 ② 于本路口复兴路端号志杆处，于直杆上增设直立式三色灯箱
6	2022年2月18日	长荣路北往南方向道路重新配置2条右转车道（往新营立交桥方向）
7	2024年2月23日	新营立交桥北向右转匝道与复兴路口建议增设交通工程设施： 因复兴路段尖峰时段交通量大，为加强提醒用路人应减速慢行，决议于复兴路（由西往东向）路侧位置增设慢行标志（警49）告示牌并修复毁损的交通杆

2. 现况及未来交通问题

新营立交桥位于里程288K处，采苜蓿叶形式，如图2所示，以复兴路作为联络道。于北向右转匝道汇入地区道路后，即汇入复兴路/长荣路路口，于路口直行可前往新营市区，左转可前往后壁区，右转可前往柳营区。

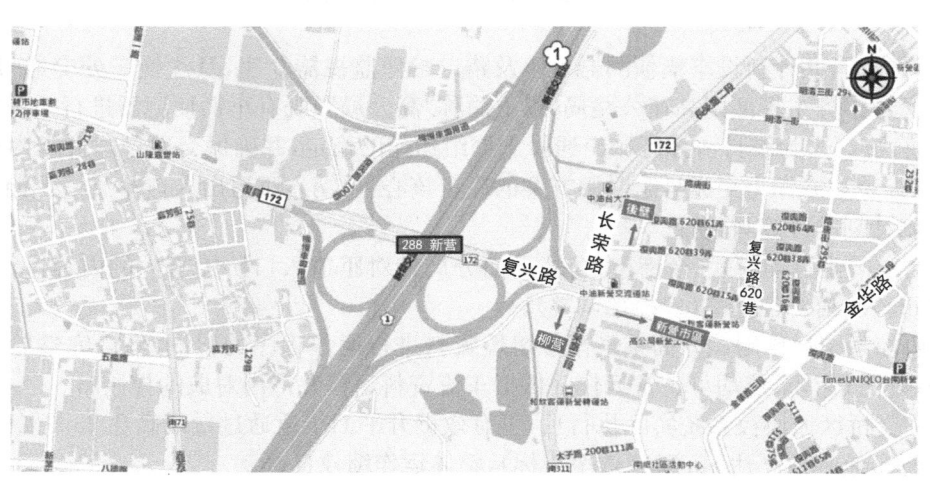

图2 新营立交桥配置及周边道路系统示意图

经交通量调查及实地调查发现，新营立交桥北向右转匝道现况于尖峰时段易发生回堵，回堵长度最长约为850 m，路人最多需要5周期（16 min）方可离开匝道，如图3所示。经分析造成匝道拥塞主要原因有两个方面：①北向右转匝道车辆易受复兴路车流影响，②复兴路/长荣路路口东向服务水平不佳，并与计划范围内道路配置与转向有关，其叙述如下。

2.1 北向右转匝道车辆易受复兴路车流影响

如图4所示，匝道距离复兴路/长荣路路口仅约40 m，距离过短，北向右转匝道左转至长荣路车辆须马上跨越2车道至左侧第二车道。且复兴路外侧车道现况可同时供复兴路与北出右转匝道直行右转方向车辆行驶，停等长度易超过40 m。由此可知北出右转匝道于路口左转车流与复兴路往东车流交织长度不足，导致北向右转匝道车辆受阻挡无法汇入复兴路，如图5所示，相互影响下便容易造成拥塞。

2.2 复兴路/长荣路路口东向服务水平不佳

现况复兴路/长荣路路口如表2所列。复兴路东向（方向D）服务水平为E级，于目标年交通状况更加恶化，同时将连带影响北出右转匝道车流，进而造成匝道更严重的回堵。

图 3 北向右转匝道拥塞示意图

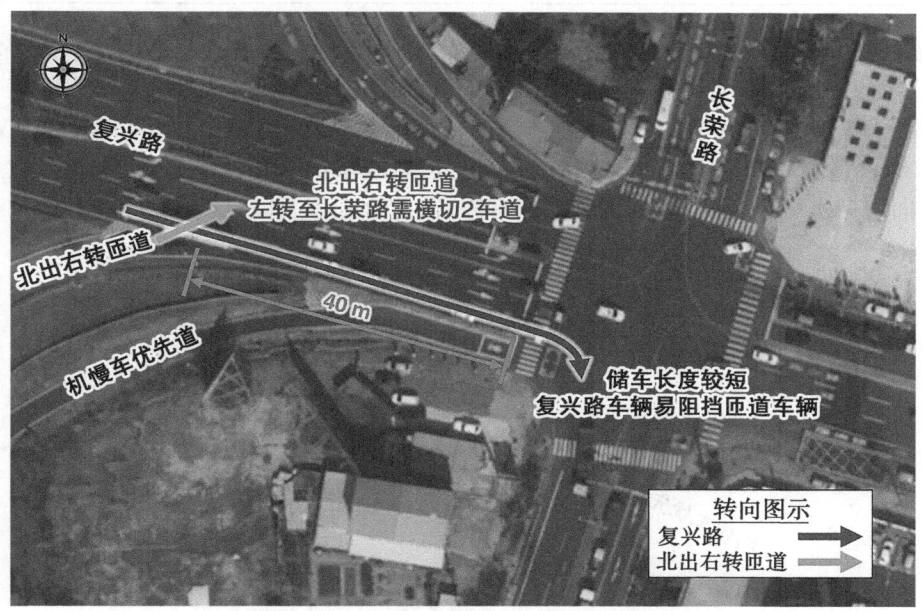

图 4 北出往东匝道车流动线示意图

图 5 北出往东匝道车流动线航拍示意图

表 2　现况复兴路/长荣路路口服务水平

路口简图	时段	邻近路段名称	临近路段延滞(s)	服务水平	路口延滞(s)	路口整体服务水平
长荣路 复兴路　E 快车道　　A D　　　复兴路 慢车道　C 　　　B 长荣路	晨峰	A 复兴路	50.7	D	57.2	D
		B 长荣路	102.8	F		
		C 复兴路慢车道	77.4	E		
		D 复兴路快车道	70.8	E		
		E 长荣路	28.9	B		
	昏峰	A 复兴路	51.4	D	71.0	E
		B 长荣路	193.9	F		
		C 复兴路慢车道	78.0	E		
		D 复兴路快车道	71.5	E		
		E 长荣路	29.4	B		

现况复兴路/长荣路路口转向十分复杂,如图 6 所示。D 方向车流便可分为由盐水区经复兴路往东方向以及北向右转匝道汇入复兴路两种类型。因此,交通号志采 6 相配置,周期为 188 s,如表 3 所列。周期长度过长,路口纾解率较低。其中,因各转向中 D 方向交通量最大,考量整体路口运转绩效最佳,其绿灯秒数已达 70 s,约占整个周期 40%。近年,台南市政府已实施多次交通改善措施,惟改善效果有限,因此,若要改善 D 方向服务水平,仅进行时制调整空间有限,需配合工程手段进行改善。

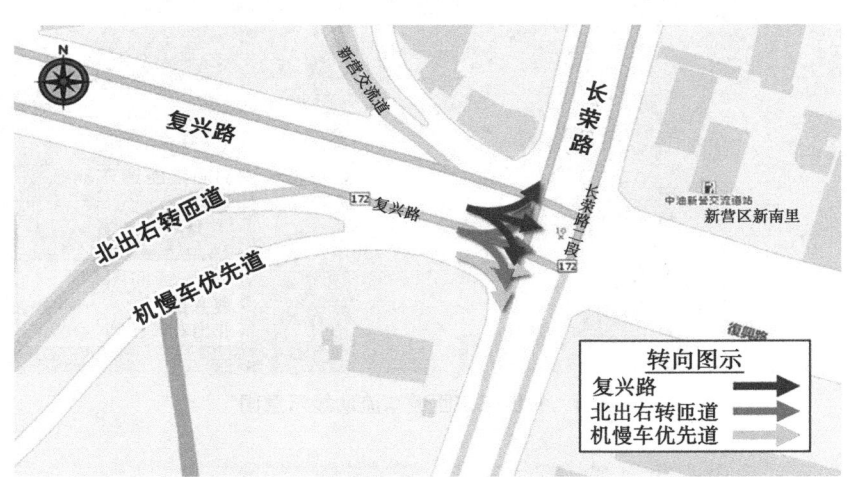

图 6　计划范围路口转向示意图

表 3　平日复兴路/长荣路路口时相时刻配置汇整表

路口简图	时相	晨峰(单位:s)				昏峰(单位:s)			
		绿灯	黄灯	全红	周期	绿灯	黄灯	全红	周期
长荣路 复兴路　E D　　　A 快车道　　复兴路 慢车道　C 　　B 长荣路	D→E	47	3	2	188	47	3	2	188
	D→A	23	4	3		23	4	3	
	A	7	3	2		7	3	2	

(续表)

路口简图	时相	晨峰(单位:s)				昏峰(单位:s)			
		绿灯	黄灯	全红	周期	绿灯	黄灯	全红	周期
	B	28	4	3		28	4	3	
	E	30	4	3	188	30	4	3	188
	E C	16	4	2		16	4	2	

近年台南市政府已陆续推行新营地区多项建设发展,其建设所衍生的交通量将对周边交通造成冲击。对此,台南市政府亦进行相关交通改善计划,惟如前述现况新营立交桥北向右转匝道拥塞,于目标年(2041年)拥塞情形将更加严重。经参酌交通事务主管部门运输研究"南台区域整体运输规划系列研究",并进行目标年运输需求预测后,北向右转匝道回堵长度最长将增长为935 m,用路人最多需要7周期(22 min)方可离开匝道。

复兴路/长荣路路口拥塞情形也将更为严重,如表4所列,复兴路/长荣路路口于目标年复兴路往东方向(方向D)延滞秒数由71.5 s提升至179.6 s,服务水平由E级降至F级。整体路口延滞秒数由71.0 s提升至131.2 s,服务水平将同样由E级降至F级,拥塞情形严重。

表4 目标年复兴路/长荣路路口服务水平

图示	临近路段	现况昏峰(单位:s)				目标年(2041年)(单位:s)			
		临近路段延滞	LOS	整体路口延滞	LOS	临近路段延滞	LOS	整体路口延滞	LOS
	A	51.4	D			54.6	D		
	B	193.9	F			295.0	F		
	C	78.0	E	71.0	E	79.6	E	131.2	F
	D	71.5	E			179.6	F		
	E	29.4	B			35.6	C		

3. 改善方式说明

道路横断面规划须考量车道数需求、路权宽度、地形条件及行驶车辆特性等因素配置,而路线规划不仅影响道路的运输功能、安全、景观、施工难易度、工程经费及后续养护管理,对区域及经济发展均有深远的影响。兹将新营立交桥改善方案配置叙述如下。

(1) 改善方案:增设北出右转高架匝道衔接复兴路以分散北出右转车流,亦为复兴路/长荣路路口立体交叉方案(图7)。

(2) 既有北向右转匝道于0+161.25~0+234.75路段渐变拓宽为平面双车道匝道(图8),增设北向右转匝道由外线车道岔出。

(3) 增设北向右转匝道由0+290后开始爬升为高架桥,以半径100 m右转跨越既有北向右转平面匝道及复兴路/长荣路路口后,逐渐下降衔接复兴路东行内线车道,路线全长约679 m。

图 7 路线平面图

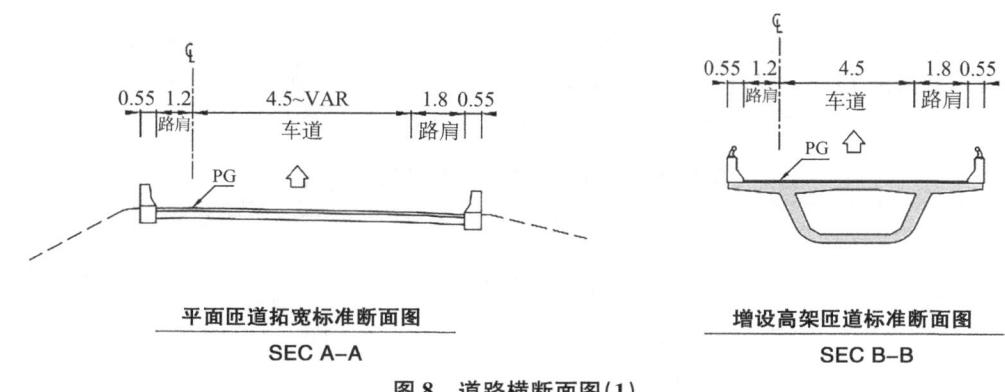

图 8 道路横断面图(1)

(4) 增设高架匝道车道宽 4.5 m，内、外路肩各 1.2 m、1.8 m(图 8)。衔接复兴路内线车道为减少引道占用平面路宽，建议依台湾地区交通事务主管部门颁布的《公路路线设计规范》第 4.3.6 节匝道设计，适度缩减车道为 3.7 m，内、外路肩各 0.5 m、1.0 m，路面全宽 5.2 m(图 9 和图 10)。

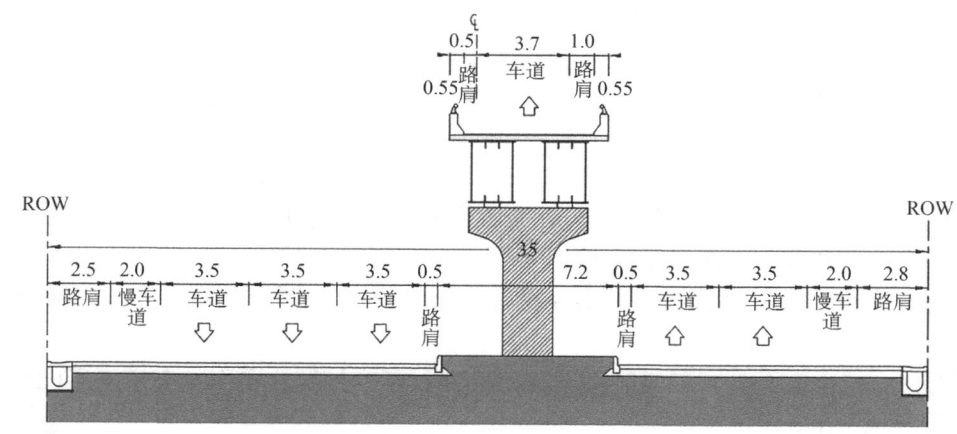

图 9 道路横断面图(2)

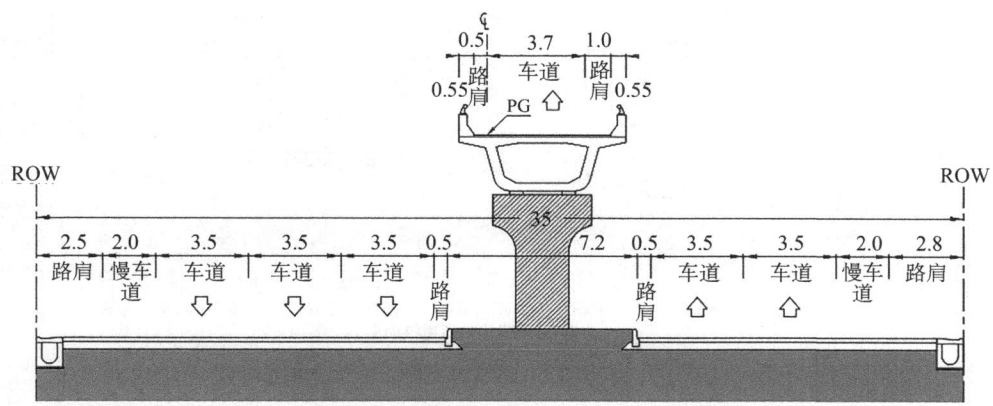

复兴路增设出口匝道标准断面图(2)
SEC 1D

图 10　道路横断面图(3)

(5) 增设高架匝道于复兴路 620 巷降为平面道路，复兴路于 620 巷以东车道断面建议调整为东行 4 车道、西行 3 车道配置，以利出口匝道车流左转金华路(图 11 和图 12)。

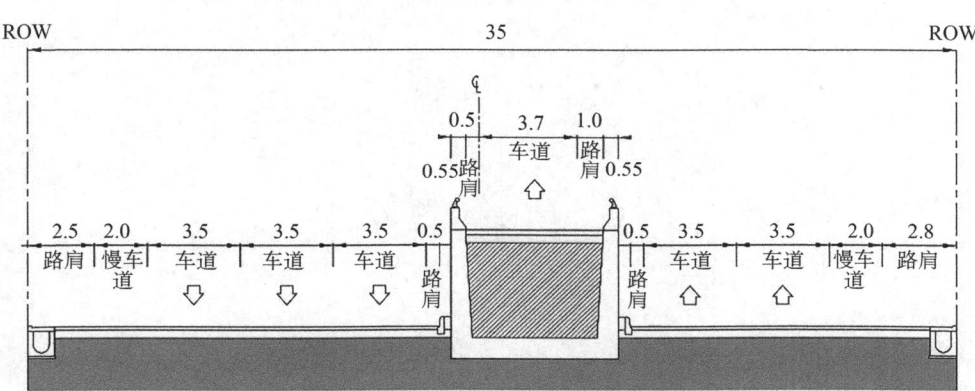

复兴路增设出口匝道标准断面图(3)
SEC 1E

图 11　道路横断面图(4)

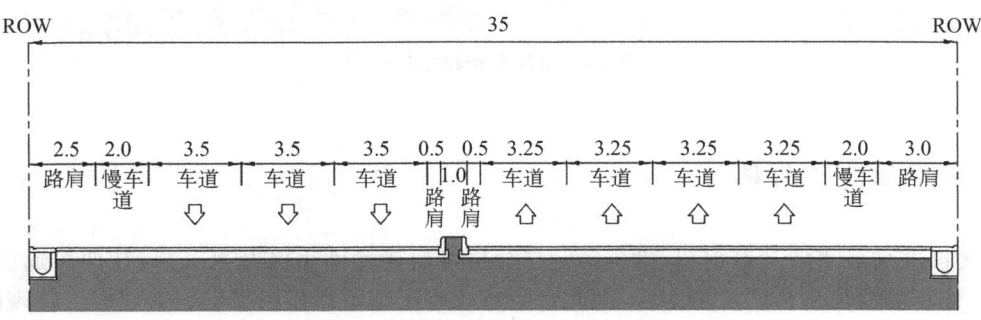

复兴路车道调整断面图
SEC 1F

图 12　道路横断面图(5)

(6) 增设高架匝道面线形(图 13)，最大坡度约 −6.0%。

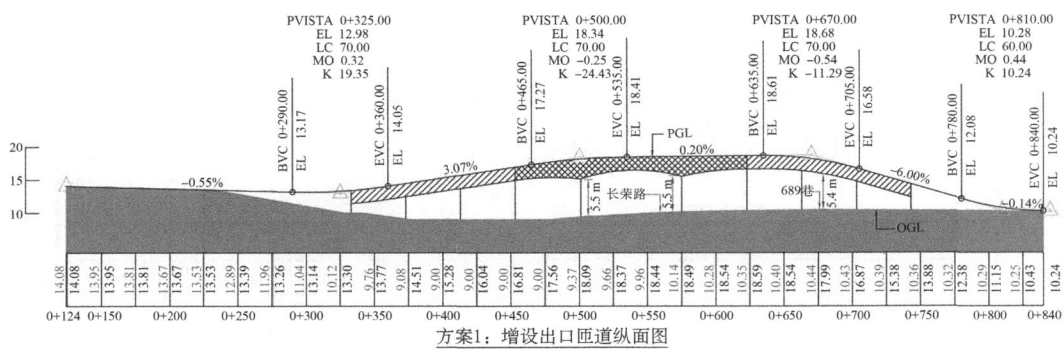

方案1：增设出口匝道纵面图

图 13　路线纵面图

（7）改善方案经套汇"新营都市计划"及"高速公路新营立交桥特定区计划"，拓宽及增设匝道均位于道路用地范围，台南市政府同意高公局使用即可，无须办理变更程序（图14）。

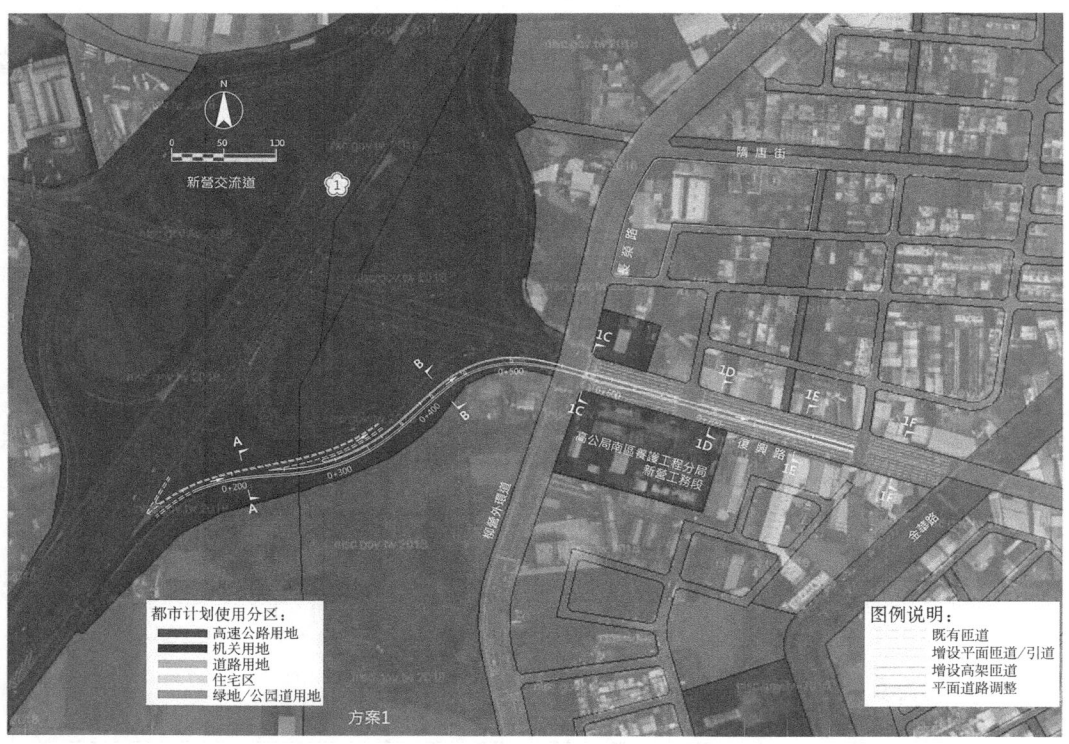

图 14　路线套绘都市计划图

4. 改善预期效益分析

新营区为溪北地区重要交通枢纽，借由新营立交桥可衔接台南市区及嘉义市，往西可通往盐水区、嘉义布袋地区，往东可通往柳营区及东山区，因此台南市政府于新营区积极推动相关建设。惟现况北向右转匝道拥塞，经用路人反应，北向右转匝道拥塞时间介于20～30 min。

增设匝道后，可分流其于复兴路/长荣路路口直行，选择续行于复兴路的车辆，以及部分于路口左转的交通量，引导其跨越复兴路/长荣路路口，避免受拥塞路口影响，如图15所示，于目标年以北出右转匝道岔端为起点，借由增设匝道路口，前往台南市政府民治市政中心，经评估与原动线经过平面路口相比，节省时间约为20～21 min。且立交桥改善后，周边路网服务绩效均有所提升，可提供用路人更佳之道路服务质量。且如表 5 所列,增设匝道于目标年尖峰时段交通量为 414 PCPH,服务水平为 C 级,道路容量可满足负荷运输需求。

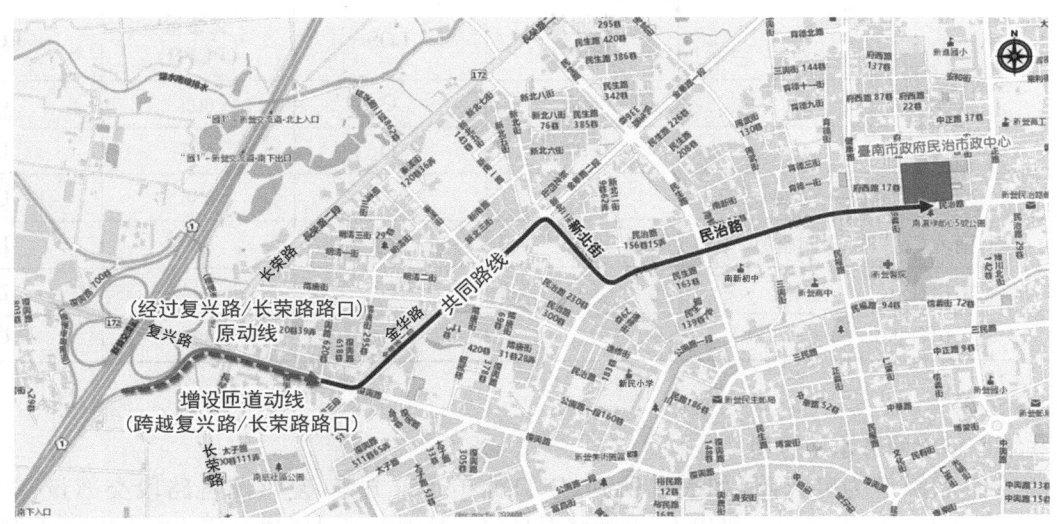

图 15 增设匝道路线示意图

表 5 增设匝道目标年运输需求预测及服务水平表

路段	路段范围	方向(往)	交通量(PCPH)	尖峰时段	
				交通量(PCPH)	LOS
计划道路	北出往东匝道-复兴路	东	1 900	414	C

1)"高速"路段

增设匝道后,"高速"主线于目标年交通量介于 2 737—3 718 PCPH,如表 6 所列,交通量不变,对于"高速"主线交通量并无影响,整体服务水平维持在 C 级以上。

表 6 "高速"主线路段目标年服务水平分析

路段	路段范围	方向(往)	改善前		改善后	
			交通量(PCPH)	LOS	交通量(PCPH)	LOS
"高1"	嘉义系统-新营	北	2 986	B	2 986	B
		南	2 737	B	2 737	B
	新营-下营系统	北	3 718	C	3 718	C
		南	3 435	C	3 435	C

如表 7 所列,于目标年改善方案新营立交桥各出入口匝道交通量介于 152—826 PCPH,交通量同样不变,对于匝道交通量并无影响,整体服务水平可维持于 D 级以上。

表 7 新营立交桥目标年匝道交通量服务水平分析

立交桥	类型	改善前		改善后	
		交通量(PCPH)	LOS	交通量(PCPH)	LOS
新营立交桥	北入(复兴路东向端)	152	D	152	D
	北入(复兴路西向端)	318	C	318	C

(续表)

立交桥	类型	改善前		改善后	
		交通量(PCPH)	LOS	交通量(PCPH)	LOS
新营立交桥	北出往东	605	C	605	C
	北出往西	597	D	597	D
	南入(复兴路东向端)	436	C	436	C
	南入(复兴路西向端)	826	D	826	D
	南出往东	344	D	344	D
	南出往西	220	C	220	C

2) 地区道路

(1) 联络道路段服务水平分析

本改善方案联络道为复兴路,如表8所列,于目标年改善方案,复兴路各路段交通量介于799—2 383 PCPH,服务水平皆维持C级以上,交通状况良好。其中因新设匝道分流北向右转匝道交通量,汇入复兴路交通量减少,因此复兴路北出往东匝道-长荣路往东方向交通量由2 111减少至1 697 PCPH。

表8 复兴路目标年交通量服务水平分析

道路名称	路段范围	方向(往)	改善前			改善后		
			交通量(PCPH)	V/C	LOS	交通量(PCPH)	V/C	LOS
复兴路	新运一路以西	东	1 772	0.59	C	1 772	0.59	C
		西	1 829	0.61	C	1 829	0.61	C
	新运一路-复兴路803巷	东	1 967	0.66	C	1 967	0.66	C
		西	2 103	0.70	C	2 103	0.70	C
	复兴路803巷-新营立交桥	东	1 920	0.53	C	1 920	0.53	C
		西	2 110	0.59	C	2 110	0.59	C
	北出往东匝道以西	东	1 506	0.42	B	1 506	0.42	B
		西	1 923	0.53	C	1 923	0.53	C
	北出往东匝道-长荣路	东	2 111	0.59	C	1 697	0.47	B
		西	2 383	0.66	C	2 383	0.66	C
	北出往东匝道-长荣路(慢车道)	东	329	0.27	B	329	0.27	B
	长荣路-复兴路689巷	东	1 455	0.39	B	1 068	0.29	B
		西	799	0.31	B	799	0.31	B

(2) 复兴路/长荣路路口服务水平分析

复兴路/长荣路路口于立交桥改善,并配合增设匝道进行车道配置调整,如图16所示,于临路口端设置左转专用道后,将减少北向右转匝道与平面车道车流冲突,拥塞情形将大幅改善。其中,复兴路往东方向因增设匝道分流北向右转匝道交通量,避免大量车流同时汇入路口,如表9所列,延滞由179.6 s缩短至56.6 s(方向D),可缩短123 s,改善约68%,服务水平由F级改善至D级,改善效果明显;整体路口延滞也由131.2 s缩短至51.5 s,服务水平同样由F级改善至D级。

由此可知增设匝道后可提升路口纾解效率,舒缓道路拥塞问题,并提升道路服务质量,进而提升新营区整体路网服务质量,促进其整体发展。

图 16　复兴路/长荣路路口车道调整示意图

表 9　复兴路/长荣路路口目标年服务水平分析

图示	临近路段	改善前				改善后			
		临近路段延滞	LOS	整体路口延滞	LOS	临近路段延滞	LOS	整体路口延滞	LOS
长荣路 复兴路　E 　D　　A 快车道 　C 慢车道　复兴路 　B 长荣路	A	54.6	D	131.2	F	50.9	D	51.5	D
	B	295.0	F			85.7	F		
	C	79.6	E			80.7	F		
	D	179.6	F			56.6	F		
	E	35.6	C			45.4	D		

5. 结语

新营区为溪北地区重要交通枢纽,台南市政府近年积极发展新营区,并推动相关建设。为适应新营区发展所衍生的车流,台南市政府亦推动相关交通改善政策,惟受两因素影响:北出右转匝道车辆易受复兴路车流影响及复兴路/长荣路路口东向服务水平不佳,新营立交桥北向右转匝道仍有拥塞情形。借由增设跨越复兴路/长荣路路口高架匝道,可分流匝道于路口直行,选择续行于复兴路的车辆,以及部分于路口左转的交通量,引导其跨越路口,避免受拥塞路口影响,经评估节省时间约为 20～21 min。而因汇入复兴路/长荣路路口复兴路往东方向交通量减少,其方向服务水平由 F 级改善至 D 级,可舒缓道路拥塞问题,进而纾解北出右转匝道回堵情形。整体路口延滞服务水平也由 F 级改善至 D 级,路口纾解效率增加,将提升道路服务质量,进而提升新营区整体路网服务质量,促进其整体发展。

参考文献

[1] 台湾地区交通事务主管部门运输研究所,2022 年台湾公路容量手册[M]. 台湾地区交通运输研究所,2022.

［2］JTG D20—2017,公路路线设计规范［S］.台湾地区交通事务主管部门,2023.
［3］台湾地区交通事务主管部门运输研究所,南台区域整体运输规划系列研究［EB/OL］.［2020-10］.http://www.thi.com.tw＞cn＞honor.asp.

内罗毕综合交通体系的构建研究

Study on the Development of Nairobi's Integrated Transportation System

黄 岩[1] 刘 钊[2]

摘 要：通过全面系统地总结和分析肯尼亚首府内罗毕城市综合交通体系规划建设，结合2022年最新建成通车的内罗毕机场快速路、东环城路拓宽项目以及内罗毕城市BRT和公共交通系统的建设运行等情况，对内罗毕城市今后综合交通系统的建设及管理等提出建议，助力国际工程项目的顺利推进和中国咨询企业真正"走出去"，可供我国开展"一带一路"城市交通基础设施投资建设、规划设计、运行管理等相关业务员参考、借鉴。

关键词：内罗毕；城市综合交通体系；城市对外交通；城市内部交通；快速路；BRT；规划建设；运行管理

Abstract: This article give a comprehensive summary and analysis of Nairobi urban integrated transport system planning and implement history, and combine with the opening of Nairobi urban expressway, eastern bypass road widening project in 2022, Nairobi BRT and public transportation system, etc., the article offers some proposals to the future Nairobi city comprehensive transportation system establishment and management. This article could also help overseas projects and Chinese consulting enterprises really "go out" and participate in "Belt and Road" urban transportation system investment, construction, planning and design, operation management and other related work as reference.

Key words: Nairobi; urban intergrated transport system; urban external transport; urban interal transport; expressway; BRT; planning and construction; operatonmanagemnt

1. 概述

随着国家"一带一路"倡议推进，各咨询机构和设计单位承担海外工程项目的机会越来越多，将国内城市规划建设等方面的经验与当地发展需求相结合并在当地加以应用和实践，对海外城市尤其是城市综合交通体系的构建开展深入研究，对这类工程项目的顺利推进和中国企业真正"走出去"具有重要的意义和价值。

内罗毕素有"非洲小巴黎"之称，是肯尼亚的首府和第一大城市，也是东部非洲最大的城市，市区面积约为700 km^2，人口约为455万（城市区域）；内罗毕是从东非最大港口蒙巴萨前往中部非洲的中转站，也是非洲区域北部交通走廊（Northern Corridor Network）的最重要的交通枢纽，得益于其良好的地理位置和国际化程度，众多跨国企业将东非区域总部设立在内罗毕，内罗毕的城市发展既是非洲大陆众多大型城市的缩影，发展方向在整个东非地区起着标杆、示范作用。

内罗毕的城市现状以单中心为主，带来的直接后果是CBD附近的社会经济活动过分集中，城市中心区域面临巨大交通压力。根据2014版城市总体规划（图1），内罗毕未来的发展将以多城市副中心"Sub-center system"的模式为主，规划的16个城市副中心均位于主要规划道路或铁路枢纽位置。配套城市副中

---

1 黄岩，上海市政工程设计研究总院（集团）有限公司，交通运输规划与管理，博士，教授级高工，联系邮箱：1036483243@qq.com。
2 刘钊，上海市政工程设计研究总院（集团）有限公司，桥梁与隧道工程，硕士，高级工程师。

心的发展,现有道路网络将会进行大幅度的升级,同时伴随着城市去单一中心化的推进,现有CBD区域也将进一步升级改造。

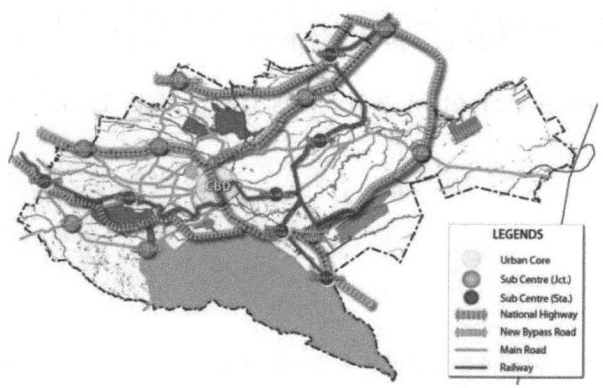

图1 内罗毕城市规划布局图

2. 内罗毕城市及城市交通体系规划

内罗毕的第一次规划始于1898年,当时,内罗毕作为蒙巴萨—乌干达铁路线上的铁路货运堆场,包括内罗毕的铁路站、Tom Mboya大道、Moi Avenue大道等城市主干路网,形成了内罗毕城市的雏形。1973年,联合国派遣专家协助进行内罗毕大都会城市发展规划,内罗毕目前主城区的道路交通网络基本形成,为内罗毕的城市发展构建了良好的框架基础。

2006年,国际机构JICA协助内罗毕市政府发布交通总体规划(NUTRANS)[1],以2025年为目标远景年规划内罗毕城市交通体系,基本奠定了内罗毕路网今后十几年的发展方向。例如NUTRANS提出的内罗毕的南部、北部和东部环线,时至今日,已经基本成形。但NUTRANS对内罗毕的公共交通如BRT和轨道交通系统的规划方面有所缺失,也导致后续若干年内罗毕公共交通建设发展的混乱。2011年,内罗毕开展了内罗毕大都会快速捷运系统MRT的总体规划(NMRTS)[2],提出建设BRT、轻轨和地铁的设想。2014年,JICA为内罗毕编制内罗毕城市综合发展总体规划(NIUPLAN),对2006年版交通总体规划NUTRANS进行回顾,评估规划执行情况;2018年,JICA继续开展内罗毕综合交通规划(NIUTRANS)[3]的编制,全面梳理各部门独立编制的交通类规划并复核规划执行情况,同时对内罗毕城市道路网、BRT、轨道交通等进行整体规划并提出项目建设建议。对比2006年的城市交通总体规划(NUTRANS),2018版的综合交通规划更侧重于对BRT和轨道交通的规划,对城市交通系统梳理更全面综合,基本构建了内罗毕的城市综合交通体系。

3. 内罗毕的对外交通

因其独特的地缘环境,中东部非洲的进口货物以海路为主,从蒙巴萨港口进口的货物,经过内罗毕中转后继续向西运往内陆地区如乌干达、刚果和卢旺达等地区,这条东非的经济大动脉即为北部交通走廊(North Corridor Network),内罗毕所处的地理位置决定了其在中东部非洲的区域枢纽中心地位。

3.1 航空

内罗毕现有两个民用机场,乔莫·肯雅塔国际机场(Jomo Kenyatta International Airport,JKIA)和威尔逊机场(Wilson Airport)。JKIA位于CBD区域东南方向约18 km,是内罗毕国际和国内航线的主要起降机场,也是非洲第七大国际机场和中东非区域的主要航空枢纽。威尔逊机场则主要服务肯尼亚国内的旅游、医疗救助和农业。

3.2 铁路

目前,内罗毕有一条通往蒙巴萨的标准轨距铁路蒙内铁路SGR,二期往纳瓦沙方向也已建成通车,标准轨距铁路SGR火车站位于内罗毕南部区域,与市中心的火车站通过米轨连接。蒙内铁路是肯尼亚第一条采用中国标准建造的现代化铁路,客货混行,当前客流量已突破日均1万人次。另外,市区已建成的米轨铁路市域线仍在运行,主要服务于Ruiru方向、Athiwater方向和Kikuyu方向。

3.3 公路

贯穿整个市中心区域的A104/A109国际公路是内罗毕城市最大的对外机动车运输通道(图2),A109是内罗毕与该国最大港口城市蒙巴萨之间的主要公路,全长约482 km;同时,A109向西北经A104通往乌干达,构成肯尼亚北部交通大走廊,也是泛非8号公路(拉各斯—蒙巴萨公路)的重要组成部分,后者是西非和东非之间的主要通道。公路穿越内罗毕核心区,市区交通拥堵情况曾十分严重,尤其是早晚高峰期,在2022年内罗毕快速路建成通车后,市区内交通压力有较大程度地缓解。另外,往东北Thika方向的Thika高速为目前肯尼亚唯一一条S级高速公路,这条公路为目前内罗毕与Thika、Ruiru等周边卫星城的主要交通要道,从内罗毕市中心向东北方向延伸至Thika、Murang'a、Nanyuki、Embu、Meru、Garissa等地后抵达埃塞俄比亚边境,这条公路车流量也非常巨大,在入城段同样拥堵严重。除此之外,还有部分放射状B级和C级道路,如Langata、Ngong、Kiambu等道路构成内罗毕主城区与周边区域之间联系的主要机动车通道。

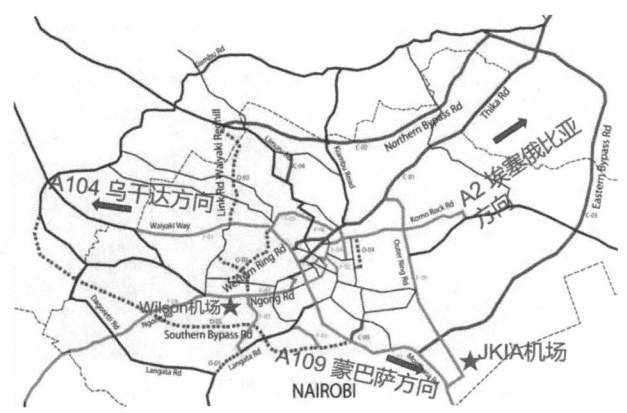

图2 内罗毕城市对外综合交通系统

4 内罗毕城市内部交通

4.1 骨干道路网

从2006年NUTRANS规划便开始便对内罗毕城市路网改造升级提出了大量的设想,其中最重要的是规划构建"环+放射线"的"三环八射"城市骨干路网。其中,三环为环CBD区域的C1环线、环核心城区的C2环线、内罗毕市的外围环线C3;射线线为CBD区域连接郊区的骨干道路,共包括Mombasa路、Langata路、Ngong路、Walyaki路、Naivasha路、Lower Kabete路、Kiambu路、Kamiti路、Dandora路、Lunga路10条道路。

2014年,内罗毕总体规划NIUPLAN中和2018年内罗毕综合交通规划NIUTRANS对内罗毕的城市路网发展进行了回顾,虽然部分道路升级有所滞后,但总体还是遵循2006版规划进行。近年来通过修建Southern Bypass、Northern Bypass和Eastern Bypass等市区C3环线,有效地缓解了城市过境交通压力,通过对市区主要干道的拓宽改造则有效满足了城市交通出行需求(图3)。

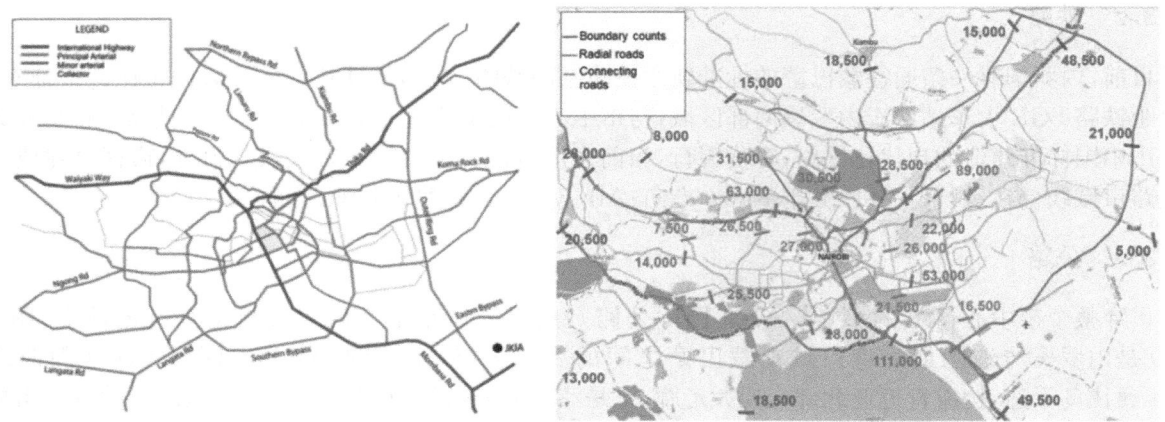

图3　内罗毕城市路网及主要道路断面高峰小时流量

2019年，内罗毕以BOT模式正式开始实施机场快速路项目，旨在缓解主城区南北向交通的压力，快速路全长26.8 km，设计时速80 km，途经内罗毕中央商务区、国家博物馆、国家体育场、议会大厦、总统府等重要地标，其中，进出城段以路基形式敷设，市区内部以高架桥为主。2022年7月31日，该条快速路正式建成投入运营，道路建成通车后，大幅度地缩短了从机场至市区的出行时间，尤其是早晚高峰期，同时便捷了几大交通枢纽之间的联络（图4）。

图4　内罗毕机场快速路断面及航拍图

2021年，内罗毕启动东环城路拓宽项目，拟将2011年修建的内罗毕东环城路由机动车双向两车道拓宽为双向四至六车道，主线全长27 km，采用肯尼亚A级国道标准建设。该项目与内罗毕机场快速路同时建成通车，新建成的内罗毕东环城路与内罗毕南环、西环、北环以及内罗毕快速路共同构成内罗毕新时期"一环一主干"的城市道路交通骨架。

4.2　城市公共交通

内罗毕米轨铁路与规划BRT共同构成内罗毕城市公共交通骨干网络。目前，内罗毕及周边郡有四条铁路通勤线路（NCR）。这四条铁路从内罗毕市中心始发（图5），其中去往Thika和Kahawa（内罗毕东北方向）两条，去往Limuru（西北方向）和Embakasi（正南方向）各一条，这些线路均利用米轨铁路改造而来，每天约有27 000乘次的城市内部客流和350 000乘次的通勤客流使用上述线路。

内罗毕的城市公共交通建设起步较晚，目前还没有建成一条大运量公共交通线路。公共交通仍以分布于全市的约7万辆小型私营面包车（matatu）为主、运力有限，大部分matatu和巴士的终点站位于内罗毕火车站附近，但没有按方向或目的地系统性构筑线网运营。市中心区以外，主干道上设有为巴士停靠准备的路侧停车带和上下客站；但在次要道路上，matatu和巴士经常随意在路边或交叉口停靠、上下客，严重干扰了道路交通的正常运行。

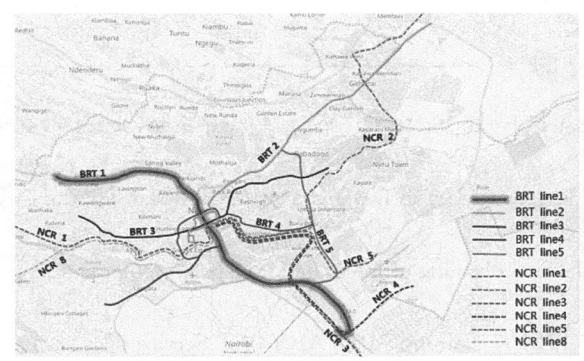 

图 5　内罗毕公共交通网及 BRT 示范线

内罗毕目前共规划有 6 条 BRT 线路,其中 BRT1 线拟与机场快速共线,利用地面内侧车道作为 BRT 专用道并利用桥下中央分隔带空间设置上下客站点[4];规划 BRT 2 线从 CBD 区域连接北部 Thika 卫星城[5],BRT 3 线为东西向,BRT 4 线一半为环线一半为东西向,BRT 5 线连接 JKIA 机场至 Thika 路。2020 年内罗毕大都会管理局 Namata 正式以 EPC 模式招标实施 BRT2 线作为示范线路,线路总长约 28 km,沿线共设置 15 组中途站,走向与 Thika 高速路基本共线并利用高速内侧车道作为专用道,通过引导个体出行向集约化转换,形成城市客运高效出行新的格局。

5. 结语

内罗毕的城市发展有着典型的"非洲特色",即城市规划很多,但规划落地实施性较差,其中,受资金来源等影响较大;规划涉及的机构和部门多,不同机构和组织在近年曾做过多个规划和交通提升项目,部分规划和项目之间甚至相互冲突。通过初步研究,对内罗毕城市综合交通体系构建形成结论和建议如下。

(1) 城市交通体系仍处于持续完善中、需考虑协同利用好稀缺的通道资源。近 20 年来,内罗毕的城市交通体系已基本形成"一环一主干"的交通骨架,同时第一条城市快速路的建成通车为城市立体交通体系建设提供了示范,集约用地的同时提高了城市道路交通的服务水平。但肯尼亚国家经济基础薄弱、债务水平较高,内罗毕城市发展又经历了漫长的历史阶段,建设城市立体道路交通网络需要大量的占地及动拆迁,是政府难以承受的,因此建议政府在改扩建道路的同时更要注重与 BRT 系统空间资源共享,并综合考虑城市市政公共管线等基础设施同步建设。

(2) 充分利用城市已建轨道、与规划 BRT 共同构建城市高效公共交通体系。内罗毕目前私营小巴出行比例已占全部出行方式约 40%,小巴载客量低、管理混乱、随意停放、乘客体验感差,无序化运行占用大量的道路资源并影响道路通行效率。作为 400 万人口的国际都市和中东北非洲的重要枢纽城市,在无法迅速建立大运量城市轨道交通网络的情况下,充分利用城市已有的轨道、并通过快速低成本地建设 BRT 为骨架的城市中运量交通体系服务市民出行并缓解拥堵,较符合内罗毕城市功能定位和出行需求,政府需要在城市发展战略的指引下重视并加快 BRT 系统的建设。

(3) 运用 ITS 等交通运管技术、持续提升城市交通运行管理水平。可借鉴国际大城市的交通运行管理经验,通过在市区采取一系列高效的管理手段和措施,提升城市道路交通系统的运行效率、减少延误,如将环岛改为信号灯控制交叉口、优化交叉口渠化,实施可变车道,BRT 交叉口优先、快速路上下匝道与交叉口信号灯协调联动控制等。

(4) 加强对机动车的运行管理,尤其是私营小巴(matatu)的管理。加强对小巴(matatu)车况、上下客地点及服务等的规范化管理和监督。可试点实施机动车牌照管理、驾驶员驾驶证扣分等制度,对违章机动车收取费用并用于补贴城市公共交通的建设和运行,包括 BRT 建设、小巴车辆更新替换以及米轨设备维护及系统升级等,确保城市综合交通系统的建设、运行及服务,服务城市出行需求、促进城市可持续发展。

参考文献

[1] Japan International Cooperation Agency: The study on master plan for urban transport in the nairobi metropolitan area in the republic of Kenya, 2006.

[2] Japan International Cooperation Agency: The Project on Integrated Urban Development Master Plan for the City of Nairobi in the Republic of Kenya, 2014.

[3] Japan International Cooperation Agency: The project on detailed planning of integrated transport system and loop line in the Nairobi urban core final report, 2018.

[4] The Institute for Transportation and Development Policy (ITDP), Nairobi Ndovu-A104 BRT Service Plan, 2015.

[5] The Institute for Transportation and Development Policy (ITDP), Nairobi Thika Road BRT Service Plan, 2019.

专题二　城市交通　人本与赋能

国内外氢能发展政策综述

A Review of Hydrogen Energy Development Policies at Home and Abroad

陈可达[1] 马迎秋[2]

摘　要：氢能作为中国能源体系的重要组成部分，是保障国家能源安全、实现"双碳"目标、培育新经济增长点的重要支撑，氢能产业政策直接关系到产业的健康、高质量和可持续发展。为此，本文系统梳理了国内外和地方层面氢能政策体系，充分挖掘中国氢能产业链的政策空白点。最后，结合相关政策向国家管网公司提出氢能发展建议。

关键词：氢能；"双碳"目标；政策分析；氢气储运

Abstract: As an important part of China's energy system, hydrogen energy is an important support for ensuring national energy security, achieving the carbon peaking and carbon neutrality goals and cultivating new economic growing key points. Hydrogen energy industrial policy is directly related to the healthy, high-quality and sustainable development of industry. To this end, this article systematically sorts out foreign as well as local hydrogen energy policy, and fully excavates the policy gaps of China's hydrogen energy industry chain. Finally, combined with the relevant policies to the national pipeline network company for hydrogen energy development suggestions.

Key words: hydrogen energy; "dual carbon" goal; policy analysis; Hydrogen storage and transportation

1. 全球氢能政策特点分析

全球能源绿色低碳转型大势下，氢能产业扩张势头强劲。欧美日等发达国家和地区对氢能的投资重点逐步转向绿氢，纷纷制定国家氢能战略，并积极发布绿氢补贴政策[1]。美国主要通过税收抵免的方式支持氢能发展，欧洲采用差价合同和固定溢价补贴等新兴融资机制，亚太地区的补贴仅占全球总额的4%，且主要集中在研发环节。目前，中国氢能产业正处于"外热内冷"的状态，虽然投资者热情高涨，产业发展前景广阔，但亟须完善配套支持政策，以帮助产业链上的企业摆脱发展困境[2]。

1.1　美国

美国最早将氢能纳入能源战略，2023年6月，发布《国家氢能路线图》等多份报告。同年8月，拜登签署行政命令，强调氢燃料电池汽车，提升氢能源战略地位。以加州为例，重型氢燃料卡车是重要发展方向，预计到2035年加州将有200座加氢站保障7万辆氢动力卡车运行。

美国液氢与输氢技术发展较快，美国是全球最大的液氢市场，实际消耗的液氢占全球80%以上。美国管道输氢技术走在世界最前端，输氢管道总里程已超过2 700 km，最高运行压力达10.3 MPa，管道主要位于墨西哥湾沿岸，管线长达1 000 km[3]。

1.2　欧盟[4]

欧盟近年来尤其重视绿氢的生产与应用，投入大量资金推进电解基础设施建设，已安装超过140 MW

1　陈可达，上海能源建设工程设计研究有限公司，高级工程师。
2　马迎秋，上海能源建设工程设计研究有限公司，油藏产量智能预测、自动历史拟合方向，硕士研究生，联系邮箱：shenergiedesign@163.com。

的电解专用制氢设备,占全球产能的40%以上。2020年6月,欧洲清洁氢能联盟成立,同年12月,22个欧盟国家和挪威发起了欧洲价值链共同利益重点工程支持计划,支持绿氢全产业链的各类项目,形成跨国绿氢网络。CertifHy作为欧洲首个氢、蓝氢溯源认证机制,已推出首个欧盟范围的绿色氢源保证认证计划,并向市场发放超过75 000个GO认证。《欧洲氢战略》提出为推动欧洲2050年实现碳中和必须加快氢能发展,预计到2030年,投入240亿~420亿欧元用于安装4 000万kW的电解设施,生产1 000万t的"绿氢"[5]。《欧盟氢能战略》提出到2050年,氢能占欧盟能源消费的比重提高到13%~14%,并大力推动绿氢发展,计划到2050年可大规模应用绿氢。

1.3 日本

日本注重氢能的发展,尤其是氢燃料电池的应用。日本在2017年发布了全球第一个在碳中和目标下的氢发展规划《氢基本战略》,把建立"氢社会"作为其国家基本战略之一,同年,确立了"氢能源基本战略"。日本新能源技术综合开发机构(NEDO)设立2万亿日元的"绿色创新基金",推动大型氢供应链建设、可再生能源制氢以及下一代飞机、船舶开发等。2019年,日本修订了《氢燃料电池战略路线图》,同时制定"氢燃料电池战略技术发展战略"。着重发展燃料电池技术、氢供应链和电解技术三大技术领域,车载用燃料电池是优先发展项目之一[6]。

在氢能应用技术方面,日本在现阶段全球氢能技术创新中占主导地位。2011—2020年,日本在碱性电解槽技术和质子交换膜电解槽技术方面的专利申请量全球排名领先[7]。

2. 中国氢能政策分析

2.1 国家政策

国家层面政策的出台和演变,体现了氢能产业在宏观规划中地位的不断提升。2016年,《国家创新驱动发展战略纲要》提出,要开发氢能等新一代能源技术。2021年,氢能被写入"十四五"规划,提出要在氢能与储能等前沿科技和产业变革领域谋划布局一批未来产业。2022年,中国首个氢能产业顶层设计《氢能产业发展中长期规划(2021—2035年)》发布,明确氢能是未来国家能源体系的重要组成以及用能终端实现绿色低碳转型的重要载体。同年6月,《"十四五"可再生能源发展规划》发布,提出要推动可再生能源规模化制氢利用,推进化工、煤矿、交通等重点领域绿氢替代,为行业发展进一步指明方向[8]。

基于"双碳"目标、能源结构调整和培育新的经济增长点,全国已有20余个省、自治区、直辖市纷纷布局氢能产业[9]。根据公开检索,截至2023年底,20多个省(区、市)、200余个地级市、县、区公开发布氢能及燃料电池产业相关政策430余项,其中省级专项政策80余项,市级政策250余项,涉及制储运加用各环节。总体而言,我国已经初步形成了涵盖顶层设计、财税扶持、科技创新、行业专项等方面的氢能政策支持体系(图1)。

国家《氢能产业发展中长期规划(2021—2035年)》首次明确了氢的能源属性,是未来国家能源体系的组成部分,是提升能源安全,推动工业、交通等终端高耗能、高排放行业绿色低碳转型的重要手段;明确了主要制氢、储氢路线,构建以工业副产氢和可再生能源制氢就近利用为主的氢能供应体系;提出了近期(2025年)量化目标,燃料电池车辆保有量约5万辆,可再生能源制氢量达到$(10\sim20)\times10^4$ t/a,实现二氧化碳减排$(100\sim200)\times10^4$ t/a;提出了氢能运用场景,重点在交通输送领域,同时拓展在储能、分布式发电、工业等领域的应用。

国家《"十四五"能源领域科技创新规划》及《氢能产业发展中长期规划(2021—2035年)》提出,重点攻克高效氢气制备、储运、加注和燃料电池关键技术,推动氢能与可再生能源融合发展,实现中国氢能技术研发水平进入国际先进行列。梳理2018—2020年国家层面氢能重点研发项目可看出,国家立项计划集中在攻克燃料电池、氢储运及氢制备关键核心技术,其中制氢研发项目18个,储运研发项目19项,燃料电池研发项目29项,加氢项目3项。

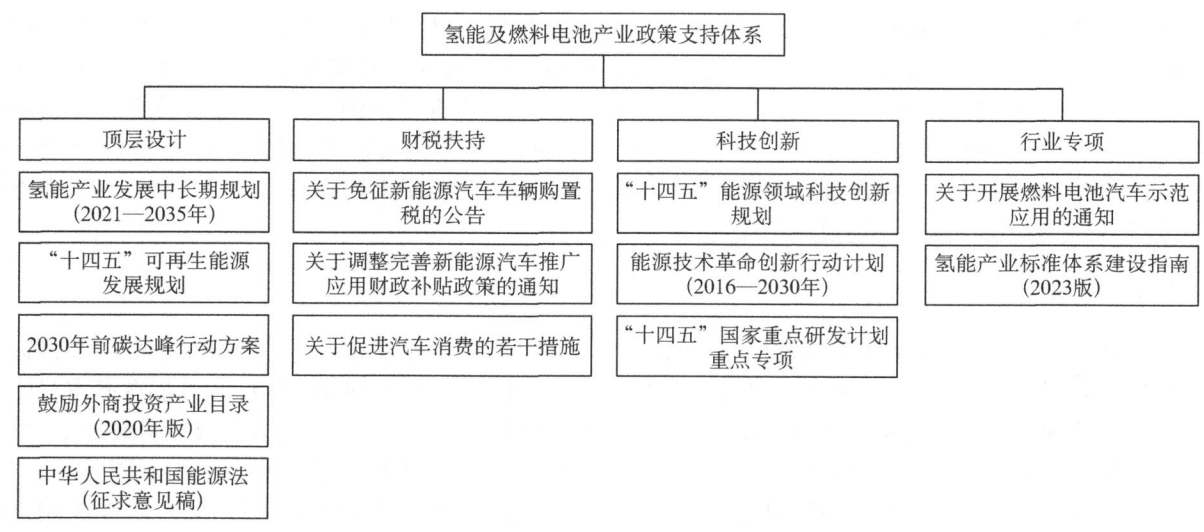

图 1　国家层面氢能政策体系图

2024年以来，国家多个部委出台的相关政策中均将氢能纳入重点发展方向，在制氢环节大力推进低成本绿氢制造，在应用方面重点发展氢燃料电池、氢燃料的替代等方面（表1）。

表 1　2024 年国家氢能政策

序号	发布时间	发布单位	政策名称	内容简要
1	1月20日	国家发展改革委、河北省人民政府	《关于推动雄安新区建设绿色发展城市典范的意见》	合理布局氢能供应设施，推进燃料电池汽车示范应用
2	2月4日	工业和信息化部	《工业领域碳达峰碳中和标准体系建设指南》	制定氢能燃料替代等技术和装备标准
3	2月5日	工业和信息化部等七部委	《关于加快推动制造业绿色化发展的指导意见》	推进绿氢原料替代，构建氢能全产业链技术装备体系
4	2月6日	生态环境部	《国家重点低碳技术征集推广实施方案》	氢能开发利用包括低成本大规模制氢技术、分布式可再生能源制氢技术、工业副产氢提纯技术、氢能储运技术、氢燃料电池开发等
5	2月7日	国家能源局	《2024年能源行业标准计划立项指南》	将氢能列入能源行业标准计划立项重点专业方向
6	3月13日	国务院	《推动大规模设备更新和消费品以旧换新行动方案》	加强电动、氢能等绿色航空装备产业化能力建设
7	3月18日	国家能源局	《2024年能源工作指导意见》	探索火电掺烧氢、氨技术，推动氢能产业高质量发展，重点发展可再生能源制氢，拓展应用场景

2.2　地方政策

地方氢能产业目标相比国家《氢能产业发展中长期规划（2021—2035年）》更具体、更量化。根据对各地方出台的规划目标不完全统计，到2025年，中国氢能产值将突破1万亿元。但地方城市规划目标差距较大，呈梯队化特征。北京、上海、佛山、深圳、苏州、成都、广州等9个城市在500亿元以上，属于第一梯队；大同、张家口、宁波、大连、嘉兴等11个城市在200亿～500亿元之间，属于第二梯队；其他地方城市在200亿元以下，属于第三梯队（图2）。

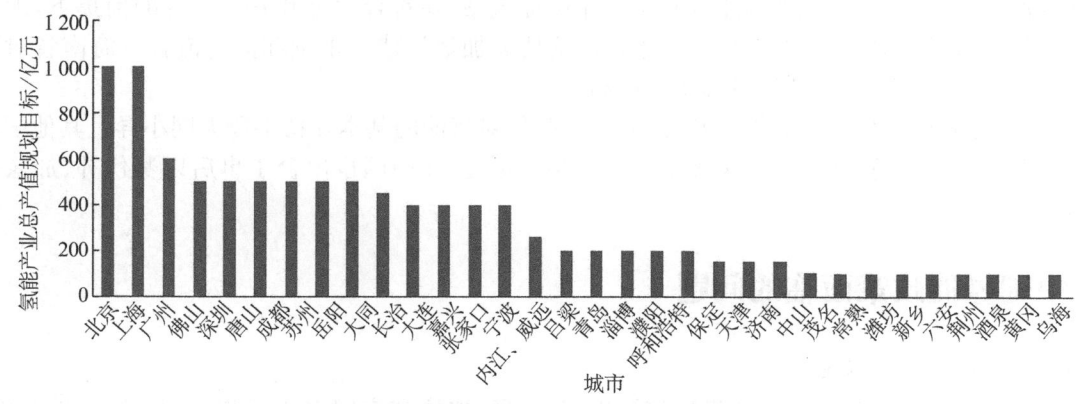

图 2 部分城市氢能产业总产值规划目标图

1) 制氢环节

制氢环节，支持政策主要是非化工园区制氢"松绑"以及生产补贴、电价优惠、配套奖励3类绿氢补贴。广东、吉林、山东和河北等地逐步"松绑"非化工园区制氢，放宽加氢站土地属性，鼓励油（气）氢站合建。

生产补贴，政策主要针对制氢厂采取绿氢直接生产补贴，且多为退坡补贴。电价优惠，主要有2种形式。一种是以深圳市为代表的蓄冷电价政策，对谷电用电量超过50%的部分免收基本电费，并允许发电厂利用低谷时段富余发电能力。另一种是以张家口市为代表的地区低电价政策，并给予一定的电费支持。配套奖励，主要是风光指标和资金方面的支持。同样以湖北省为代表的风光指标奖励，另外是以北京市为代表的针对制氢厂建设的资金补贴，对满足特定条件的项目，按不高于投资额30%，单个项目不超过3 000万元的资金补贴。

2) 储运环节

支持政策主要是从量性的运营补贴和一次性的建造补贴。储氢补贴，鄂尔多斯市、濮阳市、嘉兴市对储氢项目给予设备实际投资总额10%的补贴，最高可达600万～1 000万元。运氢补贴，吉林省、呼和浩特市、淄博市、成都市按年度累计氢气实际承运量，给予专业从事氢气运输的企业1.50～2.00元/kg，每年最高150万～200万元的运营补贴。吉林省、成都市规定，对掺氢和供氢管网建设示范项目，按实际投资额的20%给予最高500万元的一次性补贴。潍坊市对掺氢管道和纯氢管道发放投资额30%的补贴，上限分别为200万元和300万元。

3) 加氢环节

加氢环节，较多省市已发布支持政策，但主要仍是按量发放的运营补贴以及按比例或定额发放的建造补贴。截至目前，全国已有广东、北京、上海、浙江、河南、山东等20多个省市出台了详细的加氢站补贴政策，支持政策形式相似，仅标准有所区别。

4) 项目投融资

项目投融资环节包括设立基金、投资奖补、免息贴息贷款、以奖代补等多种结合当地氢能产业发展需要的支持政策。鄂尔多斯市对设备投资总额超过5 000万元且在2年内建成投产的项目，给予设备投资额10%的补贴；濮阳市对氢能产业头部企业落户并填补产业链空白的，实施"一事一议"奖励。淮北市每年遴选并授牌约5个氢能示范工程，对其贷款给予40%贴息。广州市对黄埔区认定的氢能产业园，每年按运营管理机构实际运营费的50%给予最高100万元运营补贴，生产用房按每平方米10元/月、公用房按实际租金的50%补贴。

5) 项目规划审批

多地为促进氢能企业落地出台了灵活宽松的政策，并简化了审批手续。张家口市对氢能装备制造企业实行行政审批"一站式"服务。乌海市鼓励加油（气）站与加氢站合建，已取得国有土地使用权的，免除规划用地手续。济南市现有汽车加油（气）站、充电站利用自有土地改扩建加氢设施，或企业在公交场站、物流园区内利用自有土地建设汽车加氢自用设施，无须另行办理规划选址、用地等手续。潍坊市、淄博市鼓励符合条件的加油(气)站、充电站利用现有土地建设加氢站,在符合规范和安全条件的前提下,无须另行办理加氢站规划选址、用地等手续。广东省支持简化撬装加氢站建设审批和监管流程。海南省对办理建设工程规划许可、施工许可、经营许可等予以便利。

总体来看,尽管国内外发展氢能的基础不尽相同,但对氢能的基本支持手段大同小异。其他国家在制度创新、政策力度、政策持续时间、政策覆盖广度上相对更优,而中国也出台了事后以奖代补、加氢站运营补贴等特色政策[10]。

3. 中国氢能政策面临的问题

1)跨部门统筹协调不足

跨部门统筹协调不足氢能产业的发展涉及生产、储运、加注和应用多个环节,产业链长、涉及面广,且氢能一直被作为危化品而非能源管理,每个环节都存在着至关重要的行政许可,涉及部门多,亟须开展广泛的合作和全面的攻关。但目前,国家尚未全面建立氢能产业垂直管理与监管体系,还存在跨领域协作管理不足,跨部门协调机制不够完善等问题。

2)氢能专项法律法规缺失

中国氢能相关法律法规,仅在危化品管理等领域有所涉及,缺少专门的法律、行政法规等,仅有少数地方政府制定氢能地方法规,且法律效力较低。氢能作为新鲜事物,其发展涉及制储运加用管等多个环节,每个环节都有其独特的内生风险,每个环节都应制定具体的配套细则和制度规范,只有通过制定单行法,才能对氢能发展做出具体、专业、系统的规制,引导产业高质量、规范化、快速发展。

3)氢能安全管理规范缺失

氢在中国仍属于危化品,按照法律法规,氢能设施建设需在指定范围内,虽然有些地方城市相继出台了关于氢能产业安全管理办法,但管理方式、管理范围、归口部门差异很大,缺乏统一标准、规范,比较凌乱,在实际操作层面依然难度很大。有些地方城市松绑氢安全管理尺度,随着氢燃料电池汽车使用规模的扩大,氢作为危化品管理的限制与日益增长的加氢需求之间的矛盾将日益突出,按危险化学品管理也使中国的氢能发展成本大幅增加。

4)氢能标准建设仍需完善

氢能标准的建设对规范市场秩序、促进科技创新、提高产品质量和安全、实现科学管理具有重要的作用和意义。当前,中国氢能产业还处于发展初期,氢能相关标准总体框架已基本成型,基本涵盖了氢能及燃料电池的主要环节,中国氢能标准主要为测试方法、通用要求和氢安全等,仍然面临着分领域技术标准相对缺乏,各级标准化组织协调机制不完善,前瞻性标准化不足,参与制定国际标准有限,行业标准及团队标准较多,权威性和推荐性相对较弱等问题。

4. 对国家管网的建议

1)加快氢气储运相关技术的研发

储运氢气是氢气大规模利用的关键,而管道输送是大规模输送氢气经济有效的运输方式,目前我国天然气管道掺氢现处在示范研究阶段,国家和地方应当适当推动天然气掺氢输送、纯氢管道输送技术攻关和示范,充分利用"西气东输"天然气管网,开展天然气掺氢输送,建立起"西氢东送"输运方式,将西部大规模氢气输送到东部市场地区,推动氢产业的发展。同时加大高端碳纤维技术、氢气液化、固态储氢、液氨和甲醇储氢等相关技术的研发,适当开展全复合纤维结构缠绕的轻质高压容器储氢技术,发挥其质量优势,添加辅助储氢物质进一步改进储氢容器的材质[11]。

2)积极参与绿氢相关标准认定,加强氢能产业链的国际合作

过去,国内外对绿氢的碳排标准不同,并以此为基础发放补贴。2023年,欧盟率先发布了清洁氢标准,并设置了过渡期豁免条款。二十国集团(G20)第18次峰会后,发达国家和发展中国家在氢能领域初

步达成共识，国际绿氢标准呼之欲出。石油公司未来出口氢气将面临欧盟碳边境调节机制（CBAM）等碳贸易规则限制。因此，国家管网有必要参与制定与国际接轨的绿氢和清洁氢标准、氢能技术标准等，并主动参与国际氢能市场建设和全球氢能贸易。

参考文献

[1] 胡明禹,刘文蛟,高惠雯.国际碳减排政策借鉴及我国碳减排政策趋势研判[J].石油石化绿色低碳,2023:8.
[2] 罗佐县,曹勇.氢能产业发展前景及其在中国的发展路径研究[J].中外能源,2020(2):9-15.
[3] 孙潇,朱光涛,裴爱国.氢液化装置产业化与研究进展[J].化工进展,2023:15.
[4] 李建林,邵晨曦,张则栋,等.氢能产业政策及商业化模式分析[J].发电技术,2023(3):287-295.
[5] 陈洪波,王新春.氢产业发展战略的国际比较及政策建议[J].企业经济,2021(12):126-134.
[6] 朱敏慧.丰田氢燃料电池战略的背后[EB/OL].2020-03-19[2024-06].https://mp.weixin.qq.com/s/-eU8s4RJkf0Dc9k6U_DslA.
[7] 陈霁,司云波.全球氢能技术创新趋势[J].世界石油工业,2023:1.
[8] 胡明禹,刘亦凡,高蕙雯.氢能发展支持政策对比分析与对策建议[J].产业研究,2024(3):25-33.
[9] 程一步.2022年国内氢能产业发展动态及新政策对产业影响浅析[J].石油石化绿色低碳,2022(5):6.
[10] 李洁,赵宏.氢能产业发展的国际经验与启示[J].中国经贸导刊,2023(10):51-53.
[11] 黄晟,杨振丽,李振宇.氢产业链发展的路径分析[J].化工进展,2024,43(2):882-893.

智慧航道赋能交通新质生产力

The Empowerment of Intelligent Waterways for a New Quality of Productive Forces in Transportation

徐明强[1]　胡筱渊[2]

摘　要：通过实施"一张网、一中心、一张图、一平台"的策略，加速了智慧航道的高质量发展。本文聚焦于航道监测感知网络、数据中心、数字孪生图和数字管理平台的建设，旨在提升航道管理效能和智慧化水平。通过与多方协作单位的联合，推动科技创新与人才培养，完善数据标准，强化自主创新，实现航道生产业务的数字化流程再造，提高了航道执法能力和疏浚业务效率。长江口航道数字化赋能交通运输，为长江经济带发展注入新质生产力，展现了中国式现代化的智慧航道管理新模式。

关键词：智慧航道；新质生产力；高质量发展；数字化转型

Abstract: The digitalization of the Yangtze River Estuary navigation channel accelerates its high-quality development through implementing a strategy dubbed "one network, one center, one map, and one platform." This project focuses on enhancing monitoring networks, establishing a data center, creating a digital twin map, and constructing a digital management platform to improve channel management efficiency and intelligence. Collaborating with various external entities promotes innovation, talent cultivation, standardization of data norms, and autonomous innovation, enabling digital transformation in channel production processes, improving law enforcement capabilities, and enhancing dredging operations' effectiveness. The digitalization empowers transportation, infusing new productive forces into the Yangtze Economic Belt's development, showcasing a new model of smart channel management in China's modernization.

Key words: smart channel; new productive forces; high-quality development; digital transformation

1. 介绍

党的二十大报告指出，我们要完善科技创新体系，加快实施创新驱动发展战略；到2035年，科技实力大幅跃升，实现高水平科技自立自强，进入创新型国家前列。2023年9月，习近平总书记指出要加快形成新质生产力。新质生产力是创新起主导作用、摆脱传统经济增长方式、生产力发展路径，具有高科技、高效能、高质量特征，是交通运输高水平科技自立自强的重要引擎。长江口航道数字化，推动长江口航道管理的高质量发展，成为赋能交通运输新质生产力的开路先锋。

2. 概述

2.1　建设背景

发展交通运输新质生产力是推动实现交通运输高水平科技自立自强的重要动能。新质生产力是

1　徐明强，中交航信（上海）科技有限公司，硕士研究生，正高级工程师，联系邮箱：xumingqiang@ctticsh.cn。
2　胡筱渊，中交航信（上海）科技有限公司，港口运作与运营、地下物流系统设计与运营规划，运筹优化等，博士，联系邮箱：huxiaoyuan@ctticsh.cn。

由技术革命性突破、生产要素创新性配置、产业深度转型升级而催生的先进生产力。实现交通运输高水平科技自立自强,必须对交通科技和产业前沿领域进行探索,需要进一步提升劳动对象的种类和形态,拓展生产新边界,创造生产新空间。通过劳动者、劳动资料、劳动对象及其优化组合的质变实现全要素生产率的提升,适应科技革命和产业变革发展要求,以科技创新为核心驱动力,引领创造强大的发展动能。

习近平总书记发出了加快建设交通强国的动员号令,党中央、国务院印发《交通强国建设纲要》,交通运输部编制《国家综合立体交通网规划纲要(2021—2050年)》《"十四五"综合交通发展规划》,推动综合交通高质量发展。习近平总书记指出:长江经济带生态地位突出,发展潜力巨大,应该在践行新发展理念、构建新发展格局、推动高质量发展中发挥重要作用。长江是我国水运体系中的主通道,连接着多个重要的省市,在经济社会发展中发挥了极其重要的作用。建设长江流域的智慧港口、智慧航道作为优化交通基础设施建设的重要组成部分,也是传统基础设施数字化转型的关键环节,更是交通运输业高质量发展的重要指标。

以《智能航运发展指导意见》《数字交通发展规划纲要》、长航局"'145'高质量发展总体思路和'131'智慧长江建设路径"和长江航道局"十四五"信息化发展规划等为依据,长江口航道管理局结合长江口航道实际情况和特点,深入分析长江口航道数字化的发展需求,研究制定了《长江口航道"十四五"信息化发展规划》,全面实施长江口航道建设、航道维护、航政管理、固定资产管理等全方位数字化管理,对接上级部门信息化系统,支撑长江口航道数字化建设,实现长江口航道高质量发展。

2.2 长江口航道概述

长江口作为长江黄金水道的咽喉,是关系到我国国民经济发展全局的重要战略运输通道。长江口深水航道治理工程,是党和国家为了适应和深化改革开放需要、推进长江经济带发展、上海国际航运中心建设等国家重大战略实施而决策实施的一项重大水运工程项目,长江口航道对长江沿江和长三角沿海区域经济发展起着举足轻重的地位。长江口航道包括主航道、南港南槽航道、北港航道、北支航道、白茆沙南航道及支线航道(图1)。长江口主航道总长度约166 km,现状航道维护尺度12.5 m×(350～500)m(水深×航宽),是进出长江口的大型海轮的通航航道,南槽航道维护尺度为6.0 m×600 m(口外1 000 m),总长86 km,可满足5 000 t级船舶满载乘潮双向通航,1万t至2万t级船舶减载乘潮通航,以及大型船舶空载下行乘潮通航。北港、北支目前为自然水深航道。

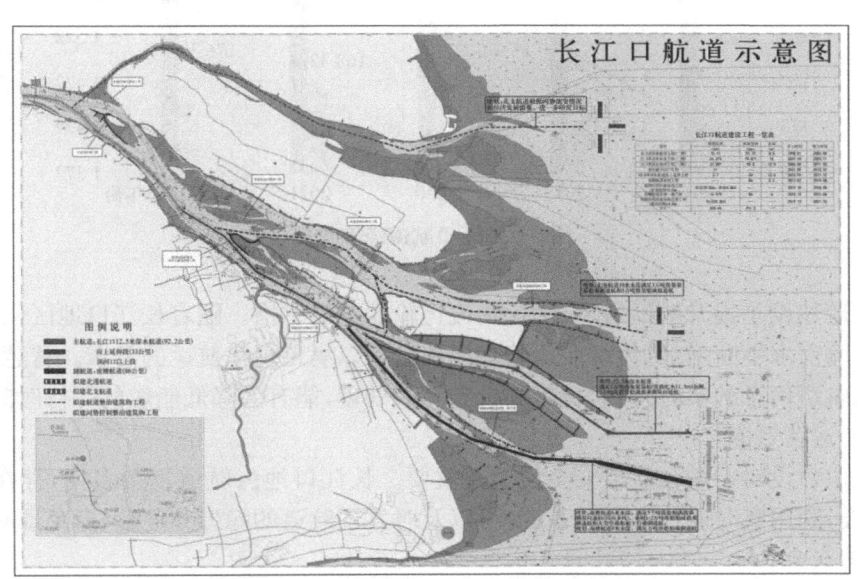

图1　长江口航道示意图

2.3 长江口智慧航道建设的必要性

近年来,长江口航道的货运量与船舶流量均实现较为明显的增长,2022年,货运总量达到了16.6亿t、船舶流量达到了26.86万艘次。北槽航道完成货运量12.1亿t,占长江口货运量的73%,较2015年年均增长5.3%。南槽航道在上海港集装箱内支线运输、沿江省市与南方沿海地区物资交流等运输中发挥着重要作用,缓解北槽航道通航大型船舶的通航压力,2022年,完成货运量4.5亿t,2015年以来,年均增速为6.6%。如图2和图3所示。

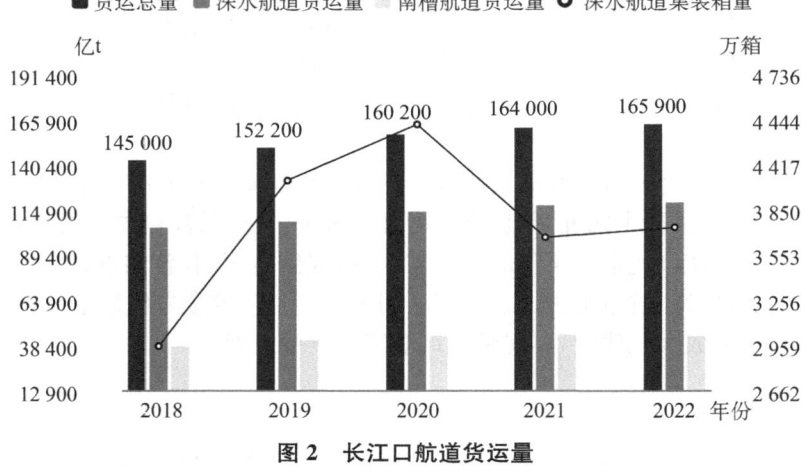

图 2　长江口航道货运量

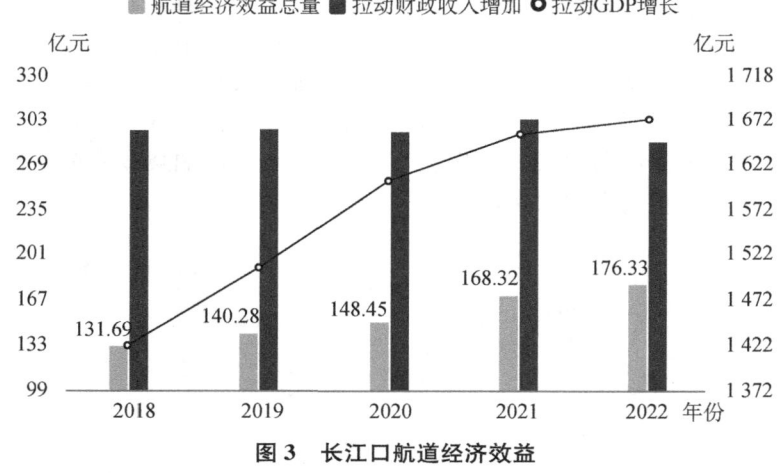

图 3　长江口航道经济效益

首先,智慧航道建设是提升航运效率、优化物流运输的关键举措。随着长江口地区经济社会的快速发展,船舶流量和运输需求不断增加,传统航道管理模式已难以满足现代航运的需求。智慧航道通过应用现代科技手段,实现航道信息的实时感知、智能分析和高效处理,能有效降低船舶的等待时间和运输成本,提高整个航运系统的运营效率。

其次,智慧航道建设对于增强航道安全性至关重要。长江口地区航道复杂多变,存在诸多安全隐患。通过智慧航道建设,利用实时监控和预警系统,可以及时发现航道的隐患和危险,避免或减少事故的发生,保障船舶和人员的安全。

最后,智慧航道建设还有助于推动产业升级和转型。随着航运业的不断发展,对于航道管理、船舶制造、物流等相关产业的要求也在不断提高。智慧航道作为新一代信息技术与航运业的深度融合,将催生新的产业形态和商业模式,为相关产业带来新的发展机遇。

3. 建设内容

为加快推进长江口航道数字化建设,长江口航道管理局编制了《长江口航道"十四五"信息化发展规划》,明确了数字化总体技术架构、主要建设内容和技术标准等,确定"一张网、一中心、一张图、一平台"的总体设计,即一张长江口航道辖区监测感知网、一个长江口航道区域数据中心、一张长江口航道基础数字孪生图、一个长江口航道数字管理系统,以及一个长江口航道数字管理平台(图4)。

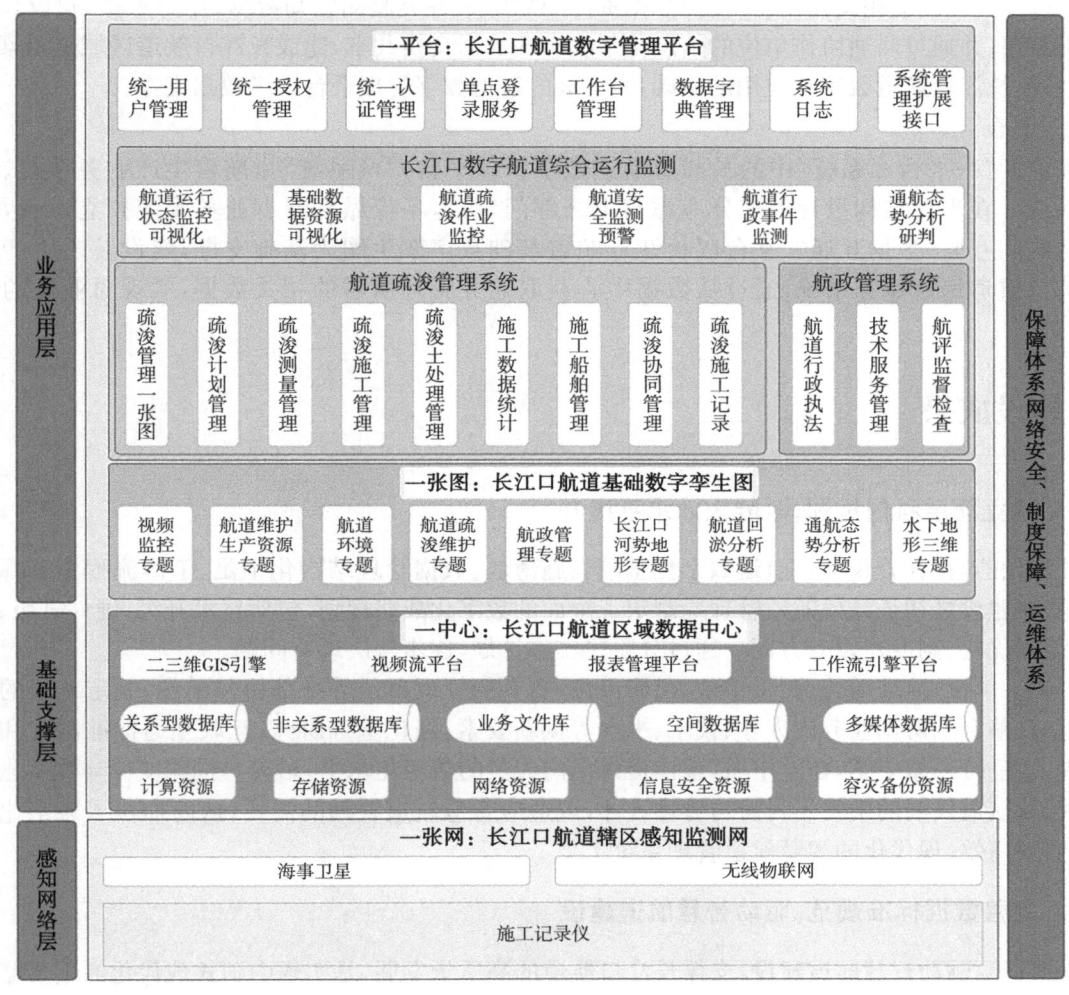

图4 系统总体架构

1)一张网

一张网即长江口航道辖区感知监测网,主要承担长江口航道监测要素的数据采集及传输功能。充分利用现有成熟的通信技术,包括但不限于光纤专网、4G/5G、北斗卫星等通讯方式,有规划分步骤完善长江口数据传输网络,建设完善与协作单位间、与航道流域的多元数据的传输链路;针对长江口航道建设、航道维护、航道行政执法等核心业务,梳理航道及周边区域内重点关注要素,包括相关长江口航道现场环境、航道基础设施、航道及周边管辖区域内建筑物、航道内施工船舶等,配备完善相应的监测终端、视频终端、施工记录仪等,采集关注要素数据信息,并建立与相关协作部门间的协作流程及数据流转通道,最终形成长江口辖区监测感知一张网。

2)一张图

一张图即长江口航道基础数字孪生图,主要为数字航道业务应用提供底图支撑服务。以长江口电子海图(航道图)为基础,基于BIM(Building Information Modeling,物理和功能特性的数字表达)+GIS(Geographic Information System,地理信息系统)二三维技术,融合长江口航道相关基础信息,形成徐六泾以下段长江口航道基础数字孪生图,支撑各上层应用的建设,为数字航道应用提供底图支撑服务。

3) 一中心

一中心即长江口航道区域数据中心,为长江口航道各类监测数据、业务数据提供集中存储、治理、交换与服务管理。根据上级部门数据中心建设框架要求,搭建虚拟化数据中心,构建包括综合数据管理平台、大数据分析平台等的应用支撑平台,按照数据资源规划汇聚各类监测感知数据、业务数据,建设长江口航道数据资源池,并通过联通协作单位的信息化系统实现数据交换共享,建成长江口航道区域全要素数据中心,作为后续长江口航道数字化应用的基础,为上级的航道数字管理平台提供数据支撑。

4) 一平台

一平台即"一平台二系统"中的长江口航道数字管理平台,"两系统"指航道生产业务系统、航道综合业务系统。在平台结构设计上充分考虑与上级部门对接,不仅做到专有业务系统独立运行,也可实现上下系统间互联、数据互通。平台以长江口航道基础数字孪生图为基础支撑,建设航道生产业务系统与长江口航道综合业务系统,通过从数据中心获取业务管理所需的相关数据,实现对业务的智能化管理。

4. 建设成果

4.1 建立顶层科创规划,赋能人才水平提升

系统建设前,存在着长江口航道数字化基础设施薄弱、数据管理结构化不足、工作流程不够标准化等方面问题,在建设之初长江口航道管理局制定了全面的数字化战略规划,包括技术升级、硬件升级、数据体系构建、流程优化、制度建设等方面。通过分阶段实施计划,逐步解决现有问题。

联合施工单位、监理单位、测量单位、科研单位、自有船管理单位等外部协作单位,制定统一的科技创新规划,有效整合和协调业务内人才、技术、平台等创新要素,强化基础研究、互联互通标准制定和共性重大技术攻关,坚持在做中学,在学中做,整体提升局内人员的数字化水平,培养一批深度参与数字化建设过程、了解智慧航道发展的中青年科研与管理人才,以适应智慧航道管理的需要,从而加快了数字化转型步伐,最终实现高效、现代化的智慧航道管理系统。

4.2 完善数据标准规范,驱动智慧航道建设

以数据资源驱动智慧航道建设,支撑长江口航道的高质量发展,是实现中国式现代化的重要路径。长江口智慧航道建设始终坚持夯实数据综合管理底座,统一数据格式与归集标准;打破"数据孤岛",建立完善的数据共享制度。整合长江口水域的航道动态监测、维护管理、生产调度、监管指挥等生产业务,实现分段数字航道建设运维成果汇聚、航道统一监管及航标、水位、工作船艇等的运行统计分析功能,为航道维护资源有效调配和科学作业管理提供数据支撑。

长江口航道管理局建设了一个全面、可靠且易于维护的数据平台,为进一步优化长江口水域的数字化和智能化管理打下了坚实基础。到2030年,航道疏浚施工船舶船载施工记录仪应用覆盖率达到100%,移动执法终端执法人员配备使用率达到100%,长江口航道数字化管理平台实现对核心业务100%数字化覆盖,已有和新建应用系统实现100%上云部署,实现长江口海域电子海图的矢量化处理,整合覆盖航道与航线、港口及其服务设施、各类助航标志等近10万条重要信息(图5)。

4.3 加快实现自主创新,推动科技自立自强

长江口智慧航道建设过程中始终保持对交通科技和产业前沿领域的探索。基于信创要求,从IT底层

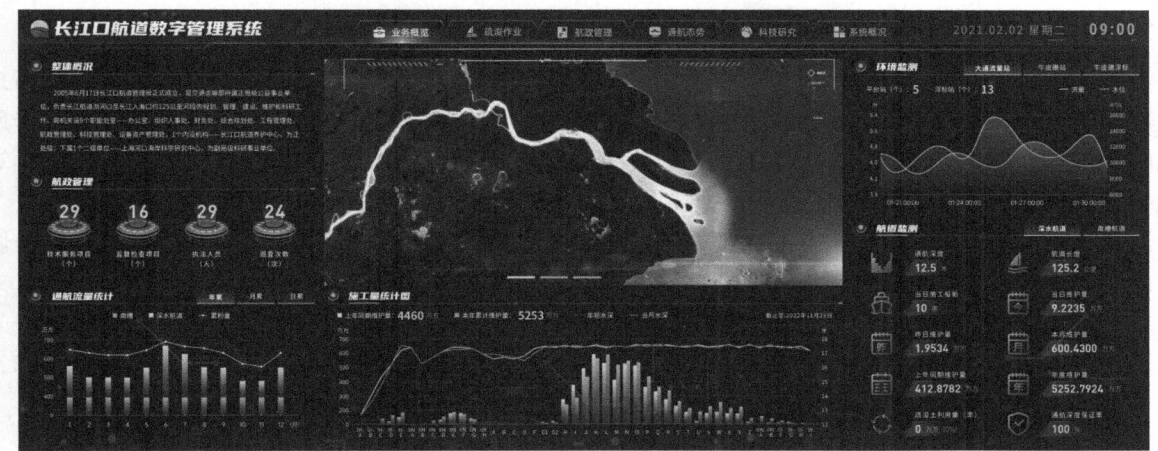

图 5　综合数据看板

基础软硬件到上层应用软件的全产业链实现安全可控、自主创新。

如自主创新体现在 IT 底层软硬件层面,业务、基础数据采用具有完全自主知识产权的达梦数据库;应用支撑软件中操作系统采用内生安全的新一代银河麒麟高级服务器操作系统,可同源支持飞腾、龙芯、申威、兆芯、海光、鲲鹏等自主平台。

又比如体现在运维体系建立层面,信息安全运维体系通过有效的合理调整,屏蔽完全外包运维,通过混合运维模式的过渡,最终实现自主运维,从而达到运维可以被管理、审计、考核的高度。

4.4　借助航评智能辅助,规范航政执法业务

航政执法业务系统借助数字化手段进一步提高航政管理能力、航道执法水平、执法人员素质,把提供规范、高效、人性化、高质量的长江口航政服务。便民规范的航政执法业务系统与安全畅通的长江口航道服务,进一步提升了长江口航道的公共服务能力。

航政执法业务系统首次针对航道评价项目提出长江口航道航评智能辅助功能的建设要求,可录入航评技术要求信息,支持标示项目选址,实现航道通航影响提示、通航净空提示、埋没深度提示、航道与通航安全保障措施提示、审核技术意见提示等功能。航评审核技术人员可根据航评技术要求,结合航评项目选址及申报材料,自动判断项目选址对航道通航是否产生影响,以及影响因素(图 6)。

图 6　航评智能辅助结果

4.5 全流程数智化再造,助力数字疏浚业务

在疏浚生产业务系统的建设过程中,着重实现了航道生产业务的数字化流程再造。通过深入分析现行的航道业务流程,设计并实施了一套全面的数字化解决方案,该方案覆盖了从航道测量、施工派单到船舶调度和施工监控的全过程,显著提升了业务执行的效率与质量(图 7 和图 8)。实现航道维护疏浚计划及预算编报、航道维护观测、航道维护疏浚、航道维护技术考核、航道维护数据采集与分析等工作的数字化。

通过数字化改造不仅极大提高了工作效率,降低了人为错误,提高了系统的可靠性,为管理层提供了实时的业务监督和决策支持功能。

此外,所有数据均被记录并保存在系统中,为未来的数据分析和知识积累提供了宝贵的资源,并为未来数字化迭代升级和业务优化提供了可靠的信创平台和丰富的数据支持。使系统具有更高的扩展性。

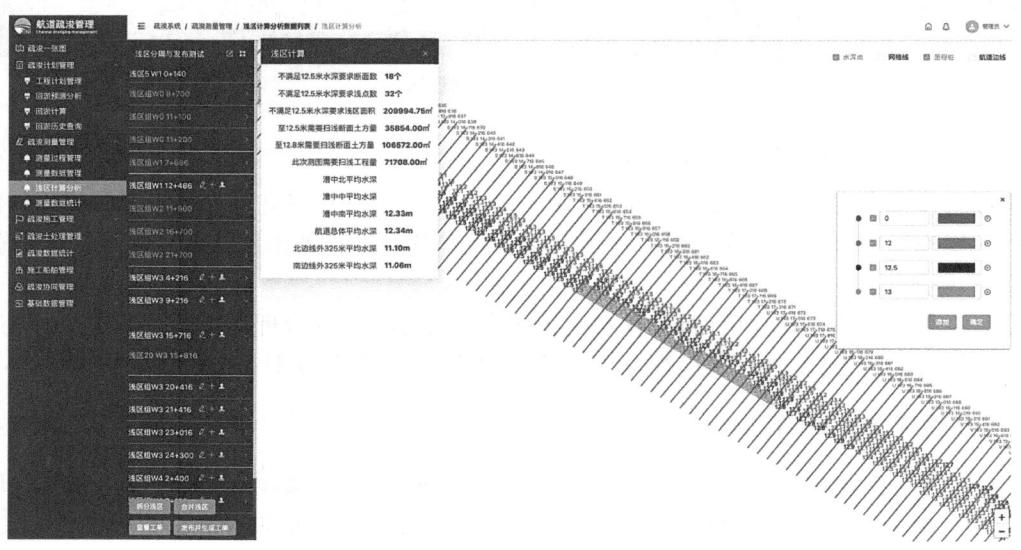

图 7　测量数据分析与施工派单

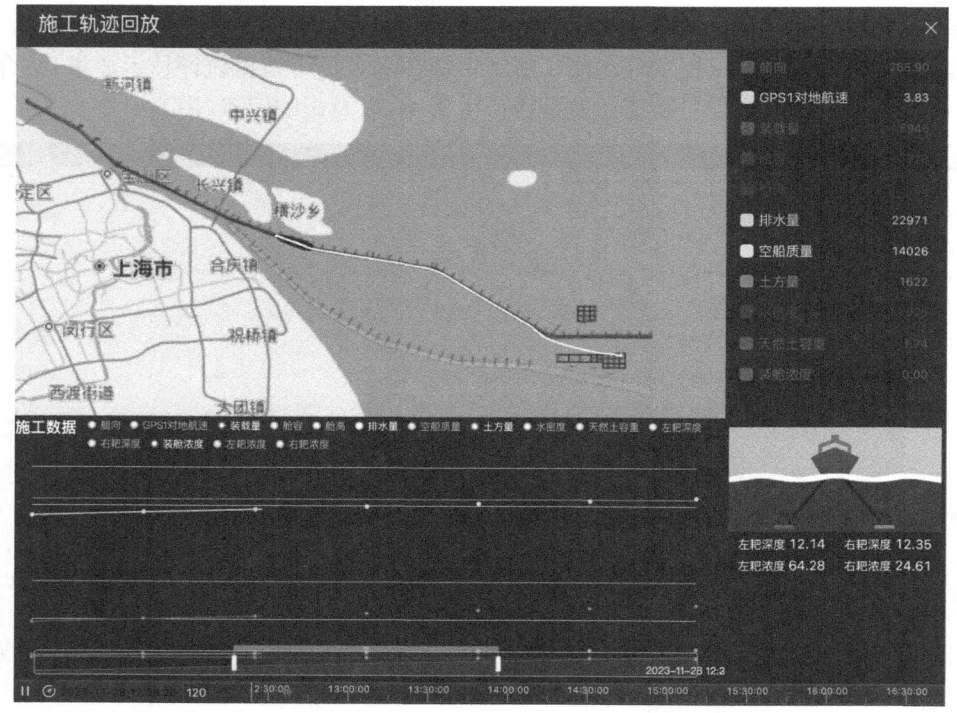

图 8　船舶施工监测

5. 结语

《"云上长航"发展总体规划(2017—2025年)》提出了"综合运用云计算、大数据等新一代信息技术,打造全新的长江航运数字化体系,实现以智慧通航、智慧政务、智慧物流、智慧监管和智慧办公为主的智慧航运应用体系,以信息化引领和带动整个长江航运业向现代服务业的转型升级,服务长江经济带发展"的信息化建设要求。长江口航道数字化建设将在长航局统一构建的"131"智慧长江建设总体框架体系和长江航道局"一平台三系统"的架构之下,协同推进,做好衔接,初步实现"一图看长江、一图管航运",助力数字长江的高质量建设。

1) 深度融合与业务协同

长江口航道管理系统将继续深化"生产业务""综合管理"和"公共服务"的融合,实现业务流程的优化和高效协同。长江干线电子航道图的建设和应用将继续推进,打通"最后一公里",提升航运效益,并通过"干支联动"促进区域航运数字化建设。

2) 促进科技成果推广应用

持续开展电子航道图、海图融合技术、数据管理、系统运维等方面的技术迭代优化,以适应智慧航道管理和服务的新需求,形成具有标志性可推广性的成果。

3) 坚持绿色可持续发展

在系统建设和运营中注重环保和可持续发展,减少对环境的影响,促进绿色生态航道的建设。

4) 加大国际技术交流与合作

加强同发达国家和地区国际一流学者的合作和交流,为海内外专家学者共同开展创新技术研发提供广阔的合作空间,在国际交流与合作中分享经验,向全球共享智慧航道管理经验。

5) 强化科技创新人才队伍建设

培养一批具备国际视野、了解国际规则的青年科研与管理人才,加强对专业人才的培养和团队建设,确保有足够的人才支持系统的持续发展和创新。

参考文献

[1] 国家发改委. 交通强国建设纲要[M]. 北京:人民交通出版社,2021.
[2] 交通运输部. 国家综合立体交通网规划纲要(2021—2050年)[M]. 北京:人民交通出版社,2021.
[3] 交通运输部. "十四五"综合交通发展规划[M]. 北京:人民交通出版社,2021.
[4] 长江航道局. 长江航道"十四五"信息化发展规划[M]. 武汉:长江航道局,2021.
[5] 交通运输部. 智能航运发展指导意见[M]. 北京:人民交通出版社,2020.
[6] 交通运输部. 数字交通发展规划纲要[M]. 北京:人民交通出版社,2020.
[7] 李华军,张伟. 智慧航道建设与管理研究[J]. 中国水运,2023,23(3):56-63.
[8] 王晓东. 数字化转型在长江航道管理中的应用[J]. 中国航道,2022,32(5):78-85.

站域土地对高峰系数影响分析

Analysis of the Influence of Land in the Station Area on the Peak Coefficient

于 展[1]

摘 要：聚焦于城市轨道交通站点周边土地利用对客流高峰特征的影响，以上海地铁为例进行深入分析。界定站域范围，采用基于实际路网的接驳时间的确定方法，避免了传统圆形缓冲区界定方法的局限性。通过分析区域兴趣面(AOI)数据，对站域内的土地性质进行了详细分类，并结合上海地铁 AFC 系统的客流数据，采用偏最小二乘法(PLS)回归分析，量化居住用地、商业用地、公共用地等主要土地性质对工作日和休息日高峰客流的影响程度，也为城市交通规划和土地利用优化提供参考。

关键词：轨道交通；土地利用；高峰系数；客流特征；PLS 回归

Abstract: Focusing on the impact of land use around urban rail transit stations on the characteristics of passenger flow peaks, this paper conducts an in-depth analysis taking Shanghai Metro as an example. First, the scope of the station area is defined, and the method of determining the connection time based on the actual road network is adopted, which avoids the limitations of the traditional circular buffer zone definition method. By analyzing the Area of Interest (AOI) data, the land nature within the station area is classified in detail. Combined with the passenger flow data of the AFC system of Shanghai Metro, partial least squares (PLS) regression analysis is used to quantify the impact of major land uses such as residential land, commercial land, and public land on the peak passenger flow during weekdays and weekends, providing a reference for urban transportation planning and land use optimization.

Key words: rail transit; land use; peak coefficient; passenger flow characteristics; Partial Least Squares Regression

1. 引言

随着城市化进程的加快，轨道交通作为高效、快捷的城市交通方式，其发展与城市土地利用的紧密关系日益凸显。轨道交通站点不仅是城市土地与交通系统的连接点，也是城市规划中的关键节点。站点周边土地的性质和开发强度直接影响轨道交通的客流量和吸引力。因此，研究站域土地性质对客流量的影响，对于优化城市交通规划和提升轨道交通效率具有重要意义。目前客流预测多基于"四阶段法"，但在实际预测中存在要受人口、岗位数据影响大，对土地性质不敏感等问题。针对此 Cervro R 等[1]提出站点预测模型，从客流吸引点着手，直接分析土地对站点客流的影响。GUTIERRÉZ 等[2]通过回归分析土地性质对站点客流的影响；着眼于客流时空特征，Chen 等[3]利用聚类算法，研究周边环境对客流变化的影响；赵晓芳等[4]提出土地开发强度对站点高峰特征的影响关系。用地性质[5]、开发强度[6]、土地功能混合度[7]等指标普遍用于表征用地性质；随着时空大数据的发展，兴趣点(POI)[8]、兴趣区(AOI)[9]等数据以其时效性及便捷性愈发受到重视。综上，现有研究主要围绕轨道交通客流与土地的关系，但具体到轨道交通高峰系数等量化评价客流分布规律的参数同土地性质间的关系，需要更为细致地定量研究。本研究拟采用定量分析方法，利用上海地铁自动售检票系统(AFC)的客流数据和区域兴趣面(AOI)数据，基于偏最小二

---

[1] 于展，中铁上海设计院集团有限公司，助理工程师，联系邮箱：yuzhan@sty.sh.cn。

乘法(PLS)回归分析,探究土地性质与客流高峰系数之间的关系,量化土地性质对客流高峰的影响。以期通过对站域用地数据分析,对车站高峰系数进行预测,为轨道交通的规划、建设以及运维提供数据支持,优化交通资源配置,提升乘客出行体验。

2. 站域土地性质分析

2.1 站域范围确定

轨道交通站点是城市土地与轨道交通系统的纽带,也是城市土地规划中的重要场所。由于站点周边土地的性质和开发强度直接影响着轨道交通的客流量和吸引力,有必要提出"站域土地"的概念,并对站域范围进行研究。站域是一个地理空间概念,指的是地铁站周围的地理空间。在国际国内,学者们从交通、城市规划、经济地理等不同角度进行了分析,但并没有统一的范围界定。本文主要研究站域土地性质对客流量的影响,以交通为视角,将站点吸引客流的区域确定为交通可达范围。以站点为圆心,以接驳距离为半径绘制圆形缓冲区。接驳半径根据接驳方式的不同而有所不同,步行接驳半径可达 800 m,自行车接驳半径为 2 500 m,公交车接驳半径为 3 500 m。根据相关文献,站域半径通常采用 500~800 m 的距离。然而,采用接驳圆形缓冲区作为站域范围存在以下问题:忽视了真实的路网,覆盖范围往往大于实际走行距离;在城区站点密度较高时,缓冲区域存在重叠,导致重复计算;地形、障碍物和水系河流等因素会影响可达范围的准确性。上海地铁网已日益完善,并进入网络化运营阶段,如图 1 所示,上海市地铁站资源分布较不均衡,呈现出内密外疏的分布特征,其中黄浦、徐汇、虹口、普陀、静安、长宁、杨浦等中心城区站点密度大于 0.7 座/km²,崇明及五个新城站点密度在 0.25 座/km²。

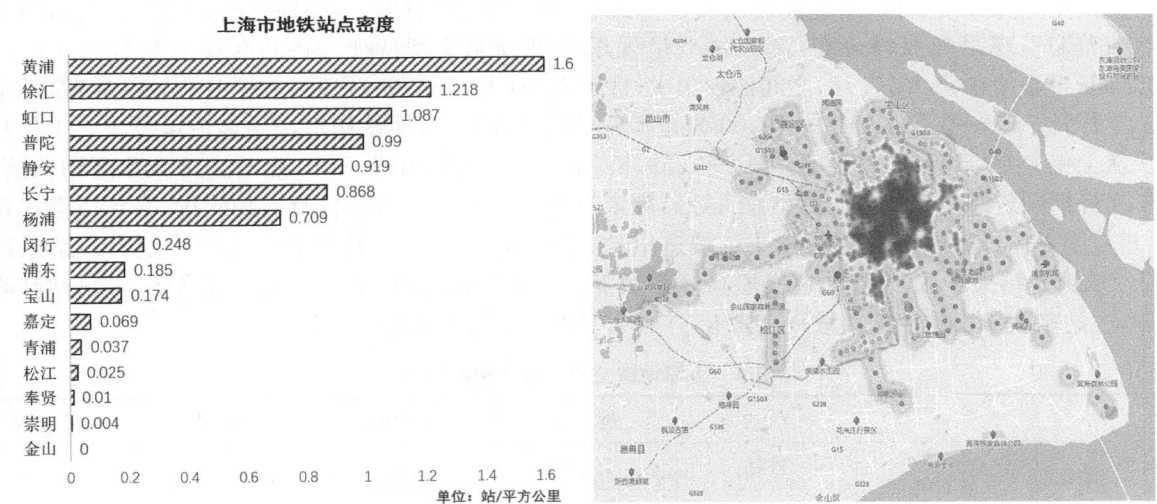

图 1 上海市地铁站点密度分布图

基于接驳半径原理及上海市地铁站点分布现状,根据实际路网,采用单位时间内接驳距离确定站域范围,中心城区采用步行 15 min 范围,五个新城采用骑行 15 min 范围,并利用泰森多边形法对站域范围做二次分割,避免站域范围重叠造成重复统计。

2.2 站域土地性质分析

本文基于区域兴趣面(AOI)数据,对站域范围土地性质进行分析。区域兴趣面(Area of Interest, AOI)数据即电子地图中的兴趣面,通过电子围栏边界范围表达实体建筑轮廓、特征等空间信息。相较于兴趣点(POI)数据,POI 数据将建筑抽象为信息点,通过数据降维提高查询速度;AOI 数据表达具体,更能准确地反映建筑的位置和范围。本文研究场景,AOI 数据更能清晰描述站域范围内用地性质。AOI 数基于地功能分为 45 大类,参考《城市用地分类与规划建设用地标准》(GB 50137—2011),结合工作、上学、商务、生活、旅游等不同出行目的,将用地性质根据分为居住用地、商业用地、公共用地、学校用地、交通设施用地、景区用地 6 类。土地性质映射规则如表 1 所列。对站域范围内的土地按照土地性质分类统计。

表 1 土地性质分类表

土地性质	AOI 数据一级分类
居住用地	商务住宅相关、住宿服务相关、住宅区
商业用地	家居建材市场、知名企业、中餐厅、综合市场、传媒机构、公司、花鸟鱼虫市场、会展中心、楼宇、商场、特色商业街、医药保健销售店、影剧院
公共用地	公检法机构、博物馆、档案馆、政府机关、科技馆、美术馆、图书馆、文艺团体、运动场馆、展览馆、专科医院、综合医院
学校用地	幼儿园、小学、中学、大学、科教文化场所、科研机构等
交通用地	港口码头、火车站、机场相关、长途汽车站、公交站、停车场
景区用地	风景名胜、风景名胜相关、公园广场、游乐园

3. 上海地铁各站点高峰客流特征分析

3.1 高峰系数统计

本文采用上海地铁 AFC 系统报表(2023 年 10 月 16—22 日)数据。从时间分布上来看,上海市轨道交通客流普遍呈现早晚双峰分布,部分站点呈现单峰型或无峰型特征。各站高峰系数分布在(0.14,0.45)之间;中心值在(0.8,0.16)之间比较集中;标准差在(0.05,0.09)之间,数据分布较为离散,标准差偏大。工作日 7:00—9:00、17:00—19:00 为是客流早晚高峰时段,地铁站进出站客流量较大。工作日进站人次从上午 6:00 起逐渐攀升,至 7:30—7:59、8:00—8:29 达到顶峰,8:30 之后进站人数逐渐回落,工作日早高峰期间进站总人数大于出站总人数。周末及节假日由于生活出行及购物娱乐,客流亦会出现高峰,但相较于工作日高峰系数相对较小。按进出站、早晚高峰、工作日休息日交叉分类统计。结果如表 2 所列。从统计结果来看,上海轨道交通高峰系数工作日大于休息日,早高峰大于晚高峰,进出站高峰系数接近,进站略大于出站。从离散程度来看,工作日早高峰系数分布较为分散。

表 2 上海地铁交通高峰系数统计表

			最小值	最大值	平均值	标准差
工作日	早高峰	进站	1.4%	37.9%	15.8%	0.082
		出站	1.5%	44.6%	14.3%	0.086
	晚高峰	进站	1.4%	38.3%	11.0%	0.056
		出站	2.1%	22.7%	11.9%	0.049
休息日	早高峰	进站	1.5%	17.0%	8.3%	0.031
		出站	2.8%	21.3%	7.6%	0.029
	晚高峰	进站	3.8%	23.8%	8.5%	0.026
		出站	4.1%	13.6%	8.6%	0.017

3.2 分站客流特征

从空间分布来看,不同线路之间的客流分布不均,不同站点进出站客流分布规律也不尽相同。可归纳为进出站、早晚高峰、工作日休息日 3 个维度，交叉分类得到的 8 个高峰系数指标。按照主出行目的大致可分为：居住主导型、商业主导型、产业主导型、公共服务型等不同高峰系数分布特征的车站。

（1）居住主导型，以通河新村地铁站为例，呈现出"早高峰集中进站，晚高峰分散出站"的特征，进站系数高于出站系数，进站客流更为集中，早高峰进站高峰系数最高，高于晚高峰系数，工作日峰值高于休息日，结合站域土地情况，周边居住越集中，高峰系数越大。

（2）商业主导型车站以陆家嘴站、徐家汇站为例，是客流的主要吸引地，客流基本呈现"早高峰出站、晚高峰进站"的特征，工作日早高峰出站高峰系数更高，高峰客流集中度相对较低，休息日仍有较多客流呈现出全日均衡分布的特征。

（3）产业主导型车站以漕河泾开发区站、张江高科站为例，职住分离以通勤客流为主，客流基本呈现"早高峰集中出站、晚高峰集中进站"的特征，且通勤集中度高，工作日早高峰出站高峰系数最高，休息日客流较低。

（4）公共服务型车站以朱家角站为例；主要为景区、场馆、交通枢纽等区域，客流以旅游及对外出行为主，呈现出"休息日高于工作日，峰值出现时段较晚"的分布特征，进出站客流到达时间较为分散，高峰系数的集中度不高。

4. 站点客流高峰特征与土地利用的关系

4.1 偏最小二乘法回归

基于土地互动理论，客流时空分布特征根源上受土地利用驱动。为了研究站域土地性质同客流高峰系数间的定量关系，以土地性质为自变量 X，以高峰系数为因变量 Y 进行回归分析。自变量由 AOI 数据分类汇总，并由于各站域面积不同，需对自变量用地性质作归一化处理，消除量纲差异对模型结果的影响。得到自变量矩阵 $\boldsymbol{X}=\{x_1, x_2, x_3, x_4, x_5, x_6\} \sim [0,1]$，$x_1 - x_6$ 分别表示居住用地、商业用地等用地类型占站域土地面积的比例数据的列向量。因变量高峰系数矩阵 $\boldsymbol{Y}=\{y_1, y_2, y_3, y_4, y_5, y_6, y_7, y_8\}$ 分别为进出站、早晚高峰、工作日休息日三个维度，交叉分类得到的八个指标，如工作日早高峰进站高峰系数等八个指标观测值列向量，分布于 $(0,1)$ 区间。自变量矩阵、因变量矩阵间存在多重共线性，为构建多重共线性变量集间的回归关系，宜采用偏最小二乘法建立模型。偏最小二乘法回归（Partial Least Squares，PLS）是一种多元统计分析方法，结合了主成分分析和多元线性回归的特点，能够处理多个自变量之间存在共线性的情况，并且在样本量较小、变量之间存在复杂关系时表现出良好的稳健性。

4.2 权重分布特征

偏最小二乘法通过构造自变量矩阵的线性组合（成分），并最大化成分与因变量之间的协方差，从而提高模型的解释力和回归效果。经计算，各成分的方差解释率分别为 0.293、0.190、0.178、0.172、0.165 和 0.000 04。前五个成分的累计方差解释率达到 99.8%，解释效果良好，而第六个成分的解释率较低。因此，我们选择前五个成分，并计算得到标准化后的权重值表。如表 3 所列，自变量矩阵 $\boldsymbol{X}$ 对因变量高峰系数矩阵 $\boldsymbol{Y}$ 的解释效果。居住用地、商业用地、公共用地在解释高峰系数时起到了主要作用；景区用地在休息日有一定权重，而在工作日权重较低；学校用地、交通设施用地解释能力在各场景下均很低。从回归效果上看，工作日回归效果优于休息日、早高峰回归效果优于晚高峰、进站回归效果大于出站。

表 3 权重矩阵表

	y_1	y_2	y_3	y_4	y_5	y_6	y_7	y_8
x_1	0.22	−0.26	0.16	−0.18	−0.28	0.25	−0.20	0.14
x_2	−0.20	0.22	−0.16	0.18	0.23	−0.22	0.17	−0.14
x_3	−0.06	0.12	0.03	−0.03	0.17	−0.11	0.09	0.01

(续表)

	y_1	y_2	y_3	y_4	y_5	y_6	y_7	y_8
x_4	−0.12	0.10	−0.14	0.16	0.08	−0.11	0.08	−0.11
x_5	−0.02	0.00	−0.04	0.04	−0.02	0.00	0.00	−0.03
x_6	−0.04	0.06	−0.01	0.01	0.07	−0.05	0.04	−0.01

4.3 回归结果分析

经计算,回归参数如表 4 所列,三维度 8 类客流高峰系数可由站域范围内用地比例定量计算得出。工作日早高峰进站客流主要与居住用地正相关,同其他各类用地负相关;工作日早高峰出站客流与居住用地负相关,同其他各类用地正相关;晚高峰进出站规律同早高峰一致,但参数取值小于早高峰;休息日进站居住用地系数为负,其余用地基本为正,出站数据相反,各类用地参数大小近似,无明显吸引现象,学校用地及交通用地几乎无影响。

表 4 回归参数表

	x_1	x_2	x_3	x_4	x_5	x_6	b
y_1	0.077	−0.112	−0.041	−0.132	−0.008	−0.027	0.138
y_2	−0.064	0.088	0.063	0.077	−0.001	0.029	0.131
y_3	0.020	−0.033	0.009	−0.057	−0.007	−0.003	0.080
y_4	−0.023	0.038	−0.007	0.063	0.008	0.003	0.092
y_5	−0.110	0.146	0.140	0.097	−0.010	0.057	0.185
y_6	0.053	−0.074	−0.047	−0.071	−0.001	−0.023	0.103
y_7	−0.034	0.047	0.032	0.043	0.001	0.015	0.089
y_8	0.011	−0.016	0.001	−0.026	−0.003	−0.002	0.084

从回归结果可以看出,工作日早高峰客流主要以通勤、通学客流为主,主要受居住用地、商业用地、学校用地三类影响,其中居住用地为主要的客流生成地,对进站影响高峰系数起决定性作用,对出站客流影响不大;商业用地、学校用地为主要的客流吸引区域;交通设施用地和景区用地也是客流的吸引区域但吸引效果有限。工作日晚高峰与早高峰规律相反,但影响程度约为早高峰 0.6 倍,下班后出行选择更多,出行行为更为复杂,与土地性质的相关性减弱,集中度弱于早高峰。休息日早高峰商业用地、公共用地参数相较于工作日有所提升,生活娱乐出行相较于工作日占比升高,景区出站高峰有所增加,权重明显高于工作日。残值在 8%~14% 之间,略高于全日平均小时客流,符合高峰小时自然统计特征。

5. 结语

本文通过分析城市土地利用与轨道交通客流特征之间的关系,揭示了土地性质对轨道交通高峰系数的影响机制。研究采用偏最小二乘回归模型,结合上海地铁 AFC 数据和 AOI 数据,量化了不同土地性质对高峰客流的影响程度。结果表明,居住用地、商业用地和公共用地是影响高峰系数的主要因素,其中居住用地对工作日早高峰进站客流的影响尤为显著。此外,研究还发现,工作日与休息日的客流特征存在显著差异,休息日商业用地和公共用地的影响增强,反映了市民在非工作日出行目的的多样化。为轨道交通规划和运营提供了科学依据,也为城市土地利用规划提供了重要参考,有助于优化交通资源配置,提升城市交通系统的整体效率和乘客的出行体验。未来研究可以进一步探索不同城市区域和不同类型轨道交通系统的具体影响机制,以实现更精细化的交通管理和服务优化。

参考文献

[1] CERVERO R, MURAKAMI J, MILLER M A. Direct ridership model of bus rapid transit in Los Angeles County[J]. Transportation research record, 2010, 2145(1): 1-7.

[2] GUTIERRÉZ J, CARDOZO D O, GARCÍA P, et al. Transit Ridership Forecasting at Station Level: an Approach Based on Distance-decay weighted Regression[J]. Journal of Transport Geography, 2011(19): 1081-1092.

[3] CHEN C, CHEN J, BARRY J. Diurnal pattern of transit ridership: a case study of the New York City subway system[J]. Journal of Transport Geography. 2009, 17(3): 176-186.

[4] 赵晓芳, 童晓进. 郑州地铁1号线客流时空分布特征分析[J]. 城市轨道交通研究, 2017, 20(08): 75-79.

[5] 周青峰, 刘苏, 王耀武. 城市轨道交通站点周边土地利用与交通协调关系研究[J]. 铁道运输与经济, 2018, 40(4): 100-106.

[6] 高德辉, 许奇, 陈培文, 等. 城市轨道交通客流与精细尺度建成环境的空间特征分析[J]. 交通运输系统工程与信息, 2021, 21(06): 25-32.

[7] 李俊芳, 姚敏峰, 季峰, 等. 土地利用混合度对轨道交通车站客流的影响[J]. 同济大学学报(自然科学版), 2016, 44(9): 1415-1423.

[8] 彭诗尧, 陈绍宽, 许奇, 等. 基于POI的土地利用轨道交通客流的空间特征分析[J]. 地理学报, 2020, 76(2): 459-470.

[9] 董世海. 轨道交通站域多元语义特征分析与空间优化研究[D]. 武汉: 武汉大学, 2023.

[10] 王亚洁. 国外城市轨道交通与站域土地利用互动研究进展[J]. 国际城市规划, 2018, 033(001): 111-118.

[11] 王波. 上海轨道交通早高峰客流拥挤与居民通勤关系分析[J]. 城市轨道交通研究, 2016, 19(07): 75-78.

[12] 张宁, 戴洁, 张晓军. 基于多项Logit模型的轨道交通站点步行接驳范围[J]. 城市轨道交通研究, 2012(05): 46-49.

[13] 叶益芳. 城市轨道交通车站不同接驳方式合理吸引范围研究[J]. 铁道运输与经济, 2014(06): 77-81.

[14] 岳芳, 毛保华, 陈团生. 城市轨道交通接驳方式的选择[J]. 都市快轨交通, 2007(04): 36-39.

[15] 马晓磊, 张继宇, 刘剑锋, 等. 地铁站点客流特征与土地利用关系研究[J]. 都市快轨交通, 2017, 30(6): 33-38.

城市道路智慧路口方案应用研究

Research on the Application of Urban Road Intelligent Intersection Scheme

毕焕焕[1]

摘 要：交叉口的局部拥堵是城市交通拥堵问题的主要原因之一。道路拥堵通常最先发生在路网的一个关键交叉口处，交叉路口的拥堵会影响与之相关联的路段并形成蔓延的趋势，造成局部交通拥堵，甚至会影响整个路网的服务水平。当前，5G、物联网、云计算、大数据、人工智能等新技术助推交通行业快速向低碳化、智能化、网联化方向发展，交通行业正处在数字化转型的关键节点上。交通基础设施信息化、智能化，将减少路口交通安全事故，缓解城市交通拥堵的压力，是交通治理发展的必然趋势。

关键词：车路协同；智慧路口；智能化；交通管理

Abstract: Local congestion at intersections is one of the main causes of urban traffic congestion problems. Road congestion usually occurs first at a key intersection of the road network. The congestion at the intersection will affect the road sections associated with it and form a trend of spreading, causing local traffic congestion, and even affecting the service level of the entire road network. At present, 5G, Internet of Things, cloud computing, big data, artificial intelligence and other new technologies are driving the rapid development of the transportation industry to the direction of low-carbon, intelligent and networked, and the transportation industry is at a key node of digital transformation. Informatization and intelligence of traffic infrastructure will reduce traffic safety accidents at intersections and ease the pressure of urban traffic congestion, which is the inevitable trend of the development of traffic management.

Key words: vehicle-road collaboration; intelligent intersection; intelligent; traffic management

1. 道路智能化技术概述

1.1 车路协同技术

1) 车路协同系统的发展及意义

国内车路协同技术的推动以政府为主导，国家的"十四五"规划明确提出了车路协同与单车智能相结合的发展道路，陆续发布《数字交通发展规划纲要》《国家车联网产业标准体系建设指南》等相关文件。逐渐过渡到以企业为主，政府引导，发展模式分为三个阶段：第一阶段是打造智能网联示范区，第二阶段是建设车联网先导区，第三阶段为实现"双智"城市。北京、上海、重庆等城市率先被批准为国家级智能网联汽车示范区，主要以技术实验为主，进入封闭试验阶段。而后，长沙、重庆、天津、无锡成为四个国家级车联网先导区。相较于示范区，先导区更加重视运营管理等方面。同发展的两批试点城市，车路协同技术不再局限于一个区域，而是上升到助力智慧城市发展需要的新高度。此外，交通拥堵等状况以及也严重影响着人民群众的出行体验和城市幸福感的提升，将数字技术运用到解决此类交通拥堵问题上，将会有显著的优化效果。

---

1 毕焕焕，中铁上海设计院集团有限公司，交通控制与管理，硕士研究生，联系邮箱：hh15851496537@163.com。

2）车路协同系统的组成

车路协同系统由智慧车载系统、智慧路侧系统、通信平台组成。智慧车载系统通过车载雷达摄像机等装置，采集车辆信息并感知周围环境；智慧路侧系统负责采集交通要素（平均车速、交通流量、车辆延误时间等）与感知道路交通环境（道路异常信息、道路几何状况、道路路面状况等），利用视频监控对交叉口的路况信息进行采集分析处理，并形成有效信息供驾驶员行车进行参考；通讯平台主要承担车辆与路侧设备信息的交互。

具有代表性的车路协同应用场景如表1所列。

表1 车路协同应用场景分析

场景类别	场景名称	适用标准	道路智能等级
全量交通要素	车辆违章停车、动静态感知	满足高等且向下兼容DAYI与DAYII标准	—
感知定位	识别、排队事件		C4
道路交通事件感知	路侧信号灯融合感知		—

车路协同技术的实现方式取决于道路环境，本文主要以路侧信号灯融合感知为重点进行阐述，并提出针对城市道路智慧路口方案应用的建议。

3）车路协同系统的主要技术

车路协同的关键技术是利用大数据计算能力协调优化资源配置（图1），针对交叉口交通要素进行数据采集与分析，对交叉口红绿灯进行按需配时，在易堵交叉口及路段设置路侧信号灯融合感知系统，利用边缘计算单元对路网的交通状态进行识别。之后，进行数据分析处理，提取交通重要信息，由交通诱导屏实时反馈给驾驶员，同时将车辆数据信息比如排队长度、排队时间等传递给交通信号控制机，控制机就可以及时优化信号灯放行相位与配时，从而实现交叉口智慧化。促使人车路之间实现按需响应动态优化的关系，并让资源共享以服务于安全管理部门。

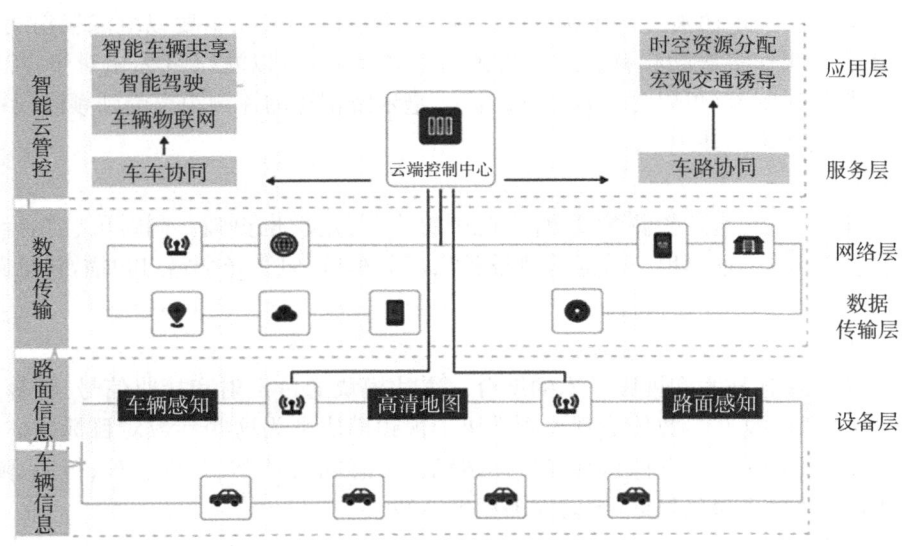

图1 车路协同技术应用

1.2 智慧交通信号控制技术

1）感应绿波控制

感应绿波控制是以绿波控制方案为基础，采用视频流量检测器采集交叉口每个相位的交通流，如果存在绿灯空放且不是绿波相位的情况，保证其最小绿灯时长并将空放时间二次分配给绿波相位的智能信号协调控制技术,控制模式可分为感应式、自适应式、触发式三种模式。实现感应绿波控制需要完善的交通流检测设备、具备感应绿波控制功能且运行稳定的智能信号机。感应绿波控制提高了城市信号控制智能化水平,既可以保证干线绿波协调效果,又可以保障单个路口信号配时的灵活性,提高了绿波带宽及可靠性。

2) 瓶颈信号控制

瓶颈信号控制是针对交通流量大存在车辆溢出风险的路口,当路口出行溢流情况时,通过对进口流量进行限制,防止车辆滞留路口的智能化信号控制技术,控制模式可分为分级触发式、实时触发式和二次启亮式三种模式。实现瓶颈信号控制需要完善的交通流检测设备、具备瓶颈信号控制功能且运行稳定的智能信号机。瓶颈信号控制可有效防止当前相位放行结束时车辆滞留路口,避免滞留路口的车辆对相交道路车辆的影响,预防了因路口溢流带来的区域连锁拥堵。

3) 绿波推送系统

绿波推送系统是通过路口/路侧的电子诱导屏将绿波带信息共享给交通参与者的一种信息发布控制技术,控制技术分为单速度推送模式、区间速度推送模式和策略信息推送三种模式。绿波推送系统需要建设电子诱导屏,诱导屏须与信号机联通,推送信息由信号机控制。绿波推送系统能够使交通参与者更清楚地知晓绿波信息,更全面地了解控制策略,更便捷地通过信控路口,给交通参与者营造更加"安全、高效、文明、绿色"的交通环境。

2. 智慧路口方案的应用

2.1 智能交通基础设施

交通基础设施可统称为社会和居民提供公共服务的产品设备,主要有交通信号机/灯以及 LED 显示屏、视频摄像机、雷达设备、边缘计算单元、感知检测软件、高精授时设备等。

1) 毫米波雷达

毫米波雷达发射出去的电磁波是一个锥状的波束,这个波段的天线主要以电磁辐射为主。由多普勒效应所形成的频率变化叫作多普勒频移。通过检测这个频率差,可以测得目标相对于雷达的移动速度。根据发射脉冲和接收的时间差,可以测出目标的距离。毫米波雷达的探测距离受到频段损耗的影响,对于静止物体无法进行比较精确的建模。

2) 激光雷达

从探测精度上来讲,激光雷达探测精度更高,范围更广,稳定性也更强。同时可感知行人、非机动车、障碍物、静止物体等进行精准地建模。普通检测设备只覆盖车道,但激光全路口扫描,包括路口内部车道、行人等待区。

3) 雷视一体机

雷视一体机是基于雷达技术和视频技术的结合。雷达模块通过发射和接收信号,计算目标物体的距离、方向、速度等参数,并将这些参数传输到视频模块。视频模块利用这些参数对目标物体进行高清晰度的视频捕捉和跟踪,实现高质量的图像识别和目标跟踪。可感知机动车、非机动车、行人、障碍物等;但受环境影响,无法识别夜间静止深色目标,同时探测精度一般。

4) 边缘计算单元

边缘计算单元是一种可以在边缘设备上运行的计算单元,它可以在边缘设备上运行机器学习算法,以实现实时分析和决策。在此用于将雷达、视频检测器检测数据进行分析计算传输给信号机。

5) 感知检测软件

感知检测软件是一种用于检测和识别环境中的物体和活动的软件。它可以帮助机器人和其他自动化系统更好地理解周围的环境,从而更好地完成任务。在此主要用于多传感器的数据融合,数据结果及结构化数据,提供车辆变道、超速、压线、慢行、违停、逆行、碰撞等事件检测,提供实时车辆总数、不同车型车辆总数、车道车辆数、车道均速、车道车头间距。

6)高精授时设备

高精授时设备是一种用于测量时间的精密仪器,它可以提供高精度的时间测量,以及更准确的时间同步。在此主要应用于保障道路交通设备时钟统一性。

7)数字时空底座

通过传感器、摄像头,获得实时数据,在平台上精确反映物理对象的虚拟模型,基于时空同步技术形成与现实路口空间和时间参考系一致的路口数字时空底座,为全息路口业务应用提供数据时空统一基础。

8)全息路口综合管控平台

全息路口综合管控平台是用于支持路口综合管控的软件平台,具备态势运行监测、态势研判分析、交通信号优化、多维信息交互、交通执法取证等功能。能够基于车道级历史数据和实时数据,进行路口交通信号控制优化,主要包括自适应优化控制、协调式公交优先等。可以对交通参与者进行多途径、多维度的实时预警提示,实现行人过街保护、交通状态提示、车辆违法警告等精细化治理。可以针对违法交通行为,特别是现有执法系统普遍忽视的行人、非机动车等小目标的检测、识别、取证等,进一步细化交通管理需求,提升交通执法能力。

2.2 智慧路口应用效果分析

由于交叉路口场景的复杂性,路口交通治理需要减少交通安全事故的发生,保障行人通行安全,同时兼顾路网通行效率,避免车辆拥堵。智能路口方案的关键部分主要包括路口交通数据多维感知、超边缘算力实时分析、交通预警信息智能发布以及交通治理云边协同。

路口的数化过程首先要实时采集、收集完整的交通状态数据,获取道路关键节点各进出口车辆和行人的动态、静态信息,为交通调度和统筹控制提供必要的基础信息。道路的交通状态数据主要来源有地感、GPS及北斗、视频、雷达、信号机等。

在道路感知方面,智能路口方案支持视频帧级解析,可接入摄像头、激光雷达等多种类型的感知传感器,在不同的天气和场景下有效识别行人、车辆、非机动车、车道线等道路场景元素,获取交通参与要素的空间位置、速度、方向、类型、尺寸等多维交通状态数据,也可以基于路侧智算设备内置的AI算法进行车辆行为分析预测,智能化感知道路交通状态。

在智能路口方案中,路侧智算设备将生成的交通预警信息通过多种方式向外广播,除了采用电子标识牌提醒方式外,还可以通过V2X(Vehicle to Everything)技术将预警信息直接传递给智能网联汽车。支持通过5G网络连接路侧智算设备与电子标识牌,5G的低时延和高可靠确保电子标识牌能够及时接收并发布交通预警信息,智能提醒过往行人车辆,帮助其获取视距外交通状态信息(图2)。

图2 智慧路口后端平台

车路协同网络架构提前布局未来自动驾驶演进方向,利用V2X技术建立V2I(Vehicle to Infrastructure)预警信息发布通道。RSU(Road Side Unit)作为C-V2X技术的路边单元,负责接收路侧智算设备下发的路况信息等实时交通预警信息,并动态播报给通行车辆 OBU(On Board Unit),实时向智能网联车辆推送路侧计算的路面交通状况信息。随着 V2X 技术的广泛应用,更高效的车路协同将提升整个路网出行效率,减少交通事故的发生。

2.3 车路协同控制下的智能路口应用案例

1) 简州 5G/V2X 智能网联示范项目

在四川简州新城新经济产业园区建立自动驾驶测试与验证示范基地,建成基于 4G/5G 网络及终端、C-V2X 网络及终端,IDC 网络及专线的云网协同环境,实现了对车路协同、无人驾驶等应用场景的支撑;建设了包含道路交通调度、在线监测控制、视频监控管理、V2X 设备管理等智能网联车路协同平台,以及高精地图、高精定位、智能停车等系统,形成了对 5G/V2X 以及车路协同方面的新技术进行测试验证和应用场景的验证的有力支撑环境。最终依托实验研发环境,建立面向智能网联车辆以及未来出行服务创新平台,为行业相关标准规范的制定,和创新产品的落地起到推进作用。

2) 博鳌东屿岛车联网项目

联通智慧交通军团与海南联通共同部署博鳌东屿岛车联网项目,建设涵盖 5G/V2X 专用通信网络、路侧感知系统、车路协同云控平台、数字孪生指挥中心、综合交通一体化平台和多种自动驾驶应用的 5G 车联网示范区。形成了一套感知、决策、控制全闭环的自动化系统,实现了车、路、云的实时交互和无缝衔接,在博鳌东屿岛以及机场连线的 17 km 道路上,进行智慧化道路改造,提供 4 类无人车运营服务,提供运营管理、系统监控、自动驾驶运营应用。该项目荣获 2022 年世界 5G 大会-5G 应用设计揭榜赛(企业组)二等奖、2022 年度"5G+"灯塔应用十大标杆案例。

3) 九台智慧交通项目

项目为长春市九台区"数字九台"提供了智慧交通平台的建设支撑,成功交付的智能交通综合管控平台是为交通指挥系统服务的统一信息平台,以信息技术为主导,以计算机通信网络和智能化指挥控制管理为基础,建成集高新技术应用于一体的智能化指挥调度集成平台,实现信息交换与共享、快速反应决策与统一调度指挥,实现交通指挥现代化、管理数字化、信息网络化、办公自动化,提高交警部门的道路交通管理水平

3. 关于智慧路口实践情况的总结分析

道路智能设施建设最大的驱动力正是来自政府,路侧设施的智能化一可提升出行的效率,二可减少事故发生,三可避免人员伤亡、国家损失,这与车路协同以解决交通问题、提高交通效率、降低交通事故、提高交通便利性、增强交通安全性的初心不谋而合。道路智能设施在各地试点示范建设后,产生了一批数据,从技术角度上看能够解决一些问题,并可形成大规模的商业化应用;从产业化的角度来看,路侧的基础设施已经实现了量产,相关的配套服务也逐渐成熟;无论是政策上、技术上、产业上,都透露出道路智能设施市场向好的信息,发展态势较为明朗的同时也存在许多实践问题。

3.1 智慧路口实践过程中的问题

1) 详细规划

在近期政策的支持下,规划建设智慧道路基础设施已成为主要战略目标,但是,在具体实践中,基础设施的部署规模与时间都没有明确,这将在很大程度上影响智慧路口产业的发展进程。

2) 投资力度

中国公路学会把交通基础设施系统分为五个等级。感知设备在不同等级的道路上的布设情况并不相同,计算方法较为复杂,等级越高,投入成本也越大,自动化程度也就越好。标志、标线等传统的交通基础设施可以数字化的方式通过周边新部署的路侧智能设备纳入路侧系统中,进而以地图播报等形式进行信息广播,软成本的投入较多。路侧端设施后续的运营维护也将会是一笔较大的开支。

3) 技术角度

道路智能设施的发展也离不开车企的参与,路侧端进行智能化建设后,若车端的核心技术难题和专利权等问题无法解决,导致路侧端无法和车端进行互动,在这样的前提下,无论市场形势多么火爆,都将遇到一片无法蹚过的雷区。

4) 运营模式

从目前道路智能设施的发展来看,各地方仍处于探索阶段,并没有形成商业闭环,当投资和产出没有对等,商业无法形成闭环、无法盈利时,适合长期发展的商业模式也需要时间来探索。另外,道路智能设施最基本的运营维护问题以及标准化并不清晰等发展痛点。路侧设施作为公共服务,前期是政府事权,后期是否会有运营商参与以及其他的商业运营模式,尚未可知。

5) 行业标准

道路智能设施的标准化是关键,在车载终端的服务功能和数据接口日趋标准化的基础上,应当根据终端在汽车保有量的占比,不断推进路侧建设。在车载端推进的同时,路侧端应该紧密跟踪和积极介入,形成研究合力,但是,现在有些各自为主,数据接口等建设难点依旧存在。

3.2 智慧路口发展途径的建议

总体来说,智慧路口应用的发展道阻且长,应当分阶段、分区域推进智慧路口建设、部署工作。具体有以下几点建议。

1) 加大投资力度,推进设施数字化升级

推进智慧路口基础设施建设,促进交通基础设施(信号灯、标志、标线等)的数字化升级,坚持道路基础设施和车辆协同发展,研究道路智能化分级方法,加大智能基础设施投资力度,推进道路基础设施的数字化、智能化建设。

2) 制定标准体系,统一接口协议

充分考虑通信、汽车、交通管控设施等标准的兼容性,在实际应用中,制定并不断完善路侧设施与V2X设备和系统的接口规范、数据共享等标准;统一通信接口和协议,实现道路设施与智能汽车、运营服务提供商、交通、交管系统等信息互联。

3) 加快智能路侧设备研发与测试

加大路侧感知、边缘计算、信息交互等设备和系统的研发力度,规范功能和性能要求;研究面向智能路侧设备的测试评估方法,推进测试体系建设,开展规模化测试,验证智能路侧设备的适应性和可靠性。

4) 打造示范应用,探索商业模式

选取有条件的城市、道路开展试点工作,充分利用车路协同先导区、智慧城市建设、道路基础设施改造新建和升级改造的机会,加快基础设施的部署和应用,优先开展行业之间的示范应用;探索道路智能设施可行的管理机制和运营模式,明确市场的需求,在摸索中打造出一套完整的商业链,形成供应商、运营商、政府和消费者间完善的产业生态体系,打造商业闭环。

参考文献

[1] 杨翼. 基于车城网的智慧路口应用研究与设计[J]. 数字通信世界, 2023(2): 21-23.
[2] 杨轩. 高速公路监控中心智慧运营平台系统[J]. 广东公路交通, 2022, 48(5): 46-49.
[3] 万星. 基于多元融合感知的收费站数字孪生系统[J]. 中国交通信息化, 2023(6): 75-78.
[4] 王云鹏, 鲁光泉, 于海洋, 等. 路车融合的道路交通系统智能化分级及发展建议[J]. 中国公路, 2022(10): 38-40.

基于街景数据的街道空间品质评价方法及实证研究
Quality Measurement and Differentiation Strategy of Urban Street Design

方雪丽[1]

摘 要：城市建设已进入零增量和减量化建设的发展阶段,人口集聚效应与公共资源紧缺的矛盾日益凸显。特大城市已经进入存量规划时代,提倡精明增长模式。传统街道规划理念和手段已不相宜,大数据驱动下的城市规划和街道设计方法亟待变革和创新。本文立足于街道使用者的差异化需求,借助新数据和新技术对街道空间品质的"点""线"和"面"要素进行多维度系统性测度;引入"街道空间品质"指数概念,建立一套既体现街道通行者意愿,又便于实际应用和管理的街道空间品质测度评价模型与分级标准。研究结果可为街道设施设计品质影响因素提供识别和改善方向,评价流程可计算、可比较、可实施,具有较强的应用和延伸扩展性。

关键词：街景数据；深度学习；街道空间品质；城市设计

Abstract: Urban construction has reached the development stage of zero increment and reduction construction, and the contradiction between population agglomeration effects and shortage of public resources has become gradually acute. Also, megacities have entered the era of stock planning and advocate smart growth modes. However, traditional street planning concepts and methods are no longer suitable. Besides, urban planning and street design methods driven by big data are in urgent need of reforms and innovations. Therefore, this research employs new data and emerging technologies to multidimensionally and systematically measure the elements of "points", "lines" and "planes" of street space qualities on the basis of the differentiated demands of street users; proposes the index concept of "street space quality" and further develops a set of street space quality measurement assessment models and grading standards, which not only present the wishes of street users, but also facilitate practical applications and managements. The results are capable for identifying and improving influencing factors of designed qualities of street facilities. Also, the assessment process is calculable, comparable, and implementable, and has strong application and extension.

Key words: street view data; deep learning; street space quality; urban design

1. 引言

据统计,2019年年末,中国大陆总人口140 005万人,其中,城镇常住人口84 843万人,常住人口城镇化率为60.60%,城市建设已进入零增量和减量化建设的发展阶段,人口集聚效应与公共资源紧缺的矛盾日益凸显[1]。特别是国内一些大城市,如北京、上海、广州等城市已跨入存量规划时代,提倡精明增长化建设方式。城市建设的关注点也逐渐从大尺度大规模的"造城",转变成中小尺度的"营造"与"更新"[2]。传统街道规划理念受到冲击。

国内外街道规划理念研究和实践主要集中在街道设计影响要素、品质量化方法和数据处理新方式三个方面。①街道设计品质的影响要素研究主要包括"点要素"和"线要素"两类：Jane Jacobs[3]提出小尺度的街区、多样的功能以及连续的步行空间要素；Jan Gehl[4]提出适宜的尺度、细节设计、明确的边界、富有变化的立面、可停留的空间以及微观气候环境要素；Allan B. Jacob[5]提出步行可达性、清晰的边界、美丽

---

1 方雪丽,上海市交通委员会交通指挥中心,高级工程师,联系邮箱：fxlann@163.com。

的景观、通透的界面以及建筑的协调性要素;《上海市控制性详细规划(2011版)》提出建筑控制线和贴线率指标等。②街道设计品质研究多通过定性与定量相结合的方式,将影响因素反映到品质分级中,确定服务质量与等级。黄健中[6]以定性与定量相结合的方式从支持使用活动、形象认知和运行保障层面构建街道设计评价指标体系;徐磊青[7]从公共空间供应及微观特征层面定量研究街道设计影响要素,构成街道步行品质的测度体系;里德·尤因[8]利用专家小组评级确定标准,构建五类品质的影响因素体系等。③海量的大数据改变了传统资料收集时所面临的数据滞后、零散和不清晰等问题。龙瀛[9]利用网络街景数据,研究绿化水平对缓解压力的作用;Kyushik[10]基于街景图片,通过计算机图像识别技术对城市街道空间景观的视觉构成进行解析;韩君玮[11]利用街景图像识别技术提出视觉熵的概念来量化评价步行街道视觉特征等。综合来说,传统的街道设计规划方法考虑的影响因素不尽全面[12-20],且处理办法较多依赖于规划师本身的知识结构,调研和数据采集方法较为传统和简单,缺少科学动态的机制分析来反映城市的复杂性,已有的技术手段与现状需求已不相宜,大数据驱动下的城市规划和街道设计方法亟待变革和创新[21-22]。

在多元城市数据不断涌现的背景下,本文立足于街道使用者的差异化需求,借助新数据和新技术对街道空间品质的"点""线"和"面"要素进行多维度系统性测度;引入"街道空间品质"指数概念,建立一套既体现街道通行者意愿,又便于实际应用和管理的街道空间品质评价指标体系和流程。

2. 研究方法与实验设计

2.1 研究案例:上海市杨浦区部分街道片区

研究案例的范围为上海市杨浦区南部区域,北至中环路,东至黄兴路,南至周家嘴路,西至曲阳路,约16 km²。杨浦区是上海面积最大、人口最多的中心城区,人口密度约2.16万人/km²,居上海市各区第五位。研究范围内的街道类型丰富,涵盖商业街道、生活服务街道、景观休闲街道等多种类型街道,居民对于人居环境品质提升诉求较高,但可规划的建设用地较少,街道增量空间有限。因此,在该区域展开城市街道品质建设研究,有助于应对城市高密度开发建设所导致的环境品质下降、空间活力下降、空间秩序混乱等问题。

2.2 分析框架

研究包括四个主要步骤:数据收集、指标提取、模型分级与品质应用(图1)。首先,基于百度API端口的Python爬虫脚本和全卷积复杂神经网络等深度学习方法,获取研究范围内的街道路网底图及街景图片要素识别结果,获得城市街道空间品质数据集;其次,从数据集中提取主观、客观两个维度的9个品质关键指标;再次,通过AHP层次分析法计算各个因素的相对权重,确定城市街道空间品质评价模型,结合数值变化趋势分类方法和数值差异性分类方法,分析城市街道设计适应性,获得品质评价的分档标准;最后,利用所建立的街道空间品质评价模型以及分档标准,对案例街道进行服务品质分级和评价,识别需要重点改善的设施对象,提出可能的改善措施。

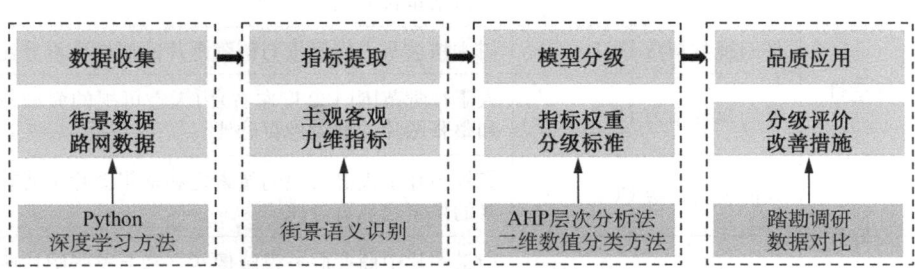

图1 研究设计框架(作者自绘)

2.3 街道空间品质数据收集

其一,从 Open Street Maps 获取研究范围的路网图(图2),通过 Arc GIS 在线要素上构造点的方法,均匀地获取点位和坐标,并根据方向角进行修正,利用百度 Web API 接口将坐标和方位角等参数传入,循环爬取覆盖研究范围内 1 528 个样本点的街景图片。其二,利用基于深度学习全卷积网络的视觉影像语义分割技术(FCN)提取街景图像中步行道宽度、车道宽度、绿视率、服务设施面积等街景图像中的像素点的比例,如图3所示作为后续指标量化和模型构建的基础。

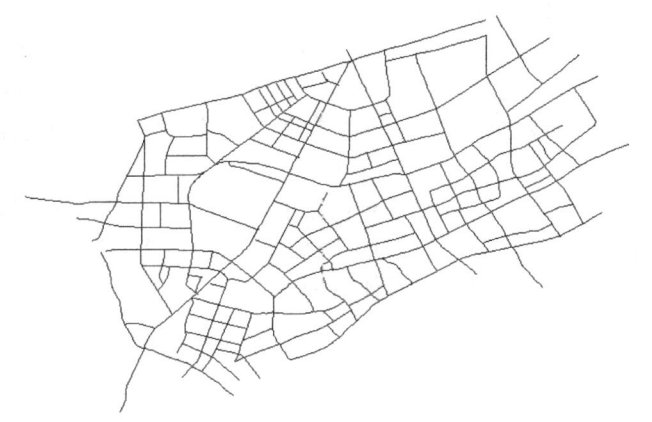

图 2　研究范围内的路网图(作者自绘)

图 3　街景图片像素识别对比图(作者自行出图)

2.4 街道空间品质指标提取

从客观评价和主观评价两个维度对街道设计品质指数进行筛选。客观评价包括步行可行性、路网通达性、设施便利性三类,具体指标包括步行通行指数、路网密度和服务设施满足指数等;主观评价包括步行安全性、空间舒适性和空间友好性三类,具体指标包括机动车干扰指数、交通标识指数、平面视觉指数和纵向视觉指数等。街道设计品质评价指标及量化方法如表1所列。

表 1　城市街道设计品质评价指标

一级指标	二级指标	三级指标	计算方式	相关性
客观评价	步行可行性	步行通行指数 SFI	街景图片中步行道与车行道的所占像素量百分比	正相关
	路网通达性	路网密度 RDI	街景图片中车行道与整张图片所占像素量百分比	正相关
	设施便利性	服务设施满足指数 PSI	街景图片中服务设施与整张图片所占像素量百分比	正相关
主观评价	步行安全性	机动车干扰指数 VII	街景图片中机动车斑块的像素与整张图片中机动车道的像素总量百分比	负相关
		交通标识指数 ITI	街景图片中交通信号灯和指示牌面域和整张图片所占像素量百分比	负相关
	空间舒适性	平面视觉指数 PVI	树木植被所占像素量与整张图片的面域像素百分比	正相关
		纵向视觉指数 DVI	人眼视觉范围(120度左右)内天空可视的面域像素和整张图片的面域像百分比	正相关
	设施友好性	人群吸引指数 CCI	街景图片中人群斑块的像素之和整张图片中所有要素的像素之和百分比	正相关
		商业设施满足指数 CSI	街景图片中商业服务设施像素之和与整张图片所占像素量百分比	正相关

街道设计品质评价指标量化方法见(1)—式(9)。

1) 步行通行指数 SFI(Spatial feasibility index)

$$SFI_n = \frac{W_n}{R_n} = \frac{\sum_{i=1}^{i} w_i}{\sum_{i=1}^{i} r_i} \qquad (1)$$

式中　W_n——编号 n 的街景图片中总步行空间所占像素量。

　　　R_n——街景图片中总车行空间所占像素量。SFI 值越大,代表可步行的面积越大;反之,SFI 值越小,可步行面积越小。

2) 路网密度 RDI(Road-network density)

$$RDI_n = \frac{R_n}{A_n} = \frac{\sum_{i=1}^{i} r_i}{\sum_{i=1}^{i} a_i} \qquad (2)$$

式中　R_n——街景图片中总车行空间所占像素量;

　　　A_n——街景图片总的像素量,即该张图片中所有面域像素之和。

3) 服务设施满足指数 PSI(Public-facility satisfied index)

$$PSI_n = \frac{P_n}{A_n} = \frac{\sum_{i=1}^{i} p_i}{\sum_{i=1}^{i} a_i} \qquad (3)$$

式中　P_n——编号 n 的街景图片中服务设施所占像素量,即该张图片中 i 个设施面域像素之和;

　　　A_n——街景图片总的像素量,即该张图片中所有面域像素之和。

4) 机动车干扰指数 VII(Vehicle interference index)

$$VII_n = \frac{C_n}{R_n} \qquad (4)$$

式中　C_n——街景图片中识别出的机动车斑块的像素。

　　　R_n——整张图片中机动车道的像素总量。车辆干扰指数越高,表示街道空间中机动车占比越大,给人的安全感越低。

5) 交通标识指数 ITI(Interface transparency index)

$$ITI_n = \frac{T_n}{R_n} = \frac{\sum_{i=1}^{i} t_i}{\sum_{i=1}^{i} r_i} \qquad (5)$$

式中　T_n——编号 n 的街景图片中交通信号灯及交通指示牌的像素面域量,即该张图片中 i 个门和窗面域像素之和;

　　　R_n——图片中街道空间的像素总量,即该张图片中 i 个车行和步行道面域像素之和。

　ITI 值越大,表示交通设施越多,该区域交通状况越复杂,步行安全性越低;反之,ITI 值越小,步行安全性越高。

6）平面视觉指数 PVI（Plane visual index）

$$PVI_n = \frac{P_n}{A_n} = \frac{\sum_{i=1}^{i} p_i}{\sum_{i=1}^{i} a_i} \quad (6)$$

式中　P_n——编号 n 的街景图片中的植被所占像素量，即该张图片中 i 个植被面域的像素之和；
　　　A_n——街景图片中所有的面域像素之和。平面视觉指数与舒适感呈正相关，即平面视觉指数越高，舒适感越高。

7）纵向视觉指数 DVI（Diagonal visibility index）

$$DVI_n = \frac{\sum_{i=1}^{i} v_i}{\sum_{i=1}^{i} a_i} \quad (7)$$

式中　DVI_n——编号为 n 的街景图片的纵向天空视觉程度；
　　　v_i——该张图片中第 i 个天空面域的像素量；
　　　a_i——街景图片中第 i 个的面域像素之和。

8）人群吸引指数 CCI（Crowd concentration index）

$$CCI_n = \frac{P_n}{R_n} \quad (8)$$

式中　P_n——图片 n 中所有人群板块的像素之和；
　　　R_n——图片 n 中所有要素的像素总和。

9）商业设施满足指数 CSI（Commercial-facility satisfied index）

$$CSI_n = \frac{C_n}{A_n} = \frac{\sum_{i=1}^{i} c_i}{\sum_{i=1}^{i} a_i} \quad (9)$$

式中　C_n——编号 n 的街景图片中商业服务设施所占像素量，即该张图片中 i 个设施面域像素之和；
　　　A_n——街景图片总的像素量，即该张图片中所有面域像素之和。

2.5　街道空间品质模型分级

通过邀请二十余位建筑、规划与景观领域的业内专家采用 AHP 层次分析法，通过统计学方式确定街道空间品质评价指标因子的权重。AHP 层次分析法中的层次结构模型为目标层、准则层和方案层三个层次，在本次研究中，目标层为街道空间品质，选定步行可行性、路网通达性、设施便利性、步行安全性、空间舒适性和设施友好性六个维度构建准则层，选取步行通行指数、路网密度、服务设施满足指数、机动车干扰指数、交通标识指数、平面视觉指数、纵向视觉指数、人群吸引指数和商业设施满足指数作为方案层，根据这三个层次，构建街道空间品质模型。通过两两判别矩阵指标之间的重要性程度分异，对指标的重要性程度进行权重赋值。同时为规避专家打分的主观性过强造成打分矩阵出现不一致等情况，采用粒子群优化算法对专家打分矩阵进行修正，最终确定各因素权重结果（表2）。

表 2　城市街道设计品质模型指标权重

底层元素	结论值（全局权重）	同级权重	上级
步行通行指数 SFI	0.285 2	1	步行可行性

(续表)

底层元素	结论值(全局权重)	同级权重	上级
路网密度 RDI	0.196 7	1	路网通达性
服务设施满足指数 PSI	0.092 4	1	设施便利性
机动车干扰指数 VII	0.196	0.75	步行安全性
交通标志标识指数 ITI	0.065 3	0.25	
平面视觉指数 PVI	0.021 4	0.25	空间舒适性
纵向视觉指数 DVI	0.064 3	0.75	
人群吸引指数 CCI	0.019 6	0.25	设施友好性
商业设施满足指数 CSI	0.058 9	0.75	

街道空间品质模型如下式所示：

SLS(街道品质)$=0.285\,2\times SFI$(步行通行指数)$+0.196\,7\times RDI$(路网密度)$+0.092\,4\times PSI$(服务设施满足指数)$+0.196\times VII$(机动车干扰指数)$+0.065\,3\times ITI$(交通标志标识指数)$+0.021\,4\times PVI$(平面视觉指数)$+0.064\,3\times DVI$(纵向视觉指数)$+0.019\,6\times CCI$(人群吸引指数)$+0.058\,9\times CSI$(商业设施满足指数)。

$\lambda_{\max}=6.622\,4$，$CR=0.098\,8$，$CI=0.124\,5$，所建立模型具有统计学意义。利用前述数据获取方式及街道空间品质模型获得研究范围内的街道空间品质结果。街道空间品质分级方法采用两种方式共同确定：数值变化趋势法，将品质数值结果进行排序并绘制散点分布图(图4)，在数值逐渐降低的分布曲线中，找寻关键斜率变化拐点；数值差异性分类法，将品质数值结果基于数据中固有的自然分组，在数值差异相对较大位置处设置其边界，将街道空间品质分成若干区间(图5)。

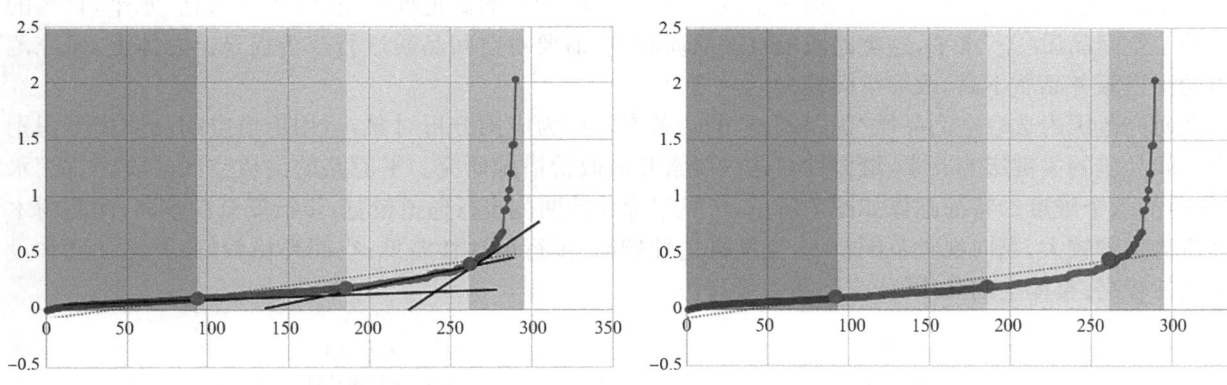

图4　数值变化趋势分类法(作者自绘)　　　　　图5　数值差异性分类法(作者自绘)

结合上述两种方法，获取街道空间品质分档标准，如表3所列。级别"差"的街道品质区间为[0.00,0.11)，级别"及格"的街道品质区间为[0.11,0.32)，级别"良"的街道品质区间为[0.32,0.97)，级别"优"的街道品质区间为[0.97,2.5]。

表3　街道空间品质分档标准

级别	空间品质分档标准	级别	空间品质分档标准
差	[0.00, 0.11)	良	[0.32, 0.97)
及格	[0.11, 0.32)	优	[0.97, 2.5]

2.6 街道空间品质分级应用

利用前述数据获取方式及街道空间品质模型获得研究范围内的街道空间品质结果,并将其结果对应于研究范围内的路网底图上,得到街道空间品质分级图(图6)。

图6 街道空间品质分级图(作者自绘)

研究范围内的街道空间品质分布情况,20%的街道处于空间品质"优"水平,29%的街道处于空间品质"良"水平,这类街道的空间品质可以被大多数居民所接受;33%的街道处于空间品质"及格"水平,18%的街道处于空间品质"差"水平,这类路段的空间品质较差,需要对空间品质进行改善提升。总体上,研究范围内的街道服务品质不高,改善空间较大。

在研究范围内选取空间品质"优"和"差"的两条道路作为应用分析对象,运用街道空间品质模型识别街道空间品质的关键影响要素,继而针对这些要素开展改善措施研究。平凉路的街道空间品质为"优"水平,街道的六个维度的特征画像如图7所示,可见平凉路的两侧步行通道较宽,步行安全性较高;两侧树木植被覆盖范围较大,纵向视觉范围较大,空间舒适性较高;步行可达性略低;空间环境较好,开发强度和设施便利性较高;整体空间品质好、空间活力较高。

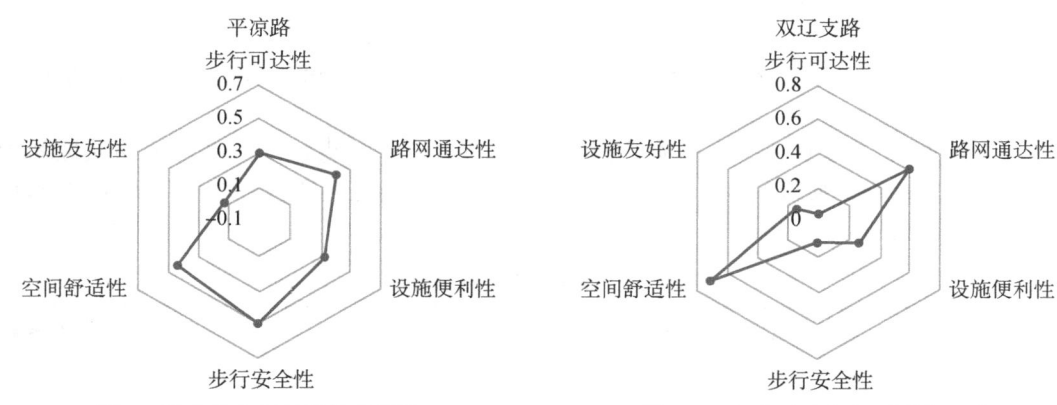

图7 平凉路空间品质特征画像　　　图8 双辽支路空间品质特征画像

双辽支路的街道空间品质为"差"水平,街道的六个维度的特征画像如图8所示,可见的两侧步行通道窄,步行安全性差;两侧无树木植被,纵向视觉感觉压抑,空间舒适性差;步行可达性差;空间环境较差,开发强度较高；整体空间品质差，亟待提升空间品质、提升街道活力。双辽支路的街道空间提升措施建议：减少路边停车占用面积，拓宽步行通道宽度；清晰化路面标志标线，增设两侧树木植被。

3. 结语

本研究立足于街道使用者的差异化需求，借助新数据和新技术对街道空间品质的"点""线"和"面"要素进行多维度系统性测度，弥补传统量化分析方法在规模和精度上的缺陷；引入"街道空间品质"指数概念，建立一套可计算、可比较、可实施的街道设计品质评价指标体系和流程。研究结果可为街道设施设计与安全管理提供切实指导，为建立完善的街道设计理论体系奠定基础；可为街道设计的未来定位和发展提供技术参考，可为街道设施设计品质影响因素提供识别与改善方法，可为街道设施提供关键设计参数，可为街道设施设计的组织管理提供方案测试平台，具有较强的应用和延伸扩展性，具备重要的实际应用价值。

参考文献

[1] 王建国,崔愷,高源,等.综述:城市人居环境营造的新趋势、新洞见[J].建筑学报,2018(4):1-3.
[2] 罗小龙,许璐.城市品质:城市规划的新焦点与新探索[J].规划师,2017,33(11):5-9.
[3] 简雅各布斯.美国大城市的死与生[M].金衡山,译.南京:译林出版社,2005.
[4] 杨盖尔,孙璐.人性化的城市:哥本哈根的经验与启示——杨盖尔访谈.北京规划建设,2018(03):186-196.
[5] CARMONA M, HEATH T, OC T, et al. Public Places-urban Spaces: The Dimensions of urban Design[M]. Burlington: Architectural Press, 2003.
[6] MARSHALL S. Streets & Patterns[M]. New York: Spon Press, 2005.
[7] 徐磊青,孟若希,黄舒晴,等.疗愈导向的街道设计:基于VR实验的探索.国际城市规划,2019,34(01):38-45.
[8] EWING R H. Characteristics, Causes, and Effects of Sprawl: A Literature Review[W] // MARZLUFF J M, SHULENBERGER E, ENDLICHER W, et al. Urban Ecology. Boston: Springer, 2008: 519-535.
[9] 龙瀛,唐婧娴.城市街道空间品质大规模量化测度研究进展.城市规划.2019,43(06):107-114.
[10] MOUGHTIN C, MOUGHTIN K M, SIGNORETTA P. Urban Design: Health and the Therapeutic Environment. Oxford: Architectural Press, 2009.
[11] HORTE O S, EISENMAN T S. Urban Greenways: A Systematic Review and Typology[J]. Transportation Research Record, 1997, 2(3): 199-219.
[12] 叶宇.新城市科学背景下的城市设计新可能[J].西部人居环境学刊,2019,34(1):1-11.
[13] 龙瀛,叶宇.人本尺度城市形态:测度、效应评估及规划设计响应[J].南方建筑,2016(5):41-47.
[14] 樊钧,唐皓明,叶宇.街道慢行品质的多维度评价与导控策略:基于多源城市数据的整合分析[J].规划师,2019(1):32-41.
[15] 丁宇辉.基于生活行为调查的社区街道空间规划设计研究——以成都市为例[D].成都:西南交通大学硕士学位论文,2009.
[16] 龙瀛.街道城市主义——新数据环境下城市研究[J].时代建筑,2016(02):128-132.
[17] 黄舒晴,徐磊青.社区街道活力的影响因素及街道活力评价——以上海市鞍山社区为例[D].城市建筑.2017(11):31-34.
[18] 陈泳,张一功,袁琦.基于人性化维度的街道设计导控以美国为例[J].时代建筑,2017(06):26-31.
[19] [日]芦原义信.外部空间设计[M].尹培桐,译.北京:中国建筑工业出版社,1985.
[20] [美]刘易斯·芒福德.城市发展史——起源、演变和前景[M].倪闻彦,等,译.北京:中国建筑工业出版社,1989.
[21] 任福田.城市道路规划与设计[M].北京:中国建筑工业出版社,1997.
[22] 王建国.城市设计[M].南京:东南大学出版社,1999.

资助项目

上海市东方英才计划青年项目(03778467J)；上海市青年科技启明星基金项目(23QB1404300)；中国博士后科学基金面上项目(2021M692142)

基于光流法实现低成本交通态势预测的研究

Research on Low-cost Traffic Situation Prediction Based on Optical Flow Method

李 彤[1]

摘 要：本文旨在利用光流法实现低成本的交通态势预测，以替代昂贵的毫米波雷达系统。道路摄像头被广泛应用于交通监控，但其功能局限于基础的视频记录。通过引入光流法，对摄像头捕获的图像序列进行运动估计，分析车辆和行人的运动方向与速度，从而实现交通流量监测、速度分析和交通事件检测等功能。采用MATLAB进行仿真，验证了光流法在交通监控中的有效性和实用性。实验结果表明，光流法不仅可以准确估计物体的移动速度及方向，还能够进一步扩展实现交通拥堵判定及拥堵趋势预测，通过利用现有的摄像头和轻量级算法，提供了一种低成本复用的交通态势预测思路。

关键词：光流法；交通态势预测；低成本

Abstract: This study aims to achieve low-cost traffic situation prediction using the optical flow method as a replacement for expensive millimeter-wave radar systems. Road cameras are widely used for traffic monitoring, but their functionality is limited to basic video recording. By introducing the optical flow method, this study estimates the movement from image sequences captured by cameras, analyzing the motion direction and speed of vehicles and pedestrians to realize functions such as traffic flow monitoring, speed analysis, and traffic event detection. MATLAB is employed for simulation to verify the effectiveness and practicality of the optical flow method in traffic monitoring. Experimental results demonstrate that the optical flow method can not only accurately estimate the moving speed and direction of objects but also further expand to achieve traffic congestion detection and congestion trend prediction. By utilizing existing cameras and lightweight algorithms, this study provides a low-cost and reusable solution for traffic situation prediction.

Key words: optical flow; traffic situation prediction; low-cost

1. 引言

随着全球城市化进程的加快，城市交通问题日益突出，交通拥堵、交通事故和交通污染等问题成为亟待解决的挑战。智能交通系统（ITS）的发展为应对这些问题提供了新的解决方案。ITS通过集成信息技术、通信技术和控制技术，实现对交通系统的全面监控和优化管理。然而，传统的ITS系统为完成交通运动识别一般会依赖于昂贵的硬件设备，如毫米波雷达，这就导致成本高昂，限制了其大规模应用现有的交通监控系统中[1]。反观摄像头已经成为普遍的配置，但其功能主要局限于视频记录和简单的图像分析。如何充分利用现有摄像头资源，通过先进的算法提升其功能，从而实现低成本的交通态势预测，成为一个值得深入研究的话题。本研究旨在探索一种基于光流法的低成本交通态势预测方法，光流法通过分析图像序列中像素的移动，计算物体的运动方向和速度，将为交通流量监测、速度分析和交通事件监测提供了技术支持。

---

1 李彤，江西省交通科学研究院有限公司，光学工程专业，硕士研究生，高级工程师，联系邮箱：ayutou@126.com。

2. 原理介绍

与毫米波雷达通过发射和接收信号来对物体运动状态判断的方式不同,光流法(Optical Flow)是通过分析图像序列中像素的移动来计算物体的运动方向和速度的一种技术。

光流的计算基于亮度不变性假设,即在短时间内,同一物体表面的亮度是恒定的。这一假设可以表示为式(1):

$$I(x, y, t) = I(x+\Delta x, y+\Delta y, t+\Delta t) \tag{1}$$

式中 I——像素的亮度值;

(x, y)——像素的坐标;

t——时间。

通过对该公式进行泰勒展开,并忽略高阶项,可以得到光流方程式(2):

$$I_x u + I_y v + I_t = 0 \tag{2}$$

式中 I_x——图像在 x 方向的亮度梯度;

I_y——图像在 y 方向的亮度梯度;

I_t——时间梯度;

u——光流在 x 方向的分量;

v——光流在 y 方向的分量。

目前主要的光流算法一共有如下三种,分别是 Lucas-Kanade、Horn-Schunck 和 Farneback(表1)。

其中,Lucas-Kanade 是一种稀疏光流算法,适用于小范围内的运动估计,该方法通过在图像中选择一些具有特征的点,并在这些点的局部邻域内求解光流方程。Horn-Schunck 是一种稠密光流算法,通过对整个图像区域求解光流方程来估计每个像素的运动矢量,该方法通过引入平滑项来解决光流方程的不适定性问题。Farneback 是一种稠密光流算法,通过拟合多项式来表示图像块的局部结构,从而估计光流。该方法的基本思想是对图像进行多尺度分析,在不同分辨率下计算光流,从粗到细地逐步优化结果。

表1 常用光流法对比

类别	Lucas-Kanade	Horn-Schunck	Farneback
算法原理	基于梯度的局部差分方法	基于最小化全局能量函数的全局方法	基于多项式扩展的密集光流方法
适用范围	小范围局部运动	全局运动分析	复杂、大范围运动
准确度	高	中等到高	高
计算复杂度	低到中等	高	中
优势	速度快,适用于实时应用	提供密集的光流场信息	能处理大位移运动,鲁棒性强
劣势	对噪声敏感,假设亮度不变	计算量大,对大运动不敏感	计算量大,需要良好的初始化

综合智能交通这种大范围、复杂场景的监测,Farneback 光流法是一个较好的选择。

3. 算法改进

为达到提高 Farneback 算法的准确性及提高实时性的目的,需要对视频图片及原算法进行处理,这些改进包括图像预处理、多层分层计算、减少窗口大小、算法简化。

3.1 图像处理

(1)降噪处理:使用高斯滤波器或中值滤波器去除图像中的噪声。噪声会干扰光流计算,导致误差增加。通过降噪,可以获得更加平滑的图像,提高计算精度[2]。

将彩色图像转换为灰度图,以简化计为式(3):

$$I_{\text{gray}} = 0.2989 \cdot I_R + 0.5870 \cdot I_G + 0.1140 \cdot I_B \tag{3}$$

再使用高斯滤波器对图像进行平滑处理,减少噪声,表示为式(4)—式(5):

$$I_{\text{smooth}}(x,y) = \sum_{i=-k}^{k}\sum_{j=-k}^{j} G(i,j) \cdot I_{\text{gray}}(x-i, y-j) \tag{4}$$

$$G(i,j) = \frac{1}{2\pi\sigma^2} e^{-\frac{i^2+j^2}{2\sigma^2}} \tag{5}$$

式中 $G(i,j)$——高斯核函数;

K——核函数的半径。

(2)亮度归一化:由于光流法假设物体的亮度在运动过程中保持不变,因此,亮度变化会影响计算结果,通过对图像亮度进行归一化处理,可以减小光照变化对计算的影响。

(3)图像缩放:将图像缩放到较小的尺寸可以减少计算量,从而提高处理速度。在保证识别精度的前提下,选择适当的缩放比例进行图像处理。

3.2 多层分层计算

(1)图像金字塔:构建图像金字塔,将图像分解为多个分辨率不同的层次。首先在低分辨率图像上计算光流,然后逐层细化光流估计结果,这种方法能够处理较大的运动,减小计算量,并提高计算精度[3]。

(2)层间传播:在每一层上进行光流计算时,将上一层的计算结果作为初始估计值进行传播。这样可以加快收敛速度,提高计算效率。

3.3 减小窗口大小

在Farneback算法中,计算窗口的大小直接影响计算量和处理速度。通过合理调整窗口大小,可以提高实时性[4]。主要包括以下两个方面。

(1)调整窗口大小:选择适当的窗口大小,使其既能捕捉到足够的运动信息,又不会增加过多的计算量。一般来说,较小的窗口适合实时处理,但需要平衡计算精度。

(2)自适应窗口:根据图像内容和运动情况,自适应调整窗口大小。在运动较少的区域使用较小的窗口,在运动较多的区域使用较大的窗口,以提高计算效率和精度。

3.4 简化算法

(1)简化多项式模型:在光流计算中使用较为简单的多项式模型,以减少计算复杂度。简化模型可以降低计算量,同时保持较高的计算精度。

(2)减少迭代次数:在保证计算精度的前提下,减少迭代次数。迭代次数越多,计算量越大,处理速度越慢。通过合理选择迭代次数,可以提高实时性[5]。

我们使用matlab对上述操作进行仿真(图1),实现了以下功能,光流法通过分析图像序列中像素的移动,计算物体的运动方向和速度。

原始图像1

原始图像2

光流矢量叠加在第二帧图像上(过滤后)

光流矢量叠加在第二帧图像上(聚合后)

图 1　基于改进后的 Farneback 算法的速度与方向识别

4. 应用扩展

通过算法改进,已经可以通过光流算法实得到路上的移动物体的运动速度及运动方向,但对于智能交通,还需要对复杂的交通场景进行全面分析,如交通拥堵判断和拥堵趋势分析,对中间参数进行进一步加工提炼,可以进一步扩展光流法的应用范围。

4.1　交通拥堵判断

交通拥堵是指在一定时间和空间范围内,车辆行驶缓慢或停滞不前的现象。通过对光流法中提炼出的光流矢量密度分析,运动方向一致性这两个参数的进一步分析,可以得到交通拥堵判断。光流矢量密度衡量了单位面积内的光流强度总和,用于识别车辆密集的区域。高密度通常表示交通拥堵,因为车辆在这些区域移动缓慢且密集。方向一致性衡量了光流矢量方向的一致程度。在交通顺畅的情况下,车辆通常沿着相同的方向移动,因此,方向一致性高;反之,在拥堵情况下,车辆移动方向混乱,方向一致性低。计算方程式表示为式(6)—式(7):

$$Density = \frac{\sum \|v_i\|}{Area} \tag{6}$$

式中　$\sum \|v\|$ ——网格内所有光流矢量的模的总和;
　　　$Area$ ——网格的面积。

$$Direction\ Consistency = \frac{\sum \cos(\theta_i - \theta_j)}{Number\ of\ Comparisons} \tag{7}$$

式中　θ_i、θ_j ——光流矢量的方向;
　　　$Number\ of\ Comparisons$ ——比较的光流矢量对的数量。

4.2　拥堵趋势分析

为了预测交通拥堵趋势,可以对时间序列中的图像进行分析,观察拥堵区域的变化趋势。在一段时间内,连续采集图像并计算光流矢量。观察各个网格内光流矢量密度和平均速度的变化,判断拥堵趋势。

在连续帧中计算光流矢量,并跟踪各个网格内的变化情况,拥堵趋势可表示为式(8):

$$Trend_t = \frac{Density_t - Density_{t-1}}{\Delta t} \tag{8}$$

式中　$Density_t$ ——时间 t 时刻的光流矢量密度;
　　　$Density_{t-1}$ ——时间 $t-1$ 时刻的光流矢量密度;
　　　Δt ——时间间隔。

根据光流矢量密度和平均速度的变化，分类出拥堵加重、拥堵缓解和拥堵稳定区域，可表示为式(9)：

$$Trend\ Category = \begin{cases} Increasing & if\ Trend > Threshold_+ \\ Decreasing & if\ Trend < Threshold_- \\ Stable & otherwise \end{cases} \quad (9)$$

式中，$Threshold_+$ 和 $Threshold_-$ 分别是判断拥堵加重及减轻的阈值，影响阈值的因素包括具体道路交通情况、历史数据，需要通过实验及现场反馈进行动态调整。

这里进行模拟仿真，旨在对功能进行确认，选择一段连续拥堵的路段进行模拟，并选择连续 5 帧照片作为输入，这里图片仅选择部分作为效果展示(图 2)。

图 2　光流法的扩展应用

部分反馈如下：

Frame 2：Flow Density ＝ 1 365 956.779 6，Average Speed ＝ 0.782 66

Frame 2：Congestion detected

Frame 3：Flow Density ＝ 1 273 739.267 1，Average Speed ＝ 0.729 82

Frame 3：Congestion detected

Frame 3：Congestion decreasing

其中，Flow Density 代表光流密度，表示每一帧图像的光流矢量总和，Average Speed 表示所有光流矢量的平均速度，Congestion detected 表明拥堵检测情况，Congestion decreasing 表示拥堵减少，Congestion increasing 表示拥堵增加，这些信息帮助我们分析每一帧图像中的交通状况变化，并判断拥堵的趋势。

5. 结语

光流法作为一种重要的运动估计技术，通过分析图像序列中的像素运动，可以为交通态势预测提供强有力的支持。尽管存在一些局限性，通过合理的算法优化可以在低成本设备上实现高效、准确的交通监控和态势分析。本文通过实验模拟展示了光流法在拥堵检测以及拥堵趋势分析中的应用。通过这些扩展应用，可以实现对交通事故、拥堵和异常停车等事件的检测和识别，从而提供快速响应机制，减少交通事故和拥堵的影响。由于本次研究仅在实验模拟阶段进行，因此下一步将进行实地对比验证，与毫米波雷达系统进行对比分析，以期将此种光流法应用推广，实现摄像头功能复用，达到降本增效的目的。通过进一步验证和优化，光流法有望成为交通态势预测和监控中的一种重要工具，为智慧交通的发展提供技术支持。

参考文献

[1] 戴宏林. 基于 ZYNQ 的动态目标图像采集技术研究[D]. 西安：西安工业大学，2023.

[2] 黄凯宁. 计算机视觉技术对智能交通系统发展的促进作用[J]. 黄河科技学院学报，2022，24(08)：59-63.

[3]蔡正凯.光流法在列车测速中的应用研究[D].成都:西南交通大学,2021.
[4]童冰.计算机视觉技术在智能交通系统中的应用[J].科技资讯,2020.
[5]植秀宁.城市道路交通拥堵态势评估建模技术及优化方法研究[J].建筑与预算,2023.

智慧交通下道路碳排放核算削减

The Carbon Emission Accounting and Reduction of Roads Based on Intelligent Transportation

王成名[1]　钟鸣荟[2]

摘　要：本文针对全球交通碳排放问题，提出了道路交通碳排放的精准核算与综合削减技术体系。通过构建碳排放量化机制，结合智慧交通服务，实现个体出行碳排放的精确计算和减排量的核算。在上海双智建设示范区项目中，该技术体系显著降低了交通碳排放量，验证了其有效性和可行性。不仅提高了碳排放计算的准确性和普适性，也为城市交通绿色发展提供了有力支持，对未来实现全球交通领域碳中和目标具有重要意义。

关键词：智慧交通；道路碳排放；碳排放精准核算；碳排放综合削减

Abstract: This study proposes a precise accounting and comprehensive reduction technology framework for road transportation carbon emissions in response to the global issue of transportation-related carbon emissions. By establishing a carbon emission quantification mechanism and integrating smart transportation services, the study achieves accurate calculation of individual travel carbon emissions and estimation of emission reduction. In the Shanghai Smart & Connected Vehicle Pilot Zone project, this framework significantly reduced transportation carbon emissions, validating its effectiveness and feasibility. The study not only improves the accuracy and universality of carbon emission calculations, but also provides strong support for the green development of urban transportation, holding significant implications for achieving global carbon neutrality in the transportation sector.

Key words: smart transportation; road carbon emissions; accurate carbon emission accounting; comprehensive carbon emission reduction

1. 引言

随着全球经济的发展和城市化进程的加快，交通领域的碳排放问题日益严重。交通领域的碳排放约占全球总量的1/4，受到各国高度重视。城市交通碳排放受到出行结构、运输需求、新能源汽车技术、城市经济发展水平、城市规模等因素的影响。在"双碳"目标下，道路交通碳排放的精准控制和综合削减成为关键问题之一。低碳交通以高能效、低能耗、低污染、低排放为特征，优化交通运输的发展方式，提高能源效率，改善用能结构，要实现低碳交通，首要解决的就是碳排放测算的问题，并在此基础上，衍生出碳减排引导等多方面的研究内容，以实现友好绿色生态环境，巩固车城协同精细化管控成效，实现交通碳排放减量目标。

在交通碳排放核算方法的研究中，丘建栋等人[1]针对排放因子标定研究的不足，通过采集深圳市本地化车辆运行工况，与欧洲HBEFA库的典型工况进行匹配识别，建立了深圳市本地化排放因子库。何榕健等人[2]提取出居民出行轨迹序列，建立基于小汽车动力类型的碳排放核算模型和公共交通碳排放核算模型，得到了城市居民出行碳排放模型与特征。马绪健等人[3]在识别碳排放源，制定碳排放核算标准和方法的基础上搭建了道路客运碳排放体系，调研统计某公司各项碳排放水平数据，开展了碳排放核算研究。

1　王成名，上海市新能源汽车公共数据采集与监测研究中心，硕士研究生，高级工程师，联系邮箱：wangchengming@shevdc.org。
2　钟鸣荟，上海市新能源汽车公共数据采集与监测研究中心，硕士研究生。

吴昊等人基于全生命周期评价理论，明确了高速公路服务区碳排放核算边界，以云南省某服务区为例进行全生命周期碳排放核算。修高群等人[5]统筹考虑上游电网端及下游消费端运输活动的全生命周期碳排放，基于不同交通活动建立碳排放核算方法，以烟台市为案例验证了该方法的有效性。张子林等人采用MOVES模型将北京和深圳的参数数据本土化，结合城市内的货运车辆信息，建立了基于MySQL的排放因子数据库，基于2010—2020年的数据测算了两个城市的货运交通碳排放量情况，并进行了数据分析。卢婉婉等人利用"自上而下"方法，计算了河南省2000—2019年的交通碳排放总量，分析了排放总量、排放强度和排放结构，得到了交通碳排放的总体变化趋势。马书红等人[8]提出了一种电动出租车与燃油出租车混行状态下的交通碳排放计算方法，对西安市出租车碳排放水平进行测算，运用K-means算法对碳排放区域进行演化分析，并探究了混行环境对碳排放的影响。陈肖雨等人[9]利用云南省高速公路收费站的实际数据对"自下而上"的交通碳排放方法进行改进，构建了基于高速公路收费数据的微观交通碳排放测算模型，测算得到市域和县域空间尺度下的交通碳排放。黄蕾等人[10]基于江苏省各城市的数据结合IPCC测算方案运用"自下而上"的方法测算了江苏省城市交通运输部门碳排放量。

目前，国内外城市在交通碳排放量计算上已有探索实践，但各地的计算前提和要素考虑存在差异，缺乏统一标准规范的计算方法。因此，本文将介绍道路交通碳排放的精准核算与综合削减技术体系，致力于研究交通领域碳排放量化机制，同步探索有效削减技术手段，建立一套个体出行温室气体减排量的核算流程和计算方法，通过这一流程，以量化个人出行行为对温室气体排放的影响，激励社会公众改变日常出行的行为习惯，推广绿色低碳出行理念。

2. 道路交通碳排放的精准核算与综合削减技术体系

道路交通碳排放的精准核算与综合削减技术体系是一种针对交通领域碳排放进行精确核算、综合削减的科学方法。通过综合运用多种技术手段和核算模型（图1），对交通碳排放进行全面、系统的量化分析，揭示交通碳排放规律、特点和影响因素，结合智慧交通服务手段，从出行者、运营商两个角度优化引导出行方式、行为、习惯从而减少碳排放。

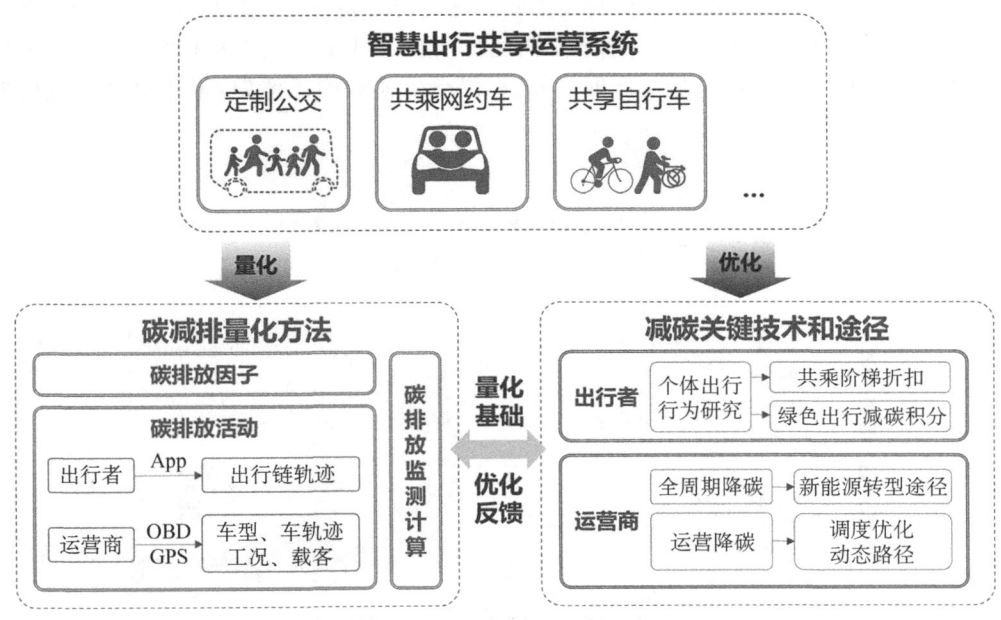

图1 道路交通碳排放的精准核算与综合削减技术体系

3. 碳排放量化机制

交通碳排放精准核算分为基准线场景或智慧交通服务情况下的场景,其排放量核算方法需要考虑交通状况、车辆类型,车辆行驶工况等因素。根据不同地区和交通特点的差异,可采用先进的测量方法和工具建立详细的碳排放因子库,制定相应的核算方法与标准,准确评估道路交通碳排放量与排放特征。

3.1 个体出行碳排放核算

对于个体出行,基于车辆微观物理参数和实测数据模型验证,建立交通多运行场景下碳排放量化机制(图 2),可用于实现碳排放因子强度动态追踪和量化。

其中,车辆实际运行相关数据获取方式为:个人出行链数据可通过用户终端手机 App 采集;实时的地面道路燃油车碳排放因子信息可通过车载 OBD 监测能耗数据计算获取。新能源车油耗和电耗数据可通过上海市新能源数据中心获得,此数据可用于监测车辆碳排放强度。

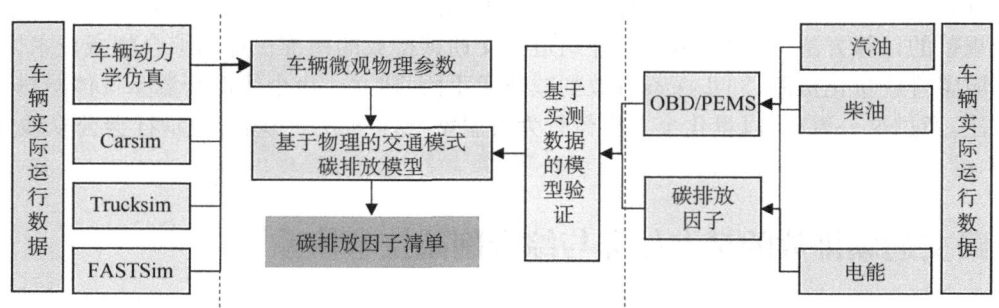

图 2 个体出行碳排放量化机制

3.2 道路管控碳排放核算

对于道路管控场景下,通过采集显著影响碳排放强度的行车轨迹工况数据,构建一个路上机动车碳排放监测或计算的关键参数精准识别方法。基于车辆运行信息及基于车辆参数信息,建立基于轨迹的碳排放估算模型(图 3)并形成分车型的全域工况时空轨迹,结合碳排放因子清单,量化机动车碳排放的时空分布,从而获得道路管控角度的碳排放。

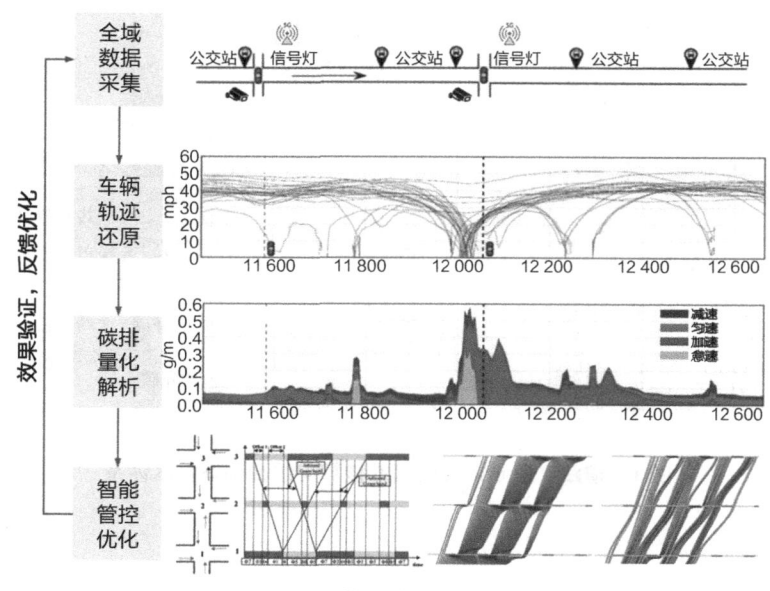

图 3 道路管控碳排放量化机制

4. 综合削减技术手段

交通碳排放综合削减可以通过优化交通信号控制、车速引导、低碳路径规划等智慧交通服务手段来提高道路利用效率,减少拥堵和怠速行驶,从而降低碳排放。

在获取管控区域道路全域运行数据的基础上,通过建立识别潜在碳高排放致因的机制,并在排放致因解析的基础上,探索管控典型场景下各类车型行驶工况特征和碳排放耦合机理,通过交通流轨迹优化实现节能减碳。从宏观路径诱导、微观车速引导、信号协同优化三个维度入手,建立宏微观结合、主被动结合的智慧减碳应用体系。智慧管控优化方案的使用场景可通过交通仿真技术建立管控区域的数字孪生模型,并进行预评估。在智慧交通管控优化方案落地实施阶段,也需要利用浮动车的车载 OBD 信息,并结合优化轨迹和碳排放计算方法,针对减碳效果进行监测和核算。

5. 减排量核算流程及计算方法

5.1 核算流程

(1) 确定研究对象和边界,明确智慧交通服务场景目标和范围。
(2) 收集数据,包括选取试点区域的碳排放和经济数据。
(3) 选择合适的计算方法,包括基准线排放量、智慧交通服务排放量、减排量等的计算方法。
(4) 撰写报告,说明方法学、数据采集和计算方法选取的考虑。

5.2 计算方法

1) 三个对象
(1) 常规出行方式基准线(公共交通、自行车、步行)。
(2) 高排放出行基准线(私家车、货运车辆)。
(3) 被动类减排基准线。

2) 三个步骤
(1) 首先依据不同出行方式,收集查询对应燃料种类、年能耗量、年周转量、碳排因子等计算基准线排放量。
(2) 其次计算智慧交通服务场景下的排放量。
(3) 最后进行减排量核算。

3) 减排量公式
(1) 常规出行方式(公交、自行车、步行),如式(1)。

$$ER_{g,y} = BE_{g,y} - PE_{g,y} \tag{1}$$

式中 $BE_{g,y}$——常规出行方式基准线排放量;
$PE_{g,y}$——常规出行方式智慧交通服务场景下的排放量。
其他绿色出行方式的减排量按次计算。
(2) 高排放出行(私家车、货运车辆),如式(2)。

$$ER_{h,y} = BE_{h,y} - PE_{h,y} \tag{2}$$

式中 $BE_{h,y}$——高排放出行基准线排放量;
$PE_{h,y}$——高排放出行智慧交通服务场景下的排放量。
其中安装了监测设备的车辆的减排量按日计算,未安装监测设备的车辆的减排量按次计算。

(3) 被动类减排,如式(3)。

$$ER_{d,y} = BE_{d,d,y} - PE_{d,d,y} - \sum ER_{h,y} - \sum ER_{f,y} \tag{3}$$

式中 $BE_{d,d,y}$——项目实施期可认证道路机动车可认证道路总体碳排放-基准线(tCO_2);

$PE_{d,d,y}$——项目实施期可认证道路机动车可认证道路总体碳排放-智慧交通服务场景下(tCO_2);

$\sum ER_{h,y}$——项目实施期所有高排放出行(私家车)核算减排量;

$\sum ER_{f,y}$——项目实施期所有高排放出行(货运车辆)核算减排量。

被动类减排按项目实施期计算,需要去掉项目实施期所有高排放出行的核算减排量,避免重复计算。

注:数据来源可为政府交通运输部门发布的正式报告或正式数据、交通运输业商业统计数据,权威研究机构或项目参与方测量值,国内外文献研究报道值等。

5.3 数据采集和计算方法选取

(1) 数据来源的可靠性,选择项目参与方或权威第三方机构的数据,要求项目参与方提供关联原始数据。

(2) 计算方法的科学性和适用性,根据具体情况选择最合适的方法。

(3) 考虑数据的时效性,尽可能使用最新的数据。

6. 案例分析

6.1 案例介绍

该技术体系实际应用于上海双智建设示范区智慧交通碳减排项目。该项目在路侧建设了毫米波雷达、高清相机、边缘计算等设备,实现了道路交通个体轨迹级的精细化感知,可以对车辆碳排放进行与驾驶行为关联的精细化计算,同时也可以获得各个路段的精准交通统计数据,实现个体级、路口级、路段级、区域级碳排放精准计算,通过建设云端平台,包括数据底座、数据中台、数字孪生及智能应用,赋能创新应用落地,智能应用涵盖车路协同云端管控及场景应用。

6.2 减排量估算

项目目前主要涉及的服务及核算对象包括私家车高排放出行、被动类减排。

1) 高排放出行(私家车)

计算公式参考式(2),其中安装了监测设备的车辆的减排量按日计算,未安装监测设备的车辆的减排量按次计算。

2) 被动类减排

计算公式参考式(3),被动类减排按项目实施期计算,需要去掉项目实施期所有高排放出行的核算减排量,避免重复计算。

6.3 案例结果

选取典型路口进行优化前后对比分析,评分如图4和图5所示。

通过本项目统计结果,可知被动碳减排及主动碳减排的减碳量如下所述。

1) 被动碳减排

根据项目典型路口测算,平均单路口每5 min可降低碳排放1.046 kg,按单天交通运行16 h计,单路口单年约减少碳排放73.277 t,项目范围内共277个智慧路口,合计约1.8万 t。

2) 主动碳减排

根据智能车辆(渗透率约20%)轨迹数据测算,项目建设区域内单天车辆行驶里程约207万 km,项目

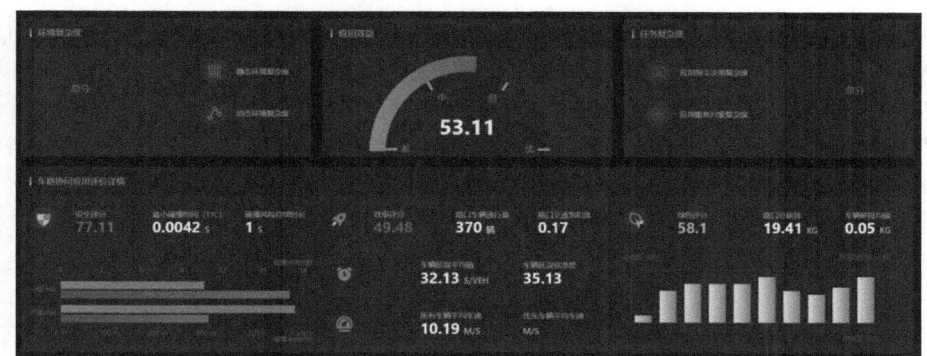

图 4 典型路口优化前评分

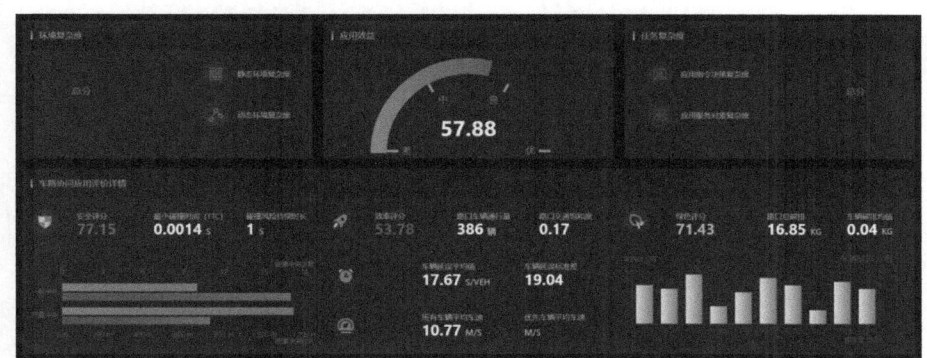

图 5 典型路口优化后评分

区域内电动车渗透率为 20%,依据相关查询数据测算,项目区域内单年燃油车与电动车碳排放共 8.3 万 t。

项目初期通过测算绿灯车速引导与低碳路径诱导服务,平均可降低车辆碳排放 8%。预计在后续 20 年间,逐步全面覆盖服务群体,渗透率年增速 5%,且随着技术进步,单车碳减排效果可达 20%,减排效果提升增速 0.63%,按当前机动车保有量、新能源车占比增速测算,2044 年,减排量汇总预计达 70.8 万 t。

7. 结语

本研究成功构建了道路交通碳排放的精准核算与综合削减技术体系,并在上海双智建设示范区项目中取得显著成效。通过智慧交通手段实现了个体轨迹的精细化感知和碳排放的精确计算,有效降低了交通碳排放量。该体系在现有交通碳排放计算领域的基础上,进一步推动了精准核算和综合削减技术的深入研究,更着重于解决各地计算前提和要素考虑存在差异的问题,致力于提高计算的准确性和普适性,而且通过实践应用验证了其有效性和可行性,为城市交通的绿色发展提供了有力支持。未来将进一步完善数据采集体系、优化模型参数,并拓展应用领域,为实现全球交通领域的碳中和目标做出更大贡献。

---| 参考文献 |---

[1] 丘建栋,徐祥,屈新明,等. 城市道路交通移动源碳排放核算方法[J]. 城市交通,2023,21(04):77-86.
[2] 何榕健,陈立峰,何建文,等. 城市居民出行碳排放模型构建及其应用[J]. 复旦学报(自然科学版),2023,62(06):796-806.
[3] 马绪健,陈楚宣,陈晗. 道路客运业碳排放核算应用研究——以 A 公司为例[J]. 交通财会,2024,(04):12-17.
[4] 刘子耀,王晨光,李双江. 河北省交通运输碳排放核算及其趋势分析[J]. 中国资源综合利用,2024,42(04):180-

182+189.

[5] 修高群,晁叶.考虑电网端碳排放的城市交通碳排放核算方法[J/OL].[2024-06-27].城市交通,1-13.

[6] 陈子璇,尹海伟,孔繁花,等.南京市食物里程与交通运输碳排放核算[J].环境生态学,2023,5(07):13-20.

[7] 王建芳.浙江省交通碳排放核算与影响因素研究[D].浙江:浙江海洋大学,2022.

[8] 马书红,段超杰,杨磊,等.混行环境下的交通碳排放测算与演化规律[J/OL].[2024-06-27].环境科学,1-16.

[9] 陈肖雨.不同空间尺度下交通碳排放测算及其网络结构特征研究[D].昆明:昆明理工大学,2020.

[10] 黄蕾,刘俊豪,刘榆欣,等.江苏省城市交通碳排放的时空演变特征与驱动因素分析[J].环境生态学,2024,6(01):1-8.

城市高架交通噪声快速检测研究

Research of Rapid Detection for Viaduct Traffic Noise on the Overpass Bridges

刘大山[1]　黄　岩　诸立嘉

摘　要：城市噪声污染问题不断凸显，尤其是我国大城市的环境噪声不容乐观。在城市更新的背景下，采取有效的措施控制噪声水平，是一个较好的时机。在城市高架桥梁维修过程中，本文提出一种快速检测高架桥交通噪声的方法，应用于实际工程并取得了良好的效果，为后续高架桥梁改造与维修过程中降噪方面的考虑提供了有益的参考。

关键词：城市更新；高架桥维修；交通噪声；快速检测

Abstract: The problem of urban noise pollution has also been highlighted. Especially the environmental noise quality in big cities of our country is not optimistic. Under the background of urban regeneration, taking effective measures to control the noise level is a good time. During maintenance work for overpass bridges, the method of rapid detection for traffic noise on the overpass bridges, has been applied to practical engineering applications and has achieved a good result. It provides useful reference for the consideration of noise reduction in the subsequent transformation and maintenance of overpass bridges.

Key words: urban regeneration; overpass bridge maintenance; traffic noise; rapid detection

1. 引言

噪声污染及防治与城市人民群众生活质量息息相关，是最普惠民生福祉的组成部分，是生态文明建设的重要内容。为深入贯彻习近平总书记"还自然以宁静、和谐、美丽"的重要指示精神，贯彻落实《中华人民共和国噪声污染防治法》（以下简称《噪声法》），积极回应人民群众对优美环境的新要求新期待，按照党中央、国务院关于深入打好污染防治攻坚战的决策部署，实施噪声污染防治行动，生态环境部等 16 个部门和单位联合印发了《"十四五"噪声污染防治行动计划》[1]。

为贯彻党的二十大精神关于"实施城市更新行动"的要求，落实中央经济工作会议具体部署，自 2024 年起，中央财政创新方式方法，支持部分城市开展城市更新示范工作，重点支持城市基础设施更新改造，进一步完善城市功能、提升城市品质、改善人居环境，推动建立"好社区、好城区"，促进城市基础设施建设由"有没有"向"好不好"转变，助力城市高质量发展。

2024 年 6 月 16 日第 32 批《中央生态环境保护督察群众信访举报情况转办和边督边改公开情况一览表》中噪声类占比达到 32%。随着经济发展和城市建设的推进，噪声污染日益影响城市环境和居民身心健康。一些国家通过出台针对性法律法规、绘制城市噪声地图、安装科技降噪设备、增强民众文明意识等方式，努力降低噪声污染，积极构建和谐宜居的城市环境。

本文通过对上海市内环高架设施提升及功能完善工程中高架桥的降噪技术进行研究，提出了一种用于城市高架的便捷评估方法。

1　刘大山，上海市政工程检测中心有限公司，防灾减灾工程及防护工程，硕士研究生，高级工程师，联系邮箱：liudashan@smedi.com。

2. 检测方法

2.1 概述

本文提出的智能交通噪声检测系统使用轻量化设备安装在检测车上,现有较为成熟道路智能检测系统[1],按照车载 3D 激光视觉设备拍摄的路面高清图像,以及安装在车后轮附近的噪声检测设备,对道路噪声进行实时测试;同时,采用高精度北斗定位模块获取车辆的实时位置信息,从而实现对道路噪声位置定位,并可对噪声声源位置进行拍照。检测结果及病害位置信息实时上传至用户平台,平台实现数据存储及展示,并可对数据进行二次分析,可有效对道路交通噪声情况进行实时监测与评估。

2.2 系统组成

智能交通噪声检测系统由噪声监测模块、GPS 模块、高清工业相机以及 3D 激光视觉设备、通信及数据解析模块、数据管理模块和用户界面组成,系统结构图如图 1 所示。

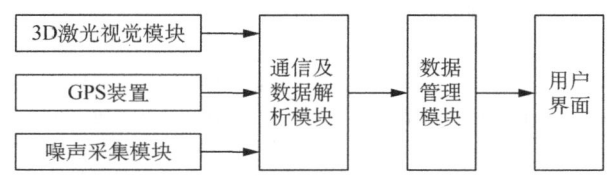

图 1　路面噪声监测系统结构图

车辆在道路上通行产生的噪声是道路交通噪声的主要成因之一。本系统主要对此类噪声进行监测与评估。噪声监测模块安装于车辆后轴两侧车轮正上方 10 cm 位置,用于在车辆行驶过程中实时采集道路路面交通噪声数据,当车辆行驶在平整度不佳的路面出现跳车时,可以及时对其产生的噪声进行采集;GPS 模块安装在车辆的尾部顶端,其结算模块集成在车内数据解析模块内,可以实时获取车辆的高精度位置信息;车载 3D 激光视觉设备安装于车辆尾部顶端,其在车辆 60 km/h 的速度行驶过程中,可以获取地面的高分辨率、高清晰度的图像,有助于校对噪声产生的位置,以及发生噪声的主要原因(图 2)。

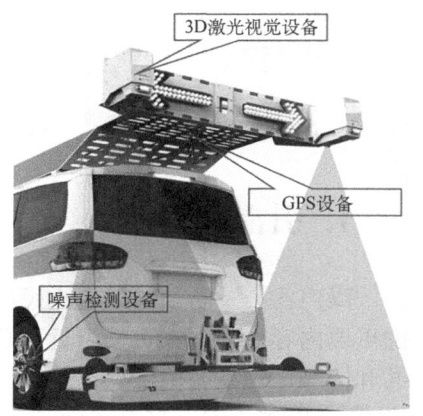

图 2　系统设备安装位置示意图

3. 工程概况

上海内环高架路是上海市最早建设的城市快速路,全长 47.7 km,有"中国高架第一环"之称,其中浦西段全长 31 km,1994 年建成通车。设计车速为 80 km/h(管理车速 60 km/h),设计荷载为汽车-20 级、挂车-100 级,标准段宽度 18 m,按照双向 4-5 车道布置,最小车道宽度 3 m,共设有 5 座立交,19 组出入口共 47 条上下匝道。

内环高架由于运营时间达 30 年,结构设施老化、安全隐患凸显、运行压力激增、智能化设备和环境景观效果相对落后等问题日益突出。近几年来陆续对其进行了多项维护整治,投入的专项维修经费逐年增加,但由于时间限制,有些问题诸如桥面铺装、伸缩缝等出现的病害无法彻底根治。且考虑到单项维修工程往往相互影响,产生部分废弃工程,影响了整体维修效果,因此,需要对其进行综合性的设施提升及功能完善工程。本次内环高架设施提升及功能完善工程实施段为四平路-中山北一路,沿线两侧分别有同济大学、建工医院等对噪声敏感的区域,本文借助该工程,着重研究了城市高架路交通噪声的情况。

4. 改造前噪声监测

采用前述测试方法,对该工程改造前高架桥路段桥面进行噪声测试,其测试结果如图3和表1所示。

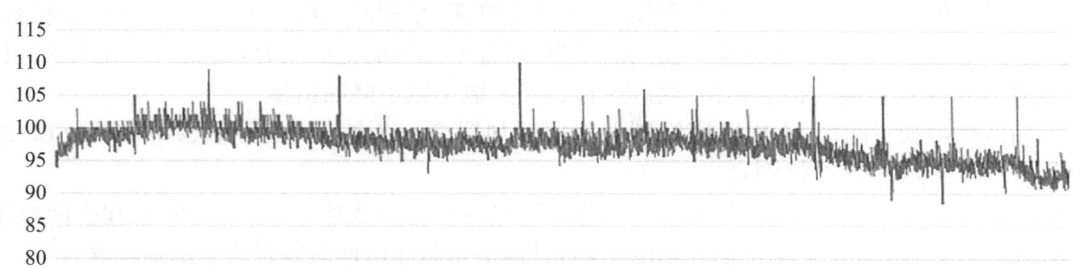

图3 改造前噪声监测结果

表1 改造前噪声检测数据统计结果(单位:dB)

工况	平均值	最大值	最小值	中位数
改造前	97.4	110.0	88.4	97.6

测试结果表明:
(1) 该条道路改造前行车过程中产生的噪声平均值为97.4 dB,最大值达到110 dB。
(2) 噪声突然增大的点位均位于高架伸缩缝位置处,噪声达到110 dB,现场夜间获取高架伸缩缝图像如图4所示。

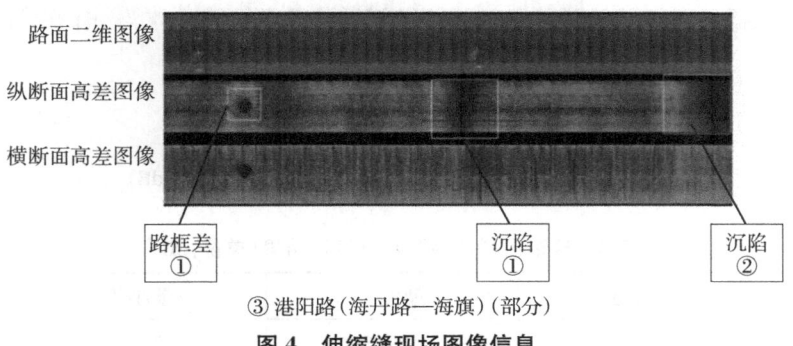

③港阳路(海丹路—海旗)(部分)

图4 伸缩缝现场图像信息

(3) 采用实测数据,借助建筑声环境分析软件SEDU进行计算分析(图5),结果表明道路沿线周边居民区噪声已经超过《城市居民区环境噪声标准》(GB/T 15173—2017)中要求的"城市居民区夜间噪声标准为55 dB"。

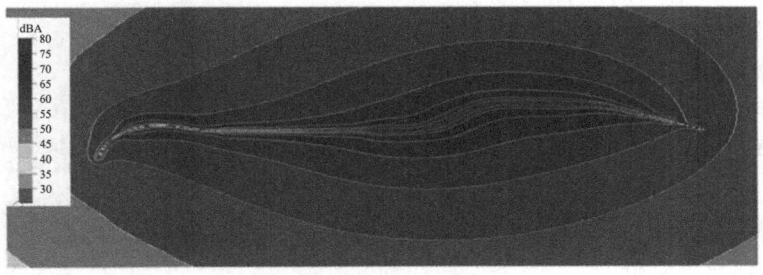

图5 道路沿线噪声云图

5. 改造方案

内环高架设施提升及功能完善工程(四平路-中山北一路)主要内容包括:防撞墙原位拆除新建、桥面铺装重做、声屏障改造、伸缩缝更换、支座更换、排水设施更新、结构破损修补等,以及另外增设桥梁健康监测、绿化自动灌溉系统等。鉴于前述噪声监测的结果,结合本工程的主要内容,重点从声源入手进行降噪,主要通过选择具备降噪功能的铺装和伸缩缝进行入手,采取了以下降噪措施。

(1) 采用低噪声沥青路面:本次采用铣刨上面层后加罩 7 cm(含 2 cm 衬垫)SMA-13(SBS 改性)+0.5 cm 同步石封层(热 SBS 改性沥青)。

(2) 采用降噪声复合伸缩装置:在主梁下设置高阻尼减振橡胶支座,增加结构阻尼和吸能效果,有效吸收车辆轮胎的冲击动能,使梁端振动大幅减小,同时减小轮胎冲击伸缩装置产生的振动噪声[3]。本工程采用了 JZCF-80/120/160 单缝或双缝的伸缩装置。

6. 改造后噪声监测

工程施工完成后,采用前述测试方法,与改造前测试采用了同一辆测试车、同时间段、对同一个车道进行了噪声测试,其测试结果如图 6 和表 2 所示。

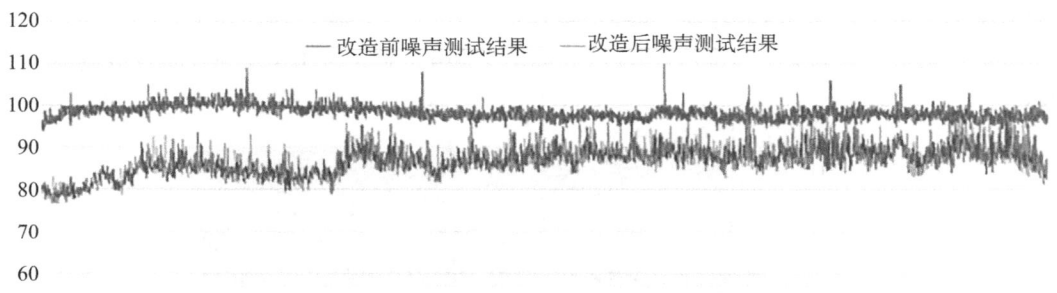

图 6 改造前后噪声监测结果对比分析图(单位:dB)

表 2 改造后噪声检测数据统计结果(单位:dB)

工况	平均值	最大值	最小值	中位数
改造后	86.8	100.2	76.7	86.9

测试结果表明:

(1) 该条道路改造后前行车过程中产生的噪声平均值、最大值、最小值以及中位数均比改造前降低了约 10 dB,降噪效果明显。

(2) 改造前噪声突然增大的点位均位于原伸缩缝位置处,该处噪声达到 110 dB,改造后伸缩缝位置噪声增大问题明显改善,从噪声测试数据来看,无法判定是否为伸缩缝导致的噪声增加,说明更换伸缩缝效果明显。

(3) 采用实测数据,借助建筑声环境分析软件 SEDU 进行计算分析(图 7),结果表明道路沿线周边居民区噪声显著降低。

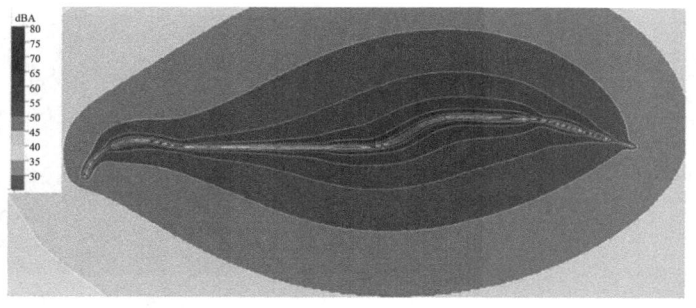

图 7 改造后高架沿线噪声云图

7. 结语

本文针对城市高架桥梁存在严重噪声污染的情况,借助城市更新项目高架桥梁改造过程中,提出一种快速检测预评估噪声的方法。结论如下。

(1) 城市高架改造过程中,通过采用低噪声铺装材料和更换降噪复合伸缩装置,可以有效降低交通噪声。

(2) 车载方式的智能交通噪声监测系统,可以在不影响交通的情况下,对城市高架桥交通噪声进行快速检测与评估。

(3) 本文分析了声源附近噪声的检测与降噪评估方法,为后续采取合理的降噪方法,进一步评估对高架周边居民区、办公区或学校等区域的降噪评估提供了参考依据。

---------- 参考文献 ----------

[1] 纪雅琪,程博文,龚煜.智能道路状态检测系统研究[J].长江信息通讯,2023,36(03):154-156+159.
[2] 甘露.新型桥梁板式橡胶降噪减振伸缩装置试验研究[J].城市道桥与防洪,2021,(05):127-130+17.

低运量轨道交通系统适用性分析

Suitability Analysis of Low-volume Mass Transit Systems

黄晓斌[1]

摘　要：本文通过梳理各类规范标准，明确低运量轨道交通的定义以及低运量轨道交通制式类别，分析低运量轨道交通各制式的优缺点，结合国内外已开通运营的案例，归纳出低运量轨道交通各制式的适用场景，为城市建设低运量轨道交通系统提供借鉴。

关键词：低运量轨道交通；优缺点；适用性

Abstract: This paper systematically reviews various standards and regulations to clarify the definition of low-volume mass transit and the categories of mass transit systems. It analyzes the advantages and disadvantages of each mass transit system, and summarizes the applicable scenarios of each system based on domestic and foreign cases that have already been put into operation. This paper aims to provide reference for cities to build low-volume mass transit systems.

Key words: low-volume mass transit; advantages and disadvantages; applicability

1. 前言

随着中国城市化进程的加速，道路交通拥堵日趋严峻，城市轨道交通系统的发展很好地缓解了这一问题，各大中型城市纷纷开始了兴建地铁和轻轨的热潮。然而随着2018年国务院办公厅《关于进一步加强城市轨道交通规划建设管理的意见》的颁布，对城市新建地铁和轻轨的GDP和财政收入进行了严格的规定，使得大部分城市无法满足建设轨道建设的要求。到2021年9月，国家发展改革委下发《关于印发"十四五"城市轨道交通规划建设实施方案的通知》，支持超大、特大城市及部分大城市根据区域客流需求，适度发展低运量轨道交通系统，并明确"十四五"时期低运量轨道交通系统规划建设工作要点。2022年8月，住房和城乡建设部与国家发展改革委印发的《"十四五"全国城市基础设施建设规划》，又明确提出要分类推进城市轨道交通建设，符合条件的Ⅱ型大城市(城区常住人口100万~300万人)结合城市交通需求，因地制宜推动低运量轨道交通系统规划建设。至此，低运量轨道交通的规划建设被各个大中小城市提上日程。

但是，目前来说对于低运量轨道交通系统定义较为模糊，同时低运量轨道交通制式种类参差不齐，导致低运量轨道交通的发展过程中还存在着一定的问题和挑战。本文对低运量的定义、制式种类以及现状建设情况进行梳理，明确各低运量制式的优缺点及适应性，为后续城市建设低运量轨道交通系统提供借鉴。

2. 低运量轨道交通系统定义

根据《城市公共交通分类标准》(CJJT 114—2007)，将公共交通系统主要分为城市道路公共交通(GJ1)、城市轨道交通(GJ2)、城市水上交通(GJ3)、城市其他公共交通(GJ4)四大类，其城市轨道交通区分为高运量、大运量、中运量和低运量，其中低运量为单厢或铰接式有轨电车(GJ241)，客运能力0.6万~

---

[1] 黄晓斌，上海市城市建设设计研究总院(集团)有限公司，硕士研究生，工程师，联系邮箱：huangxiaobin@sucdri.com。

1.0万人次/h,适用于地面(独立路权)、街面混行或高架,平均运行速度15～25 km/h(表1)。

表1 城市轨道交通类别

	类别	制式
城市轨道交通	高运量	地铁系统(A型车辆)
	大运量	地铁系统(B型车辆、L_B型车辆)、市域轨道系统
	中运量	轻轨系统、单轨系统、磁浮系统、自动导向轨道系统
	低运量	有轨电车系统

根据《城市轨道交通工程基本术语标准》(GB/T 50833—2012),将低运量城市轨道交通定义为单向客运能力小于每小时1万人次的轨道交通方式(表2)。

表2 城市轨道交通不同运量的定义

	类别	定义
城市轨道交通	低运量城市轨道交通	单向客运能力小于每小时1万人次的轨道交通方式
	中运量城市轨道交通	单向客运能力每小时1万～3万人次的轨道交通方式
	大运量城市轨道交通	单向客运能力每小时2.5万～5.0万人次的轨道交通方式
	高运量城市轨道交通	单向客运能力每小时4.5万～7.0万人次的轨道交通方式

根据《城市综合交通体系规划标准》(GB/T 51328—2018),结合城市公共交通走廊客流特征将其分为高客流走廊、大客流走廊、中客流走廊及普通客流走廊,并对客流走廊适合的运载方式进行了界定(表3)。

表3 客流走廊运载方式的界定

层级	客流规模	宜选择的运载方式
高客流走廊	高峰小时单向客流量≥6万人次/h或客运强度≥3万人次/(km·d)	城市轨道交通系统
大客流走廊	高峰小时单向客流量3万人次/h～6万人次/h或客运强度2万人次/(km·d)～3万人次/(km·d)	
中客流走廊	高峰小时单向客流量1万人次/h～3万人次/h或客运强度1万人次/(km·d)～2万人次/(km·d)	城市轨道交通或快速公共汽车(BRT)或有轨电车系统
普通客流走廊	高峰小时单向客流量0.3万人次/h～1万人次/h	公共汽电车系统或有轨车系统

2020年11月实施的《城市轨道交通分类》(T/CAMET 00001—2020)标准是对《城市公共交通分类标准》(CJJ/T 114—2007)中城市轨道交通(GJ2)种类的修编。按运输能力划分,城市轨道交通按照运输能力划分为大运能系统、中运能系统和低运能系统三类(表4)。

表4 城市轨道交通不同运输能力的分类名称

分类名称		运输能力(人次/h)
大运能系统		≥30 000
中运能系统	中大运能系统	15 000～30 000(不含)
	中小运能系统	10 000～15 000(不含)
低运能系统		<10 000

按系统制式划分,城市轨道交通按照系统制式划分为地铁系统、市域快轨系统、轻轨系统、中低速磁浮交通系统、跨座式单轨系统、悬挂式单轨系统、自导向轨道系统、有轨电车系统、导轨式胶轮系统、电子导向胶轮系统十类(表5)。

表5 城市轨道交通不同的系统制式分分类

分类名称	技术特征					
	运输能力（人次/h）	设计最高速度（km/h）	路权形式	敷设方式	车辆类型	列车最大长度(m)
地铁系统	≥30 000	80～120	全封闭	地下或地上	A、As、B、L_b型车	185
市域快轨系统	≥10 000	120～200	全封闭	地上为主	市域A、市域As、市域B、市域D型车	185
轻轨系统	15 000～30 000	80～120	全封闭	地上为主	B、C、L_c型车	100
	10 000～15 000	70	部分封闭	地上为主	C、L_c型车	75
中低速磁浮交通系统	10 000～30 000	80～200	全封闭	高架为主	短定子直线异步电机磁浮车辆	120
					长定子直线同步电机磁浮车辆	
跨座式单轨系统	10 000～30 000	80～120	全封闭	高架为主	单轨A、单轨B、市域单轨车	120
自导向轨道系统	5 000～20 000	60～80	全封闭	高架为主	自导向轨道专用车辆	75
悬挂式单轨系统	5 000～15 000	60～80	全封闭	高架为主	悬挂式单轨专用车辆	75
有轨电车系统	5 000～12 000	60～70	开放式或部分封闭	地面为主	钢轮钢轨低地板车辆	75
					胶轮专用车辆	60
导轨式胶轮系统	5 000～12 000	60～80	全封闭	高架为主	胶轮专用车辆	75
电子导向胶轮系统	5 000～12 000	60～70	开放式或部分封闭	地面为主	胶轮专用车辆	60

结合以上标准规范的对低运量轨道交通的划分，以及对各系统制式的划分，属于低运量轨道交通系统的制式有悬挂式单轨系统；有轨电车系统；导轨式胶轮系统；电子导向胶轮系统。接下来就一一对每种制式进行介绍。

3. 有轨电车系统

根据《城市轨道交通工程基本术语标准》(GB/T 50833—2012)、《城市有轨电车线网规划编制标准》(DG/TJ 08—2196—2016)给出的定义，有轨电车系统指车辆行驶在路面的轨道上，依靠司机瞭望驾驶，采用电力牵引，与道路上其他交通方式共享路权的低运量轨道交通方式。有轨电车系统包括钢轮钢轨电车系统和胶轮导轨有轨电车系统（图1）。

图1 有轨电车实景图

线路以地面敷设方式为主,为保证运行速度和安全,局部地方可采用立交形式,最高设计车速 70 km/h,系统运能约为 0.5 万～1.2 万人/h,每公里综合造价约 0.8 亿～1.2 亿元。主要优缺点如表 6 所列。

表 6 有轨电车系统的优缺点

优势	编组灵活,运能弹性范围大	车辆编组灵活,根据不同阶段的客流需求,可增加车辆编组
	运行安全性高,易于救援	有轨电车由于沿轨道运营,比常规公交发生运营意外的概率低,即便发生意外,也比其他低运量轨道交通易于救援
	舒适性好,人性化设计	列车在运行过程中更加平稳且噪声更低,提高了乘客的舒适性,低地板车辆的使用以及车辆与站台的无缝连接,方便老人、小孩与残障人士的乘坐,提高乘降效率
	技术成熟,节能环保	国内外 400 多个城市建成运营有轨电车,运营里程超过 5 000 km,技术成熟可靠。人均能耗相当于 BRT 的 80%,常规公交的 55%,无排放,噪声低
	景观协调性好	有轨电车的流线型车体美观,轨道中间可以种植草皮,两侧可以种植树木,使轨道交通线路成为城市一道亮丽的风景
不足	占用部分道路资源	既有道路宽度不能拓宽,道路交通负荷已接近饱满,敷设有轨电车对现有交通方式结构转变较大
	受交叉口影响,运行效率降低	由于有轨电车系统主要以地面敷设为主,虽然区间线路获得专用路权,但路口均为平交道口,仍然需要限速通过,造成运行效率有所损失

结合有轨电车技术参数,国内外应用及规划案例分析,该制式主要适用于以下几种区域。

(1) 在城市经济活动密集的中心区域,适当布置有轨电车线路,作为大运量轨道交通延伸、接驳线,提供高品质便利的交通服务。

(2) 道路资源充分、施工条件良好的新城区,可通过实现有轨电车路权专用,以提高运行速度和断面运能,实现快速、大容量的运输目标。

(3) 发挥现代有轨电车节能环保、形象美观、安全舒适等优势,作为特色线路。

4. 导轨式胶轮系统

导轨式胶轮系统是一种车辆采用无人驾驶技术和橡胶车轮,利用走行轮和设于走行轮下方、内侧的导向轮,实现在导轨梁上行进和转向的轨道交通系统。目前已经商业运营的是比亚迪打造的云巴系统(图 2);除此之外,还有中车南京浦镇车辆有限公司打造的导轨式胶轮智慧捷运系统,但目前还未落地运营。

图 2 云巴系统实景图

线路以高架敷设方式为主,采用全封闭路权,最高可达 70 km/h,最大爬坡能力 12%,每小时可承担客流约 0.5 万～1.2 万人次,每公里综合造价约 1 亿～2 亿元。主要优缺点如表 7 所列。

表 7 导轨式胶轮系统的优缺点

优势	转弯半径小	独特转向架设计,最小转弯半径仅为 15 m,可深入老城区、密集社区,特殊场景适应性好
	爬坡能力强	最大爬坡可达 12%,适应各种高差起伏较大的地形
	占地面积小	桥梁截面尺寸小,最大程度利用现有空间、道路资源,占地少,拆迁少
	噪声小	导轨式胶轮系统车辆采用橡胶走行车轮,相对于钢轮钢轨具有冲击小、噪声低的优势,可以大幅降低车辆运营对于周边环境的影响,从而可以实现城市中间穿梭运营的需求
	建设周期较快	梁体、车站可采用模块化生产,装配式施工,可大大缩短施工周期
不足	产品舒适性有待提升	由于系统结构原因,车辆横向约束刚度过大及轨道梁刚度不足等因素,造成车辆横向及垂向舒适性一般
	产品造价较高	单公里造价要达到 1 亿～2 亿元,对于低运量轨道交通而言,建设成本相对较高
	技术成熟度及可靠性有待验证	作为新兴产品而言,业界对其技术成熟度及可靠性仍较为谨慎,同时产品力还需要市场的验证
	发生事故时的逃生相对困难	列车悬吊在空中,发生突发状况时逃生疏散较为困难,救援工作复杂

结合导轨式胶轮系统技术参数,国内应用及规划案例分析,该制式主要适用于以下几种区域。
(1) 考虑导轨式胶轮系统转弯半径小、爬坡能力强,对地形适应性强,可作为山地城市适应线。
(2) 作为大运量轨道交通的延伸,进入老城区、密集社区等区域,服务老城区对外通勤交通。
(3) 作为旅游景区、园区内部观光线,服务景区、园区内部沟通需求。
(4) 作为机场、高铁站接驳、联络线。

5. 电子导向胶轮系统

电子导向胶轮系统是一种使用具有轨迹跟随能力,采用全电驱动可编组铰接胶轮车辆作为运载工具的轨道交通系统,橡胶车轮为主动导向、承载和走行。主要产品有智能轨道快运系统、数字轨道胶轮电车系统、超级虚拟轨道快运系统(图 3)。

图 3 电子导向胶轮系统实景图

线路以地面敷设为主,采用开放或部分专用路权,最高速度 60～70 km/h,每小时可承担客流约 0.5 万～1.2 万人次,每公里综合造价约 0.3 亿～0.8 亿元。主要优缺点如表 8 所列。

表 8 电子导向胶轮系统的优缺点

优势	运营灵活性	电子导向胶轮系统采用虚拟轨道,可采用共享路权或专用路权方式,线路布置和运营调度灵活
	建设周期较快	电子导向胶轮系统以绘制地面标志线代替钢轨铺设,施工期短;可借用城市现有道路建设,缩短了道路规划、拆迁和建设周期
	建设成本低	电子导向胶轮系统线路的投资较低,初期建设投入为 0.3 亿～0.8 亿元/km,在低运量轨道交通系统中,投资相对较低
	绿色低碳	由于电子导向胶轮系统为纯电动驱动,无废气污染,低碳环保。列车借助电力运行,既可以使用无触网的快速智能充电供电技术自行管理能源消耗和运行效率,还可以使用快充钛酸锂电池进行供电。快速充电供电技术不仅能对电能质量进行监测,还能避开电能质量风险
不足	占用部分道路资源	既有道路宽度不能拓宽,道路交通负荷已接近饱满,敷设电子导向胶轮系统对现有交通方式结构转变较大
	受道路交通影响,运行效率降低	由于电子导向胶轮系统主要以地面敷设为主,导致电子导向胶轮系统运行易受到道路交通的影响,特别是交叉口信号系统,造成运行效率有所损失
	舒适性稍差	电子导向胶轮系统采用胶轮沿道路行驶,舒适性与道路情况紧密相关,相比其他低运量轨道交通,舒适性稍差
	易对既有道路结构产生破坏	由于电子导向胶轮系统沿固定路径走行,车轮长期碾压同一位置,易造成路面车辙的现象

结合电子导向胶轮系统技术参数,国内应用及规划案例分析,该制式主要适用于以下几种区域。

(1) 道路资源充分、施工条件良好的新城区,可通过实现现代电子导向胶轮系统路权专用,以提高运行速度和断面运能,实现快速、大容量的运输目标。

(2) 作为大运量轨道交通的延伸线,强化中心城区与新城组团的联系。

(3) 区域发展不确定性较多,如建设时序不稳定,建设规模与具体路由不稳定,可采用电子导向胶轮系统在初、近期培育客流,远期择机灵活提升为大运量轨道交通。

(4) 作为景区的接驳线,服务景区的对外沟通需求。

6. 悬挂式单轨系统

根据《城市轨道交通工程基本术语标准》(GB/T 50833—2012)给出的定义,悬挂式单轨系统是一种采用电力牵引,车辆悬挂在高空轨道梁下方行驶的交通形式(图 4),其轨道梁不仅是车辆承重结构,同时是车辆运行的导向轨道。根据悬挂式单轨系统的结构可以将其分为钢轮非对称悬挂型(德国乌伯塔尔悬挂式单轨),胶轮非对称悬挂型(日本东京上野动物园悬挂式单轨)以及 SAFEGE 型悬挂式单轨(日本湘南江之岛线、日本千叶市线)。

线路以高架敷设方式,旅游速度约 25～30 km/h,系统运能为 0.5 万～1.5 万人/h,每公里综合造价约 1.5 亿～2.0 亿元。主要优缺点如表 9 所列。

图 4 日本东京上野动物园悬挂式单轨

表 9 悬挂式单轨系统的优缺点

优势	节能环保低噪	列车采用电力驱动,无废气污染,节能环保,橡胶轮胎可以减小噪声和振动,运行噪声较低
	适应复杂地形	爬坡能力较好,曲线半径小,对特殊地形适应性较好
	占地面积小	桥梁截面尺寸小,最大程度利用现有空间、道路资源,占地少,拆迁少
	可拆卸可移动	悬轨系统可从一处很容易拆卸后移至另一处,在城市新区,人流太小,近期可先建悬轨系统,等商圈繁华、地价升高、人流增大后,再以大流量轨道交通替代,悬轨系统可拆卸移走,另作他用
	适应任何天气	悬轨系统的轮子是在封闭环境下运行的,所以不受恶劣天气影响。当遇到大雪、冰冻等恶劣天气其他公交工具无法行驶时,悬轨系统可照常运营
不足	运营业绩有限	虽然经过100多年的发展,悬轨系统仍然为小众轨道交通制式。目前国外仅有德国、日本等地开通运营该制式,国内还没有商业运营的悬挂式单轨系统,造成运营管理这套系统的人才相对匮乏
	突发状况无法快速处理	列车悬吊在空中,一旦遇到突发状况的时候,只能原地停留等待救援设备到来
	承载量有限	由于是建在空中的,而且是靠钢柱来支撑的,造成承载量有限
	成本相对较高	单公里造价达到1.5亿~2.0亿元,对于低运量轨道交通而言,建设成本相对较高。同时后期由于可选的供应商特别狭窄,有的零部件只能从一家购买,设备的维修维护成本相对会高

结合悬挂式单轨技术参数,国内外应用及规划案例分析,该制式主要适用于以下几种区域。
(1) 与景区景观融合一体,作为旅游地区景观线。
(2) 地面交通趋于饱和、地下工程受限的特殊地区,如多山丘陵地区、河道或地下暗河较多地段、地质条件特殊、地下文物丰富等地。
(3) 大型商务区、开发区、功能场馆等的内部交通线。
(4) 高铁、城际铁路、机场、长途汽车客运站、码头联络线、机场航站楼间接驳线。

7. 结语

目前,我国低运量轨道交通系统总体处于起步发展阶段,一些关键技术尚待突破,车辆设计及制造工艺仍需探索,系统配套产业仍有待进一步向市场化拓展。但是,随着传统大运量城市轨道交通审批政策的持续收紧,以及新型城市轨道交通系统制式的逐步涌现,发展"高性价比"的低运量轨道交通已成为行业未来可持续、健康发展的必由之路。希望通过本次低运量轨道交通的简要介绍,可以为决策者、设计者提供参考以及思路,期待低运量轨道交通更加有序健康地发展。

参考文献

[1] 梁粤华. 智轨系统的市场定位与适用性研究[J]. 低碳世界, 2021, 11(11): 117-119.
[2] 赵晨, 宁善平, 武文星. 一种新型立体城市轨道交通系统的探索[J]. 甘肃科技, 2020, 36(08): 55-57.
[3] 冯江华, 肖磊, 胡云卿. 智能轨道快运系统[J]. 控制与信息技术, 2020(01): 1-12+31.
[4] 康兴东, 徐崇, 张国栋, 等. 日本悬挂式单轨系统的应用与发展[J]. 国外铁道车辆, 2019, 56(05): 1-7.
[5] 李海波. 城市中运量轨道交通系统制式选择研究[D]. 西安:长安大学, 2017.
[6] 中华人民共和国建设部. 城市公共交通分类标准[S]. 北京:中国建筑工业出版社, 2007.
[7] 中华人民共和国住房和城乡建设部. 城市轨道交通工程基本术语标准(GB/T 50833—2012)[S]. 北京:中国建筑工业出版社, 2012.
[8] 中国城市轨道交通协会. 城市轨道交通分类(T/CAMET 00001—2020)[S]. 北京:中国铁道出版社, 2024.
[9] 中华人民共和国住房和城乡建设部. 城市综合交通体系规划标准(GB/T 51328—2018)[S]. 北京:中国建筑工业出版社, 2018.

道路集装箱运输景气指数研究

Research on the Prosperity Index of Road Container Transportation

许 林[1]

摘 要：近年来，国际贸易发展不稳定，我国集装箱吞吐量周期性波动，道路集装箱运输行业发展平衡性难以把握。为宏观把握道路集装箱运输行业市场运行规律，提高道路集装箱运输行业管理水平，加强道路集装箱运输市场运行监测工作，科学、准确、及时地反映道路集装箱运输行业发展景气情况及其变动趋势和变动幅度，保障及时、有效开展道路集装箱运输管理工作，开展道路集装箱运输发展景气指数研究。本文通过应用大数据技术反映行业波动情况，以上海市为例，积极开展道路集装箱运输行业景气指数的研究、测算和应用。

关键词：景气指数；监测体系；交通运输经济

Abstract: In recent years, the development of international trade has been unstable, and China's container throughput fluctuates periodically, making it difficult to grasp the balance of development in the road container transportation industry. To macroscopically grasp the market operation rules of the road container transportation industry, improve the management level of the road container transportation industry, strengthen the monitoring of the operation of the road container transportation market, scientifically, accurately, and timely reflect the development and trend of the road container transportation industry, ensure timely and effective management of road container transportation, and carry out research on the development prosperity index of road container transportation. This article uses big data technology to reflect industry fluctuations, taking Shanghai as an example, actively conducting research, calculation, and application of the prosperity index of the road container transportation industry.

Key words: prosperity index; monitoring system; transportation economy

1. 引言

在全球经济波动日趋复杂的背景下，越来越多的国家开始重视经济景气分析。党的十九届三中全会在涉及合理配置宏观管理部门职能时提出，要"强化经济监测预测预警能力"，为我国经济景气分析指明了方向。

2019年，刘小明副部长在全国运输服务厅局长研讨班上提出，要"围绕打造市场'晴雨表'，着力构建数字化运行监测体系"。全国各级交通运输部门和道路运输管理机构抢抓数字化、网络化、智能化发展机遇，加快实现数字监管，切实增进服务体验，以数字化引领行业提质增效升级，全力推进运输服务高质量发展，为决胜全面建成小康社会、建设人民满意交通提供更好更优的运输服务保障。

2. 景气指数分析

景气分析是一种短期经济分析方法，主要分析短时间内（一般指一年内，或几个月内）经济运行的态势，包括当前的状态和未来的趋势。经济在几十年甚至几百年的长期运行过程中，总会出现扩张与衰退交

---

[1] 许林，上海市交通发展研究中心，交通运输工程方向，硕士研究生，联系邮箱：xulin1315@163.com。

替进行、循环往复这样一种周期现象。景气分析，就是对经济周期波动这一现象所做的定量分析，即判断当前经济处于周期运行中的位置，扩张阶段抑或收缩阶段；预测未来经济趋势，上升、下降抑或基本稳定。景气分析可以为宏观经济政策提供重要的决策与参考信息，例如根据经济运行的方向、强弱可建议扩张或收缩的财政、货币政策。

目前国内内陆水运有了自己的景气指数，如长江航运景气指数，交通运输部每个季度定期发布，使用效果良好。海运市场的景气度通过运价指数来表现，上海航运交易所编制了国内三大航运价格指数，中国出口集装箱运价指数(CCFI)、中国沿海(散货)运价指数、上海出口集装箱运价指数，其中中国出口集装箱运价指数(CCFI)在国际上已经成为国际三大航运价格指数。但道路集装箱运输行业景气指数还处于空白阶段。

3. 景气指数编制

3.1 方法研究

景气分析有多种方法，主要是基于数理模型和客观统计数据的宏观经济景气监测方法，即通过计算先行指数、一致指数等来分析经济周期运行态势。在查阅交通部统计资料和研究相关指数的基础上，比较分析景气指数的两种编制方法，即合成指数法和扩散指数法。经研究，合成指数不仅能反映市场景气波动的方向和波动程度，还能显示波动周期的时间和时间长度，弥补了扩散指数在这方面的不足，因此，工作专班明确采用合成指数法来编制道路集装箱运输行业景气指数。

根据美国商务部合成指数计算方法，道路集装箱运输行业合成指数编制原理为首先计算各单指标的对称变化率，通过加权将多列单指标的对称变化率(标准化后)综合成一列数值，然后经过相关数据处理合成道路集装箱运输行业景气指数。道路集装箱运输合成指数的基本模型和计算方法如下所述。

1) 计算单个指标的对称变化率

首先将指标组中的各项数据进行预处理，计算各指标的对称变化率。这里用对称变化率而不用我们通常所说的直接变化率，是因为对称变化率不是以上期为基数求得，而是以本期与上期两者的平均数为基数求得，这样可以消除基数的影响，使上升与下降量均等。设 $d_i(t)$ 为第 i 个指标在第 t 时间段的值。对称变化率如式(1)。

$$C_i(t) = \frac{200[d_i(t) - d_i(t-1)]}{[d_i(t) + d_i(t-1)]}, \quad t = 2, 3, \cdots, n \tag{1}$$

式中 $C_i(t)$ ——第 i 个指标在第 t 时期的对称变化率(百分数)。

2) 计算标准化平均变化率

求得对称变化率后，对各指标的对称变化率进行标准化处理，A_i 表示第 i 个指标的对称变化率在指定时间序列的平均数，N 为期数，则有式(2)。

$$A_i = \sum_{t=2}^{N} |C_i(t)| / (N-1) \tag{2}$$

$S_i(t)$ 表示第 i 个指标在第 t 时间段对称变化率的标准化结果，则有式(3)。

$$S_i(t) = C_i(t) / A_i, \quad t = 2, 3, \cdots, n \tag{3}$$

3) 计算指标的综合变化率

对各指标的标准化对称变化率进行加权平均，求得综合变化率，$R(t)$ 表示指标组在 t 时间的综合变化率，则有式(4)。

$$R(t) = \frac{\sum_{1}^{6} S_i(t) \times W_i}{\sum_{1}^{6} W_i}, \quad t = 2, 3, \cdots, n \tag{4}$$

式中，W_i——第 i 个指标的权重。

4) 计算初始合成指数

根据 t 时间的综合变化率，设基期初始合成指数为 $I(1)=100$，则有 t 时间的初始合成指数 $I(t)$ 为式(5)。

$$I(t) = \frac{I(t-1)[200+R(t)]}{200-R(t)} \quad (5)$$

5) 计算最终合成指数，如式(6)。

$$CI(t) = [I(t)/I_0] \times 100 \quad (6)$$

式中　I_0——所选基准年份的均值；
　　　$CI(t)$——最终合成指数。

3.2　指标类型选取

编制道路集装箱运输行业景气指数最重要的任务是建立道路集装箱运输行业指标体系。结合行业现状和发展特点，从车辆供给、运量需求、车辆运营情况等三个角度出发，基于信息化管理平台、行业统计报表等权威数据，经筛选确定车辆数、箱运量、接单数、接单天数、车辆行驶里程、运价六个指标以及采集内容（表1）。

表1　道路集装箱运输行业景气指数指标采集表

序号	指标大类	指标名称	数据采集内容
1	车辆供给	集装箱运输车辆数	由港航数科采集一年以内经过上海港区且有营运证的集装箱运输车辆数
2	箱辆需求	道路集装箱运输量	由委规划处每月提供的交通统计月报—集装箱公路货运箱量
3	车辆运营情况	接单数	根据港航纵横提供的 EIR 接单数据，统计当月车辆接单总量
4		接单天数	根据港航纵横提供的 EIR 接单数据，统计当月车辆平均出车天数
5		行驶里程	通过大车平台采集当月出车集装箱运输车辆累计行驶里程
6		运价	由上海市交通发展研究中心按月提供的道路集装箱货物运输价格指数

3.3　权重赋值

权重是衡量每个指标重要性的数据，因为每个指标在行业景气指数中的作用不同，各指标数据的变动对景气指数变动幅度的影响程度也有所不同。因此在给各个指标的权重赋值时应遵循以下三个原则。

(1) 一致性。对于十分契合行业发展情况的指标，其权重可适当偏高，对于略微滞后或前置的指标，其权重略低。

(2) 灵敏性（直接性）。对于行业景气情况影响更直接的指标，可适当偏高。

(3) 市场性。行业景气指数应能优先反馈现状市场情况。

通过组织行业专家和经济类学者等领域专家，基于一致性、灵敏性、市场性等原则，对各指标权重进行赋值，通过专家打分法获取各指标的综合权重，权重之和100。其中，车辆数为17.5，箱运量为35，接单数为13.7，接单天数为11.7，行驶里程为10.8，运价指数为11.3。

4. 景气指数数据采集与测算

4.1　数据采集与测算

根据前述分析，在指标体系基础上，建立道路集装箱运输景气指数模型，并进行数据测算。从 2023 年

7月开始采集相关数据,数据范围从 2022 年 8 月开始(表2)。

表2 景气指数各指标数据跟踪及指数测算结果

时间	车辆数(辆)	箱运量(万 TEU)	接单数(单)	接单天数(d)	行驶里程(km)	运价指数	景气指数
2022 年 9 月	45 305	184.8	1 916 489	12.2	146 548 354	97.5	100.5
2022 年 10 月	45 460	194.9	1 834 746	12.5	140 421 379	97.8	101.1
2022 年 11 月	45 632	192.4	1 886 200	13.4	151 502 421	97.9	101.4
2022 年 12 月	45 505	173.2	1 868 571	12.8	147 447 191	97.5	100.1
2023 年 1 月	45 033	173.8	1 552 925	9.9	116 517 990	97.7	98.9
2023 年 2 月	44 889	166.0	1 640 481	11.8	122 463 813	97.7	98.9
2023 年 3 月	44 628	164.0	2 060 611	14.5	166 501 277	97.7	99.8
2023 年 4 月	44 902	168.0	1 965 830	14.1	159 416 121	97.9	100.1
2023 年 5 月	45 241	170.2	1 954 217	14.0	160 786 947	97.9	100.4
2023 年 6 月	45 107	181.6	1 977 326	14.3	163 176 416	98.7	101.3
2023 年 7 月	44 725	170.5	1 980 838	14.4	155 938 374	97.9	100.1
2023 年 8 月	44 480	172.6	2 070 281	14.7	160 896 522	97.8	100.2
2023 年 9 月	45 135	155.1	2 087 173	18.1	152 148 349	97.8	99.9
2023 年 10 月	44 930	167.2	1 833 575	14.0	149 319 740	97	99.4
2023 年 11 月	44 094	174.4	2 012 999	15.6	205 411 612	96.7	99.9
2023 年 12 月	43 797	209.4	2 002 718	15.6	219 579 615	96.8	101.3
2024 年 1 月	43 565	187.3	2 289 350	16.6	238 454 610	96.9	100.8
2024 年 2 月	43 205	142.9	1 300 512	9.1	128 077 313	97.9	95.9
2024 年 3 月	42 902	145.3	2 131 377	16.2	220 794 800	97.4	98.2
2024 年 4 月	42 825	151.0	2 155 099	15.5	204 490 826	97.1	98.2
2024 年 5 月	42 680	147.4	2 171 786	15.5	217 693 695	96.7	97.9

4.2 对照实际分析

通过将景气指数与上海市道路集装箱车辆数、箱运量等指标数据走势进行对比,发现景气指数和各指标走势基本相符,波峰波谷时期基本吻合,说明景气指数具有一定的可靠性(图1)。按月来看,春节前后,上海市道路集装箱运输量最低,反映为需求较低,车辆的接单数也有所下降,此时行业处于不景气状况。由此可以看出,道路集装箱运输行业景气指数大致能反映出行业实际运行情况。

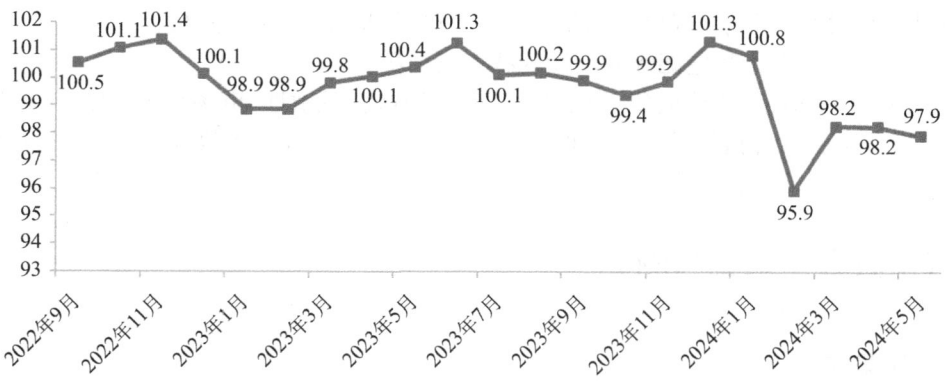

图 1 上海市道路集装箱运输行业景气指数

5. 景气指数结果应用

5.1 把握宏观趋势

道路集装箱运输行业景气指数体现了每个月的车辆供给、运输需求、车辆运行情况、运输价格等指标的综合变化趋势,是目前反映道路集装箱运输行业整体状况时效性较强的指标,能够定量地、准确地、全面地反映行业景气程度,对道路集装箱运输市场景气波动具有监测、预测功能。

5.2 科学分析行业供需情况

(1) 基于景气指数分析市场状态。通过科学设置阈值,当景气指数超过某阈值,说明道路集装箱运输行业经济运行处于"正常"状态或"偏热"状态,此时应精简集装箱运输车辆的引进审批流程,按规划引进必需的集装箱车辆数量,避免出现运力资源不足的情况;当景气指数低于某阈值,说明道路集装箱运输行业经济运行处于"偏冷"状态时,在此阶段因为道路集装箱运输需求量减少,就需要对集装箱车辆引进的审批加大审核力度,同时尽可能引导企业对现阶段要引进的车辆进行数量的减少或者推迟订购时间,加快超过淘汰年限的车辆退出,严格控制车辆的增长速度。

(2) 基于车辆数指标分析行业企业供给分布。通过对上海市集装箱运输车辆及所属企业清单分析,上海市共有4 405家企业,拥有49 733辆集装箱运输车辆,拥有车辆最多的企业为上海勇益物流有限公司,该企业拥有468辆集卡。上海市道路集装箱运输企业拥有集卡数小于10辆的企业数最多,为3 256家,占全部企业数的74%;其次为拥有11辆至30辆集卡的企业,为866家,占比达20%,如图2所示。

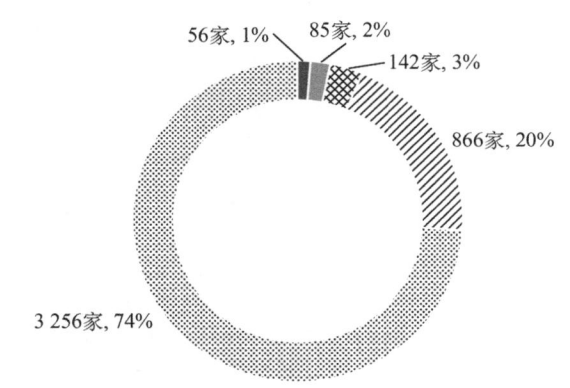

图2 上海市道路集装箱运输企业拥有集卡数分类统计

5.3 分析各企业车辆运行饱和程度

为促进道路集装箱运输行业市场供需平衡,对景气指数中的车辆数、箱运量、接单情况等具体监测指标进一步研究,分析各企业车辆实际的运行情况,以按需供给原则确定各企业准入需求。

(1) 各企业车辆饱和情况分析,以2024年3月数据为例,当月有1 400家企业所有车辆均有接单运行记录,车辆运行率为100%,认为这些企业的集卡工作量比较饱和,可适当允许这些企业申请新增车辆。

(2) 各企业车辆接单情况分析,以2024年3月数据为例,当月有3 185家企业有接单记录,接单数最多的为上海畅久集装箱运输有限公司,当月接单27 475单。

(3) 各企业经营状态分析,以2024年3月数据为例,德邦(上海)运输有限公司拥有370辆集卡,但是4月接单数为0,说明这家企业可能仅提供干线业务。

6. 结语

（1）宏观把握行业运行态势。行业在长期运行过程中，总会出现扩张与衰退交替进行、循环往复的周期波动现象，通过景气指数"跳出交通看交通"，定量分析当前行业处于周期运行中的位置，即扩张阶段或是收缩阶段，预测未来行业发展走势，从而为行业管理政策的制定提供重要的决策与参考信息。

（2）统筹考虑行业供需稳定。随着道路集装箱运量快速发展、大批集装箱运输从业者涌入，道路集装箱运输行业发展平衡性难以把握。为切实提高行业管理水平，加强市场运行监测工作，通过景气指数，科学、准确、及时地反映道路集装箱运输行业供需市场的变化趋势，保障及时、有效开展道路集装箱运输管理工作。

（3）科学评判企业车辆饱和程度。通过对景气指数进一步分析运用，可以分析单一企业车辆的营运饱和程度，科学评判该企业是否有新增车辆的必要，为行业准入提供参考依据。

高速公路逆行违法特征分析与对策研究
Analysis and Countermeasures of Wrong Way Driving on Highway

钱红波[1] 陈 聪 刘京秋

摘 要：针对我国高速公路逆行违法研究的薄弱环节，本文搜集整理了 2017—2021 年四年间，我国新闻媒体报道的 200 起高速公路逆行违法典型案例，在此基础上统计分析我国高速公路逆行违法发生原因，深度挖掘高速公路逆行违法发生的人员车辆信息和时空分布特征，并与美国的高速公路逆行违法对比分析，在借鉴美国经验的基础上，探讨适合我国高速公路实际情况的逆行违法防控对策。结果表明我国高速公路逆行违法在人员构成比例上表现为男性多于女性，逆行违法时间主要集中在交通量较大的白天时段，逆行高发区域依次为高速公路出入口匝道、收费站、主线、服务区，高速公路逆行原因既有驾驶人的主观因素，更有相当比例的逆行违法是由于复杂困难的客观道路因素所引发的，所以我国高速公路逆行违法治理必须同时从教育、工程、执法、应急响应系统四个方面着手，才能取得较好的效果。

关键词：交通安全；高速公路；逆行违法；统计分析；防治对策

Abstract: In view of the weak points in the study of highway wrong-way driving (WWD) violations in China, the author collected and sorted out 200 typical cases of highway WWD violations reported by China's news media from 2017 to 2021. On this basis, the author statistically analyzed the causes of highway WWD violations in China, and deeply explored the personnel, vehicle information, and temporal and spatial distribution characteristics of highway WWD violations. It also makes a comparative analysis with the highway WWD violation in the United States, and discusses the prevention and countermeasures of highway WWD violation suitable for the actual situation of our country based on experience from the United States. The results show that the proportion of highway WWD violations in China is more men than women. The WWD violations are mainly concentrated in the daytime with large traffic volume. The high incidence areas of WWD violations are highway entrance and exit ramps, toll stations, main lines and service areas. The reasons for highway WWD violations are mainly the subjective factors of drivers, but a considerable proportion of WWD violations are caused by complex and difficult objective road factors. Therefore, the countermeasures of highway WWD violation in China must start from four aspects: education, engineering, law enforcement and emergency response system at the same time.

Key words: traffic safety; highway; wrong-way driving (WWD); statistical analysis; control countermeasures

1. 引言

在我国的道路交通事故中，因车辆逆行导致的交通事故所占比重一直以来居高不下。根据公安部交管局的统计数据显示，我国(不含港澳台地区)2013 年机动车逆行交通事故发生 7 452 次，死亡 2 552 人，受伤 9 866 人，分别占全年总数的 3.8%、4.4% 与 4.6%，2013 年，机动车逆向行驶所导致的死亡人数在机动车肇事主要原因中排名第四，位于未按规定让行、无证驾驶、超速行驶之后[1]。高速公路上车辆行驶速度快，一旦有车辆逆向行驶，极易与正常行驶车辆发生正面碰撞，人员死亡概率极高，严重影响行车秩序，危

---

[1] 钱红波，上海海事大学交通运输学院，交通安全，博士研究生，副教授，联系邮箱：hbqian@shmtu.edu.cn。

害公共安全，导致重大伤亡交通事故的发生。此类型交通事故带来的不仅仅是巨大的直接财产损失，其造成的伤亡人数也是一般交通事故的几倍甚至十几倍，如 2010 年 5 月 23 日，辽宁省阜新市境内长深高速公路彰武段发生一起因误从服务区入口匝道驶离，逆向进入高速公路的大货车与客车相撞的重特大道路交通事故，造成 33 人死亡、24 人受伤。

目前，公安部门对高速公路逆行违法一次性扣 12 分，罚款 200 元，处罚不谓不严厉。而频发的高速公路逆行违法引发的惨烈事故引起社会各界的高度关注，纷纷呼吁继续提高对高速公路逆行违法的处罚标准，全国人大代表尚伦生在 2019 年全国两会上提出将高速公路逆行等违法行为纳入刑法的议案，全国各地也不时有因高速公路逆行违法而被判处以危险方法危害公共安全罪而锒铛入狱的案例。高速公路逆行违法入刑虽可以对违法人员产生强大的震慑力，短期内可以产生一定的效果，但由于高速公路逆行违法原因复杂，一味单独加强处罚并不能有效根治这道顽疾，唯有深入研究高速公路逆行违法的发生机理，并有针对性地制定综合性的防控措施才是解决问题的正确之道。

2. 高速公路逆行违法研究现状

美国在高速公路逆行领域展开了深入的研究，并且有详细的逆行事故统计数据的支撑，在逆行事故原因方面，Zhou 等[2]对高速公路逆行违法的原因进行详细的统计分析，总结出酒后驾车、道路照明条件差、驾驶人疲劳以及驾驶人年龄较高是导致逆行违法的重要因素。Braam[3]的研究表明，互通式立交桥由于道路照明条件差、缺乏防控逆行违法的标志标线、道路几何设计不足等因素容易导致逆行违法。在逆行事故特征方面，Zhou 等[4]根据伊利诺伊州高速公路 2004—2009 年逆行事故数据，总结出高速公路逆行违法的时空分布以及逆行违法的道路特征与碰撞特征。在逆行防治对策方面，Mahdi 等[5]提出高速公路逆行防控的 4E 对策，即教育、工程改造、执法、应急响应四个方面，重点介绍了工程改造和应急响应方面的措施，并对这些措施的有效性进行了评估。Liu[6]发明了一种定向震动带，它利用产生的定向冲击或震动对逆行的驾驶人进行警示，但不影响正常方向行驶的驾驶人。Lin 等[7]针对夜间高速公路逆行违法的 7 种工程改造措施的有效性进行了评估，结果显示在高速公路出口匝道设置实时检测触发的红色矩形闪烁信标可有效减少高速公路出口匝道上的逆行事件。Simpson 等[8]设计了一种高速公路逆行违法检测与报警系统，该系统具有实时检测、跟踪、警示逆行车辆，并告知交通营运中心及执法部门进行拦截，通过动态路况信息牌更新相应预警信息提醒正常行驶车辆注意避让。

我国在高速公路逆行违法领域研究非常薄弱，通过文献检索发现，仅有的几篇论文也主要集中在高速公路逆行异常事件检测算法以及与逆行违法处罚标准方面。叶荣炬等[9]利用车辆时空图对车辆轨迹进行分析，根据时间序列上车辆位置变化检测该车辆是否发生逆行。梅贤明等[10]对高速公路因逆行而发生交通事故造成人员伤亡是按交通肇事罪还是按以危险方法危害公共安全罪进行处罚进行了讨论。吴萌等[11]通过平原高速公路事故致因分析后发现服务区附近路段及互通附近路段为逆行事故多发路段，主要原因为有少量车辆错过出口而调头逆行导致正面碰撞事故高发。郭强等[12]采用视频检测技术对高速公路出入口违法变道、停车、逆行等危险行为进行检测，并利用可变情报板与无线喇叭等手段实现预警信息实时发布和远程执法管控。张帆、钱红波[13]总结了美国逆行违法事故形态与时空分布特征，并从人、车、交通环境等角度分析美国高速公路发生逆行的原因，最后借鉴美国在逆行领域的防治经验提出我国应对之策，这为我国高速公路逆行违法防治提供了思路。

综上所述，美国对高速公路逆行违法进行了长期的跟踪研究，有较完备的事故统计数据的支撑，对高速公路逆行违法发生原因、事故特征及各种防治对策的效用进行深入分析，形成了系统性的综合防控对策，特别是积累了丰富的工程改造经验，建设了比较完备的以智能交通为基础的逆行防控系统。而我国在高速公路逆行领域的研究相对薄弱，一方面，我国缺乏完备的高速公路逆行事故统计数据的支撑，无法科学客观地对逆行事故发生的原因和特征进行分析；另一方面，在高速公路逆行事故发生原因分析中，我国更倾向于简单地归结驾驶人的主观违法因素，而忽视了对客观的道路因素的认定，实际上，相当部分的高速公路逆行违法的发生实际上是由复杂困难的行驶条件引起的，因此，一味强调提高对高速公路逆行违的处罚标准不能根治这道顽症,工程改善对策在高速公路逆行防控中不应被忽视。

3. 高速公路逆行违法特征分析

3.1 我国高速公路逆行违法原因分析

为了分析我国高速公路逆行违法特征,深入解析我国高速公路逆行违法发生机理,本文搜集整理了2017—2021年四年间,我国新闻媒体报道的200起高速公路逆行违法典型案例,在此基础上统计分析我国高速公路逆行违法发生原因。我国高速公路逆行违法的原因中排名首位的是错过高速公路出口或走错方向而掉头逆行,高达86起。排名第二的是从收费站入口进入后,误从出口匝道逆行进入高速公路,达29起。遇前方有执法检查,原地掉头逆行逃跑与酒驾、醉驾并列第三名,各有19起。排名第五的是误从服务区入口匝道驶离,逆向进入高速公路,有15起。排名第六的是误听导航提示而逆行,有11起。排名第七的是直接从收费站出口逆行驶入高速公路,10起。另外,诸如错过服务区入口而逆行返回服务区、情绪失控或精神异常、毒驾、前方道路拥堵掉头逆行避开拥堵路段等原因引起逆行违法也时有发生,共17起。

对上述逆行违法原因进一步深入剖析后发现,我国高速公路逆行违法的诱因主要有人为的主观因素和道路的客观因素两类。其中人为的主观因素占主导地位,人为因素引起逆行违法主要有如下三种情况:①驾驶人由于注意力不集中错过出口而逆行,主要表现为未及时发现或看错出口匝道、服务区的提示标志,在错过出口匝道或服务区后选择掉头返回到出口匝道或服务区,占比达44.7%。②驾驶人缺乏高速公路基础知识与通行规则,不了解高速公路出口匝道、服务区构造而逆行,占比达33%,主要表现形式为误听导航提示而逆行;直接从收费站出口逆行驶入高速;误从服务区入口匝道驶离,逆向进入高速;或从收费站入口进入后,误从出口匝道逆行进入高速公路;或遇到前方道路拥堵,掉头逆行避开拥堵路段。③驾驶人自身有违法行为,在酒驾、醉驾、毒驾、情绪失控或精神异常情况下无意识逆行,或因存在酒驾、醉驾、毒驾、无证驾驶、超载等违法行为,在遇到前方有公安部门执法检查时,驾驶人为了逃避检查,选择掉头逆行逃窜,这种情况下的逆行违法的危害性最大,占比达22.3%。

不可否认,人的主观因素是高速公路逆行违法的最活跃的因素,但是简单地将其完全归结于人的主观因素是不符合实际的,在对上述人为的主观因素进行深层次分析后发现,除了第三种情况外,有相当比例的逆行违法是由于复杂困难的客观道路因素所引发的,良好的道路条件在很大程度上可以减少逆行违法的发生,不良的道路条件则会促使逆行违法的发生。比如由于错过高速公路出口与服务区入口或走错方向而掉头逆行的违法行为占比高达44.7%,此时我们在规范高速公路出口区域驾驶人驾驶行为的同时,亦应反思高速公路出口匝道、服务区或枢纽互通的上游路段的指路或指示标志标线设置是否规范合理。提高出口匝道与服务区标志标线的视认性,降低错过出口事件的发生概率,不仅可以减少出口匝道附近违规变道和倒车等违法事件,对于减少逆行违法也能够起到很好的作用。排名第二的逆行违法是进入收费站后,误从出口匝道逆行进入高速公路,这种情况占比14%,全部发生在高速公路收费站入口匝道与出口匝道之间没有设置连续的硬性分隔护栏,仅采用双黄线分隔出入口匝道的收费站,导致驾驶人有时无意识地越过双黄线误从出口匝道直接驶入高速,比如贵州遵义市的马家湾收费站就是此类逆行违法的高发地,通过在出入口匝道之间增连续的硬性隔离则可以杜绝此类逆行违法的发生。误从服务区入口匝道驶离,逆向进入高速公路的违法行为占比也高达7.3%,反映出我国部分高速公路服务区进出交通流线组织混乱,在服务区入口匝道反向缺乏防止逆行的标志标线与管控设施,特别是因地形限制,服务区入口匝道与出口匝道布设在一起(如雅西高速公路的石棉服务区)或上下行方向的服务区集中设置在高速公路一侧(如申嘉湖高速公路的练塘服务区)的服务区更容易让驾驶人在驶离服务区时走错方向而逆行上高速,更应注意逆行防控标志标线的设置。直接从收费站出口逆行驶入高速的事件也时有发生,占比达4.9%,这类违法行为主要发在节假日高速公路免费通行,收费站出口挡车杆收起,无人值守的时候,反映了应加强在高速公路免费通行期间收费站出口管理及相关标志设置的需求。

3.2 高速公路逆行违法人员特征分析

上述200起高速公路逆行违法案例,从性别构成来看,男性驾驶人为157人,占比78.5%,女性驾驶人为43人,占比21.5%。通过对逆行违法原因与人员性别进行交叉分析,男性与女性驾驶人都容易因为错过高速公路出口或走错方向而掉头逆行,以及进入收费站后,误从出口匝道逆行进入高速。男性驾驶人相比女性驾驶人更容易因酒驾、醉驾、毒驾而逆行,或误从服务区入口匝道驶离,逆向进入高速。在遇前方有执法检查时,原地掉头逆行逃跑的全部为男性驾驶人,女性驾驶人则在因误听导航提示而逆行的原因中占有更高的比例。

美国伊利诺伊州连续6年的逆行交通事故统计分析报告显示[4],从性别构成来看,该州68%的逆行驾驶人是男性,年龄集中25岁以下和65岁以上,女性驾驶人占到32%,且女性逆行驾驶人的年龄集中在35～44岁之间。统计数据还显示,50%的逆行驾驶人是酒后驾车,接近5%的逆行驾驶人是因为毒品或其他药物作用,但实际比例或许更高,因为许多逆行驾驶人拒绝参加测试或测试没有结果。大多数酒后或吸毒后驾车逆行者的年龄在21～54岁之间,65岁以上的高龄驾驶人发生逆行的原因主要是视力不清与反应迟钝判断错误所引起。

中美两国高速公路逆行人员性别构成具有一定相似性,男性比女性更易发生逆行行为,而美国因酒后或吸毒后驾车逆行的比例高达55%以上,远远高于我国的10.6%。

3.3 高速公路逆行违法涉事车辆特征分析

上述200起高速公路逆行违法,从涉事车型来看,主要集中在小客车与大货车,分别占比为77%与11%,其余分别是大中型客车5%,中小货车4%,摩托车3%。小客车逆行原因比较多样,排名前三的依次是错过高速公路出口或走错方向而掉头逆行、从收费站入口进入后误从出口匝道逆行进入高速公路、酒驾醉驾而逆行,另外因误听导航提示而逆行、错过服务区入口逆行返回服务区、情绪失控或精神异常、毒驾、前方道路拥堵掉头逆行避开拥堵路段等原因逆行违法的车型全部都是小客车。货车(包括大、中小型货车)逆行的原因大多集中在错过高速公路出口或走错方向而掉头逆行,占货车所有逆行原因中的比例达57%,反映货车驾驶人不愿意因走错路绕行而承担额外的过路费与燃油费用,排名第二的是误从服务区入口匝道驶离而逆向进入高速,占比达20%;遇前方有执法检查而掉头逆行逃跑的占比也高达17%。

美国伊利诺伊州连续6年的逆行交通事故统计分析报告如表1所列[4]。

表1 美国伊利诺伊州高速公路逆行事故肇事车型构成表

肇事车型	小客车	皮卡	越野车	厢式货车	其他
事故数(起)	139	26	18	12	8
比例	68.5%	12.8%	8.9%	5.9%	4.0%

该州逆行事故肇事车型主要是小客车,占比达68.5%,其后依次是皮卡、越野车、厢式货车,占比依次为12.8%、8.9%、5.9%,逆行肇事车辆无商用运营车辆,约90%的逆行肇事车辆用于个人的出行目的,大约85.2%的逆行肇事车辆上只有驾驶人一名乘客。中美两国高速公路逆行违法涉事车型构成具有一定相似性,主要集中在小客车,占比均达到80%左右,我国的大货车逆行问题较为突出,占比达11%,远高于美国的1.5%,而美国中小型货车(皮卡+厢式货车)逆行更多,达到18.7%,远超过我国的4%。

3.4 高速公路逆行违法时间分布特征分析

上述200起高速公路逆行违法时间分布如图1所示,我国高速公路逆行行为主要发生在白天时段(6:00—18:00),共发生127起,占比63.5%,其中8:00—11:00与14:00—16:00逆行尤其严重,分别占比22%与21%。夜晚共发生73起,占比36.5%,相比于下半夜,上半夜更易发生逆行。

高速公路逆行违法时间与逆行原因分析中,因错过高速公路出口或走错方向掉头逆行、从收费站入口进入后误从出口匝道逆行进入高速、遇前方有执法检查原地掉头逆行逃跑排名前三位的逆行违法在时间

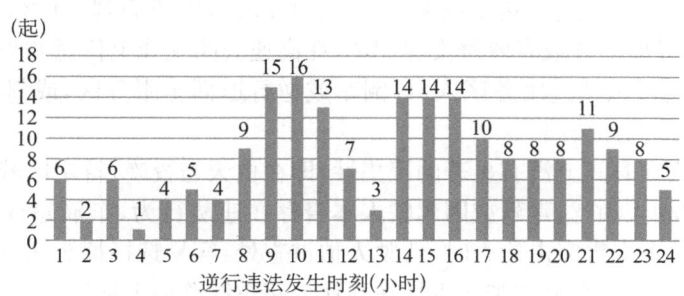

图 1 我国高速公路逆行违法时间分布图

上没有显著的聚集性,白天与晚上时段均易发生。因错过服务区入口而逆行返回服务区、情绪失控或精神异常而逆行的违法行为大多发生在白天时段,而因酒驾、醉驾、毒驾或误从服务区入口匝道驶离逆向进入高速而逆行的违法行为大多发生在晚上时段。

美国伊利诺伊州的统计数据如图 2 所示[4],逆行违法有 78.3% 发生在夜晚并且主要集中在下半夜,其中近 55% 的事故发生在 00:00—6:00 之间,有 13.8% 的逆行事故发生在 3:00—4:00 之间。

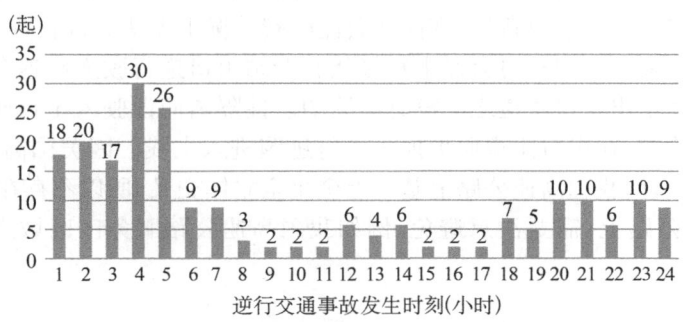

图 2 美国伊利诺伊州高速公路逆行违法时间分布图

中美两国高速公路逆行违法时间分布存在很大的异同,我国逆行违法主要发生在白天交通量较大时段以及晚上上半夜,而美国逆行交通事故则多发生在晚上下半夜,这与两国高速公路出入口分布情况及逆行的主要原因相关。我国高速公路大都是全封闭的收费高速公路,前后出入口之间的距离一般都保持在几十公里,出入口大都设有收费站的管控,一旦错过会引起较长的绕行距离及较多的费用。而美国高速公路多为免费通行的开放式高速公路,前后出入口之间的距离较近,出入口没有收费站入口管控。所以我国高速公路逆行的首要原因为错过高速公路出口或走错方向掉头逆行,多发生在交通高峰时段,而美国高速公路逆行的首要原因为酒驾、醉驾、毒驾,加之晚间视认条件较差,容易误从没有收费站管控的出口匝道逆行驶入高速公路,所以多发生在晚间时段。

3.5 高速公路逆行违法空间分布特征分析

上述 200 起高速公路逆行违法,从空间区域分布来看,主要集中在出入口匝道、收费站、服务区及主线,具体构成比例如表 2 所列。

表 2 我国高速公路逆行违法空间分布构成表

位置	出入口匝道	收费站	服务区	主线
比例	43.0%	29.0%	10.5%	17.5%

排在首位的是高速公路出入口匝道,驾驶人由于错过高速公路出口或走错方向掉头逆行共 86 起,占比达 43%!排名第二的高发区域为收费站占比 29%,主要原因是驾驶人从收费站入口进入后直接从出口匝道驶进高速或因收费站设置执法检查点,超载、报废等有其他违法记录的车辆或有违法行为的驾驶人直

接掉头逆行逃窜。排名第三为高速公路主线路段,占比17.5%,由于酒驾、毒驾、情绪失控或精神异常的驾驶人,驾驶人盲目听从导航引导或者躲避交通拥堵,在高速公路主线上任意调头逆行。排名第四的为服务区,占比10.5%,由于驾驶人错过服务区入口,倒车或逆行退回至服务区,或驾驶人直接从服务区入口匝道驶离服务区,逆向驶进高速公路。

不同区域的逆行违法在时间上没有显著的聚集性,即在白天与夜晚,特定区域均易发生逆行违法。然而通过统计分析发现,驾驶人酒驾、毒驾或因驾驶人本身存在违法行为,车辆超载、报废等其他违法情况,在遇到服务区或者收费站有交警突击检查时,驾驶人怕被查处,容易选择掉头逆行逃窜。因情感问题而情绪失控或自身精神状态异常,这部分驾驶人极易在高速公路主线路段上逆行。

美国佛罗里达州统计数据显示[7],美国高速公路逆行易发区域排在首位的为出入口匝道,其次是在高速公路上的菱形与部分菱形立交桥,以及其他形式的部分立交桥和喇叭形立交桥,而全立体交叉式立交桥发生逆行的概率最低。

中美两国高速公路逆行违法空间分布存在很大的异同,虽然出口匝道区域皆为两国逆行违法的高发区域,但原因有所区别。我国高速公路出口匝道区域逆行高发的主要原因为因错过高速公路出口或走错方向而在主线上掉头逆行返回,而美国出口匝道区域逆行高发则是因为美国的大部分高速公路都没有设置收费站,部分驾驶人(特别是酒驾毒驾与高龄驾驶人)易因判断错误而逆向驶入高速公路出口匝道进入主线。我国高速公路大多数设置了收费站,在高速公路收费情况下无法通过收费站逆向驶入出口匝道,但在高速公路免费通行无人值守期间有时会发生直接从收费站出口逆行驶入高速公路的情况,更多的情况是从收费站入口进入后由于出入口匝道之间没有连续的硬性隔离而误驶入出口匝道进入主线,或在驶近收费站时遇前方有执法检查,在出口匝道原地掉头逆行逃跑进入主线。因美国高速公路在菱形立交与部分立交区域逆行违法高发,而我国高速公路上基本上全是全立体交叉,所以不存在类似问题。但在部分互通设置较多的其他等级公路上,需要注意避免,例如我国高速公路服务区区域逆行违法高发,需要特别关注。

4. 高速公路逆行违法防治对策

高速公路逆行违法防治不能仅考虑驾驶人的因素,还要考虑可能诱发逆行违法的道路与环境、管理等方面因素,需要针对这些因素分别采取教育、工程改造、执法和应急响应等多种对策,坚持预防为先、社会共治、实时发现、及时处治的原则,综合施策,竭力降低逆行违法概率和及时制止逆行违法事件,减少高速公路逆行交通事故发生。

4.1 高速公路逆行违法防治的教育对策

人为因素是导致高速公路逆行的一个根本因素,为降低人为因素导致高速公路逆行行为的发生率,应强化驾驶员的交通安全意识。为此,我国公安部规定新拿到驾驶证的人员必须接受学习道路交通安全法律法规、重特大交通事故案例和文明守法驾驶行为等文明驾驶知识。

在实习期的驾驶人驾驶机动车在高速公路上行驶时,应当由持相应或者更高准驾车型驾驶证三年以上的驾驶人陪同。当驾驶人超过一定法定年龄后,驾驶证自动降级,超过70岁后需每年体检,只有身体条件允许的情况下才能继续上高速。

另外,针对因酒驾、毒驾、超载、车辆未年检等驾驶人本身有违法行为或车辆有违法记录的特殊人群,在相关部门进行处罚后,交警部门应成立专门的教育机构,对该危害较大的人群定期进行交通安全教育。针对驾驶人因从高速公路入口匝道驶入后直接从出口匝道驶进高速或直接从服务区入口驶离服务区驶进高速公路的人群,应加强该人群对于高速公路出入口匝道、服务区出入口等区域构造以及交通标志标线的理解。

最后应培养驾驶人良好的出行习惯,在出行前做好线路规划,临近出口匝道或服务区时,及时更换到右侧车道,一旦错过出口匝道,应"将错就错"在下一个路口驶离高速。在发现自己已经逆行情况下,应立即将车停在紧急停车带,做好安全警示措施并在自身退到安全护栏后立即报警,等候交警过来处理;在发现别人逆行时,应注意避让并及时报警。

4.2 高速公路逆行违法防治的工程改造对策

美国针对夜间高速公路逆行违法事故高发的情况,通过提高夜间交通标志的可视性来防治逆行违法。主要包括改变逆行标志位置、角度和尺寸,使其正好在车辆前照灯光束的范围,提高可见性。另外在传统的指示牌上安装闪光灯或张贴反光条,在出入口匝道、出口匝道和高速公路主线等高发区域,除设置传统的路面逆行标志标线外,增设逆行发光箭头,在车灯照射下,驾驶人能够看清箭头所指的行驶方向,从而纠正自己的行驶方向;在出口匝道的上游路段,在中央分隔带或路边护栏间隔安装多组反光轮廓标,该轮廓标采用黄白或黄红两色的反光塑料,能够连续提醒逆行驾驶人[9]。美国针对因立交出入口匝道几何设计缺陷而引发的逆行违法,在立交出入口匝道与其他道路平交处设置中央分隔带,阻止车辆任意转弯发生逆行;针对部分苜蓿叶、部分象限菱形立交等易于发生道路逆行的立体交叉口形式,对出口匝道进行渠化设计,适当减小出口匝道宽度,从而避免逆行行为的发生[9]。

在对我国高速公路逆行违法原因的分析中,排在各种原因之首的为错过高速公路出口与服务区出口而掉头逆行,此种情况应在出口匝道、服务区或枢纽互通的上游路段合理间隔设置指路或指示标志标线,连续提示驾驶人,提高出口匝道与服务区标志标线的视认性。排名第二的是驾驶人从收费站入口进入后,误从出口匝道逆行进入高速公路。此种情况应在收费站入口匝道与出口匝道之间连续设置硬隔离,明确道路行驶方向,杜绝此类现象发生。针对误从服务区入口匝道驶离,逆向进入高速公路的违法行为,应明确高速公路服务区进出交通流线组织,在服务区入口匝道反向设置禁止逆行标志与标线;由于地形限制将服务区入口匝道与出口匝道布设在一起且没有中央分隔,应在进出口匝道间设置硬隔离,对有条件的区域可重新规划进出口匝道位置,将进出口匝道分离设置。针对驾驶人从收费站出口逆行直接驶入高速,为解决这一情况,应在高速公路免费通行期间收费站出口管理和设置相关的提示、禁止交通标志,防止逆行发生。

针对我国高速公路夜晚逆行违法时有发生的情况,可借鉴美国夜晚逆行防治经验,在出入口匝道、服务区出入口等逆行高发区域增设路面反射标志、道路发光箭头标志,在原有的指示路牌上安装闪光灯或张贴反光条,临近出口匝道间隔设置多组反光轮廓标,以此来提高驾驶人的视认性。而这些措施在我国早有案例,例如在2008年,上海浦东高速交警在主要的高速公路出口安装了黄闪灯,并漆画了黄白相间的地面指路标志,被称作"大黄蜂路政设施组合",针对白天逆光问题,在事故高发点距高速公路出口650 m、500 m、350 m、150 m等处的地面,漆画"4、4、2、2"组黄白相间的地面指路标志,可以连续对驾驶人起到提醒作用,在此之后浦东高速原管辖的近150 km范围内,每年出现死亡的交通事故总量比2008年以前下降了40%以上[14]。此类新兴的交通标志标线虽早已出现,但并未推广至全国,只在特定区域取得了较好成果。在传统的道路指示、禁止标志合理设置下,因地制宜,大力发展新兴标志标线,各类交通标志标线结合使用,增加驾驶人对教育标志标线信息的理解,有助于驾驶人尽早做出正确的判断,避免逆行违法的发生。

4.3 高速公路逆行违法防治的执法对策

目前,公安部门对高速公路逆行违法一次性扣12分,并罚款200元,这在一定程度上对驾驶人产生强大的震慑力,降低了逆行行为发生率,但违法处罚不能以一概全,一味地加强处罚并不能根治这道顽疾,需要做到特事特办,视情况而罚,建立处罚标准体系,进而长期解决高速公路逆行。

对于无意识逆行且及时更换到正确行驶方向,及时报警求助,未造成其他人员生命财产损失的情况,交警应主要采取批评教育的方式。而针对本身有违法行为,例如毒驾、酒驾、无证驾驶等或因车辆具有违法记录,在遇到前方检查站时,恶意掉头逆行逃窜且不听劝阻,其行为已经侵犯不特定多数人或者多数人的生命、身体或者财产,构成以危险方法危害公共安全罪,在量刑方面,从严从重进行处罚。对于因情绪失控或前方道路拥堵而选择逆行的驾驶人,交警部门应加大对此类情况的整治处罚力度,提高违法成本,杜绝此类情况的发生。

4.4 高速公路逆行违法防治的应急响应对策

为及时终止逆行违法，最大限度地降低人员伤亡和财产损失，确保高速公路安全运营，必须重视高速公路逆行违法的检测与应急处理工作，快速高效地做好高速公路逆行的实时检测与快速预警处理两个部分。

逆行违法防治应急响应的前提为实时检测，这需要精准快速地逆行违法检测，然而通过上述 200 起高速公路逆行违法典型案例分析后发现，目前我国高速公路逆行违法检测智能化水平低下，主要以人工为主，依靠群众报警以及执勤交警现场巡逻，逆行违法检测方式构成如表 3 所列。

表 3 我国高速公路逆行违法的检测方式

检测方式	群众报警	现场巡逻	视频巡逻	自己报警
比例	41.0%	33.5%	23.0%	2.5%

群众报警可以督促交通参与者自觉遵章守法，提升高速公路安全水平，但是群众报警信息往往具有一定的延迟性与模糊性，高速公路交管部门往往很难在第一时间确定逆行违法的发生位置与车辆牌照信息，及时采取措施中止逆行违法，报警信息往往也很难成为有效的执法处罚依据，除非行驶记录仪能够拍下合符要求的视频证据。执勤交警现场巡逻虽然能够及时截停高速公路逆行违法车辆，但是需要耗费大量警力，并常常置执法者自身于危险境地。所以高速公路逆行违法的自动检测与实时预警就显得异常重要，目前我国高速公路虽然安装了大量的监控摄像头，基于视频图像的逆行违法检测技术也较为成熟，检测准确性可达到 94% 以上。但是目前我国已建成的逆行违法自动检测与实时预警系统并不普及，通过视频巡逻方式第一时间检测到的逆行违法仅占 23%，而且其中有相当比例是由值班人员人工监视监控视频的方式发现，难以避免漏报现象的发生。

美国高速公路逆行违法检测智能化程度较高，探测逆行违法车辆主要依靠雷达探测技术，雷达探测技术具有出色的检测能力，可靠性高且不受夜晚、灯光等外部恶劣条件的影响。当雷达检测到逆行车辆后，通过触发安置在路边的红色闪烁信标对逆行驾驶人发出逆行警告。据统计，有高达 85% 的逆行驾驶人在得到逆行提示后会选择掉头并返回正确的行驶方向[15-16]。美国将智能交通运用到逆行违法的检测与预警。如福特汽车 2016 年 11 月 3 日宣布，将在驾驶辅助系统中追加以逆行警告"Wrong-way"为首的多种安全功能，根据前玻璃窗上安装的摄像头以及导航仪的信息来识别禁止驶入标识以及单行道，当车辆逆行时就会通过警告显示和警告音来告知驾驶人。

目前，我国的智能交通在逆行交通事故防控中的应用还处于探索阶段，现在我国已全面取消省界收费站，建设覆盖全国高速公路网的 ETC 门架系统[17-18]，ETC 门架系统作为智慧感知系统之一，可以实时准确地获取通过龙门架的车辆时间身份等相关信息，通过实时对前后龙门架系统采集的数据进行深度挖掘分析处理，可以在第一时间及时自动发现车辆的逆行违法并及时预警处治，可惜由于部门分隔管理，到目前为止尚没有看到相关应用。

我国高速公路突发事件的应急处置预案也存在不健全的问题。高速公路突发事件应急处置预案是全社会突发公共事件应急处置系统的一个重要组成部分，它的构建是一项系统工程[19]。建立完善的逆行违法处治预案，当发现高速公路有不听劝阻恶意逆行时，交警部门应通知监控中心及时关闭下游涉及的收费站，实施临时管制，减少车辆进入高速公路，调取路面监控，实时查缉逆行车辆行驶轨迹。一方面更改沿线可变情报板，提醒正常行驶的车辆注意避险，引导其他车辆靠右减速行驶；另一方面，交警应提前在逆行车辆的行进路线上设置破胎器，强行对逆行车辆进行拦截，及时终止危险行为，执法部门在高速公路上设点进行例行检查时也需要提前做好预案，防止违法车辆逆行逃窜。

5. 结语

高速公路逆行违法既有主观原因，也有客观要素，单独加强处罚标准无法治根治本，唯有深入研究逆行违法的发生机理，并有针对性地综合施策才是解决问题的正确之道。美国在高速公路逆行违法处治方面的经验可供借鉴，但应清醒认识、客观分析中美两国高速公路逆行违法的差异，不迷信不盲从，才能探寻适合我国高速公路实际情况的逆行违法防控对策。随着智慧高速公路推广普及，逆行违法信息检测数据更加多元、及时、可靠，现代智能化管控技术将在高速公路逆行违法治理中将发挥重要作用。

本文由于条件所限，在缺乏我国高速公路逆行违法与事故一手数据的情况下，笔者仅搜集整理了自2017—2021年之间，我国新闻媒体报道的200起高速公路逆行违法典型案例进行分析，数据具有一定的片面性与不完整性，建议相关部门能尽早建立开放的交通违法与交通事故数据库，为社会参与交通安全研究与事故治理提供有效的数据支撑。

参考文献

[1] 公安部交通管理局. 中国道路交通事故统计年报[M]. 北京：人民交通出版社，2013.
[2] ZHOU H G, ZHAO J G. Investigation of contributing factors regarding wrong way driving on freeways[R]. FHWA-ICT-12-010, 2012.
[3] BRAAM A C. Wrong-way crashes: statewide study of wrong-way crashes on freeways in north Carolina, Traffic Engineering and Safety System Branch, 2006, 103: 12-54.
[4] ZHOU H G, ZHAO J G, FRIES R, et al. Statistical characteristics of wrong-way driving crashes on Illinois freeways [C]// 93rd Annual Meeting of Transportation Research Board, 2014.
[5] MAHDI P R, ZHOU H G, JEFFREY S, et al. Overview of safety countermeasures for wrong-way driving crashes [J]. ITE Journal, 2014, 84(12): 31-38.
[6] LIU C. Design directional raised rumble aggregates and strips for awakening wrong-way drives[J]. International Journal of Transportation & Technology, 2015, 4(2): 151-156.
[7] LIN P S, OZKUL S, GUO R, et al. Assessment of countermeasure effectiveness and in formativeness in mitigating wrong-way entries onto limited-access facilities[J]. Accident Analysis and Prevention, 2018, 116: 79-93.
[8] SIMPSON S, BRUGGEMAN D. Detection and warning system for wrong-way drive[J]. Arizona Department of Transportation, 2015, 117: 35-67.
[9] 叶荣炬,李振龙,陈阳舟,等. 1种基于车辆时空图的车辆异常行为检测方法[J]. 交通信息与安全，2012，30(04)：89-92+98.
[10] 梅贤明,林孔亮. 高速公路逆行发生事故如何定罪[N]. 人民法院报，2011-12-22(7).
[11] 吴萌,吴超仲,付萍,等. 事故致因分析下平原高速公路改扩建措施研究[J]. 交通信息与安全，2011(6)：73-76.
[12] 郭强,丛浩哲,王俊骅. 高速公路出入口危险行车事件监控与预警研究[J]. 交通信息与安全，2010(4)：99-102.
[13] 张帆,钱红波. 道路逆行交通事故原因解析及预防对策研究[J]. 公路与汽运，2021(05)：34-39.
[14] 张敏. 大黄蜂路政设施提升行车安全[N]. 浦东时报，2014-6-17(A3).
[15] STONE T. Advanced radar technology for wrong-way driver detection[J]. Traffic Technology International，2015(Jan.)：62-63.
[16] OZKUL S, LIN P S. Evaluation of red RRFB implementation at freeway off-ramps and its effectiveness on alleviating wrong-way driving[J]. Transportation Research Procedia, 2017, 22: 570-579.
[17] 钟亮文,黄国林,李忠,等. 高速公路龙门架监测管理系统[J]. 国企管理，2020(15)：22-29.
[18] 王健. 基于ETC系统数据的高速公路主动管控建设探讨[J]. 中国交通信息化，2020(12)：99-101.
[19] 张建华. 浅谈高速公路突发事件应急预案[J]. 速读(下旬)，2016，000(003)：351.

基金项目
上海浦江人才计划项目(20150522)、上海市教育委员会科研创新项目(11YZ134)。

数字经济背景下的 ETC 拓展
——停车场收费应用

Exploring the Innovative Development Strategy of ETC under the Background of Digital Economy
— Parking Fee Application

谭政宇[1]　陈华强

> **摘　要**：ETC停车场作为智慧城市的重要组成，它为智慧城市的实现提供有力的支持。ETC停车场提供了便捷的支付体验、缓解了路面交通压力、盘活了公共泊位资源、优化了城市停车供需关系，推动了城市动静态交通均衡、协调发展，文章探讨着重解决减少现金支付，提高通行效率的ETC拓展-停车场的收费应用。
>
> **关键词**：ETC；ETC停车场；ETC拓展；智慧城市；数字经济
>
> **Abstract**: There is still a certain gap between existing research and the development of ETC, and the proposed solution strategies need to be further improved. In response to this situation, this article further delves into and refines the problems faced in the development of ETC, and concludes that specific problems include: lack of communication between regions, inconsistent execution standards, disconnected user data, limited application scenarios, unclear competitive advantages, and unclear industry policies, And provide targeted ETC innovation development strategies, such as developing the ETC front-end market, promoting ETC technology upgrades, accelerating ETC expansion and application, and improving ETC user services. Through the above research, provide effective ways for the development of smart transportation and digital transportation.
>
> **Key words**: ETC; smart expressway; existing problems; development strategy; internet of things

1. 前言

目前的停车场系统存在痛点难点主要有三个方面：①车主方一位难求，车满为患压力大；空余车位信息不透明；缺乏车位诱导；现金支付居多，通行效率低；收费不透明；发票等问题。②停车场管理方跑冒滴漏，收费率低；纸质发票管理难度大；人员成本逐年上升；管理成本居高不下。③政府监管方面存在对全域停车场监管不到位；无法提供更多停车公共服务；缺乏对停车状况的大数据分析；定价和新建车场缺乏数据基础。

造成这些问题的主要原因是停车场信息化程度不高、缺乏统一平台、缺少基于大数据的智能分析和泊位调度、公共停车场和社会停车场没有统一监管、缺少统一停车公众服务入口、缺乏技术工具，对违停、停车安全监控不足等[1]。因此建立一整套城市停车解决方案很有必要，本文以着重解决减少现金支付，提高通行效率的ETC拓展——停车场的收费应用来进行探讨。

1　谭政宇，江西省交通监控指挥中心，本科，助理工程师，联系邮箱：598499008@qq.com。

2. ETC 拓展于停车场收费

2.1 总体方案

利用停车场现有车道子系统、停车管理系统,结合 ETC 拓展应用云平台、ETC 小额支付平台实现停车场的 ETC 收费(图 1)。

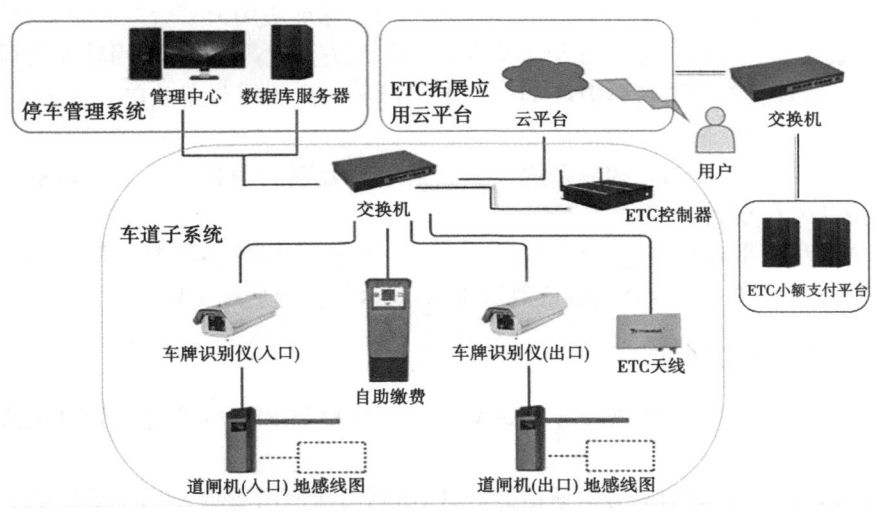

图 1　ETC 停车系统拓扑图

2.2 运行流程

车辆进场时,车道子系统感应到车辆已到达入口道闸,车牌识别系统识别并记录车辆牌照,停车管理系统记录下车辆牌照、车辆入场时间等信息,然后入口道闸抬杆放行(图 2)。

图 2　车辆进场流程示意图

车辆出场时,车道子系统感应到车辆已到达出口道闸,车牌识别系统识别并记录车辆牌照,停车管理系统通过出场车辆车牌信息,检索到该车辆入场时间,计算车辆停车时长。如果该车为固定车辆,出场道闸抬杆放行;如果车辆是临停车辆,车辆进入缴费流程;如果车辆为 ETC 车辆,ETC 设备进行无感缴费处理后,出口道闸抬杆放行;如果车辆为非 ETC 车辆,则车主通过移动支付等手段完成缴费后,出口道闸抬杆放行(图 3)。

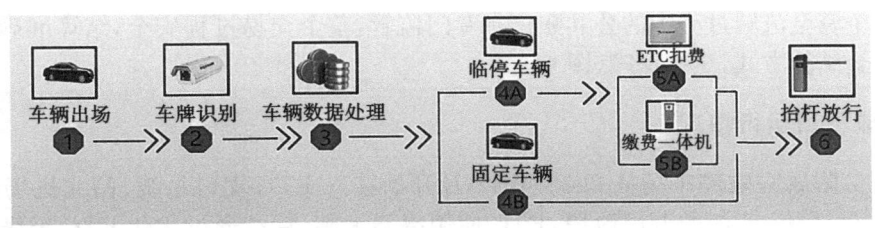

图 3　车辆出场流程示意图

2.3 停车场 ETC 支付原理

（1）车道子系统检测到停车场出口有车辆请求驶离停车场，经车道子系统将出场车辆信息反馈至停车管理系统，停车管理系统完成车辆出场计费后向 ETC 控制器发起 ETC 支付请求[2]。

（2）ETC 控制器控制 ETC 天线与车辆上的车载单元（OBU）通讯，取得车载单元存储的车牌信息和 ETC 卡信息。而后，ETC 控制器控制箱 ETC 拓展应用云平台提交黑名单状态查询，ETC 拓展应用云平台向 ETC 小额支付平台查询黑名单情况。

（3）查询的黑名单结果，从 ETC 小额支付平台，经 ETC 拓展应用云平台返回至 ETC 控制器后，判断车辆的 ETC 卡有效且不在黑名单中。如果不满足，ETC 无法支付，则车辆使用移动支付方式完成支付；如果车辆的 ETC 卡有效且不在黑名单中，ETC 控制器控制 ETC 天线与车载单元（OBU）交互，生成 ETC 支付消费流水后上传至 ETC 拓展应用云平台。

（4）消费流水上传成功后，ETC 控制器提交支付请求已处理的消息至停车管理系统，停车管理系统通知车道子系统抬杆入行车辆。

（5）ETC 拓展应用云平台将该笔 ETC 支付消费流水上传至 ETC 小额支付平台，由 ETC 小额支付平台对接 ETC 省交通监控指挥中心，完成审核消费流水，资金结算等后续工作。

2.4 ETC 停车场支付安全

目前 ETC 天线授权可用于扣费主要有 PSAM 卡在线授权和 PSAM 实体卡两种模式，两种方式各有优缺点。

（1）使用 PSAM 实体卡，应用部署快速便捷，可以做到离线使用场景，但 PSAM 实体卡存在丢失和管理不当的风险，且停车场属于第三方拓展方式，当 PSAM 遗失可能造成乱扣费的后果。

（2）使用 PSAM 在线授权方式则可以避免这些风险。在使用在线授权方式时，前端需要对请求进行接入管理，以确保未经认证的应用无法调用密钥服务。通过有效的管理手段，可以做到更好权限控制。但 PSAM 在线授权方式依赖于网络的可靠性。

为了保证支付安全及第三方支付渠道的管理，优先采用在线计费的模式。

2.5 ETC 停车收费的优势

（1）拓宽了 ETC 的应用的场景，对 ETC 卡用途单一的问题，给出了解决方案，同时增加了城市通勤车主的需求，增强了用户使用 ETC 的黏性。

（2）由于 ETC 缴费不受天气影响、车辆识别精度高、车主无感支付、过车时间仅需 1～2 s，可使车辆达到快速通行不停车的效果，因此 ETC 缴费停车场出口顺畅。

（3）车主通过 ETC 自动缴纳停车费，比现金支付和其他电子支付手段更加方便和快捷，提升了车主体验。

（4）ETC 收费系统减少了车辆在出口的等待时间，免去停车、起步产生的燃油浪费，达到节约能源、保护环境的效果；据统计，每一万次 ETC 交易，将节约 3 140 L 燃油消耗，并减少 55.96 kg 各类污染物的排放。所以，ETC 停车场收费对响应当前节能减排、低碳出行的政策有重要意义。

（5）ETC 自动扣费，收费电子化，杜绝了人工收费跑冒滴漏的现象，提高了收缴率。

（6）ETC 资金从银行资金汇缴账户到省中心资金汇总账户，再到 ETC 支付运营账户，最后至停车场运营商户账。整个资金流转过程中的公共账户有专门监管，整个交易过程安全，结算准确，相较于其他互联网停车企业资金结算方式，更有保障（图 4）。

2.6 已完成项目运行情况

南昌大学第二附属医院停车场从 2022 年 12 月开始接入 ETC 支付系统，昌北机场停车场 2023 年 6 月接入 ETC 支付系统，前期的调试阶段，ETC 使用率不太高，后续通过优化 ETC 天线位置、加大宣传

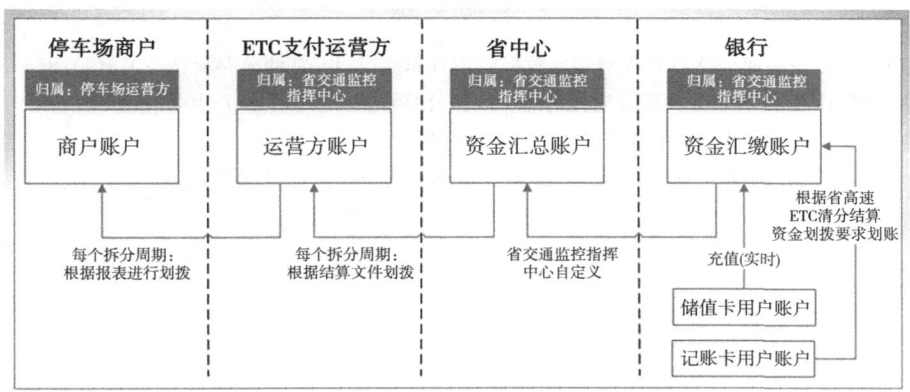

图 4 ETC 资金流向示意图

等措施。ETC 使用率都稳步提升,大大缓解了停车场高峰期出口拥堵问题,提高了通行效率(表 1、表 2)。

表 1 昌北机场停车场 ETC 支付流量情况表
(2023 年 6—7 月)

时间	总缴费车流量	ETC 支付车流量	时间	总缴费车流量	ETC 支付车流量
2023 年 6 月	83 984	21 206	2023 年 7 月	54 844	22 305

表 2 南大二附院停车场 ETC 支付流量表
(2022 年 12 月—2023 年 7 月)

时间	总缴费车流量	ETC 支付车流量	时间	总缴费车流量	ETC 支付车流量
2022 年 12 月	48 091	8 464	2023 年 4 月	38 282	15 929
2023 年 1 月	41 044	14 464	2023 年 5 月	45 917	18 679
2023 年 2 月	26 650	9 786	2023 年 6 月	43 247	18 060
2023 年 3 月	39 496	15 127	2023 年 7 月	23 968	10 026

将 ETC 收费应用于车流量巨大的公立医院和国际机场停车场,实现停车场的数字化、智能化,既提高了停车场的运行效率,缓解了车行通行压力,又提升了停车场业主单位的现代化、数字化的形象。为 ETC 应用的拓展提供良好的榜样。

3. 结语

从数字经济的角度来看,ETC 停车场作为智慧城市的重要组成,它为智慧城市的实现提供有力的支持。ETC 停车场提供了便捷的支付体验,缓解了路面交通压力、盘活了公共泊位资源、优化了城市停车供需关系,推动了城市动静态交通均衡、协调发展[3]。此外,ETC 停车场还可以与城市智慧交通系统进行对接,实现交通信息的共享和优化,提高城市交通的运行效率和便利性。ETC 停车场与数字经济具有密切的联系,ETC 停车场在数字经济的推动下,实现更加智能化和高效化的运营管理,对于城市交通出行中的拥堵、停车服务体验进一步优化,提升民众出行质量,对提升民众幸福生活指数具有支持作用,为人们提供更加便捷和绿色的出行体验。

参考文献

[1] 詹鑫钢,雷袁欧忆.取消高速公路省界收费站后数据应用方向探讨[J].江西公路科技,2019(4):86-88.
[2] 詹鑫钢,雷袁欧忆.ETC技术服务场景方向探讨[J].江西公路科技,2020(4):97-100.
[3] 徐清.ETC智慧停车下一站[J].上海信息化,2021(1):26-28.
[4] 倪琦.高速公路ETC收费系统的应用及设计[J].数字技术与应用,2017(5):173.

智慧公共交通信号优先策略研究
——以海南省三亚市有轨电车为例

Research on Signal Priority Strategy for Smart Public Transportation
—Taking the Tramcar in Sanya, Hainan Province as an Example

吴维棉[1] 杨 浩[2] 饶胜波[3]

摘　要：我国有轨电车大城市运营经验成熟，但在热带岛屿的智慧优先控制方式尚待研究。如何实现有轨电车信号优先，且对其他参与主体影响小，是智慧优先控制系统必须解决的难题。在固定配时算法上叠加智慧优先规则，车路协同制定有轨电车通过交叉口四种策略。示范线沿线20个交叉口中，2个绝对优先，11个高优先，4个低优先，3个无优先。VISSIM仿真显示智慧优先控制下，三亚有轨电车平均旅行速度提升15.7%，且各交叉口整体通行效率未明显下降。填补有轨电车在热带岛屿智慧通行的研究空缺。

关键词：有轨电车；车路协同；智慧优先控制；交通环境；VISSIM仿真

Abstract: China has mature experience in operating trams in major cities, but the intelligent priority control method in tropical islands still needs to be studied. How to achieve tram signal priority with minimal impact on other traffic participants is a challenge that smart priority control systems must address. Overlay intelligent priority rules on a fixed timing algorithm, and develop four strategies for tram passing through intersections through vehicle road collaboration. Among the 20 intersections along the route, 2 with absolute priority, 11 with high priority, 4 with low priority, and 3 with no priority. VISSIM simulation shows that under intelligent priority control, the average travel speed of Sanya tram has increased by 15.7%, and the overall traffic efficiency at each intersection has not significantly decreased. Fill the research gap in smart transportation of trams on tropical islands.

Key words: tramcar; vehicle road collaboration; smart priority control; traffic environment; VISSIM simulation

1. 引言

为了提升城市公共交通的服务水平[1]，三亚正大力推进有轨电车建设工作。提升有轨电车运行效率的重要抓手是平面交叉口信号优先[2]。然而，有轨电车信号优先会给社会车辆、慢行交通带来干扰延误[4]。因此，精准识别哪些路口实现有轨电车信号优先，以及采用哪种优先级别，从而实现有轨电车信号优先的同时减少对其他参与主体的影响，是三亚市有轨电车必须解决的难题。

欧美等国家有轨电车建设经验较为成熟，现代化、大容量、信号优先的有轨电车系统在德国、荷兰等国家广泛应用[6]。近年来，我国也在大力推进有轨电车建设发展，如武汉、嘉兴等大城市也建设多条运营线路，也取得部分成功经验[8]。应承静等学者认为，标准化、模块化的智能控制系统，有利于打造统一协调的行车调度体系[9]。吴殿华等学者利用信标确定有轨电车车辆位置，触发交通信号灯跳转[10]。童文聪等学

---

1 吴维棉，巫山县精益诚工程勘察设计有限公司，学士学位，注册城乡规划师，注册道路工程师，城市道路桥梁与交通工程师，联系邮箱：942936893@qq.com。
2 杨浩，海口市城市规划设计研究院有限公司，学士学位，城市道路桥梁与交通工程师，联系邮箱：363498062@qq.com。
3 饶胜波，海南省国土空间规划设计院有限公司，硕士学位，注册城乡规划师，联系邮箱：809355591@qq.com。

者通过车路协同技术,控制有轨电车通过平面交叉口速度,实现在绿灯信号下不减速通过[11]。齐泽阳等学者建立 VISSIM 仿真模型,检验有轨电车在信号优先策略的运营效率[12]。上述研究文献侧重于有轨电车自身单体分析,对有轨电车所依托的交通环境的横向研究较为欠缺。尤其在热带岛屿的应用研究欠缺,有必要进一步探讨有轨电车在热带岛屿旅游城市的智慧信号优先策略。

本文统筹考虑有轨电车、社会车辆、慢行交通、交叉口渠化、车道布置等多种因素,在信控固定算法基础上叠加智慧信号控制逻辑,探索既能实现有轨电车信号优先,又能尽少干扰其他交通主体通行的策略,实现人-车-轨-路协调控制,整体交通通行效率最大化。建立 VISSIM 仿真模型,定量评价各交通参与主体的运行指标。在研究对象和研究角度进行了创新,期望能为有轨电车智慧信号优先领域做出有效探索。

2. 研究数据与方法

2.1 研究对象概述

本文研究对象位于三亚市天涯区,有轨电车采用路中式设计[13],主要涉及路段有"育秀路—育新路—三亚河东路—铁路通道—金鸡岭街—胜利路",如图 1 所示。

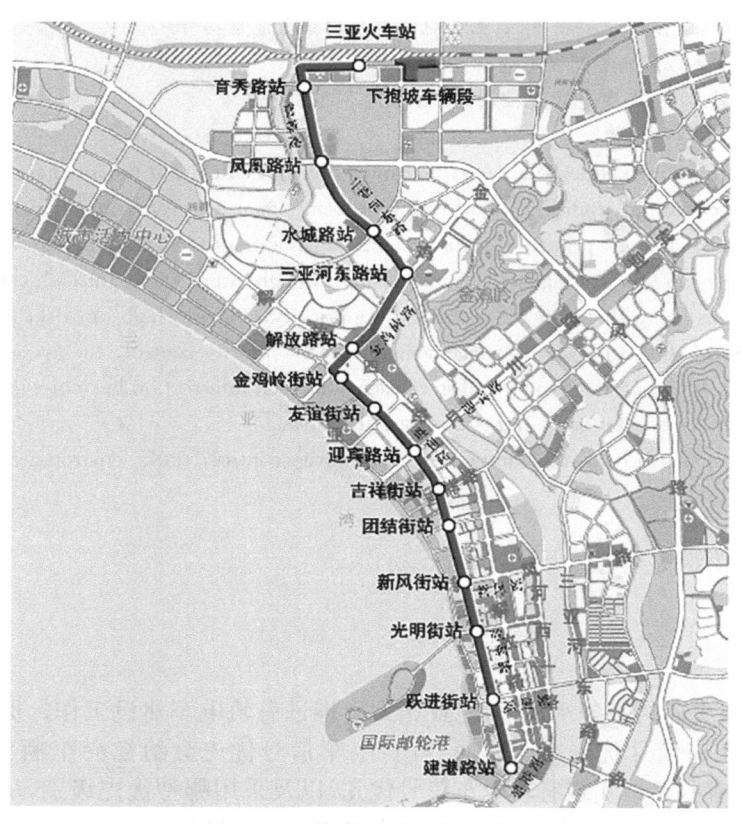

图 1 三亚有轨电车工程示意图

有轨电车起始于三亚火车站南出口,由北向南连接居住小区、商业街、商务办公区以及多个旅游服务点,南部末端连接码头及鹿回头景区,具有完善的旅游服务功能与重要的通勤价值。

2.2 数据来源

本文数据来源有上位规划《三亚市河西片区旧城改造城市设计暨控制性详细规划》、三亚市职能部门提供的 CAD 自然测绘地形和研究人员自行踏勘调研的交通流量数据。

2.3 研究方法

本文在交叉口传统固定配时的韦伯斯特算法基础上,叠加有轨电车智慧优先信号控制逻辑,校验慢行交通过街需求。并建立 VISSIM 仿真模型,评估各交通子系统的运行状况是否满足相关规范要求。

3. 三亚有轨电车优先方案研究

有轨电车与其他车辆存在交通冲突的平面交叉口,采取有轨电车在路口不停车或少停车的方式来提升运行效率。

本文采用固定信号控制叠加智慧感应控制的混合控制方式。先基于常规社会车流量设置交叉口固定信控方案,在此基础上增加有轨电车智慧优先感应控制逻辑,实现良好的实时控制效果。

3.1 韦伯斯特固定信控设计

以胜利路—和平路交叉口为例,现状交通调查可知该交叉口南北进口道车流量较大,东西进口道车流量较小,交叉口渠化方式如图 2 所示。

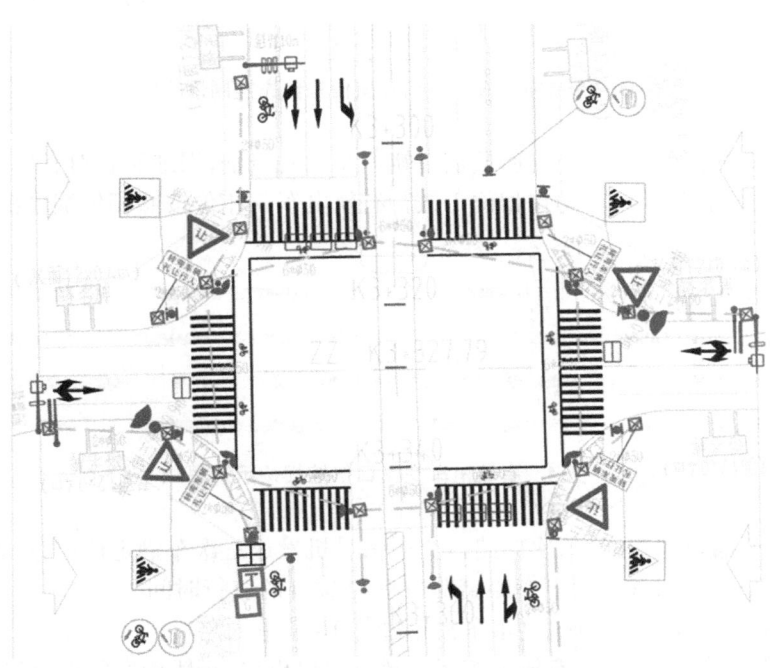

图 2 胜利路—和平路交叉口渠化图

按照韦伯斯特(Webster法)算法公式[14]、交叉口渠化方式和现状流量调查数据,固定信号控制初步设计方案为四相位,如表 1 所列。

表 1 固定信号控制初步设计表

	第一相位	第二相位	第三相位	第四相位
相序				
时长(s)	27	24	24	23
总周期(s)	110(含黄灯时间)			

(1)相位一:南北进口直行机动车通行,有轨电车通行,横过东进口、西进口、东出口、西出口行人通行。

(2) 相位二：南北进口左转机动车通行，横过南出口、北出口行人通行。

(3) 相位三：东进口直行、左转机动车通行，横过北进口、北出口、南进口行人通行。

(4) 相位四：西进口直行、左转机动车通行，横过北进口、南进口、南出口行人通行。

每进口道右转车不受信号灯控制。

3.2 叠加智慧信号优先控制逻辑

智慧信号优先控制逻辑如图3所示，在交叉路口上游设置检测器，实时确定有轨电车的位置，并判断是否给予其优先信号。其中，条件优先控制又可以分为高优先控制和低优先控制，具体措施包括红灯早断、绿灯延长、相位插入等多种方法。相关文献表明[5]，高优先规则对社会车辆影响大，导致车行延误成倍增长。低优先规则可以兼顾有轨电车的优先权和社会车辆的通行需求，社会车辆延误程度有所减少。

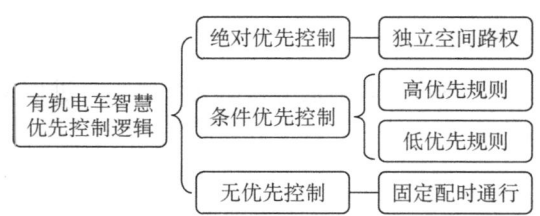

图3　有轨电车平交口智慧信号优先控制逻辑图

本文根据各交叉口的区划、各方向交通量及有轨电车优先级别，因地制宜对有轨电车进行智慧优先控制。交叉口四相位设定如图4所示，均在相位1放行有轨电车。相位按照相位编号依次循环执行。

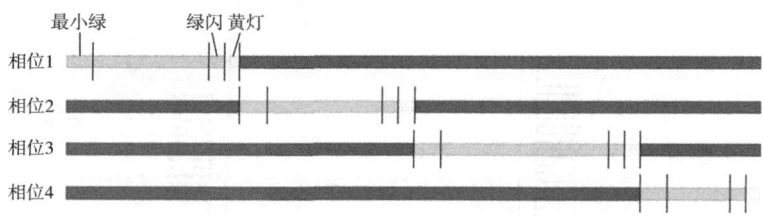

图4　有轨电车交叉口信控相位示意图

当有轨电车接近并通过路口时，依次向路口交通信号机发送三次车辆定位信息，如下所述。

A点：优先请求信号，表示该有轨电车距离路口有约23 s的旅行时间。

B点：车辆进入路口信号，表示有轨电车车头越过停车线，进入路口。

C点：车辆驶离路口信号，表示该有轨电车车位超过路口出口，车辆彻底驶离路口区域。

T_a 表示 A 点触发时间，T_b 表示 B 点触发时间，T_c 表示 C 点触发时间；以有轨车辆通过路口的行驶速度为 15 km/h 计算，正常情况下，$T_b - T_a = 23$ s，$T_c - T_b = 20$ s。

1) 高优先规则概述：绿灯延长、跳转相位和红灯早断

(1) 绿灯延长。有轨电车行至A点时，交叉口处于相位1。

输入条件：该相位绿灯剩余时间小于46 s。

输出结果：相位1的绿灯剩余时间应增加至46 s。

(2) 跳转相位。有轨电车行至A点时，交叉口处于相位2或相位3。

输入条件：该相位绿灯剩余时间大于20 s。

输出结果：该相位的绿灯剩余时间调整至20 s。相位2结束后跳转至相位1，相位1在收到C点信号之前不得结束绿灯时间。

(3) 红灯早断。有轨电车行至A点时，交叉口处于相位4。

输入条件：该相位绿灯剩余时间大于20 s。

输出结果:该相位绿灯剩余时间应减少至 20 s,于第 21 s 开始亮黄灯,随后交叉口进入相位 1。

2) 低优先规则概述:不进行跳转相位,仅绿灯延长和其他相位红灯早断

(1) 绿灯延长。有轨电车行至 A 点时,交叉口处于相位 1。

输入条件:该相位绿灯时间小于 46 s。

输出结果:相位 1 的绿灯剩余时间应增加至 46 s。

(2) 红灯早断。有轨电车行至 A 点时,交叉口处于其他相位。

输入条件:该相位绿灯剩余时间大于 20 s。

输出结果:该相位的绿灯剩余时间均调整至 20 s,后序相位顺序不作调整,后续相位绿灯时间均缩短至 20 s。

4. VISSIM 仿真模型评估

根据沿线交叉口的道路等级和交叉口流量流向,初步拟定了有轨电车在交叉口优先方案。示范线沿线共有 20 个交叉口,其中 11 个交叉口拟采用高优先策略,4 个交叉口拟采用低优先策略,3 个交叉口采用无优先策略,2 个交叉口采用绝对优先策略。

根据上述方案进行配时后,运用 PTV-VISSIM7.0 版本仿真模拟(图 5),输出各交通子系统运行指标。

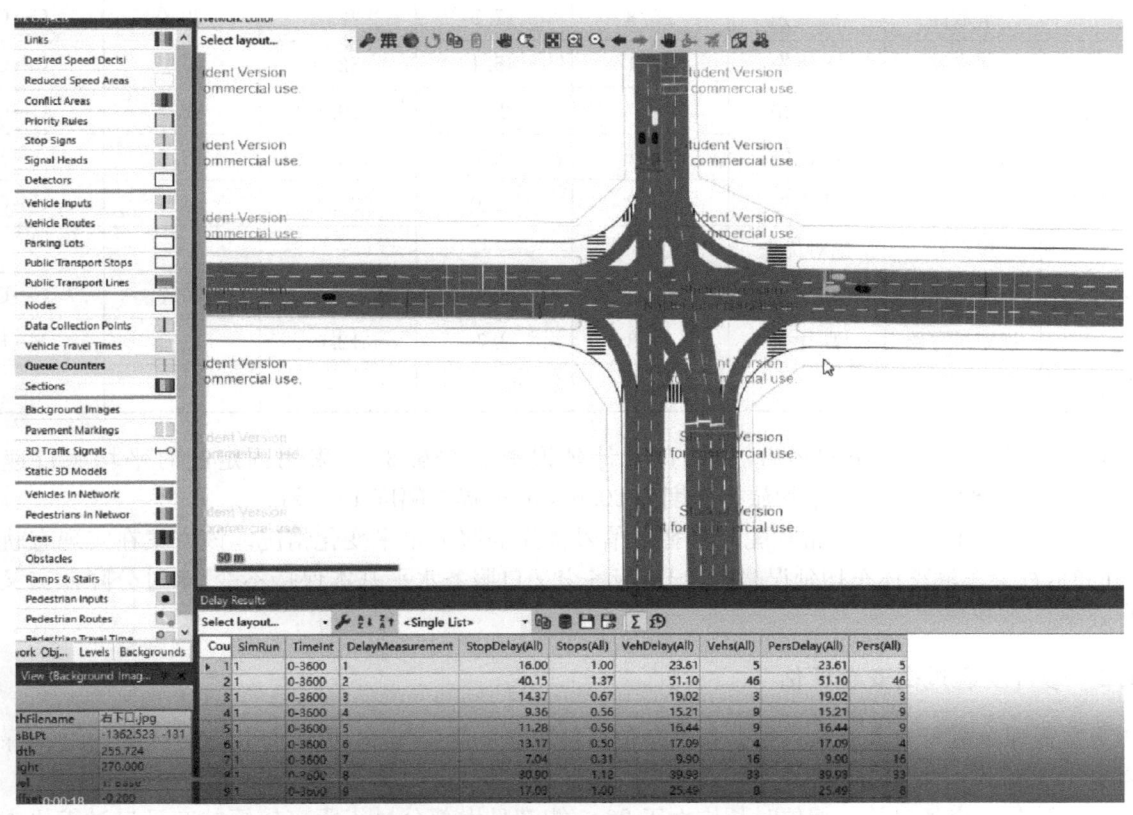

图 5 智慧有轨电车信号控制部分交叉口仿真截图

4.1 智慧优先车辆运行指标评估

根据仿真结果,有轨电车和社会车辆交叉口平均等待时间如表 2 所列。

表2 各交叉口平均延误时间对比表

路段	相交道路	智慧信号优先控制方式	常规配时有轨电车延误(s)	智慧优先有轨电车延误(s)	常规配时社会车辆延误(s)	智慧优先社会车辆延误(s)	社会车辆通行服务水平变化
胜利路	建港路	无优先	20.5	20.5	25.8	25.8	C→C
	新建街	高优先	23.1	5.1	18.6	22.1	B→C
	跃进路	高优先	24.1	0.6	17.2	19.5	B→B
	和平街	高优先	19.6	3.5	27.1	29.6	C→C
	光明街	高优先	31.0	1.4	31.2	34.7	C→C
	新风街	低优先	28.5	18.3	22.6	29.1	C→C
	团结街	高优先	33.9	2.3	23.8	26.6	C→C
	吉祥路	高优先	32.8	1.2	26.2	33.1	C→C
	迎宾路	低优先	18.2	10.2	30.8	34.2	C→C
	友谊街	高优先	14.6	2.4	22.6	27.6	C→C
金鸡岭路	金鸡岭路	无优先	35.8	35.8	30.7	30.7	C→C
	铁路通道	绝对优先	—	—	—	—	—
	解放路	低优先	25.8	17.5	22.1	29.0	C→C
河东路	河东路	无优先	45.1	45.1	32.0	32.0	C→C
	水城路	高优先	20.7	2.8	29.8	32.7	C→C
	路段掉头口	高优先	10.1	0.5	8.5	12.3	A→B
育新路	凤凰路	低优先	32.2	23.0	31.7	34.3	C→C
	规划路	绝对优先	—	—	—	—	—
	育秀路	高优先	51.3	8.9	24.4	26.7	C→C
	规划1号路	高优先	21.3	2.7	12.0	13.3	B→B
合计	—	—	488.6	201.8	—	—	—

有轨电车采用智慧优先方案后,交叉口合计延误减少286.8 s。采用固定配时平均旅行速度为17.8 km/h,采用智慧优先方案平均旅行速度为20.6 km/h,提升幅度15.7%。

参考规范[15]对比交叉口在常规配时和智慧信号优先的服务水平变化情况。该方案在实现有轨电车优先的同时,社会车辆整体车均延误略有上升,但各交叉口服务水平基本保持不变,未过分降低交叉口整体运行效率。

4.2 慢行交通过街安全评估

该方案需保证慢行交通安全过街。根据韦伯斯特算法和道路宽度,要求每相位行人最短过街绿灯时间不得少于20 s。

本文设计各个交叉口的每相位时长均大于20 s,能满足大部分过街距离较短的交叉口过街要求。部分行人过街公式计算所需时间大于20 s的交叉口,根据规范[16]要求增设行人二次过街安全岛。

智慧信号优先在方案设计中将二次过街安全岛与信号相位统筹考虑。在第二、三、四相位中,行人过街顺序按照安全岛分成两部分,行人可以利用不同相位的绿灯时间二次安全过街。在智慧信号优先算法中,每相位的绿灯时间不得缩短低于20 s。综上,慢行交通的过街时间可以保障,行人能够安全过街。

5. 结语

本文基于信号控制固定算法叠加智慧优先的公共交通策略,对三亚市天涯区有轨电车进行系统研究,并形成以下论点。

(1) 智慧信号优先控制可提高有轨电车的通行效率,但会对社会车辆、慢行交通等交通主体造成影响。

(2) 智慧信号优先控制系统中,有轨电车通行效率从高至低分别为独立路权绝对优先、高优先条件控制、低优先条件控制、无优先固定配时通行。

(3) 智慧信号优先控制系统提升三亚有轨电车旅行速度15.7%。各交叉口服务水平未明显下降,慢行交通过街安全,交通整体效益好。

我国正处于有轨电车建设的快速发展阶段。三亚市有轨电车是内地唯一的一条完全布设在热带岛屿的线路。其面临着淡旺季旅游客流波动大、慢行交通需求旺盛、道路红线狭窄等特殊挑战。如何因地制宜进行智慧信号优先控制,实现有轨电车高效通行的同时减少对其他参与主体的影响,是三亚有轨电车系统必须解决的难题。

已见报道的文献中[8],学者对有轨电车单体信号优先控制的纵向研究较为深入,部分研究成果已运用在如武汉等大城市的有轨电车系统中。然而,上述成果对于有轨电车所依托的交通环境研究深度不足,没有横向探讨有轨电车优先给其他参与对象的影响。只见树木不见森林,未能从宏观角度实现总体交通通行效益最大化。

本文基于现状调研数据和列车开行方案,在固定配时上叠加智慧信号优先控制算法,因地制宜对示范性沿线20个交叉口提出绝对优先、高优先、低优先和无优先四种策略,仿真数据与实际运营情况较为契合。在工程实际应用上既提升有轨电车旅行速度15.7%,又保障社会车辆和慢行交通正常通行,对三亚公交优先、低碳出行有重要现实意义。同时,本文选取内地第一条热带岛屿有轨电车线路作为研究对象,填补了有轨电车在内地热带岛屿旅游城市智慧信号优先的研究空缺。然而本文对硬件配套设施研究较为简略,存在智能算法与物理硬件功能不兼容的可能性。期望本文能给同仁提供有意义的参考。

参考文献

[1] 黎冬平. 提高现代有轨电车发展适应性的对策分析[J]. 城市轨道交通研究,2019,22(S1):1-3+32.

[2] 薛伟. 现代有轨电车平交路口优先协调控制研究[J]. 铁路通信信号工程技术,2018,15(06):52-56.

[3] 邓嘉成. 有轨电车平交路口优先策略优化思考[J]. 智能城市,2020,6(05):138-139.

[4] 朱永辉,梁霄,袁魁. 基于车路协同技术的自动驾驶有轨电车路口通过优化技术[J]. 城市轨道交通研究,2022,25(10):233-238.

[5] 伏筱堃,曹从咏,李冰,等. 现代有轨电车条件下的交叉口信号控制方法[J]. 交通信息与安全,2020,38(06):46-54.

[6] LISICHKO O I, MALOZYOMOV B V. Optimization of tramcar capacity for major transport routes[J]. Journal of Physics:Conference Series,2021,2032(1):012106.

[7] BI B H, XIAN D X, HUANG J L. A Novel Method for Tramcar Anti-Collision Warning System Based on Monocular Vision[J]. Advanced Materials Research,2012,1601(430-432):1871-1876.

[8] 李小鹏. 嘉兴有轨电车T1线一期工程技术创新总结与分析[J]. 城市轨道交通,2023(12):29-31.

[9] 应承静,杜康,陈金叶,等. 现代有轨电车智能控制系统的设计[J]. 现代交通技术,2021,18(02):89-92.

[10] 吴殿华,公吉鹏. 基于信标的有轨电车路口优先实现过程分析[J]. 铁道通信信号,2022,58(01):90-93.

[11] 童文聪,滕靖,姚幸,等. 有轨电车通过平交路口车路协同速度控制系统[J]. 城市轨道交通研究,2024,27(02):135-140.

[12] 齐泽阳,张蕊,许伊婷,等. 基于VISSIM的有轨电车交叉口微观仿真模型参数敏感性分析[J]. 交通工程,2019,19(01):72-78+80.

[13] 三亚有轨电车示范线试运行[J]. 现代城市轨道交通,2020(05):120.

[14] 于杰. 考虑公交优先的改进韦伯斯特信号配时模型研究[D]. 南京：东南大学, 2015.
[15] 中华人民共和国住房和城乡建设部. 建设项目交通影响评价技术标准[S]. 北京：中国建筑工业出版社出版, 2010.
[16] 中华人民共和国住房和城乡建设部. 城市道路交叉口设计规程[S]. 北京：中国建筑工业出版社出版, 2010.

基于航拍数据的平交路口进出口车道错位影响分析
Analysis of the Impact of Lane Dislocation at Level Crossing Entrance and Exit Based on Aerial Data

杨智强[1]　刘　俊

摘　要：平面交叉口进、出口车道错位时空平交路口中一种常见的情况，车道错位使相邻车道通过路口时产生了变道和干涉，导致车道通行能力的下降。本文通过航拍长沙市区三处较为典型的交叉路口的车辆通行实景，分析车辆的通行特征规律，尝试提出使用占线率推导出车道通行能力的特征值。通过比较研究特征值，对车道错位路口提出效率改进的建议。

关键词：航拍；平交路口；通行效率；车道错位；占线率

Abstract: The misalignment of entrance and exit lanes at level intersections is a common scenario that occurs in urban road networks. This misalignment prompts lane changes and interference among adjacent lanes as they traverse the intersection, ultimately leading to a decrease in lane capacity. By leveraging aerial photography of actual vehicle traffic at three representative intersections in downtown Changsha, this study analyzes the characteristic patterns of vehicle movements and endeavors to derive lane capacity eigenvalues using the occupancy rate as a metric. Through a comparative analysis of these eigenvalues, recommendations are proposed for enhancing the efficiency of intersections with lane misalignment.

Key words: aerial photography; level intersections; traffic efficiency; lane misalignment; occupancy rate

1. 进出口车道错位

进出口车道错位是平交路口中一种常见的情况，是指通过平交路口的进口道与出口道中心线不在一条直线上，使得车辆无法笔直通过路口。有的是由于路口两端实际宽度不同或者道路线形，而不得已错位布置，有的由于两端的交通组织不同，规划的进、出口车道数量存在差异。

大量的实际情况表明，受限于我国现行的道路交通安全法和驾驶员的经验习惯，在车道错位的交叉路口直行时存在一定的无序性。图1即是一种典型的双车道路口进、出口车道错位示意图，在如未事先对驾驶员进行说明或放置特殊的标志标线提示，途经此处时将出现三种走法：L1E1、L2E1、L2E2，相较于理想状况下，多出了 L2E1 走法。可见，车道错位的结果，是产生了新的行进方式，而 L2E1 走法的本质是一种在路口内没有分道线的情况下实施的变道行为。车道错位带来的结果是造成了大量的强制变道，因为变道往往能够对原车道和目标车道造成一定的通行影响。导致车道内的通行效率有所下降。

图1　车道错位情况下的无序通过方式

1　杨智强，湖南省高速公路交通警察局长沙支队警务技术三级主管，联系邮箱：56177741@qq.com。

在以往的研究中,多为基于路口进口道的数量设置、通过对排队车辆的运行特征分析、着手于交叉路口的交通信号配时等方向展开研究,如聂长文[1]通过《城市道路工程设计规范》(CJJ 37—2012)中的车道通行能力算法算出最大通行能力与实际情况相比,从进口车道数量和信号灯相位的配时方面着手。万华森、胡佳彤等[2]使用最内侧直行车道中线偏移角、进口车道位置等十个影响因素组成的贝叶斯网络(Bayesian Network,BN)结构,建立了直行出口车道选择 BN 模型,着重用于分析驾驶人的车道选择。姚广铮等[3]则依托导航软件,整体考虑交叉路口的各个方向,建立了交通拥堵评价指数模型,优化交叉路口的多相位通行效率。而基于进口车道与出口车道错位情况下对通行效率影响的研究较少。本文试将车道错位分为三种类型,即进出口车道数量一致但水平偏移、出口车道数>入口车道增多、出口车道数<入口车道增多。利用无人机垂直航拍技术,分车道采集数据,探讨各个车道的通过效率。

2. 数据采集与提取

2.1 数据采集

使用某型无人机位于路口中心上空 120 m 位置,镜头等效焦距 24 mm,视频分辨率为 2K/60FPS,垂直向下拍摄路口通行情况。记录数个红绿灯周期的某一相位车辆通过路口情况。为突出研究目标,选取了长沙市区三处较为典型的交叉路口,分别为 A、B、C(潇湘大道牌楼路口、潇湘大道桃子湖路口,及芙蓉路新建路口)。采取 8:00—9:00 的早高峰时段拍摄,持续一周。

2.2 数据提取

将拍摄数据导入到视频编辑软件,逐帧播放,如图 2 所示,以左侧靠近中央隔离带的直行车道为第一车道 L1,向右依次为第二车道 L2、第三车道 L3,依此类推,出口车道 E 同理。分车道截取车辆投影刚刚接触停止线 P 点的计时 t,及车辆完全通过停止线的计时 T。研究各入口车道在同一周期内的通行效率情况。

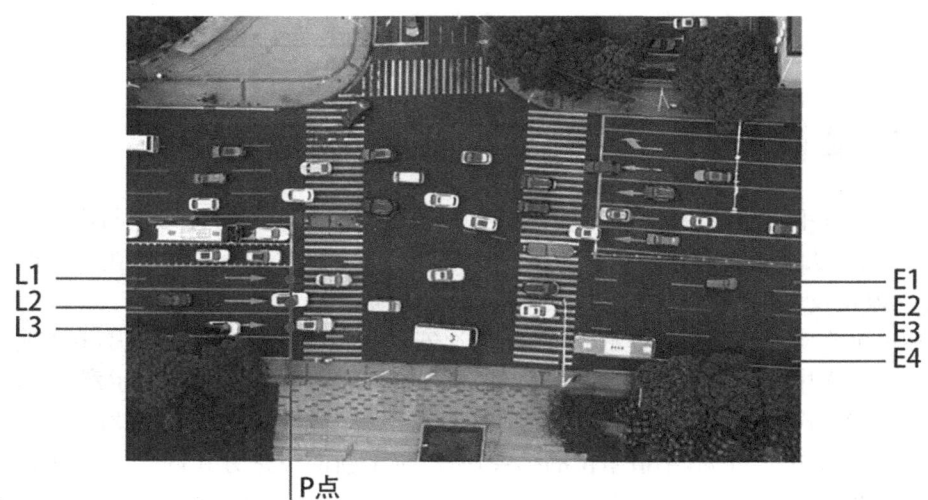

图 2　数据采集与标示

2.3 公式及数值意义

通常,我们采用实际通行能力来描述道路的通行效率,但此方式存在很明显的弊端,既没有考虑到驾驶员与前车保持的车距,同时也未考虑到上游的车辆"供给",往往出现来车少导致的过车数量异常偏小的情况,不足以真实反映车道的通行效率。而即便考虑通行速度作为变量以后,仍然会出现速度差别较大但流率相等的情况(图 3)。

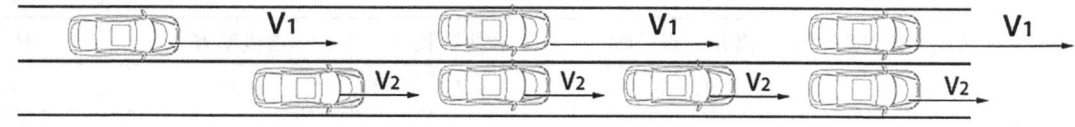

图 3 两条车道流率相等

考虑到车道停止线具有通行的唯一性和独占性，仅存在被单独占用和不被占用两种状态。当路口内车辆积压发生缓行时，正准备通过停止线的车辆需要采取减速措施避免碰撞，造成占线时间增加，而更后方的车辆感受到拥堵的传导，将进一步增加占线时间。但对于一个周期而言，占线时间过低也不能说明效率较高，有可能出现上游来车间隔过长导致周期内总过车数量不够。基于此，本文提出了占线率 H 这一指标以及推导出全面反应车道通行能力的指数 R。占线率即停止线被本车垂直投影覆盖的时间占前车通过后至本车通过后的时间之比。

设 n 为绿灯周期内某车道 L 通过的车辆序号，第 n 辆车的占线率为式(1)。

$$H_n = T_n - t_n / [(t_n - T_{n-1}) + T_n - t_n] \tag{1}$$

当 $n=1$ 时，$T_0=0$。

对于第 n 辆车通过时，车道当前的总占线率为式(2)。

$$H'_n = \frac{\sum_{i=1}^{n} T_i - \sum_{i=1}^{n} t_i}{T_n} \tag{2}$$

则该车道在第 n 辆车通过时的每分钟能力指数为式(3)、式(4)。

$$R = 60n / T_n H' \tag{3}$$

$$R_n = \frac{60n}{\sum_{i=1}^{n} T_i - \sum_{i=1}^{n} t_i} \tag{4}$$

R 值的大小反映了当前车道的通行潜力，越高则说明越不可能出现拥堵，应对上游来车的能力越高。越小则说明车道拥挤程度越高，车道越难以继续容纳来车。

3. 车道错位影响分析

3.1 对照组

以 A 路口南北向直行车道作为观测对照组，A 路口为 T 型平交路口，南往北进、出口道均为 4 条直行车道(以下简称 4 进 4 出)，进口与出口车道的中心线连线与车道方向平行。观测周期 90 s。以 L1 为例(表1)，四条进口车道的过车台数与 R 值的关系如图 4 所示。

表 1 牌楼路口南往北 L1 车道数据

过车序号	接触 P 点计时	离开 P 点计时	占线时长	占线率 H	R
1	1.27	3.42	2.15	0.46	—
2	6.60	7.63	1.03	0.25	43.60
3	11.65	12.53	0.88	0.18	47.62

（续表）

过车序号	接触P点计时	离开P点计时	占线时长	占线率 H	R
4	16.73	17.48	0.75	0.15	52.06
...	...	...	...	...	...
29	88.07	88.63	0.57	0.18	84.26
30	91.43	92.17	0.73	0.21	84.33

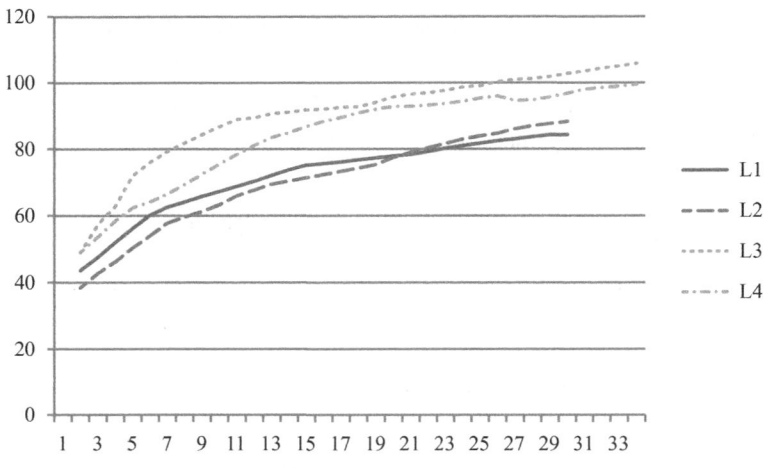

图 4　A 路口南往北 L1~L4 车道通行能力指数表

由此可得结论，四条车道整体处于从绿灯缓速起步到逐渐快速通过的状态，各曲线趋势差别不大。说明整体通行有序。L3 车道的通行能力指数最高，R_3 高于 R_1 的 20% 以上，反映出 L1 队列的前数台车起步较慢，逐渐扩散对后方队列产生了影响，使曲线相对过早地出现了拐点。

3.2　车道增多

选取 B 路口南往北作为观测对象，该路口位于 A 路口北侧，观测周期 60 s。规划了 5 条进口车道，4 条出口车道。由于最左侧两条车道在高峰期规划为左转车道，该路口实际形成了 3 进 4 出的情况，L1 通过路口后左侧多出一条车道(图 5)。

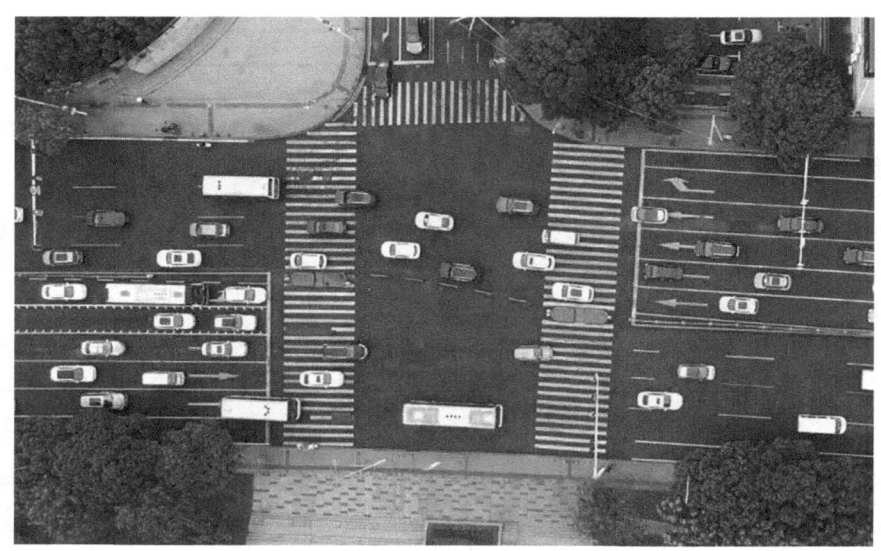

图 5　B 路口俯拍，正右为北方

经统计,高峰期各车道平均通过车辆均为 26 台/min。各车道 R 值(图 6)与 3.1 中的结果对比,显示出了多一条出口车道的优势,E2 作为 L1 的对应的出口车道的同时,E1 也能够"独享"消化掉部分 L1 的车辆,因此 L1 的通行能力指数超过了 L2 和 L3。但与自身结果对比,L1 只比 L2 和 L3 高出 6%~7%。故此可以认为,多出的一条出口车道对于通行效率来说略有提升,但不显著。

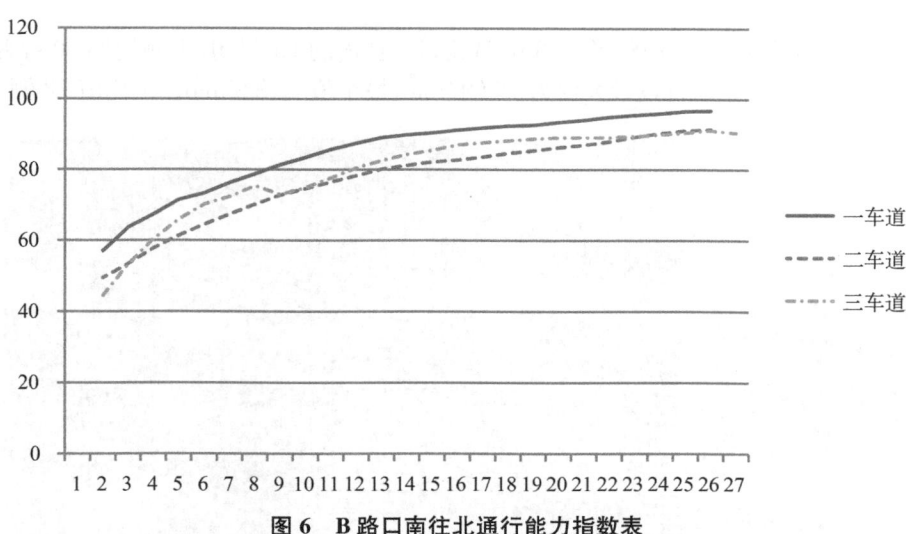

图 6　B 路口南往北通行能力指数表

3.3　车道偏移

以 3.2 中 B 路口北往南方向作为观测对象,该方向是 3.2 的反方向,由于进口未设置左转车道,故第一直行道 L1 与对相位的左转车道中心线对应。虽然是 4 进 4 出的对应配置,但 4 个出口车道均往西方向偏移了一个车道。观测周期 60 s。经过统计,路口总通行量最大值 82 辆/min,最小值 70 辆/min,平均值是 74 辆。各车道平均通过车辆数为 L1=17 辆,L2=20 辆,L3=21 辆,L4=17 辆。各车道 R 值如图 7 所示。

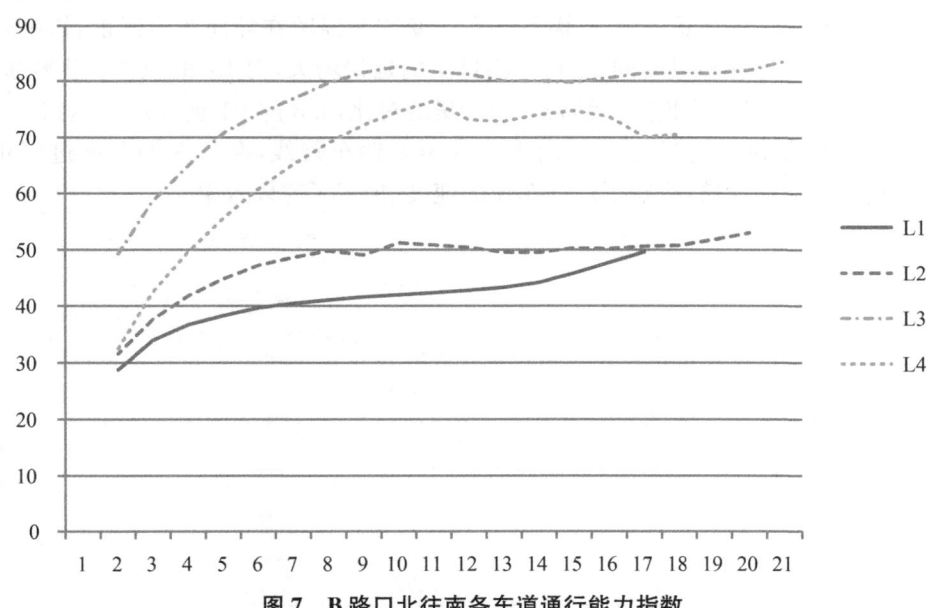

图 7　B 路口北往南各车道通行能力指数

从结果看出,各车道 R 值差别十分显著,曲线拐点较多。尽管 L1 与 L4 的通过量相等,但 R_4 最高达到了 R_1 的 180%,后期下降至 R_1 的 141% 左右,说明 L4 的通过量不足是因为上游来车数量少导致,本身的通行潜力和速率远高于 L1。同时,尽管 L2 的中心线正对 E1,但受到 L1 的挤压,其通行能力也与 L3 和

L4 差距显著。R_3 则与 3.1 中的 R_1 接近,反映其处于正常的通行效率状态。

此外,多次数据中 L4 都有 2 至 3 个向下拐点,经过反复比对排除发现,是因为路口上游 100 m 处有公交停靠站,公交停靠站处在交叉口上游排队长度以内,对交叉口进口道通行能力有影响[4]。

公交车加速较缓,出站至路口时的车速跟不上小型车辆的车速。

1) 第一车道封闭试验

为进一步对比车道偏移带来的影响,将 3.3 中 B 路口北往南的 L1 封闭,观测周期 60 s,观测各车道通行效率的变化。经过统计,路口总通行量最大值为 78 辆/min,最小值 63 辆/min。平均值 72 辆/min(图 8)。

图 8　北往南 L1 封闭

实验结果(图 9)与 3.2 对比,通行效率十分接近。与 3.3 的结果对比,L2 的效率提升十分明显。而由于条件限制,对 L1 封闭的长度稍短,导致车辆不能完成变道而停留在导向车道线前,影响道路上其他正常行驶的车辆,严重增加了车辆行驶时间,使得车辆排队的延误增大,对 L2 的效率产生较多负面影响[5]。否则,L2 的效率指数应当能进一步提升。结合总通行量的对比,3.3 的 L1 远远没有达到 1 条车道的正常通行量,其优势仅仅体现在观测周期前 30 s 内多了 6 至 8 辆车跨线,在前 8 辆车通过停止线之后就与 L2 开来的车辆在路口内交织拥挤,影响了后面车流的速度,拖累了整体效率。

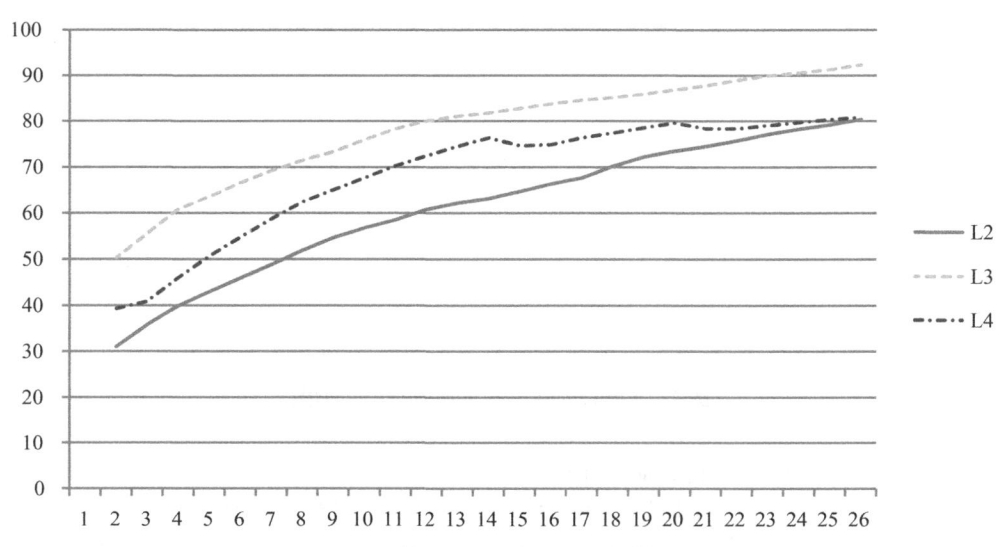

图 9　封闭 L1 后的通行效率指数

2) 策略建议

根据3.3和1)的对比,L1仅仅提供了实线段6至8辆车的"抢跑",对路口的贡献有限。可以考虑将其优化,改成调头专用道或是其他专用车道。将最右侧的右转专用道改造成右转直行道L5,不仅可以承担6至8辆车的"抢跑"功能,还能够减让公交车从L5通行,减少对L4流速的影响(图10)。

图10 改造路口渠化建议

3.4 车道减少

选取C路口北往南方向作为观测对象。北往南规划有5条入口直行道,但L4、L5为短车道。出口车道只有4条,其中E4为辅道/短车道,与E3之间有绿化带隔离(图11)。同时,西往南方向的右转车道W也对其产生影响。观测周期100 s,总通过车辆平均值为89辆/min,各车道R值如图12所示。

图11 C路口俯瞰 右侧为南方

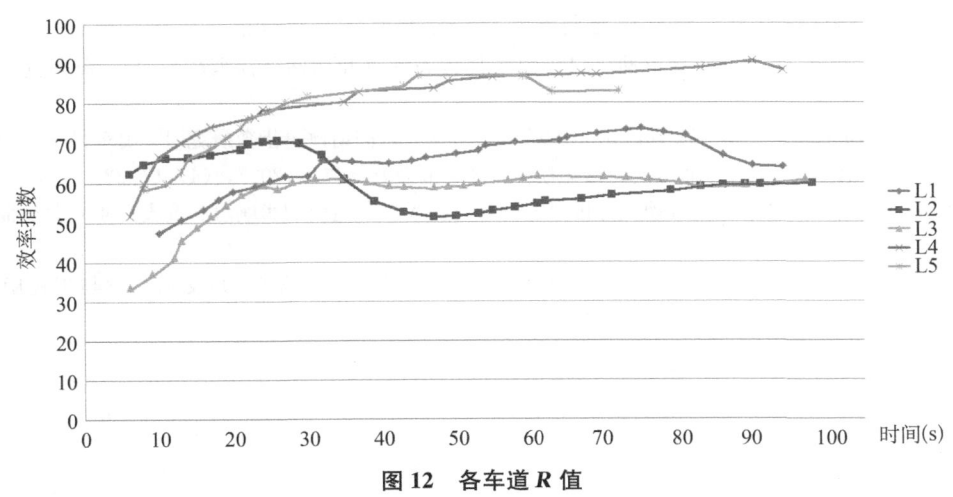

图12 各车道R值

结合分析,观测周期前25 s各车道车辆迅速进入路口,路口内迅速趋于饱和。由于L4、L5正对E3、E4之间的绿化带位置,没有较为明确的行驶路线,在W占用E4的情况下,L4、L5更多的倾向选择E3,迫使部分L3的车辆向左避让挤占E2,连锁影响L2和L1。但由于L1车辆没有向左避让的空间,只能选择占住E1,因此造成L2的效率R_2急剧下降。绿灯45 s左右,相位绿灯时长大于短车道L4、L5排队释放完毕的时间,导致其不能被充分利用,道内的饱和度下降[6]。R_1、R_2、R_3缓慢回升。

可见,L4、L5是导致该路口效率不高的重要原因。前期挤占E3导致路口内减速,后期则没有上游来车。造成效率指数和通过量均不高。其中5车道总R值为356,仅等于3.1中四车状态,而通过量甚至小于四车道。因此要优化该路口的通行效率,则要尽可能地发挥L4、L5的效率指数。

策略建议:移除L4北侧的绿化带,使得L4、L5长度增加,并且设置标线增加L4、L5的排队车辆数。以及引导L4、L5车辆选择E4,铲除E3、E4之间的导流线避免此处停留行人和非机动车。同时西往南右转道W受西往东方向红灯控制,避免在北往南相位绿灯时,与L4、L5挤占E4。

4. 结语

本文基于无人机航拍技术收集路口车辆通行数据,具有设备简单、操作方便、视野宽广、灵活度高等优点,能够真实直观地发现交通设施组织中的问题。但不足之处是各项指标需要在视频中人工标注。花费了一定的时间。

研究发现,L车道与E车道在数量一致、中心线相对重合的情况下,具有较高的效率指数,各车道效率差别不大。在交通规划设计时,应当尽量将路口进出口车道一一对应设置。避免出现减少或错位造成的效率下降。而在车道错位或减少的情况下,通常次边缘车道效率最低。边缘车道与次边缘车道最高只有相当于对应车道70%左右的通行效率。可以通过在路口内设置多条导向线,或通过龙门架指示牌标明对应车道号等方式,明确各车道行车方向和轨迹,减少车道之间的纠缠,保障行车安全。如果进出口车道混合了错位和对应两种情况,应当优先保证对应车道的路权,避免错位车道的连锁影响。

在车道对应的情况下多出的E车道对通行效率的影响不大。可以将其设置为道路行人二次过街安全岛、调头车道或者非机动车道等辅助设施。

同时,对于车道偏移的,可以通过设置多条导向线,明确各车道行车方向和行车轨迹,减少车辆之间的"摩擦",保障行车安全。

受限于观测和实验条件,本文仅考虑了单个路口状态下的车道效率。实际运用应当综合考虑上下游路口距离,道路总流率等因素,为路口车道的设置提供有效参考。

参考文献
---

[1] 聂长文.信号灯平交路口优化设计方法[J].城市道桥与防洪,2012,6(6):15-18.

[2] 万华淼,胡佳彤,鲁光泉.交叉口直行车辆出口车道选择行为的贝叶斯网络模型构建[D].安全与环境学报,2023,23(11).

[3] 姚广铮,蔡传慈,赵禄成,等.一种基于路况数据的城市道路交叉口拥堵评价指数研究[J].山东科学,2020,33(2).

[4] 赵胜.港湾式公交站位置对交叉口通行能力影响模拟分析[J].公路与汽运,2017,5(4):17-23.

[5] 彭勇,王高飞,刘世洁,等.基于元胞自动机分析变道行为对交叉口交通流的影响[J].重庆交通大学学报:自然科学版,2017,36(11):85-89.

[6] 姚荣涵,王立冰.进口道含短车道的交叉信号配时方法[J].武汉理工大学学报:交通科学与工程版,2009,33(5):876-879.

基于QPSO-LSTM的高速铁路负荷预测方法

High-speed Railway Load Forecasting Method Based on QPSO-LSTM

张海刚[1] 徐俊鹏[2] 杨哲[3] 曹振丰[4] 殷铭[5]

摘 要：本文针对高速铁路负荷预测的难点，提出了一种基于QPSO-LSTM的预测模型。该模型结合了LSTM网络的长短期记忆能力和QPSO算法的全局搜索能力，对高速铁路负荷序列进行深度学习和参数优化，提高了预测精度和稳定性。以某高速铁路线路为例，采用真实数据进行实验验证，并与其他常用模型进行对比，结果表明，本文提出的方法优于其他模型，能够有效地反映高速铁路负荷的变化趋势和波动特征。

关键词：高速铁路；智能算法；预测对比

Abstract: In view of the difficulties in load prediction of high-speed railway, this paper proposes a prediction model based on QPSO-LSTM. The model combines the long short-term memory ability of the LSTM network and the global search ability of the QPSO algorithm to perform deep learning and parameter optimization on the load sequence of high-speed railway, which improves the prediction accuracy and stability. Taking a high-speed railway line as an example, this paper uses real data for experimental verification and comparison with other commonly used models, and the results show that the proposed method is superior to other models and can effectively reflect the change trend and fluctuation characteristics of high-speed railway load.

Key words: high-speed railway; intelligent algorithms; forecast comparison

1. 前言

高速铁路是一种现代化的交通方式，在我国得到了快速发展和广泛应用。高速铁路负荷具有非线性、非平稳、多变量等特征，造成谐波问题将直接影响着电能质量；因此高速铁路负荷预测对于提高能源效率、降低运营成本、保障供电安全等有重要意义[1-4]。传统的预测方法基于统计学和机器学习，如回归分析、时间序列分析、支持向量机、人工神经网络等。这些方法虽能反映一定的变化规律，但也有局限性，难处理复杂特征、难适应负荷的突变和异常等[5-6]。因此，提出一种更有效、更精确的预测方法，是当前研究的热点和难点。

为了解决上述问题，本文提出了一种基于QPSO-LSTM的高速铁路负荷预测方法。LSTM是一种长短期记忆网络，能够有效地解决长期依赖问题，在自然语言处理、语音识别、图像识别等领域都有广泛的应用。将LSTM应用于高速铁路负荷预测，利用其长短期记忆能力，对高速铁路负荷序列进行深度学习，提取其内在规律和特征。QPSO（量子粒子群算法）是一种基于量子力学原理的群体智能优化算法，是粒子群算法的一种改进型，能够有效地避免局部最优解，提高全局搜索能力。本文将量子粒子群算法应用于LSTM网络的参数优化，通过调整LSTM网络的隐藏节点数、学习率等参数，提高其预测精度。最后，将

---

1 张海刚，上海应用技术大学轨道交通学院，供电牵引，联系邮箱：1526300973@qq.com。
2 徐俊鹏，上海应用技术大学轨道交通学院，电子信息，硕士研究生。
3 杨哲，上海应用技术大学轨道交通学院，供电牵引。
4 曹振丰，上海应用技术大学轨道交通学院，供电牵引，工程师。
5 殷铭，上海应用技术大学轨道交通学院，交通运输，硕士研究生。

该模型与其他常用模型(包括 LSTM 和 PSO-LSTM)进行比较,验证其准确性。

2. LSTM 与 QPSO

2.1 LSTM

长短期记忆(LSTM)网络是一种循环神经网络(RNN)的改进形式。LSTM 网络结构当中添加了记忆单元的结构来储存历史信息,并且增加输入门、遗忘门和输出门来控制对历史信息的传递;LSTM 的基本结构如图 1 所示,由一个记忆单元和三个门控制单元组成[7-8]。

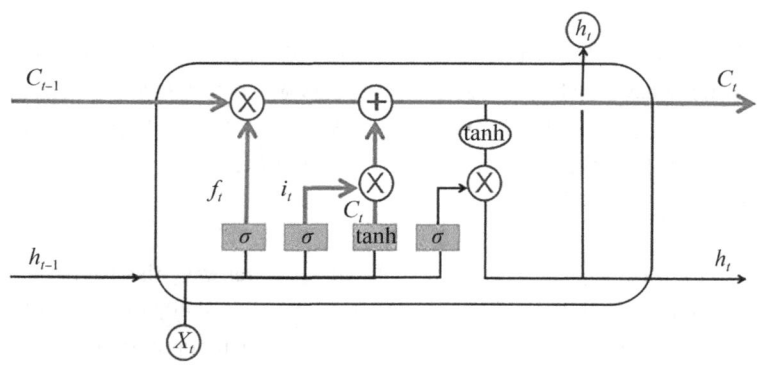

图 1　LSTM 结构图

2.2 QPSO

传统的粒子群优化算法中,粒子位置受参数限制导致其运动缺乏随机性,进而导致寻优过程中容易陷入局部最优解[9]。量子粒子群算法(QPSO)利用量子行为思想对传统 PSO 算法进行改进,寻优能力更强,控制参数更少[10-11]。

假设有 N 个粒子组成一个群体,每个粒子在 d 维解空间中有一个位置向量 $x_i=(x_{i1}, x_{i2}, \cdots, x_{id})$ 和一个量子位形向量 $\theta_i=(\theta_{i1}, \theta_{i2}, \cdots, \theta_{id})$,其中 $i=1, 2, \cdots, N$。每个粒子还记录了自己所发现的最优位置 $p_i=(p_{i1}, p_{i2}, \cdots, p_{id})$,以及全局最优位置 $g=(g_1, g_2, \cdots, g_d)$。QPSO 的目标是通过不断地更新粒子的量子位形和位置来使目标函数 $f(x)$ 达到最小值或者最大值[12]。

QPSO 主要计算公式如下。

量子位形更新如式(1)。

$$\theta_i = \frac{p_i + g}{2} \tag{1}$$

位置更新如式(2)。

$$x_i^{t+1} = \theta_i - \beta \mid \theta_i - x_i^t \mid \ln(1/u) \tag{2}$$

其中,θ_i 是第 i 个粒子在第 t 次迭代时的量子位形,θ_i 是第 i 个粒子在第 $t+1$ 次迭代时的量子位形。x_i^t 是第 i 个粒子在第 t 次迭代时的位置,x_i^{t+1} 是第 i 个粒子在第 $t+1$ 次迭代时的位置。p_i 是第 i 个粒子所发现的最优位置,g 是全局最优位置。β 是量子旋转门参数,控制了粒子对全局最优位置的跟随程度。u 是随机数,服从均匀分布,范围在[0,1]之间。

在每一次迭代中,粒子的位置更新受到两个因素的影响:①量子位形因素,该因素使粒子趋向于自身最优位置与全局最优位置的中心点;②量子旋转门因素,该因素使粒子以一定概率向全局最优位置的邻域跳跃。这两个因素的权重由量子旋转门参数控制,而随机数则是为了增加粒子的随机性和多样性。

3. 基于 QPSO-LSTM 的模型建立

3.1 模型构建

用于预测高速铁路负荷的 QPSO-LSTM 模型如图 2 所示。该模型使用训练集进行训练，然后使用测试集预测未来的负荷值。模型实现过程由数据处理、基于 LSTM 的预测模型和 QPSO 优化三部分组成。

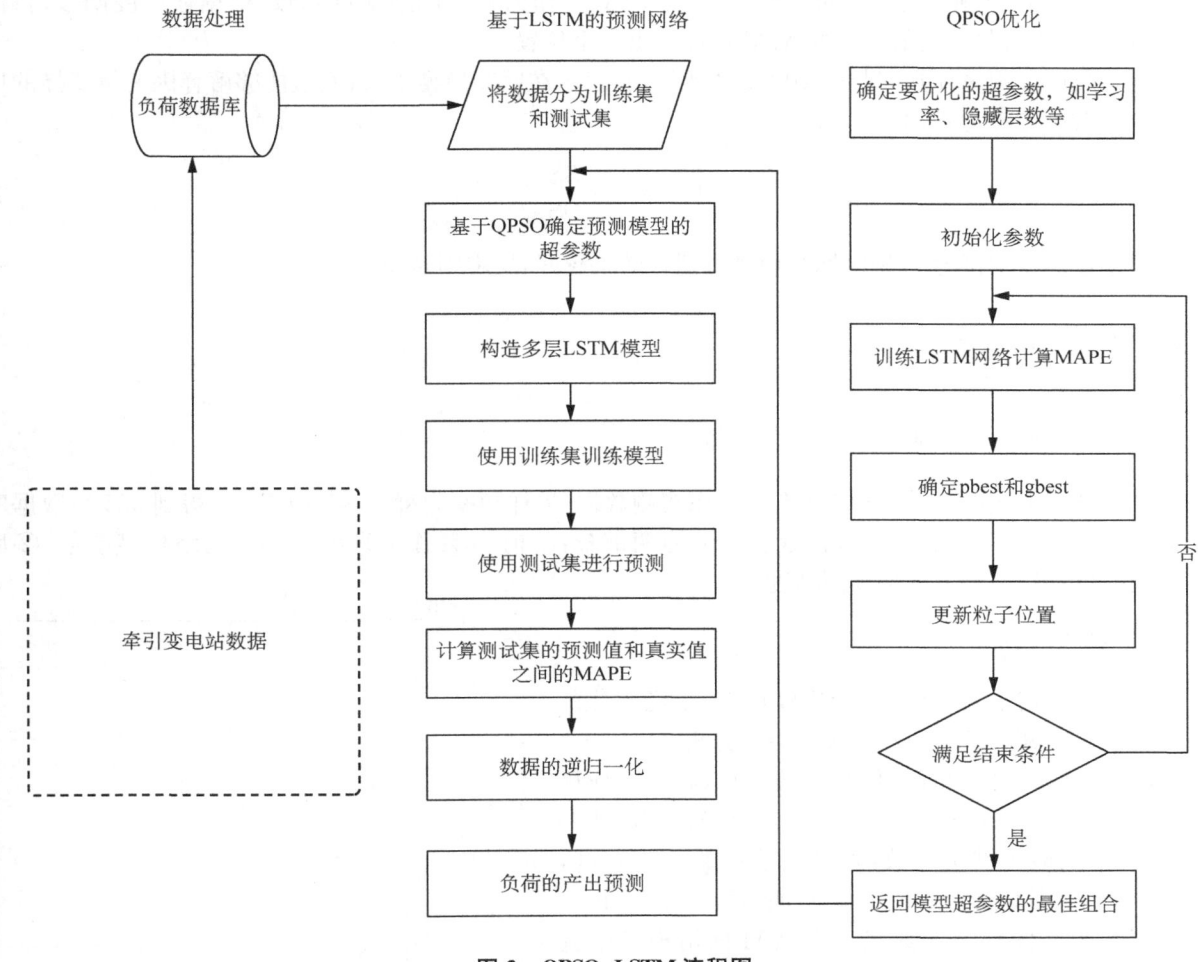

图 2　QPSO-LSTM 流程图

首先，在牵引变电站获得数据后建立负荷数据库，在模型训练和预测之前，数据经过归一化和数据集划分处理。将 70% 的数据被用作训练集，30% 的数据被用作验证集。其次，LSTM 作为顺序数据预测的深度学习算法，是预测模型 QPSO-LSTM 的核心算法。通过构建多层 LSTM 网络来预测高速铁路负荷值。最后，应用 QPSO 求解预测模型超参数的优化问题；通过使用 QPSO，可以快速确定适合预测模型的超参数组合，有效提高模型的准确性。

3.2 QPSO 优化

使用 QPSO 算法对 LSTM 模型的优化包括隐藏层节点数、学习率以及网络训练次数进行寻优。

其中，隐含层节点数决定了 LSTM 层的输出维度和复杂度。一般来说，隐含层节点数越大，LSTM 层能够捕捉的信息和特征越多，但也会增加模型的参数量和计算量，可能导致过拟合或梯度消失等问题。通过 QPSO 算法优化两个 LSTM 层的隐含层节点数，调整范围为 0~200 之间。

训练次数决定了模型训练的次数和收敛程度。一般来说,训练次数越多,模型能够更好地拟合训练数据,但也会增加训练时间和过拟合风险。通过 QPSO 算法优化训练次数,调整范围为 50~150 之间。

学习率决定了模型训练的速度和稳定性。一般来说,学习率越大,模型能够更快地更新参数和收敛,但也会增加模型振荡和发散的可能性。通过 QPSO 算法优化学习率,调整范围为 0.001~0.01 之间。

3.3 预测精度评价

回归模型常用的评估指标包括均方根误差(RMSE)、平均绝对误差(MAE)和平均绝对百分比误差(MAPE)[13]。当优化预测网络的超参数时,选择 MAPE 作为粒子的适应度函数,根据适应度函数、目标函数值、模型预测值与真实值之间的 MAPE 计算出每个位置[14]。

决定系数可以用来评判回归模型的拟合效果,它表示在回归模型中,自变量能够解释因变量变异的比例。决定系数可定义为式(3)。

$$R^2 \equiv 1 - \frac{SS_{res}}{SS_{tot}} \tag{3}$$

决定系数的值越接近 1,说明回归模型的拟合效果越好,反之则越差。

4. 实验与分析

4.1 数据采集与处理

从某高铁牵引变电所采集约 7 h 有功功率实测数据,采样频率为每 40 s 一个样本,得到 625 组数据序列。对数据进行预处理和归一化,将数据集分为两部分:①前 70% 作为训练集得到网络模型参数,②后 30% 作为测试集用来验证模型预测精度。

4.2 结果分析

将数据集分别放入 QPSO-LSTM 模型、未经优化的 LSTM 模型和 PSO-LSTM 模型进行结果分析。

从图 3 可以看出,随着迭代次数的增加,粒子适应度值逐渐降低,在第 33 次迭代后稳定于 0.001 2。如图 4 和图 5 所示,得到最优网络参数,隐藏层节点数:L1=105,L2=84,网络训练次数 K=138;此时学习率 lr=0.007 767。将最优网络参数代入 LSTM 网络模型中并通过训练集进行训练,得到 QPSO-LSTM 模型,模型预测效果如图 6 所示。

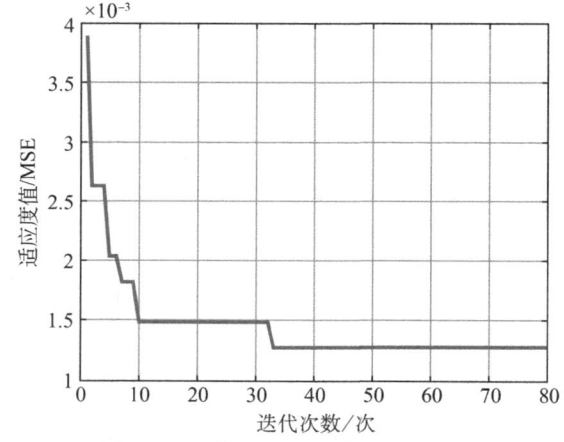

图 3　QPSO 粒子适应度

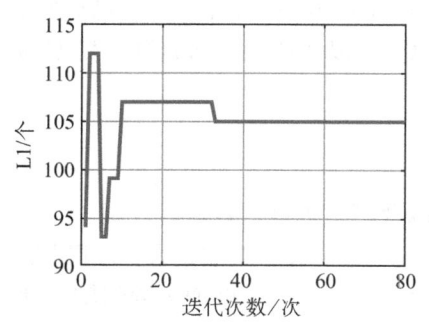

图 4　隐藏层节点数

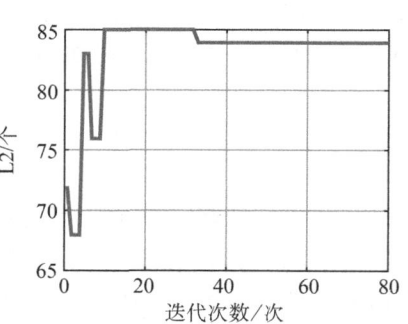

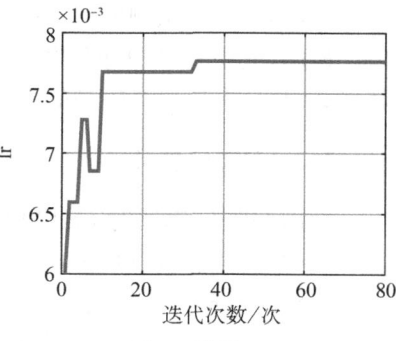

图 5　学习率

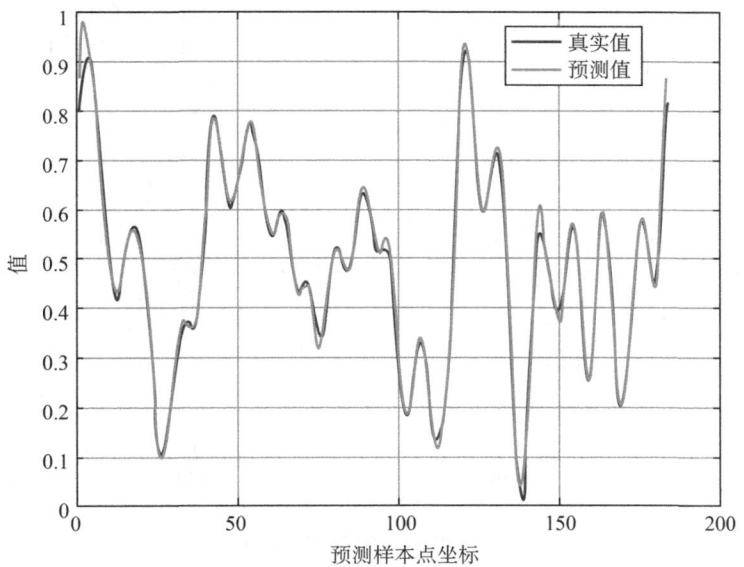

图 6　QPSO-LSTM 预测对比

可以看出,QPSO-LSTM 网络模型在训练集上的预测曲线与实际值曲线重合度较高,在测试集上的预测值和真实值之间仍能表现出较好的一致性。根据上述公式可以得到模型预测结果评价指 $RMSE=0.017\,26$,$MAE=0.011\,217$。

为验证 QPSO-LSTM 网络模型的有效性,将该模型预测结果分别与 LSTM 模型和 PSO-LSTM 模型进行比较。LSTM 模型设置有两层隐藏层,学习率设置为 0.005,训练次数为 150;PSO-LSTM 模型主要通过 PSO 算法对网络参数进行优化,PSO 参数设置包括种群数量为 12,迭代次数为 100。各模型预测值与真实值对比结果如图 7 和图 8 所示。

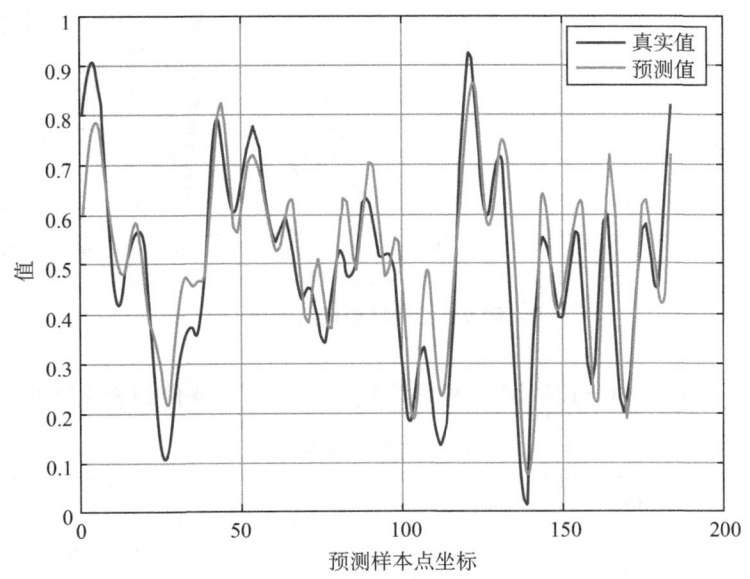

图 7　LSTM 预测对比

从图 7 可以看出,LSTM 虽然有着可以学习和记忆时间序列中的长期依赖关系,而不会受到梯度消失或梯度爆炸的影响的特点,但其对超参数的选择很敏感;预测结果与真实值有着较大的误差。从图 8 可以看出,PSO-LSTM 网络模型通过 PSO 算法优化参数,相比于 LSTM 模型有着较好的预测精度,预测值和真实值误差相对减少很多。上述两种网络模型与 QPSO-LSTM 网络模型预测值与真实值对比结果如

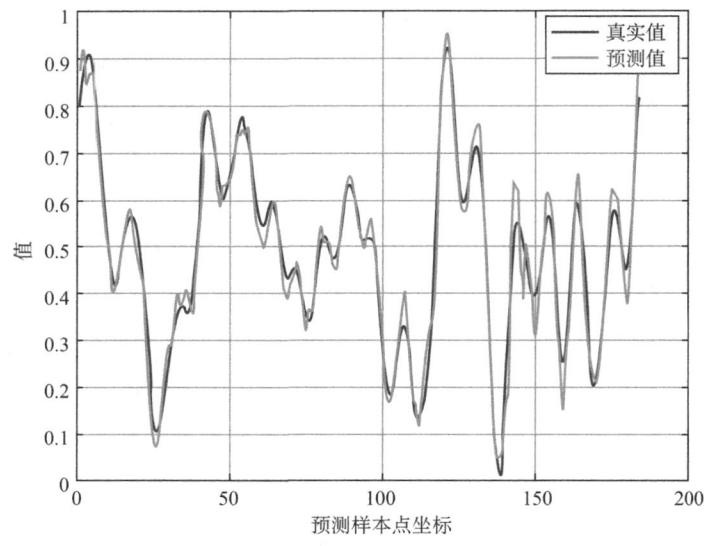

图 8　PSO-LSTM 预测对比

图 9 所示；可以看出，QPSO-LSTM 网络模型预测值与真实值更加贴近，其误差相比于其他模型更小，有更高的精确度。

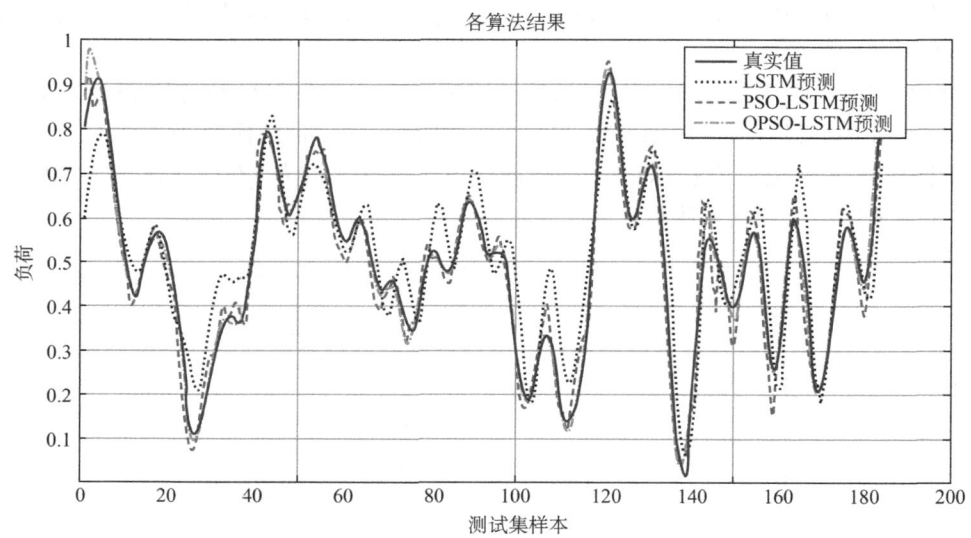

图 9　三种模型预测对比

LSTM、PSO-LSTM、QPSO-LSTM 三种网络模型预测精度评价如表 1 所列。

表 1　各模型精度评价表

模型	RMSE	MAE	MAPE	R^2
LSTM	0.073 72	0.056 313	19.795 6%	0.855 16
PSO-LSTM	0.027 83	0.019 958	10.135 5%	0.979 36
QPSO-LSTM	0.017 26	0.011 217	6.115 7%	0.992 06

可以看出，QPSO-LSTM 网络模型相比于 LSTM 网络模型，在 RMSE 上降低了 76.6%，在 MAE 上降低了 80.1%，在 MAPE 上降低了 69.1%，在 R^2 上提高了 16%；QPSO-LSTM 网络模型相比于 PSO-LSTM 网络模型，在 RMSE 上降低了 38%，在 MAE 上降低了 43.8%，在 MAPE 上降低了 39.7%，在

R^2上提高了1.3%。总的来说,QPSO-LSTM网络模型有着更高的精确度。

5. 结语

本文提出了一种基于QPSO-LSTM的高速铁路负荷预测方法,利用量子粒子群算法对LSTM网络参数进行优化,通过对比实验,验证了QPSO-LSTM网络模型在高速铁路负荷预测中的优越性,实验结果表明,QPSO-LSTM模型不仅能够减少预测值和真实值之间的偏差,而且能够减少预测值和真实值之间的波动,使得预测值更加稳定和可靠。为高速铁路节能降耗、优化调度运行、制定电源建设规划等提供了一种新的思路方法,有一定的参考价值。

参考文献

[1] 魏波,胡海涛,王科,等.基于实测数据和行车运行图的高铁牵引变电站负荷预测方法[J].电工技术学报,2020,35(01):179-188.

[2] 陈民武,刘洋,韩旭东,等.高速铁路牵引负荷谐波分布的非参数估计模型与预测评估[J].电网技术,2017,41(08):2598-2603.

[3] 彭伊爽.基于牵引负荷预测的电气化铁路储能系统控制策略设计[D].湘潭大学,2021.

[4] 张丽艳,李群湛,朱毅.新建电气化铁路牵引负荷预测[J].西南交通大学学报,2016,51(04):743-749.

[5] 余周涛.基于时间卷积网络的短期电力负荷预测研究[D].石家庄:河北工业大学,2022.

[6] ALUKO A, LIU H. A Comparative Study of Traditional Forecasting Methodologies vs. Machine Learning Algorithms[J]. IIE Annual Conference. Proceedings, 2019.

[7] 王欣,孟天宇,周俊曦.基于注意力与LSTM的航空发动机剩余寿命预测[J].科学技术与工程,2022,22(07):2784-2792.

[8] 金飞,郝晓光,王斌,等.基于QPSO-LSTM网络的火电机组一次调频能力建模[J].热能动力工程,2023,38(06):80-87.

[9] 杨立新,张孝远.基于QPSO优化CNN-Bi-LSTM网络的锂电池健康状态估计[J/OL].昆明理工大学学报(自然科学版):1-12[2023-07-16].https://doi.org/10.16112/j.cnki.53-1223/n.2023.05.452.

[10] 陈永龙,石麒,王二庆.基于GA理论与QPSO-ELM结合的短期负荷预测方法[J].湖南电力,2022,42(01):64-70.

[11] 张铭飞,白苏赫,何艺萌,等.基于VMD-QPSO-BiLSTM的短期电力负荷预测方法研究[J].信息与电脑(理论版),2021,33(19):47-49.

[12] 杨晋岭,靳云龙.基于QPSO-ELM-KF的电力系统短期负荷预测[J].太原科技大学学报,2023,44(01):27-33.

[13] PENG Y N, XIANG W L. Short-term traffic volume prediction using GA-BP based on wavelet denoising and phase space reconstruction[J]. Physica A: Statistical Mechanics and its Applications, 2020, 549.

[14] CAO M, LIANG Y, ZHU Y H, et al. Prediction for Origin-Destination Distribution of Dockless Shared Bicycles: A Case Study in Nanjing City[J]. Frontiers in Public Health, 2022, 10.

城市轨道交通虚拟编组技术研究

Research on Virtual Coupling Technology of Urban Rail Transit

邹劲柏[1]　陈一衡[2]　魏　斌[3]

摘　要：列车虚拟编组技术的发展将有效解决城市轨道交通客流时空分布不均衡的问题。首先从应用场景进行分析，分别从空间和时间上归纳基于虚拟编组技术的列车灵活编组方案，实现运力的合理优化配置；其次从定位、通信、控制三个方面分别综述国内外相关技术研究的发展并总结其特征；最后利用SWOT分析手段评估虚拟编组技术为城市轨道交通领域带来的机遇和影响，展望虚拟编组技术的未来发展与应用前景。

关键词：城市轨道交通；虚拟编组；车车通信；列车运行控制技术

Abstract: The development of virtual coupling technology will effectively address the issue of uneven passenger flow distribution in urban rail transit. Firstly, from the perspective of application scenarios, flexible train grouping schemes based on virtual coupling technology are summarized in terms of both space and time to achieve reasonable optimization of transport capacity. Secondly, the developments in related technological research at home and abroad are reviewed and their characteristics summarized from three aspects: positioning, communication, and control. Finally, SWOT analysis is used to evaluate the opportunities and impacts that virtual coupling technology brings to the field of urban rail transit, and the future development and application prospects of virtual coupling technology are envisioned.

Key words: urban rail transit; virtual coupling; vehicle to vehicle communication; train operation control technology

1. 引言

轨道交通系统在城市交通中扮演着重要的角色，由于其高运力、高频次的优势成为都市圈缓解交通拥堵问题的重要手段。而随着城镇化的不断发展，城市交通运输需求日益增长，城市轨道交通客流呈时空不均衡分布的特征愈发凸显[1]。一方面，高峰期轨道交通线路运力已接近饱和，满载率过高，严重影响乘客出行质量，而平峰期列车的满载率又较低，造成了运力能源的极大浪费；另一方面，新有线路辐射范围的增加使空间上轨道交通线路运力不平衡的问题大大增加，繁忙路段上严重满载的多编组列车运行到低人流路段时却又出现车厢空间利用率低的问题。这些问题对城市轨道交通的编组运行方式提出更高的要求。

为此，虚拟编组作为一种列车编组运行的优化方案近年来受到工业界及学术界广泛的关注。虚拟编组技术基于车车（Vehicle-to-Vehicle，V2V）通信技术实现各小编组列车的虚拟联挂，使在同一城市轨道交通线路上运行的不同列车能够按线路的运力需要灵活地实现编组或解编，从而提高城市轨道交通系统对运力运能需求的匹配度，降低运行成本，推动城市轨道交通节能减排的实现，对城市交通的可持续发展有重大意义。

---

1 邹劲柏，上海应用技术大学轨道交通学院，轨道交通无线通信，教授，联系邮箱：azure_yiheng@163.com。
2 陈一衡，上海应用技术大学轨道交通学院，轨道交通列车运行控制，硕士研究生，联系邮箱：18017272183zoujb@sit.edu.cn。
3 魏斌，上海应用技术大学轨道交通学院。

本文首先展望虚拟编组技术在城市轨道交通领域的应用,其次从定位、通信、控制三个方面阐述国内外虚拟编组技术发展研究现状,最后对虚拟编组技术在城市轨道交通中的应用进行 SWOT 分析展望。

2. 虚拟编组的应用分析

1999 年,相关研究学者提出了虚拟编组的概念[2](图 1)。该技术的思路源于公路交通的运行场景。公路交通中,后车与前车保持安全距离,该距离远小于完全停车所需的制动距离,驾驶员根据前车的刹车灯进行制动操作。通过车车通信技术,列车可以实时获取前方列车的行车信息,包括位置、速度和加速度等数据。利用协同控制的方法,实现列车间的速度追踪和安全距离保持,从而大幅缩小行车间距,提高城市轨道交通线网的运输效率。

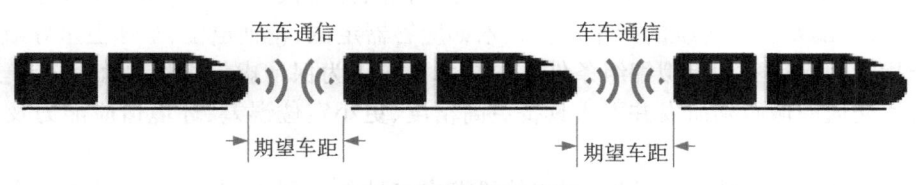

图 1　虚拟编组示意图

基于虚拟编组技术,列车具备了灵活编组的能力,可有效处理城市轨道交通实际运行场景中客流时空分布不均衡的问题。

(1) 空间上,城市轨道交通中的核心路段运输压力较大,主要表现为支线路段与共线路段的运力需求不平衡问题及非小交路段与小交路段的运力需求不平衡问题。通过虚拟编组的方式可以及时调整列车的编组与解编,满足不同路段的运力需要,在保证列车车厢空间有效利用的同时,提升城市轨道交通的服务水平。虚拟编组技术在不同城市轨道交通线路的应用如图 2 所示。

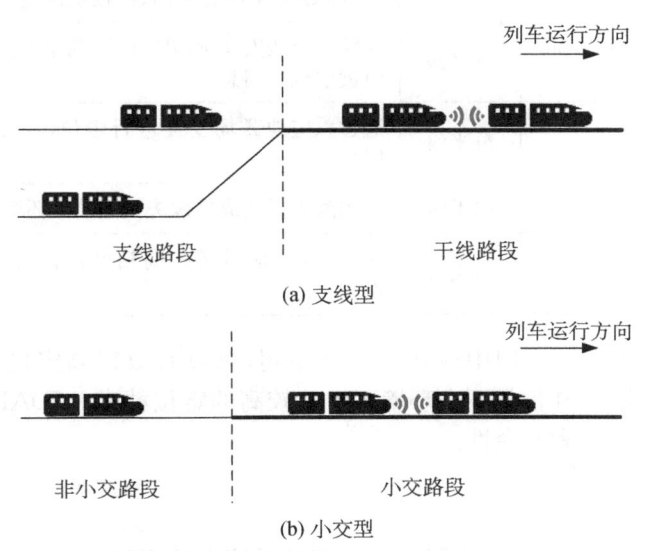

图 2　虚拟编组技术在城市轨道交通线路上的应用

(2) 时间上,通过客流量的差异将运行时段分为高峰时段与平峰时段,城市轨道交通需要根据客流变化情况合理规划列车编组方案,采用虚拟编组的技术可以灵活实现列车的大小编组,满足客流需求,降低能源运行成本,提高列车满载率[3]。

3. 虚拟编组关键技术

城市轨道交通列车虚拟编组可在基于通信的列车自动控制系统（Communication Based Train Control，CBTC）架构的基础上进一步开发实现。虚拟编组状态下的列车通过车车通信的技术完成列车与列车之间的信息传输。为了实现编组列车极短行车间距下的安全协同运行，前、后列车之间需要稳定实时地进行数据交换，包括位置信息、速度信息以及加速度信息。在列车自动驾驶模式下，列车自动运行系统（Automatic Train Operation，ATO）负责执行列车驾驶功能，通过对自身运行状态和编组车队中其他列车运行信息的及时处理，基于虚拟编组列车协同运行控制算法实现虚拟编组车队的目标速度追踪及行车间距保持。为此，虚拟编组列车运行控制系统的实现需要多方面技术的支撑。

3.1 列车定位技术

虚拟编组列车组在高速运行状态下列车与列车之间依然保持极短的行车间距，这对列车自身状态信息感知能力提出很高的要求。传统的列车定位技术如应答器定位、轮轴定位、全球卫星导航系统定位等的定位精度、抗干扰能力已达不到虚拟编组条件下的技术要求。为保证虚拟编组列车运行模式的安全性及可靠性，城市轨道交通领域亟须研发并引入具备更高精度、更小定位误差、环境适应能力及抗干扰能力更强的列车定位技术。

随着雷达技术、通信定位技术的发展，国内外研发出多种新的列车定位技术，具体精度因技术和应用场景而异。表1总结了几种主要的列车定位技术及其精度应用效果。

表1 主要列车定位技术

列车定位技术名称	定位精度	技术描述
全球导航卫星系统（Global Navigation Satellite System，GNSS）	米级	在隧道、车站等信号遮挡严重的环境中，精度会降低
惯性导航系统（Inertial Navigation System，INS）	米级	短时间内精度较高，但由于误差累积，长期使用需要与其他定位系统（如GNSS）结合使用，以校正误差
射频识别（Radio Frequency Identification，RFID）	分米级	在轨道沿线安装RFID标签，列车上安装读取器，当列车经过标签时读取位置信息
地磁导航定位	分米级	通过感应地磁场变化进行定位，易受外部磁场如电力设备等的影响
激光雷达（LIDAR）和视觉定位融合	厘米级	使用激光雷达或摄像头扫描周围环境，结合地图数据进行定位
超宽带（Ultra Wide Band，UWB）定位	厘米级	通过UWB信号进行高精度定位，需要部署相应的基站和基础设施

不同的列车定位技术在实际应用中往往会结合使用，可以有效提高定位精度保证可靠性。例如，GNSS通常与INS结合使用，以在信号不良环境下维持较高的定位精度；LIDAR和视觉定位可以作为辅助手段，提高整体系统的可靠性和冗余性。

3.2 无线通信技术

未来城市轨道交通的通信技术需要克服当前CBTC系统中的不足，虚拟编组列车运行控制的实现依赖更高质量、更低时延、更低误码率、更高可靠性的无线通信技术手段。同时，由于城市轨道交通的复杂环境条件，无线电波传播容易受信道干扰、多径效应和阻塞等因素的影响，车车无线通信技术面临着信号衰减和覆盖范围限制等问题[4-6]。

目前传统城市轨道交通无线通信技术普遍采用集群通信系统，使用800M频段，较低的频段已无法满足高质量的信息传递需要。随着无线通信技术的发展，面向车车通信的无线通信技术发展愈发成熟，当前主流的车车通信技术可以大致分为逻辑点对点型和物理点对点型两种技术形式。逻辑点对点型车车通信技术中,列车之间基于各自的逻辑 IP 通过基站和核心网转发实现信息交互;物理点对点型车车通信技术中,列车与列车之间不再经过地面基站建立通信链路,直接通过设备到设备(Device-to-Device,D2D)通信技术实现列车之间的信息交互[7]。

表 2 总结了目前主要的车车通信技术。

表 2 主要车车通信技术

车车通信技术名称	技术类型	技术描述	通信时延
无线局域网(Wireless Local Area Network,WLAN)技术	逻辑点对点型	基于 IEEE 802.11p 标准的专用短程通信(Dedicated Short Range Communication,DSRC)技术,支持低时延、高可靠性的短距离通信	1~10 ms[8]
长期演进技术(Long Term Evolution,LTE)技术	逻辑点对点型	采用多输入多输出(Multiple-Input Multiple-Output,MIMO)等关键技术,显著提高了频谱效率和数据传输速率	20~100 ms
5G 技术	逻辑点对点型	通过增强型移动宽带(Enhanced Mobile Broadband,eMBB)技术可提高网络容量、覆盖范围和信号质量	10~20 ms
LTE 系统的 D2D 技术	物理点对点型	设备直接使用小区内的传统蜂窝用户频谱资源进行通信[9],在可靠性和性能上得到提升	1~10 ms
5G NR(New Radio)系统的 D2D 技术	物理点对点型	采用正交频分复用(Orthogonal Frequency Division Multiplexing,OFDM)技术将频谱资源分割为一系列正交子载波,以此减少用户间的互相干扰,实现 D2D 通信	<10 ms
面向车联网应用的 V2V 技术	物理点对点型	蜂窝车联网(Cellular Vehicle to Everything,C-V2X)技术依托基站部署,终端与终端之间通过 PC5 接口建立点对点的连接	<10 ms[7]

其中,物理点对点型车车通信系统的建立减少了对轨旁设备的依赖,有效避免了额外的系统延迟和潜在的故障风险,而逻辑点对点型车车通信系统可以基于现有的数据通信系统进一步优化升级实现,具有较低的系统改造成本。

3.3 面向虚拟编组的列车运行控制技术

虚拟编组打破了现有行车闭塞方式的束缚,可以有效提高城市轨道交通的通过能力和编组的灵活性,同时也给现有的列车运行控制技术带来了挑战。目前国内外对于铁路上的虚拟编组控制的研究尚处于探索阶段,还没有形成一套成熟的解决方案。

公路交通的自主驾驶和协同控制技术已经得到了较为充分的研究[10],可以为轨道交通虚拟编组技术提供理论支持。然而,轨道交通系统相比道路交通系统更为复杂,纵向列车动力学(Longitudinal Train Dynamics,LTD)模型在控制器设计和实施方面与纵向道路车辆动力学模型有很大的不同[11]。Felez 等[12]综合考虑牵引力/制动力、惯性阻力、滚动阻力、空气阻力和轨道坡度及弯曲产生的阻力引入如式(1)所示列车动力学模型。

$$\begin{cases} \dot{s}=v \\ \dot{v}=(-a-bv-cv^2-F_e+F)/M \end{cases} \quad (1)$$

式中 s——该列车的位置;
v——速度;
a——惯性阻力系数;
b——滚动阻力系数;

c——气动阻力系数。

三者组成表征基本阻力的戴维斯公式 $r=a+bv+cv^2$。F 表示列车的输出,即自身的牵引力或制动力。F_e 是由轨道引起的阻力,该阻力由 F_g 和 F_r 两部分组成,如式(2)。

$$F_e = F_g + F_r$$
$$F_g = -Mg \times slope$$
$$F_r = -M \times 6/R \qquad (2)$$

式中　F_g——由轨道坡度引起的重力分量;

$slope$——轨道坡度;

g——重力加速度;

F_r——列车经过弯道时由轨道弯曲所引起的阻力;

R——轨道曲率半径。

现有针对虚拟编组列车运行控制技术的研究大多采用上述所示二阶非线性动力学模型。对于列车动力学建模,非线性模型具有更高的精度,同时相应的列车协同控制算法也依赖对未知和非线性输入的适当处理[13]。Luo 等[14]以变预测步长的方式优化模型预测控制,大幅缩短了列车的运行间距。Chai 等[15]使用模型预测算法与长短期网络的融合算法,增强了模型对动态环境的适应能力,提高了参与协同控制的列车组的稳定性。文献[16]提出一种基于误差的虚拟编组列车动力学模型,利用分布式模型预测控制的方法,实现虚拟编组列车组的速度追踪与行车间距保持。Wang 等[17]提出了一种将人工势场法和强化学习相结合的多智能体协同控制算法,将列车行车间距进一步缩小。

虚拟编组列车控制系统相较于以往的列车运行控制系统更为复杂,城市轨道交通运行场景也对协同控制技术提出了极高的安全性、稳定性的要求。虚拟编组列车运行控制实现多列车协同运行的同时,要进一步强化列车安全防护措施的设计。

4. SWOT 分析

对虚拟编组技术在城市轨道交通的应用进行 SWOT 分析,判断这一全新的列车运行控制模式对城市轨道交通未来发展带来的机遇和影响,从而帮助行业制定更加科学、全面的发展规划。利用 SWOT 分析可以对面向虚拟编组的技术投资进行可行性评估,并归纳这一概念的行业适用性[18]。虚拟编组 SWOT 分析如图 3 所示。

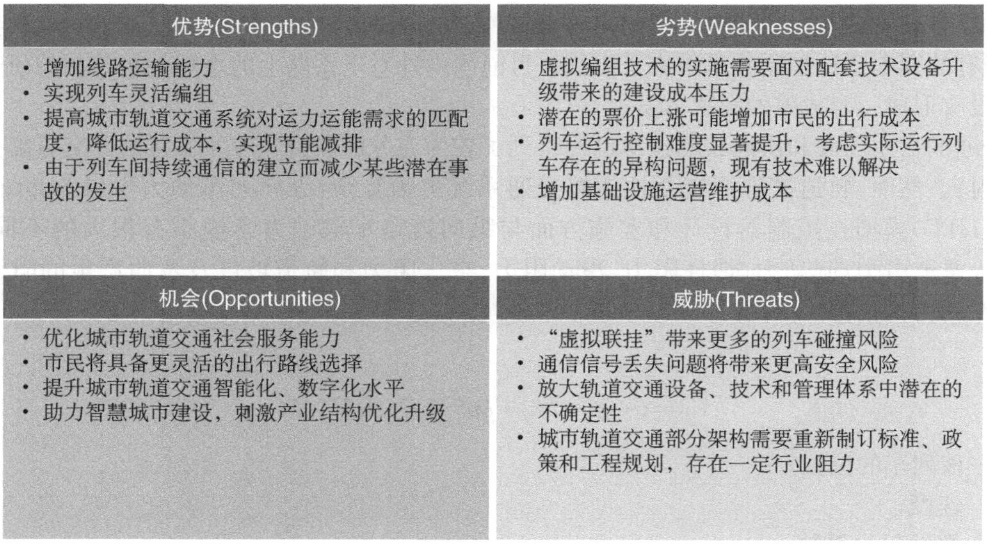

优势(Strengths)	劣势(Weaknesses)
・增加线路运输能力 ・实现列车灵活编组 ・提高城市轨道交通系统对运力运能需求的匹配度,降低运营成本,实现节能减排 ・由于列车间持续通信的建立而减少某些潜在事故的发生	・虚拟编组技术的实施需要面对配套技术设备升级带来的建设成本压力 ・潜在的票价上涨可能增加市民的出行成本 ・列车运行控制难度显著提升,考虑实际运行列车存在的异构问题,现有技术难以解决 ・增加基础设施运营维护成本
机会(Opportunities)	威胁(Threats)
・优化城市轨道交通社会服务能力 ・市民将具备更灵活的出行路线选择 ・提升城市轨道交通智能化、数字化水平 ・助力智慧城市建设,刺激产业结构优化升级	・"虚拟联挂"带来更多的列车碰撞风险 ・通信信号丢失问题将带来更高安全风险 ・放大轨道交通设备、技术和管理体系中潜在的不确定性 ・城市轨道交通部分架构需要重新制订标准、政策和工程规划,存在一定行业阻力

图 3　虚拟编组 SWOT 分析

5. 结语

智能化、绿色化是未来城市交通的发展方向，虚拟编组技术的应用是解决城市轨道交通客流时空不均衡分布问题的有效手段。随着定位技术、通信技术和列车运行控制技术的不断发展，低行车间距下的多列车协同运行将成为现实，列车的编组形式将更为灵活，解决目前"按量"提供运力分配的不足，实现更合理的"按需"运力配置。虚拟编组技术为城市轨道交通行业的发展带来新的机遇和优势，同时也面临着一些风险和挑战。轨道交通技术的发展要始终以更好地服务社会为导向，将安全、可靠、高效作为技术创新的核心，进一步地提升我国城市轨道交通的运输服务水平。

参考文献

[1] 纪玉清,欧冬秀,常鸣,等.列车虚拟编组应用需求及关键技术研究[J].城市轨道交通研究,2022,25(11):57-61.

[2] BOCK U, VARCHMIN J U. Enhancement of the occupancy of railroads using virtually coupled train formations[C]// World Congress on Railway Research (WCRR), 1999: 19-23.

[3] 冉昕晨,陈绍宽,柏赟,等.应对潮汐客流的城市轨道交通列车节能和乘客节时运行图优化模型[J].中国铁道科学,2022,43(01):171-181.

[4] 李梅.车-车通信与车-地通信信号系统方案可靠性分析对比[J].铁路通信信号工程技术,2024,21(03):64-68.

[5] 李高嵩.基于车车通信技术的列车运行碰撞防护研究[D].上海应用技术大学,2023.

[6] UNTERHUBER P, PFLETSCHINGER S, SAND S, et al. A survey of channel measurements and models for current and future railway communication systems[J]. Mobile information systems, 2016(1): 7308604.

[7] 朱力,唐涛,龚泰源,等.面向城市轨道交通列车控制系统的车车通信技术探讨[J].都市快轨交通,2023,36(06):13-21.

[8] 刘丁贝,张心睿,王润民,等.封闭测试场条件下基于DSRC的车联网通信性能测试[J].汽车工程学报,2020,10(03):180-187.

[9] 王汝言,缪懿,闫俊杰.一种结合威望的D2D通信中继选择算法[J].西安电子科技大学学报,2018,45(01):76-82.

[10] CHEN L, LI Y, HUANG C, et al. Milestones in autonomous driving and intelligent vehicles: Survey of surveys[J]. IEEE Transactions on Intelligent Vehicles, 2022, 8(2): 1046-1056.

[11] WU Q, GE X, HAN Q L, et al. Railway virtual coupling: A survey of emerging control techniques[J]. IEEE Transactions on Intelligent Vehicles, 2023, 8(5): 3239-3255.

[12] FELEZ J, KIM Y, BORRELLI F. A model predictive control approach for virtual coupling in railways[J]. IEEE Transactions on Intelligent Transportation Systems, 2019, 20(7): 2728-2739.

[13] FELEZ J, VAQUERO-SERRANO M A, DE DIOS SANZ J. A robust model predictive control for virtual coupling in train sets[J]. Actuators, 2022, 11(12): 372.

[14] LUO X, TANG T, LIU H, et al. An adaptive model predictive control system for virtual coupling in metros[J]. Actuators, 2021, 10(8): 178.

[15] CHAI M, SU H, LIU H. Long Short-Term Memory-Based Model Predictive Control for Virtual Coupling in Railways[J]. Wireless communications and mobile computing, 2022(1): 1859709.

[16] CHEN Y, ZOU J, WANG X, et al. Research on Virtual Coupling Technology for Vehicle-to-Vehicle Communication Delay[C]//International Conference on Electrical and Information Technologies for Rail Transportation. Singapore: Springer Nature Singapore, 2023: 182-191.

[17] WANG H, ZHAO Q, LIN S, et al. A Reinforcement learning empowered cooperative control approach for iiot-based virtually coupled train sets[J]. IEEE Transactions on Industrial Informatics, 2021, 17(7): 4935-4945.

[18] AOUN J, QUAGLIETTA E, GOVERDE R M P. Investigating market potentials and operational scenarios of virtual coupling railway signaling[J]. Transportation research record, 2020, 2674(8): 799-812.

基于云模型的宁波市轨道交通乘客满意度评价研究
Evaluation of Ningbo Rail Transit Passenger Satisfaction Based on Cloud Model

朱嵩林[1]　何　俊[2]　张欣环[3]

摘　要：城市轨道交通以其卓越的安全性、舒适性、便捷性和高效性，日渐成为城市居民公共交通出行的首选。鉴于此，轨道交通运营企业必须重视服务质量的提升，以满足乘客不断增长的需求，进而提高乘客满意度。本文构建了一个乘客满意度评价体系，并通过分析1 622份乘客满意度调查问卷，采用CRITIC方法对体系内指标进行科学赋权。进一步利用云模型算法生成了标准云和结果云，通过两类云图的分析比较，得出客观的评价结果。这些结果较为准确地反映了宁波市轨道交通乘客满意度的总体水平，表明了云模型适用于评价轨道交通乘客满意度。本研究旨在为轨道交通运营企业提供决策支持，帮助其优化服务，提升乘客满意度，以实现可持续发展。

关键词：轨道交通；云模型；乘客满意度

Abstract: Urban rail transit, with its excellent safety, comfort, convenience, and efficiency, is increasingly becoming the preferred choice for urban residents' public transportation. In light of this, rail transit operators must pay attention to improving service quality to meet the growing demands of passengers and thereby improve passenger satisfaction. This study constructs a passenger satisfaction evaluation system and, through the analysis of 1 622 passenger satisfaction questionnaires, uses the CRITIC method to scientifically assign weights to the indicators within the system. Furthermore, the standard cloud and result cloud are generated using the cloud model algorithm, and by comparing these two cloud diagrams, an objective evaluation result is obtained. These results accurately reflect the overall level of passenger satisfaction with Ningbo's rail transit, verifying the effectiveness of the cloud model in the evaluation of rail transit passenger satisfaction. This study aims to provide decision support for rail transit operators, helping them to optimize services and improve passenger satisfaction, in order to achieve sustainable development.

Key words: rail transit; cloud model; passenger satisfaction

1. 引言

城市轨道交通乘客满意度是衡量其服务质量的核心指标，它直观反映了乘客对轨道交通服务的整体满意度水平。由于乘客满意度对城市轨道交通的发展与服务质量的提升具有显著影响，提升乘客满意度已成为轨道交通运营企业亟待解决的重要问题。因此，对地铁乘客满意度进行精准评价与分析，对于提升服务质量和乘客体验具有重要意义。

当前，学术界对乘客满意度研究主要集中在满意度指标评价体系建立以及评价方法上，缪雪[1]建立了基于ASCI的地铁乘客满意度评价模型，采用部分最小二乘法进行满意度评估。游俊雄等[2]构建了模糊测评矩阵，根据问卷结果进行单因素和多因素模糊测评。谢美丽等[3]通过结合AHP法与模糊综合评价法建立杭州地铁1号线乘客满意度评价指标体系，对各项指标采用模糊数学的方法进行评价；单泗源等[4]

1　朱嵩林，浙江师范大学城市公共交通规划与管理，硕士研究生。
2　何俊，浙江师范大学城市公共交通规划与管理，硕士研究生。
3　张欣环，浙江师范大学城市公共交通规划与管理，讲师，博士研究生，联系邮箱：2676466416@qq.com。

通过结合 PLS-SEM 与贝叶斯网络的综合分析方法来提高评价结果的有效性；焦雪婷[5]建立了考虑乘客感知的城市轨道交通乘客满意度评价模型，曹琼等[6]基于乘客乘车接触点，建立了具有四个指标等级的服务满意度评价体系，使用结构方程模型和重要度模型对乘客满意度进行评测。王敏[7]提出了基于乘客满意度的混合权重评价体系，指出指标选取不仅应考虑指标的重要性，还应考虑服务的可提升度。然而，现有评价方法在捕捉满意度多维和动态特性上存在局限。为解决这一问题，本文引入云模型，处理不确定性和模糊性，更精准反映满意度变化。在建立乘客满意度评价体系的同时，运用CRITIC法进行客观赋值，并构建基于云模型的满意度评价模型，后以宁波市轨道交通为例，验证模型的可行性与适用性。

2. 评价指标体系建立与指标赋权

2.1 评价指标选取

在评价指标选取方面，本文着眼于城市轨道交通服务的全部过程，将完整的服务流程细分为若干环节，结合以往文献进行二级指标选取，并通过问卷调查的方式对已选取的指标进行进一步的筛选，使得评价指标能够代表多数乘客的意愿。本文参考了《宁波市轨道交通满意度评测报告》，通过这二者结合进行指标的筛选与确定。并对获取的调查问卷数据进行归纳分析，将相似度较高的信息进行归纳，最后归纳得出本研究的评价指标体系由 7 个一级指标以及 26 个二级指标构成，具体的城市轨道交通乘客满意度评价指标如表 1 所列。

表 1　城市轨道交通满意度评价体系

一级指标	编码	二级指标	指标来源
候车时间	C1	车站候车间隔时间	宁波轨道交通满意度报告 田佩宁 Tara saedi 范英飞
	C2	首班列车时间	
	C3	末班列车时间	
	C4	高峰时间的轨道交通班次	
换乘便捷度	C5	轨道交通与公交车换乘	宁波轨道交通满意度报告 Lachapelle 何静
	C6	轨道交通与公共自行车换乘	
	C7	轨道交通与私家车换乘	
服务态度	C8	轨道交通工作人员的主动服务	Das 何静 Tara saedi
	C9	工作人员问询、咨询、投诉等响应	
	C10	自动售票机使用方便性	
	C11	进出站检票机布局	
出行信息服务	C12	突发情况告知乘客及时性	宁波轨道交通满意度报告 李珊珊 Das
	C13	引导标识布局	
	C14	轨道交通信息服务	
	C15	轨道交通内手机通话质量	
乘车舒适度	C16	列车内照明设施的舒适度	李珊珊 Ibrahim 李林波 Das Tara Saedi
	C17	车内空气、空调舒适度	
	C18	车辆座椅舒适性	
	C19	高峰时段车内拥挤程度	

(续表)

一级指标	编码	二级指标	指标来源
候车环境	C20	站内清洁卫生	宁波轨道交通满意度报告 Das 何静 李林波
	C21	站内照明设施	
	C22	站内畅通性	
	C23	站内便民设施方便性	
	C24	站内公共厕所设置与寻找方便性	
车内卫生环境	C25	列车内的清洁卫生	李珊珊 Das 何静 游俊雄
	C26	车内环境的美观度	

2.2 确定评价指标权重

1) 确定权重计算方法

在满意度评价中,指标权重的计算方法主要有主观赋权法和客观赋权法。主观赋权法往往取决于专家的主观经验和判断,其优势在于能够深入了解人们的感受、态度和动机,提供丰富的背景信息。然而主观评价法由于依赖个人感受,可能存在偏见和主观性,结果可能难以量化和比较。而客观赋权法则基于数据的客观属性进行计算,结果更加客观,易于量化和比较。因此本研究选择使用客观赋权法进行指标权重赋值,CRITIC法便是其中之一。它对指标进行客观赋权的方法是利用指标的对比强度和指标之间的冲突性来得到的。这种方法可以同时考虑到指标的变异性大小和指标间的相关性[17]。因此选取CRITIC法来计算评价指标的权重。

2) 指标权重计算步骤

(1) 无量纲化处理

为消除因量纲不同对评价结果的影响,需要对各指标进行无量纲化处理处理。公式为式(1)。

$$x'_{ij} = \frac{x_j - x_{\min}}{x_{\max} - x_{\min}} \tag{1}$$

(2) 计算对比度

使用标准差来衡量每个指标的对比度,公式为式(2)。

$$\sigma_j = \sqrt{\sum_{i=1}^{m}(x'_{ij} - x'_j)^2} \tag{2}$$

式中 σ_j——第 j 项指标的标准差;

x'_{ij}——标准化后的数据;

x'_j——x'_{ij} 的平均值;

m——评价对象的数量。

(3) 计算各指标间冲突性系数 r_{ij},公式如式(3)。

$$r_{kj} = \mathrm{cov}(D_k, D_j)/(\sigma_k, \sigma_j) \tag{3}$$

式中 $\mathrm{cov}(D_k, D_j)$——第 k 项指标和第 j 项指标之间满意度评价数据的协方差,且 $k \neq j$;

σ_k——第 k 项指标的对比强度;

σ_j——第 j 项指标的对比强度。

(4) 计算指标间综合信息量 C_j,公式如式(4)。

$$C_j = S_j \sum_{i=1}^{n}(1-r_{kj}) \tag{4}$$

式中 n——评价指标数；

r_{kj}——第 k 项指标和第 j 项指标之间的冲突性相关系数。

(5) 计算各指标权重 W_j，公式如式(5)。

$$W_j = \frac{C_j}{\sum_{j=1}^{n} C_j} \tag{5}$$

3. 基于云模型的满意度评价模型

3.1 云模型基本概念

1) 云模型的定义

设 U 是一个用精确数值表示的定量论域，C 是 U 上的定性概念若定量值，$x \in U$，且 x 是定性概念 C 的一次随机实现，x 对 C 的确定度 $\mu(x) \in [0,1]$ 是有稳定倾向的随机数 $\mu: U \to [0,1] \forall x \in U, x \to \mu(x)$ 则在论域 U 上的分布称为云每一个 x 称为一个云滴[18]。

2) 云模型的数字特征

云的数字特征可以生成云滴，当云滴积聚到一定数量后变为云，以此完成从定性到定量的转变，每一个云滴由期望 E_x、熵 E_n 和超熵 H_e 这三方面来表示，期望值 E_x 表示云滴在论域空间分布的期望即最能够代表定性概念的点。利用熵(方差)表达概念数值范围的模糊性，体现了定性概念亦此亦彼性的裕度；通过超熵来显示反映云滴的离散程度。越大的云滴离散度表示其对应的超熵也越大；云厚度越大，其相对应的隶属度的随机性也越大，反之亦然。

3.2 云模型基本算法

1) 正向云发生器法

(1) 生成以 E_n 为期望，h_e 为标准差的正态分布随机数 E_n'。

(2) 生成以 E_x 为期望，E_n' 为标准差的正态分布随机数 x。

(3) 计算云滴隶属度，公式如式(6)。

$$u = e^{-\frac{(x-E_x)^2}{2(E_n')^2}} \tag{6}$$

(4) 将 x 作为具有 u 的定性概念的一个云滴。

(5) 重复步骤(1)到步骤(4)，直到产生满足要求数目的云滴数。

2) 逆向云发生器

(1) 计算云滴样本的均值(样本均值即为期望 E_x)。

(2) 计算云滴样本的熵 E_n，公式如式(7)。

$$E_n = \sqrt{\frac{\pi}{2}} \times \frac{1}{N} \sum_{i=1}^{N} |x_i - E_x| \tag{7}$$

式中 N——样本总数；

x_i——第 i 个样本的观测值。

(3) 计算云滴样本的方差。

(4) 计算云的超熵，公式如式(8)。

$$H_e = \sqrt{S^2 - E_n^2} \tag{8}$$

3.3 基于云模型的评价方法设计流程

根据云模型原理,结合乘客满意度评价指标体系,以此为设计的满意度评价方法流程如下所述。

(1) 建立因素集上文建立的城市轨道交通乘客满意度评价指标体系共包括 7 个维度 26 个指标,如表 1 所列。

(2) 建立评价集和评价云。

根据乘客满意度调查问卷的打分方法,本文将乘客满意度分为五个等级,分别为一级(非常不满意)、二级(比较不满意)、三级(一般满意)、四级(比较满意)、五级(非常满意),由此构建乘客满意度 $G=\{v_1, v_2, v_3, v_4, v_5\}$ 评语集每个满意度定性评语在各自等级范围内均具有评价上下界限,假设该满意度指标在等级范围内的取值最大值为 $X_{\max}$,最小值为 $X_{\min}$,通过评语区间的上下边界来计算评价集中满意度评语的数字特征,并采用正向云发生器法获得满意度评价云并生成云图。该满意度评语的评价云数字特征计算如式(9)。

$$\begin{cases} E_x = \dfrac{X_{\max} + X_{\min}}{2} \\ E_n = \dfrac{X_{\max} - X_{\min}}{6} \\ H_e = k \end{cases} \tag{9}$$

式中,k 为一个表示变量模糊程度的常数,这里取定值 1。据此得出标准评价云的数字特征之后本研究利用正态云发生器法求得标准评价云,生成正态评价云图,将模糊的评价集转化为具体的满意度评价标尺。

(3) 获得权重集。

根据问卷调查数据,使用 CRITIC 法对指标集内各个指标权重进行计算,以此获得各指标的权重,各个维度的权重 $w_{11}, w_{12}, \cdots, w_{72}$ 以及各个指标 $w_1, w_2, w_3, w_4, w_5, w_6, w_7$ 在对应维度的权重 $w'_{11}, w'_{12}, w'_{ij}, \cdots, w'_{72}$,公式分别如式(10)。

$$w'_{11} = \dfrac{w_{11}}{w_1},\ w'_{21} = \dfrac{w_{21}}{w_2},\ \cdots,\ w'_{72} = \dfrac{w_{72}}{w_7} \tag{10}$$

(4) 建立指标评价云。

以乘客满意度调查问卷的数据为基础,利用逆向云发生器法,计算各指标实际的云数字特征,生成指标集的对应数字云参数特征矩阵 **Z** 如式(11)。

$$\mathbf{Z} = \begin{Bmatrix} C_{11} \\ C_{12} \\ \vdots \\ C_{ij} \end{Bmatrix} = \begin{Bmatrix} E_{x11} & E_{n11} & H_{e11} \\ E_{x12} & E_{n12} & H_{e12} \\ \vdots & & \\ E_{x72} & E_{n72} & H_{e72} \end{Bmatrix} \tag{11}$$

根据求得的权重集 **W** 和指标云参数矩阵 **Z**,城市轨道交通乘客满意度评价的结果云模型表述为式(12)。

$$\mathbf{C} = \mathbf{W} \times \mathbf{Z} \tag{12}$$

各项云参数的具体运算过程如式(13)。

$$\begin{cases} E_x = \sum E_{x_i} w_i \\ E_n = \sqrt{\sum E_{n_i} w_i} \\ H_e = \sum H_{e_i} w_i \end{cases} \tag{13}$$

据此,可计算出各个维度的评价云和整体乘客满意度的综合评价云。

(5) 比较与评价结果确定。

利用正向云发生器生成综合评价云并与评价云图比较,根据正态云在评价云图中所处的云图范围和形态，以此归纳出相应的评价结果。

4. 实证分析

宁波市城市轨道交通首通于2014年，如今拥有三条线路，总长度达到73.66 km，共有车站59个，宁波地铁1号线连接了宁波市区的东西南北四个方向，宁波地铁2号线串联了宁波市区的东西主干道，宁波地铁3号线连接了宁波市南部的余姚区和奉化区。该地铁系统具有较高的运营里程、较多的站点数和较长的运营时长，并且处于持续发展的状态。因此，为了进一步提高服务质量和乘客满意度，评估当前的运营情况显得尤为重要。使用云模型对宁波市城市轨道交通乘客满意度进行评价，可以为未来的发展奠定坚实的基础。

4.1 数据获取和检验

本文问卷的设计分为乘客基本个人信息和满意度评价的内容两部分，采用站台问卷调查、跟车调查的形式进行调研，以站台调查为主，跟车调查为辅。调查时间段选取在2024年5月份进行，选取调查的站点分别为1号线的高桥站、大卿桥站、鼓楼站、东门口站、樱花公园站、福庆北路站；2号线选择问卷调查的站点为：鄞州大道站、轻纺城站、客运中心站、火车站、外滩大桥站、路林站。调查时间段在早晚高峰、平峰时间段这三者中选择一个时间段进行问卷调查，每个时间段的调查时长为5～6 h。共收集问卷1 800份，剔除废卷、异常卷、不完整卷178份，共获得有效问卷1 622份。其中驻站调查问卷1 226份，跟车问卷396份。符合问卷调查的规范要求。对获得的问卷数据通过SPSS软件进行信、效度分析从而检验问卷有效性，结果如表2可靠性分析与KMO and Bartlett's检验所示，Cronbach's α系数为0.867，结果显示该问卷的信度较好。并且KMO系数为0.899通过Bartlett's球形检验，证明该问卷有效度较好，并且适用于进行因子分析。

表2 可靠性分析与KMO and Bartlett's检验

Cronbach's α		0.867
KMO		0.899
Bartlett's Test of Sphericity	近似卡方	35 502.817
	自由度	325
	显著性	0.000

运用最大方差法进行因子分析，最终结果如图1所示，该问卷能旋转出7个维度因子。如表3旋转后的成分矩阵所示，各成分内相关系数紧密并大于0.5，通过因子分析，该问卷结构效度较好，并且与最初的设定的维度指标相一致，分别命名为"候车时间""换乘便捷度""服务态度""出行信息服务""乘车舒适度""候车环境"与"车内卫生环境"。

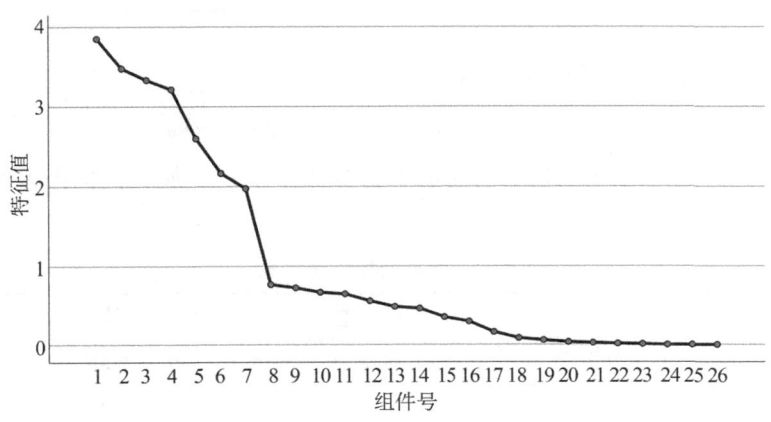

图1 碎石图

表3 旋转后的成分矩阵

指标成分	1	2	3	4	5	6	7
C1	—	—	—	—	0.802	—	—
C2	—	—	—	—	0.819	—	—
C3	—	—	—	—	0.838	—	—
C4	—	—	—	—	0.826	—	—
C5	—	—	—	—	—	0.855	—
C6	—	—	—	—	—	0.845	—
C7	—	—	—	—	—	0.828	—
C8	—	0.819	—	—	—	—	—
C9	—	0.825	—	—	—	—	—
C10	—	0.828	—	—	—	—	—
C11	—	0.827	—	—	—	—	—
C12	—	—	0.819	—	—	—	—
C13	—	—	0.836	—	—	—	—
C14	—	—	0.827	—	—	—	—
C15	—	—	0.817	—	—	—	—
C16	—	—	—	0.824	—	—	—
C17	—	—	—	0.803	—	—	—
C18	—	—	—	0.834	—	—	—
C19	—	—	—	0.833	—	—	—
C20	0.830	—	—	—	—	—	—
C21	0.823	—	—	—	—	—	—
C22	0.835	—	—	—	—	—	—
C23	0.817	—	—	—	—	—	—
C24	0.796	—	—	—	—	—	—
C25	—	—	—	—	—	—	0.895
C26	—	—	—	—	—	—	0.892

4.2 确定宁波地铁标准评价云的数字特征

乘客满意度各评价指标等级划分见表，各等级对应的分值等于级数，同时根据式9计算得出满意度等级限界的标准云模型参数（标准差 E_x，熵 E_n，超熵 H_e）如表4所列。最后模拟出评价等级标准云状态图（图2）。

表4 标准云模型参数表

评价等级	分布区间	标准差	熵	超熵
非常不满意	[0, 20]	10	3.33	1
比较不满意	[20, 40]	30	3.33	1
一般满意	[40, 60]	50	3.33	1

（续表）

评价等级	分布区间	标准差	熵	超熵
比较满意	[60，80]	70	3.33	1
非常满意	[80，100]	90	3.33	1

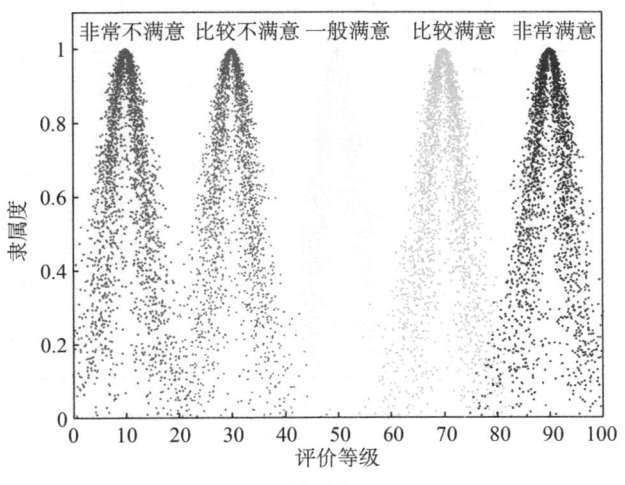

图 2　云模型标准云图

4.3　确定满意度评价指标权重

使用 CRITIC 法，使用式(1)—式(5)进行计算得出宁波市城市轨道交通乘客满意度评价指标权重，具体权重数据见表 5。

表 5　满意度指标权重表

指标	权重	指标权重	维度	维度权重	指标在维度内权重
C1	w_{11}	0.045	候车时间	0.214	0.211
C2	w_{12}	0.044			0.206 1
C3	w_{13}	0.062 3			0.292
C4	w_{14}	0.062 31			0.292
C5	w_{21}	0.021 1	换乘便捷度	0.061	0.344
C6	w_{22}	0.020 1			0.328
C7	w_{23}	0.020 1			0.328
C8	w_{31}	0.034 7	服务态度	0.109	0.320
C9	w_{32}	0.025 3			0.233
C10	w_{33}	0.029 2			0.269
C11	w_{34}	0.019 2			0.177
C12	w_{41}	0.023 4	出行信息服务	0.098	0.239
C13	w_{42}	0.023 3			0.237
C14	w_{43}	0.028 2			0.288
C15	w_{44}	0.023 2			0.236

(续表)

指标	权重	指标权重	维度	维度权重	指标在维度内权重
C16	w_{51}	0.025 7	乘车舒适度	0.181	0.142
C17	w_{52}	0.043 5			0.241
C18	w_{53}	0.058 6			0.324
C19	w_{54}	0.052 9			0.293
C20	w_{61}	0.034 5	候车环境	0.232	0.149
C21	w_{62}	0.061 3			0.265
C22	w_{63}	0.059 2			0.256
C23	w_{64}	0.032 2			0.139
C24	w_{65}	0.044 2			0.191
C25	w_{71}	0.052 5	车内卫生环境	0.106	0.495
C26	w_{72}	0.053 8			0.505

4.4 确定满意度评价结果云

利用逆向正态云发生器求出每个评价指标的云参数(E_x，E_n，H_e)，得到每个维度下的维度云参数，如表6所列，最后利用综合算法得到宁波市公共交通满意度云参数(79.643，1.963，3.043)。

表6 云模型评价结果云表

指标	指标云参数			维度	维度云参数		
	期望	熵	超熵		期望	熵	超熵
C1	80.037	1.949	3.081	候车时间	79.35	2.296	3.802
C2	80.009	1.901 9	3.033				
C3	78.727	2.556	4.328				
C4	78.727	2.555	4.328				
C5	80.031	0.931	1.325	换乘便捷度	80.039	0.922	1.283
C6	80.055	0.918	1.261				
C7	80.055	0.918	1.261				
C8	80.089	1.230	2.624	服务态度	79.981	1.050	2.097
C9	80.049	1.009	1.841				
C10	80.08	1.108	2.173				
C11	79.997	0.696	1.381				
C12	80	1.082	1.610	出行信息服务	79.972	1.462	1.667
C13	79.997	1.082	1.596				
C14	79.908	1.312	1.842				
C15	79.996	1.073	1.582				
C16	80.025	1.119	1.623	乘车舒适度	79.045	2.122	3.121
C17	79.035	2.072	2.653				

(续表)

指标	指标云参数			维度	维度云参数		
	期望	熵	超熵		期望	熵	超熵
C18	78.345	2.479	3.841	乘车舒适度	79.045	2.122	3.121
C19	79.353	2.254	3.436				
C20	80.012 3	1.591	2.382	候车环境	79.882	2.125	3.552
C21	80.086	2.463	4.557				
C22	80.096	2.390	4.394				
C23	80.102	1.519	2.196				
C24	79.051	2.162	2.930				
C25	79.938	2.106	3.496	车内卫生环境	79.937	2.117	3.535
C26	79.935	2.128	3.576				

4.5 评价结果分析

1）满意度总体结果分析

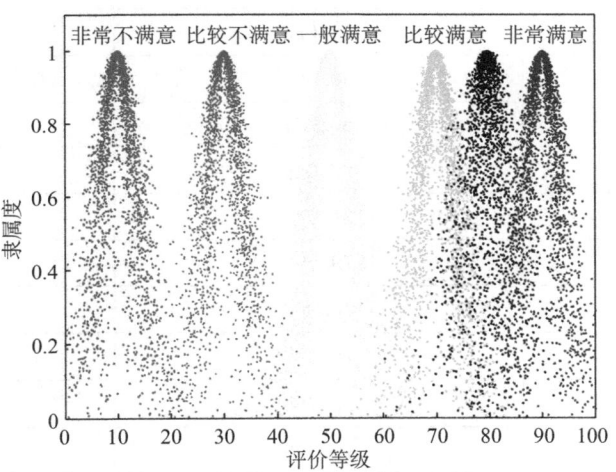

图 3　宁波轨道交通乘客满意度评价结果云图

从图3云图中不难发现，宁波轨道交通乘客满意度为79.64，处于"比较满意"这一档，这说明乘客对于宁波轨道交通服务总体来说比较满意。但是乘客满意度结果云的跨度范围比值与标准评价云而言跨度相当，这体现了不同的乘客对于宁波城市轨道交通有着相近的感知范围。此外，结果云的离散程度与评价云相比偏大，说明不同的乘客对于满意度的评价未能达成一致。总体来说，该评价结果反映了宁波城市轨道交通的服务水平基本达到了乘客的基本期望，但是在乘客群体感知和共识度方面仍存在一定的改进空间，后续的服务改进可以围绕这两方面进行展开。

2）满意度评价的 IPA 分析

IPA法（Importance-Performance Analysis）最初由Martilla和James提出，是一种在营销领域中用于评价企业品牌、产品及服务优势和劣势的分析方法[19]。IPA法的要点在于将重要性与表现程度结合在二维四分方格图中，其中满意度作为X轴，重要性作为Y轴。通过这种图示方法，可以直观地显示出各项指标在重要性和满意度上的分布情况，从而帮助识别出需要改进以及保持优势的项目。将计算得到的指标权重和满意度评价结果中的期望因素结合起来，得到重要性-满意度结果如果评价指标位于第Ⅰ象限，说明该指标的重要性与满意度均处于高水平,需要在原有的基础上继续保持,乘客的重要需求得到极好的满足,本研究将此象限设为"如愿以偿区";若测评指标位于第Ⅱ象限,则其满意度高而重要性低,可以维持现状但不需特别关注,属于乘客的意外需求得到满足,本研究将此象限设为"锦上添花区";如果测评指标位于第Ⅲ象限,那么该指标的重要性和满意度均低,可不作重点考虑,但也需要后期去改善,本研究将此象限设为"逐步改善区";当测评指标位于第Ⅳ象限时,说明该指标的重要性高而满意度低,是亟须改进之处,需要让乘客的需求尽快得到满足,本象限设为"亟待改善区"。分析结果如表7所列,通过IPA分析确定评价指标满意度提升的优先级。本文以满意度评价指标体系中指标的组合权重值的平均值0.0384,作为X轴中心线,以指标的期望的平均值79.643作为Y轴中心线,将乘客满意度评价指标的重要性—满意度分别反映在四分图中,如图4所示能直观地反映当前宁波轨道交通优势部分和优先需要改进的部分。

表7 评价指标满意度、重要性参数表

指标	满意度	重要性
C1	80.037	0.045
C2	80.009	0.044
C3	78.727	0.0623
C4	78.727	0.0623
C5	80.031	0.0211
C6	80.055	0.0201
C7	80.055	0.0201
C8	80.089	0.0347
C9	80.049	0.0253
C10	80.080	0.0292
C11	79.997	0.0192
C12	80.000	0.0234
C13	79.997	0.0233
C14	79.908	0.0282
C15	79.996	0.0232
C16	80.025	0.0257
C17	79.035	0.0435
C18	78.345	0.0586
C19	79.353	0.0529
C20	80.0123	0.0345
C21	80.086	0.0613
C22	80.096	0.0592
C23	80.102	0.0322
C24	79.051	0.0442
C25	79.938	0.0525
C26	79.935	0.0538

通过观察评价指标在四分图中的分布情况可知:指标"C3末班列车时间""C4高峰时间的轨道交通班

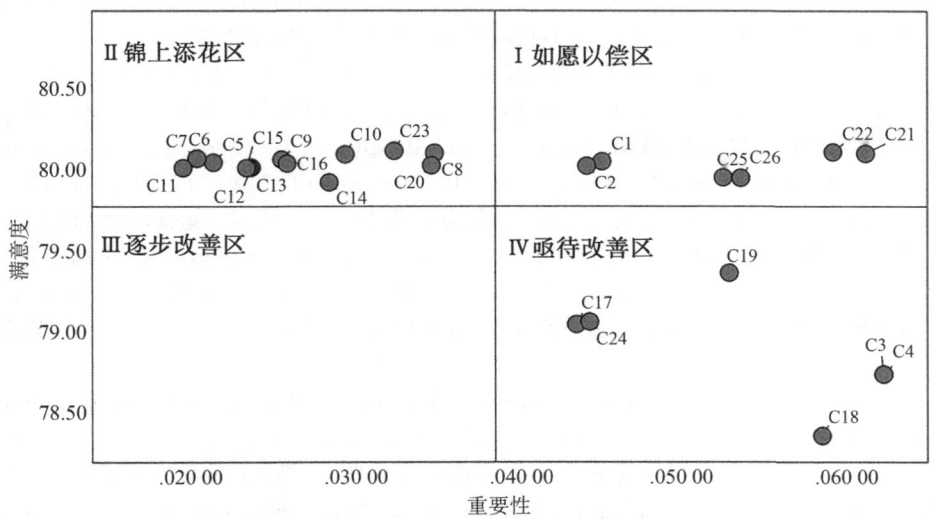

图 4　评价指标重要性-满意度分布图

次""C17车内空气、空调清晰度""C18车辆座椅舒适度""C19高峰时段车内拥挤程度""C24站内厕所寻找方便性"位于第四象限亟待改善区,表示这些指标对服务质量评价结果影响较大,同时分数较低,需要重点关注上述指标并优先进行改善,应适当延长末班列车时间以满足晚归人群的需要,在座椅舒适度方面,可以在原有座椅基础上增加靠垫以增加座椅的舒适度。在高峰时段内增加列车的运行班次以减少单次列车载运人数。加强高峰时间段内的客流疏导,减少一窝蜂挤入列车现象的发生。定期对车厢进行清洁打扫避免车厢存在异味,在车内添加空气清新剂保证运行时段内车厢的空气质量,同时禁止在车厢内饮食或吸烟。根据不同季节、天气状况来调整车厢内空调的温度使得大部分乘客感到舒适。在站内增加指示牌,使得乘客可以更快速地找到公共厕所,提高乘客的满意度。大部分指标位于第一象限如愿以偿区和第二象限锦上添花区,这意味着这些指标比较优秀,需要继续保持。

5. 结语

从乘客感知的角度出发,结合现有城市轨道交通乘客满意度评价标准,选取候车时间长度、换乘便捷度、服务态度、出行服务信息、乘车舒适度、候车环境、车内卫生环境7个维度共26各指标建立了宁波市城市轨道交通乘客满意度评价指标体系,采用客观赋权法CRITIC法对各维度及相应指标权重进行计算,避免了主观因素影响。

为了实现定性概念和定量数据间的有效转换,采用云模型对宁波市城市轨道交通乘客满意度进行评价,生成云滴图更直观地反映评价结果,较为准确地反映了宁波市轨道交通乘客满意度水平。

本文采用正态云模型对乘客满意度进行评价,为乘客的满意度提供了理论依据以及参考借鉴,后续可以改进标准云的云参数计算方法,使用不同类型的云模型对乘客满意度进行评价,进一步提高乘客满意度评价效果,使其更加贴近实际情况。

参考文献

[1] 缪雪. 基于ACSI的成都市地铁乘客满意度评价体系的构建[J]. 现代商业,2014(05):80-81.
[2] 游俊雄,周丰婕,黄嘉斌. 厦门市地铁乘客服务满意度评价研究[J]. 物流工程与管理,2021,43(12):116-119.
[3] 谢美丽,张欣环,吴金洪,等. 基于模糊综合评价法的杭州地铁乘客满意度评价[J]. 交通与运输,2020,36(02):78-81.
[4] 单泊源,喻盈,刘小红. 基于PLS-SEM及贝叶斯网络的地铁乘客满意度评价研究[J]. 湖南社会科学,2020(03):113-121.

[5] 焦雪婷.基于乘客感知的西安市轨道交通服务质量调查研究[J].黑龙江交通科技,2022,45(01):169-171.

[6] 曹琼,凌晨.城市轨道交通乘客满意度研究[J].现代城市轨道交通,2021(11):52-58.

[7] 王敏.基于乘客满意度混合权重城市轨道交通服务质量评价[J].交通与运输,2023,36(S1):257-60+65.

[8] 田佩宁,童瑞咏,王海鹏,等.城市轨道交通跨环线的跨线列车开行方案优化[J].吉林大学学报(工学版):1-10.

[9] SAEIDI T, MESBAH M, HABIBIAN M. Sequenced ordered logit model considering latent variables for determining trip satisfaction of metro passengers[J]. Transportation Research Record, 2020, 2674(9): 755-766.

[10] 范英飞,李鹏飞,黄河,等.基于乘客满意度的太原城市轨道交通综合评价[J].综合运输,2022,44(09):140-146.

[11] LACHAPELLE U, FRANK L, SAELENS B E, et al. Commuting by public transit and physical activity: where you live, where you work, and how you get there[J]. Journal of Physical Activity and Health, 2011, 8(s1): S72-S82.

[12] 何静,张夕阳,李延欢,等.基于乘客需求的城市轨道交通服务质量评价研究[J].城市轨道交通研究,2024,27(04):67-73+9.

[13] DAS A M, LADIN M A, ISMAIL A, et al. Consumers satisfaction of public transport monorail user in Kuala Lumpur[J]. Journal of Engineering Science and Technology, 2013, 8(3): 272-283.

[14] 李珊珊,陈光.感知服务质量对公共交通乘客满意度影响的实证研究[J].铁道运输与经济,2016,38(02):60-66.

[15] HAKIMI IBRAHIM A, BORHAN M, MAT YAZID M, et al. Factors influencing passengers' satisfaction with the light rail transit service in alpha cities: evidence from Kuala Lumpur, Malaysia using structural equation modelling. Mathematics 9 (16)[Z]. 2021.

[16] LI L, GAO T, YU L, et al. Applying an integrated approach to metro station satisfaction evaluation: A case study in Shanghai, China[J]. International Journal of Transportation Science and Technology, 2022, 11(4): 780-789.

[17] 李林波,郭晓凡,傅佳楠,等.基于云模型的城市轨道交通乘客满意度评价[J].同济大学学报(自然科学版),2019,47(03):378-385.

[18] 陈贵林.一种定性定量信息转换的不确定性模型——云模型[J].计算机应用研究,2010,27(6):2006-2010.

[19] Martilla J A, James J C. Importance-performance analysis[J]. Journal of Marketing, 1977, 41(1): 77-79.

交通号志灯"故障回报系统"建置

Set up and Installation of Auto-failure Report System of Traffic Light

周胜次[1]

摘　要：本文提出"交通号志灯故障回报"系统之建议，并展示现场实地运作。此回报系统由第三代智慧节能高亮度交通号志灯，结合电流侦测器与信号感应器，以及电力线传输器及交通号志控制器等整合而成。本系统已在台湾-高雄市的大丰路与建工路交叉路口建置完成并实际运作！此路口共有 27 个号志灯。

关键词：故障回报；交通号志灯；电力线传输器

Abstract: The set up Auto-Failure Report System of Traffic Light is reported. The system includes Third Generation Intelligent Energy Saving High-Power Traffic Light, Current sensor and Signal Sever Power Line (PLC), Traffic Light Controller. This Installation Site has been completed and is in operation at the intersection of Dafeng Road and Jiangong Road in Taiwan-Kaohsiung City, with 27 traffic light will be shown.

Key words: failure report; traffic light; PLC

1. 智慧节能交通号志灯故障回报系统介绍

交通号志灯故障回报系统如图 1 所示。

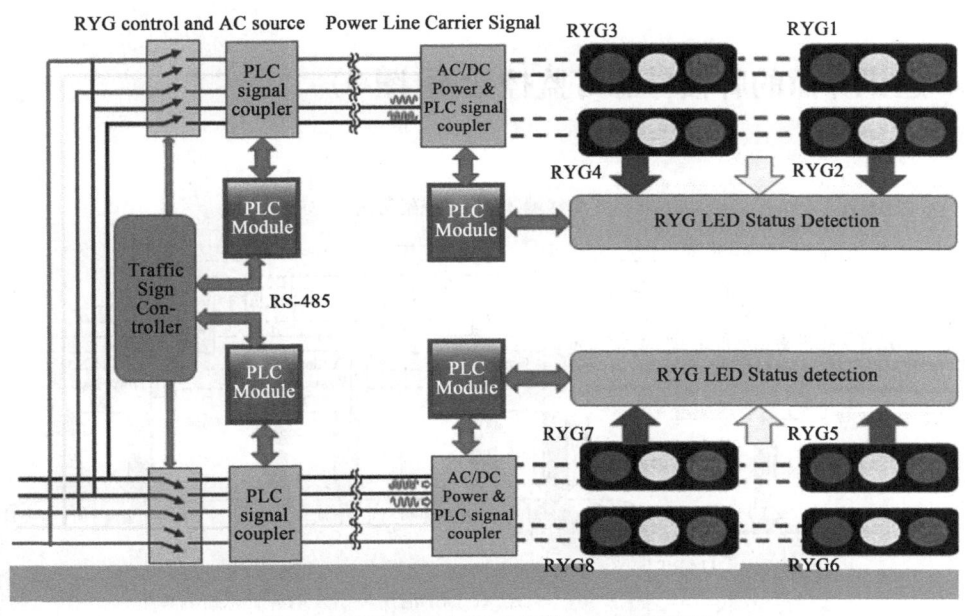

图 1　智慧节能交通号志灯故障回报系统图

---

[1] 周胜次，华光交通号志器材股份有限公司董事长暨总经理，台湾巨擘科技股份有限公司董事，联系邮箱：hwakuanco@gmail.com。

2. 故障回报系统概述

（1）利用侦测模块（每个电线杆装设一个），接收 LED 故障所产生的电流差异讯号。

（2）侦测模块再将接收到的电流差异讯号，经过 UART 送到 PLC Module，再送到信号之 AC 电流在线。

（3）电源线上之 Modulated 讯号（电力线载波讯号）在进入控制器前，再经过 PLC 讯号耦合界面及 PLC Module 做 De-Modulation. 再连接到控制器上。

（4）再由控制器连接至交通控制中心，即可取得电流差异讯号，以得知号志灯之故障讯息。

3. LED 电源驱动和电流感知电路（图 2）

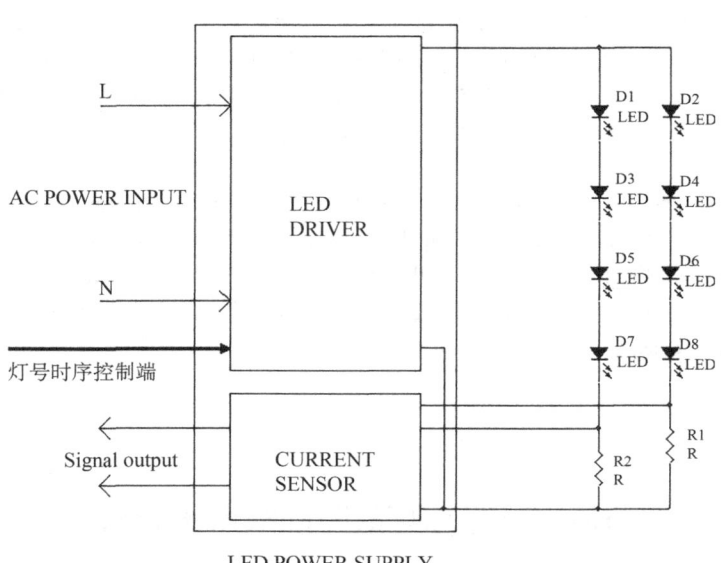

图 2　电源驱动和电流感知电路图

4. PLC 通讯界面的牌楼号志灯监控架构（图 3）

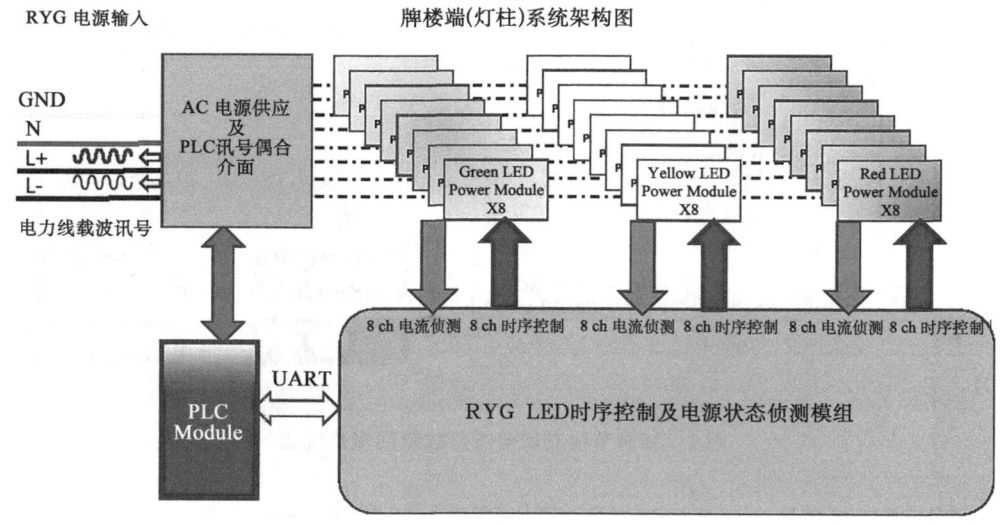

图 3　牌楼号志灯监控架构

5. 基于 PLC 通讯界面的牌楼号志监控架构(图 4)

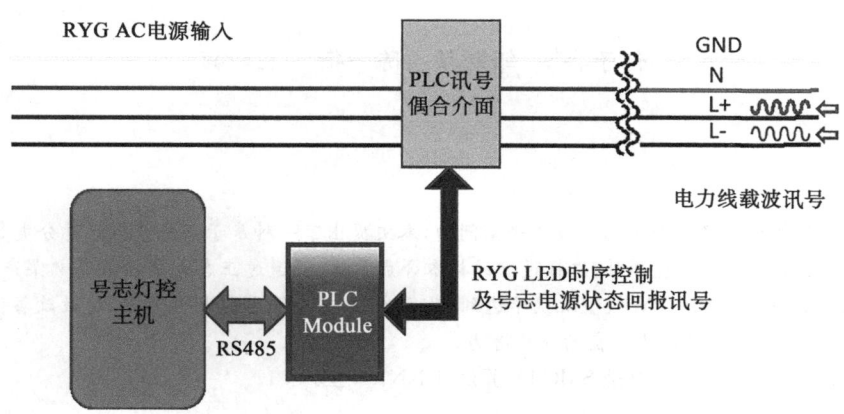

图 4　牌楼号志监控架构

6. 台湾高雄市大丰路与建工路口建置及实际运作

请参看 Video file。

结论如下:已完成及建置交通号志灯故障回报系统。

基于改进SMOTE算法转辙机故障诊断
Fault Diagnosis of Railway Switch Machine Based on Improved SMOTE Algorithm

何子冉[1]　邹劲柏　陈一衡　宋　颖

摘　要：为应对转辙机故障诊断中的数据不平衡问题，本文提出了一种基于正态分布的再分类SMOTE算法。该算法利用KNN对少数类样本进行重划分，选择适宜的样本合成策略，并通过正态分布插值减少噪声，提升故障诊断性能。实验表明，经过采样优化的LSTM模型准确率达到99.53%，较原始数据集提高明显，有效改善了数据集不平衡问题，提高了诊断准确性。该算法展现出优良的应用潜力。

关键词：转辙机故障；故障诊断；改进SMOTE算法；KNN；正态分布

Abstract: To address the issue of data imbalance in turnout fault diagnosis, this study proposes a reclassification SMOTE algorithm based on normal distribution. The algorithm uses KNN to reclassify minority class samples, selects appropriate sample synthesis strategies, and reduces noise through normal distribution interpolation, enhancing fault diagnosis performance. Experiments show that the LSTM model, optimized through sampling, achieves an accuracy rate of 99.53%, significantly higher than the original dataset, effectively improving data imbalance and diagnostic accuracy. The algorithm demonstrates excellent application potential.

Key words: turnout machine fault; fault diagnosis; improved SMOTE algorithm; KNN; Normal distribution

1. 引言

转辙机是铁路信号系统中的重要设备，其正常运行直接影响着铁路的安全和效率。然而，转辙机在工作过程中会遇到各种故障，如电气故障、机械故障等，这些故障会导致转辙机的性能下降或停止工作。因此，及时、准确、有效地诊断和处理转辙机故障是非常必要的[1]。

然而，在现实中转辙机发生故障的频率较低，转辙机的故障数据为非均衡小样本，即故障样本数量远小于正常样本数量，某些故障样本不具备很明显的信息量与特征空间，这种数据不平衡问题会给转辙机故障诊断和预测研究带来困难，为了解决这个问题，常用的方法是过采样（over-sampling），即通过增加少数类样本数量来实现数据平衡。过采样可以使得少数类样本具有更多的信息量和特征空间，可以更好地建立故障诊断模型，从而提高诊断准确性和效率。

近些年来，对于转辙机故障诊断研究，基本上可以分为机器学习与深度学习两类。例如，文献[3]中，王瑞峰等基于神经网络的高度并行计算能力，通过计算待检测功率曲线与各故障曲线之间的灰色关联度，根据关联度的大小判断转辙机的当前运行状态，从而实现转辙机的故障诊断，但该方法可能在非均衡小样本的场景下出现偏差。文献[4]提出了一种结合概率神经网络（PNN）和改进粒子群优化（PSO）的道岔故障诊断技术，与先前的研究相比，这种方法提高了容错能力，但使网络结构变得更加复杂。文献[5]提出一种改进ACGAN网络合成转辙机故障样本用于故障诊断。但ACGAN对于某些非均衡小样本训练过程比较复杂和不稳定，需要仔细调整模型的结构和参数，生成的转辙机故障数据中随机噪声太多，并且无法

1　何子冉，上海应用技术大学轨道交通学院，数据处理轨道交通信号设备故障诊断，硕士研究生，联系邮箱：1160635416@qq.com。

很好结合转辙机的故障特性,尤其是某些机械故障的物理特性。文献[6]提出了一种基于AdaBoost集成学习法的CNN-LSTM故障诊断模型,利用CNN提取局部特征,LSTM进行故障诊断,但该方法同样对数据质量要求高,对于一些分类性能的非均衡小样本效果可能不理想。

SMOTE算法特别适合解决转辙机数据不平衡问题,因为它能够生成真实且具有代表性的少数类样本即故障样本的合成样本。与某些过采样算法不同,SMOTE创建的新样本相似但不完全相同,这是通过在几个相邻的少数类样本之间进行插值来实现的。

本文旨在解决转辙机数据的不平衡问题,以ZD6转辙机各故障为例,采用多种过采样算法合成故障样本,通过三种分类模型(KNN、SVM、随机森林)建立分类模型,测试加入生成样本前后的G-mean、F-measure、AUC指数对比,并通过PCA降维后的特征分布来选取各种故障最合适的过采样算法,确保生成的故障数据既符合转辙机的故障特性,又满足故障样本的分布特征。

2. 转辙机故障模式分析

本文原始数据来自中国某专用线站场微机监测系统内ZD6型电动转辙机的真实历史运行数据,从这些历史数据中整理出8种常见故障类型,取100个采样点,取样间隔为0.04 s,不足的补零,实现数据对齐[7]。如图1所示故障曲线与正常运行曲线对比图,横坐标为时间,纵坐标为电流值,黑色曲线为正常运行曲线,淡灰色为故障曲线,故障1~故障5为机械故障,故障6~故障8为电气故障,每种故障的类型及原因分析如表1所列。

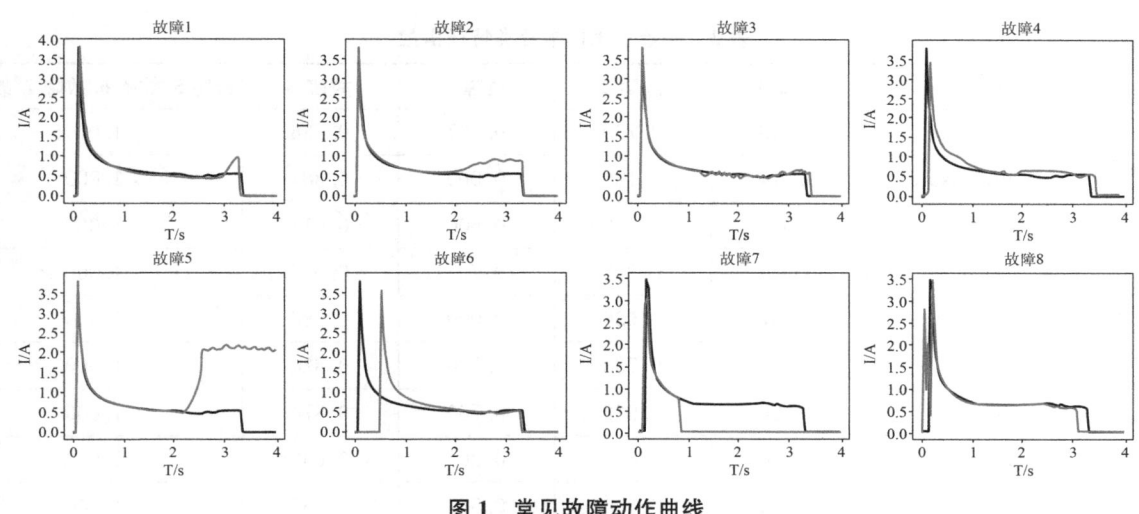

图1 常见故障动作曲线

表1 故障动作曲线类型及原因分析

类型	故障类型	故障原因
故障1	锁闭电流超标	道岔调整过紧,齿条块缺油等多种原因
故障2	锁闭阶段上升且延时	自动开闭器的轴动作不灵活,导致接点的通断不稳定
故障3	电流曲线不平滑	滑床板凹凸不平,炭刷与整流子面接触不良或有污垢,电机有匝间短路
故障4	电流曲线忽然上升持续一段时间后下降	基本轨卡阻尖轨,使尖轨不能与基本轨顺利密贴
故障5	锁闭阶段电流升高并长时间处在一个固定值	道岔夹异物
故障6	启动延时	启动电路中的某一个继电器接点接触不良或继电器本身不良造成
故障7	转换过程中电流突然为0	道岔动作电流过小或1DQJ不良

(续表)

类型	故障类型	故障原因
故障8	启动阶段电流波动过大	电动机转子断线,导致电机不能正常切断电流,而是在转子断线处产生火花,使电流波动

3. 测试原始故障数据分类特征

筛选出故障样本后,接下来要判断哪些故障类型分类特征不明显,需要通过采样算法提高分类特征,表2所列为本次实验数据集每种故障的数据量,Normal代表转辙机正常运行数据,故障1～故障8为转辙机故障数据。

表2 实验数据集信息

类型	正常样本	故障1	故障2	故障3	故障4	故障5	故障6	故障7	故障8
数据量	436	50	52	23	30	17	28	5	2

将8种故障样本分别与正常样本合并后进行训练集与测试集的划分,划分比例为7:3,最后定义了一个评估指标的函数,计算了测试集的G-mean,F-measure和AUC值。G-mean是平衡准确率的几何平均数,F-measure是精确率和召回率的调和平均数,AUC是ROC曲线下的面积,这些指标都可以反映分类模型的性能,值越大代表该类故障分类特征越明显,如表3所列。

表3 原始故障样本分类特征指数

分类模型		故障1	故障2	故障3	故障4	故障5/故障6/故障7/故障8
KNN	G-mean	0.748	0.730	0.707	0.786	1.000
	F-measure	0.214	0.125	0.000	0.381	1.000
	AUC	0.560	0.533	0.500	0.618	1.000
SVM	G-mean	0.927	0.856	0.707	0.907	1.000
	F-measure	0.837	0.636	0.000	0.786	1.000
	AUC	0.860	0.733	0.500	0.824	1.000
随机森林	G-mean	0.906	0.922	0.760	0.874	1.000
	F-measure	0.780	0.824	0.267	0.692	1.000
	AUC	0.820	0.850	0.577	0.765	1.000

由表3可以看出机械故障中故障5(卡阻)与所有的电气故障(故障6、故障7、故障8)具有明显的分类特征,三种分类模型三大性能指标都达到了1,可以直接用于故障诊断与预测模型的建立,不需要通过采样算法去提高样本分类特征。反之机械故障故障1～故障4尤其是故障3分类特征并不明显,需要采用合适的过采样算法合成样本来提高样本分类特征。

4. 基于正态分布改进的再分类SMOTE算法设计

在处理不平衡数据集分类问题主要有两种策略:算法层面的改进和数据层面的改进[8]。

其中SMOTE(合成少数类过采样技术)算法是应用非常广泛的一种过采样算法,它可以防止过采样时新生成的少数类样本容易造成过拟合的问题[9]。SMOTE的核心思想是在少数类样本中找到邻近点,并通过线性插值生成新的样本[10],但同时SMOTE算法也存在如下一些问题。

(1) 噪声样本问题:在生成新样本时,如果一个少数类样本与其最近邻的样本之间存在多数类样本,那么新产生的样本可能会被错误地归类为多数类,从而成为噪声,影响分类的准确度。

(2) 类边界模糊问题:SMOTE 可能在类别边界附近产生新样本,这可能会使得类别之间的界限变得更加不清晰,影响分类结果。

因此本文提出了一种改进 SMOTE 算法,该算法融合了正态分布的概率属性。它采用 KNN 算法的原理,根据少数类样本与邻近样本的关系来进行重分类。这种方法有两个主要优点,如下所述。

(1) 筛选噪声样本:通过识别并排除那些落在多数类区域内的少数类样本,减少了噪声信号的产生,解决了传统 SMOTE 算法中可能出现的噪声问题。

(2) 强化类边界:对于那些周围多数类样本较多的少数类样本,采用正态分布而非均匀随机分布的线性插值,这样不仅能够更明显凸显类边界特征,还能减少对分类性能可能产生干扰的样本数量。

该算法具体步骤如下所述。

设少数类样本为 $X=\{x_1, x_2, \cdots, x_{n_1}\}$,多数类样本为 $Y=\{y_1, y_2, \cdots, y_{n_2}\}$,少数类和多数类样本量分别为 n_1 和 n_2。

(1) 特征分析:利用 KNN 算法选取邻近点。首先计算每个少数类样本点 x_i 与其他样本点的距离,找出每个少数类样本点 k_1 个(默认为 5,可根据数据集分布特征调整)最近邻点。设定少数类邻近点数量为 m_1,多数类邻近点数量为 m_2,其中 $k_1=m_1+m_2$。

(2) 再分类:根据 m_1 和 m_2 的数量及比例,对每个少数类样本进行再分类,分为"噪声""危险""安全"三类。若 $m_1=0$,为"噪声"类;若 $m_1>m_2$,为"安全"类;若 $0<m_1\leqslant m_2$,则为"危险"类。分类效果如图 2 所示。

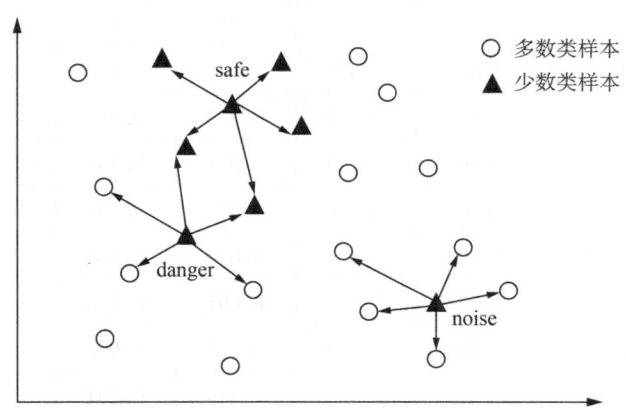

图 2 少数类样本再分类示例

(3) 排除"噪声"点:从少数类样本集中移除被标记为"噪声"的样本点,保留标记为"危险"和"安全"的样本点。

(4) 生成新样本:对于每个"危险"类样本点,选择 k_1 个邻近点。根据邻近点的类别,使用不同的概率分布进行插值,以生成新的样本点。本算法引入正态分布来生成新样本,利用具有正态分布特征的 Gauss 算子代替均匀随机分布的 random 算子生成新样本,如果"危险"类样本点 x_i 的邻近点 y_{ij} 是"安全"类,使用式(1)进行插值计算。

$$p_i = x_i + G_1(x) \times (y_{ij} - x_i) \tag{1}$$

其中,$G_1(x)$ 是以 $(0, \sigma')$ 为参数采用正态分布在 $(0,1)$ 区间内生成的随机数,其均值设为接近"危险"点的值,以增加新样本点倾向于"危险"类的特性。如果"危险"类样本点的邻近点也是"危险"类,则使用式(2)进行插值计算。

$$p_i = x_i + [G_2(x) \text{ or } G_2'(x)] \times (y_{ij} - x_i) \tag{2}$$

其中,$G_2(x)$ 与 $G_2'(x)$ 共同组成新的 Gauss 算子来插值生成新样本。$G_2(x)$ 是以 $(0, \sigma'')$ 为参数采用正态分布在 $(0,1)$ 区间内生成的随机数,$G_2'(x)$ 是以 $(1, \sigma'')$ 为参数采用正态分布在 $(0,1)$ 区间内生成的随机数,两者以平等概率选取,能使新样本更均匀地分布在"危险"点周围。

循环执行步骤(3)与(4),直到合成样本集的不平衡率降到合适值时为止,得到平衡数据集 D_{new}。

5. 实验分析

5.1 测试各故障样本经过采样后的分类性能

表 4 所列为本文提出的改进 SMOTE 算法(以下简称 Gauss-SMOTE 算法)与其他常用过采样算法合成故障 1～故障 4 故障样本与 3 种分类模型相结合的指数,采用了十折交叉验证,重复进行 10 次实验取均值,将其作为最终结果[11]。在本文实验中,训练集由 70% 的原始数据和新合成样本组成,测试集由剩下的 30% 样本组成。

表 4 各算法合成四种故障样本分类模型指数

故障	分类模型		SMOTE	Borderline-SMOTE	KMeans-SMOTE	SVM-SMOTE	ADASYN	SMOTE-NC	Gauss-SMOTE
故障 1	KNN	G-mean	0.860	0.825	0.872	0.849	0.883	0.898	**0.906**
		F-measure	0.649	0.529	0.684	0.611	0.718	**0.780**	0.768
		AUC	0.740	0.680	0.760	0.720	0.780	0.815	**0.820**
	SVM	G-mean	0.933	0.941	0.917	0.927	0.935	0.923	**0.945**
		F-measure	0.851	0.870	0.810	0.837	0.857	0.826	**0.880**
		AUC	0.870	0.885	0.840	0.860	0.875	0.852	**0.893**
	随机森林	G-mean	0.949	0.964	0.935	0.938	0.959	0.943	**0.970**
		F-measure	0.889	0.923	0.857	0.864	0.913	0.875	**0.936**
		AUC	0.900	0.929	0.875	0.880	0.920	0.889	**0.940**
故障 2	KNN	G-mean	0.806	0.827	0.844	0.816	0.837	0.796	**0.847**
		F-measure	0.462	0.537	**0.605**	0.500	0.571	0.421	0.595
		AUC	0.650	0.683	0.713	0.667	0.700	0.633	**0.716**
	SVM	G-mean	0.913	0.940	0.920	0.894	0.904	0.922	**0.957**
		F-measure	0.800	0.868	0.818	0.750	0.776	0.824	**0.909**
		AUC	0.833	0.883	0.846	0.800	0.817	0.850	**0.917**
	随机森林	G-mean	0.975	0.962	0.961	0.957	0.983	0.949	**0.992**
		F-measure	0.947	0.912	0.917	0.909	0.966	0.889	**0.978**
		AUC	0.950	0.925	0.923	0.917	0.967	0.900	**0.983**
故障 3	KNN	G-mean	0.768	0.774	0.786	0.757	0.788	0.760	**0.792**
		F-measure	0.316	0.333	0.381	0.286	0.393	0.267	**0.400**
		AUC	0.590	0.599	0.621	0.574	**0.629**	0.577	0.627
	SVM	G-mean	0.779	0.728	0.803	0.754	0.817	0.779	**0.820**
		F-measure	0.353	0.133	0.444	0.250	**0.526**	0.353	0.463
		AUC	0.607	0.530	0.646	0.569	**0.684**	0.607	0.657
	随机森林	G-mean	0.894	0.868	0.872	0.845	0.915	0.855	**0.915**
		F-measure	0.727	0.636	0.667	0.571	0.783	0.632	**0.783**
		AUC	0.799	0.753	0.761	0.714	0.838	0.731	**0.838**

(续表)

故障	分类模型		SMOTE	Borderline-SMOTE	KMeans-SMOTE	SVM-SMOTE	ADASYN	SMOTE-NC	Gauss-SMOTE
故障4	KNN	G-mean	0.922	0.903	0.909	0.892	0.914	0.886	**0.926**
		F-measure	0.786	0.759	0.759	0.714	0.774	0.714	**0.800**
		AUC	0.850	0.815	0.827	0.796	0.836	0.786	**0.858**
	SVM	G-mean	0.949	0.966	0.968	0.952	0.935	0.955	**0.984**
		F-measure	0.889	0.929	0.933	0.897	0.857	0.903	**0.968**
		AUC	0.900	0.933	0.938	0.906	0.875	0.912	**0.969**
	随机森林	G-mean	0.968	0.981	0.976	0.980	0.985	0.966	**0.992**
		F-measure	0.933	0.941	0.909	0.938	0.970	0.909	**0.941**
		AUC	0.938	0.962	0.952	0.960	0.971	0.933	**0.983**

由表4中可以看出经过Gauss-SMOTE算法过采样后的各种故障样本在三种分类模型上的三大指标大都高于其他过采样算法,证明经过该算法过采样后合成的样本分类特征优于其他过采样算法合成的样本,结合PCA降维后的样本特征分布图来进一步验证,图3为Gauss-SMOTE合成四种故障样本特征分布图,从图中可以看出合成的故障样本更加具有边缘特征,且更加靠近多数类样本即正常样本,这样可以使合成的故障样本能具备原始单一故障类型不具备的故障特征,能使下一步建立的故障诊断模型识别故障类型更加快速准确。

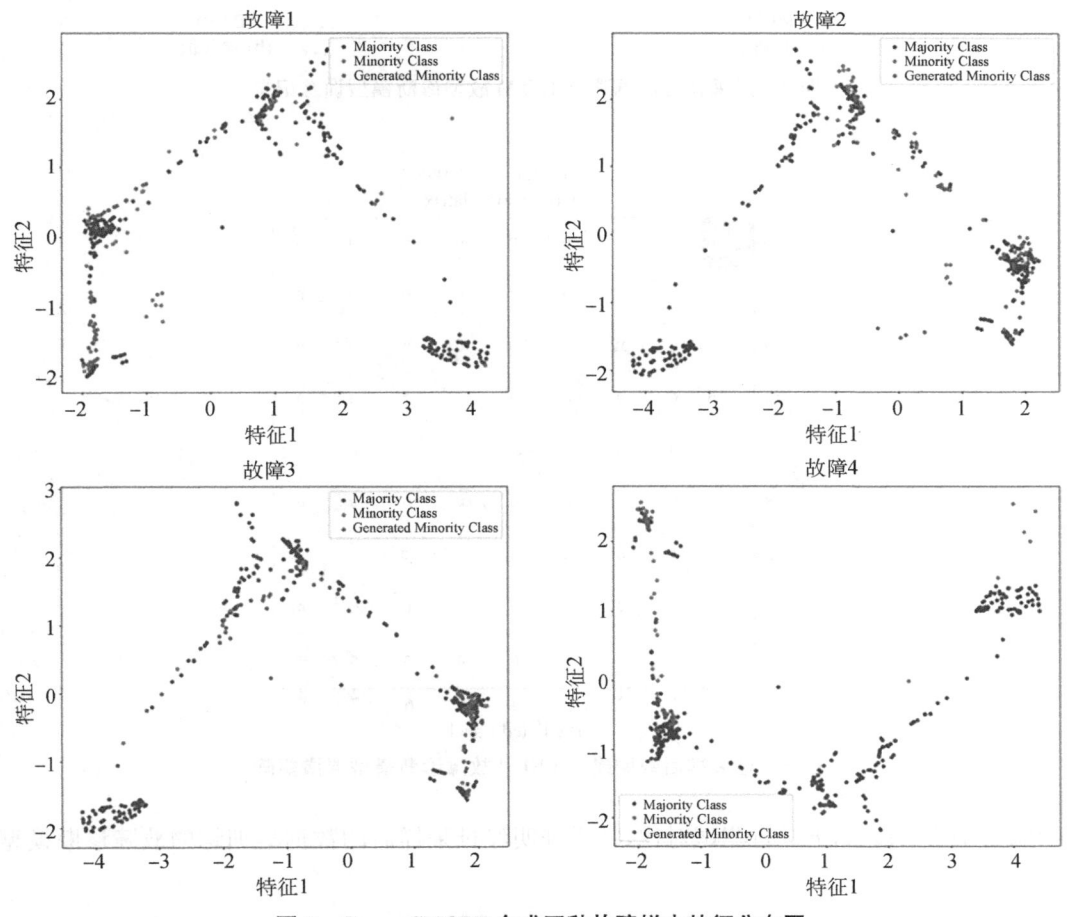

图3 Gauss-SMOTE合成四种故障样本特征分布图

5.2 经过采样后数据集训练故障诊断模型

首先将 8 种故障数据与正常数据合并后建立 LSTM 故障诊断模型,模型包含两个 LSTM 层和一个全连接层(fc),采用 Adam 优化器,学习率为 0.001,批处理大小为 128,按 7∶3 划分训练集与测试集,共迭代学习 300 次,训练记录如图 4 所示,训练集准确率经 300 次迭代收敛至 100%,测试集准确率收敛至 99%,过拟合程度明显减弱。训练集损失函数收敛速度明显加快,迭代至 300 次时,损失函数几乎收敛于 0,测试集的损失函数几乎无波动,过采样后的数据集所建立的 LSTM 故障诊断模型准确率和损失值均优于原数据集所建立的 LSTM 诊断模型。图 5 为过采样后数据建立 LSTM 故障诊断模型混淆矩阵,只有第一类故障共 31 个样本只有两个样本被误判为第二类故障,可能是该故障样本为复合故障的缘故,其余类型故障均无误判,准确率较原始数据集得到很大提升。

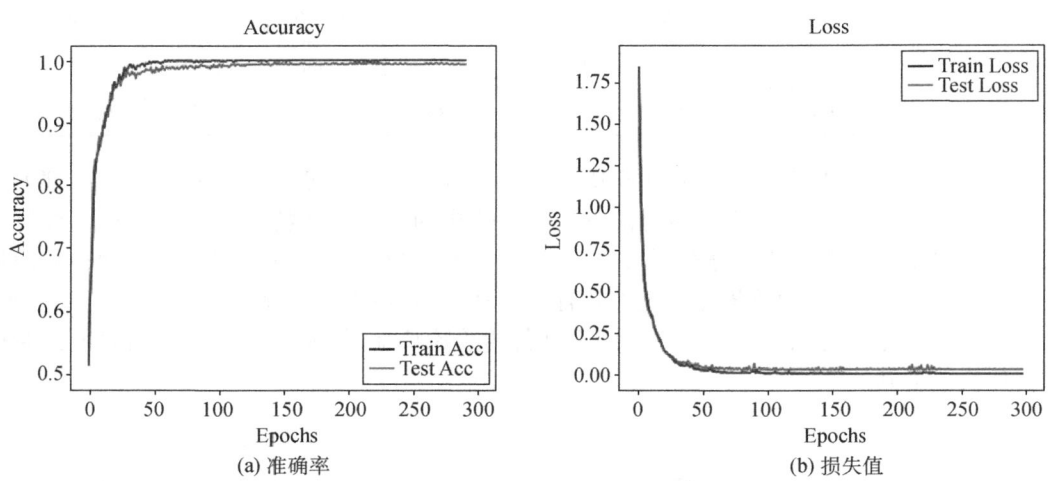

(a) 准确率　　　　　　　　　　　　　(b) 损失值

图 4　过采样后数据建立 LSTM 故障诊断模型训练记录

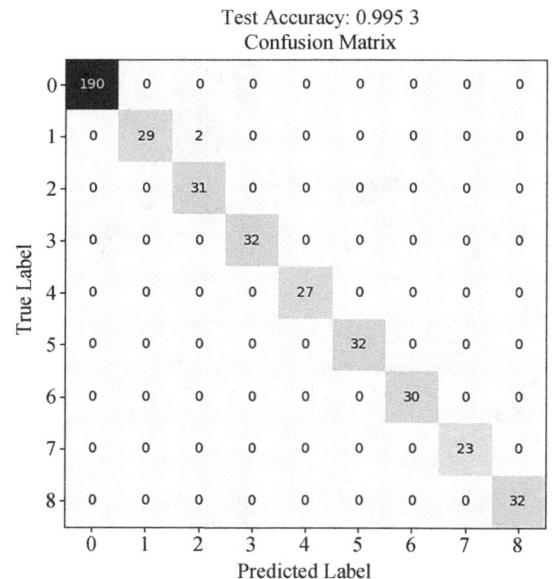

图 5　过采样后数据建立 LSTM 故障诊断模型混淆矩阵

本节用过采样后的数据集进行测试对比,结果证明经过采样后的数据集训练的故障诊断模型准确率大幅提升。

6. 结语

本文针对转辙机故障诊断中的数据不平衡问题，提出了一种改进的再分类 SMOTE 算法。该算法基于正态分布和 KNN 算法，有效地对少数类样本进行了重新划分和合成，降低了噪声样本的生成，从而提高了故障诊断模型的性能。此外，通过采用多种传统过采样算法合成样本并建立分类模型与之对比，实验结果表明，该算法合成的数据集在分类性能上优于传统方法，更加接近真实样本，本算法能够有效地改善数据集的不平衡性，提升故障诊断的准确性。这一发现为转辙机故障预测与诊断提供了新的视角，证明了即使在不使用复杂诊断模型的情况下，也能够获得高准确率的诊断结果。未来希望可以对多种转辙机的故障数据进行过采样实验，例如 ZDJ9、ZYJ7 型号转辙机，扩展该算法的应用范围。

参考文献

[1] SOARES N, et al. Unsupervised machine learning techniques to prevent faults in railroad switch machines[J]. International Journal of Critical Infrastructure Protection 33（2021）：100423.

[2] ZHENG Z Y, CAI Y P, et al. Oversampling method for imbalanced classification[J]. Computing and Informatics，2015，34(5)：1017-1037.

[3] 王瑞峰,陈旺斌.基于灰色神经网络的 S700K 转辙机故障诊断方法研究[J].铁道学报,2016,38(06):68-72.

[4] 孔令刚,焦相萌,陈光武,等.基于多域特征提取与改进 PSO-PNN 的道岔故障诊断[J].铁道科学与工程学报,2020,17(06):1327-1336.

[5] 郑启明,姚新文,陈光武,等.基于改进对抗网络与自适应数据对齐的转辙机故障诊断研究[J].铁道学报,2023,45(10):96-104.

[6] 李雪枝,杨勇豪,汪旭雷,等.基于集成深度学习的转辙机故障诊断研究[J].城市轨道交通研究,2024,27(04):252-255＋261.

[7] 张旭.ZD6 转辙机故障电流识别方法研究[D].兰州:兰州交通大学,2018.

[8] YUWEN H. Cost-sensitive incremental Classification under the MapReduce framework for Mining Imbalanced Massive Data Streams[J]. Journal of Discrete Mathematical Sciences and Cryptography，2015，18(1-2)：177-94.

[9] CORDÓN, IGNACIO, et al. Imbalance：Oversampling algorithms for imbalanced classification in R[J]. Knowledge-Based Systems，2018，161：329-341.

[10] BLAGUS R, LARA L. SMOTE for high-dimensional class-imbalanced data[J]. BMC bioinformatics，2013，14：1-16.

[11] 吴海燕,陈晓磊,范国轩.一种自适应核 SMOTE-SVM 算法用于不平衡数据分类[J].北京化工大学学报:自然科学版,2023,50(2):97-104.

基于机器学习的基桩完整性自动判定研究
Research on Automatic Determination of Pile Integrity Based on Machine Learning

倪勇勇[1]　殷　勤　王斯倩　孙　勇

摘　要：本文提出的一种基于机器学习的基桩自动判定方法是通过对超声波曲线关键特征的学习，实现对基桩完整性类别的精准判定。与传统的人工判定相比，能够极大程度减轻人工判桩的工作量，并消除人为误差。通过对省内多条高速桩检数据的建模比对，该方法的准确性在实际应用中得到了验证，尤其在4测孔的Ⅰ类和Ⅲ类桩的判定上表现出了很高的精度，F1值分别为0.9268和0.9583，满足实际工程应用要求，为桩基检测领域的信息化智能技术发展提供一定的技术参考。

关键词：声波透射法；完整性判定；机器学习；辅助决策；分类模型

Abstract: This paper proposes a machine learning-based method for automatic determination of pile integrity by learning key features from Ultrasonic waveform. Compared to traditional manual determination, this method greatly reduces the workload of manual pile inspection and eliminates human errors. The accuracy of this method has been validated through modeling and comparison with multiple highway pile inspection data within the province. Particularly, it demonstrates high precision in determining I-piles and III-piles in the 4-test hole, with F1 scores of 0.9268 and 0.9583 respectively, meeting the requirements of practical engineering applications. This research provides a valuable technical reference for the development of information and intelligent technologies in the field of pile foundation inspection.

Key words: acoustic transmission method; Integrity determination; machine learning; decision support; classification model

1. 引言

桩基工程作为基础工程，其质量情况对整个工程项目起着决定性的作用，桩基属于隐蔽工程，相较于上部结构其在设计、计算、施工、检测等方面都更为复杂，出现问题也更难处理，因此，基桩完整性检测是交通工程质量控制的一个关键环节。当前，桥梁工程规模大、基桩数量多、基桩检测信息日趋繁杂。传统声波透射法需要人工对声波曲线进行检查、判断，根据曲线的特征和异常点等情况确定基桩完整性类别。随着数据量的增加，人工工作量急剧增加，且存在个人经验差异，导致判定的结果不一致。针对该需求，需要找到一种计算机自动基桩完整性判定的方法，以提高人工工作效率，同时一定程度减少人工判读误差。

随着人工智能技术的不断发展，机器学习在工程领域中展现出了巨大的优势。结合基桩检测项目实际需求，将人工智能算法应用于该领域，可对基桩数据进行特征提取，实现辅助技术人员进行更科学地判定和辅助智能决策的功能，提升基桩检测工作的效率和可靠性。

---

[1] 倪勇勇，江西省天驰高速科技发展有限公司，学士学位，联系邮箱：yongfriend@163.com。

2. 基桩完整性判定原理

当混凝土的组成材料、工艺条件、内部质量及测试距离一定时，其声波速度、首波幅度、信号主频等声学参数一般无明显差异，如果某部分混凝土存在空洞、不密实或裂缝等缺陷，破坏了混凝土的整体性，与无缺陷混凝土相比较声时值偏大，波幅和频率降低。声波透射法正是根据这一原理，对同条件下的混凝土进行声速、波幅和主频测量值的相对比较，从而判定混凝土的缺陷情况。

超声波透射法是在基桩成孔后，灌注混凝土之前，在桩内预埋若干根声测管作为声波发射和接收换能器的通道，在桩身混凝土达到检测条件后开始检测，用声波检测仪沿桩的纵轴方向以一定的间距逐点检测声波穿过桩身各横截面的声学参数，然后对这些检测数据进行处理、分析和判断，确定桩身混凝土缺陷的位置、范围、程度，从而推断桩身混凝土的连续性、完整性和均匀性状况，评定桩身完整性等级。

根据基桩桩径尺寸的不同，在基桩浇筑前预埋不同数量的声测管，常见的声测管空间布局如图1所示。本文基桩判定的算法将根据不同测孔数量进行分别建模与模拟判定。

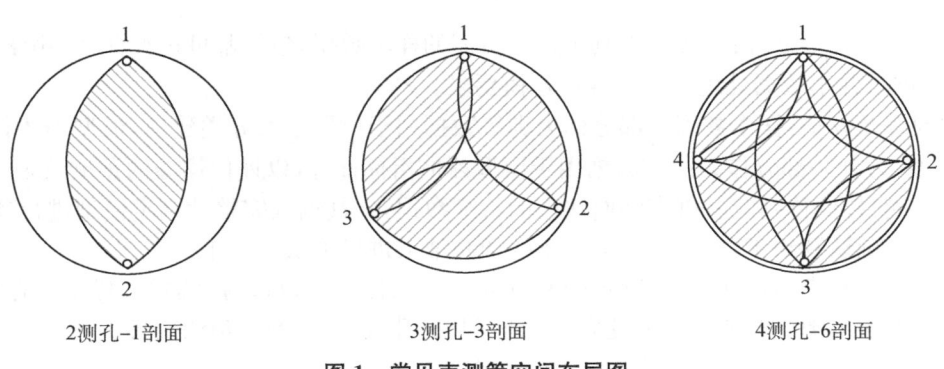

2测孔-1剖面　　　3测孔-3剖面　　　4测孔-6剖面

图1　常见声测管空间布局图

根据《公路工程基桩检测技术规程》(JTG/T 3512—2020)的规定，基桩完整性判定的原则见表1所列。

表1　基桩完整性判定原则

完整性类别	测点的声参量和波形特征	分类原则
Ⅰ	所有测点声学参数正常，接收波形正常。个别测点声参量轻微异常但相互间离散，多个测点个别声参量轻微异常但空间范围小	桩身完整
Ⅱ	一个或多个剖面上多个测点的多个声参量异常，在深度和径向区域较小，多个测点接收波形存在明显畸变，其中个别测点的声速低于低限值	桩身基本完整，有轻度缺陷
Ⅲ	一个或多个剖面上多个测点的多个声参量明显异常，在深度或径向形成的区域较大，多个测点接收波形存在严重畸变或个别测点无法检测到首波，其中多个测点的声速低于低限值	桩身有明显缺陷

规程给出了基桩完整性判定的基本原则，而关于基本完整、轻度缺陷、明显缺陷仅是定性描述，其理解存在个体认知差异。因而在实际的基桩检测实践中，当基桩声波曲线不够典型时，受制于个人经验和当前的技术手段，基桩完整性判定经常会出现争议。因此通过机器学习的技术手段积累基桩判定的经验知识，一定程度消除人为因素误差，也是行业不断探索的方向。

3. 基桩建模方案设计

根据桥梁基桩完整性自动判定的建设目标，进行基桩建模方案的设计，采用机器学习方法进行数据建模。方案内容包括样本数据收集、模型训练评估、模型预测、人工审核确认及纠正、样本库扩充及模型更新5个方面。基桩完整性自动判定过程如图2所示。

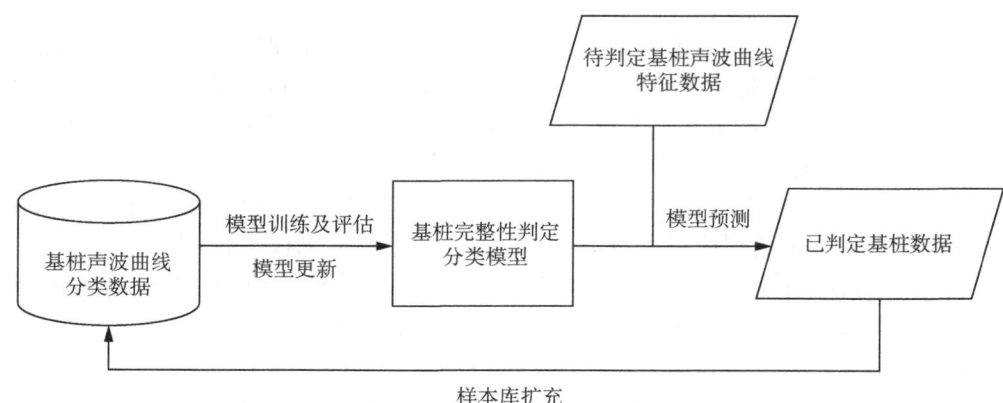

图 2 基桩完整性自动判定流程图

(1) 样本数据收集及处理：收集基桩判定建模所需的样本数据，包括基桩声波曲线、声学参数、基桩完整性类别等，并进行样本数据处理以满足数据建模要求。

(2) 模型训练及评估：样本数据一部分作为训练数据用于机器学习分类建模，模型训练得到基桩完整性判定分类模型，另外一部分作为测试数据用于模型评估指标计算，以评价模型的预测效果。

(3) 模型预测：提取待判定基桩声波曲线中的特征数据，将其输入完整性判定模型进行预测。

(4) 人工审核确认及纠正：人工对分类模型的预测结果进行确认和修正。

(5) 样本库扩充及模型更新：最终判定的基桩数据存入样本库，可以持续扩大样本数据的规模，更新的样本库用于基桩完整判定模型的自动更新，达到不断提升、优化模型的预测效果。

4. 模型可靠性评估

4.1 数据来源说明

为了验证本文设计的基于机器学习的桥梁基桩完整性自动判定的可靠性，选用天驰公司在省内多条高速基桩声波实测数据进行分类建模和模型评估，与传统人工基桩检测的结论进行比对，验证基桩完整性自动判定模型在实际工程中的可靠性。

桩完整性判定建模采用不同的模型进行建模，样本数据分为3测孔3剖面、4测孔6剖面的声波数据，对应每个模型最终都会有一组评估结果。在进行样本数据整理时已经对噪声数据进行了剔除，尽量降低噪声数据对基桩判定模型预测效果的影响，最终从基桩检测样本库筛选出满足建模数据的质量要求样本数据1521条，样本数据量及各类桩情况见表2所列。

表 2 样本数据结构表

数据分类	数据量	Ⅰ类桩	Ⅱ类桩	Ⅲ类桩
3X（3测孔3剖面）	670	575	61	34
6X（4测孔6剖面）	851	731	59	61

建模流程图如图3所示，将原始数据处理成机器学习分类模型需要的数据格式。随后将处理后的数据集按比例随机进行拆分，其中一部分构成训练数据，进行模型训练，另外一部分则构成测试数据，用于模型预测及模型评估。

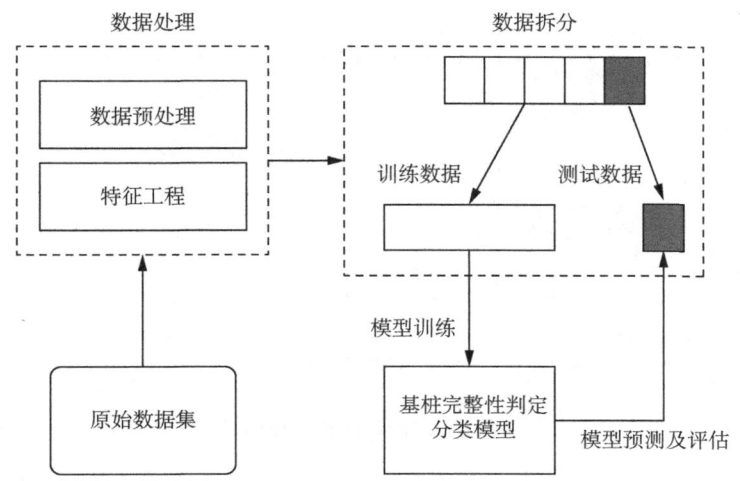

图 3　基桩完整性判定建模流程图

4.2　模型评估指标

分类模型评估指标包括准确率、精确度、召回率、F1 分数。其指标含义如下所述。

准确率—Accuracy，是最简单直观的评估指标，反映了分类模型正确分类的比例，如式(1)。

$$Accuracy = \frac{TP + TN}{TP + FP + TN + FN} \tag{1}$$

式中　TP(True Positive)——真正类；
　　　TN(True Negative)——真负类；
　　　FP(False Positive)——假正类；
　　　FN(False Negative)——假负类。

精确度—Precision，又叫查准率，表示预测结果为正例的样本中实际为正样本的比例，如式(2)。

$$Precision = \frac{TP}{TP + FP} \tag{2}$$

召回率—Recall，召回率衡量了分类模型在所有实际正例中，能够正确预测的比例，如式(3)。

$$Recall = \frac{TP}{TP + FN} \tag{3}$$

F1 分数—F1-score。F1 值是精确度和召回率的调和平均值，是一个综合评估指标，该值是分类模型评估的主要参考值，如式(4)。

$$F1 = 2 \times \frac{Precision \times Recall}{Precision + Recall} \tag{4}$$

4.3　数据建模评估

训练数据集被用于模型的训练过程，而测试数据集则用于模型预测可靠性的评估。模型训练采用多种分类算法和模型调参，来提升模型的预测能力。模型评估即是将模型的预测结果与实际类别进行比对，来衡量模型的预测准确性和泛化能力。通过评估模型在测试数据集上的表现，可以获得对模型在实际应用中的性能和可靠性的估计。不同建模代码如图 4 所示。

在模型评估过程中，可以对测试数据集里的不同完整性类别基桩进行评估，以了解模型在不同完整性类别基桩上的预测效果。这有助于发现模型在特定类别上可能存在的偏差或误差，并进一步改进模型的性能。

```
# 划分训练集和测试集
X_train, X_test, y_train, y_test = train_test_split(X, y, test_size=0.4, random_state=100)
# 构建xgboost、catboost、lightgbm分类模型
xgboost_model = XGBClassifier()
catboost_model = CatBoostClassifier()
lightgbm_model = LGBMClassifier()
# xgboost建模预测
xgboost_model.fit(X_train, y_train)
y_xgboost_pred = xgboost_model.predict(X_test)
# catboost建模预测
catboost_model.fit(X_train, y_train, verbose=False)
y_catboost_pred = catboost_model.predict(X_test)
# lightgbm建模预测
lightgbm_model.fit(X_train, y_train)
y_lightgbm_pred = lightgbm_model.predict(X_test)
y_lightgbm_pred
```

图 4　不同算法数据建模

同时也可以对全部数据进行整体评估,以了解模型整体预测效果和能力。模型评估代码如图 5 所示。

```
## 模型评估
from sklearn.metrics import precision_score, f1_score, recall_score, classification_report
def class_metrics(model_name,y_class_real,y_class_pre):
    from sklearn.metrics import classification_report
    # 计算整体准确率 (precision)
    precision = precision_score(y_class_real, y_class_pre, average='weighted')
    # 计算整体F1值 (F1-score)
    f1 = f1_score(y_class_real, y_class_pre, average='weighted')
    # 计算整体召回率 (Recall)
    recall = recall_score(y_class_real, y_class_pre, average='weighted')
    # 计算各个类别标签的评估指标
    classification_report = classification_report(y_class_real, y_class_pre, digits=4)

    print('='*20,model_name,'='*20)
    print("各个类别标签的评估指标:")
    print(classification_report)
    print("整体评估指标: ")
    print(f"Precision: {precision:.4f},recall: {recall:.4f},f1-score: {f1:.4f}")
    print('='*20,'end','='*20)
```

图 5　模型评估代码

4.4　模型评估结果

将测试数据输入分类模型进行基桩完整性判定预测,其预测结果与实际类别进行对比,可分别得到不同模型的评估结果,结果如表 3 所列。

表 3　模型评估结果表

不同剖面	类别	precision	recall	F1-score	support
3X(3 测孔 3 剖面)	整体	0.784 2	0.811 3	0.777 0	277
	Ⅰ类	0.814 4	0.971 6	0.886 1	246
	Ⅱ类	0.550 0	0.250 0	0.343 8	20
	Ⅲ类	0.909 1	0.818 2	0.861 3	11
6X(4 测孔 6 剖面)	整体	0.913 1	0.909 1	0.910 6	317
	Ⅰ类	0.950 0	0.904 8	0.926 8	273
	Ⅱ类	0.727 3	0.800 0	0.761 9	20
	Ⅲ类	0.958 3	0.958 3	0.958 3	24

注:1. precision-精确度,recall-召回率,F1-score-F1 分数;
　　2. support 表示数据集中属于该类别的样本数量。

从上表的评估结果得出:基于机器学习的基桩完整性自动判定模型在判定4测孔基桩时,准确率整体优于3测孔,分析认为是预埋4测孔的基桩声测线更多,所捕捉的一个或多个剖面上的声参量检测信息更丰富,有利于提升机器判定的准确性。

整体而言Ⅱ类桩预测精度较差,分析认为有以下原因:①Ⅱ类桩声波曲线特征不明显且存在认知差异,导致样本数据中人工判定标准不统一;②人工基桩完整性判定还会参考桩身类别、成孔环境、施工状况等因素,才能对基桩完整性有准确的判定,而以上信息的缺失对基桩判定模型Ⅱ类桩影响程度更大;③3测孔相较4测孔,有效声参量信息不够丰富。

3测孔Ⅰ类桩、Ⅱ类桩、Ⅲ类桩F1值分别为0.886 1、0.343 8、0.861 3,Ⅰ类桩、Ⅲ类桩预测精度良好。Ⅱ类桩预测精度差,分析认为3测孔Ⅱ类桩判定边界模糊是主要原因,其次是有效声参量信息少。4测孔Ⅰ类桩、Ⅱ类桩、Ⅲ类桩F1值分别为0.926 8、0.761 9、0.958 3,预测精度准确,整体具备实际工程应用的条件。

5. 结语

本文依托江西天驰高速科技发展有限公司的基桩检测数据资料,研究了机器学习在基桩检测中的巨大应用潜力,通过对各类基桩声波曲线典型关键特征分析学习,构建了基于机器学习的基桩完整性自动判定方法,实例评估结果表明该方法能够对Ⅰ类桩和Ⅲ类桩进行精准判定,可以实现基桩检测项目辅助决策,且随着样本数据的积累,具备不断迭代和自学习的能力。对减轻基桩判定人工工作量,规范管理基桩检测工作,具有重要的现实意义。

同时我们应该注意到:由于特征不够显著和现场环境信息的缺失,造成Ⅱ类桩预测效果并不理想。因此随着信息化管理规范和相关数据的积累,在基桩建模数据中逐步增加多种环境数据才能有效提升Ⅱ类桩预测效果,这也是下一步工作的重点。

参考文献

[1] 钟顺斌. 公路桥梁灌注桩桩身完整性检测技术与方法分析[J]. 广东建材,2023,39(07):37-40.
[2] 陈卫红,管钧,张建龙,等. 桩身完整性类别自动识别方法的研究与应用[C]//中国土木工程学会土力学及岩土工程分会,中国工程建设标准化协会地基基础专业委员会. 桩基工程技术进展2021.北京智博联科技股份有限公司,北京市道路工程质量监督站,2023:5.
[3] 交通运输部. 公路工程基桩检测技术规程[S]. 北京:人民交通出版社,2020.
[4] 刘德志. 声波透射法准确判定桩身完整性的应用研究[D]. 兰州:兰州交通大学,2012.
[5] 董承全,李晋平,熊昌盛,等. 声波透射法桩身完整性检测分类标准定量化初探[J]. 铁道建筑,2010,(04):66-68.

探地雷达在营运隧道空洞专项检测中的应用
Application of Ground Penetrating Radar in Special Detection of Voids in Operating Tunnels

叶武元[1]　章游斌

摘　要：探地雷达已广泛应用于衬砌质量评价,然而目前大部分解释都是基于定性分析,未对衬砌空洞的空间属性进行全面综合分析。鉴于高速公路隧道断面大、受力复杂等特点,准确探明空洞的尺寸,可为后续病害处治提供更准确的指导。采用数值模拟分析空洞界面反射双程旅行时与空洞理论埋深、高度之间的关系,结果表明计算值与理论值绝对误差在±1 cm左右,相对误差在±10%以内,证明了采用探地雷达对空洞尺寸探测的可行性和准确性,并依据空洞边缘(薄层)探测结果阐明了探地雷达检测的局限性。通过纵向加密测线对公路隧道二衬空洞尺寸进行专项检测,利用上述方法对有异常的剖面进行分析,绘制了衬砌等厚度图,实现了二衬整体质量全面分析。

关键词：探地雷达；空洞；专项探测

Abstract: Ground penetrating radar has been widely used in lining quality evaluation, but most of the explanations are based on qualitative analysis, and the spatial properties of lining cavities have not been comprehensively analyzed. In view of the characteristics of large cross-section and complex stress of highway tunnels, accurate detection of the size of cavities can provide more accurate guidance for subsequent disease treatment. Numerical simulations are used to analyze the relationship between the two-way travel of cavity interface reflection and the theoretical buried depth and height of cavities, and the results show that the absolute error between the calculated and theoretical values is about ±1 cm, and the relative error is within ±10%, which proves the feasibility and accuracy of using GPR for hole size detection, and clarifies the limitations of GPR detection based on the detection results of hole edge (thin layer). The size of the second lining cavity of the highway tunnel was specially detected by the longitudinal infill survey line, and the abnormal profile was analyzed by the above method, and the equal thickness map of the lining was drawn, so as to realize the comprehensive analysis of the overall quality of the second lining.

Key words: ground penetrating radar; empty; special detection

1. 引言

截至2022年底,全国公路里程535.48万km,位居世界第一,其中公路隧道24 850处、2 678.43万延米,且公路隧道里程还在以可观的速度逐年增加[1],这给隧道养护检测提出了更高的要求,检测方法也在朝着更高效率、更高精度的方向发展。

对于营运隧道来说,空洞的探测显得至关重要,主要是因为空洞的存在对二衬结构安全有着极大的隐患。徐景涛[2]研究了隧道衬砌背后不同位置的空洞对隧道衬砌及围岩力学特性、安全系数的影响规律,并基于不同围岩条件讨论了上述影响规律的差异性。周强[2]对衬砌背后空洞引起的结构承载力不足做了详细的阐述,采用数值模拟研究了衬砌背后存在空洞时的隧道结构力学性态及衬砌安全系数,进而综合评价隧道结构的整体稳定性。徐坤等[4]依据地质雷达隧道检测存在背后空洞及厚度不足的图像,采用FLAC3D对存在两种缺陷时隧道稳定性进行分析,为隧道安全评估提供有力的理论依据。

1　叶武元,江西省天驰高速科技发展有限公司,硕士研究生,高级工程师,联系邮箱:286117398@qq.com。

探地雷达技术在隧道质量评估中的应用已十分广泛,主要包括初期支护、二衬厚度、有无脱空,钢筋、钢拱架间距与数量等[4]。卢贤锥、周陈婴系统研究了隧道衬砌厚度、二衬脱空、不密实、钢筋和钢拱架分布情况的雷达图像特征,为隧道衬砌雷达检测病害识别提供了参考样本[6][7]。然而目前针对探地雷达解译空洞大多基于定性解释,未能全面地反应空洞的空间属性。本文从地质雷达基本原理出发,结合空洞专项检测实例,实现了空洞空间属性的全方位探测,为后期缺陷处置可提供更为精确地指导。

2. 方法简介

2.1 基本原理

探地雷达是利用高频宽带电磁波探测衬砌结构的一种广谱电磁波技术,其频率范围为 1 MHz～1 GHz。探地雷达通过发射天线发射电磁波,接收天线接收来自衬砌内界面的反射波,电磁波在衬砌中传播时,其路径、强度、波形将随所通过衬砌的电性及几何形态而变化,因此可根据接收到波的双程旅行时、波幅与波形资料,推断衬砌的结构[7-10]。衬砌检测原理图如图1所示。

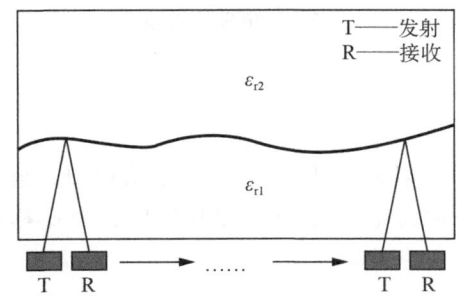

图1 探地雷达衬砌检测原理图

2.2 电磁波的反射

由 Snell 定律可知,反射系数按式(1)计算。

$$R_{12} = [\text{sqrt}(\varepsilon_{r2}) - \text{sqrt}(\varepsilon_{r1}))/(\text{sqrt}(\varepsilon_{r2}) + \text{sqrt}(\varepsilon_{r1})] \tag{1}$$

由式(1)可知,当 $\varepsilon_{r2} > \varepsilon_{r1}$ 时,$R_{12} > 0$,反射波与入射波相位相同;当 $\varepsilon_{r2} < \varepsilon_{r1}$ 时,$R_{12} < 0$,反射波与入射波相位相反。因此,可根据反射波与入射波的相位关系来判断介质的属性。

2.3 分辨率

(1) 垂直分辨率

雷达剖面中能够区分一个以上反射界面的能力称为垂直分辨率,一般取 $\lambda/4$,λ 为电磁波波长,其中 $\lambda = v/f$,v 为电磁波波速。

(2) 水平分辨率

地质雷达在水平方向上所能分辨的最小异常体尺寸称为水平分辨率。当收发天线的距离远小于反射界面的埋深 D 时,水平分辨率可按第一 Fresnel 带直径计算如式(2):

$$d_r = \text{sqrt}(\lambda D/2) \tag{2}$$

3. 数值模拟

3.1 模型设置

数值模拟区域大小为 6.0 m×75 cm,其中二衬厚度为 35 cm,相对介电常数 $\varepsilon_{r1}=7$,初支相对介电常数 $\varepsilon_{r3}=10$。二衬内包含楔形空洞,各顶点坐标分别为(1.5 m, 0.35 m)、(1.5 m, 0.7 m)、(3.5 m, 0.35 m),矩形空洞,对角点坐标为(4.0 m, 0.35 m)、(5.0 m, 0.25 m),空洞相对介电常数 $\varepsilon_{r2}=1$。数值模拟模型图如图 2 所示。

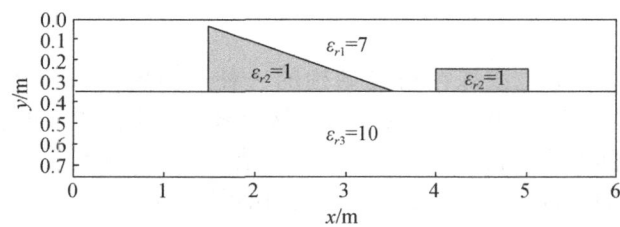

图 2　数值模拟模型图

3.2 数值模拟

基于 GPRMAX 软件采用时域有限差分(FDTD)进行数值模拟。数值模拟采用中心频率为 900 MHz 的 Ricker 子波作为发射源,边界条件为完全匹配层(PML),层数为 8,横纵向网格间距为 0.002 5 m,时窗为 20 ns,时间步长为 5.897 ps。

3.3 空洞数值模拟雷达波场分析

对于图 2 模型数值模拟结果如图 3 所示,可以清晰地看到楔形空洞、矩形空洞的顶底界面反射,空洞边界处的绕射波以及多次波。由于二衬的介电常数大于空洞中空气的介电常数,因此空洞顶界面反射波与入射波相位相同;对于空洞底界面反射波来说,由于空气的介电常数小于初支的介电常数,因而底界面反射波与入射波相位相反。

依据正演模拟空洞顶底界面反射波旅行时,可对空洞的埋深、高度进行分析,选择了距离为 0.5 m、2.0 m、2.5 m、3.0 m、4.0 m、4.5 m 处的单道雷达波形进行分析,分析结果详见表 1。其中空洞埋深 $d = c/\text{sqrt}(\varepsilon_{r1}) \times (t_1 - t_0)/2$,高度 $h = c \times (t_2 - t_1)/2$。

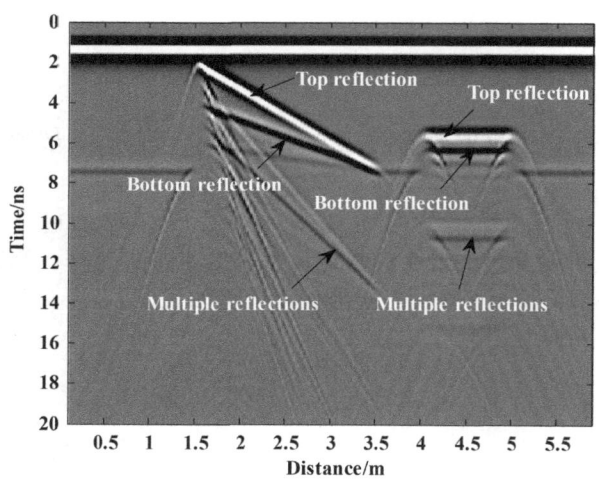

图 3　空洞数值模拟雷达剖面

表1 空洞埋深、高度分析

x/m	0.5	1.5	2.0	2.5	3.0	3.5	4.5
t_0/ns	1.32	1.32	1.32	1.32	1.32	1.32	1.32
t_1/ns	7.42	2.53	3.31	4.63	5.96	7.44	5.61
t_2/ns	—	4.03	4.88	5.69	6.82	—	6.32
d/cm	34.6	6.9	11.3	18.8	26.3	34.7	24.3
d_t(cm)	35.0	5.0	12.5	20.0	27.5	35.0	25.0
d_{Ae}(cm)	−0.4	1.9	−1.2	−1.2	−1.2	−0.3	−0.7
d_{Re}(%)	1.2	37.1	9.6	6.2	4.4	0.9	2.6
h/cm	—	22.5	23.5	15.9	12.9	—	10.5
h_t(cm)	—	30.0	22.5	15.0	7.5	—	10.0
A_e(cm)	—	−7.5	1.0	0.9	5.4	—	0.5
R_e(%)	—	25.2	4.5	6.1	72.2	—	5.2

注：d_t、d_{Ae}、d_{Re} 分别表示空洞埋深理论值、绝对误差、相对误差；h_t、h_{Ae}、h_{Re} 分别表示空洞高度理论值、绝对误差、相对误差。

对表1分析可知，空洞的埋深与高度绝对误差在±1 cm左右，相对误差在10%以内，证明了采用上述方法对空洞精细化探测的有效性。其中在距离为1.5 m、3.0 m处，若对波形中的顶底界面反射波旅行时结果进行厚度分析，出现的误差较大，原因是当楔形空洞埋深、高度小于雷达天线的垂直分辨率，即$\lambda/4 = c/\text{sqrt}(\varepsilon_{r1}) \times f = 8.33$ cm时，界面反射波会叠加在一起，导致界面旅行时获取不准确，从而引起埋深、高度误差。

3.4 空洞雷达信号特征

结合正演模拟剖面空洞特征，可对空洞雷达剖面特征从振幅、频率、相位三个方面进行总结：振幅强，并伴有多次强反射多次波；频率低，且中心频率随着空洞高度的增加而降低；相位相反，由于介电常数的差异而引起。

4. 应用实例

4.1 工程概况

隧道土建结构定期检查中发现隧道左线LK152+481.0主车道拱部模板端头附近有1处衬砌局部破损，从破损的孔口位置可见防水板、可见二衬与初支间有脱空。扩大破损口后，可见衬砌"外壳"最薄处仅2 cm，拱顶处二衬连续薄弱，脱空区一端位于施工缝，另一端延伸至该模衬砌风机支座处，详见图4。为了查明空洞的具体范围，对该空洞进行专项检测，以确定该空洞分布情况和两模二衬缺陷情况（LK152+469～493）。

LK152+481.0主车道拱部，衬砌局部破损处，即"空洞孔口"

图4 空洞外观照

4.2 测线布置

本次检测内容为对"LK152+469～493"两模衬砌区段进行地质雷达检测,以确定"空洞分布情况"和"二衬厚度情况"。依据《铁路隧道衬砌质量无损检测规程》(TB 10223—2004)中 4.2.1 要求,检测中发现不合格地段应加密测线或测点,测线应以纵向布线为主,横向测线为辅[11]。由于对于运营隧道来说,横向测线实施中难度大,因而采用纵向加密的方式布设测线,本次地质雷达检测共布置 15 条测线,具体测线布置示意图如图 5 所示。

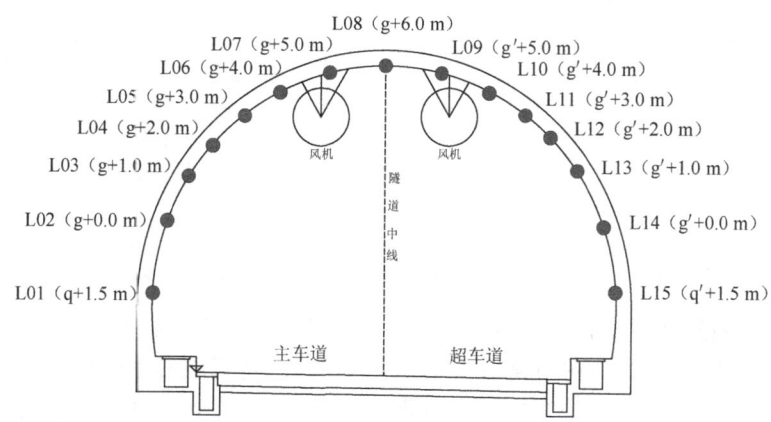

注:"q"表示边墙,"g"表示拱部,主车道、超车道位置以"'"区分,其中 g+0.0 m 即为 q+3.4 m。

图 5 地质雷达测线布置示意图

4.3 结果分析

地质雷达天线中心频率为 900 MHz,采样点数为 512,时窗设置为 20 ns。选取拱顶测线(g+6.0 m)分析为例,实测雷达剖面如图 6 所示。图中可见空洞,沿隧道纵向长度范围为 LK152+478.5～481.0。通过选取 478.5、479.0、479.5、480.0、480.5、481.0、482.0 处波形来对此空洞进行分析,具体分析结果如表 2 所列(钻孔确定此隧道二衬介电常数为 8),可知此空洞最小埋深为 LK152+481.0 处 6.3 cm(实际从破损处测量为 2 cm),最大埋深为 LK152+478.5 处 34.4 cm,空洞最大高度为 LK152+481.0 处 44.8 cm。

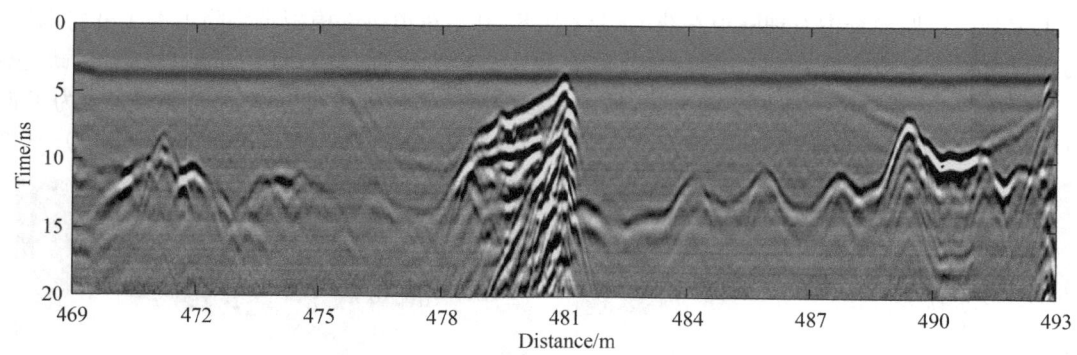

图 6 拱顶测线(g+6.0 m)实测剖面图

采用同样的方法对存在空洞的其他测线进行分析,并根据 15 条测线实测二衬厚度结果,绘制了 LK152+469～493 两模衬砌等厚度图,结果如图 7 所示。从图 7 中可以根据二衬欠厚区域计算空洞的平面范围大小,为后续空洞处置提供更优的策略。

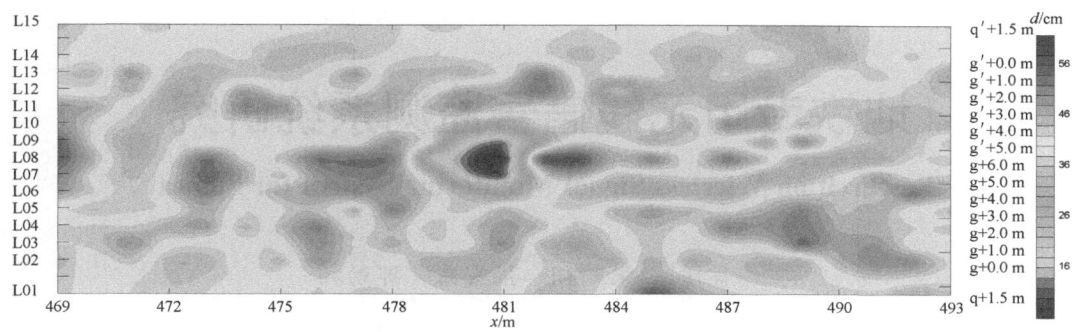

图 7　LK152＋469～493 两模二衬等厚度图

表 2　拱顶测线(g＋6.0 m)空洞埋深、高度分析

x/m	478.5	479.0	479.5	480.0	480.5	481.0	482.0
t_0/ns	3.8	3.8	3.8	3.8	3.8	3.8	3.8
t_1/ns	10.3	7.7	6.4	6.1	5.4	5.0	—
t_2/ns	11.0	9.4	9.0	8.8	8.3	8.0	14.7
d/cm	34.4	20.5	13.9	12.2	8.6	6.3	57.4
h/cm	18.6	25.5	38.7	39.3	43.1	44.8	—

注：x 为里程；t_0 表示直达波旅行时；t_1、t_2 分别表示空洞上、下底面雷达波旅行时；d 表示空洞埋深；h 表示空洞高度理论值。

5. 结语

对于营运高速公路隧道而言，二衬空洞的存在对衬砌结构安全有着极大的隐患，通过采用纵向加密测线的方式，实现了空洞专项检测的目的，为后期病害处治提供了依据。

（1）通过纵向测线加密的方式可以弥补环向测线缺失对病害全方位探测的不足，达到空洞尺寸探测的目的。

（2）通过对空洞顶底界面电磁波双程旅行时间的有效拾取，可对空洞的埋深、高度进行准确判定。

（3）对于薄层（空洞高度或者埋深小于 $\lambda/4$）来说，受地质雷达垂直分辨率的影响，不能准确确定其空间属性，可采用钻孔取芯的方式进行辅助验证。

参考文献

［1］中华人民共和国交通运输部.2022 年交通运输行业发展统计公报[EB/OL].[2023-06-16]. https://xxgk.mot.gov.cn/2020/jigou/zhghs/202306/t20230615_3847023.html.
［2］徐景涛.衬砌空洞对隧道结构承载力的影响规律研究[D].石家庄:石家庄铁道大学,2022.
［3］周强.高速公路隧道衬砌背后空洞影响及安全性分析[D].重庆:重庆交通大学,2013.
［4］徐坤,王志杰,周艺,等.基于地质雷达技术隧道安全性评价研究[J].地下空间与工程学报,2013,9(03):691-696.
［5］中华人民共和国交通部.公路隧道施工技术规范(JTG/T 3660—2020)[S].北京:人民交通出版社,2020.
［6］周陈婴.隧道衬砌检测探地雷达图像分析与工程应用[J].山东大学学报(工学版),2018,48(4):61-68.
［7］卢贤锥.探地雷达在铁路隧道检测中的应用[J].物探与化探,2017,41(4):775-778.
［8］李大心.探地雷达方法与应用[M].北京:地质出版社,1994.
［9］章游斌,秦怀兵,肖志宇,等.脏污道床介电常数的标定与实验模拟.地球物理学进展[J],2018,33(4):1748-1754.
［10］张鹏,王旭东,王晓文,等.基于 GPR 的地下管线图谱特征的正演研究[J].地下空间与工程学报,2014,10(2):304-310.
［11］中华人民共和国铁道部.铁路隧道衬砌质量无损检测规程(TB 10223—2004)[S].北京:中国铁道出版社,2004.

地铁专用无线信号监测系统研究
Research on Wireless Signal Monitoring System for Subway

许哲谱[1]　宋鹏翔　张露露　邹劲柏

摘　要：专用无线通信系统是城市轨道交通的"中枢神经"，其稳定和安全至关重要，针对无线信号的场强覆盖以及质量监测成为确保其健康运行的关键。上海地铁的专用无线通信面临着维保任务重要求高、多信号制式并行等挑战，目前缺乏高效的场强覆盖和质量监测系统。本文提出专用无线信号监测系统，在运营列车上安装数据采集装置获取实时CSQ数据，建立大数据智能运维平台，具备数据库存储数据、数据管理、大数据分析展示、异常情况即时报警等功能，为列车无线通信系统运行状态监测和维护运营提供更好保障。通过现场测试验证了本监测系统的可靠性。

关键词：上海地铁；专用无线信号系统；场强监测

Abstract: Wireless communication systems are the "central nervous system" of urban rail transit, and their stability and security are crucial. Ensuring robust field strength coverage and quality monitoring of wireless signals is key to their healthy operation. The dedicated wireless communication of the Shanghai Metro faces challenges such as heavy maintenance tasks, multiple signal standards running concurrently, and high requirements for support personnel. Currently, there is a lack of efficient field strength coverage and quality monitoring systems. This paper proposes a dedicated wireless signal monitoring system, which installs data collection devices on operating trains to obtain real-time CSQ data and establishes an intelligent big data operation and maintenance platform. This platform features database storage, data management, big data analysis and display, and instant anomaly alerts, providing better assurance for monitoring and maintaining the operation of the train wireless communication system. The reliability of this monitoring system has been verified through field tests.

Key words: Shanghai Metro; dedicated wireless signal system; field strength monitoring

1. 引言

专用无线通信系统是城市轨道交通中不可或缺的一部分，对列车运行起着至关重要的作用。地铁专用无线通信系统不但负责无线列车调度、乘客信息、集群调度、列车在线运维等系统业务功能，随着4G/5G宽带无线通信技术的发展与应用，还需承载视频通话、数据传送等宽带无线多媒体调度功能。地铁专用无线通信系统对通信质量的稳定、安全性能要求高，针对地铁线路无线信号的场强覆盖以及质量监测具有重要意义。

截至2024年3月，上海地铁运营线路20条，线路长度831 km，车站数量达508座，其中14号线、15号线、18号线地铁专用无线通信采用LTE-M制式，2号线也于今年从TETRA制式转向LTE-M，上海地铁其他线路则是TETRA制式。当前上海地铁的专用无线通信面临着维保任务重、多信号制式并行、对保障人员要求高等挑战，目前缺乏高效的场强覆盖和质量监测系统。朱俊等认为目前上海城市轨道交通无线监测的建设重点是采用移动监测的方法，对重点频段的电客列车加装车载监测设备[1]。吴磊从降

1　许哲谱，上海应用技术大学轨道交通学院，轨道交通智能运维，工学博士，副教授，联系邮箱：zoujb@sit.edu.cn。

低干扰源、加装信号放大模块及保护敏感源等 3 个方面,阐述了解决车地无线通信故障频发问题的措施及其可行性[2]。朱莉提出了一种 CBTC 无线信号智能监测系统,该系统通过车载无线检测设备对 2.4 GHz 全频段进行高速数据采集,采用频谱分析等方法对 CBTC 系统及其外部干扰信号进行分析[3]。Kalyankar Shravan Kumar 研究了隧道环境中的弱信号问题,并提出了有助于优化接入点和提高覆盖范围的无线信道模型[4]。César Briso-Rodríguez 认为在网络规划中,并行部署两个或多个不同网络对于向车载用户提供非关键宽带通信至关重要[5]。然而,目前仍然缺乏针对城市轨道交通专用无线通信场强覆盖和通信质量进行高效监测的系统,难以满足实时、长期监测的需求。

针对上述问题,本文提出一种面向地铁专用无线通信系统的监测系统。

2. 系统设计与构成

2.1 系统构成

上海地铁专用无线信号监测系统由硬件设备和大数据智能运维平台构成,其中硬件设备由车载监测设备和线路服务器组成(图 1)。车载监测设备由 TETRA 或 LTE 信号接收机、信号处理单元、信号接收天线组成,每条线路上的列车实时收集线路各区间的信号强度数据,并通过线路服务器同步上传数据,数据最终通过运维接口导入智能运维平台。

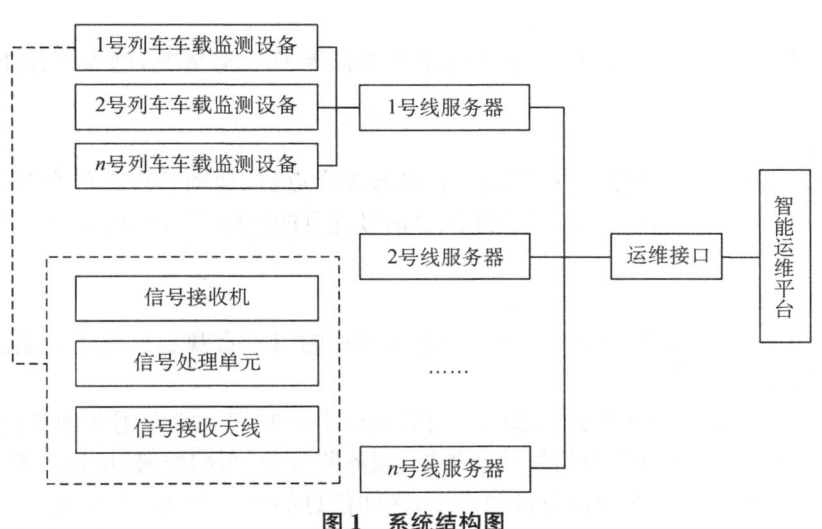

图 1　系统结构图

该系统在架构设计上引入了移动监测的思想,通过加装车载监测设备使每列在线运营的列车都成为专用监测设备。在运行的同时实现了对地铁专用无线通信的实时在线监测,这也使信号强度数据成为日常数据,所有收集的数据将在空间和时间上分布。列车加装专用监测设备的方法充分利用车载既有设备,相较于传统检测方法(固定监测或人工监测)具有成本低、实时性好、质量高、覆盖全面的优势,可实现监测系统的快速部署与落地。

2.2 系统功能与模块化设计

该监测系统通过数据层、功能层和人机界面层的分层设计,实现了数据采集功能、实时数据展示功能、数据分析管理功能和数据异常报警功能(图 2)。车载检测终端支持通过 UDP 实时发送包含设备代号、小区号、CSQ、信号制式、时间戳等数据的数据包,通过运维接口实时传入智能运维平台中。

1) 大数据呈现模块

(1) 实时数据总览

系统统计并展示数据总量,包含正常小区、告警小区和异常小区的数量。该功能旨在为管理人员

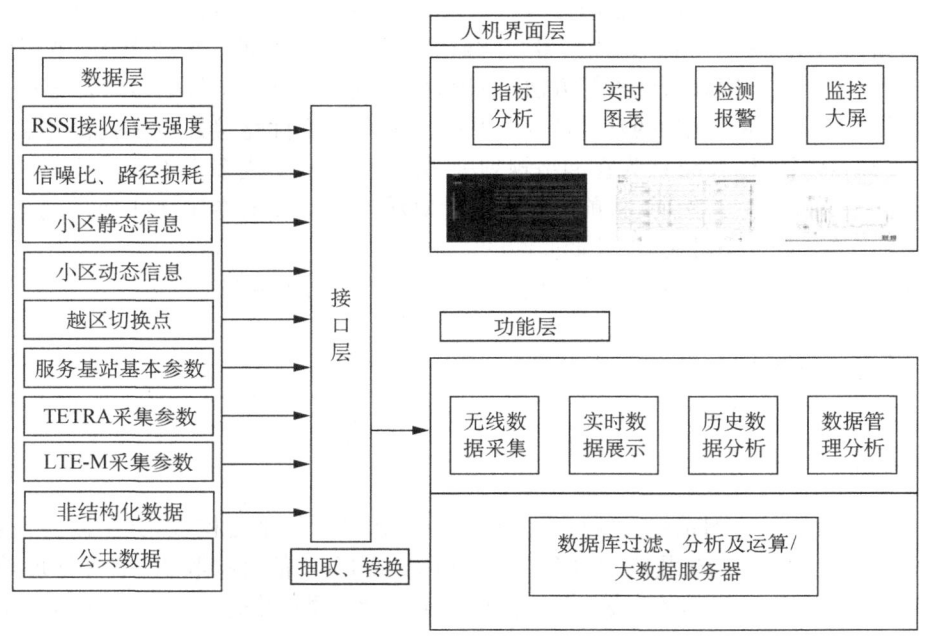

图2 系统分层

提供系统运行的整体状况一览,并能够快速识别和通知告警及异常情况,确保系统的高效管理和及时响应。

(2) 今日线路监测覆盖情况

该功能展示各条线路当日的实际采样达成率和最低采样点数,帮助管理人员直观地了解各线路的数据采集质量。通过这一功能,管理人员可以迅速区分信号优良的线路与信号较弱的线路,从而更有效地进行管理和优化。

(3) 线网实时状态监测

该功能展示不同线路的实时监测状态,通过颜色和图标的组合直观地反映了各站点和线路的运行情况。具体功能如下所述。

将各条线路分上下行把每个站点和相邻站点间的通信小区的信号状态用多种颜色展示出来,并在线路示意图上进行了告警提示,包括线路信号状况告警、服务器告警、车端告警、场强告警。同时该模块还将实时更新列车位置。另外得益于线路的分区间设计,区间信息的快捷查询得以实现。

功能亮点在于:①直观性——颜色和图标的结合使得各站点的状态一目了然;②实时性——实时更新的数据确保管理人员能够第一时间获取最新的线路运行信息;③详细性——涵盖了每条线路的所有站点,确保无遗漏,提供了全面的监测信息。

(4) 历史数据诊断

该模块与线网实时状态监控模块紧密联动。通过点击线网中的任一区间,历史数据诊断模块将展示所选区间最近10天的每日平均信号场强变化曲线。系统还会计算并显示场强拟合曲线,帮助管理人员更好地判断信号场强的变化趋势,从而更快速地发现通信问题。

(5) 线路场强变化趋势分析诊断

该模块同样联动线网实时状态监控模块,通过点击线路区间线路场强变化趋势模块将展示该线路上今日、过去一个月均值、过去一个月最大值、过去一个月最小值数据曲线。

2) 报警模块

在连续监测区间无线终端的场强关键参数的变化信息过程中,对于场强低于异常阈值、长时间无信号、当前小区信号异常、车载台场强接收异常、场强变化趋势异常等情况进行及时识别,并能准确定位异常小区号和站点信息,通过与数据大屏的联动进行直观的可视化展示。报警信息还提供数据回放、报表生成、处理状态记录。

3) 数据管理模块

根据列车上传的历史数据,可以进行数据的综合管理与分析。原始数据可以进行分类检索,而场强数据进行检索的同时提供了绘图统计分析的功能,相较于大数据展示功能中的线路场强变化趋势分析诊断功能将数据进行了深度挖掘。

3. 系统关键技术分析

3.1 基于"浮动车"思想的自动化检测技术

传统的场强检测依赖路测设备,采用人工的方式进行,人工成本高、效率低、无法完全覆盖线网且实时性差,无法做到在线监测。本文基于"浮动车"思想,即在运营的客车上充分利用现有车载台设备,轻量改动即可把每列车都转化成专用的信号场强检测设备。由于上海地铁每天线上运行的列车数量大、密度高,在工作时间可以对线网任意区间进行高频次检测,从而实现在线监测的效果。本文充分利用自动化技术,实现列车开机后即进入检测模式,将数据以 10 s 为周期上传至大数据智能运维平台,而平台的数据存储、智能分析、告警也实现全流程自动化,能保证场强监测数据的高保真和鲜度。

3.2 大数据维护管理技术

利用车载监测设备上传的数据可以整理出基于时间轴的拟合曲线,经过与小区位置信息进行二次曲线拟合,掌握目前线路上存在的问题并及时地进行诊断告警;可以按照多维度高级查询进行数据筛选与呈现,并绘制多样的图表和报表;在生产环境实际搭建并投入使用的过程中,数据库中的数据一度达到上亿条,但 B+树由于其高扇出和较少的磁盘 I/O 操作,更适合作为 MySQL 的索引结构[7]。数据库存储 2 000 万条数据是一个推荐值,超过这个数值可能会影响查询性能,但数据库依然还有方法存储更多数据。分表策略在该情况下,能显著减小单表的数据量,优化查询速度,分散存储压力,从而确保数据库能够高效处理和存储大量数据。进行年度分表和月度分表后,有效地提高了查询性能和系统的整体稳定性。在通过查询数据库进行原始数据管理的过程中,线网可能在 1 min 内产生数十条数据,在管理查看原始数据前设置通过设置抽样间隔可在流式实时监控过程中提高数据查询的效率并降低系统资源消耗,且仍能提供可用的可视化结果展现。

3.3 智能数据分析技术

监测系统中的智能运维平台在收集了大量数据后,便可将数据按照空间维度和时间维度展开分析。

1) 场强覆盖可视化呈现

将实时传入的数据按照空间维度展开,可以根据列车在线路上的移动实时确认列车所在区间以及该区间的信号场强。列车从线路起点至终点运行结束后,便可获取当前线路的场强覆盖数据。系统可以获取多条线路的数据,最后将数据按照线路、上下行方向、区间的空间维度进行可视化呈现。

2) 多种分析与告警算法

根据多列车在线路上获取的整体数据也可以实现对通信故障主体的判断。同一列车在整条线路的数据与其他列车的数据不同则可确认故障点在于车载通信设备,多列车在同一区间获取同样的异常数据则可确认故障点在区间基站。上述功能中的报警功能则是基于对数据进行时间维度上的分析,对同一区间不同时间下的场强变化进行分析,通过阈值以及计算场强变化斜率的判断条件,从而为异常报警功能提供数据支撑。

在信号专业方面,在已有数据的基础上可以完成信号轨旁无线覆盖相关参数的测试,并且为发现信号漏缆天线或信号八木天线增益衰减[6]问题提供基础。

4. 系统应用

4.1 系统功能验证

该系统已经成功应用于上海地铁无线信号监测，自 2023 年 8 月 1 日以来，已累计采集了 8 000 多万条数据，系统自动诊断的场强异常数据 1 000 余条，在提升通号维保质量方面表现出巨大的潜力。图 3 所示是数据库的具体呈现。

id	update_time	upload_time	issi	seq	csq	zone	sinr	company	net	event_str	channel	ats_location_id	ats_location	ats_direction	algorithm
42480572	2024/6/21 18:14:20	2024/6/21 18:14:20	8051328	NULL	31	1109	99	xgt	TETRA	00	10.3.38.11:51480	1824	奉浦大道站	1	true
42480605	2024/6/21 18:14:27	2024/6/21 18:14:27	8051258	NULL	31	1109	99	xgt	TETRA	00	10.3.38.11:51510	1806	春申路站	1	true
42480608	2024/6/21 18:14:28	2024/6/21 18:14:28	8051508	NULL	31	1109	99	xgt	TETRA	00	10.3.38.11:51514	NULL	NULL	NULL	NULL
42480616	2024/6/21 18:14:29	2024/6/21 18:14:29	8051248	NULL	31	1109	99	xgt	TETRA	00	10.3.38.11:51520	1816	东川路站	0	true
42480631	2024/6/21 18:14:32	2024/6/21 18:14:32	8051197	NULL	31	1109	99	xgt	TETRA	00	10.3.38.11:51534	1806	春申路站	0	true
42480653	2024/6/21 18:14:37	2024/6/21 18:14:37	8051258	NULL	31	1109	99	xgt	TETRA	00	10.3.38.11:51554	1806	春申路站	1	true
42480664	2024/6/21 18:14:39	2024/6/21 18:14:39	8051248	NULL	31	1109	99	xgt	TETRA	00	10.3.38.11:51564	1816	东川路站	0	true
42480711	2024/6/21 18:14:49	2024/6/21 18:14:49	8051197	NULL	31	1109	99	xgt	TETRA	00	10.3.38.11:51608	1806	春申路站	0	true
42480749	2024/6/21 18:14:57	2024/6/21 18:14:57	8051258	NULL	30	1109	99	xgt	TETRA	00	10.3.38.11:51642	1806	春申路站	1	true
42480753	2024/6/21 18:14:58	2024/6/21 18:14:58	8051508	NULL	31	1109	99	xgt	TETRA	00	10.3.38.11:51646	NULL	NULL	NULL	NULL
42480760	2024/6/21 18:15:00	2024/6/21 18:15:00	8051248	NULL	31	1109	99	xgt	TETRA	00	10.3.38.11:51652	1820	西渡站	1	true
42480774	2024/6/21 18:15:02	2024/6/21 18:15:02	8051197	NULL	31	1109	99	xgt	TETRA	00	10.3.38.11:51666	1806	春申路站	0	true
42480780	2024/6/21 18:15:04	2024/6/21 18:15:04	8051328	NULL	31	1109	99	xgt	TETRA	00	10.3.38.11:51672	1824	奉浦大道站	1	true
42480783	2024/6/21 18:15:04	2024/6/21 18:15:04	8051378	NULL	31	1109	99	xgt	TETRA	00	10.3.38.11:51676	1830	金海湖站	1	true
42480806	2024/6/21 18:15:09	2024/6/21 18:15:09	8051197	NULL	31	1109	99	xgt	TETRA	00	10.3.38.11:51696	1806	春申路站	0	true
42480822	2024/6/21 18:15:12	2024/6/21 18:15:12	8051197	NULL	31	1109	99	xgt	TETRA	00	10.3.38.11:51710	1806	春申路站	0	true
42480837	2024/6/21 18:15:15	2024/6/21 18:15:15	8051197	NULL	31	1109	99	xgt	TETRA	00	10.3.38.11:51723	1806	春申路站	0	true
42480852	2024/6/21 18:15:18	2024/6/21 18:15:18	8051197	NULL	31	1109	99	xgt	TETRA	00	10.3.38.11:51737	1806	春申路站	0	true
42480868	2024/6/21 18:15:22	2024/6/21 18:15:22	8051197	NULL	31	1109	99	xgt	TETRA	00	10.3.38.11:51751	1806	春申路站	0	true
42480875	2024/6/21 18:15:23	2024/6/21 18:15:23	8051258	NULL	31	1109	99	xgt	TETRA	00	10.3.38.11:51758	1816	东川路站	1	true
42480879	2024/6/21 18:15:24	2024/6/21 18:15:24	8051508	NULL	31	1109	99	xgt	TETRA	00	10.3.38.11:51761	NULL	NULL	NULL	NULL
42480886	2024/6/21 18:15:25	2024/6/21 18:15:25	8051248	NULL	31	1109	99	xgt	TETRA	00	10.3.38.11:51768	1820	西渡站	1	true

图 3　原始数据表信息展示

如图 4 所示，轨道交通无线监控大数据可视化系统在显示线路实时场强的同时还展示了经过数据分析后的历史数据诊断、场强变化趋势分析诊断、今日线路监测覆盖情况。

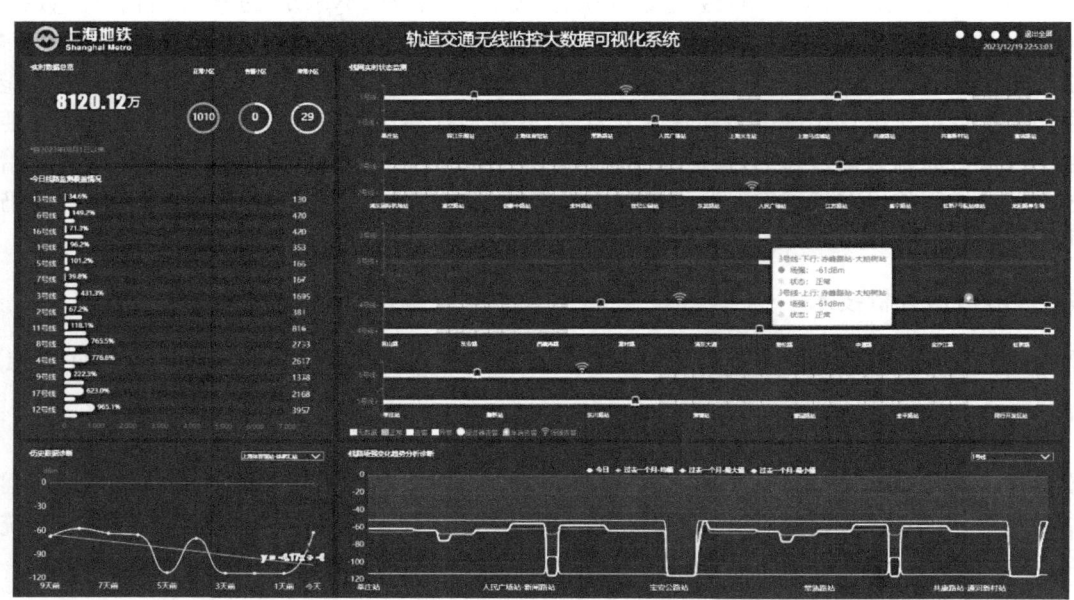

图 4　轨道交通无线监控大数据可视化系统

图 5 所示是后台运行的报警管理模块，该模块将数据分析判断的异常数据以及异常详情进行记录，运管人员可以在该模块查询和处理异常情况。

图 6 所示是后台运行的数据管理模块，该模块可检索查询数据库中的原始数据，并将选中的数据进行绘图统计分析。

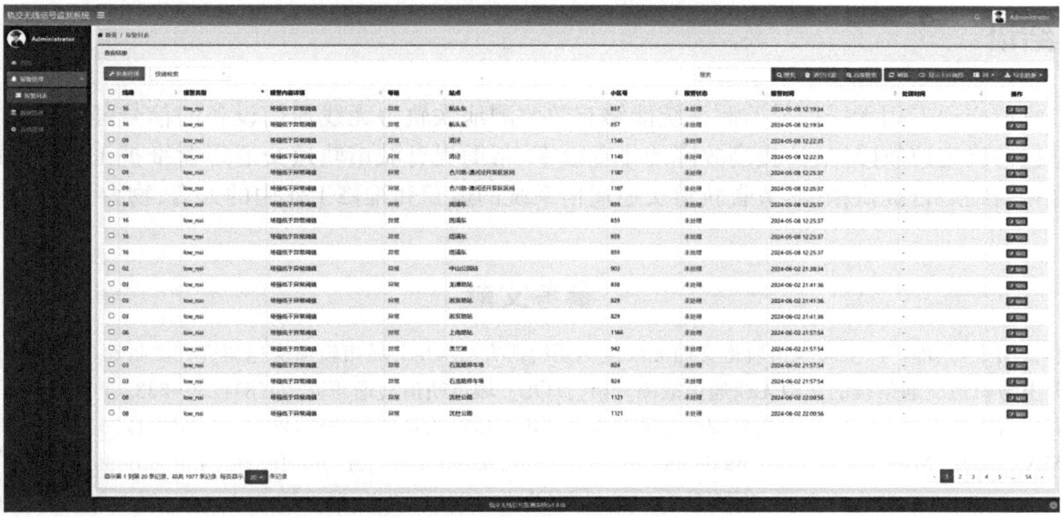

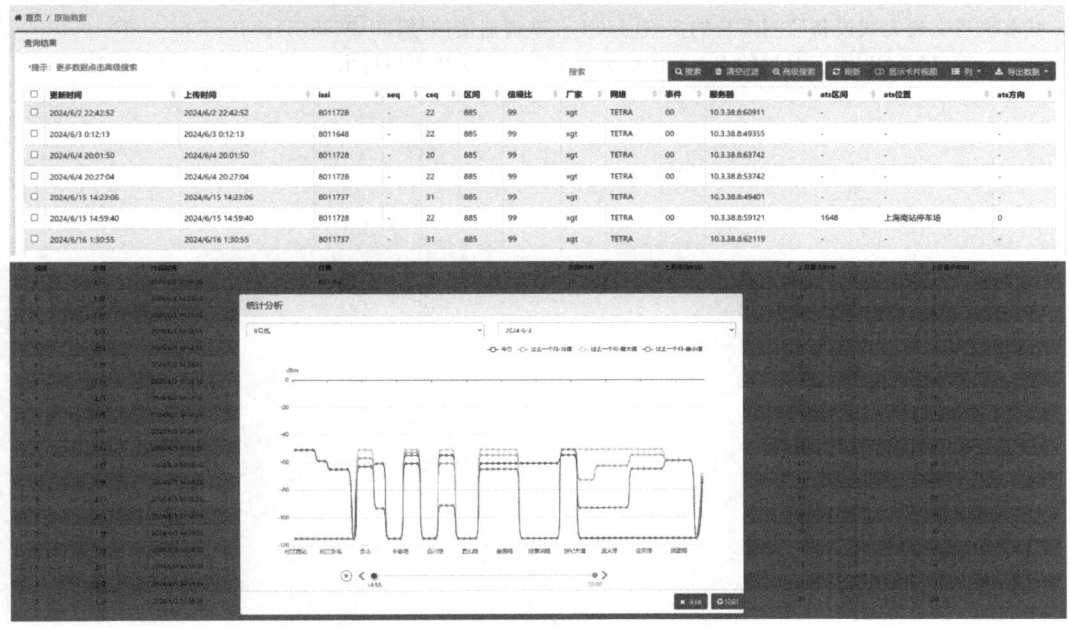

图5 报警管理

图6 数据管理

4.2 系统后续维护调试工作

本文研究的系统在后续的维护与调试过程中,主要集中在三个核心领域:系统信息、区间配置以及告警机制的设定。系统所集成的大数据展示界面,能够通过系统信息参数的调整进行优化,这不仅涉及数据展示的过滤精度,也包括对展示点数的动态调节;在通信小区与通信区间的调整过程中,系统提供区间配置接口,确保系统更新与运营活动能够同步进行,从而保障运营效率与系统响应的一致性;此外,正式运营时信号强度的告警阈值与异常判定标准并非固定不变。系统能够根据信号接收终端的更迭以及通信环境的波动等,实时调整告警和异常的判定标准。这种动态调整机制使得系统能够适应多变的运营环境。

通过上述措施,本系统不仅确保了与现有技术框架的兼容性,而且极大地提升了运营管理工作的灵活性与便捷性,为后续的系统迭代与功能拓展奠定了坚实的基础。

5. 结语

城市轨道交通专用无线信号监测系统能够有效监测地铁轨旁无线通信设备的信号强度等参数变化，通过数据包精确定位故障隐患，提高故障的排查效率，帮助提升城市轨道交通运营维护工作的机动性，为精准维修和精细运营提供依据，节省轨道交通通信系统的运营和维修工作中的人力、物力。

参考文献

[1] 朱俊,张羽中,张郁,等.上海城市轨道交通无线监测系统研究[J/OL].城市轨道交通研究,2021,24(11):84-87,92.
[2] 吴磊.上海轨道交通某线的车地无线通信故障分析[J/OL].城市轨道交通研究,24(8):230-233.
[3] 朱莉.城市轨道交通CBTC无线信号智能监测系统[J/OL].城市轨道交通研究,2021,24(S1):117-121.
[4] KUMAR K S. Wireless channel modeling and spectrum monitoring for interference mitigation and link reliability insurance for existing and future CBTC systems[J/OL]. 2021[2024-06-11]. https://dr.ntu.edu.sg/handle/10356/157210.
[5] Wireless Communications in Smart Rail Transportation Systems[EB/OL]. [2024-06-15]. https://onlinelibrary.wiley.com/doi/epdf/10.1155/2017/6802027.
[6] 赵红.城市轨道交通无线设备监测系统的实现[J/OL].铁道通信信号,2019,55(5):85-87.
[7] 林荣杭,刘小英.MySQL索引改进的B+树的研究[J/OL].电脑知识与技术,2022,18(16):12-13,18.

基金项目

上海市启明星项目(扬帆专项)(23YF1446000)。

不同形式二系惯容悬挂系统对地铁车辆动力学性能的影响

Effects of Different Forms of Second-series Inertial Suspension Systems on the Dynamic Performance of Metro Vehicles

孙庚辰[1]　陈迪来[2]　陆晨旭[3]　邹劲柏[4]　谢　鲲[5]

摘　要：将传统地铁车辆的二系悬挂系统结合惯容器组合为多种结构形式的二系惯容悬挂系统，研究不同结构行驶的二系悬挂系统对车辆动力学性能的影响。首先，使用矩阵组装法建立传统地铁车辆的动力学模型并依据不同形式的惯容悬挂系统的力学方程更新地铁车辆动力学模型；其次，搭建轨道不平顺模型作为外界激励，对传统地铁车辆和包含不同形式的二系悬挂系统的地铁车辆进行动力学仿真，探究惯容悬挂系统对地铁车辆动力学性能的影响；最后从轮轨蠕滑力和车轮磨耗情况等角度分析惯容悬挂系统对地铁车辆轮轨接触关系的影响。结果表明：从车辆垂向加速度幅值角度分析，工况 S2、S3、S5 均对车辆动力学性能起到优化作用，其中工况 S5 优化效果最为显著，而工况 S4 对车辆动力学性能有劣化影响。以工况 S5 为例，从轮轨作用力及车轮磨耗等角度分析，添加惯容悬挂系统，并未对车辆的轮轨关系造成劣化影响。

关键词：惯容器；地铁车辆；动力学建模；轮轨关系

Abstract: The traditional secondary suspension system of metro vehicles is combined with inerters to form various structural types of secondary inerter suspension systems. This study examines the impact of different structural secondary suspension systems on the vehicle dynamics performance. First, the dynamic model of traditional metro vehicles is established using the matrix assembly method, and updated according to the mechanical equations of different inerter suspension systems. Next, a track irregularity model is constructed as an external excitation to conduct dynamic simulations of both traditional metro vehicles and those incorporating various forms of secondary suspension systems, exploring the impact of inerter suspension systems on vehicle dynamics performance. Finally, the impact of inerter suspension systems on the wheel-rail contact relationship is analyzed from the perspectives of wheel-rail creep force and wheel wear. The results indicate that from the perspective of vertical acceleration amplitude, scenarios S2, S3, and S5 enhance the vehicle dynamics performance, with scenario S5 showing the most significant improvement, whereas scenario S4 has a detrimental effect. Taking scenario S5 as an example, from the perspectives of wheel-rail forces and wheel wear, the addition of the inerter suspension system did not degrade the wheel-rail relationship.

Key words: inerter; metro vehicles; dynamics modeling; wheel-rail interaction

1. 简介

2002 年，Smith 提出了惯容减振器的概念，学者对其展开研究，发现其缓振的可能[1]。2018 年，姚嘉

1　孙庚辰，上海应用技术大学轨道交通学院，联系邮箱：sungengchen0302@163.com。
2　陈迪来，上海应用技术大学轨道交通学院，车辆系统动力学和轮轨轮廓设计，博士，校聘副教授，联系邮箱：chendilai@163.com。
3　陆晨旭，上海应用技术大学轨道交通学院，联系邮箱：18810327668@163.com。
4　邹劲柏，上海应用技术大学轨道交通学院，联系邮箱：zoujb@sit.edu.cn。
5　谢鲲，上海应用技术大学轨道交通学院，联系邮箱：Mrxk2000@163.com。

凌等[2]针对主动悬架系统展开研究,主动悬架系统能根据路况和驾驶行为实时改变悬挂参数。它的优点是能够增强车辆的操控性和乘坐舒适性,但是它的缺点是结构复杂,成本高昂,不太适应普通汽车的需求。2014 年,Chen Z 等人[3]通过搭建含有惯容减振器的减振悬挂系统,发现惯容器对系统减振的良好作用,并减小系统的共振频率。2018 年,杨晓峰等人[4]提出了 10 种 ISD 悬架结构的方案,并探讨了不同结构下惯容系数对悬架偏频和主频的作用,结果表明,适当增加惯容系数能够有效降低悬架的共振频率,提高悬架的减振性能。惯容器最初是在土木工程中使用的,后来被采用到车辆悬挂中,提高了悬挂的隔振效果。国内的张孝良等人[5-6]探索了针对不同的悬挂结构设计探究了不同的 ISD 悬挂结构。2017 年,汪若尘等[7]提出了一种液力互联 ISD 悬吊系统的设计方案,该系统是在油压互联悬吊的基础上,增加了惯容器的作用,即油压 ISD 悬挂的功能。另外,众多研究表明[8-11],对比传统悬架,应用惯容器的车辆悬架隔振性能得到明显提升。

上述研究只是围绕单一结构形式的惯容悬挂系统来探究惯容器对轨道车辆运行品质的提升,而本文将二系惯容悬挂系统与车辆力学特性相结合,探究二系惯容悬挂系统对车辆运行品质和平稳性的影响,同时从轮轨蠕滑力及车轮磨耗的角度探究引入二系惯容悬挂系统对车辆系统轮轨接触关系的影响。

2. 含二系惯容悬挂系统地铁车辆动力学建模

2.1 惯容悬挂装置力学分析

惯容器与弹簧和阻尼器一样,有两个自由的端口,属于两端装置。理想惯容器两端受力而位移时,两端的相对加速度和力成正比。加入惯容器的振动系统,由于惯容器的作用,系统振动的加速度幅值明显降低,振动周期适当延长。所以,惯容器在理论上可以缓解轨道车辆的震动,提升行驶的平稳性。惯容器的数学模型如式 1。

$$F = b\frac{d(v_1 - v_2)}{dt} \tag{1}$$

式中　F——施加在惯容器两端点的力;
　　　b——惯容器惯容系数(kg);
　　　v_1,v_2——两端点的速度。

本文考虑搭建四种二系惯容悬挂系统,分别为惯容器与传统二系悬挂装置并联;惯容器与阻尼减振器串联后作为整体与空气弹簧并联;惯容器与弹簧串联作为一个整体与传统悬挂装置并联;阻尼减振器与弹簧并联作为一个整体与惯容器串联,作为一个整体与空气弹簧并联,将传统二系悬挂装置作为参考对照,通过多体动力学建模安装在车体上,对比分析不同行驶的二系惯容悬挂系统对车体动力学性能的影响。这五种二系悬挂减振装置如图 1 所示,工况 S3、工况 S4 和工况 S5 涉及悬挂元件的串联安装方式。本文在串联的悬挂元件之间引入质量可忽略不计的虚拟物块,用于表示二端悬挂元件端点的动力学特征。

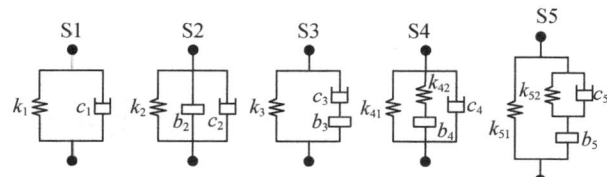

图 1　对照组与四种二系惯容悬挂系统

参考对照组和四种二系悬挂减振装置的力学特性,分析得知悬挂作用力如式 2 所示。

$$S1: \begin{cases} F_f = k_1(z_{bf}-z_{vf}) + c_1(\dot{z}_{bf}-\dot{z}_{vf}) \\ F_b = k_1(z_{bb}-z_{vb}) + c_1(\dot{z}_{bb}-\dot{z}_{vb}) \end{cases}$$

$$S2: \begin{cases} F_f = k_2(z_{bf}-z_{vf}) + c_2(\dot{z}_{bf}-\dot{z}_{vf}) + b_2(\ddot{z}_{bf}-\ddot{z}_{vf}) \\ F_b = k_2(z_{bb}-z_{vb}) + c_2(\dot{z}_{bb}-\dot{z}_{vb}) + b_2(\ddot{z}_{bb}-\ddot{z}_{vb}) \end{cases}$$

$$S3: \begin{cases} F_f = k_3(z_{bf}-z_{vf}) + c_3(\dot{z}_{mf}-\dot{z}_{vf}) = k_3(z_{bf}-z_{vf}) + b_3(\ddot{z}_{bf}-\ddot{z}_{mf}) \\ F_b = k_3(z_{bb}-z_{vb}) + c_3(\dot{z}_{mb}-\dot{z}_{vb}) = k_3(z_{bb}-z_{vb}) + b_3(\ddot{z}_{bf}-\ddot{z}_{mf}) \end{cases}$$

$$S4: \begin{cases} F_f = k_{41}(z_{bf}-z_{vf}) + c_4(\dot{z}_{bf}-\dot{z}_{vf}) + k_{42}(z_{mf}-z_{vf}) \\ \quad = k_{41}(z_{bf}-z_{vf}) + c_4(\dot{z}_{bf}-\dot{z}_{vf}) + b4(\ddot{z}_{bf}-\ddot{z}_{mf}) \\ F_b = k_{41}(z_{bb}-z_{vb}) + c_4(\dot{z}_{bb}-\dot{z}_{vb}) + k_{42}(z_{mb}-z_{vb}) \\ \quad = k_{41}(z_{bb}-z_{vb}) + c_4(\dot{z}_{bb}-\dot{z}_{vb}) + b4(\ddot{z}_{bb}-\ddot{z}_{mb}) \end{cases} \tag{2}$$

$$S5: \begin{cases} F_f = k_{51}(z_{bf}-z_{vf}) + c_5(\dot{z}_{mf}-\dot{z}_{vf}) + k_{52}(z_{mf}-z_{vf}) \\ \quad = k_{51}(z_{bf}-z_{vf}) + b_5(\ddot{z}_{bf}-\ddot{z}_{mf}) \\ F_b = k_{51}(z_{bb}-z_{vb}) + c_5(\dot{z}_{mb}-\dot{z}_{vb}) + k_{52}(z_{mb}-z_{vb}) \\ \quad = k_{51}(z_{bb}-z_{vb}) + b_5(\ddot{z}_{bb}-\ddot{z}_{mb}) \end{cases}$$

式中 z_{vf}——轨道车辆车体前端的垂向位移;

z_{vb}——轨道车辆车体后端的垂向位移;

z_{bf}——轨道车辆前转向架的垂向位移;

z_{bb}——轨道车辆后转向架的垂向位移;

z_{mf}——悬挂元件串联时引入虚拟物块的垂向位移。

2.2 轨道车辆动力学建模

本文依托 Matlab&Simulink 平台采用矩阵组装法对复兴号列车进行多体动力学建模。轨道车辆的动力学模型搭建共 35 个自由度,由于工况 S3、工况 S4 和工况 S5 涉及悬挂元件间的串联,因此引入质量可忽略不计的虚拟物块,这些物块只考虑垂向位移一个自由度[12],因此这些工况的动力学模型搭建有 39 个工况。轨道车辆自由度如表 1 所列。

表 1 多体动力学模型自由度分布

刚体	横向位移	侧滚运动	摇头运动	垂向位移	点头运动	
车体	yc	θc	ψrw	zc	βc	
转向架	ybi	θbi	ψwi	zbi	βbi	$i=1,2$
轮对	ywi	—	ψwi	—	—	$i=1,2,3,4$
虚拟物块	—	—	—	zki	—	$i=1,2,3,4$

以工况 S5 为例,其车辆悬挂原理示意图如图 2 所示。

这里选取工况 S5 的阻尼矩阵进行动力学模型搭建的讲解。工况 5 的阻尼矩阵的搭建如式(3)—式(8)所示。

四个轮对的刚度转换矩阵如式(3)所示。

$$cwi = \begin{bmatrix} 0 & 0 & 0 & 0 & hdp \\ -1 & 0 & -hpsw & 0 & 0 \\ 0 & -1 & -hdp & 0 & 0 \\ 0 & 0 & 0 & 0 & -hdp \\ -1 & 0 & -hpsw & 0 & 0 \\ 0 & -1 & hdp & 0 & 0 \end{bmatrix} \tag{3}$$

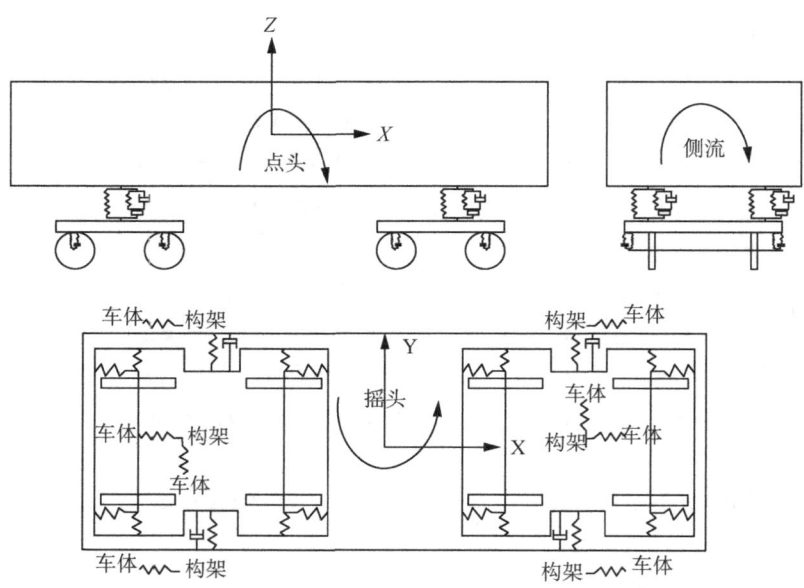

图 2 S5 工况车辆模型示意图

其中,从第一列到第五列依次为轮对的横向位移、垂向位移、侧滚运动、点头运动和摇头运动。$hpsw$ 为一系悬挂偏离轮对质心高度,hdp 为一系悬挂横向跨距之半。

转向架关于一系悬挂的转换矩阵如式(4)所示。

$$cpbf = cbpb = \begin{bmatrix} 0 & 0 & 0 & hpsf & -hdp \\ 1 & 0 & -hpsf & 0 & hda \\ 0 & 1 & hdp & -hda & 0 \\ 0 & 0 & 0 & hpsf & hdp \\ 1 & 0 & -hpsf & 0 & hda \\ 0 & 1 & -hdp & -hda & 0 \\ 0 & 0 & 0 & hpsf & -hdp \\ 1 & 0 & -hpsf & 0 & -hda \\ 0 & 1 & hdp & hda & 0 \\ 0 & 0 & 0 & hpsf & hdp \\ 1 & 0 & -hpsf & 0 & -hda \\ 0 & 1 & -hdp & hda & 0 \end{bmatrix} \quad (4)$$

其中为前后转向架第一列到第五列为构架相对与一系悬挂的五个自由度,$hpsf$ 为一系悬挂偏离构架质心高度。

转向架关于二系悬挂的转换矩阵如式(5)所示。

$$cbsf = cbsb = \begin{bmatrix} 0 & 0 & 0 & hssf\_damper & hds \\ -1 & 0 & -hssf\_damper & 0 & 0 \\ 0 & -1 & -hds & 0 & 0 \\ 0 & 0 & 0 & hssf\_damper & -hds \\ -1 & 0 & -hssf\_damper & 0 & 0 \\ 0 & -1 & hds & 0 & 0 \end{bmatrix} \quad (5)$$

其中为前后转向架第一列到第五列为构架相对与二系悬挂的五个自由度,$hssf\_damper$ 为二系悬挂偏离构架质心高度，hds 为二系横向跨距之半。

车体关于二系悬挂的转换矩阵如式(6)所示。

$$cc = \begin{bmatrix} 0 & 0 & 0 & hssc\_damper & -hds \\ 1 & 0 & -hssc\_damper & 0 & hdf \\ 0 & 0 & 0 & 0 & 0 \\ 0 & 0 & 0 & hssc\_damper & hds \\ 1 & 0 & -hssc\_damper & 0 & hdf \\ 0 & 0 & 0 & 0 & 0 \\ 0 & 0 & 0 & hssc\_damper & -hds \\ 1 & 0 & -hssc\_damper & 0 & -hdf \\ 0 & 0 & 0 & 0 & 0 \\ 0 & 0 & 0 & hssc\_damper & hds \\ 1 & 0 & -hssc\_damper & 0 & -hdf \\ 0 & 0 & 0 & 0 & 0 \end{bmatrix} \quad (6)$$

其中为车体第一列到第五列为构架相对与二系悬挂的五个自由度，$hssc\_spring$ 为二系悬挂偏离车体质心高度，hds 为二系横向跨距之半，hdf 为定距之半。

综上，车辆系统振动方程的刚度转换矩阵如式(7)所示。

$$Ctr = \begin{bmatrix} cw1 & zero(6,5) & zero(6,5) & zero(6,5) & cbpf & zero(6,5) \\ zero(6,5) & cw2 & zero(6,5) & zero(6,5) & zero(6,5) & cbpb \\ zero(6,5) & zero(6,5) & cw3 & zero(6,5) & cbsf & zero(6,5) \\ zero(6,5) & zero(6,5) & zero(6,5) & cw4 & zero(6,5) & cbsb \\ & & & zero(12,20) & & \end{bmatrix} \begin{matrix} zero(24,5) & zero(36,4) \\ & \\ & cc \\ & \end{matrix}$$

(7)

车辆系统运动方程的刚度矩阵如式(8)所示。

$$C = (C_{tr}).' * C_{ii} * C_{tr} \quad (8)$$

式中，C_{ii} 为阻尼矩阵的对角矩阵。

综上所述在轨道的随机不平顺作用下，车辆系统的线性振动微分方程为式(9)。

$$(M+b)\ddot{Y}_L + C\dot{Y}_L + KY_L = S_v u_v + V_v \dot{u}_v + S_l u_l + V_l \dot{u}_l + B_b F_b \quad (9)$$

式中，$[S_v]$，$[V_v]$ 分别为轨道垂向不平顺的位移和速度的输入矩阵。$[S_l]$，$[V_l]$ 分别为轨道水平不平顺的位移和速度的输入矩阵。$[B_b]$，$[F_b]$ 分别为惯容器系数和惯容器作用力矩阵。b 为惯容器作用矩阵。

3. 二系惯容悬挂系统对车辆动力学性能影响的分析

本文进行动力学仿真时使用的轨道不平顺激励采用京沪线实测数据，其时域谱图如图3所示。

3.1 直线工况下二系惯容悬挂减振器对车辆动力学性能影响

利用建立的轨道车辆动力学模型，在输入轨道水平方向实测不平顺和轨道垂直方向实测不平顺的情况下，模拟计算轨道列车在相同速度(280 km/h)下，惯容系数为700 kg的工况下进行仿真，对车体的垂向加速度进行采集，并将包含对照组在内的5种工况进行横向对比，采用二系惯容悬挂装置的轨道车辆与传统轨道车辆运行过程垂向加速度对比图，如图4所示。当前工况下，工况S1为传统轨道车辆的垂向加速

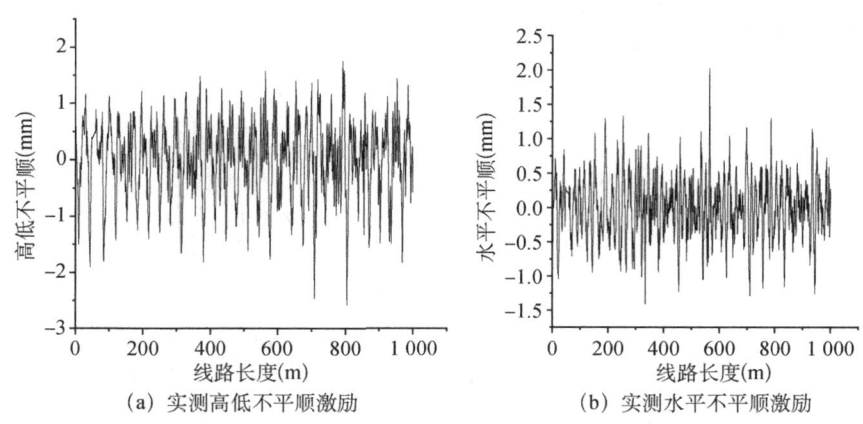

图 3 实测轨道不平顺激励

度,其最大值为 1.19 m/s², 工况 S2 的车体垂向加速度最大值为 1.17 m/s², 未起到明显的优化作用, 而工况 S4 的车体垂向加速度最大值为 1.46 m/s², 对车辆垂向加速度的幅值有劣化作用。工况 S3 和工况 S5 对车体的垂向加速度幅值起到较好的优化作用, 其中工况 S5 的优化效果最好, 其最大幅值为 0.58 m/s² (工况 S3 为 0.62 m/s²), 相较于工况 S1 优化幅度达 51%。

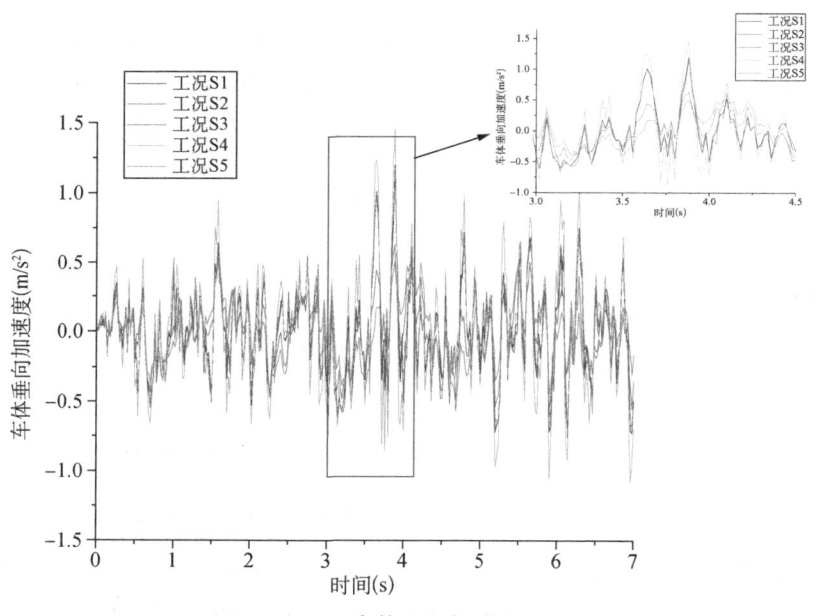

图 4 各工况车体垂向加速度对比图

3.2 曲线工况下二系惯容悬挂减振器对车辆动力学性能影响

本文将包含传统对照组在内的 5 种工况, 以 80 m/s 的速度, 惯容系数均为 500 kg, 采用实测京沪线轨道不平顺谱在半径为 1 000 m 的圆曲线工况下进行仿真, 计算出这五种工况的脱轨系数和轮重减载率, 横向对比分析曲线工况下二系该惯容悬挂减振器对车辆动力学性能的影响。脱轨系数及轮重减载率如图 5 所示, 在惯容系数为 500 时, 结合脱轨系数和轮重减载率分析可知, 添加了惯容悬挂系统的工况 S2、S3、S4、S5 并为对列车的曲线通过性产生劣化影响, 且工况 S5 在轮重减载率方面有略微优化。

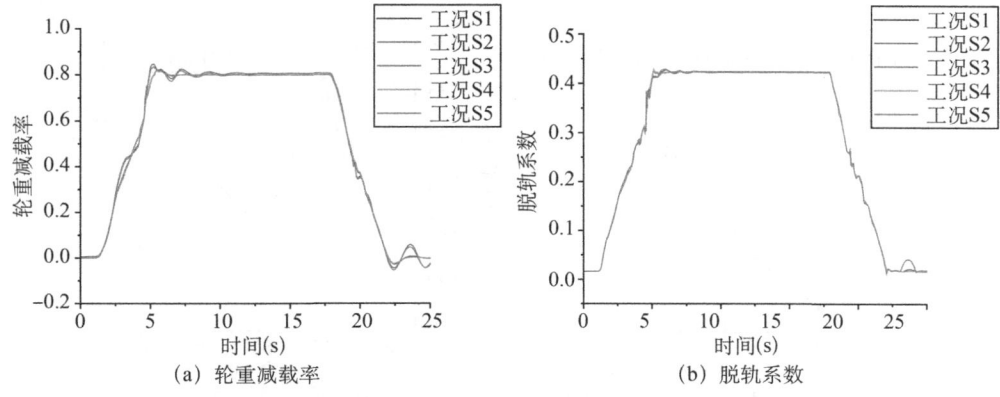

图 5　曲线工况下 5 种工况车辆动力学性能

3.3 车辆平稳性分析

Sperling 平稳性指标反映了车辆运行和乘客舒适的水平,它根据单一频率振动的实验数据,与车辆的振动大小和速度相关。其计算公式如式 10 所示。

$$W_z = 0.896 \sqrt[10]{\frac{a^3}{f}} \tag{10}$$

式中　a——振动加速度峰值(cm/s^2);

　　　f——频率(Hz)。

结合上文分析,工况 S5 对车辆垂向加速度的优化效果最佳,此处以工况 S5 为样本,将不同速度、不同惯容系数工况 S5 对轨道车辆运行的垂向平稳性和横向平稳性的影响进行研究,并结合工况 S1 在不同行驶速度下车辆垂横向平稳性指标变化情况进行分析,结果如图 6 所示。工况 S5 在 60 m/s 至 100 m/s 的运行速度下,在惯容系数由 500 kg 至 1 100 kg 的变化下均对轨道车辆的垂向平稳性指标有不同程度上的优化,其中最明显的优化是在惯容系数为 700 kg,运行速度为 280 km/h 时,对垂向平稳性的优化达到 11%。而在横向平稳性的优化中,没有特别明显的效果。

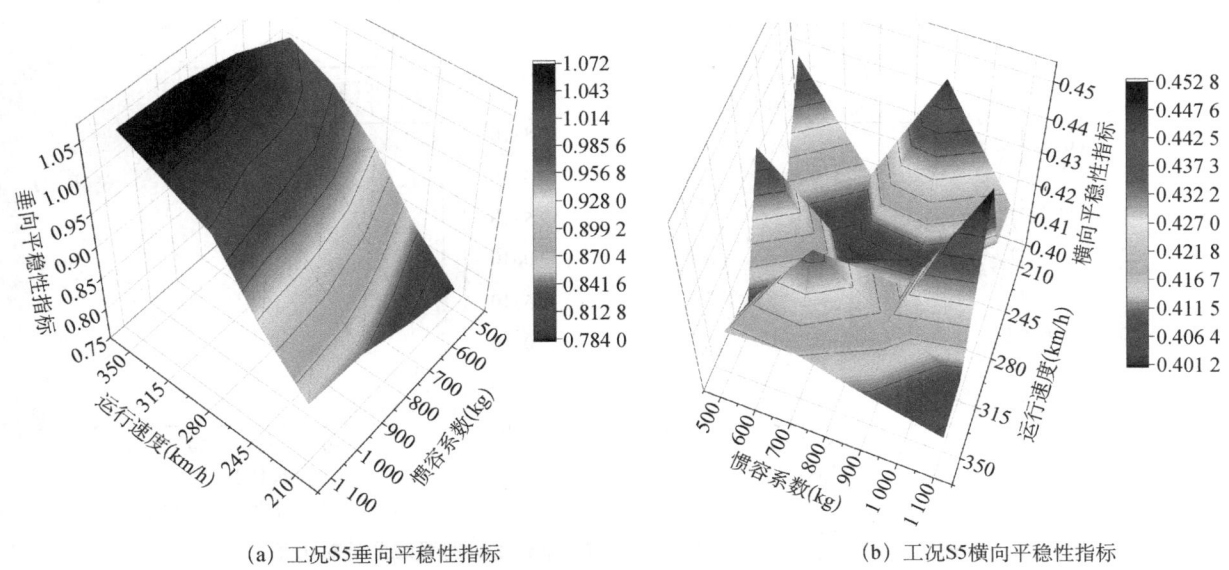

(a) 工况S5垂向平稳性指标　　　　　(b) 工况S5横向平稳性指标

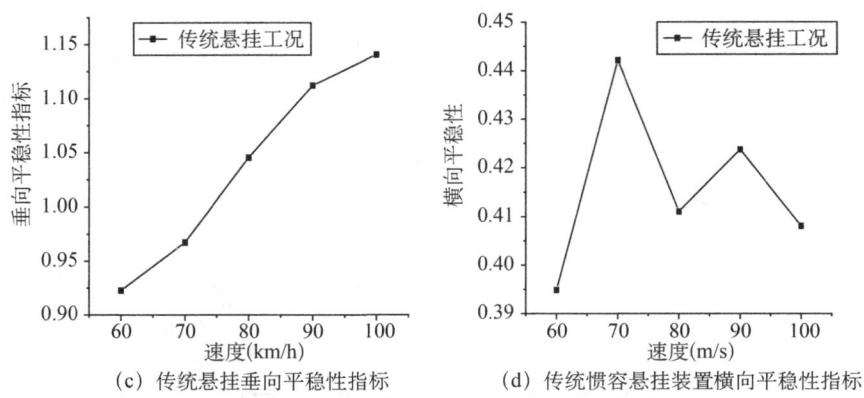

(c) 传统悬挂垂向平稳性指标　　(d) 传统惯容悬挂装置横向平稳性指标

图 6　不同速度、不同惯容系数下工况 S5 对车辆运行平稳性的影响

4. 二系惯容悬挂系统对轮轨力学影响的分析

4.1　轮轨接触角度分析

当系统添加进新的缓振元件时,会对系统的力学特性产生影响,为探究二系惯容悬挂系统会对车辆系统的力学特征产生的影响,以工况 S5 为例,从轮轨力学的角度进行分析,通过前文建立的多体动力学模型,仿真得到含有二系惯容悬挂减振器装置的车辆系统的纵向切向力,并对其进行频域分析,分析其功率密度谱,仿真结果如图 7 所示。在时域上,工况 S5 的二系惯容悬挂系统的轨道车辆动力学模型与装配二系传统悬挂的动力学模型相比,其纵向蠕滑力并无明显区别,二者纵向蠕滑率平均值分别为 1 172 N(传统悬挂)和 1 150 N(惯容悬挂)。从蠕滑力的功率谱分析可知,传统二系悬挂的主频为 1.66 Hz,振幅为 3.05×106,而装配有二系惯容悬挂系统的车辆,其主频为 1.625 Hz,振幅为 3.04×106。从功率谱图可以得知,装配有二系惯容悬挂系统的车辆振动有向低频转移的现象,且振动幅值略有减小,这符合惯容器减少振动幅值,适当延长振动周期的力学特性。

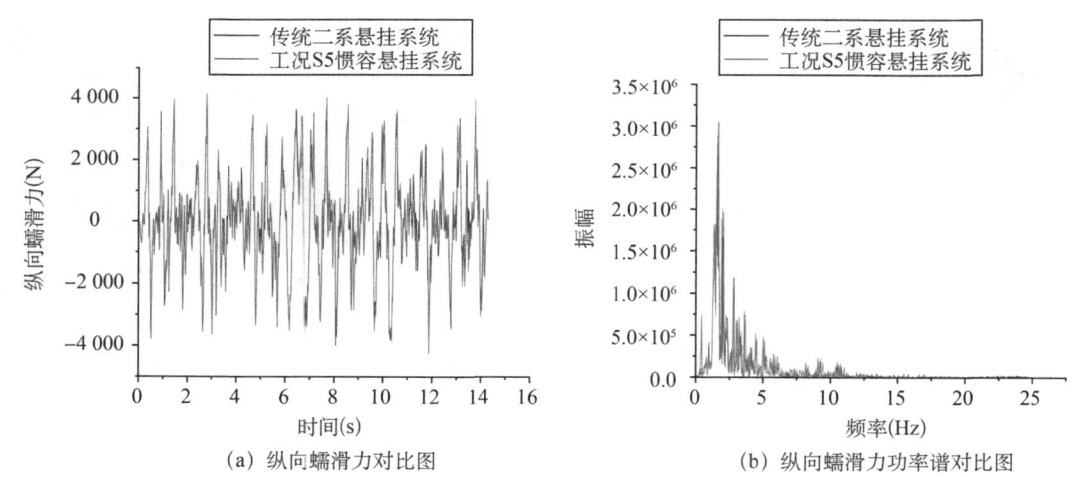

(a) 纵向蠕滑力对比图　　(b) 纵向蠕滑力功率谱对比图

图 7　惯容悬挂系统与传统悬挂系统车辆蠕滑力时频域分析对比图

4.2　车轮磨耗角度分析

二系惯容悬挂系统引入了新型的减振元件,会对轮轨力学产生影响,其中比较明显的一个指标是其对

车轮磨耗是否会产生劣化现象[13-14]。本文基于Archard磨耗理论和Kalker三维弹性体非赫兹接触理论,对装配有二系惯容悬挂系统的车辆动力学模型和装配有传统悬挂的车辆动力学模型在相同工况下进行20万(一个镟修周期)的磨耗仿真,通过对比分析出二系惯容悬挂系统对轨道车辆车轮磨耗的影响。仿真结果如图8所示。以工况5为例,二系惯容悬挂系统对轨道车辆轮轨力学的影响较小,可忽略不计,并不会对轮轨力学特性产生劣化影响。

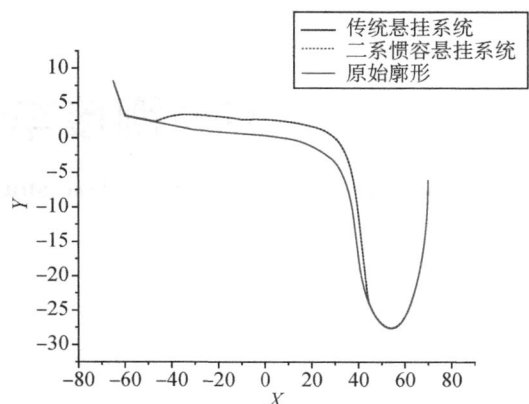

图8 惯容悬挂系统与传统悬挂系统车辆车轮磨耗状态对比图

5. 结语

(1) 工况S2、S3、S5均能起到减小车辆垂向加速度的幅值的作用,其中工况S5优化效果最好,以仿真工况为例,优化幅度达51%。而工况S4对车辆垂向加速度幅值起劣化作用。研究的四种惯容悬挂系统均未对车辆的曲线通过性产生劣化影响。

(2) 在不同速度及不同惯容系数的工况下,针对工况S5进行车辆平稳性分析,结果表明工况S5相较于传统车辆,整体呈优化趋势,在惯容系数为700 kg时优化效果达到11%,优化效果最好。

(3) 以工况S5为例,从轮轨接触力及车轮磨耗情况分析,为地铁车辆添加惯容悬挂装置并未劣化车辆的轮轨接触情况。

参考文献

[1] CHEN L, LIU C, LIU W, et al. Network synthesis and parameter optimization for vehicle suspension with inerter[J]. Advances in Mechanical Engineering, 2016, 9(1):1687814016684704-1687814016684704.
[2] 姚嘉凌,王蒙,李智宏,等. 基于主动悬架的车辆主动侧倾控制研究[J]. 机械强度,2018,40(03):534-539.
[3] CHEN Z M, HU Y, HUANG L, et al. Influence of inerter on natural frequencies of vibration systems[J]. Journal of Sound and Vibration, 2014, 333(7): 1874-1887.
[4] 杨晓峰,杜毅,刘雁玲,等. 惯质系数对车辆ISD悬架系统频率特性的影响研究[J]. 振动与冲击,2018,37(07):240-246.
[5] 张孝良,陈龙,聂佳梅,等. 2级串联型ISD悬架频响特性分析与试验[J]. 江苏大学学报(自然科学版),2012,33(03):255-258.
[6] 张孝良,张华新,蒋涛. 惯容与阻尼串联式ISD悬架实车道路试验[J]. 汽车工程,2016,38(11):1391-1395.
[7] 汪若尘,叶青,孙泽宇,等. 液压互联ISD悬架系统模式切换研究[J]. 机械工程学报,2017,53(06):110-115.
[8] 葛正,王维锐. 车辆主动惯容式动力吸振悬架系统研究[J]. 振动与冲击,2017,36(01):167-174.
[9] SHEN Y, CHEN L, YANG X, et al. Improved design of dynamic vibration absorber by using the inerter and its application in vehicle suspension[J]. Journal of Sound and Vibration, 2016, 361148-158.
[10] WANG R, YE Q, SUN Z, et al. A study of the hydraulically interconnected inerter-spring-damper suspension system [J]. Mechanics Based Design of Structures and Machines, 2017, 45(4):415-429.
[11] 马潮潮. 高速列车交会时车轮磨耗研究及悬挂优化设计[D]. 北京:北京建筑大学,2022.
[12] 祁亚运,戴焕云,干锋,等. 基于车轮磨耗和舒适度的CRH3型动车组型面优化研究[J]. 振动与冲击,2021,40(18):148-155.
[13] 任文娟,崔大宾,李立,等. 转向架悬挂参数对轮缘磨耗的影响[J]. 润滑与密封,2023,48(01):35-40.

地铁铆接车体疲劳寿命评估研究

Study on Fatigue Life Assessment of Riveted Body Structure of Metro Vehicle

邓 奇[1]

摘 要：本文针对上海地铁某 A 型车的铆接车体结构开展服役状态及疲劳寿命评估研究，选取其中一列车的一节拖车和一节带受电弓的动车，根据有限元的强度分析和车体结构状态评估结论，通过实际运营线路的动应力试验获得结构薄弱点的应力幅，并基于 IIW 标准计算车体的疲劳总寿命年限。结果表明，该地铁车辆车体结构寿命具备超期服役条件，最薄弱部位疲劳总寿命为 48 年。

关键词：地铁车辆；铆接车体；寿命评估

Abstract: This paper conducts a study on the service state and fatigue life assessment of the riveted car body structure of a type A vehicle in Shanghai Metro. A trailer and a power car with a pantograph in a train are selected for the evaluation object. Based on the strength analysis and evaluation conclusions of the car body structure state by finite element method, the stress amplitude of the structural weak points is obtained through dynamic stress tests on actual operating lines, and the total fatigue life of the car body is calculated based on the IIW standard. The results show that the structural life of the subway vehicle body meets the conditions for extended service, and the total fatigue life of the weakest part is 48 years.

Key words: metro vehicles; riveted body; life assessment

1. 引言

随着我国城市轨道交通的快速发展，运营规模逐年创历史新高。对于运营年限较长的城市，部分车辆已接近 30 年设计寿命或超过半寿命期，需考虑更新迭代。若寿命到限的车辆直接报废、一次性采购新车替代，投资压力巨大。但在运营环境合适、维护水平良好、安全裕量充分的前提下，大部分车辆都具备超期服役的条件。因此，从轨道交通车辆全寿命周期的综合效益出发，车辆超期服役成了各运营单位高质量发展的必然选择。

2. 评估概述

国外对城市轨道交通车辆寿命评估的探索较早，如俄罗斯、美国、德国等，多采用结构检查和探伤、疲劳强度计算和仿真、静强度和线路动应力试验等方法，识别车辆结构的薄弱部分、评估剩余寿命，并据此实施结构补强和超期服役。国内部分较早建设地铁的城市近年来也采用类似方法评估将要到限车辆的疲劳寿命。

上海某批次地铁 A 型车运营逾 20 年，单列车最高运营里程超 225 万 km，已进入第二次大修修程，未出现关键结构损伤，整体车况较好。上海地铁以此为对象，参照国内外相关经验开展了车体结构服役状态及疲劳寿命评估工作，主要分为车辆结构的有限元分析、状态检查、线路动应力测试和疲劳寿命计算四个

---

[1] 邓奇，上海申通地铁集团有限公司，硕士研究生，高级工程师，联系邮箱：dqlang@163.com。

部分,主要流程如图 1 所示。通过本次评估,一方面可作为该批次车辆超期服役和后续维修策略调整的技术依据,另一方面为构建上海地铁列车延寿评估体系提供理论支撑和工程应用经验。

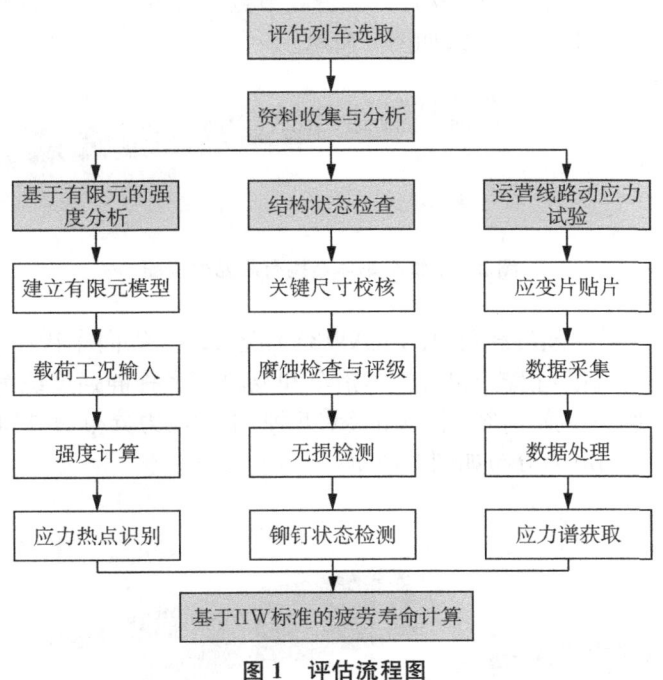

图 1　评估流程图

3. 评估内容

3.1　评估列车选取

该批次车辆共 28 列,考虑到评估工程量、成本及周期等因素,应选取具备代表性的车辆样本进行评估。选取评估列车遵循以下原则:
(1) 运营里程或运营时间相对较长;
(2) 关键结构部位出现批量裂纹(予以重点关注);
(3) 非预制批次;
(4) 正常架大修且结构未经过任何翻修;
(5) 车辆履历簿完整。

此外,考虑到同一列车中各节车的承载情况、设备布置等存在不同,在依据上述原则选取的评估列车中,再选取一节拖车(Tc)和一节带受电弓的动车(Mp)进行重点评估。

3.2　资料收集与分析

为详细了解该列车的性能、状态以及运用情况,正式评估前收集下列资料并作分析:
(1) 车体结构设计及制造工艺资料,包括三维模型、图纸及相关技术参数、车体设备质量与质心信息、强度计算报告、强度试验报告等;
(2) 车体结构过往检修记录,识别车体结构在服役期内的缺陷信息(数量、位置等)、处置方式;
(3) 载客量信息,分析车体结构在实际运用时的承载情况,具体为车辆主要载荷状态等级及其所占的里程比例。

3.3　基于有限元的强度分析

依据文献[1-2],对 Tc 和 Mp 车体在各个工况下静强度、疲劳强度进行分析,通过模拟运营负载情况来提取应力热点区域,为后续结构状态检查与运营线路动应力试验测点位置布设提供参考。

由于该地铁车辆为钢、铝混合铆接结构,其有限元模型以任意 4 节点薄壳单元为主、3 节点三角形单元为辅,平均单元边长为 20 mm;角焊和对接焊以焊缝处节点重合的形式进行模拟,搭接焊和塞焊以搭接壳单元进行模拟,铆钉用 BEAM 单元模拟,如图 2 所示。

图 2　半编组车体结构有限元模型图

分别计算出车体结构在垂向超员载荷(1.3 * AW3)工况、AW3 纵向车钩压缩工况(垂向载荷：AW3,车钩纵向压缩力：1 200 kN)、AW0 扭转工况、整车抬车和复轨等多种静强度载荷工况、疲劳载荷工况(含车体垂向、横向、纵向加速度、终点站清客、中间站换乘 5 种)下的应力分布,并提取各工况下的应力热点区域。车体垂向加速度工况下的应力分布如图 3 所示。

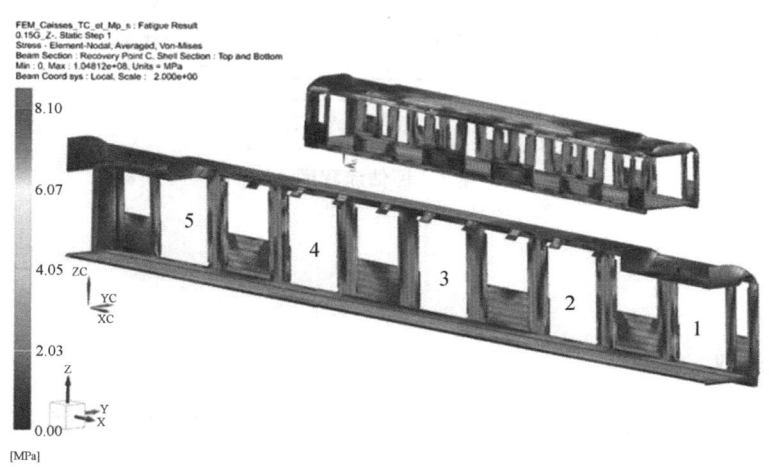

图 3　车体垂向加速度工况下的应力分布图

3.4　结构状态检查

1) 关键尺寸校核

参照车体结构图纸,对车体结构的关键尺寸进行校核,检查是否存在结构形变,校核结果显示,所有关键尺寸均在设计公差范围以内,车体结构无较大整体变形,状态良好。

2) 腐蚀检查

目视检查车体结构牵引梁、枕梁、端梁、侧梁等关键承载梁件的腐蚀情况,若存在腐蚀,则清除表面锈蚀层,测量腐蚀部位尺寸,记录腐蚀状态,并参照金属基体上金属和其他无机覆盖层经腐蚀试验后的试样和试件的评级相关规范,对检查部位进行外观评级和保护评级。检查结果显示,车体结构无明显腐蚀。

3) 无损检测

针对车辆不同材质结构,对车体易产生裂纹的部位特别是关键承载结构的焊缝进行无损检测,评估焊接质量以及长期服役是否造成结构损伤或裂纹。探伤结果显示,车体结构未发现明显缺陷。

4) 铆钉状态检测

由于该车辆为钢、铝混合铆接结构,铆钉作为固定该铆接车体的重要部件,其状态优劣直接影响车体结构寿命,因此针对铆钉状态开展相关测试十分必要。

(1) 根据有限元强度计算结果分析铆钉受力情况。由于车体各处铆钉数量较多,所有铆钉的受力水平均远低于其承载能力;并可知车钩安装座与边梁连接区域、枕梁与边梁连接区域的铆接结构所受载荷较大、受力相对复杂。

(2) 针对上述重点区域的所有铆钉,进行超声波探伤。结果表明仅 Tc 车厢二位端二位侧枕梁部位 2 处铆钉回波异常。

(3) 在有限元模型中,模拟无损检测异常的铆钉完全断裂失效,并校核垂向超员载荷(1.3 * AW3)工况和 AW3+纵向车钩压缩工况下该区域其他铆钉的受力变化。结果表明,铆钉失效前后该区域的应力分布及大小基本保持不变,进一步佐证在典型工况下各铆钉的载荷均布且受力较小。

(4) 将无损检测异常区域的部分铆钉取样后进行材料分析,包括金相分析、硬度测定、能谱及化学成分分析等。试验结果表明未出现损伤。

3.5 运营线路动应力试验

评估列车按正常编组在实际运营线路上开展动应力测试,以获取不同工况下的车体动应力特征,为后续疲劳寿命计算提供数据支撑。动应力测试的测点主要布设在基于有限元强度分析获得的薄弱点、上述结构状态评估中发现的存在或疑似缺陷部位、过往检修中确定的危险部位以及同设计平台的类似车型曾产生过裂纹的区域。测试过程中,首先用沙袋模拟 AW0、AW2 和 AW3 工况;其次,测试结束后结合实际线路情况对实测信号进行零漂修正、奇异值剔除和尖峰滤波等处理,获得较为理想的结构循环载荷应力数据;最后,采用雨流计数法,对测试获取的应力时域动态信号进行统计,获得离散分级的常幅应力谱,如图 4 和图 5 所示。受实际条件限制,本次评估仅选取了一列车开展动应力测试,其他列车则在大修和翻新改造过程中增加应力薄弱点检查或探伤,以进一步验证动应力试验的结论。

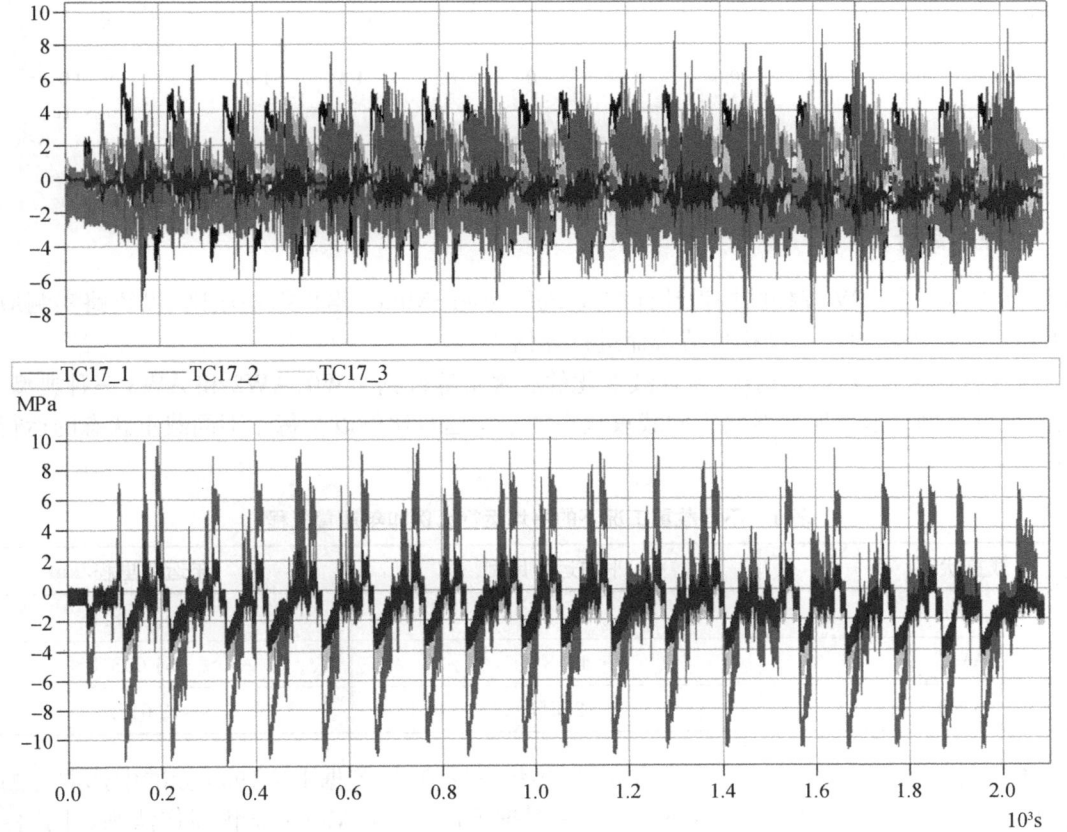

图 4　Tc 车动应力幅值图

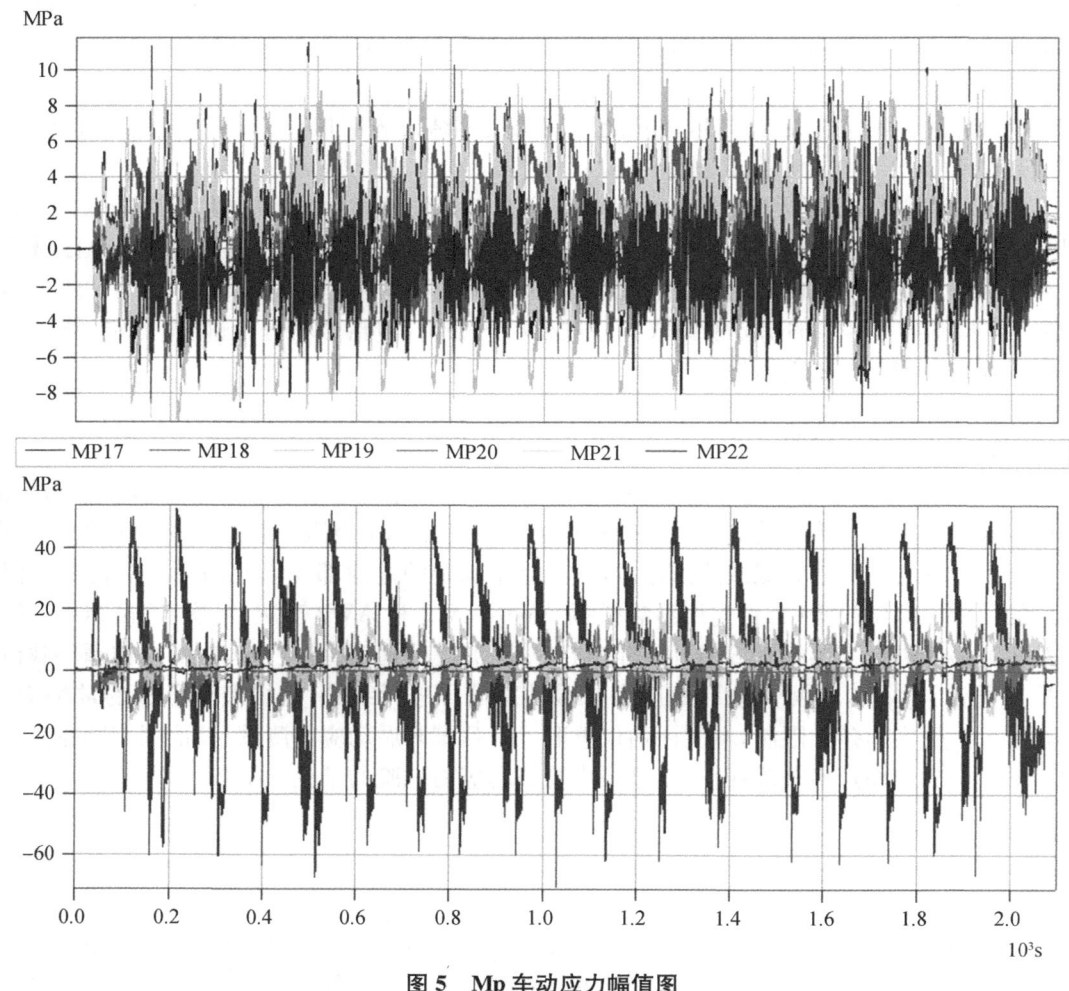

图 5 Mp 车动应力幅值图

3.6 疲劳寿命计算

基于国际焊接协会 IIW 焊接结构设计标准及 Palmgren-Miner 累积损伤法则,以线路实测应力谱作为输入,采用名义应力法对车体结构疲劳寿命进行评估[3]。

(1) 根据该列车的实际运营情况,将连续变化的载客量等效到 AW0、AW2 和 AW3 三种典型工况,并确定它们的运行比例。该车所在线路不同载重状态的平均运行比例以及每年不同载重状态的运行里程如表 1 所列。

表 1 不同载重工况下的平均运行比例和年运营里程

载重状态	平均运行比例	年运营里程/km
AW0	48.7%	50 898.8
AW2	48.8%	51 003.3
AW3	2.5%	2 612.9

(2) 根据车体测点部位结构形式、应力方向、焊接状态等信息,依据 EN 1999 标准中选取与测点部位相对应的细节类型、FAT 等级和 $\Delta\sigma - N$ 曲线[4],并根据 Palmgren-Miner 累积损伤法则,计算各测点分别在 AW0、AW2 和 AW3 状态下的疲劳损伤。

(3) 根据上述 AW0、AW2 和 AW3 三种载重状态的平均运行比例,并基于 AW0、AW2 和 AW3 测试应力谱产生的疲劳损伤,计算列车到达设计寿命时,列车运行过程中产生的损伤,并换算为车辆安全运用的总里程。

（4）按该车的年平均运营里程,计算车体结构各测点的疲劳寿命,结果显示,损伤最大部位出现在 Mp 车中间门下角焊缝处,为车体结构最薄弱部位,剩余寿命为 28 年;其余测点的疲劳损伤相对较小,剩余寿命均大于 30 年。

4. 结语

通过对上海某批次地铁 A 型车铆接车体的结构服役状态及疲劳寿命评估表明,其车体结构寿命具备超期服役条件,鉴于该列车已运营 20 年,最薄弱部位疲劳总寿命可达 48 年。对于该结构薄弱部位,在后续修程中需对其进行定期跟踪检查和必要的探伤。此外,基于 IIW 标准的名义应力评估法虽然在工程应用中较为成熟且评估结果较为可靠[5],但仍可探究基于 BS7910 标准的断裂力学评估法研究,对车体结构开展另一维度的评估,为本文名义应力法的计算结果提供进一步佐证。

参考文献

[1] EN 12663《Railway applications Structural requirements of railway vehicle bodies》
[2] EN 1999-1-3《Eurocode 9：Design of aluminium structures-Part 1-3：Structures susceptible to fatigue》
[3] 左亮,任玉鑫,阎锋,等. 城轨车辆铝合金车体结构服役寿命评估方法[J]. 铁道车辆,2019,57(6):1-3.
[4] 兆文忠,李向伟,董平沙. 焊接结构抗疲劳设计理论与方法[M]. 北京:机械工业出版社,2017.
[5] 闫长安. 俄罗斯延长地铁车辆使用寿命的方法[J]. 现代城市轨道交通,2005(8):57-59.

裂缝对地铁盾构隧道结构刚度的影响分析

Influence Analysis of Cracks on Structural Stiffness for Metro Shield Tunnel

李庆桐[1]　王飞阳[2]　李　伟[3]

摘　要：基于隧道结构图像信息实现病害诊断和结构安全评估是采用计算机视觉进行隧道结构健康监测与检测的重要落脚点。以地铁盾构隧道衬砌结构裂缝病害为研究对象，建立了裂缝最大宽度与裂缝深度、管片结构刚度退化率的关系式。对某城市多条运营地铁隧道进行检测，得到309条裂缝病害最大宽度信息，其均值为1.5 mm，标准差为0.8；裂缝最大宽度主要集中在(0.7, 2.2]区间，共计236条，占总裂缝数量的76%。得到了裂缝深度、管片结构刚度退化率的概率密度分布，其中裂缝深度符合正态分布、刚度退化率符合对数正态分布。研究成果可为城市轨道交通的隧道结构病害检测与安全评估提供参考依据。

关键词：盾构隧道；裂缝病害；结构刚度；计算机视觉；病害诊断

Abstract: To realize defect diagnosis and structural safety assessment of tunnel structure based on computer vision is an important foothold for tunnel structural health monitoring and inspection. Taking crack defect of metro shield tunnel lining structure as the study object, the relationship between the maximum crack width and crack depth and the stiffness degradation rate of segment structure is established. The maximum width of 309 cracks was obtained by inspecting several operating subway tunnels. After statistics, the mean value was 1.5 mm and the standard deviation was 0.8. The maximum width of cracks is mainly concentrated in the interval (0.7, 2.2], with a total of 236 cracks, accounting for 76% of the total number of cracks. The probability density distributions of crack depth and stiffness degradation rate of segment structure are obtained, in which crack depth conform to normal distribution and stiffness degradation rate conform to lognormal distribution. The study results can provide reference for tunnel structural defect inspection and safety assessment of urban rail transit.

Key words: shield tunnel; crack defect; structural stiffness; computer vision; defect diagnosis

1. 引言

近年来，随着计算机视觉和人工智能的快速发展，采用数字图像对隧道衬砌结构病害检测，已经成为行业发展的必然趋势[1]。作为地铁盾构隧道衬砌出现频率较高的结构病害，裂缝、渗漏水等病害的严重程度直接关系到隧道结构性能的高与低。通过结构病害图像信息实现隧道病害诊断和结构安全评估是解决实际工程需求的重要落脚点。

为了平衡专家评价的主观性和物理力学模型的客观性，2023年周鸣亮等[2]提出了融合机器视觉结构病害检测信息和不同病害下结构性能分析的隧道安全状态评价方法，但在数值模拟方面仅考虑了渗漏水和剥落两种病害，未考虑裂缝病害。以地铁盾构隧道衬砌结构表面的裂缝病害二值图像为研究对象，2020年李庆桐和黄宏伟[3]提出了客观的新型盾构隧道裂缝诊断指标(TDI-C)及其分级标准，具有客观合

1　李庆桐，上海申通地铁集团有限公司，隧道结构健康监测与检测，工学博士研究生，高级工程师，联系邮箱：liqingtong@shmetro.com。
2　王飞阳，上海申通地铁集团有限公司，隧道结构安全评估，工学博士研究生，讲师。
3　李伟，东华大学环境科学与工程学院，地下工程建设新技术，硕士研究生，高级工程师。

理性增强、易于工程实际应用、病害严重程度区分性强等优势,但未进行裂缝病害诊断的力学分析。为了能够在隧道结构的视觉检测中对裂缝病害的严重程度进行定量评定,2006 年日本山口大学 Shigeta 等[4,5]基于裂缝病害的宽度、长度、走向等三个参数,提出了在日本被广泛采用的隧道裂缝指标 TCI,但该方法未考虑裂缝病害的交叉和分布,且当裂缝弯曲严重时误差较大。

针对以上不足,本文以地铁盾构隧道衬砌结构的裂缝病害为研究对象,建立裂缝最大宽度与裂缝深度的联系,揭示裂缝病害对盾构隧道衬砌结构刚度的影响规律。首先,通过计算机视觉对裂缝病害进行图像获取、语义分割,再通过数字图像处理技术计算裂缝最大宽度;其次,采用隧道管片一致多尺度模型进行数值模拟,建立裂缝最大宽度与裂缝深度的关系;最后,通过数字模拟结果,建立裂缝深度与管片结构刚度退化情况的关系。

2. 裂缝最大宽度的视觉测量

裂缝病害是一种狭长的线状目标,其参数有长度、宽度、深度、间距、分布、位置和走向等。文献[6]指出盾构隧道衬砌结构的裂缝宽度与裂缝深度有明显的相关性,且裂缝深度直接表征衬砌结构的刚度退化情况。因此,本文首先通过计算机视觉对裂缝宽度进行测量。

2.1 衬砌表面图像获取

地铁隧道衬砌表面图像获取系统的主要器件有线阵相机、镜头、光源、计算机、编码器、电源等。该系统在地铁隧道中进行图像获取的场景如图 1 所示。其中,线阵相机和镜头组成光学成像系统,负责将隧道衬砌表面图像的数字化;由于隧道内处于暗光环境,光源是为了给光学成像系统补光,以提高成像质量;计算机负责整个设备的系统控制,并能够将图像数据进行保存;编码器的作用是在检测设备前进的过程中根据固定的前进距离,发出脉冲信号来触发线阵相机进行曝光、成像,从而保证衬砌图像的横向分辨率和纵向分辨率一致;电源是给整个检测设备提供需要的工作电压和电流。通过室外隧道模型试验和运营隧道现场试验,对该系统进行了测试和检验,能捕捉到 0.03 mm 的线状目标、0.20 mm 的点状目标。以上检测分辨率可满足

图 1 地铁隧道衬砌表面图像获取系统

《地铁设计规范》(GB 50157—2013)表 11.6.1 中盾构隧道管片裂缝宽度限值 0.2 mm 的要求。

2.2 裂缝病害图像识别与量化

通过地铁隧道衬砌表面图像获取系统,获取到的典型裂缝病害主要有纵向裂缝、环向裂缝、斜裂缝、S 型裂缝[7],具体如图 2(a)所示,其图像尺寸均为 1 000 pixel×1 000 pixel。采用基于深度学习的图像识别算法[8]对裂缝区域进行语义分割后,得到裂缝二值图。在该二值图中,白色区域灰度值为 1,即裂缝病害区域;黑色区域灰度值为 0,代表图像背景。最后,通过动态分块法[3]计算裂缝病害的最大宽度。经过计算,四条典型裂缝的最大宽度(CrackWidth_max, CW)分别是 1.2 mm、0.9 mm、1.8 mm、1.6 mm,具体如图 2(b)所示。

经过对多条运营地铁隧道衬砌表面的图像获取、裂缝病害图像识别与量化,最终得到 309 条裂缝病害最大宽度信息,其均值为 1.5 mm,标准差为 0.8。当初始值为 0.2 mm、步长为 0.5 mm、终止值为 5.2 mm 时,各个裂缝最大宽度取值区间里,裂缝病害出现的频率如表 1 所列。可以看出,裂缝最大宽度主要集中在 0.7 mm<CW≤2.2 mm,共计 236 条,占总裂缝数量的 76%。

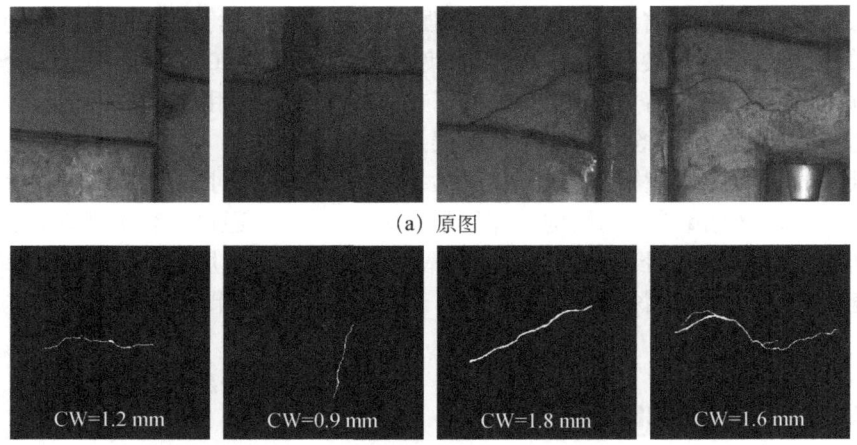

(a) 原图

(b) 二值图及其最大宽度

图 2　裂缝病害的典型图像与最大宽度计算

表 1　不同最大宽度取值范围内的裂缝出现频率

序号	裂缝最大宽度 CW 取值区间/mm	出现频率/次	序号	裂缝最大宽度 CW 取值区间/mm	出现频率/次
1	$CW \leqslant 0.2$	0	7	$2.7 < CW \leqslant 3.2$	18
2	$0.2 < CW \leqslant 0.7$	22	8	$3.2 < CW \leqslant 3.7$	5
3	$0.7 < CW \leqslant 1.2$	99	9	$3.7 < CW \leqslant 4.2$	1
4	$1.2 < CW \leqslant 1.7$	85	10	$4.2 < CW \leqslant 4.7$	2
5	$1.7 < CW \leqslant 2.2$	52	11	$4.7 < CW \leqslant 5.2$	1
6	$2.2 < CW \leqslant 2.7$	24	12	$5.2 < CW$	0

3. 裂缝深度

考虑混凝土宏细观结构特征，建立隧道管片一致多尺度模型，并通过偏心加载室内模型试验对其进行验证。数值模拟结果表明，衬砌结构裂缝深度与裂缝最大宽度呈对数关系，其关系式如式（1）所示[6]。基于上述现场检测的 309 条裂缝病害的最大宽度值，通过该关系式可以计算裂缝病害的深度。根据统计学原理，得到裂缝深度的概率密度分布，如图 3 所示，其中虚线为其拟合曲线。统计结果显示裂缝深度基本符合正态分布，其均值为 263.12 cm，标准差为 2.23。

$$CD = 49.1 \times \ln(155CW + 1.16) \tag{1}$$

式中　CD——裂缝深度（mm）；

CW——裂缝最大宽度（mm）。

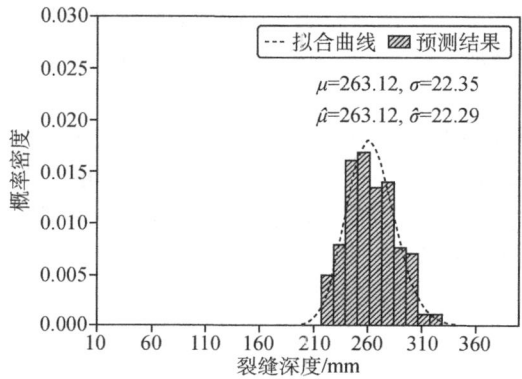

图 3　裂缝深度的概率密度分布及拟合曲线

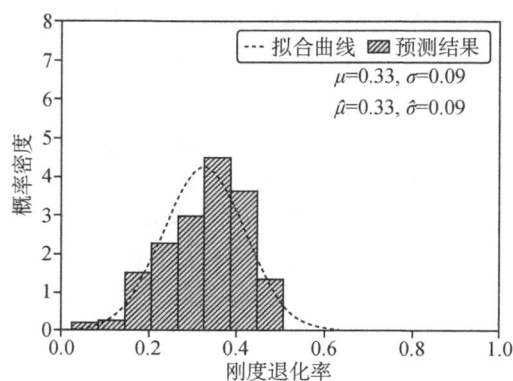

图 4　刚度退化率的概率密度分布及拟合曲线

4. 管片结构刚度退化性能

文献[6]的研究成果表明隧道结构的刚度与裂缝深度直接相关。根据多尺度模拟结果,建立了刚度退化率(当前刚度与初始刚度的比值 η)与裂缝深度之间的关系,具体如式(2)所示;再将式(1)代入,可直接通过裂缝病害最大宽度计算裂缝病害存在时管片结构刚度的退化情况。因此,根据上述现场检测的309条裂缝病害的最大宽度,通过式(2)计算每条裂缝病害对应的衬砌管片刚度退化率。根据刚度退化率的统计分析,绘制其概率密度分布图,如图4所示,其中虚线为拟合曲线。统计结果显示衬砌管片的刚度退化率符合对数正态分布,其均值为0.33,标准差为0.09。

$$\eta = 1.39 - 0.38e^{0.039CD} = 1.39 - 0.38e^{0.191\times\ln(155CW+1.16)} \tag{2}$$

式中　η——管片结构刚度退化率(单位:1);
　　　CD——裂缝深度(mm);
　　　CW——裂缝最大宽度(mm)。

例如,当裂缝最大宽度 $CW=1.0$ mm 时,经式(2)的计算,管片结构刚度退化率 $\eta=0.39$。可以看出,研究成果将计算机视觉检测得到的裂缝病害量化参数与管片结构刚度退回性能建立了显式联系,可以为城市轨道交通的隧道结构病害检测与评估提供参考依据。

5. 结语

以地铁盾构隧道衬砌结构为研究对象,采用地铁隧道衬砌表面图像获取系统对衬砌表面图像进行获取,经过裂缝病害图像识别与量化得到裂缝最大宽度值,通过隧道管片一致多尺度模型和偏心加载室内模型试验建立了裂缝最大宽度与裂缝深度、管片结构刚度退化性能的关系,有利于计算机视觉检测结果评估隧道结构性能。主要结论如下:

(1) 对某城市多条运营地铁隧道进行检测,得到309条裂缝病害最大宽度信息,其均值为1.5 mm,标准差为0.8;裂缝最大宽度主要集中在(0.7,2.2]区间,共计236条,占总裂缝数量的76%。

(2) 得到裂缝深度的概率密度分布,显示裂缝深度符合正态分布,其均值为263.12 mm,标准差为2.23;得到裂缝病害存在时管片结构刚度退化率的概率密度分布图,显示刚度退化率符合对数正态分布,其均值为0.33,标准差为0.09。

(3) 建立了裂缝最大宽度与管片结构刚度退化率的关系式。研究成果可为城市轨道交通的隧道结构病害检测与安全评估提供参考依据。

参考文献

[1] LEE K, LEE S, KIM H Y. Deep Learning-Based Defect Detection Framework for Ultra High Resolution Images of Tunnels[J]. Sustainability, 2023, 15(2): 1292.

[2] 周鸣亮,汪长松,黄宏伟,等. 融合机器视觉与性能分析的运营盾构隧道结构安全状态评价[J]. 应用基础与工程科学学报, 2023, 31(06): 1461-1476.

[3] 李庆桐,黄宏伟. 基于数字图像的盾构隧道衬砌裂缝病害诊断[J]. 岩石力学与工程学报, 2020, 39(08): 1658-1670.

[4] SHIGETA Y, TOBITA T, KAMEMURA K, et al. Propose of tunnel crack Index (TCI) as an evaluation method for lining concrete[J]. Journal of Japan Society of Civil Engineers Ser F1, 2006, 62(4): 628-632.

[5] WU X, JIANG Y, WANG J, et al. A new health assessment index of tunnel lining based on the digital inspection of surface cracks[J]. Applied Sciences, 2017, 7(5): 507.

[6] WANG F Y, ZHOU M L, ZHANG D M, et al. Random evolution of multiple cracks and associated mechanical behaviors of segmental tunnel linings using a multiscale modeling method[J]. Tunnelling and Underground Space Technology, 2019, 90: 220-230.

[7] LI Q T, XUE Y D, HUANG H W. Image Recognition of Shield Tunnel Cracks by Deep Learning[C]. Proceedings of the 8th International Conference on Structural Health Monitoring of Intelligent Infrastructure. Brisbane, Australia. December 5-8, 2017.

[8] HUANG H W, LI Q T, ZHANG D M. Deep learning based image recognition for crack and leakage defects of metro shield tunnel[J]. Tunnelling and Underground Space Technology, 2018, 77: 166-176.

基金项目

上海市科技创新行动计划启明星项目(21QB1404300); 上海市科技创新行动计划技术标准项目(22DZ2206200); 上海申通地铁集团有限公司创新青年科研项目(QN24R012)。

地铁隧道衬砌表面数字图像获取
Digital Image Acquisition of Metro Tunnel Lining Surface

李庆桐[1]　邵　华[2]　黄宏伟[3]　郑红彬[4]

摘　要：采用计算机视觉进行隧道病害检测是必然趋势，其首要工作是获取高质量的隧道衬砌表面图像。以地铁盾构隧道为研究对象，归纳总结了衬砌表面图像获取的工程要求，提出基于线阵相机的衬砌表面图像获取系统。通过室外隧道模型试验和运营隧道现场试验，对该系统进行了测试和检验，能捕捉到 0.03 mm 的线状目标、0.20 mm 的点状目标。研究成果可为采用计算机视觉和机器学习的隧道病害检测装备研制提供参考依据。

关键字：隧道工程；衬砌结构；图像获取；裂缝病害；计算机视觉

Abstract: It is an inevitable trend to use computer vision for tunnel defect inspection, of which the primary task is to obtain high quality images of tunnel lining surface. Taking metro shield tunnel as the study object, the engineering requirements of lining surface image acquisition are summarized, and a lining surface image acquisition system based on line array camera is proposed. Through outdoor tunnel model experiment and operational tunnel field test, the system is tested and verified. It can capture 0.03 mm linear-target and 0.20 mm point-target. The study results can provide valuable reference for the development of tunnel defect inspection equipment using computer vision and machine learning.

Key words: tunnel engineering; lining structure; image acquisition; crack; computer vision

1. 引言

作为城市轨道交通的重要组成部分，地铁盾构隧道在服役过程中难以避免地存在不同程度的结构病害，如裂缝和渗漏水病害[1]。传统的检测手段是通过人工肉眼观察衬砌表面是否存在结构病害，并对病害的位置、尺寸等重要信息进行记录，具有主观性强、成本高、效率低、病害参数不易确定等缺点。为了克服以上人工巡检的不足，1994 年日本铁道技术研究所 Sasama 等在国际上率先开展了基于计算机视觉的隧道病害检测研究[2]。近年来随着新一代人工智能技术的迅速发展，国内外专家学者已经将深度学习方法应用到隧道病害检测中，显著提升了病害识别准确率[3-5]。采用计算机视觉进行隧道病害检测的首要工作是获取高质量的隧道衬砌表面图像，以取得可供处理或识别的基础图像数据。裂缝是一种线状目标，其区域显现出狭长的形态。对于细小的裂缝病害，在拍摄距离较大的情况下，通用的图像获取设备（如单反相机）难以满足检测分辨率要求。因此，隧道衬砌表面作为一种特殊的场景，应采用专用的图像获取设备。

同济大学黄宏伟等[6,7]先后在 2014 年、2017 年研发了地铁隧道非接触式快速检测系统 MTI-100、MTI-200a，能够获取到隧道衬砌表面的高清图像，图像分辨率可达到 0.2 mm/pixel，可服务于隧道结构的日常巡检任务。2014 年北京交通大学 Zhang 等[8]研发了隧道结构裂缝检测系统，主要由 9 台线阵相

1　李庆桐，上海申通地铁集团有限公司，隧道结构健康监测与检测，工学博士研究生，高级工程师，联系邮箱：liqingtong@shmetro.com。
2　邵华，上海申通地铁集团有限公司，隧道结构健康监测与检测，工学博士研究生，教授级高级工程师。
3　黄宏伟，同济大学地下建筑与工程系，隧道结构健康监测与检测，地下工程风险评估、预警与控制，工学博士研究生，教授，博导。
4　郑红彬，中铁二十三局集团轨道交通工程有限公司，地下工程建设新技术，学士学位，高级工程师。

机、5台激光线光源等组成,获得的图像分辨率为 0.3 mm/pixel。2013 年加拿大 Pavemetrics 公司和西班牙 Euroconsult 集团[9]联合研发了用于隧道衬砌表面图像获取的激光相机,并将 6 台激光相机固定在轨道列车上,组成隧道表面扫描系统,图像分辨率为 1 mm/pixel。虽然以上文献对隧道衬砌表面的数字图像获取进行了简要介绍,但在硬件集成、试验研究、系统测试等方面未作具体描述。

为了能够对隧道衬砌表面的数字图像进行高质量地获取,本文首先明确地铁盾构隧道衬砌表面图像获取的工作要求,如成像方式、图像数字化、图像格式、图像分辨率等;其次,对地铁隧道衬砌表面图像获取系统进行集成,主要包括相机、镜头、光源、旋转编码器、计算机等器件;最后,开展室外隧道模型试验和运营隧道现场试验研究,对物面照度、图像分辨率进行检测。

2. 衬砌表面图像获取的工程要求

一个典型的图像获取系统的组成如图 1 所示,其组成单元包括相机、镜头、光源、计算机、显示器、编码器、电源等。由于隧道衬砌表面处于暗光环境,需要采用光源对其进行补光;依据光学成像原理,镜头会将视场中的衬砌表面映射到相机的图像传感器上,再通过光电转换功能将光信息变为电信号;经过相机的采样和量化后,最后输出的是数字化的衬砌表面图像;为了便于后续的图像识别等操作,将隧道衬砌表面数字图像存储于计算机中;在图像获取的过程中,通常需要将其在显示器中展示出来,以监视图像的状况。

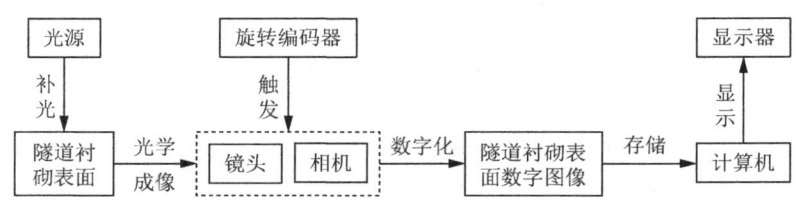

图 1 典型的图像获取系统示意图

2.1 成像方式

在隧道结构的健康监测与检测中,不同的成像方式有不同的优势。由于红外波段成像对温度变化敏感,文献[10]采用红外波段成像来检测隧道渗漏水,但该方法的图像分辨率较低,难以对裂缝进行检测。文献[11]采用微波成像对隧道衬砌背后空洞进行探测,取得了较好的检测效果。文献[12]采用锤击的方式产生声波来诊断隧道衬砌结构等等,但不易获得病害的位置信息。文献[13]采用高速激光扫描测量技术对上海地铁盾构隧道进行检测,可以获得衬砌结构的破损、裂缝、湿渍等病害的数字图像以及衬砌内表面各点距轨道中心线的距离。可以看出,红外波段成像对温度变化较为敏感,适合渗漏水病害的检测;微波波段成像能够较好地探测空洞等内部病害;声波成像可以确定结构整体性能上的衰减变化;激光成像获得的病害信息复杂多样,种类较丰富。与上述四种成像方式相比,可见光成像的主要优势是:①成像效果接近于人眼,直观、可信度较高;②设备成本相对较低;③便于携带和安装;④图像分辨率较高。考虑到隧道表面病害检测的主要对象为裂缝和渗漏水病害,其图像分辨率、成像效果是两个主要衡量的因素,因此,本文选用可见光成像的方式对隧道衬砌表面进行图像获取。

2.2 图像数字化

由于计算机总线处理数据位数的特殊要求,同时为了便于存储,图像的灰度级数 L 常用二进制的位数 k 来表示,即 $L=2^k$。此处的 k 被称为量化比特数,其取值为正整数,如 1、4、6、8、16 等。当 $k=1$ 时,灰度级 $L=2$;当 $k=8$ 时,灰度级 $L=256$。量化比特数越大,图像质量越好,但 6 比特(64 级灰度)以上的图像一般能满足工程需要,6 比特以下会出现假轮廓的现象[14]。考虑到在计算机内操作的方便性,本文研究采用 8 比特(256 级,1 字节/像素),这意味着像素的灰度值是 0~255 之间的整数。

2.3 图像格式

计算机中的数字图像是以文件形式存储。常用的图像格式主要有 BMP、TIFF、JPEG、GIF、PNG 等。对于以上五种图像格式,其具体特点的对比分析如表 1 所列。综合考虑后,为了保证隧道衬砌表面图像的信息不会丢失,便于后续的保存和处理,图像获取阶段采用 BMP 格式。由于训练深度学习网络需要较大的图像数据集来避免过拟合现象[15],因此会通过数据扩容的方式使图像数据集的容量产生指数式的增长,但这样处理后给计算机的存储带来很大的压力;为了降低计算机的存储压力,在图像识别阶段采用 PNG 格式。

表 1 常用的图像文件格式

图像格式	描述	扩展名	优势	不足
BMP	Windows 位图	.BMP	图像信息丰富	存储空间大
TIFF	标签图像文件格式	.TIF,.TIFF	存储信息多	结构复杂、存储空间大、兼容性差
JPEG	联合图片专家组	.JPG,.JPEG	压缩性能高,应用广泛	图像信息有损失
GIF	图形交换格式	.GIF	压缩比高、磁盘空间占用少	不能存储超过 256 色的真彩色图像
PNG	便携式网络图形	.PNG	保真性极高、显示速度快	不支持动画应用效果

2.4 图像分辨率

对于盾构隧道衬砌结构病害,本文主要关注裂缝和渗漏水。就几何尺寸而言,裂缝远远小于渗漏水。当获取到的衬砌表面图像中能够较好地捕捉到裂缝病害时,渗漏水病害必然也能够捕捉到。因此,在图像分辨率的确定问题上,以裂缝病害为考虑对象。

根据《地铁设计规范》(GB 50157—2013)中表 11.6.1,盾构隧道管片的最大计算裂缝宽度限值为 0.2 mm。根据《盾构法隧道结构服役性能鉴定规范》(DG/TJ 08—2123—2013,J 12360—2013)中表 5.2.3 和表 5.2.4,对于氯离子超过一定含量的 D 和 E 环境作用等级,裂缝宽度的最小分界值是 0.2 mm。根据《城市轨道交通设施养护维修技术规范》(DB11/T 718—2016)中表 33,衬砌裂缝宽度的最小分界值是 0.2 mm。综上可以看出,根据国家和地方标准的要求,裂缝病害图像的分辨率应优于 0.2 mm/pixel。

2.5 相机类型

表 2 中列出了线阵相机和面阵相机各自的优势和不足。根据上一节中相关工程规范及标准的要求,裂缝病害的宽度限值为 0.2 mm。若采用面阵相机,在较大的拍摄距离下,其获得的图像分辨率不应劣于 0.2 mm/pixel;若要达到这个图像分辨率,其经济成本将显著增加。而在同样的拍摄距离下,由于线阵相机内部的感光元件沿纵向的数量比较多,使得线阵相机可以较容易地获得 0.2 mm/pixel 的图像分辨率。因此,出于对图像分辨率的考虑,本文选用线阵相机以连续扫描的方式进行隧道衬砌表面的图像获取。

表 2 线阵相机与面阵相机的对比分析

类型	优势	不足
线阵相机	(1) 视野大; (2) 图像分辨率高; (3) 仅需环向拼接	(1) 对光源的照度和均匀性要求较高; (2) 需要设置编码器,否则图像纵横向分辨率不一致; (3) 对设备的自身振动敏感; (4) 采集速度相对较慢
面阵相机	(1) 采集速度相对较快; (2) 对照度要求相对较低; (3) 纵横向分辨率一致,不需要编码器	(1) 当被拍摄物表面为曲面时,图像需要校准处理; (2) 需要进行纵向拼接和环向拼接

3. 地铁隧道衬砌表面图像获取系统集成

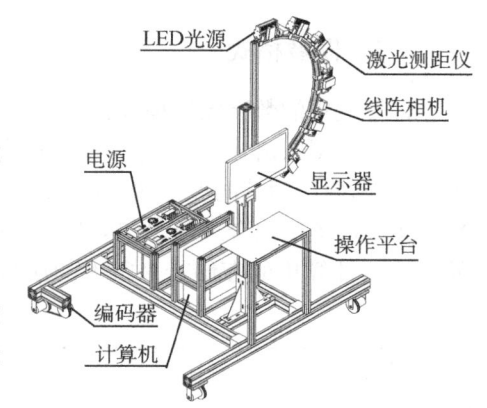

图 2 地铁隧道衬砌表面图像获取系统的示意图

地铁隧道衬砌表面图像获取系统的主要器件有线阵相机、镜头、光源、计算机、编码器、电源等。图 2 为集成后的系统示意图。其中,线阵相机和镜头组成光学成像系统,负责将隧道衬砌表面图像的数字化;由于隧道内处于暗光环境,光源是为了给光学成像系统补光,以提高成像质量;计算机负责整个设备的系统控制,并能够将图像数据进行保存;编码器的作用是在检测设备前进的过程中根据固定的前进距离,发出脉冲信号来触发线阵相机进行曝光、成像,从而保证衬砌图像的横向分辨率和纵向分辨率一致;电源是给整个检测设备提供需要的工作电压和电流。

4. 室外隧道模型试验

由于实际运营隧道的巡检天窗时间仅为 3 h(凌晨 0:00—3:00),时间非常有限,不利于地铁隧道衬砌表面图像获取系统的调试工作。因此,以上海地铁盾构隧道为例,建立了室外隧道模型,如图 3(a)所示。该室外隧道模型的内表面直径为 5.5 m,管片厚度为 0.35 m,采用通缝拼装,由 1 块封顶块(代号为 F)、2 块邻接块(代号为 L)、2 块标准块(代号为 B)、1 块封底块(代号为 D)以及螺栓构成一个完整的圆环,具体如图 3(b)所示。管片的块与块之间形成纵缝,环与环之间形成环缝,纵缝与环缝相交形成十字缝。管片的端部设有螺栓手孔,中部设有注浆孔。

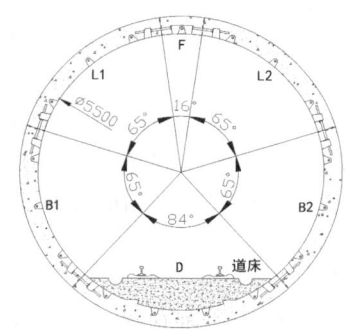

(a) 室外模型隧道现场实景　　(b) 管片拼装示意图

图 3 室外模型隧道(单位:mm)

图 4 为室外隧道模型试验场景,主要是系统设备的联调联试、图像分辨率的实测。在隧道衬砌表面图像的获取过程中,线阵相机的行频是一个重要参数,其倒数为相机曝光时间。当图像获取速度高于 5 km/h 时,线阵相机曝光时间的上限值为 145 μs;当图像获取速度高于 10 km/h 时,线阵相机曝光时间的上限值为 72 μs。可以看出,随着图像获取速度的提升,曝光时间越来越短,使得线阵相机对物面照度要求非常高。文献[16]通过试验研究发现,当物面照度大于 6 000 Lux 时,可满足隧道图像的清晰度要求。在测试过程中,用照度计测量了光源照射距离为 2.0 m 时衬砌表面的照度(简称物面照度),其值为 8 720 Lux,能够满足隧道图像的清晰度要求。

通过捕捉到的裂缝标尺图像,发现可以捕捉到 0.03 mm 的线状目标、0.20 mm 的点状目标,具体如图 4(c)所示,验证了图像分辨率能够满足规范标准的要求。

 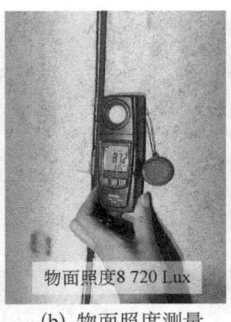 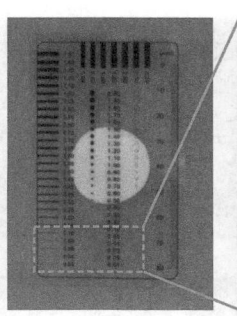 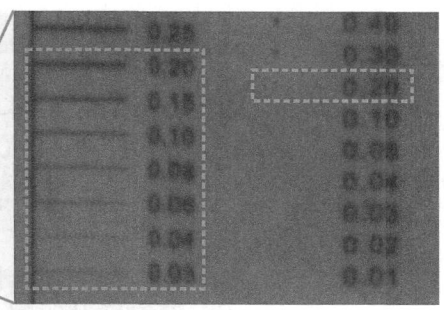

(a) 试验场景　　(b) 物面照度测量　　(c) 捕捉到的裂缝标尺图像

图 4　室外隧道模型试验场景

5. 运营隧道现场试验

经过室外隧道模型试验的联调联试,确保了地铁隧道衬砌表面图像获取系统的组装拆卸、镜头对焦、图像存储等环节满足要求后,组织开展运营隧道现场试验,其主要目标是获取运营隧道衬砌表面的图像。图 5 是运营隧道现场试验的实际场景,采集到隧道衬砌表面图像如图 6 所示。通过专业工程人员的裁剪,得到了图 7(a)所示的裂缝病害典型图像,其图像尺寸为 1 000 pixel×1 000 pixel。采用基于深度学习的图像识别算法[7]对裂缝区域进行语义分割后,得到裂缝二值图。在该二值图中,白色区域灰度值为 1,即裂缝病害区域;黑色区域灰度值为 0,代表图像背景。最后,通过动态分块法[17]计算裂缝病害的长度和最大宽度。经过计算,三条典型裂缝的长度分别是 272 mm、263 mm、131 mm,最大宽度分别是 0.9 mm、1.6 mm、1.0 mm,具体如图 7(b)所示。这些裂缝病害量化结果可便于地铁维护保障部门后续制定经济、合理的维护预算。

图 5　运营隧道现场试验场景　　　　图 6　获取到的隧道衬砌表面图像

6. 结语

以地铁隧道衬砌表面数字图像获取为研究目标,从成像方式、图像数字化、图像格式、图像分辨率、相机类型等方面归纳总结了衬砌表面图像获取的工程要求,对地铁隧道衬砌表面图像获取系统进行了集成研发。取得主要结论如下:①提出了基于线阵相机的地铁隧道衬砌表面图像获取系统;②通过室外隧道模型试验,对物面照度、图像分辨率进行了检验,发现物面照度实测值为 8 720 Lux,能捕捉到 0.03 mm 的线状目标、0.20 mm 的点状目标;③通过运营隧道现场试验,获取了运营隧道衬砌表面的图像,并对裂缝病害典型图像进行语义分割后得到二值图,采用动态分块法计算了裂缝病害的长度和最大宽度。

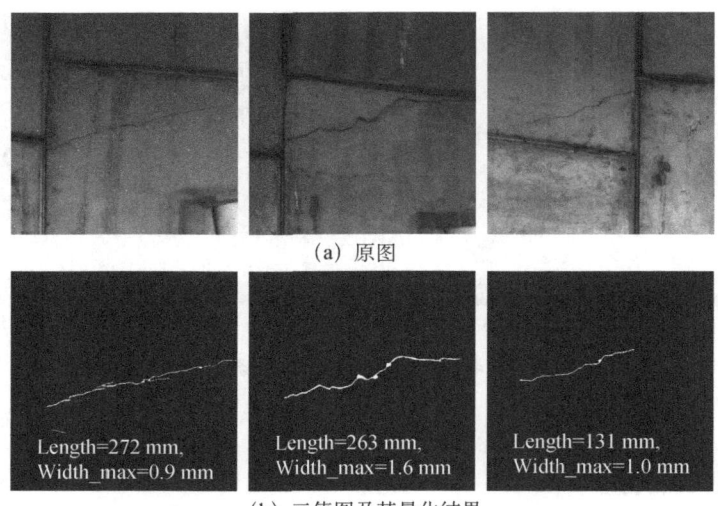

(a) 原图

(b) 二值图及其量化结果

图7 裂缝病害的典型图像与量化结果

本文研究成果，可为基于计算机视觉和机器学习的隧道病害检测装备的研制提供参考。

参考文献

［1］王如路.上海轨道交通隧道结构安全性分析[J].地下工程与隧道,2011,(04):37-43+61.
［2］SASAMA H. Maintenance of railway facilities by continuously scanned image inspection[J]. Japanese Railway Engineering, 1994, 33(2): 1-5.
［3］PANELLA F, LOO Y, KAUSHIK A, et al. Smart Image Based Technology and Deep Learning for Tunnel Inspection and Asset Management[J]. Gallerie E Grandi Opere Sotterranee, 2019, (130): 41-48.
［4］LEE K, LEE S, KIM H Y. Deep Learning-Based Defect Detection Framework for Ultra High Resolution Images of Tunnels[J]. Sustainability, 2023, 15(2): 1292.
［5］黄宏伟,李庆桐.基于深度学习的盾构隧道渗漏水病害图像识别[J].岩石力学与工程学报,2017,36(12):2861-2871.
［6］HUANG H W, SUN Y, XUE Y D, et al. Inspection equipment study for subway tunnel defects by grey-scale image processing[J]. Advanced Engineering Informatics, 2017, 32: 188-201.
［7］HUANG H W, LI Q T, Zhang D M. Deep learning based image recognition for crack and leakage defects of metro shield tunnel[J]. Tunnelling and Underground Space Technology, 2018, 77: 166-176.
［8］ZHANG W, ZHANG Z, QI D, et al. Automatic crack detection and classification method for subway tunnel safety monitoring[J]. Sensors, 2014, 14(10): 19307-19328.
［9］GAVILAN M, SANCHEZ F, RAMOS J A, et al. Mobile inspection system for high-resolution assessment of tunnels [C]. Proceedings of the The 6th International Conference on Structural Health Monitoring of Intelligent Infrastructure (SHMII-6). Hong Kong, China. December 9-11, 2013.
［10］王康,刘健,吕高航,等.基于红外图像增强的衬砌裂损渗漏水识别方法及工程应用[J].应用基础与工程科学学报,2023,31(06):1444-1460.
［11］曹瑞琅,齐法琳,贺少辉.地质雷达非接触式车载系统隧道衬砌检测影响因素研究[J].现代隧道技术,2016,53(5):17-24.
［12］SUDA T, TABATA A, KAWAKAMI J, et al. Development of an impact sound diagnosis system for tunnel concrete lining[J]. Tunnelling and Underground Space Technology, 2004, 19(4): 328-329.
［13］周鸣亮,程文,张东明,等.运营期盾构隧道结构病害的自动化检测与三维可视化[J].应用基础与工程科学学报,2021,29(05):1265-1279.
［14］孙明.数字图像处理与分析基础[M].北京:电子工业出版社,2013.
［15］ALOM M Z, TAHA T M, YAKOPCIC C, et al. A State-of-the-Art Survey on Deep Learning Theory and

Architectures[J]. Electronics, 2019, 8(3).

[16] 李庆桐,黄宏伟,薛亚东,等.隧道衬砌图像清晰度影响因素的模型试验研究[J].岩石力学与工程学报,2017,36(S2):3915-3926.

[17] 李庆桐,黄宏伟.基于数字图像的盾构隧道衬砌裂缝病害诊断[J].岩石力学与工程学报,2020,39(08):1658-1670.

项目基金

上海市科技创新行动计划启明星项目(21QB1404300);上海市科技创新行动计划技术标准项目(22DZ2206200);上海申通地铁集团有限公司创新青年科研项目(QN24R012)。

专题三　城市更新　宜居与品质

城市更新中的交通品质提升研究
——以杜行历史街区为例

Traffic Optimization of Urban Renewal
—A Case Study of Duhang Historical Area

胡 颖[1]

摘 要：为统筹上海市闵行区浦江镇城乡发展，深挖浦江杜行老街历史文化，提升景区综合品质，优化当地村民居住环境、提升村民生活水平，上海市闵行区政府拟采取"城中村"改造方式对闵行区浦江镇杜行老街项目进行整体改造。但因总体规划不直接指导建设，且区域内无已批控规，导致现有规划内容无法满足老街具体开发建设需求。为配合浦江镇杜行老街"城中村"整体改造，解决控规调整中遇到的道路交通设施不足，通过对现状交通运行问题总结分析，量化建设基地对周边交通设施的影响程度，优化道路交通网络，提升区域交通品质及路网运行效率，为规划调整提供依据。

关键词：城市更新；风貌传承；交通品质；交通网络

Abstract: In order to coordinate the urban and rural development of Pujiang Town in Minhang District of Shanghai, discover the history and culture of Duhang Area, improve the comprehensive quality of scenic spots, optimize the living environment of local villagers, and improve the living standards of villagers, the government of Minhang District intends to adopt the "village in the city" transformation method to carry out the overall transformation of the Duhang Area project. However, because the overall plan does not directly guide the construction, and there is no approved control regulation in this area, the existing planning content cannot meet the specific development and construction needs of the Duhang Area. In order to cooperate with the overall transformation of Duhang Area in Pujiang Town and solve the shortage of road traffic facilities encountered in the adjustment of control regulations, this paper summarizes and analyzes the current traffic operation problems, quantifies the impact of the construction base on the surrounding traffic facilities, optimizes the road traffic network, improves the regional traffic quality and the operation efficiency of the road network, and provides a basis for planning adjustment.

Key words: urban renewal; inheritance of historic character; traffic quality; traffic network

1. 引言

结合新一轮城市总体规划和区域国民经济社会发展规划，将"城中村"改造与乡村振兴战略、历史文化名镇名村保护和利用、文化遗产保护、态廊道建设等紧密结合，更好满足人民群众对美好生活的需要。

根据杜行老街开发设想，将重塑杜行老街文化及旅游功能，推动该区块及周边区域居住环境提质、商业服务等配套设施完善、产业能级提升，满足村（居）民对美好生活的需求。控规调整需对用地布局、交通组织等内容进行落实及优化。此次研究通过交通调研和需求分析，提出交通优化调整思路及方案，为城市更新中交通品质的提升提供参考。

---

[1] 胡颖，上海市市政规划设计研究院有限公司，交通规划，硕士研究生，工程师，联系邮箱：923484613@qq.com。

2. 研究现状

杜行老街位于闵行区东南部浦江镇，东至浦锦南路，南至申嘉湖高速（浦放路），西至规划浦业路，北至沈杜公路，约 29 hm²。目前基地内共有企业 13 家，现状村居民约 605 户，户籍人口约 1 365 人。现状为城中村，居住环境较差。姚家浜河道贯穿基地，将地基划分为南北两部分。杜行老街地处浦江郊野公园之中，是郊野公园的核心功能板块；紧邻黄浦江第一湾，依托姚家浜西接黄浦江，东联召稼楼；周边产业及高校聚集，尤与上海戏剧学院关联紧密（图 1）。

图 1　现状情况

道路交通方面，基地内部支小道路是典型的城中村路段，断面基本都为一块板，路面低洼、破损。相较之下外围道路设施建设却较为良好，项目西侧规划建设南北向城市次干路浦业路，建成后杜行老街周边将全部由城市骨干道路围合。周边骨干道路设施条件较好，南侧闵浦大桥为上下双层，下层为地面道路浦放路-放鹤路，上层为 S32 申嘉湖高速。浦放路、浦星公路为双向 6 车道，其余次干路多为双向 4 车道，支路多为双向 2 车道。

现状公交方面，依托浦江郊野公园公交配套资源，区域公交网络系统已比较成熟，浦江镇现状公交线网呈现东西向收集、南北向贯通特点，基地 500 m 范围内有 10 个公交站点、共 12 条线路通过。

静态交通方面，周边主要有包括路侧停车在内的 10 个浦江郊野公园停车场，高峰时基本可满足公园停车，但包括沈杜公路在内的路侧停车影响道路通行能力，产生局部路段拥堵。另外如遇小长假客流高峰，周边停车场车位供应不足，浦星公路、沈杜公路局部拥堵（图 2）。

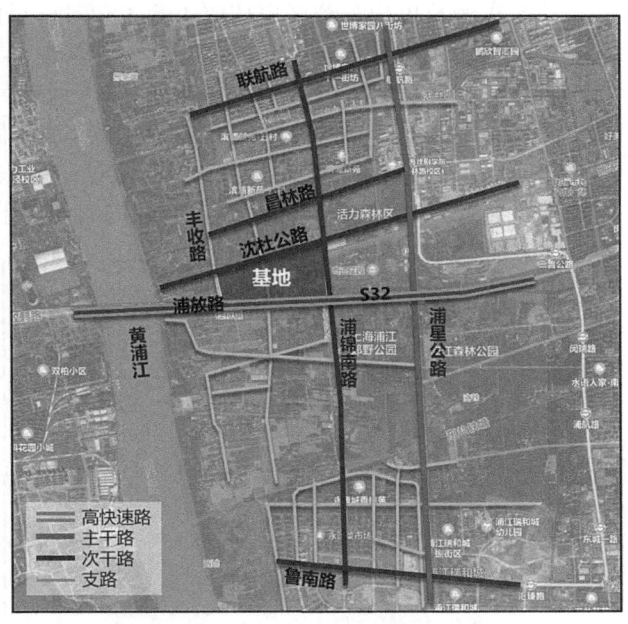

图 2　研究范围内现状道路等级图

3. 趋势分析

结合《闵行区浦江新市镇（含浦锦街道）总体规划暨土地利用总体规划（2017—2035 年）》提出的"构建城乡统筹的空间格局"思路。浦江新市镇经历十余年的发展，已进入存量用地时代。需要通过减量腾挪和存量提升来实现空间结构的优化。统筹郊野地区的减量、农村宅基地归并和开发边界内的增量之间的关系,科学划定开发边界。优化产城关系,推动功能调整,应对城镇发展的不确定性。

规划将深化新市镇范围内综合交通系统的研究。道路交通上,突破交通瓶颈,加强与其他区域的交通衔接;完善内部交通网络,核心区提升路网密度。公共交通上,落实上位规划的轨道交通,建设中运量系统,打造高效的公共客运体系。

4. 交通需求分析

规划调整后,增加住宅组团用地约 8.0 hm²,减少商业商办用地约 10.94 hm²。北侧社区养老福利用地调整为教育科研设计用地。道路广场减少 0.5 hm²。绿地增加 3.3 hm²。建设用地共减少约 0.23 hm²。调规后,住宅建设规模增加 8.4 万 m²。研发建设规模增加 0.84 万 m²。商办建设规模减少 19.5 万 m²。社区公共服务规模减小 0.53 万 m²。建设规模共减少约 10 万 m²。

(1)根据调规后建设规模,采用目前国际上比较通用的 Logit 模型,参考《上海市第六次综合交通调查》,考虑不同用地类型的土地导致人流出行方式有所不同,预测基地早高峰小时分方式出行人次如表 1 所列。其中,个体机动车交通方式(小汽车、出租车)出行人次在 2026 年达到 1 091 人次/h,2031 年达到 1 128 人次/h。

表 1 目标年基地全方式高峰出行量人次对比(单位:人次/h)

		小汽车	出租车	轨道交通	公交 (含中运量)	非机动车	步行	合计
调规前		4 290	520	3 120	2 340	910	1 820	13 000
调规后	2026 年	973	118	708	531	206	413	2 949
	2031 年	1 006	122	731	549	213	427	3 048

社会车辆及出租车载客率按照 1.5 人/车进行计算。调整规划前目标年基地早高峰机动车出行量为 3 207 pcu/h。调规后近期目标年(2026 年)基地早高峰机动车出行量为 727 pcu/h,远期目标年(2031 年)基地早高峰机动车出行量为 752 pcu/h,近远期目标年早高峰机动车出行量相较于调规前均大幅减少。

(2)目标年研究范围内沈杜公路、浦放路、浦业路、浦锦南路及浦星公路"二横三纵"干道承担主要交通(图3)。流量方向性与现状基本一致,流量主要去向为中心城及浦西(紫竹高新、吴泾工业区等),具有潮汐性。浦业路建成后,作为贯通性良好的南北向干道,将显著分流浦星公路交通压力(图4)。

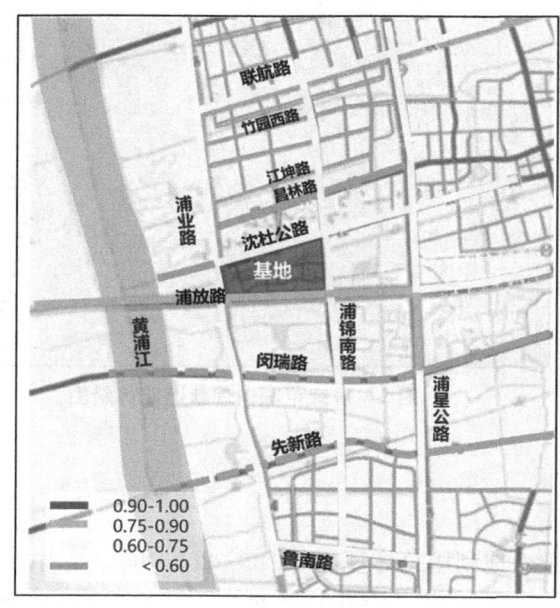

图 3 目标年区域主要道路饱和度图

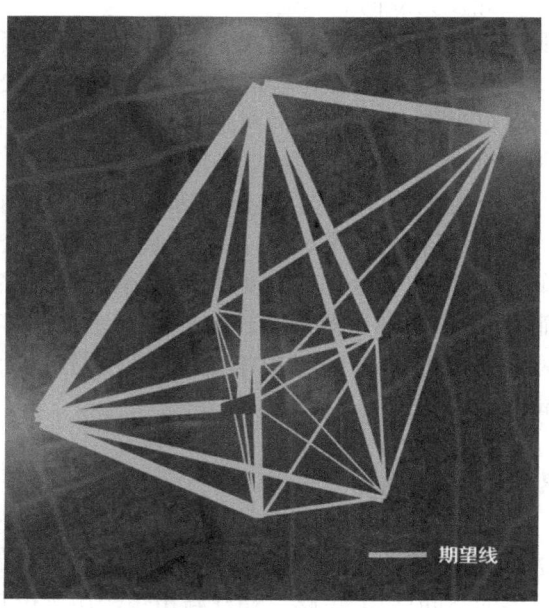

图 4 杜行老街交通期望线图

到2026年周边路网可承担项目建成后新增交通量。到2031年商业运营进一步成熟，交通量略有增长，但对周边路网承载量影响不大，规划东川路-先新路越江或剑川路-下盐公路越江建成后，将大幅分流浦放路越江交通压力。

规划方案调整后滨江道（规划一路）、张行路主要承担地块到发交通量，结合地块开发规模预测交通影响，调整后道路满足地块出行需求。

5. 交通优化思路及策略

1）畅通"微循环"，构建内联外通交通网络

规划调整后开发强度、用地功能交通需求等都发生变化，城市更新结合城市交通规划，整合区域交通网络，打通交通断点，对道路节点等进行升级改造，具体路网改造策略有：①规划建设纵向对外连通道路，贯通南北、衔接内外；②拓宽横向道路增强区域内部东西各功能融合；③优化区域道路与城市道路接入点的改造，更顺畅地衔接老街与城市骨干路网，加强老街内外的快速对接；④合理化设置主要对外出入口，快速便捷的出行方式，实现内外交通快速转换。杜行老街道路网重塑后，将形成良好的交通微循环，提升杜行社区乃至浦江镇区域交通品质。

改善公交服务。浦江镇现状区域公交剩余容量较大，但杜行老街并无公交设施配建。根据规划调整后的客运需求，结合区域公交规划，合理调整公交线路，并结合新建市政道路预留公交站点，倡导绿色出行，同时提高区域公交覆盖率。

调控停车设施。城市更新应充分尊重区域周边公共环境，杜行老街被城市公园环绕，区域静态交通设计考虑周边公园高峰停车压力，结合商业用地，提供与郊野公园、长寿禅寺的错峰停车共享，减少路侧停车造成的拥堵，优化停车资源的配置，使得停车资源得到更加合理的利用。

2）注入文化内核，构建慢行游憩网络

杜行老街作为拥有六百余年历史文化的老街，结合住宅用地的再次开发，是让老街重现繁荣的大好契机。顺应可持续发展的客观要求，完成历史文保建筑的更新，给老街的运营、商业发展注入新活力，是新时代的必然趋势。

根据老街城市开发设想，将延续传统风貌与街道肌理，形成新的公共中心，重塑杜行老街文化及旅游功能(图5)。完善慢行街道空间，延续"主街-次街-巷道"三层次的慢行交通体系，构建精细化慢行交通网络，注重慢行交通的通达性、便捷性及人性化需求，保障居民出行、提升旅游品质。

图5 老街慢行网络分析图

杜行老街地处滨河人文带,利用杜行老街良好的生态基础、区位优势、人文优势,结合乡村振兴的目标,打造多样化的水岸和适宜的街区慢行尺度,依托姚家浜和红卫河等的丰富水景资源(图6),塑造以江南风貌为底色的老街形象,提升街区慢行品质。

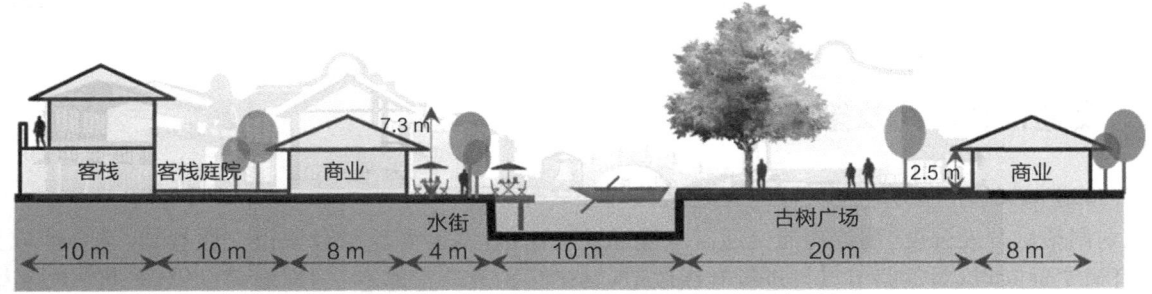

图6 街区慢行断面图

3)因地制宜以水为媒,构筑水上交通网络

杜行老街地处重要水陆节点,传统的杜行老街西距黄浦江仅1 km,古时水运交通便捷,这也成了后来一些实力人家落地安家的原因。杜行老街更新立足区位优势,以水为媒,设置多层级水道,从召稼楼到杜行老街再到浦江两岸,从慢节奏的传统生活到快节奏的现代交通。水上交通线路立足姚家浜、黄浦江水上营地的潜在机遇,打造黄浦江头时空渡口,唤醒遗落的上海印象。通过情景化的营造,以江南风貌为底色,融合传统印记、海派元素营等造特色水上交通线路。承担起水上公共交通运输和城市旅游线路的综合功能,有利于促进浦江镇经济的发展和旅游资源的开发利用,实现交旅融合(图7)。

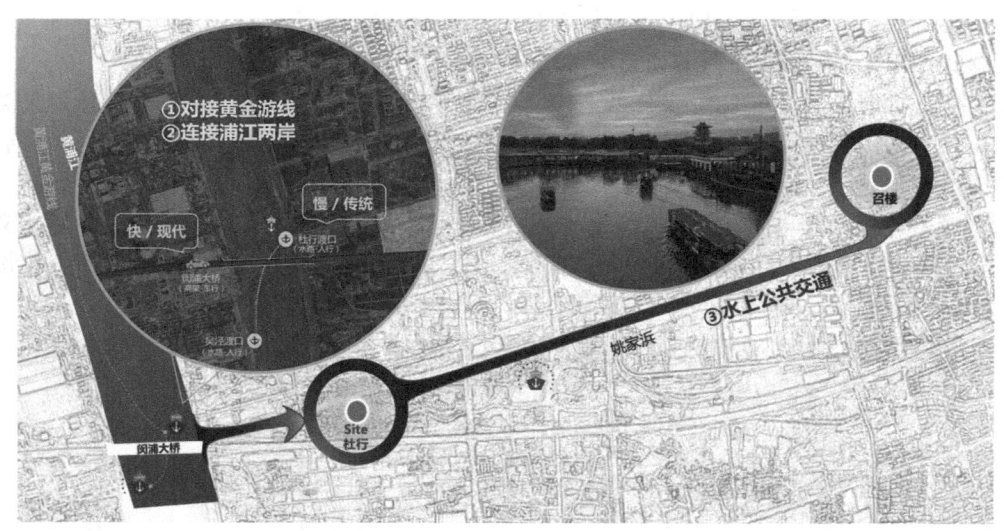

图7 水上交通概念图

6. 交通优化方案

(1)新建城市道路规划一路北接沈杜公路,南接浦放路辅道,是社区对外交通的主要道路。全程设两座桥,跨姚家浜设计纵坡3.48%。道路红线宽20 m。机动车道3.5 m,非机动车道2.5 m,人行道结合绿化设置4 m(图8)。

(2)张行路西接浦放路东接浦锦南路,东西向衔接内部各主要功能用地,道路拓宽至12 m,下穿规划一路,净空按3.5 m控制,纵坡2.5%。下穿地道总长约120 m。

(3)为确保规划一路顺利落坡并接入沈杜公路,沈杜公路(规划一路交叉口)设计标高提升至6 m。

(4) 浦放路进出基地需经辅道右进又出,考虑项目建成后商业人流量增加,增加浦放路辅道右转进入规划一路续车长度,辅道机动车道维持现状线位,宽度 4 m。

(5) 规划一路上跨姚家浜桥、张行路下穿规划一路隧道的坡度均大于2%,因此起坡点 50 m 范围内禁止开口。规划一路跨红卫河桥梁坡度小于 1%,坡度范围内禁止开口。

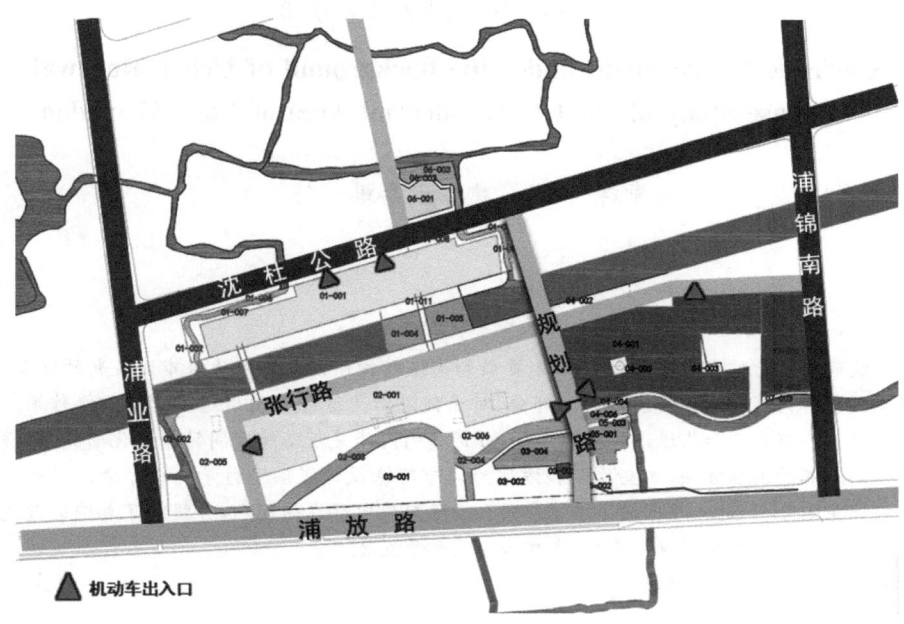

图 8　道路方案分析平面图

7. 结语

随着上海城市化进程的不断推进,一些古镇老街正在逐渐消失。本次研究从现状问题入手,分析预测区域交通需求,深入挖掘老街交通改善新契机。完善城市路网功能,沟通区域内联外接;依托市政道路,提升公交功能;结合公共设施,提供停车共享;重塑老街文化、旅游新功能,构筑精细化慢行网络;因地制宜开展水运公共交通服务。通过多项举措畅通对外通道,以多元化的交通联系系统促进区域文化活力。希望通过本研究能够为城市更新中交通品质的提升提供有益的参考。

参考文献
---

[1] 上海市人民政府. 上海市城市总体规划(2017—2035 年)[EB/OL]. [2018-01-04]. https://www.shanghai.gov.cn/newshanghai/xxgkfj/2035004.pdf.

[2] 闵行区综合交通规划(2022—2035 年)[EB/OL]. [2023-09-04]. 上海市闵行区人民政府网站(shmh.gov.cn).

[3] 姜玉佳. 江苏省城市交通规划研究中心. 城市更新项目的交通问题思考[EB/OL]. [2018-08-31]. https://mp.weixin.qq.com/s/qWeQl6l8zCDGC66xLesEtA.

[4] 上海市城乡建设和交通发展研究院. 上海市第五次综合交通调查主要成果[R]. 上海:上海市城乡建设和交通发展研究院,2022.

[5] 颜淋丽. 老城道路交通优化改善思路初探[J]. 交通与运输,2017,(a02):70-75.

[6] 黄德剑. 存量发展阶段城市滨水地区交通品质提升策略[J]. 城市建设理论研究(电子版),2022(30).

城市更新背景下路缘精细化设计
——以陈望道旧居片区为例

Curbside Management under the Background of Urban Renewal
—A Case Study of the Old Residential Area of Chen Wangdao

刘章辉[1]　肖　建　成嘉琪　符　佳

摘　要：随着城市发展进入存量优化阶段，城市更新和街道精细化设计将成为城市发展新的增长极，其重要性越来越突出。路缘空间作为街道空间极其复杂的一部分，对于促进活力绿色高效街道发挥着重要作用。本文首先明确路缘空间精细化设计在城市更新和街道设计中的定位，分析了国内外关于路缘空间的精细化研究，并提出了适应于国内路缘精细化设计的基本原则和方法，这些原则和方法为城市路缘设计提供了科学的指导方向。通过具体的陈望道旧居片区的路缘空间案例分析，进一步探讨了路缘空间在实际应用中存在的问题，并提出了相应的改造措施。研究成果可以丰富城市更新以及街道精细化设计手段，支撑城市高质量发展。

关键词：城市更新；街道设计；基本原则；方法

Abstract: With the urban development entering the inventory optimization stage, urban renewal and street fine design will become the new growth pole of urban development, and its importance is becoming more and more prominent. As an extremely complex part of street space, curb space plays an important role in promoting vibrant green and efficient streets. This paper firstly clarifies the positioning of the refined design of curb space in urban renewal and street design, analyzes the domestic and foreign researches on the refined design of curb space, and puts forward the basic principles and methods suitable for domestic refined design of curb space, which provide scientific guidance for urban curb design. Based on the case study of the curb space in the old residence area of Chen Wangdao, this paper further discusses the problems existing in the practical application of the curb space, and puts forward the corresponding reconstruction measures. The research results of this paper can enrich the means of urban renewal and fine street design, and support high-quality urban development.

Key words: urban renewal; street design; basic principles; method

1. 引言

随着从增量发展时代过渡到存量优化时代，我国城市发展正经历从粗放化、扩展式增量发展逐步向精细化、内涵式存量提升发展的阶段，城市更新和街道设计逐渐成为相关部门关注的重点。2020年中国共产党第十九届五中全会通过了《中共中央关于制定国民经济和社会发展第十四个五年计划和二〇三五年远景目标的建议》，明确提出"实施城市更新行动"，这是党中央对进一步提升城市发展质量工作做出的重大决策部署[1]。在这一阶段，我国的城市更新更加关注城市内涵发展，强调以人为本，更加重视人居环境的改善和城市活力的提升。街道设计是城市更新中的重要抓手，是城市中重要的线性公共空间，良好的街道设计可以引导城市空间有序发展，实现城市资源的高效配置和可持续发展。近年来，上海、北京等城市先后

---

1 刘章辉，上海市政工程设计研究总院（集团）有限公司，交通规划，助理工程师，联系邮箱：liuzhanghui@semdi.com。

发布了《上海街道设计导则》《北京街道更新治理城市设计导则》,提出街道管控对象要从"主要重视机动车通行"向"全面关注人的交流和生活方式"转变,坚持以人民为中心的价值追求,切实转变车行主导的交通模式。

路缘空间作为街道空间极其复杂的一部分,是指路缘石两侧的空间,向内侧延伸到行车道,向外侧延伸到人行道(考虑管理权限,可限定在道路红线以内的人行道部分)。该空间区域是客流、货流、机动化交通、慢行交通等接入地块活动,或出行方式间转换和交会的空间,具有形式多样,使用目的多元,需求复杂,空间矛盾突出等特点。长期以来,由于需求分析不足、设计手法单一、管理粗放,导致街道上的到达/转换空间在使用的安全性、便捷性方面存在诸多短板,影响街道整体的通行效率与活力,因此有必要对路缘空间进行精细化设计以提高整体街道的通行效率与活力[2]。

2. 国内外研究

2.1 国内研究现状

目前国内对于路缘空间的研究不是很多,研究内容主要集中在路缘空间的施工方面[3]。对于街道研究,国内较国外来说编制街道设计导则时间较晚,但从 2016 年 10 月上海发布了国内第一部街道设计导则《上海市街道设计导则》以来,国内各大城市如北京、南京、苏州等陆续发布了城市街道设计导则,通过分析国内各大城市街道设计导则框架,可以看出各个城市根据本地城市街道特色和出行习惯来制定导则,研究区间从红线区域转向整个街区,并更加注重"以人为本"和"共享"出行。除此之外,随着 2019 年《上海市城市道路精细化管理导则》在国内首先发布,各大城市也陆续编制了道路精细化管理导则,这些导则奠定了由道路向街道转型,由重视机动车向全面关注人的需求的转变。

2.2 国外研究现状

国外街道设计导则编制起步时间较早,主要体现可持续发展理念以及建设更具活力更具有吸引力的设计原则,其核心是以人为本以及绿色街道,这是国内外街道转型发展的共同方向[5]。

国外对于路缘空间精细化设计也有一些案例可供研究。西雅图为了减轻乘客上下车活动对交通的影响,该市提出了一项增加乘客载客区(PLZ)空间的策略,而 Uber 和 Lyft 则实施了物理围栏,将司机和乘客引导到一个街区的指定上下车地点,结果反馈良好。华盛顿路缘停车试点项目中一大特色是多模式可变定价试点,利用传感器和分析技术提供实时停车位信息,并根据需求定价。

通过对国内外对于街道和路缘空间的研究分析,可以看出路缘空间精细化设计一般应用在需求旺盛且复杂的区域,空间资源短缺。在分配不同人群合理需求的过程中,一方面要全面提高路缘空间的使用性和灵活性,动态、精细化地分配路缘空间;另一方面也要遵循价值导向,依据国家或地方政策体现公交、慢行等优先策略。

3. 设计方法

3.1 设计原则

在进行路缘空间的精细化设计时,需要遵循一系列关键原则,以确保设计方案不仅具有功能性和美观性,还能有效提升城市道路的整体效益。这些原则旨在综合考虑不同交通出行者的需求、环境的可持续性,以及城市景观的协调性,确保路缘空间在满足多样化使用需求的同时,提升城市的整体交通运行效率和市民的生活质量。

(1)功能性原则:设计和建造旨在所有用户之间取得平衡,无论其身体能力或出行方式如何。"更好的街道"首先关注人们的需求,考虑行人、骑自行车的人、交通工具、行道树、雨水管理、公用事业以及车辆流通和停车。

(2) 生态性原则：在路缘空间设计中，应充分考虑生态环境中的保护和提升。通过设计绿化景观微公园区，不仅能美化街道环境，还能起到降噪、吸尘和调节微气候的作用，满足人民对美好品质的追求。

(3) 灵活性原则：城市交通具有动态性和时变性，路缘空间的设计应具有灵活性，能够适应不同时间段和使用需求的变化。

(4) 通达性原则：路缘空间应具有良好的通达性，以便不同交通方式的顺畅转换。应确保公共交通停靠区、步行空间和非机动车停车区之间的衔接，提供便捷的换乘条件，提高出行效率。

3.2 路缘空间功能划分

在城市街道设计和更新中，路缘空间的精细化设计是提升街道综合效益和使用体验的重要组成部分。随着城市交通需求的多样化和复杂化，传统的单一功能划分方式已无法满足现代城市的需求。为此，我们提出通过细致的功能划分工具箱，来更科学有效地管理和利用路缘空间。这一工具箱包含多种功能区划分，包括适应现有的"以人为本"的城市需求以及未来城市发展出现的新型交通需求，旨在优化路缘空间的配置，提高城市道路的功能性和灵活性，从而实现更高效、更人性化的城市交通体系。

通过对路缘空间的精细化划分，根据实际需求，合理配置各种功能区域，如路边停车、非机动车停车、临时装卸、公共交通停靠、步行空间扩展、共享单车停放及绿化景观等（表1）。这些功能区的划分不仅有助于缓解交通拥堵，还能提升城市空间的利用效率和环境质量。例如，合理规划的路边停车区可以有效解决停车难题，提高停车位的利用率；设立非机动车停车区和共享单车停放区，则能够规范非机动车的停放秩序，减少对行人通行的干扰。

此外，通过设置商业、邻里装卸区和公共交通停靠区以及私人微交通停放区域、共享微交通设施，可以提升货物配送、公共交通的运行效率以及促进微交通出行，确保交通的顺畅和便捷。在步行流量较大的街区，通过扩展公共空间，可以增加城市街区的活力和吸引力，为市民提供更舒适的休闲和社交场所。而绿化景观区的设置，则能够美化街道环境，起到降噪、吸尘和调节微气候的作用，进一步提升城市的生态环境质量。路边餐厅的设置是受流行病影响的较新的路边用途，较路边停车而言，能服务更多的人。

表1 路缘功能划分

功能	类别	功能	类别
公共绿色空间	微公园、路边餐厅、公共空间	换乘区	上下车区域
通行区	自行车和公交车道	存储空间	共享汽车停车区域、免费路边停车、付费路边停车、私人微交通停放区域、共享微交通设施、电车充电
装卸空间	邻里装卸区、商业装载区		

4. 案例——陈望道旧居片区

4.1 背景

陈望道旧居片区的道路多功能性较差，路缘空间经常被非法占用，影响交通流畅性及行人安全，缺乏有效的路缘管理与现代化设计。因此，对杨浦区及陈望道旧居周边路网路缘进行精细化的更新设计显得尤为迫切，这不仅是城市交通功能改善的需求，也是城市文化遗产保护和提升城市居民生活质量的重要方面。通过科学的路缘设计更新，旨在提升路网的交通效率、安全性及美观度，更好地融合历史保护与现代城市生活的需求。

4.2 现状分析

1) 问题一：路缘空间利用不当

在陈望道旧居片区内，路缘空间的利用效率较低，路边停车无序，常见车辆随意停放在人行道上，严重阻碍了行人通行,尤其是在狭窄的街道上更为突出。

此外,部分路缘空间被周边商户作为临时摆放货物的地点,这不仅影响了城市美观,还进一步压缩了行人空间,增加了行走的难度和危险性。

2) 问题二:公共设施缺乏及维护不足

周边公共设施,特别是与路缘相关的如人行道、自行车道和绿化带等设施不仅数量不足,而且维护不到位。现有的人行道破损严重,缺乏必要的无障碍设施,对于老年人和残疾人来说尤为不便。自行车道数量有限且标识不明显,没有形成有效的自行车交通网络,使得自行车出行安全性和便利性大打折扣。

4.3 改造策略

1) 优化路缘空间布局

针对识别出的问题区域,设计更合理的路缘空间布局方案。这包括对人行道的扩宽,以适应行人流量并提供更为舒适安全的步行环境;增设或优化自行车道,鼓励绿色出行,减少机动车的使用;以及重新配置停车空间,采用智能停车管理系统,有效管理停车需求和提高停车周转率。

2) 增强公共设施和无障碍设计

改善和增加如盲道、坡道、宽敞的人行道等无障碍设施,确保所有市民,特别是老年人、儿童和残疾人,都能安全、便捷地使用道路和路缘空间。同时,设计中还应包括公共艺术作品、方便的公交设施和信息指示牌等元素,提升道路的文化氛围和实用性。

4.4 路缘更新改造措施

1) 动态分配摆摊区域

路缘空间的动态分配是提升街道运行效率和活力以及提升居民生活质量一项有效举措。通过在早高峰时期,动态取消部分停车区域,将这些区域调整为摆摊区域,以满足流动商贩的需求,减轻交通压力。同时也促进了临时商业活动,为居民提供便捷的购物服务。在非高峰时期,恢复这些区域为停车区域,满足居民和游客的停车需求(图1)。

图1 不同时间段路缘空间动态利用

2) 缺失的人行道补充完整

人行道的完善不仅是提升城市基础设施的基本要求,也是增强公共空间质量和居民生活质量的重要方面。因此,补充完整缺失的人行道是一项关键改造措施,旨在提升行人安全、增加交通流的效率,并改善该区域的整体可达性和美观度(图2)。

图 2　政化路缺失的人行道补充优化

3) 缺失的盲道补充完整

路缘更新设计中需要纳入盲道的规划与实施。在所有人行道系统中安装标准的盲道,采用易于触感识别的材料,并保持颜色对比以增强视觉辨识。盲道应从主要的公共交通接口延伸到所有主要设施,确保其连贯性和覆盖范围。此外,设计中还应包括辅助导航设施如声音信号器,以帮助视觉障碍者在路口安全导航(图3)。

图 3　盲道被占用或者盲道缺失

4) 非机动车停放设计

对于非机动车的停放应进行特别设计,尤其考虑到不同路段的宽度和交通流量,采取不同的停放方式是至关重要的。在正常宽度的路段,非机动车可以采用平行停放的方式,这种方法利用率高,且不会对车辆行驶和行人通行造成太大干扰。然而,在较窄的路段,直接平行停放可能会占用宝贵的行车和行人空间,因此斜向停放成为一种更合适的解决方案(图4)。

图 4　非机动车正常路段和较窄路段斜停效果

5）公交站台与路缘设计

公交站的设计需与路缘设计紧密协调，以提升整体交通效率和乘客体验。公交站点应设置在行人流量较大且易于接近的位置，确保上下车的便捷。站点设计需要考虑足够的候车空间，避免乘客等候时溢出到人行道或车行道上，同时，地面铺装应使用防滑材料，确保安全（图5）。

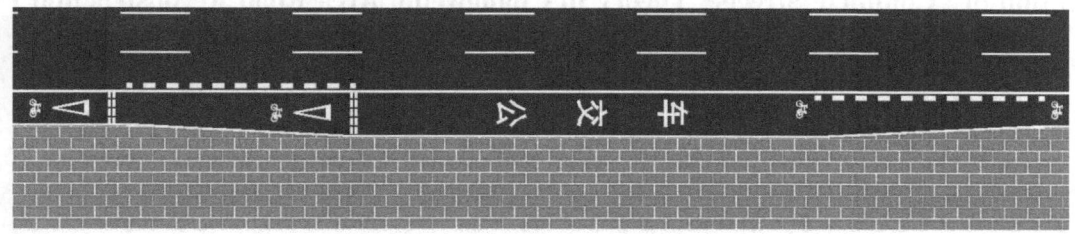

图5　公交站台与路缘设计

对路缘空间一些老旧设施进行更新并对绿化景观进行设计，如路灯、座椅，多数已老化或损坏，不能满足现代城市居民和游客的需要，不仅影响了街区的功能性，也降低了整体的服务水平。通过更新这些设施，对路缘空间进行了美化和功能化改造；另外，通过增加路缘空间的绿化设施，增强了城市的绿色生态环境，并提供了更多的公共休息空间，增加游客的体验感和居民的幸福感。

5. 结语

随着社会的发展和科技的进步，绿色出行和低碳生活理念深入人心，公众对街道建设的关注已从单纯提升机动化交通通行能力转向更关注人的出行品质和体验。路缘空间精细化设计与管理不仅考虑各种路缘空间需求，更是改善城市居民出行体验，促进城市可持续发展的关键环节。通过遵循科学的设计原则和策略，城市路缘设计必将更人性化、生态化和美观化，为建设宜居城市做出积极贡献，促进城市高质量发展。

------| 参考文献 |------

［1］蒋应红,方雪丽.精细化管理背景下城市街道的品质特征分析［J］.上海建设科技,2023(02):1-3.
［2］孙正安,陈一铭,王超.街道路缘空间优化设计研究［J］.交通与运输,2021,34(S1):192-196.
［3］夏海斌.钢渣在混凝土路缘石中的应用研究［J］.福建建材,2023(12):13-15.
［4］李开国.新城道路精细化建设管理导则研究——以上海市嘉定新城为例［J］.城市道桥与防洪,2024(05):23-25,10-11.
［5］吴文治,陆佳顺,赵斌.国内外街道设计导则比较研究［J］.规划师,2022,38(07):58-65.

"完整街道"理念在昌圩湖片区道路更新中的应用探讨

Application of "Complete Streets" Theory in Changweihu Area Road Reconstruction Project

薛 原[1]

摘 要：完整街道理念是从"以车为本"转为"以人为本"的城市交通设计理念，旨在通过慢行交通设施的不断完善、优化，引导人们采用步行、骑行或乘坐公共交通等绿色、低碳的方式出行，位于地势平缓地带的中小城市具备发展慢行交通得天独厚的条件。近年来，随着机动车社会保有量的持续增加，中小城市的道路拥堵越来越严重，以快速通行为主要导向交通体系已经不能完全满足城市居民日常出行需求。因此研究"完整街道"理念下的慢行交通发展，对解决中小城市交通拥堵问题、构建轻松舒适的慢行交通系统具有重要的现实意义。

关键词：完整街道；慢行系统；交通规划

Abstract: The idea of complete streets is a transportation planning concept that is oriented towards people rather than vehicles. The concept advocates the improvement of transportation facilities and encourages residents to travel on foot or by bike or using public transportation system. Nowadays, the problem of traffic congestion in small and medium sized cities is getting more and more serious due to the increasing social vehicle stock. The speedy-passage oriented transportation system can no longer fully meet the daily trip demand of residents. Therefore, studies focused on the development of non-motorized traffic system under the guidance of the idea of complete streets is of realistic importance in order to deal with the traffic congestion in small and medium sized cities.

Key words: complete streets; non-motorized traffic system; transportation planning

1. 引言

在经济迅猛发展、城镇化进程不断加快的背景下，为解决道路机动车拥堵问题，城市交通体系建设曾一度主要聚焦于城市道路快速交通体系建设，以满足机动车畅行需求为建设导向。但是，快速交通并不能覆盖所有居民出行需求，特别是 3 km 以内的短途出行需求。因此，慢行交通系统是城市道路交通系统的重要组成部分。以安全、绿色、活力为核心目标的"完整街道"理念为城市慢行交通系统的建设、发展、更新，提供了新的思路。

2. 完整街道理论研究

"完整街道"理念由美国精明增长联盟负责人 David Goldberg 于 2003 年提出的"Complete Street"理论发展而来，是对传统城市交通"车为本"发展模式的反思与批判[1]，是街道规划设计理念的重大转变。2005 年成立的美国"全国完整街道联盟"给出的定义是："完整街道的设计和运行应为全部使用者提供安全的通道。各个年龄段的行人、骑车人、机动车驾驶员和公交乘客，以及所有残疾人都能够安全出行和安全过街。建设完整街道意味着交通运输部门必须改变过去优先考虑小汽车的做法，确保所有人出行的

---

[1] 薛原，江苏省连云港经济技术开发区住房和城乡建设局，工程师，联系邮箱：609162663@qq.com。

安全。"[2]

完整街道理论的核心理念是路权平等、安全出行,致力于满足所有街道使用者的安全出行需求。首先,在完整街道理论中,城市道路不再给机动车提供优先路权,而是对所有的使用者及所有的交通车辆提供相同的路权;其次,城市道路是安全出行通道,所有的城市道路使用者,无论行人或司乘人员的出行安全都能得到充分保障。完整街道的设计以可达性最大化作为设计目标,设计速度一般为 30～40 km/h,适用于高密度、小尺度的街区,出行方式的优先顺序是慢行＞公交＞机动车。最后,除了要涵盖最基本的道路设计要素外,还需要增加行人设施、交通稳静化设施、非机动车设施、公共交通设施等。

不难看出,在完整街道理论中,城市交通设计的焦点不再是机动车出行,而是要在设计中满足所有出行者的需求。在保障所有城市道路出行者路权基础上,通过城市交通设施本身的细节设计、为人们使用慢行交通和公共交通构建一个舒适、安全、绿色的多元化的空间系统,使街道具有交通、休闲、游憩等多样化功能[1]。

3. 昌圩湖片区道路系统的主要问题

连云港市昌圩湖片区面积约 4 km²,2008 年起开始开发建设,是万亩盐田中新建的产业配套生活区。目前该街区围绕昌圩湖公园已经建成 12 个居民小区,居民人口 3 万多人;内片区内部路网由环湖路、跃湖路、镜湖路和湖西路组成,全长 6.7 km,联系城市主干道(图1)。作为产业配套生活区,居民日常出行主要目的地是街区附近的工厂及社区商业网点,出行距离一般在 5 km 范围内。因此包括步行及非机动车交通、出行速度不大于 15 km/h 的慢行交通是昌圩湖片区居民最重要出行方式。在传统"车本位"的交通设计理念影响下,慢行交通系统在昌圩湖片区道路交通系统中的重要地位并没有得到体现,慢行路权缺乏保障,慢行交通体验普遍不佳,主要表现在以下几个方面。

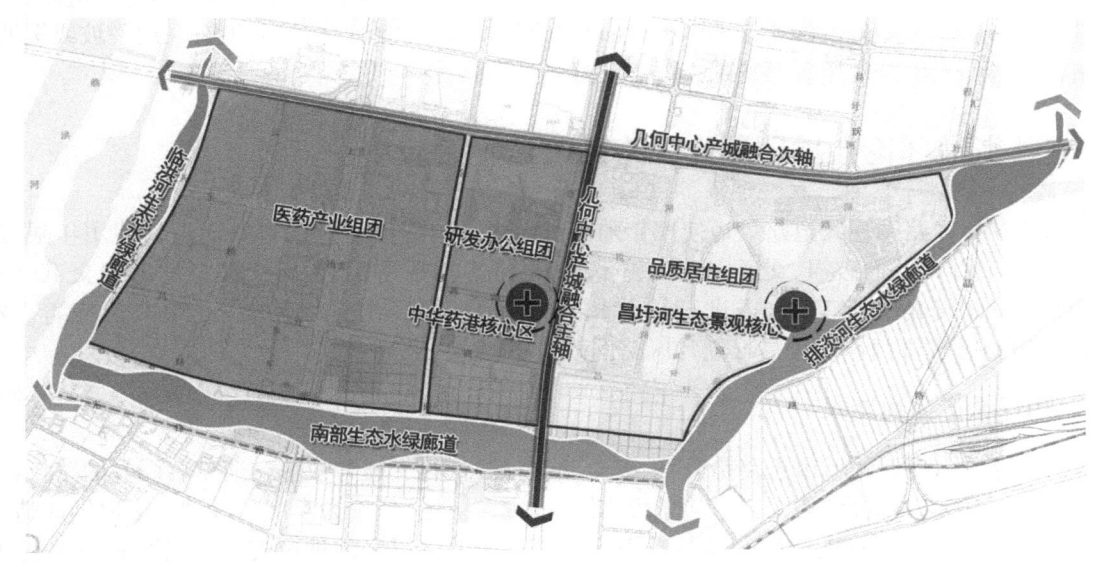

图 1　昌圩湖片区控制性规划[3]

图片来源:连云港市 3207031005 单元街区层次详细规划(东方大道南以南片区)。

3.1 慢行交通网络规模不足

受建设主体、建设年代、设计标准等因素影响,目前昌圩湖片区慢行交通体系整体性不强、道路断面衔接不畅,道路建设时缺少统筹,很多慢行道路被人为片段化,未能连接成网,出行体验差。

3.2 慢行交通空间被各种挤占

昌圩湖片区城市道路均为机非混行断面,近年来为解决机动车停车难问题,城市管理部门在机非混行道路路边施划机动车停车位，导致非机动车道空间进一步被挤占，机动车司机将快车道看作他们的领地（图2），骑在两个轮子和几十斤钢铁组成的非机动车上穿行在机动车流和随时可能打开的车门，非机动出行安全体验非常差（图3）。

图2　改造前环湖路路边停车位侵占非机动车路权　　　　图3　改造前跃湖路机非混行

3.3　慢行系统缺乏适老化设计

根据2021年第七次人口普查数据显示，昌圩湖片区60岁及以上人口占总人口的22.33%，高于全国平均水平。老龄人口是一个正在逐年扩大的特殊的群体，他们是慢行交通系统的重要使用者之一。但是，在昌圩湖片区现有的道路网络中非机动车道没有专用车道，导致非机动车出行受机动车出行的干扰较大，对老龄人口不友好；人行系统不平顺，人行道经常因供电箱变、公交站亭、沿街建筑围墙等占道而突然变窄或消失，连续性较差；无障碍设施连接不顺畅，在道路交叉口或道路断面衔接处没有采用平坡或缓坡设计，无公交站台，对老人、轮椅使用者等特殊人群不友好。

4. 完整街道理论在昌圩湖片区路网改造中的应用

由于昌圩湖片区路网现状道路最短使用年限已经超过11年，已超过沥青路面设计使用年限，道路均呈现路基不均匀沉降、路面破损、交通安全设施不完善、排水体系不足，道路交叉口均由相交道路后期搭接，均为直接加铺转角式交叉口，未进行渠化拓展等问题，居民出行体验差，亟须改造完善。2023—2024年城市道路管理部门启动了昌圩湖片区路网改造工程。

4.1　确保慢行交通路权

完整街道理论引导下的城市道路是公平、安全、绿色的，慢行交通与快速交通享有同等的路权，与我国古老、朴素的"权有无、均贫富"的天下平均思想雷同。"完整街道"理论为本次昌圩湖片区路网改造中坚持以人为本理念，构建安全高、连续好的高品质慢行交通系统提供很好的理论支撑。以跃湖路为例（图4），本次改造中引入完整街道理论的慢行优先理念，合理分配跃湖路道路路权，优先保障非机动车道、人行道的建设空间，提高城市道路红线内非机动车道与人行道面积占比。新改建的跃湖路红线宽度40 m，横断面布置为：3.0 m（人行道）+4.0 m（非机动车道）+2.5 m（侧分隔带）+21.0 m（机动车道+2.5 m侧分隔带+4.0 m 非机动车道+3.0 m 人行道=40.0 m。[4]

4.2　优化慢行交通空间

在交叉口渠化时，机动车通道不得挤占慢行通道空间，确保慢行道路系统的连续性；合理选择公交停靠站形式，兼顾公共交通与慢行交通的安全性、舒适性，确保慢行道路畅通、连续（图5）；重点优化步行、自行车群体使用空间，昌圩湖公园步道和跃湖路人行道顺利衔接，丰富片区慢行道路网络；将海绵城市、韧性城市概念应用于街道路面铺装及道路绿化，确保雨天慢行道路不积水；搭接道口前20 m 种植成时令草花

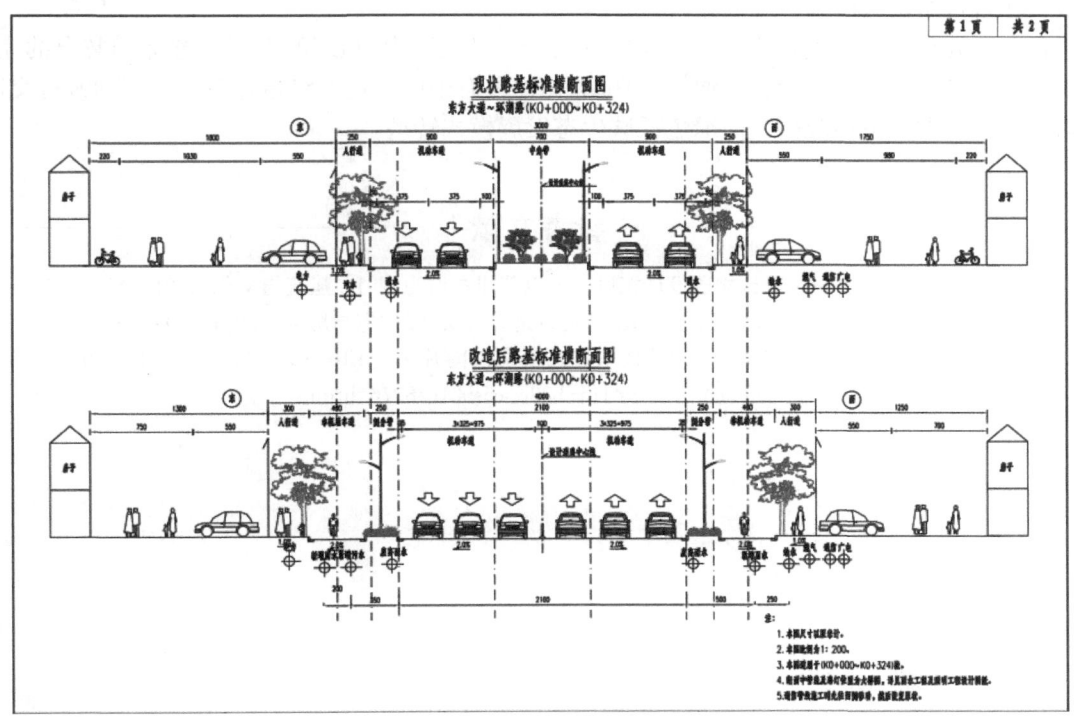

图4 跃湖路改造前后道路横断面布置图对比

图片来源：跃湖路（东方大道-昌圩路）道路提升改造工程设计方案。

和成品草皮，不阻碍视线，道路侧分带种植樱花与西府海棠等高大乔木，下层地被种植红叶石楠，形成林荫路，确保步行群体、非机动车群体各自的出行顺畅，以及出行安全，适度增加具有地方特色、地域风情的休闲、遮阴设施及景观小品，全力打造环境优美、尺度宜人、安全畅通的慢行交通空间（图6）。

图5 改造后的跃湖路交叉口确保慢行道路连续性

图6 改造后的跃湖路人行道与公园步道顺畅衔接

5. 结语

城市更新是城市发展过程中不断满足社会、经济发展需要，自我调节、不断完善的发展机制。中小城市道路拥堵日趋严重的现实倒逼城市管理者审慎研判城市道路交通系统的更新问题。中小城市在优化慢行交通系统时，可依据"完整街道"理论的"人本位"思想，在深入调研、分析行人群体、非机动车群体、公共交通群体、机动车群体等不同道路使用群体实际需求的基础上，结合城市空间布局形态、城市人口规模、城市地形、地区气候、居民出行习惯等制定本地区的慢行交通系统发展规划，按照因地制宜、分类施策的原则制定慢行交通系统发展计划图，优先在人口集中居住区、商贸集中区、交通枢纽、公园景区等人流集中区发展保障步行和自行车出行的慢行交通系统。

我国目前正处在新型城镇化建设快速发展时期，与"以人民为中心"的发展理念那相契合的完整街道理念将助力中小城市科学制定慢行交通发展规划，构建具有中国特色的绿色、安全、公平的慢行交通系统，有效推动中小城市发展由传统模式向绿色低碳生态发展模式转型。

---| 参考文献 |---

［1］吴祥.完整街道理念下历史城区慢行交通设计探讨——以苏州古城为例[J].建筑与文化.2021(6):73-74.
［2］王思瑞.叶宇健.基于"完整街道"理念下陕北旧城街道改造设计实践.住宅与房地产.2018(5):225.
［3］连云港市3207031005单元街区层次详细规划（东方大道南以南片区）[EB/OL].［2023-11-23］.http://www.lda.gov.cn/lygjjjskfq/tzgg/content/6ebfda9c-7c89-41fd-b33c-c5fb21c58976.html.

都市步行环境串联

——以瑠公绿廊人行环境改造工程为例

Concatenation of the Urban Pedestrian Environment
—A Case Study of Rui Gong Green Corridor Pedestrian Environment Reconstruction Project

李致贤[1]　李怡葳[2]　邓大光[3]　吴嘉文[4]

摘　要：台北市东区的商业核心区，在百年前为自然生成的陂塘，在都市规划与建设叠加下，成为隐身在住宅后巷的停车场域；随着东区商业区的蓬勃发展，本计划基地仍为一个附属空间，也已逐渐不满足都市公众空间使用的效益，为了促进台北市东区地方经济再发展和提升市民生活质量，借由"瑠公绿廊人行环境改造工程"，重新探讨东区商业街环境改造愿景，以"人本的步行环境"及"东区绿廊的串联"为改造的核心理念，来翻转改造本基地长久负面的形象空间。

关键词：人本步行环境；停车场改造；绿廊串联

Abstract: The commercial core area of Taipei City's East District was an originally naturally formed pond a century ago. Under the urban planning and construction, it has become a parking area hidden behind residential alleys. With the prosperity and development of the East District commercial district, this project site remains an ancillary space that gradually no longer meets the efficiency of urban public space usage. To accelerate the redevelopment of the local economy Taipei City's East District and enhance the quality of life for residents, the "Rui Gong Green Corridor Pedestrian Environment Reconstruction Project" aims to reconsider the vision for transforming the commercial street environment in the East District. The core concept of this transformation focuses on creating a "people-centered pedestrian environment" and connecting the "East District green corridors," aiming to overturn the long term negative image of this space.

Key words: people-centered pedestrian environment; parking lot transformation; green corridor connection

1. 引言

本计划基地位于台北市东区的商业区，基地位置在百年前为邻近上埤庄的天然陂塘，水源源自六张犁地区，流向东北方最终汇入基隆河，1907年实施公共埤圳组合，开始进行水圳整并，规划合并组成"公共埤圳瑠公圳组合"，在都市计划与建设发展下，住宅及商业大楼林立，原来的天然陂塘转变隐身至后巷的人工圳路，至1985年，本基地被重新规划为停车场空间，至今，台北市东区已发展为热闹的商业区，惟本基地仍为一个商业地区的附属空间。

为了促进台北市东区地方经济再发展和提升市民生活质量，台北市政府都市发展局自2019年推动"忠孝东区振兴计划"，并以"一个再定位——商圈再定位，三个主策略——强化主题空间、规划人行系统、活络捷运地下街"为执行策略，其中包含本案基地与商业廊带的串联与空间改造。为协助台北市商

1　李致贤，台湾世曦工程顾问公司运输土木部，工程师，联系邮箱：jasan.lee@ceci.com.tw。
2　李怡葳，台湾世曦工程顾问公司运输土木部，工程师，联系邮箱：yiwei@ceci.com.tw。
3　邓大光，台湾世曦工程顾问公司运输土木部，联系邮箱：takuang@ceci.com.tw。
4　吴嘉文，台湾世曦工程顾问公司运输土木部，联系邮箱：calvin@ceci.com.tw。

业廊带进行环境整体规划,台北市政府商业处自 2019 年 7 月至 2020 年 1 月办理"东区空间设计扰动计划",借由多场的工作坊,由政府、地方居民及空间规划的专业人员,三方进行深入研讨,凝聚共识并提出初步规划构想。

经由取得地方的对于东区商业区的改造期待与共识,台北市政府实施下一步的工程计划,推出"瑠公绿廊人行环境改造工程案",初步规划行动为商业公共空间与步行环境改造,将针对计划范围内的现况空间使用情形、地区发展特性及周边交通纹理重新规划及设计,并以"人本的步行环境"及"东区绿廊的串联"为改造的核心理念,来翻转改造本计划基地长久负面形象空间(图 1)。

图 1　计划基地与历史叠图

2. 改造过程

2.1　现况说明

本计划基地范围为复兴南路 135 巷南北侧道路,及东侧复兴南路一段至西侧忠孝东路四段 49 巷间,计划范围周边多为住宅区、商业区及公园用地,基地北侧沿街多属零售服饰、餐饮商店,南侧紧邻大型商业百货、捷运忠孝复兴站及地下商街,东区绿廊带由东南向西北方,基地衔接前、后绿廊与公园。

计划范围内属停车场用地及道路用地,现况主要空间使用为汽、机车停车场使用,次要空间以连续性的花台,形塑长廊状的空间,提供步行穿越的通路,使人潮可短暂停留或穿越前往周边商业街区,但缺乏全龄友善与安全的步行路径,以目前的空间属性,服务少部分私人运具使用者为导向,并未通过或穿越,前往其他街区的使用模式,难以将人潮留住,或产生其他多元的活动(图 2)。

图 2　计划基地范围及现况照片

2.2　计划目标

为解决现况所遇到的环境议题,满足邻里、商家与城市需求,并符合"人本的步行环境"及"东区绿廊的串联"的核心理念,制定以下四个空间发展策略,后续落实到空间设计(图3)。

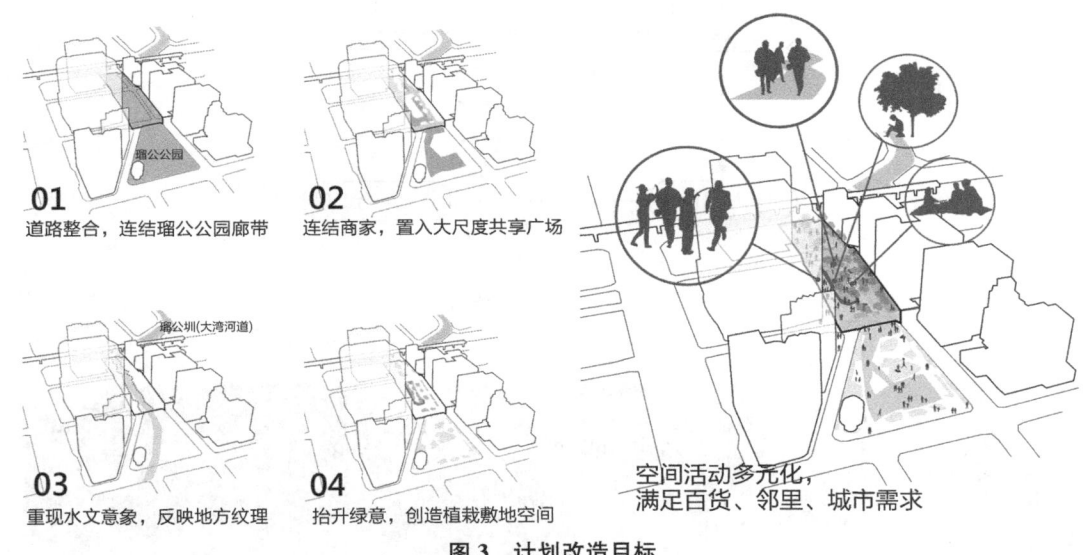

图 3　计划改造目标

1)道路整合,连接瑠公公园廊带

(1)说明:改造前现况车道违规停车严重,人行环境受限道路阻断连续性,与行车动线交织,危险性高。

(2)策略:缩小复兴南路135巷北侧道路宽度,并整并复兴南路135巷南侧道路,增加绿带及广场空间。

2)连接商家,置入多元共享空间

(1)说明:现况为机车停车场,道路、停车场空间占据2/3基地面积,几无空间创造活动。

(2)策略:取消现况机车停车格位,重新布设卸货车位、自行车车位,并配合道路缝合,配置多元与弹性使用的活动场域,连接两侧商家及人潮。

3)重现水文意象,反映地方纹理

(1)说明:现况空间无地方自明性,难以聚集人潮。

（2）策略：以特殊照明设计、铺面及水雾公共艺术等元素，塑造水文意象，重现当地"大湾河道"历史记忆。

4）抬升绿意，创造植栽敷地空间

（1）说明：现况植栽生长空间不佳，花台设施受限绿化空间，难以亲近。

（2）策略：抬升地面高程，敲除现况花台，随地形配置绿地空间，增加绿化面积。

2.3 计划执行

本计划在前期"东区空间设计扰动计划"规划案中，取得地方民众对于环境初步改造方案的共识，但执行设计与工程中（图4），仍有许多的待确认的问题，如：原有停车需求、交通动线、旧有管线汰换、施工期间民众、商家百货的动线等，现实施工作业的考量，须于设计阶段进行沟通协调，因此本计划执行阶段，以公开的方式进行讨论，办理民众说明会，将设计内容与地方民众进行沟通，并邀市政府内各相关单位协助沟通，有助于收敛地方民众的意见与疑虑，使设计内容符合地方的期待（图5）。

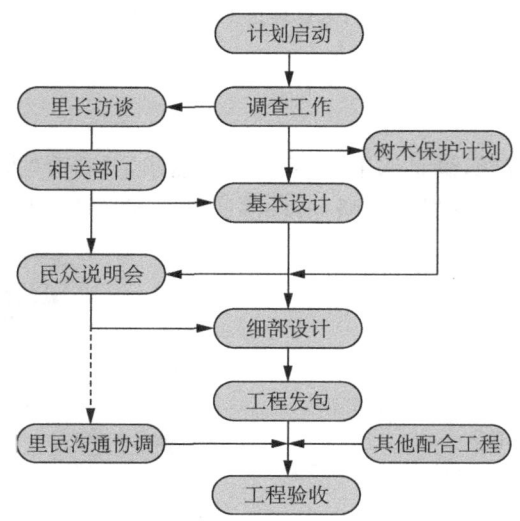

图 4　计划执行流程

图 5　计划执行过程纪录

2.4 设计说明

在调查工作过程中，发现现况的议题，反映给里长与相关部门，并依照制定的计划目标进行设计，进行设计方案研拟,将初步的成果呈现给地方民众,在掌握现况问题与民意后,仍随时滚动式检讨,确认设计方向与计划目标是否一致,减少重复作业与缩减设计时程。

1) 交通设施改善,以人为本的环境

在交通需求上,将现况的汽、机车停车格,移转到其他离捷运场站较远的街区,仅留设必要之临停卸货空间,提供邻近商业店家使用,改变使用者对于来到基地需要依赖汽、机车印象,并缩小复兴南路135巷北侧车道宽度,减少违规并排停车的问题,并布设绿色运具空间、通用无障碍环境设计,成为友善全龄大众使用空间(图6)。

图6 空间模拟示意图-1

2) 整合空间,创造能够发生活动的共享空间

将复兴南路135巷南侧道路与停车场空间整合,创造较大范围的活动场域,也透过色彩压花铺面,空间转换为交通宁静区,提醒车型速度减慢;空间整并后,增加使用者停留的空间与动线的连续性,设置特色街道家具、地形座椅,提供舒适的林荫休憩场所,翻转本基地附属空间的负面印象,成为城市及当地的主题场所,连接两侧商家及人潮(图7)。

3) 重现地方纹理,重视地方发展脉络

在都市快速的发展建设下,过去的自然纹理,与地方发展的脉络,难以拼凑,经过民众说明会意见的搜集,考量空间使用对现况社会效益最大的方案下,决定将百年前水圳、陂塘意象转化,以夜间的特殊灯光、造型铺面、公共艺术雕塑等多样元素重现,也借由绿带、铺面的色彩,将空间与动线进行串联,使基地在日间借由雕塑、水雾、铺面及绿带,夜间有灯光变化,重现地方空间的特色,唤起地方的凝聚力与情感(图8)。

图 7 空间模拟示意图-2

图 8 水纹意象元素照片

4) 保留既有植被,创造植栽敷地空间

现况乔木与植栽皆生长在既有抬高的花台上,为增加现况有限的绿化空间,抬高部分中央广场与动线,借由创造不同高程的空间,以扩大的绿化面积,也能保留现况既有乔木,另外选用多样性台湾原生及适生种类,保护且丰富原有的生态环境;另将现况的不透水铺面,替换为透、保水铺面,并设置雨水花园,雨水能有机会入渗至地下,提高绿化环境质量,增强对极端气候的耐性(图9)。

图 9　绿化空间布设构想

2.5　预期效益

1) 推动友善人本绿色交通

透过减少停车格位,改变大众对于来到基地需要依赖机车印象,并布设绿色运具空间及通用环境设计,成为得以友善全龄大众使用之空间。

2) 活化空间改善,以展现城市多元魅力

利用缝合车道,取消停车空间等措施,创造多元活动场域,使原基地广场面积 1 077 m^2,增加至改造后广场面积 2 786 m^2,翻转本基地附属商圈空间的负面印象,使之成为城市及当地的主题场所。

3) 与地域性元素进行呼应

透过寻找当地发展脉络及纹理,将大湾河道与古地名以灯光、铺面重新转化,串联前、后瑠公绿廊的最后一块拼图。

4) 提升都市空间质量

本计划保留既有乔木,增加绿化面积及多样性绿化种类,使原绿化面积 285.9 m^2,增加至改造后绿化面积 537.4 m^2,并透过设置透保水铺面(面积约 2 346 m^2),提升基地对极端气候的耐性。

参考文献

［1］蔡明勋. "2020 年度忠孝东路振兴计划——公共空间廊带及周边人本环境改善先期规划"委托专业服务案［R］. 台北市政府都市发展局,2020.
［2］卞凤奎. 台北市大安区志. 台北市大安区公所,2011.
［3］郭锡瑠先生文教基金会. 2024 年 6 月 5 日,取自: http://www.khl.org.tw/source2.html.
［4］土地测绘云,https://maps.nlsc.gov.tw/,台湾地区内部事务主管部门土地测绘中心.

大中型剧院交通便捷性研究
——以上海为例

Study on Transport Convenience of Large-and-medium-sized Theatres
—A Case Study of Shanghai

刘小倩[1]　乔瑛瑶

摘　要：在国内剧院演出艺术加速走进大众和大中型剧院持续建设发展的热潮下，交通便捷性成为影响剧院观演群体全过程活动链体验感的重要因素之一。以上海为例，基于大中型剧院观演群体的抽样调查统计结果，从轨道交通、地面公交和小汽车等出行方式选择和交通设施供给资源两方面进行特征解析，利用ArcGIS工具提出剧院交通便捷性评价分析方法和实证分析，为国内大中型剧院规划选址和配套交通基础设施设置提供参考依据。

关键词：大中型剧院；交通便捷性；观演群体；上海

Abstract: Under the trend of accelerated popularization of theatre performance art and the continuous construction and development of large-and-medium-sized theatres in China, transport convenience has become one of the important factors affecting the overall experience of the spectator's activity chain. Taking Shanghai as an example, based on the sampling survey and statistical results of the spectators of large-and-medium-sized theatres, the characteristics of transport modes such as rail transit, buses and cars, as well as transport infrastructure resources are analyzed. A method for evaluating the transport convenience of theatres is proposed and an empirical analysis is also put forward by using ArcGIS, providing references for the planning and site selection of large-and-medium-sized theatres and their setting of supporting transport infrastructure in China.

Key words: large-and-medium-sized theatres; transportconvenience; spectators; Shanghai

1. 引言

2023年，全国（不含港澳台地区）专业剧场演出场次9.74万场，观演人数3 064.23万人次[1]，以大中型剧院为场所载体的歌剧、音乐剧、话剧、舞剧、交响乐等传统意义上的"高雅艺术"正在快速走进大众生活[2]，国内各大城市的剧院建设也在加速蓬勃发展的进程之中。其中，交通便捷性是衡量一个剧院吸引力、服务品质、可识别性与普惠程度的重要指标方面之一，也是影响观演群体全过程活动链的重要方面。从交通便捷性的视角评价剧院的交通基础设施与观演群体需求之间适配关系，对国内城市剧院的规划选址及其基础配套设施的合理性优化发展具有重要的借鉴意义。

2. 大中型剧院概念界定

根据《剧场建筑设计规范》（JGJ 57—2016），按照观众坐席数量划分，剧院规模可分为特大型

1　刘小倩，同济大学建筑设计研究院（集团）有限公司，交通运输规划与管理，工学硕士研究生，高级工程师，注册城乡规划师，联系邮箱：421823079@qq.com。

(>1 500 座)、大型(1 201~1 500 座)、中型(801~1 200 座)以及小型(≤800 座)四大类[3]。

本研究中所述的"大中型剧院",特指观众坐席在大于 800 座,承担音乐剧、歌剧、舞剧、话剧、交响乐、儿童剧、戏曲等现场表演形式的专业演出场所。其中需要说明的是,本研究中所述的"大中型剧院"不包括纯影音放映功能的电影院以及超大型演唱会场所(如大型体育场馆等)。

3. 大中型剧院的发展趋势特征

3.1 从地标性走向专业性

剧院在中国拥有百余年的发展历史,而国内现代化剧院发展的先河,始于 1998 年,上海大剧院作为国内首家国际性高等级综合剧院正式开幕,自此,剧院作为一座城市的文化艺术地标建筑,在国内各大城市相继发展建成。历经 20 余年的发展演进,以超大城市为先锋,各类专为话剧、音乐剧、交响乐、戏曲、儿童剧打造的专业剧院蓬勃发展,如今大都市的大中型剧院已从高度集中、数量少的地标性剧院逐步走向专业化的剧院群,观演群体也进一步扩大,且更加细分化。

3.2 从单一性走向复合性

除了承担剧目现场演出的单一功能,如今的大中型剧院开始逐步探索与商业综合体、文化艺术街区等空间载体相结合的发展模式。以上海为例,在城市更新的背景下,各类特色演绎新空间将"演出场所+文化场景+市场运作"综合在了一起,剧院+餐饮、文创购物、艺术体验、休闲娱乐等形式层出不穷,随着之而来的大中型剧院观演群体进一步加速拓展,大中型剧院场所集聚的功能也更加复合多元。

3.3 从中心区走向外围区

优越的地理位置往往给消费者提供便利,节约观众观看演出的出行成本,提高剧院的可识别性[4]。早期的剧院往往位于城市中心城区的核心地段,普遍具有规模大、数量少、辐射半径大的特点。伴随着十余年来剧院建筑的加速建成和剧院演出数量的井喷式增长,大都市越来越多的剧院从中心区逐步走向城市的外围郊区新城。2014 年 9 月,位于上海嘉定区的上海保利大剧院正式投入使用,为城市外围新城的大中型剧院发展拉开了序幕。自此,大都市的大中型剧院开始逐步在中心城区外围各个新城、新区范围内以各自的功能特色培养了一批地区级服务半径的观演受众。

4. 大中型剧院观演群体分方式出行特征与交通资源分布

4.1 研究对象与数据来源

1) 研究对象

上海在 2017 年率先提出打造"亚洲演艺之都"的战略目标[5]。截至 2023 年底,上海市的剧院规模数量达百余座,其中大中型剧院共计 34 座,主要分布在内环以内(19 家),重点集中黄浦区、浦东新区和静安区等中心城区;与此同时,在内环中环之间、外环外的地区级剧院也迎来快速起步发展,如图 1 和图 2 所示。

2) 数据来源

观演群体分方式出行特征数据主要源于 2021 年 12 月和 2024 年 5 月开展的两轮上海市大中型剧院观演群体线上和线下抽样问卷调查,累计回收有效调查结果 516 份。剧院周边交通设施供给资源分布情况主要利用 ArcGIS 工具实现对轨道交通站点、地面公交站点等公共资源的抓取和分析测算。

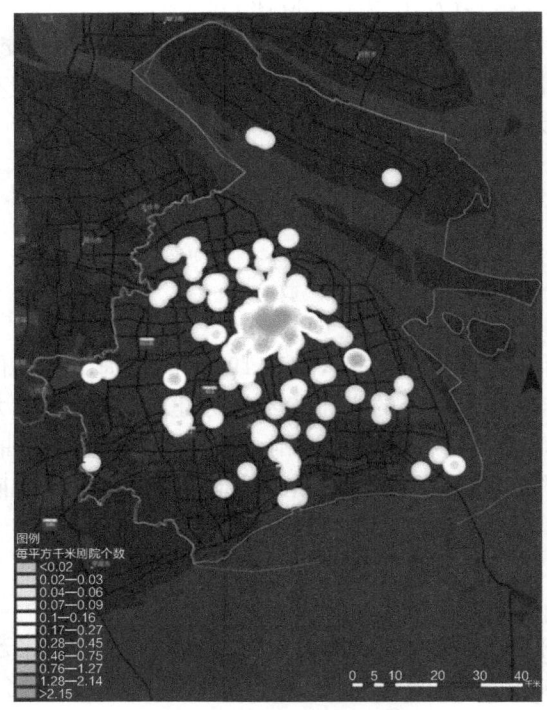
图 1　上海市剧院演出场所分布热力图

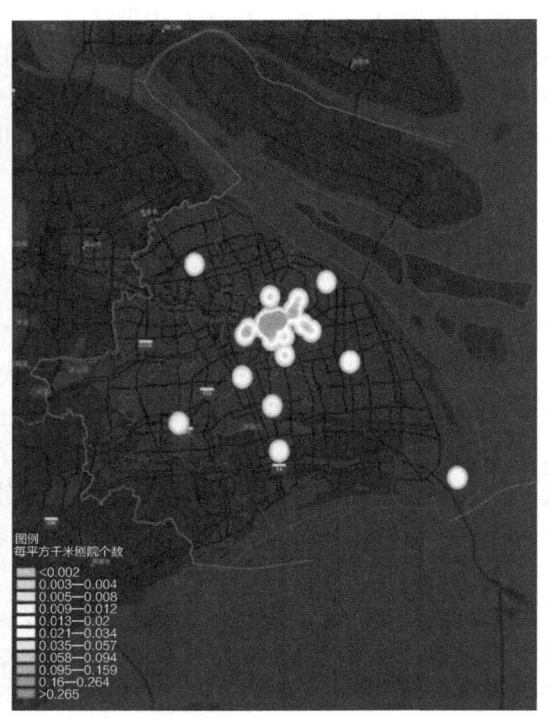
图 2　上海市大中型剧院分布热力图

4.2　轨道交通

1）观演群体轨道交通出行特征

根据本研究抽样调查统计结果，上海市大中型剧院观演群体的交通集散出行方式中，轨道交通出行占据绝对主体，出行比例约占 63.6％，包含纯轨道交通、轨道交通＋地面公交以及轨道交通＋共享单车几种形式。

以剧院在演出开场/散场时段邻近轨交站点的客流分布为例。本研究选取黄兴路站和醉白池站两个站点，分别毗邻上海内环的 Young 剧场和外环外松江区的保利云间剧院，基于轨道站周边的用地类型识别，在演出开场/散场的夜间时段范围可基本认定主要来源于两座剧院的吸引/产生客流。客流分布如图 3 和图 4 所示。内环内的黄兴路站（Young 剧场）客流分布较为均匀，而外环外的醉白池站（保利云间剧院）则呈现显著的区内客流为主、外围少量辐射的特征。

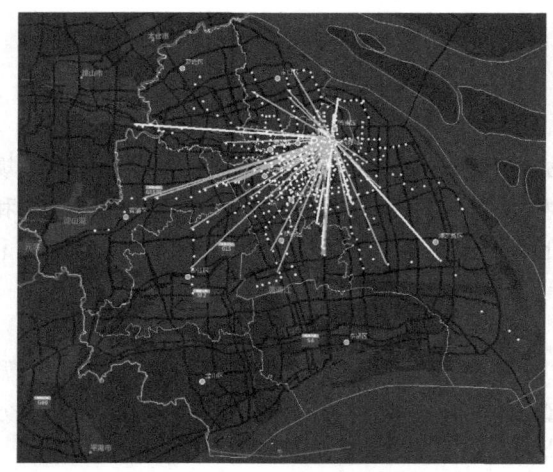
图 3　黄兴路站某演出日散场时段客流集散分布

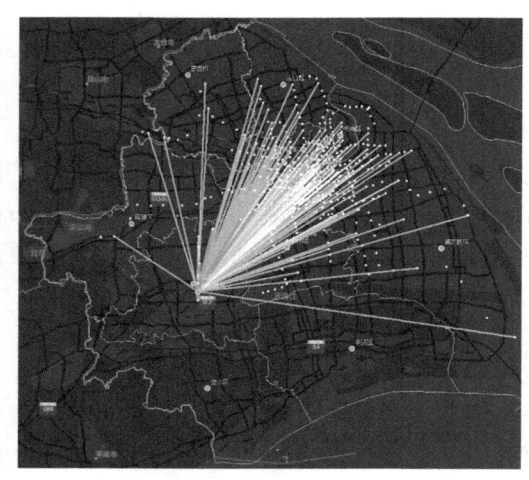
图 4　醉白池站某演出日开场时段客流集散分布

2) 大中型剧院轨道交通站点资源特征

轨道交通站点资源是衡量大中型剧院观演群体公共交通集散能力的重要基础设施之一。以剧院至其周边邻近轨道交通站点出入口之间的步行距离为衡量指标,上海各个空间圈层呈现显著的分布差异。ArcGIS分析结果显示,上海17.6%的大中型剧院300 m距离范围内轨道交通站点可达,约步行5 min;内环内剧院500 m范围内轨道交通站点覆盖率较高,约步行8 min;内环与中环之间大中型剧院的轨道接驳便捷性更高,外环外则相对薄弱,如图5所示。

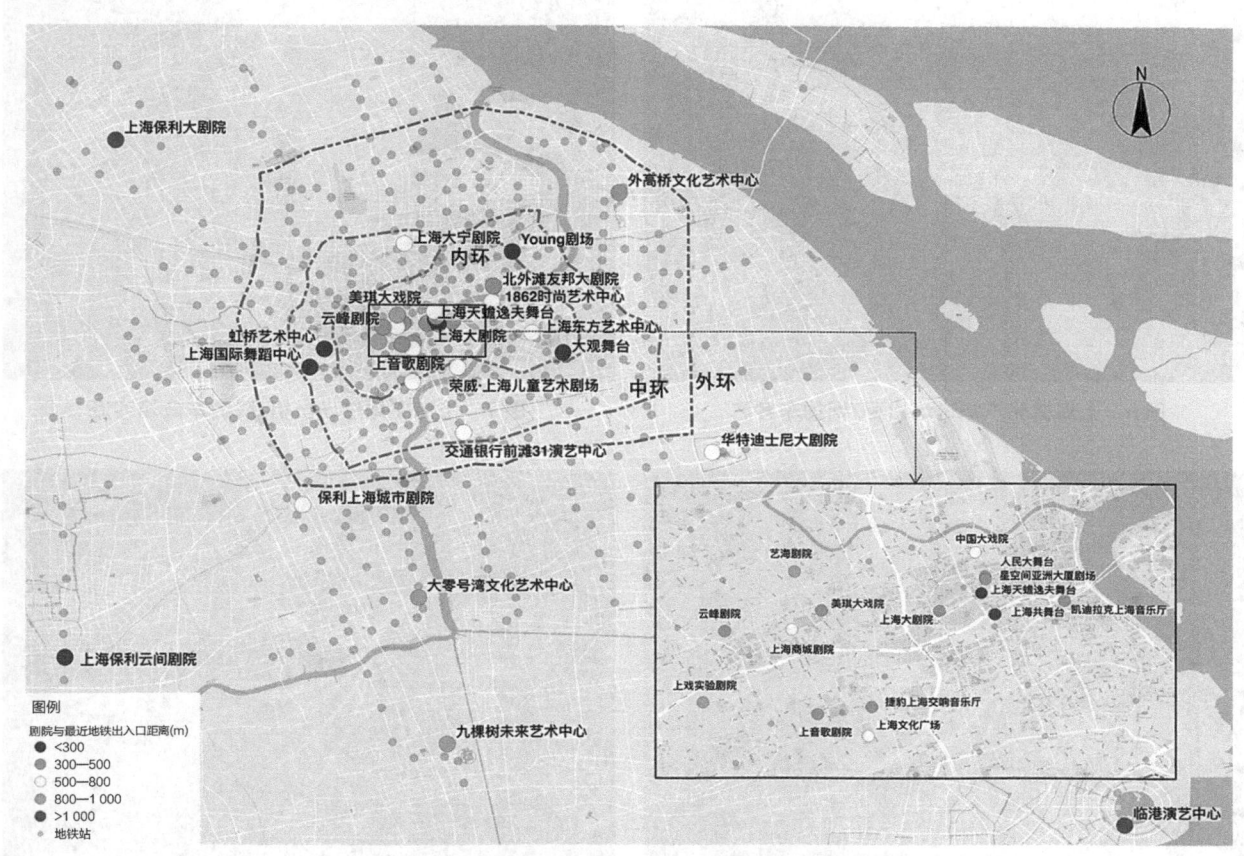

图5　上海大中型剧院周边轨道交通站点资源分布图

4.3　小汽车

1) 观演群体小汽车出行特征

根据本研究抽样调查统计结果,上海市大中型剧院观演群体的交通集散出行方式中,小汽车出行比例约占25%,是剧院观演群体仅次于轨道交通的重要集散方式之一。其中,私人小汽车占比约17.1%,出租/网约车约占7.9%。

分别以位于内环内(上海文化广场)和外环外(上海保利大剧院)的剧院在演出开场和散场时段出租/网约车的客流分布为例,如图6至图9所示。上海文化广场的集散客流主要源于中心城区多个区(其中浦东新区在全市各区人口规模最大,因此相应的客流规模最大),而保利大剧院则是以嘉定区内客流为主、其他区为辅,中心城剧院与郊区新城剧院的辐射吸引范围呈现差异化特征。

2) 大中型剧院机动车停车场(库)资源特征

梳理统计上海各大中型剧院的机动车停车场(库)供给资源可知,约35%的剧院拥有其独立专属的停车场(库)、30%的剧院在所属地块与其他业态共享停车场(库),其余35%的剧院无停车场(库)资源。各个空间圈层呈现与轨道交通站点资源几近相反的分布特征,内环内的大中型剧院机动车停车资源普遍紧张,内环外新建剧院普遍拥有专属或共享停车场(库)供给资源,如图10所示。

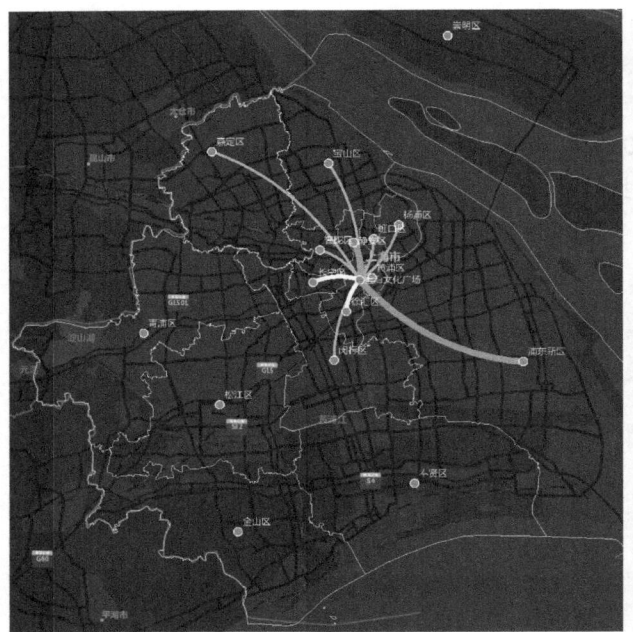

图6 上海文化广场进场出租/网约车客流

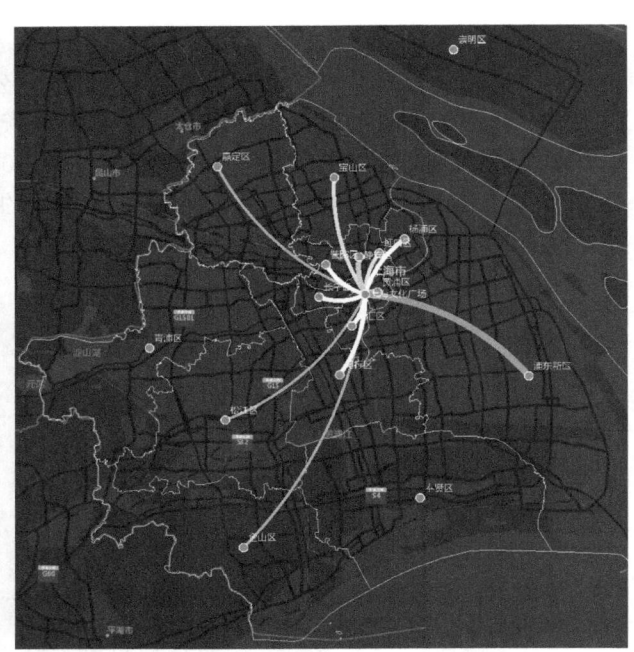

图7 上海文化广场出租/网约车散场客流

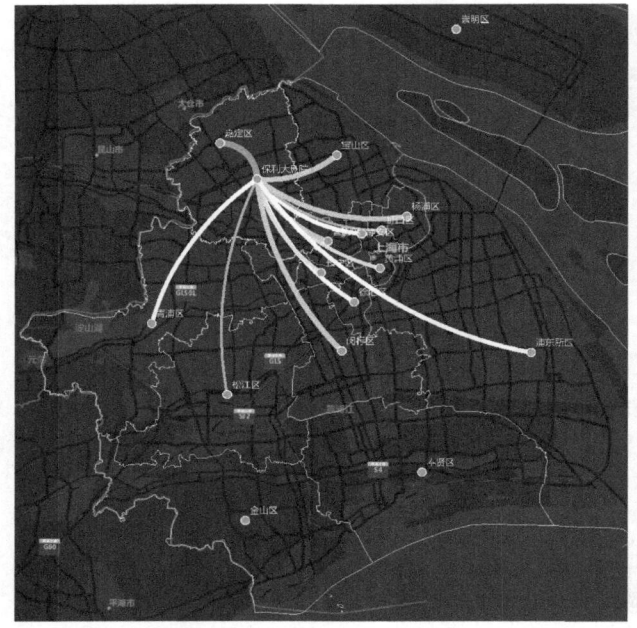

图8 上海保利大剧院出租/网约车进场客流

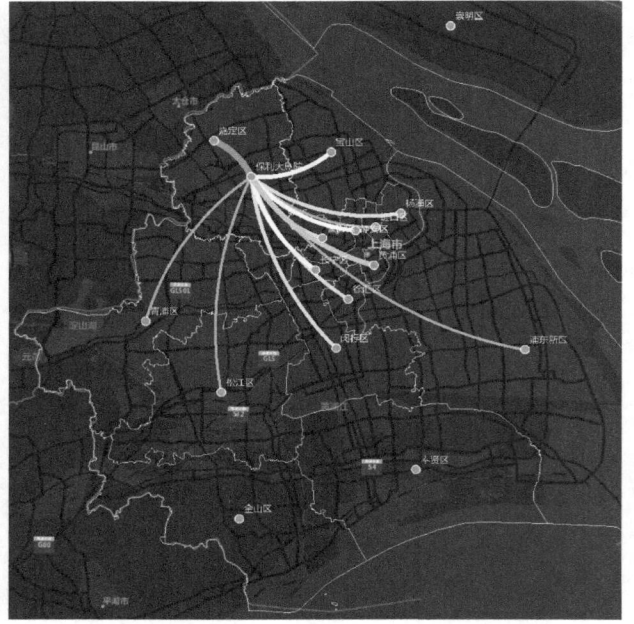

图9 上海保利大剧院出租/网约车散场客流

4.4 地面公交

1）观演群体地面公交出行比例

根据本研究抽样调查统计结果，上海市大中型剧院观演群体的交通集散出行方式中，地面公交出行比例较低，总体约占5.8%，包含纯地面公交3.1%、公交+共享单车2.3%以及团体大巴0.4%几种形式；此外，地面公交主要作为接驳轨道交通的方式，轨道+公交出行比例约占16.5%。

2）大中型剧院地面公交站点资源特征

以剧院出入口至其周边邻近公交站点之间的步行距离为衡量指标，35%的剧院出入口50 m范围内即有至少一处公交站点，其中内环内剧院的公交接驳便捷性显著优于城市外围新城，如图11所示。

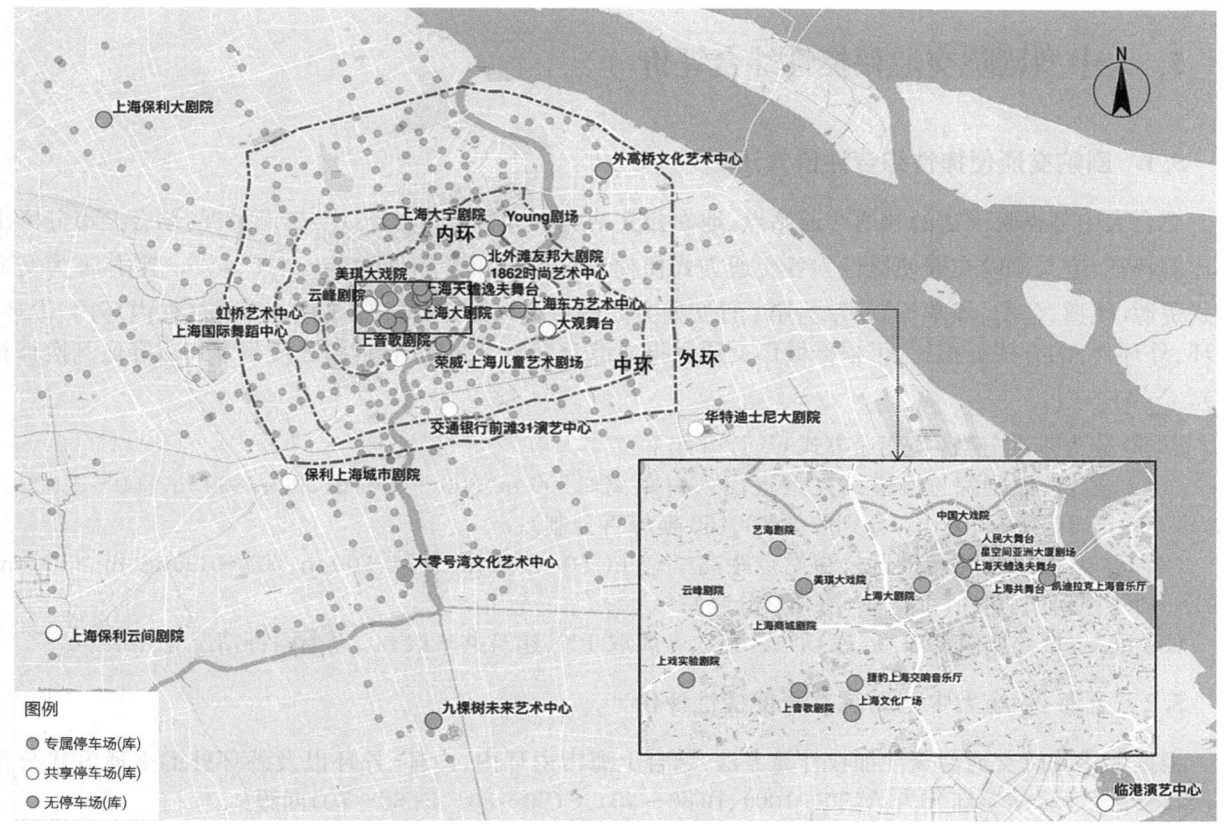

图 10　上海大中型剧院停车场（库）资源分布图

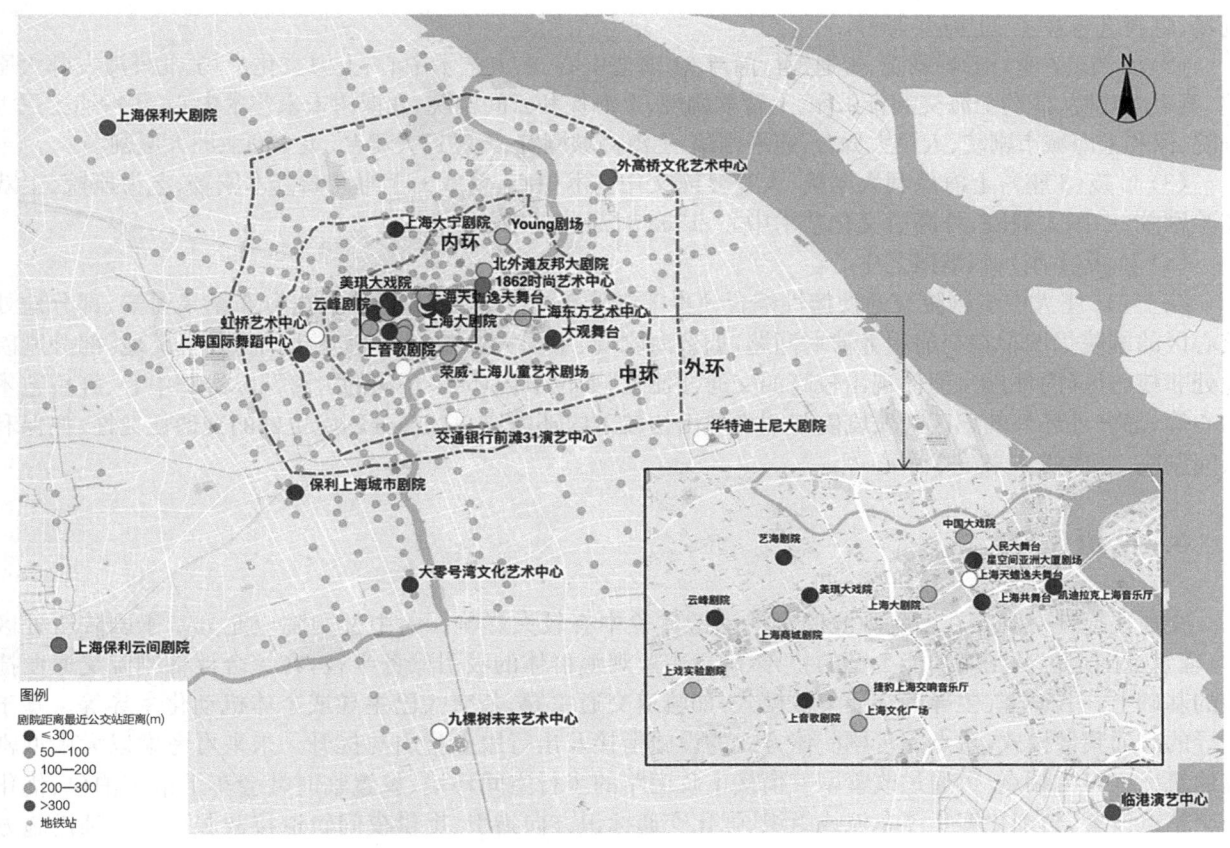

图 11　上海大中型剧院周边公交站点资源分布图

5. 大中型剧院交通便捷性综合评价

5.1 剧院交通便捷性综合评价方法

综合大中型剧院周边的轨道交通站点、地面公交站点和机动车停车场(库)资源情况,结合全市分区出行比例特征,定义剧院交通便捷性为各交通方式便捷程度的加权之和,即 $C = \sum C_i M_i$。其中,i 为交通方式资源(轨道、公交、停车等),M_i 为第 i 种交通方式的综合权重,取城市不同空间区位(如内环内、内环-外环、外环外)的方式分担比(可根据城市交通年报或综合交通大调查结果,扣除慢行方式后等比例换算获得),$\sum M_i = 1$。

以 60 分为基准分数,各交通方式 C_i 计分如下:

(1) $C_{轨道}$:按照剧院与轨道站点最近出入口距离≤300 m、300~500 m、500~800 m、800~1 000 m 和 >1 000 m,10 分一个档位,分别取值 100(60 换算百分制);

(2) $C_{公交}$:按照剧院与最近公交站点距离≤50 m、50~100 m、100~200 m、200~300 m 和 >300 m,10 分一个档位,分别取值 100(60 换算百分制);

(3) $C_{停车}$:按照剧院停车场(库)形式,独立专属取 100、建筑共享取 80、以上两种情况之外取 60。

5.2 上海 34 座大中型剧院交通便捷性评价

根据上述剧院交通便捷性加权计算方法,结合上海市内环内、内环-外环以及外环外的交通方式分担比例,将综合计算结果划分为 A(90~100)、B(80~90)、C(70~80)、D(60~70)四级。

上海 34 座大中型剧院交通便捷性评价结果如下(同一级别排名不分先后)。

(1) A 级(8 座):上海大剧院、大观舞台、凯迪拉克上海音乐厅、大宁剧院、上海国际舞蹈中心、Young 剧场、虹桥艺术中心、上海共舞台。

(2) B 级(17 座):云峰剧院、交通银行前滩 31 演艺中心、东方艺术中心、上海文化广场、北外滩友邦大剧院、美琪大戏院、捷豹上海交响音乐厅、上音歌剧院、上海保利云间剧院、九棵树未来艺术中心、华特迪士尼大剧院、保利上海城市剧院、人民大舞台、宛平剧院、上海商城剧院、天蟾逸夫舞台、星空间亚洲大厦剧场。

(3) C 级(8 座):上海保利大剧院、大零号湾文化艺术中心、荣威·上海儿童艺术剧场、艺海剧院、上戏实验剧院、中国大戏院、外高桥文化艺术中心、1862 时尚艺术中心;

(4) D 级(1 座):临港演艺中心。

综上,34 座大中型剧院交通便捷性综合评价等级分布情况如图 12 所示。由分布结果可知,部分地处核心区的剧院仍旧存在交通服务薄弱问题,如艺海剧院、中国大戏院、上戏实验剧院等;相反地,部分剧院地处非核心区(内环内),但体现出较高的交通便捷度,如位于内环-中环间的上海国际舞蹈中心、虹桥艺术中心等;部分外环外的郊区新城剧院甚至表现出相较于内环内核心区部分剧院更好的交通便捷性,如保利云间剧院、九棵树未来艺术中心等。

6. 结语

交通便捷性对观众在剧院观演的全活动链体验中有较大影响。大中型剧院应充分基于剧院所处区位、辐射范围定位及剧院功能类型的差异,确立主要观演群体的吸引服务半径,在综合评估剧院交通便捷性的基础上,明确剧院主导的交通集散模式,如轨道交通主导、公交大巴主导或个体机动化主导等。基于主导的交通集散模式,重点完善剧院该方式的设施衔接及出行服务指引与提升。未来可考虑以大中型剧院建筑出入口为端点,可通过改善剧院衔接市政道路的步行空间环境、设置临时社会车上落客泊位、优化公交站点设置、精细化客货停车流线组织、强化交通标识方向指引、提供夜间轨道接驳服务等多种措施方式,提升剧院全方式的接驳便捷性与服务品质。

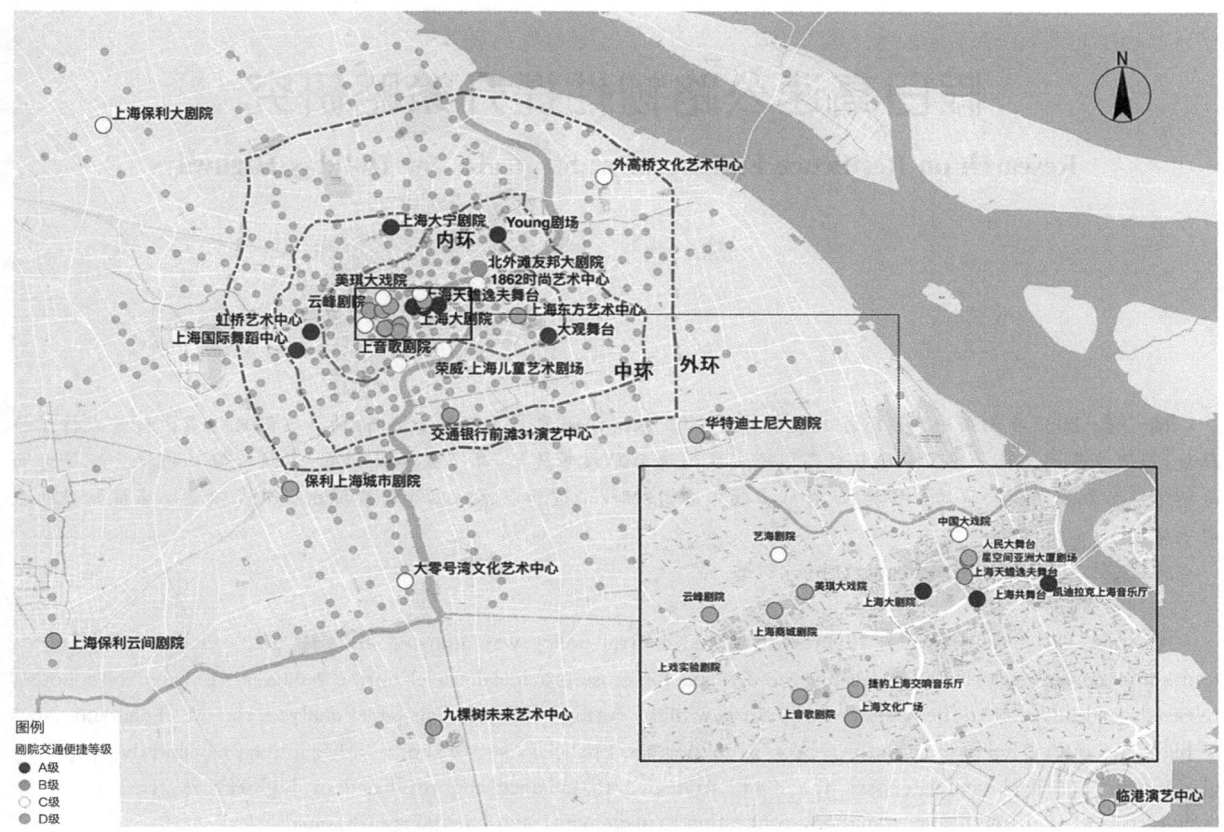

图 12　上海大中型剧院交通便捷性综合评价等级分布图

参考文献

［1］中国演出行业协会.2023年全国演出市场发展简报[R].北京:中国演出行业协会,2024.
［2］LIU X Q, CHEN X H, QIAO Y Y. Pilot Study on Trip Behavior Characteristics of Theatre Audience[J]. Proceedings of the 23rd COTA International Conference of Transportation Professionals，2023，2421-2431.
［3］中华人民共和国住房和城乡建设部.JGJ 57—2016,剧场建筑设计规范[S].北京:中国建筑工业出版社,2017.
［4］张蕾,钱世锦.剧院管理务实十六讲[M].上海:上海人民美术出版社,2021.
［5］中共上海市委,上海市人民政府.关于加快本市文化创意产业创新发展的若干意见[N].新民晚报,2017-12-14.

项目基金
"上海市青年科技启明星计划"（项目编号：21QB1406100）。

假日高速公路韧性提升策略研究

Research on Resilience Enhancement Strategies for Holiday Highways

陈 欢[1] 金 昊[2]

摘 要：2023年初新冠疫情防控政策调整后，市民旅游休闲需求爆发式增长，特别是节假日跨省出行需求持续性释放，节假日期间高速公路流量屡创新高。论文从高速公路收费政策、季节或天气影响、不同节假日的特异性等方面分析节假日期间高速公路的出行特征，并从多模式协调、拥堵治理和应急响应等角度提出提升高速公路系统韧性的主要策略。

关键词：节假日；高速公路；出行特征；韧性

Abstract：After the COVID-19 prevention and control policy was adjusted in early 2023, citizens' demand for tourism increased explosively, especially the demand for cross-provincial travel during holidays has been continuously released, and highway traffic has repeatedly set new highs during holidays. This paper analyzes the travel characteristics of highways during holidays from the aspects of highway toll policies, seasonal or weather influences, and the specificity of different holidays, and proposes the main strategies to enhance the resilience of highway systems from the perspectives of multi-modal coordination, congestion management, and emergency response.

Key words：holidays；highways system；traffic characteristics；resilience

1. 引言

节假日期间高速公路流量激增，交通系统面临巨大的压力和挑战，对路网韧性提出了更高的要求。提高高速公路系统的韧性是指提高高速公路系统在面对节假日期间增加的车流时维持基本功能、快速恢复以及适应变化的能力。分析节假日期间高速公路的出行特征是提升高速公路系统韧性的基础，提高制定策略的针对性、有效性提供可靠保证。

2. 节假日高速公路需求基本情况

2023年初新冠疫情防控政策调整为"乙类乙管"，短期的感染高峰过后，市民工作、生活回归常态，各类出行目的、交通方式迅速复苏。受新冠感染影响，2023年元旦、春节高速公路出行需求呈现出不同程度的下降，而清明节非常态假期仅放假1天，为了反映节假日出行的实际情况，选取2023年劳动节至2024年清明节时期（即2023.4—2024.4，简化成为研究时段）的高速公路出行需求进行分析。

节假日高速公路流量持续显著上升，高峰日出行更加集中。研究时段内高速公路节假日均流量达141万辆次，较2019年节假日均增长18%，相当于同期工作日均流量的96%。其中，高峰日出现在2023年劳动节，高速公路网流量达177万辆次，较2019年节假日峰值（劳动节首日）增长9%，远超同期工

---

[1] 陈欢，上海市城乡建设和交通发展研究院，交通运输规划与管理，硕士研究生，高级工程师，联系邮箱：cathleen.ch@163.com。
[2] 金昊，上海市城乡建设和交通发展研究院，交通运输规划与管理，硕士研究生，高级工程师，联系邮箱：362406207@qq.com。

作日均 147 万辆次的流量规模(图 1)。

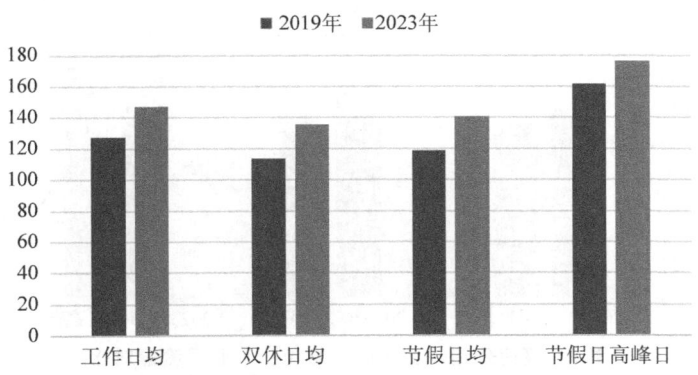

图 1　研究时段典型日高速公路流量(单位:万辆次/日)

跨省旅游出行快速增长。跨省出行中旅游出行较商务出行更为活跃,节假日省界日均流量达 79 万辆次,高出同期工作日均跨省流量 17%,较 2019 年节假日均增长 21%。其中,研究期间省界流量的峰值达 100 万辆次,较 2019 年节假日峰值增长 13%(图 2)。

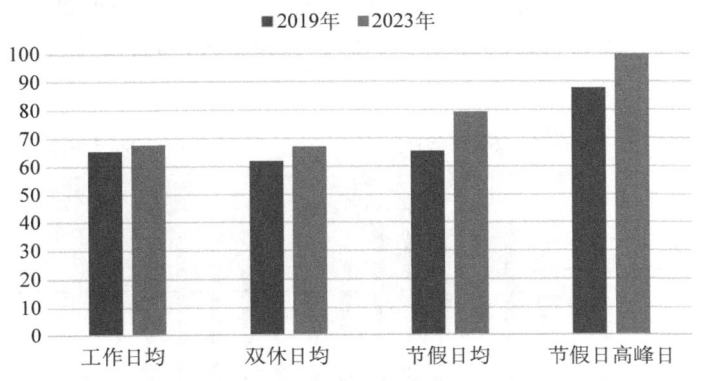

图 2　研究时段典型日高速公路跨省流量(单位:万辆次/日)

3. 节假日高速公路出行需求特征

3.1　高速公路免费通行政策对出行拉动效应进一步放大

小型客车免费通行政策对假期出行需求刺激作用明显。节假日中,劳动节、国庆节(中秋节)、春节及清明节高速公路实行免费通行政策,端午节和元旦高速公路通行收费。2019 年免费节假日高速公路网日均流量高出收费节假日 8%。2023 年二者的差距进一步拉大,免费节假日高速公路网日均流量比收费节假日高 12%,其中,免费节假日高速公路网日均流量较常态周末增长 6%,收费节假日均流量相当于常态双休日的 95% 左右。免费节假日高速公路网单日最大流量较常态周末增长 30%,高出收费节假日高峰日 18%(图 3)。

3.2　放假时长和节日民俗对假日出行影响明显

我国的节假日放假时间安排是在农历的基础上,结合公历双休日综合考虑制定,春节、清明节、端午节及中秋节随农历节气变化,而元旦、劳动节和国庆节时间相对固定。节假日放假时长一般分为 3 天、5 天、7 天及 8 天四个类型,其中以 3 天小长假居多,包含元旦、清明节、端午节及中秋节 4 个节假日;劳动节从 2018 年以前的 3 天,增长至 4 天,最终稳定在目前的 5 天假期;国庆节常态为 7 天假期,若遇闰年中秋节及

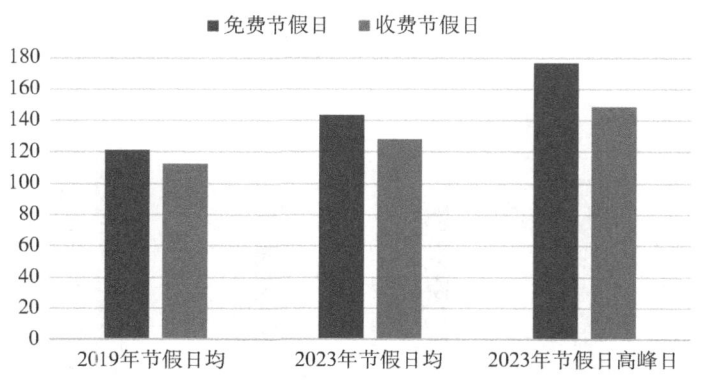

图 3　高速公路收费节假日与免费节假日流量对比

国庆节时间相隔较近,则两节合并共放假 8 天;春节在 2024 年有所变化,从原本的 7 天增长到 8 天假期。

放假时长对节假日出行需求的影响显著,5 天假期高速公路出行吸引力最强。据统计研究时段内不同放假时长的高速公路网流量中,5 天的劳动节日均流量居各放假时长类型流量首位,分别高出其他类型 22%、32%。其次是 3 天小长假,8 天的超长假期受长距离出行分流影响高速公路日均流量大幅回落。与此同时,若假期时间缩减至 1 天,出行需求会明显减少,如 2023 年清明节假期仅放假 1 天,当日高速公路网流量较 2019 年同期日均下降 17%。2020 年元旦假期也为 1 天,当日高速公路网流量较 2019 年同期日均下降 2%(图 4)。

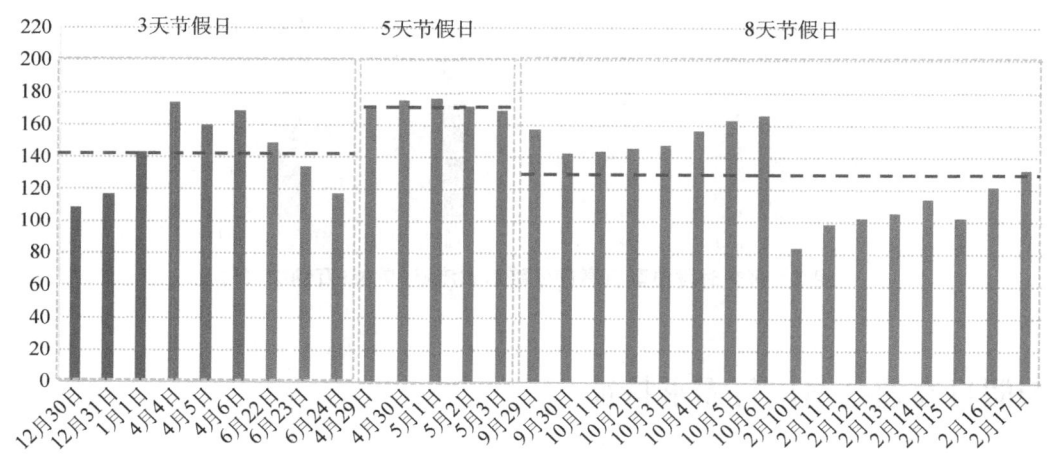

图 4　研究时段内不同放假时长节假日高速公路网流量(单位:万辆次/日)

节假日期间高速公路跨省流量占比明显上升。研究时段内省界道口日均流量占高速公路总流量的比例为 48%,节假日占比达到 56%,较常态日均高出 8 个百分点。

3.3　季节和天气对高速公路出行产生较大波动影响

研究时段内晴天、多云及阴天天数占假期总天数的六成以上。据统计,晴天、多云及阴天对假日出行的影响不大,3 种类型天气对应的路网日均流量较同期双休日均呈上升趋势,雨天会对出行需求的释放起到明显的抑制作用,相同温度条件下,雨天高速公路网流量较非雨天下降 15%~23%,其中气温较低的节假日,雨天对出行量的影响更大。另外,不同季节气温的差异性对高速公路出行的影响也十分明显。相同天气条件下,气温在 20 摄氏度以上的节假日高速公路网流量较气温在 20 摄氏度以下的节假日高 16%~27%(图 5)。

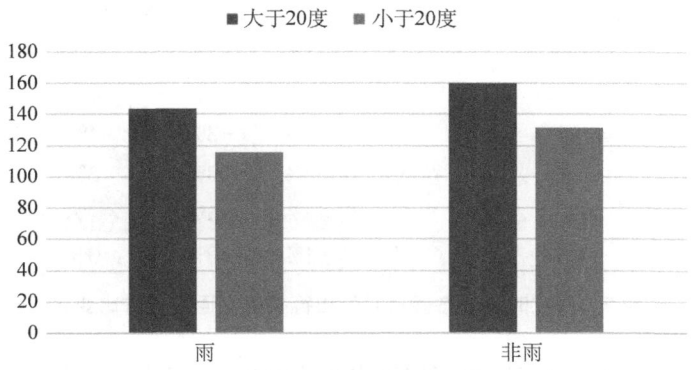

图 5　研究时段内不同天气高速公路网流量(单位:万辆次/日)

4. 提升高速公路韧性的主要策略

高速公路的韧性建设是指提升高速公路在面对突发事件时的抵御能力、恢复力和适应性。韧性建设的目标是确保高速公路在极端情况下能够维持基本运行,快速恢复正常服务,并适应未来可能的变化。节假日期间高速公路流量较常态明显增加,路网运行压力较大,对路网韧性提出了更高的要求。

4.1　加强多模式交通系统的协调

节假日期间,由于旅游、探亲等活动增多,城市道路的交通流量会有显著增长。这要求交通系统具备足够的容量和灵活性来应对短时间内的流量峰值。除元旦、春节外,其他各节假日的高峰日高速公路网流量均高于年工作日均,增幅最大值出现在劳动节、清明节,高出年日均比例分别达 20%、18%(图 6)。

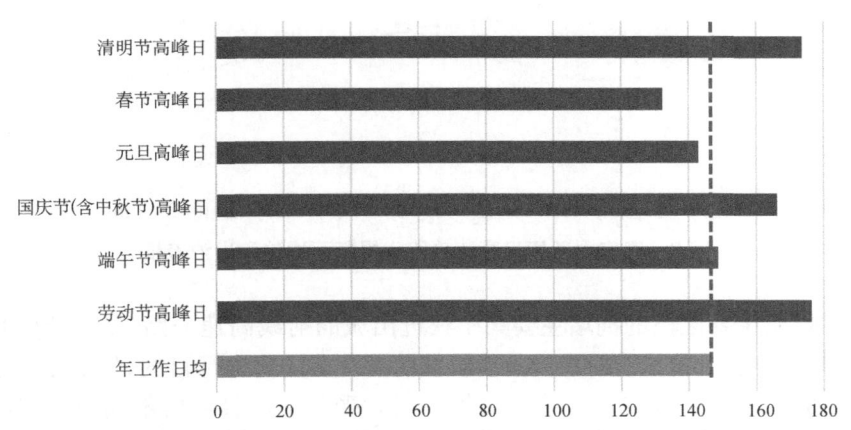

图 6　研究时段内各假日高速公路网高峰流量(单位:万辆次/日)

节假日对外出行总体运输结构中自驾居主体地位,且呈现上升趋势。研究时段内,自驾出行占比达 61%,较 2019 年上升 4%,且增幅居各方式首位。其次是铁路,占比达 28%,较 2019 年上升 2%。民航及省际客运两者合计仅为 11%,与 2019 年相比均呈现下降趋势,降幅分别为 2%、4%。与 2019 年相比,各节假日中自驾占比增幅最大出现在春节,达 9%;与此同时民航与省际客运占比也出现最大降幅,原有的出行方式在向自驾出行转移(图 7)。

自驾出行在节假日中愈发受公众青睐,高速公路流量在节假日期间不断上升,节假日期间跨省出行持续活跃,高速公路网车流中跨省出行占比高于常态双休日约 6 个百分点,其中,免费通行节假日跨省日均流量 81 万辆次,较 2019 年上升 20%。然而,道路的供给能力增长有限,特别上海处于尽端地区,跨省通道选择较为有限,造成供需矛盾较为突出,出行集中时段部分出城方向的道路易发生长时间、大面积拥堵。

同比2019年	铁路	民航	省际	跨省小客车
劳动节	4%	-3%	-2%	1%
端午节	2%	-2%	-3%	3%
国庆节	3%	-1%	-3%	1%
元旦	2%	-2%	-3%	3%
春节	1%	-4%	-6%	9%
清明	3%	-1%	-2%	0%

图7 研究时段内各假日对外出行各类交通方式占比变化

为提升高速公路网节假日期间的韧性,一方面需供多样化的出行选择,加强各运输方式的吸引力,如省际客运等,通过集约化的运输方式以缓解交通压力;另一方面研究建立复合通道,确保在主要道路拥堵时可引导车流多通道集散,以重新分配交通流量。

4.2 提高应对交通拥堵的精细化管理水平

研究时段内的高峰出行时段较为集中,且方向性明显,即各假期的首日和最后一天,高速公路通常会出现流量高峰。特别是假期前一天下午、假期首日上午以及假期最后一天下午,这些时段的车流量会急剧增加,车流以出入城方向为主。与出程高峰相比,返程高峰通常较为分散,由于假期时长不同,人们会根据自己的计划选择不同的返程时间(图8)。

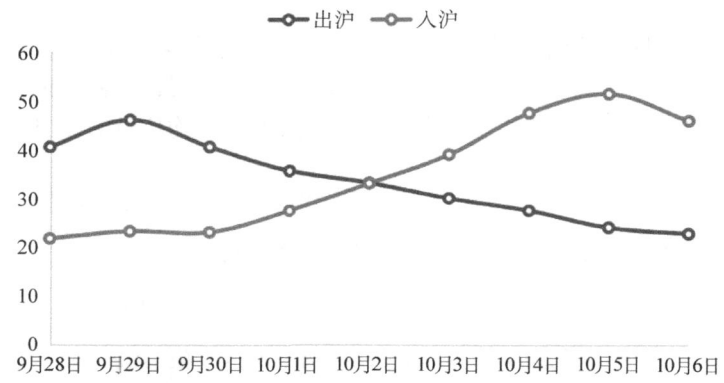

图8 国庆中秋假日高速公路省界断面进沪和出沪流量

节假日期间区域性、主要区段的拥堵主要集中在进出城的射线高速公路,受各节假日习俗影响,假期出行目的及组成呈现多样化和复杂化(图9)。节假日期间在多样化出行目的,如探亲访友、旅游、祭扫、娱乐休憩等等相互叠加下,激发出行需求显著增长等。同时受各节假日习俗不同影响,各出行目的构成不同,且正由单一目的出行向多目的出行演变,使得出行目的构成复杂化特征日益明显。如以往刚性出行需求占比较大的节假日,比如清明节的祭扫出行、春节及中秋的返乡探亲等,或将演变为祭扫+探亲+踏青,探亲+同亲友一起旅游等。多样化出行目的及复杂化的出行构成共同作用,不断带动出行需求及路网流量持续上升。同时各节假日出行目的不同,拥堵区域略有差异,如清明节拥堵主要集中在通往墓区的路段,劳动节及国庆节等拥堵更多出现在热门景区周边区域及路段等。建议提升高速公路重点区域及节点的拥堵监测和提前预警的管理能力,加强对重点路段的监控,通过智能交通系统进行交通流量的监控和调度,以减少拥堵和事故。

4.3 提升应急响应和安全管理能力

随着车流量的增加,车辆碰撞事故的风险也随之增加,特别是在车流密集的高速公路上。同时面对节假期间跨省需求旺盛,出行集中的高峰时段,路网运行压力及拥堵往往将进一步蔓延至相邻省市,有必要

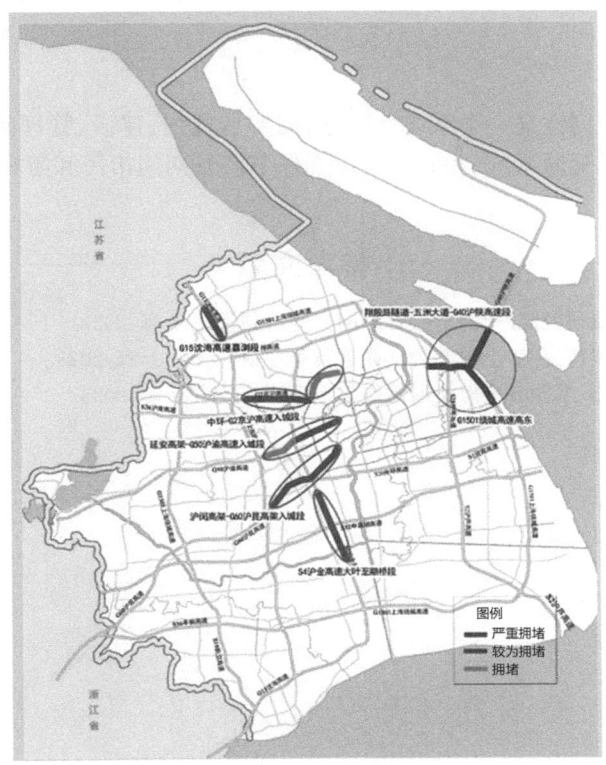

图 9　国庆中秋假日高速公路省界断面进沪和出沪流量

进一步完善跨区域的沟通机制,切实提高跨区域、更大范围的信息连通性及管理联动性,从广域统筹角度出发协商管制措施和配套方案,避免造成邻省高速公路通行受阻等等被动局面,以保障节假期间地域级交通联动保障、事故应急处理及救援等工作的高效开展。

在面对交通事故或不利天气条件时,交通系统需要具备快速的应急响应机制,以最小化对交通流的影响。如细化完善通行保障措施,强化应急管理。针对冬季可能出现的雾霾、冰雪等灾害性天气,做好各项应急预案、措施的完善和准备工作。优化牵引和救援机制,加大牵引排障力度,以加快交通事件处治速度,尽早恢复道路正常运行。

同时,节假日期间高速公路网流量处于高位运行,应严禁危化物品车辆驶入高速公路,以避免该类车辆发生交通事故所引发的更为严重和危险的次生灾害。运载危化物品的车辆一旦发生交通事故,其事故处理难度、车辆牵引要求都比普通车辆困难;同时该类车辆所运载的危化物品如果在事故中因罐体损伤而泄漏,在道路拥堵疏散困难的情况下将很可能造成大面积人员毒害伤亡,而且难以及时疏散和救助。因此节假日期间须加强危化物品车辆的上路审批工作以及管控执法力度。

4.4　完善节假日研判评估和信息引导

节前加强出行宣传,科学指导路网运行保障;节日期间加强出行信息发布,合理引导车流均衡分布。节前基于历史变化趋势、同时考虑放假时间安排、恶劣天气等多种影响因素,提前开展节假日路网流量预判,并通过各种媒体广泛宣传,有利于市民提前规划出行计划,合理选择出游、返程时间以及设计出行路线,避开出行高峰。节日期间实现多渠道信息发布,通过道路情报板、政务微博、微信公众号、交通广播等多平台,及时发布实时路况信息,避免拥堵路段车流进一步集中,引导车流多通道集散,缓解路网的交通压力。

5. 结语

节假日期间城市道路的韧性是一个系统性问题,需要从规划、建设、管理到应急响应等多个方面进行综合考虑和提升。通过增强交通系统的韧性,可以确保节假日期间市民和游客的出行安全、高效和便捷。

参考文献

[1] 上海市城乡建设和交通发展研究院. 上海节假日路网交通研判[R]. 上海,2023.
[2] 上海市城乡建设和交通发展研究院. 上海综合交通运行年度报告[R]. 上海,2023.
[3] 上海市交通委交通指挥中心. 节假日上海交通运行与保障评估[R]. 上海,2023.

城市交通地质灾害与韧性防控

Urban Traffic Geological Disasters and Resilience Prevention and Control

李泽玮[1]　师永翔

摘　要：城市作为人类活动的中心，其交通系统的高效运行对于经济发展和社会生活至关重要。然而，随着城市的不断扩张和人类活动对地质环境的影响，城市交通面临着各种地质灾害的威胁，如地震、滑坡、泥石流、地面沉降等。这些地质灾害不仅会对交通设施造成直接破坏，还可能导致交通瘫痪，给城市带来巨大的经济损失和社会影响。因此，研究城市交通地质灾害与韧性防控具有重要的现实意义。本文旨在探讨城市交通领域中常见的地质灾害类型、其对交通系统的影响，并提出韧性防控的策略和措施，以增强城市交通系统在地质灾害面前的适应能力和恢复能力。

关键词：城市交通；地质灾害；韧性防控

Abstract: As the center of human activities, the efficient operation of urban transportation system is very important for economic development and social life. However, with the continuous expansion of cities and the impact of human activities on the geological environment, urban traffic is facing the threat of various geological disasters, such as earthquakes, landslides, debris flows, land subsidence and so on. These geological disasters will not only cause direct damage to traffic facilities, but also may lead to traffic paralysis, which will bring huge economic losses and social impact to the city. Therefore, it is of great practical significance to study the prevention and control of urban traffic geological disasters and resilience. The purpose of this paper is to discuss the common types of geological disasters in the field of urban transportation and their impacts on the transportation system, and to propose resilient prevention and control strategies and measures to enhance the adaptability and resilience of the urban transportation system in the face of geological disasters.

Key words: urban transportation; geological disasters; resilience prevention and control

1. 引言

中国70％以上的城市、50％以上的人口分布在地震灾害、气象灾害、地质灾害等灾害严重的地区。2/3以上的国土面积受到灾害的威胁。约占国土面积70％的山地灾害（滑坡、泥石流、崩塌等地质灾害）发生概率逐年递增。同时，中国大陆地震灾害占全球1/3，是世界上大陆地震最多的国家。而随着城市化进程的加快，城市交通系统也在快速完善和发展，城市交通作为城市发展的动脉，对于经济社会的正常运转至关重要。然而，由于城市建设的不断扩张和人类活动的影响，城市交通系统面临着多种地质灾害的潜在威胁，如地震、滑坡、泥石流、地面沉降等。这些地质灾害不仅可能导致交通设施的损坏和交通线路的中断，还会对人员生命安全和城市运行造成严重影响。因此，研究城市交通地质灾害与韧性防控具有重要的现实意义。

1　李泽玮，山西省交通科技研发有限公司，硕士，工程师，联系邮箱：15651465083@163.com。

2. 城市交通地质灾害的类型及特点

2.1 地震

地震是由于地壳运动引起的突发性地质灾害，对城市交通设施具有巨大的破坏力。地震是城市面临的第一大天灾，强烈的地震不仅会导致桥梁、隧道等结构的损坏，道路的开裂和塌陷，以及轨道交通设施的变形和故障。而且时常伴随生成山崩地陷、诱发火山、海啸、泥石流以及城市火灾等一系列次生灾害。21世纪以来，至少有35个国家的数百个大城市遭到地震灾害的严重破坏。和世界其他国家相比，我国城市地震死亡总人数和一次最高死亡人数均居世界各国之首，死亡人数约占全世界死亡人数的60％。我国地震灾害虽然发生频率不高，如果一旦发生，造成人员伤亡和损失极大（图1）。一些城市被毁之后，需要数十年的恢复，成千上万家庭被毁，损失无法计算。

图 1　地震灾害对交通的影响

2.2 崩塌、滑坡、泥石流

崩塌、滑坡、泥石流灾害是世界上城市危害比较严重的地质灾害之一，它仅次于地震灾害（图2）。危害惨重，分布广泛，且历史悠久。这几种灾害具有相同的形成条件与分布规律，它们常常在同一区域或地区相伴而生，因此常把这三种灾害归为一类，它属于外动力地质灾害或外动力作用下形成的岩石圈灾害。城市崩泥流灾害对人类和城市交通具有多种危害，主要包括：导致人员伤亡，破坏城镇、矿山、企业、学校、铁路、公路、航道、水库等各种工程设施，破坏土地资源和生态环境。特别是我国中西部地区大部分城市处

图 2　崩塌、滑坡、泥石流对交通的影响

于崩滑流灾的包围之中,近几十年来,中西部城市各项工程建设的迅速发展,崩滑流发展范围、频率和强度均达到历史最高阶段。据初步调查,全国有灾害性泥石流沟1.2万条,滑坡数万处,崩塌数千处,2000—2024年共发生崩滑流灾害2300次,其中造成严重损失的达503次。通常情况是崩塌、滑坡发育地区也同时为泥石流形成提供了固体物质来源。滥采石料,不仅将大量废石、废土堆积在河床中,而且又产生新的崩塌、滑坡,为形成泥石流增加人为条件;植被减少造成的水土流失为泥石流形成提供介质条件。

2.3 地面沉降

地面沉降主要是由于地下水过度开采、地下工程建设等原因引起的地面缓慢下沉。地面沉降会导致道路不平、桥梁变形、排水系统失效等问题,影响城市交通的正常运行(图3)。造成城市地面塌陷的原因大体上有两个方面:①开采地下矿产资源引起的塌陷;②表面岩溶活动引起的塌陷。全国因采煤地表发生沉陷、坍塌面积38万km^2,其中有240余处最为严重。由于抽取地下水源导致地面沉降,上海地面沉降的历史最长,幅度最大,上海地面沉降累计达2.63 m。上海的地面沉降导致黄浦江、苏州河防汛墙降低,码头、仓库被毁,桥下净空减少,建筑物出现裂缝,城市基础设施功能下降,地面沉降的结果使这些城市在地形上成为漏斗状洼地,不利于降水排泄。近十几年来,上海市因地面变形灾害经济损失高达50亿元人民币。

图3 地面沉降灾害对交通的影响

3. 城市交通地质灾害的形成机制及影响

3.1 城市交通地质灾害的成因

1) 自然因素

主要的自然因素有:①地形地貌,复杂的地形条件,如陡峭的山坡、深切的河谷等,为地质灾害的发生提供了有利的地形条件;②地质构造,断裂带、褶皱等地质构造活动活跃的地区,岩土体稳定性差,容易发生地质灾害;③气象水文,强降雨、暴雨、洪水等气象水文因素是引发滑坡、泥石流等地质灾害的重要诱因。

2) 人为因素

主要的人为因素有:①城市建设,大规模的城市建设活动,如开挖山体、填方造地、地下工程施工等,改变了地质环境的平衡状态,增加了地质灾害发生的风险;②交通荷载,日益增长的交通流量和重载车辆对道路、桥梁等交通设施的长期作用,可能导致地基下沉、路面开裂等问题,进而引发地质灾害;③水资源开发,过度开采地下水、不合理的水利工程建设等,可能导致地下水位下降、地面沉降等,诱发地质灾害。

3.2 城市交通地质灾害的影响

1）交通设施损坏

地质灾害往往会直接摧毁道路、桥梁、隧道、轨道交通线路等交通基础设施，使其失去使用功能。例如，强烈的地震可能导致桥梁垮塌，滑坡和泥石流可能掩埋道路，地面沉降可能使道路出现裂缝和凹陷。

2）交通拥堵和中断

交通设施的损坏会导致交通线路的中断，影响人员和物资的运输。交通瘫痪不仅会给城市居民的出行带来极大不便，还会影响城市的正常生产和生活秩序，造成经济损失。

3）引发次生灾害

城市交通地质灾害还可能引发火灾、爆炸、环境污染等次生灾害，进一步加剧灾害的危害程度。例如，道路上的车辆在灾害中受损可能引发燃油泄漏和火灾，交通中断可能导致救援物资无法及时送达，从而加重灾害的后果。

4）城市经济发展受阻

长期频繁的地质灾害会影响城市的投资环境和发展潜力，降低城市的竞争力。城市交通系统的不稳定和不可靠会阻碍城市的扩张和产业布局，影响城市的可持续发展。

4. 城市交通地质灾害的韧性防控策略

4.1 风险评估与监测预警

建立完善的城市交通地质灾害风险评估体系，对潜在的灾害风险进行全面评估。同时，利用先进的监测技术和设备，如卫星遥感、地质雷达、无人机监测等，对地质灾害进行实时监测和预警，提前采取防范措施。

1）详细的地质勘查

对城市及周边地区的地质结构、地形地貌进行全面细致的勘查，收集地质数据，包括地层岩性、地质构造、地下水分布等，为准确评估地质灾害风险提供基础资料。定期更新地质勘查数据，以反映城市建设和自然环境变化对地质条件的影响（图 4）。

图 4　城市建设和自然环境变化对地质条件的影响

2）建立风险评估模型

综合考虑地质因素、交通设施的脆弱性、人口密度、经济活动等多方面因素，运用数学模型和地理信息系统（GIS）技术，定量评估不同区域、不同交通线路面临地质灾害的风险程度。针对不同类型的地质灾害（如地震、滑坡、泥石流等），开发专门的风险评估模型，提高评估的准确性和针对性。

3）智能化监测系统

安装高精度的传感器网络,实时监测地质活动的关键指标,如地面位移、地下水位变化、地震波等。利用物联网技术,实现监测数据的自动采集、传输和分析,及时发现异常情况(图5)。

图 5　智能化监测系统

4）灾害预警机制

建立多部门协同的预警平台,整合气象、地质、交通等部门的信息,实现灾害预警信息的快速发布和传递。制定不同级别地质灾害的预警标准和应对措施,确保在灾害来临前能够及时采取有效的交通管制和疏散措施。

4.2　规划与设计优化

在城市交通规划和设计阶段,充分考虑地质灾害的风险,合理选择交通线路和设施的位置,避免在地质灾害高发区建设重要的交通设施。采用抗震、防滑坡、防泥石流等工程技术措施,提高交通设施的抗灾能力。

1）合理规划交通线路

在规划新的交通线路时,避开已知的地质灾害高发区域和潜在的不稳定地质地段。对于无法避开的灾害区域,通过优化线路走向和设计方案,减少灾害对交通设施的影响。

2）采用先进的工程技术

推广使用抗震性能良好的桥梁和道路结构设计,提高交通设施在地震中的稳定性。在易发生滑坡和泥石流的地段,设置防护墙、拦石网、排导槽等防护工程。对于地面沉降区域,采用可调节的基础结构和柔性路面设计,增强交通设施对地面变形的适应能力。对于城市道路边坡、隧道等交通构筑物的支护,可采用当前先进的韧性支护技术,依靠支护结构较大的变形能力和主动支护性能,提高边坡、隧道等构筑物的安全性和稳定性。

3）生态防护措施

在交通沿线进行植被恢复和生态护坡工程,增加坡面稳定性,减少水土流失。构建生态廊道,促进生物多样性保护的同时,提升交通沿线的生态环境质量,降低地质灾害发生的可能性。同时,提高道路和桥梁的建设标准,增加其承载能力和抗灾能力。建设足够的地下排水系统,防止积水引发的地质灾害和对交通设施的损害。采用新型的建筑材料和施工工艺,确保交通基础设施的质量和耐久性。

4.3　应急管理与救援体系建设

制定科学的城市交通地质灾害应急预案,明确各部门的职责和应急响应流程。建立专业的应急救援队伍,配备必要的救援设备和物资,提高应急救援的效率和能力。

1) 应急预案制定

制定涵盖不同类型、不同规模地质灾害的详细应急预案,明确各部门在应急响应中的职责和任务分工。定期对应急预案进行演练和修订,确保其有效性和可操作性。

2) 应急救援队伍建设

组建专业的交通应急救援队伍,包括工程抢险、医疗救护、交通疏导等方面的人员,并进行定期培训和实战演练。加强与社会救援力量的合作与联动,形成协同作战的应急救援体系。

3) 应急物资储备与调配

建立应急物资储备库,储备必要的抢险设备、救援工具、医疗用品和生活物资。建立高效的物资调配机制,确保在灾害发生时能够迅速将物资送达受灾区域。

4) 交通疏导与管制

制定灾害期间的交通疏导方案,及时调整交通流量,引导车辆避开受灾路段。实施交通管制措施,保障救援车辆和人员的优先通行。

4.4 恢复与重建

在地质灾害发生后,迅速组织力量进行交通设施的恢复和重建工作。采用快速修复技术和新材料,缩短恢复时间,尽快恢复交通系统的正常运行。

1) 快速评估与决策

在灾害发生后,迅速组织专业人员对交通设施的损坏情况进行评估,确定恢复重建的优先顺序和方案。采用先进的检测技术和评估方法,提高评估的效率和准确性。

2) 先进的修复技术与材料应用

推广使用快速固化的混凝土、高强度的复合材料等新型修复材料,缩短交通设施的修复时间。应用预制拼装技术、3D打印技术等先进施工方法,提高恢复重建的效率和质量。

3) 可持续性重建

在恢复重建过程中,充分考虑交通设施的长期稳定性和可持续性,采用绿色、环保的设计理念和技术。结合城市发展规划,对交通设施进行优化和升级,提高其抗灾能力和服务水平。

5. 工程案例

5.1 工程概况

辛庄上隧道位于山西省太原市古交市河口镇磨石村西南侧。隧道穿越剥蚀构造基岩低中山区,进口段顶部覆盖薄层粉土、碎石、杂填土,出口段基岩出露,隧道设计为左右线分离式,两洞间距约为15～30 m,全长1 950 m。线路东西走向,工程场区地势较高,交通一般,施工条件较好,辛庄上隧道TK7+154～TK7+738段全部位于矾石沟煤矿矿界范围内。

根据施工图设计阶段收集的煤矿资料及勘察钻孔揭示,辛庄上隧道下伏2+3#、4#、7#、8#、9#等5层煤层采空区。其中TK7+154～TK7+738段的隧道下伏2+3#、4#、7#采空区虽进行了采空区专项处治,但矾石沟煤矿目前对该段落隧道下伏8#、9#煤层进行了新采,导致辛庄上隧道出口段地表沉降及裂缝发展明显,为保证隧道掘进及后期运营安全,2022年8月新采段落进行了详细补充勘察和处治工作。

5.2 勘查评估和监测手段

勘查手段通过InSAR监测、GNSS地表监测、钻孔窥视、地震探测、理论分析和数值模拟等手段获取了煤层开采后一段时间内边坡及地表变形规律,分析了开采扰动下隧道出口边坡的变形机理与稳定性,如图6至图9所示。结果表明:煤层开采导致地表变形和坡顶大量拉张裂缝,其中边坡顶和隧道出口处变形量最大,水平位移9.3 cm,竖向位移22 cm,表现出向SW向滑移的趋势。钻孔窥视、极限平衡分析揭露边坡存在3条潜在滑移面,其中2#滑移面为危险滑动面。数值模拟表明,开采后隧道开挖将引起边坡进一步变形,水平和竖向变形量分别增大46.2%和40.3%。

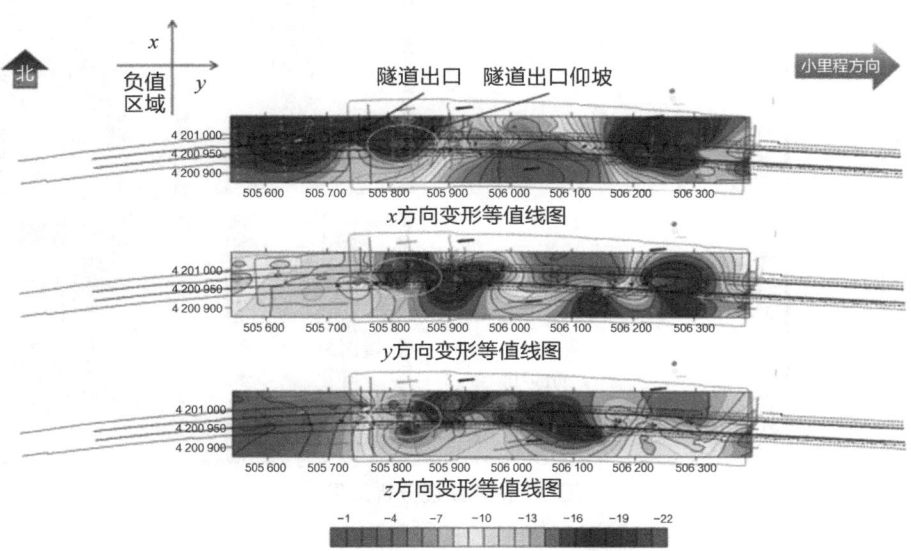

图6 隧道仰坡沉降等值线图

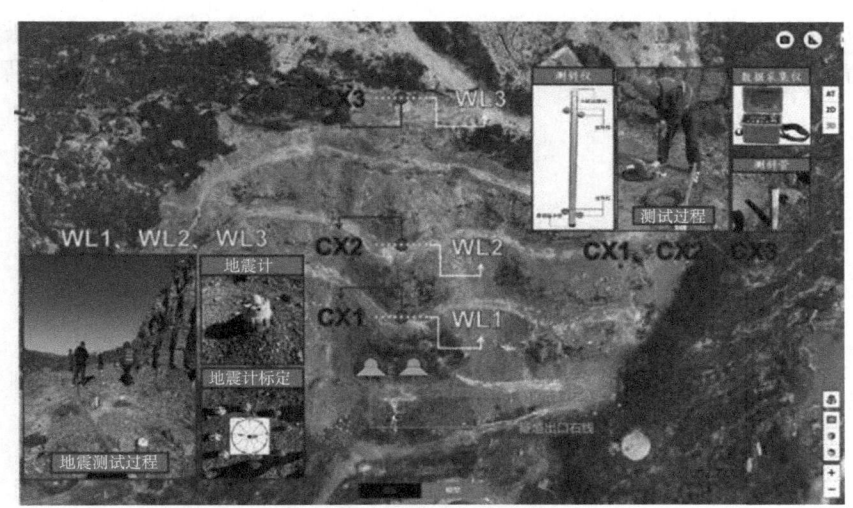

图7 物探点位布置

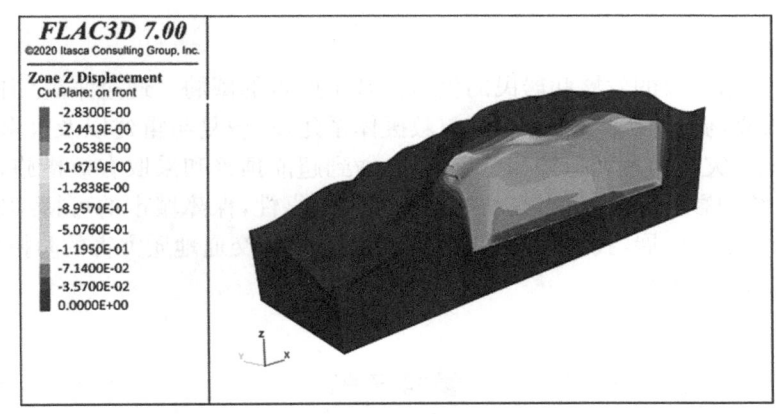

图8 数值模拟结果

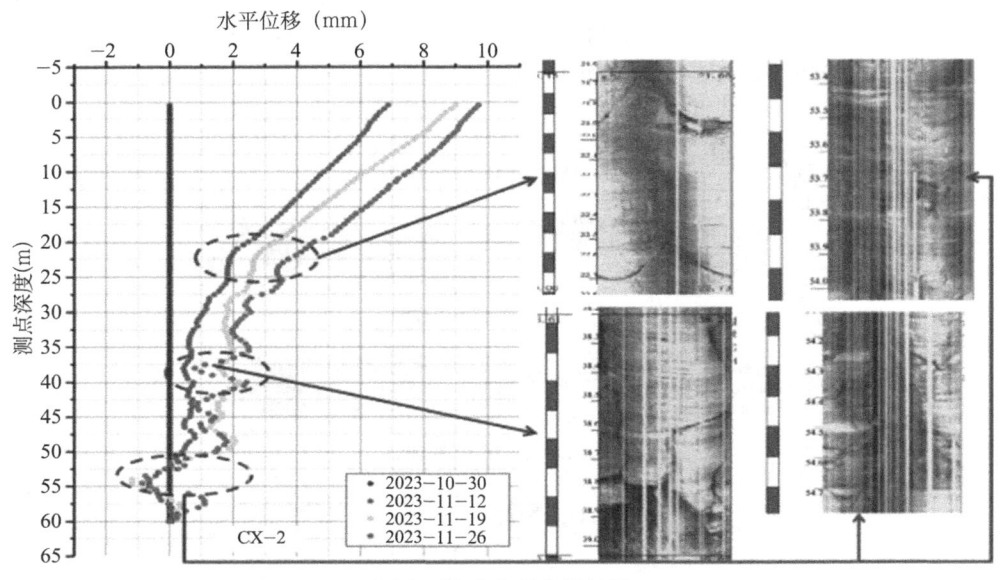

图9 钻孔窥视分析结果

5.3 加固处治措施

本项目加固处置措施采用能提供高预应力恒阻锚索+格构梁的支挡结构,配合削坡减载以及局部施加主动防护网的措施,该方案既能满足采动影响下边坡岩体结构大尺度变形需求,又能保证实现岩体边安全与稳定(图10)。

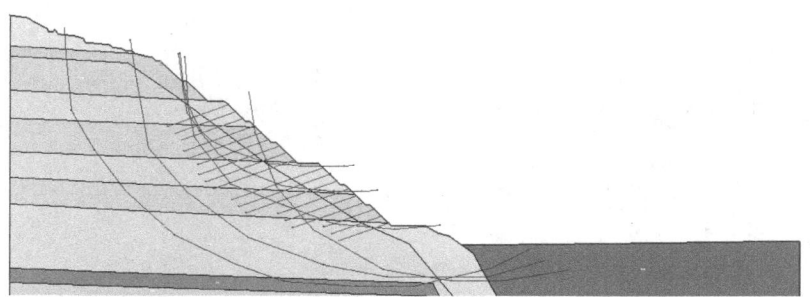

图10 加固处置方案剖面

6. 结语

城市交通地质灾害给城市的发展和居民的生活带来了严重的威胁。通过采取韧性防控策略,包括风险评估与监测预警、规划与设计优化、应急管理与救援体系建设、恢复与重建以及公众教育与社区参与等措施,可以准确把握地质灾害的发展趋势和严重程度,做到超前预警和采取有效措施,进而有效地降低地质灾害对城市交通系统的影响,提高城市交通的安全性和可靠性,保障城市的可持续发展。未来,随着科技的不断进步和社会的不断发展,我们需要不断完善和创新城市交通地质灾害的防控理念和技术,以适应日益复杂的城市环境和灾害形势。

参考文献

[1] 黄光宇. 山地城市学原理[M]. 北京:中国建筑工业出版社,2006.

[2] 王志涛,苏经宇,刘朝峰.山地城市灾害风险与规划控制[J].城市规划,2014(02):48-53.
[3] 左进.山地城市设计防灾控制理论与策略研究[D].重庆:重庆大学,2011.
[4] 王志涛,苏经宇,刘朝峰.城乡建设防灾减灾面临的挑战与对策[J].城市规划,2013(02):51-55.
[5] 王江波.我国城市综合防灾规划编制方法研究[D].上海:同济大学,2006.
[6] 王江波.我国城市综合防灾规划编制方法研究[J].规划师,2007(01):53-55.
[7] 刘海燕.基于城市综合防灾的城市形态优化研究[D].西安:西安建筑科技大学,2005.
[8] 侯俊东,吕军,殷伟峰.地质灾害风险管理研究综述及展望[J].中国国土资源经济,2012,04:41-43,46,56.
[9] 奚晓青,杨新宝.地质灾害国内外研究现状浅析[J].中国水运(学术版),2007(09):98-100.
[10] 赵万民,李云燕.山地城市地质灾害防治规划思考:防治与利用一体化[J].上海城市规划,2013,04:30-34.
[11] 陈勇,谭燕,茆长宝.山地自然灾害、风险管理与避灾扶贫移民搬迁[J].灾害学,2013,02:136-142.
[12] 殷杰,尹占娥,许世远,等.灾害风险理论与风险管理方法研究[J].灾害学,2009,02:7-11,15.
[13] 黄崇福.自然灾害风险评价理论与实践[M].北京:科学出版社,2005.
[14] 赵怡婷,毛其智."防灾社区"概念及相关实践探讨[J].城市与减灾,2013(03):43-47.

城市绿色交通碳管理技术研究与应用

Research and Application of Carbon Management Technology for Urban Green Transportation

唐 文[1] 蒋 晔[2] 曾 綦[3]

摘 要：实现"碳达峰碳中和"是一场广泛而深刻的经济社会系统性变革。交通运输行业占我国碳排放的10%，且其碳排放增长率高于整体社会碳排放增长率，然而绿色交通的碳管理技术处于前期探索中，目前尚不完善，且应用尚不深入。本文从绿色交通碳管理核心资产数字化、绿色交通碳账户系统研究、绿色交通碳足迹、绿色交通碳普惠四个方面进行技术研究，形成城市绿色交通碳管理核算评价体系，为城市绿色交通碳管理奠定扎实的理论和实践基础，形成城市绿色交通碳管理综合应用，为绿色城市交通碳管理辅助决策、实现安绿同行、美好生活提供参考。

关键词：交通碳资产数字化；交通碳足迹；交通碳普惠

Abstract: Realizing carbon peak and carbon neutrality is a broad and profound systemic economic and social transformation. The transportation industry accounts for 10% of China's carbon emissions, and its carbon emission growth rate is higher than the overall social carbon emission growth rate. However, the carbon management technology for green transportation is still in the early stage of exploration and is not yet perfect, and its application is not yet in-depth. This article conducts technical research from four aspects: digitalization of core assets of green transportation carbon management, research on green transportation carbon account system, green transportation carbon footprint, and green transportation carbon inclusiveness, forming an urban green transportation carbon management accounting and evaluation system, laying a solid theoretical and practical foundation for urban green transportation carbon management, forming a comprehensive application of urban green transportation carbon management, providing reference for assisting decision-making in green urban transportation carbon management, achieving safe and green travel, and a better life.

Key words: digitalization of transportation carbon assets; transportation carbon footprint; transportation carbon inclusion

1. 引言

1.1 城市绿色交通碳管理背景

国际能源署（IEA）数据显示，2022年中国交通运输碳排放占社会总碳排放比重达10%，中国交通碳排放1990—2018年间的复合增速达到8.3%，显著高于中国整体碳排放的增速（5.6%）。城市发展交通先行，随着中国经济快速发展，交通运输需求持续增长，交通行业碳排放上行压力较大，实现"碳达峰、碳中和"整体难度较大、成本较高。

建设城市绿色交通，实现安绿同行，是智慧城市管理的核心之一，2021年《中共中央、国务院关于完整

---

1 唐文，上海方融科技有限责任公司，高级工程师，联系邮箱：315614431@qq.com。
2 蒋晔，上海方融科技有限责任公司，高级工程师。
3 曾綦，上海方融科技有限责任公司，工程师。

准确全面贯彻新发展理念做好碳达峰碳中和工作的意见》中指出,城市可以通过绿色交通智能应用提升城市管理水平、降低城市交通环境污染和消费端碳排放。目前我国双碳管控尚处于初级阶段,在光储充基建+清洁能源+新能源车等方面进行了大量技术研究和探索应用,但在城市绿色交通碳排放生态体系构建和管理上,还急需研究城市交通管理低碳绿色化重大技术,诸如:碳资产数字化、碳账户系统、碳足迹、碳普惠等,对城市绿色交通碳排放进行大模型拓扑数字化、分析应用、预测评价、低碳综合治理,形成城市绿色交通试点示范、规范化和大规模推广的由点到面应用,助力构建城市绿色能源交通网络体系,做好城市绿色交通碳管理,减少交通碳排放,实现安绿同行。

1.2 城市绿色交通碳管理技术与本文研究对象

我国双碳治理整体尚处在初级探索阶段,交通碳达峰和碳中和要达到国家双碳目标要求,实现交通安绿同行的路还很长,交通碳排放很多关键技术尚处于攻关阶段,各地政府结合地方实际情况,以政府数字化改革为契机,按照"动态采集-专业核算-综合评价-多跨应用"的流程化思路,开展交通碳排放大模型数据仓建设、数据采集标准规范、核算评价模型算法、监管考核和激励机制等关键技术研究及应用推广,取得了一些成果,为城市绿化和低碳管理提供宝贵经验。

本文开展城市绿色交通碳管理资产数字化标准、绿色交通碳账户系统构建、城市绿色交通碳足迹跟踪、城市绿色交通碳普惠应用等技术研究,综合形成城市绿色交通碳管理核算评价应用在城市绿色交通碳管理上,研制绿色交通碳管理平台,技术成果在长三角城市级、区县级交通管理应用推广,形成可复制可推广的交通碳管理模式,收到很好社会效应和经济效应,为我国交通领域碳管理体系建设提供指导意义。

2. 城市绿色交通碳管理技术研究

沿着城市交通绿色低碳化管理之路,分析从信息化到数字化、建立碳账户、进行核算评价、普惠应用的建设路径,开展城市绿色交通碳管理资产数字化、绿色交通碳账户系统、城市绿色交通碳足迹、城市绿色交通碳普惠等关键技术研究,并通过城市绿色交通碳管理场景应用进行验证。

2.1 城市绿色交通碳管理核心资产数字化

城市绿色交通管理核心资产数字化是绿色交通碳管理的重要支撑,即通过5G、航拍等物联网监测技术、区块链技术、数字化技术等手段,对绿色交通核心资产的能耗、碳排放的单项、总量、强度等数据进行实时采集、传输、存储和分析。城市绿色交通管理核心资产数字化研究构建基于IEC标准的e-CIM元数据设备模型定义,适应不断延展业务的自定义资源和对象模型;通过时空两域五维一体化对象模型,实现了设备属性、空间信息、网络拓扑、运行数据(实时、历史)、业务数据的设备对象全景融合,为各领域的业务应用提供一体化数智化对象建模平台[1](图1);以去中心化的分布式网络构架为基础,提供城市绿色交通管理核心资产数字化的数据模型的分布式存储和无限分级管控访问,充分利用全网资源,为平台弹性海量数据高效存储和检索提供支撑,从而形成海量接入的分布式弹性支撑架构,有效缓解云中心算力和提升并发访问能力[2];建立五维数据库的时态管理技术采用基态修正模型,对各类型数据的历史信息进行时域追踪,可时域追踪的内容包括:元数据配置、空间数据、拓扑数据、运行数据、设备属性等五维时空数据模型;内嵌多种碳账户信息模型,内嵌多种分析算法,包括且不限于空间分析、拓扑分析、状态估

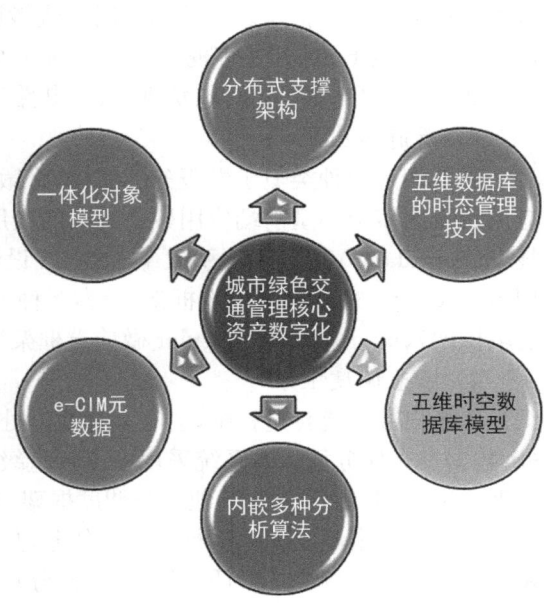

图1 城市绿色交通管理核心资产数字化技术研究

计、潮流计算、碳足迹分析、碳达峰碳中和预测等。

通过物联网监测技术,可以实时监测交通全链条+全生命周期能耗和碳排放情况,并通过数字化技术进行分析和处理。这有助于管理者及时掌握绿色交通管寿命期能耗和碳排放情况,为制定针对性的节能减排措施提供依据。通过城市绿色交通核心资产数据共享与协同技术,实现绿色交通核心资产数据的共享和协同,不同部门、不同企业之间打破数字壁垒和烟囱,共享城市绿色交通核心资产数据,数字赋能交通节能减排,提高整个城市绿色交通运输系统的节能减排效果。

2.2 城市绿色交通碳账户系统

城市绿色交通碳账户系统主要以城市公共交通企业为碳管理核心,交通账户台账包括企业公共交通车辆类型、能源品种、能耗数据、里程数据和车辆保有量数据和企业的基本信息等,能耗数据包括电力、液化天然气、柴油、液化石油气等能源信息,基本信息包括企业名称、企业主体的社会信用代码、地址、所属区域,负责人及联系方式等。碳账户系统按企业的月度以及年度用能信息来存储。

城市绿色交通碳账户系统数据资源参考道路运输企业碳管理地方标准指南,数据范围和频次按辖区范围内月底收集,数据采集方式采用企业自主填报方式,相关部门审核提供。数据资源包括:柴油车(辆/标台)、汽油车(辆/标台)、纯电动车(辆/标台)、插电混合动力车(辆/标台)、双燃料车(辆/标台)、柴油车里程量(km)、汽油车里程量(km)、纯电动车里程量(km)、插电混合动力车里程量(km)、双燃料车里程量(km)、柴油(分车型)(t)、液化天然气(分车型)(t)、电(分车型)(Mwh)等。

城市绿色交通碳账户系统提供海量关系型数据、空间图形数据、拓扑网络数据、量测数据、非结构化数据等数据支撑,并通过 Restful 接口、Web Service 服务接口、消息交互接口、Data-base 数据库直接交互、文件上传等方式获取外部其他系统或源数据,为平台提供基础数据和集成数据支持。

城市绿色交通碳账户系统技术研究包括以下几方面内容(图 2)。

1) 时空分库存储

主要包括关系型数据库存储、NOSQL(Redis)非关系型数据库等。在本系统中主要使用交通政务云平台的 RDS。NOSQL 主要在接口共享平台中做统一缓存,支撑整体架构中的缓存设计。绿色交通碳账户汇聚的各领域数据(基础信息、各品类能源数据、核心设备碳排放数据等),以时间维度进行分表,按领域空间进行分库存储。

2) 微服务框架

服务与服务间采用轻量级的通信机制互相沟通(通常是基于 HTTP 的 Restful API)。每个服务都围绕着具体业务进行构建。本系统使用主流微服务框架(Spring Cloud)搭建后端微服务体系,服务实例程序基于 Spring Boot 开发实现。Spring Boot 的开发便利性简化了分布式系统基础设施的开发,如服务发现注册、配置中心、消息总线、负载均衡、断路器、数据监控等。

3) 微前端应用

微前端是一种类似于微服务的架构,将微服务的理念应用于浏览器端,即将 Web 应用由单一的单体应用转变为多个小型前端应用聚合为一的应用。本系统采用前后端分离的架构,前端应用使用主流前端技术(Angular, Vue)开发,引入主流的 UI 设计框架 Ant Design(NG-Zorro)、Element UI,微前端基座采用 Single-Spi(最早的微前端框架,兼容多种前端技术栈),借鉴 QianKun(基于 Single-Spa,阿里系开源微前端框架)、ngx-planet(Angular 微前端框架)等成熟框架来实现。

4) 任务调度框架

碳账户数据流转过程中,会有多种数据处理任务,主要有:数据抽取任务、数据校验任务、数据核算任务、数据发布任务等。本系统采用一个轻量级分布式任务调度框架 XXL-JOB,实现众多数据任务的统一管理。XXL-JOB 相较于其他任务调度框架,具有开发迅速、学习简单、轻量级、易扩展等优点。通过一个集群调度中心来调度多个执行器执行任务,具备弹性扩容缩容、路由策略、故障转移、阻塞处理策略、任务超时控制、任务失败重试、任务失败告警、分片广播任务、动态分片等任务调度机制。

5）OAuth2.0 授权

碳账户驾驶舱的碳应用集成入口与各应用驾驶舱之间以 OAuth 授权的方式打通，避免二次登录认证的跳转(图2)。为了实现接口安全调用，采用 OAuth 协议进行政务化改造，为每个调用的应用提供一个令牌和密钥，而不用用户名和密码。密钥在设定时间后过期重新生成，防止数据的非法调用。

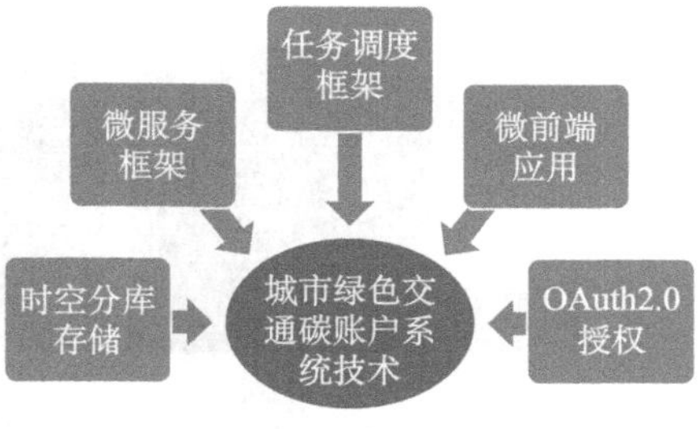

图 2　城市绿色交通碳账户系统技术内容

2.3　城市绿色交通碳足迹研究

绿色交通碳足迹主要源于城市绿交通全链条＋全寿命周期的公共交通企业的电、天然气、蒸汽、水、原煤、油、工业增加值、税收、产量基础数据等结构化和非结构化数据，在线 LCA 评价与管理交通碳足迹核算结果，通过数据采集、数据校验、数据清洗、数据加工、数据评价贴标总集成后，形成绿色交通碳足迹数据库。

绿色交通碳足迹数据库包括其月度、季度、年度交通碳足迹核算结果，在线 LCA 评价与管理系统输出的 WORD 报告、EXCEL 明细，包括：①核心运输固定资产的全生命周期的碳足迹图，涵盖原材料采购、运输、储存、能源充换、路车站/桩运营、废弃物处理等过程；②产品围墙内的碳足迹图，涵盖运营出行过程中路车站/桩能源的消耗和碳足迹情况。

通过城市交通碳足迹技术应用开发项目数字化平台，以碳账户、碳足迹数据库为基础，实施交通碳足迹核算，开展碳足迹追溯、低碳供应链、低碳运营、减碳服务场景应用。碳足迹核算方面，政府管理机构通过平台的专业核算工具，为企业核算产品碳足迹；交通企业通过平台的专业核算工具对交通出行碳排进行规范的计算，围绕低碳车辆、低碳能源、低碳运营、低碳物流、资源综合利用等构建低碳供应链。

2.4　城市绿色交通碳普惠系统

碳普惠是一种创新性自愿减排机制，可覆盖绿色消费、绿色交通、绿色投资、普惠公益等多个场景。而绿色交通碳普惠是其核心之一。绿色交通碳普惠是将个人交通出行的各种方式，折算个人绿色、低碳行为而节省的碳排放和碳减排量。以减碳为媒介，对个人或企业带动下的群体的低碳行为(行动)场景进行记录，以积分(或类型)地形成绿色交通碳普惠系统，即以个人为单位配置账户专门用以记载、存储。

绿色交通碳普惠首选需确定核算对象为使用了移动电话下载并使用了碳普惠相关 App 软件或小程序的居民，该居民在城市中使用绿色交通出行服务中的绿色交通活动。交通活动工具包括公共汽车、地铁、私家车、出租车、电动车、步行等。对每一交通活动，计算其碳排放量。分析其交通规律，确定交通出行基线碳排放量和实际出行碳排放量。用实际出行碳排放量减去交通出行基线碳排放量，得出绿色交通碳普惠行为的减排量。

绿色交通碳普动态数据的获取包括：交通车辆(公交车、出租车、私家车)轨迹数据(包括用户身份标识、车辆身份标识、车辆类型、经纬度、速度、方向角等)；实际出行路径、最短出行路径、绿色出行线路、绿色出行交通方式选择等。

3. 城市绿色交通碳管理技术应用验证

浙江某地市城市交通碳管理是城市碳账户工业、交通、建筑、能源、农林业、居民 6 大领域的重要环节，项目建设包括交通碳账户模型构建、数据采集、碳账户监管、碳足迹、核算评价、企业碳效码贴标、碳普惠等内容，实现交通碳数据采集核算与指标体系建设，使交通企业获得新能源购车补贴、充电桩建设援助、运营资金的低成本支持，为政府服务端和企业治理端提供节能减排指导服务(图3)。项目至 2022 年接入全市 73 个交通企业，包括公交、出租、客运、货运等车辆 6 119 辆、清洁能源车 1 517 辆，全市交通能耗总量(标准煤)211 468.45 t、碳排放(CO_2)总量 362 919.26 t，碳减排(CO_2)9 715.18 t。

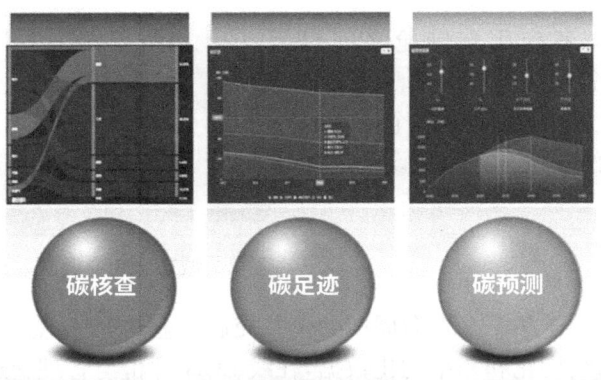

图 3　城市绿色交通碳账户系统

4. 结语

"双碳"目标是我国对世界的庄严承诺,交通碳排是城市碳管理的重要因素,城市交通碳管理技术研究及成果验证可为城市交通碳排放管理治理端和服务端服务提供指导,对整个社会具有引领作用,也为建设绿色低碳交通、创造城市美好生活环境、实现安绿同行提供新质生产力,技术可推广可复制,会产生很好的社会效应和经济效应。

建设绿色低碳交通,实现交通"双碳"目标时间短任务重,需要产学研用多方共同智慧和努力,通过基建+交通工具多元绿色低碳技术研究,构建交通新质生产力,结合交通低碳出行产业政策和节能宣传,推动城市绿色交通可持续发展,携手打造城市绿色低碳美好生活环境。

参考文献

[1] 蒋晔,邵燕,张勇跃. 一种基于元数据的综合能源一体化 e-CIM 模型设计方法[P].[2022-01-11].
[2] 蒋晔,邵燕,张勇跃. 一种基于分布式架构的综合能源服务平台系统.[P].[2019-02-22].

基金项目

中国新能源汽车与可再生能源综合应用商业化推广项目上海示范项目(GEF6);上海市科学技术委员会科研计划项目(项目编号:18DZ1203300)。

城际交通可达性对碳减排的影响
The Accessibility of Intercity Transportation Impacts Carbon Emission Reduction

孙 平[1]

摘 要：本文探讨了城际交通可达性对碳减排的影响，分析了中国城市化进程中交通拥堵和环境污染问题，以及区域一体化对优化资源配置和提高区域经济竞争力的作用。文章着重讨论了城际交通可达性与碳排放之间的复杂关系，以及高速铁路等交通工具对可达性的影响。通过案例研究和数据分析，提出了通过提高城际交通可达性来优化交通网络、促进公共交通使用、降低交通拥堵和促进城市发展规划，从而有效减少碳排放的策略。

关键词：城际交通可达性；碳减排；区域一体化

Abstract: This paper discusses the impact of intercity transport accessibility on carbon emission reduction, analyzes traffic congestion and environmental pollution in China's urbanization process, and the role of regional integration in optimizing resource allocation and improving regional economic competitiveness. This paper focuses on the complex relationship between intercity transport accessibility and carbon emissions, as well as the impact of high-speed rail on accessibility. Through case studies and data analysis, the paper proposes strategies to effectively reduce carbon emissions by improving intercity transport accessibility to optimize transport networks, promote public transport use, reduce traffic congestion, and promote urban development planning.

Key words: accessibility of intercity transportation; carbon emission reduction; regional integration

1. 引言

近年来，中国城市发展迅速，人口和人口密度不断上升，导致个人机动车保有量增加，进而引发道路拥堵和环境污染问题。城市交通发展面临环境、能源和土地资源的限制。

国家通过推进区域一体化经济战略，如京津冀、长江经济带、长三角一体化、粤港澳大湾区、成渝地区双城经济圈等，促进区域协调发展，优化资源配置，提高区域经济竞争力和可持续性。这些战略也为区域碳减排目标下的政策和规划制定提供了基础。

可达性作为衡量交通成本的基本指标，最早由 Reilly[1]在1931年提出，用于衡量空间中点、线之间相互联系的便利程度。基于古典区位理论，可达性概念已广泛应用于城市规划、人文地理和交通运输等领域。随着技术和社会需求的发展，可达性研究不断深入，形成了较为完备的理论体系。

在城际交通可达性研究中，不同专家学者因背景差异，所以研究成果也存在差异，但这些差异化研究相互联系、补充，推动了城市公共交通可达性研究在理论、方法和技术路线上的更新和发展。

2. 研究现况

综述国内外研究现状，以城际交通可达性来对碳减排直接研究相较少，主要着重在交通可达性，极少

---

1 孙平，东南大学交通学院，交通规划，交通能源，博士研究生，联系邮箱：230237998@seu.edu.cn。

部分随着区域经济一体化在规划建设中纳入城际交通对碳减排。

交通可达性指的是个人或货物能够方便地到达目的地的能力,它与碳排放之间存在一定的联系[2]。提高交通可达性可以减少出行时间,提高出行效率,从而可能减少因交通拥堵造成的碳排放。如:通过优化交通网络设计、提升公共交通服务水平、发展智慧交通系统等措施,可以有效缓解交通拥堵,保障城市交通运输系统的有效运行,进而减少出行碳排放。

城际交通可达性是指城市之间交通的便利程度,它对碳排放有着复杂的影响。一方面,提高城际交通可达性可以促进区域间的经济交流和人员流动,提高生产效率,从而可能增加碳排放[3]。如:交通基础设施的改善可能会鼓励更多的人使用私家车,从而增加交通领域的碳排放。另一方面,城际交通可达性的提高也可以通过优化交通网络、提升公共交通服务、发展智慧交通等措施,有效缓解交通拥堵,减少因等待和低速行驶造成的碳排放。

3. 可达性指标

区域轨道运输开通后,必然对可达性会产生影响,由于城际交通是宏观尺度的分析,分析单位是区域、生活圈或县市,因此适合采用能够反映重要影响关系和变量的简单的方法建立模型[4]。本文的核心是讨论在区域轨道运输高铁通车前后对可达性的影响,及在可达性影响下的居民城际出行,最后探讨可达性影响对碳排的影响。在交通工具方面将讨论高速铁路、普通铁路、高速大巴、私人小汽车等四种交通工具。

首先,透过线性回归检测可达性对居民城际出行的影响;其次,使用非参数检验法处理样本参数;接续,采用聚类分析对结果分群并提供后续分析解释的分区;最后,在分区的概念基础上分析对碳排放的影响。

4. 数据采集与分析

4.1 数据采集

本文研究数据采集将针对研究对象、研究空间范畴、研究时间三个范畴做数据采集。

1)研究对象选取

论文研究对象主要讨论城际交通工具对交通可达性的影响,又因高速铁路通车之后对各分区产生怎样的冲击影响,此节中将会针对城际运输及高速铁路作出说明。

(1)城际运输

根据中国台湾地区运研所定义:本文原则性设定以 20 km 以下为都会出行量,20 km 以上为城际出行量,并以 50 km、150 km 分别为短程与中程、中程与长程出行量的分界长度,如图 1 所示。

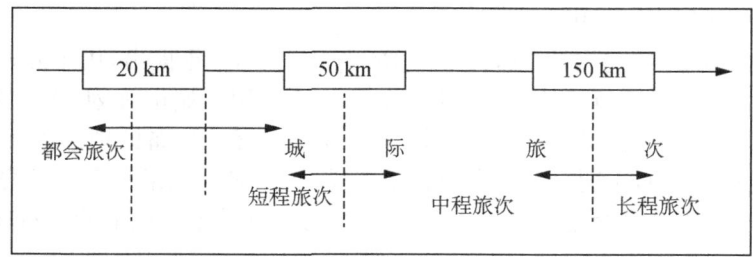

图 1 城际运输出行量长度界定

在 2007 年台湾地区高铁尚未通车营运前,主要的城际运输工具可分为航空、台铁、高速大巴、私有小汽车行驶省道、私有小汽车行驶高速大巴等方式,其中在平日的城际运输出行量主要以小汽车比例最多占 74.6%,其次为台铁占 11.17%、高速大巴占 10.95%,最后是航空占 3.28%。在 2007 年台湾高铁通车营运后,城际运输市场中,在公共交通工具组成比,航空系统明显萎缩,从人次来看,分别为公路54.51%、台铁41.25%、航空4.24%;从客运周转量来看,分别为公路43.45%、台铁43.69%、航空12.86%。

(2) 高速铁路

高速铁路有着快速且安全的特性,因此许多国家发展经验皆认为高速铁路有助于区域间的整合,而对国家的经济发展有相当正面的影响。然而新的交通工具加入市场对既有存在的交通系统势必产生冲击,也会对各地区来往的出行量结构产生改变。区域轨道运输高铁营运后,不论是长程或短程运输,对于各种运输工具均产生极大的需求移转情形。在长程运输下,航空业的影响最大(移转61.94%),高速大巴巴士的冲击最小(移转26.41%);在短程运输下,由于票价差距较小,因此在旅时间节省的诱因下,普通铁路台铁自强号与高速大巴巴士约分别移转55.57%与45.35%。

2) 研究空间选取

本文着重研究台湾本岛的可达性,故外岛县市不在论文的讨论范围内。

本文首先将此行政区域划分配合高铁可达性及城际居民出行的范围重新分类,在论文中有17个主要分区,分别为A基隆、B台北、C桃园、D新竹、E苗栗、F台中、G彰化、H南投、I云林、J嘉义、K新营、L台南、M高雄、N屏东、O台东、P花莲、Q宜兰,如图2所示。原则上与现今台湾地区行政区域划分并无太大的差异。

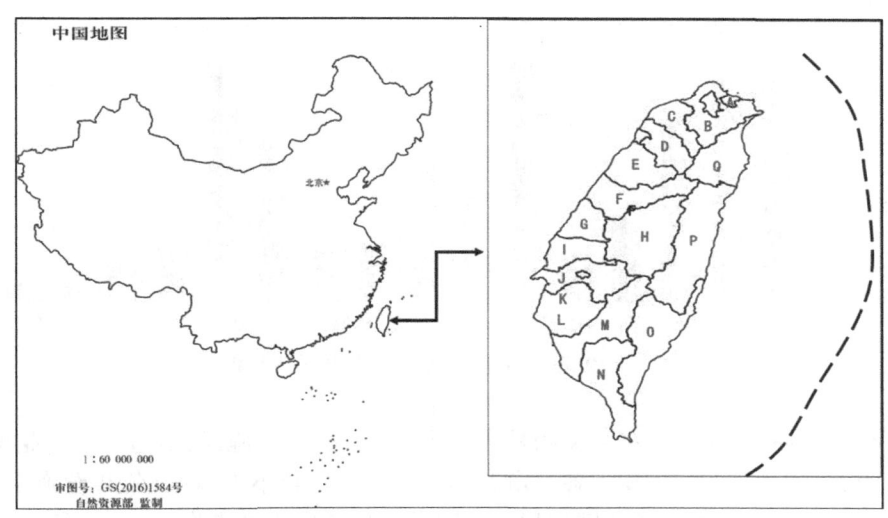

图2 研究空间范畴示意图

3) 研究时间选取

本文利用2017的城际交通出行量作为基础。以2005年、2007年的城际出行量表来计算高铁通车前、后各分区的影响可达性值,并以此可达性值作为本文的基础架构,深入探讨可达性影响居民城际出行。

4.2 数据分析

本文在变量的选择上较多,因此首先选择以"城际交通分析"为样本的时间与空间分布、研究着重的使用形态与人口分布、与可达性相关的变量,对三种类型的数据进行叙述性统计的描述;最后以"城际出行量资料分析"为样本。

1) 城际交通分析

本文的研究对象为台湾本岛17个分区,社会经济变量多为以乡镇市区为单一的数据,首先2005—2017年的各县市人口数见图3—图4,各县市每年居住人口数变化不大,其中以北台北、南台北、台中、高雄四大区域的居住人口数较多,而花莲、台东及南投为台湾岛居住人口数较少的县市,基隆市受限于行政区域面积大小,因此居住人口数少于其他县市,最后由图可看出在此四年间各县市的人口迁移并无太大的明显变化。此外,经过统计分析可知,各年各县市的就业人口数与居住人口数相差无几。

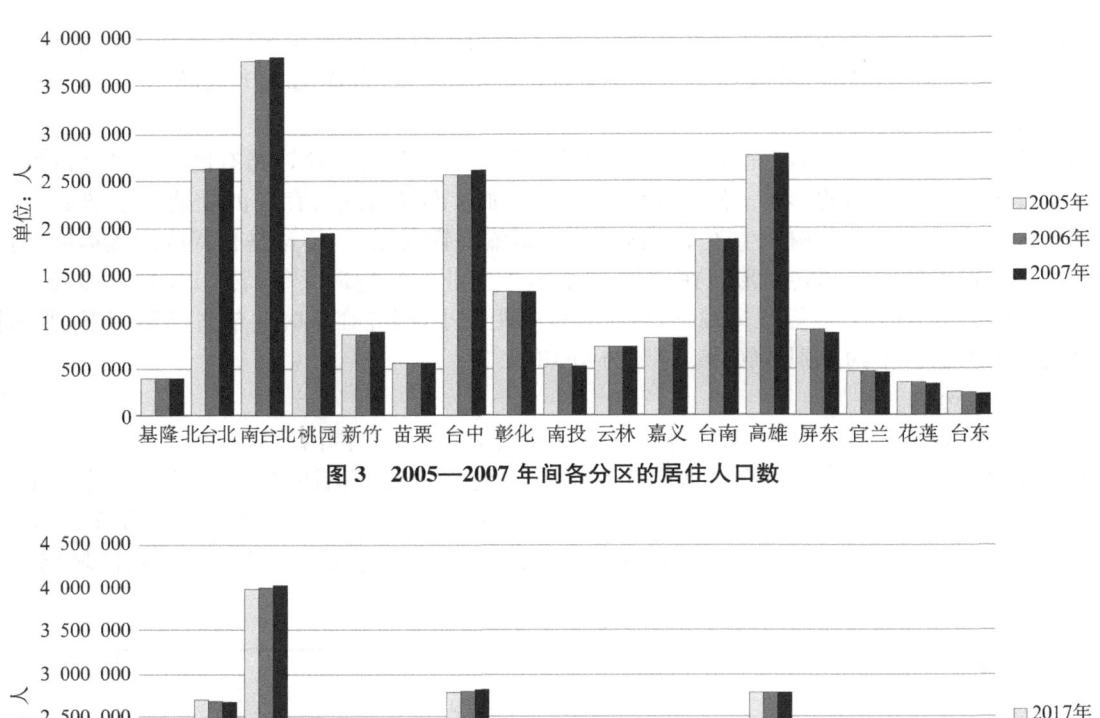

图 3　2005—2007 年间各分区的居住人口数

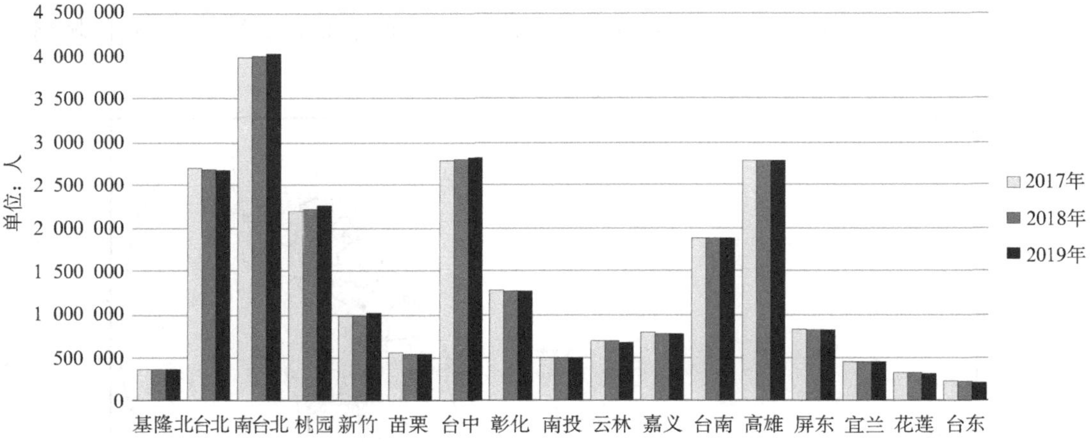

图 4　2017—2019 年间各分区的居住人口数

在土地使用分区方面,与居住人口相关的是住宅区面积及公共设施面积,与二级产业相关的是工业区面积,与三级产业相关的是商业区面积。各县市总体使用状况差异不大,皆以公共设施面积最多,其次为住宅区面积、工业区面积,最少的是商业区面积。此四类面积皆属于城市发展地区,可以看出岛内六大区域的城市发展面积远超过其他区域,属于台湾岛较具城市化的城市。

本文采用聚类分析方法,以各分区之既有城际交通工具为分类变数,如表 1 所列。首先利用华德法求出各群的种子重心,决定分为三群后再利用 K 平均法重新分群。

表 1　聚类分析结果

分群	第一群	第二群	第三群
分区	基隆 苗栗 彰化 南投 云林 屏东 宜兰 花莲 台东	北台北 南台北 桃园 台中 台南 高雄	新竹 嘉义
特征	无高铁站 一般中小型城市	有高铁站 主要大型城市	有高铁站 一般中小型城市

2) 城际出行量资料分析

出行量起讫表,分别对工作日及节假日出行量进行分析。出行量起讫表的行列值表示各列的县市到各行的县市产生的总出行量,将各行的出行量分别相加的总和得到该县市"出行量总吸引量",再将各列的出行量分别加总即可得到该县市的"出行量总产生量",如表 2 所列。

表 2 出行量 OD 表

	X	Y	Z	
X	0	TXY	TXZ	OX
Y	TYX	0	TYZ	OY
Z	TZX	TZY	0	OZ
	DX	DY	DZ	A

X, Y, Z:县市代码。

(1)	吸引力=D_j/A
(2)	产生力=O_i/A
(3)	中心度=(吸引力+产生力)/2
$O_i = \sum_j T_{ij}$	$D_j = \sum_i T_{ij}$	$A = \sum_{ij} T_{ij}$

T_{ij}:县市 i 到县市 j 的出行量(辆), $i=X, Y, Z, j=X, Y, Z$。

O_i:县市 i 的出行量产生总量(辆), $i=X, Y, Z, j=X, Y, Z$。

D_j:县市 j 的出行量吸引总量(辆), $i=X, Y, Z, j=X, Y, Z$。

A:出行量总量(辆)。

5. 案例研究

本文以台湾地区城际交通区域轨道运输为例,提出了从交通可达性的观点来看,增加一个较既有的运输服务更好的运输系统势必会提升整体的交通可达性,除此之外,在整体交通可达性提升的前提下,各城市之间的往来关系有何变化,变化后对碳排如何更是值得关心的议题。就如前述所说,在整体交通可达性提升下,原本的核心城市具有相对优势,因为交通是一个城市发展的命脉,对外的网络越便捷,自然容易吸引人口、产业、投资进驻。但反过来说,当一个城市所拥有的价值过高,居住成本已不堪负荷时,会有人口外移的现象,造成核心城市周围的卫星城市茁壮,逐渐扩大形成一个生活圈[63]。

5.1 台湾地区交通概况

台湾地区拥有一个由航空、铁路、公路和海运构成的立体交通网络。主要特点包括:
(1) 航空。桃园和高雄两大机场,辅以多地民航机场。
(2) 铁路。有传统铁路的台铁公司和高速铁路的高铁公司以及市内地铁服务。
(3) 公路。密集的公路网,包含多条高速公路,实现便捷陆路连接。
(4) 海运。高雄、基隆、花莲等重要港口支撑起活跃的海上运输。

5.2 指标选取建立

本文在讨论高铁通车前后对可达性的影响,及在可达性影响下的居民城际出行。在交通工具方面讨论区域高速铁路、台铁、高速大巴、私人小汽车等(以下标 m 表示),并将台湾本岛切割成 17 个分区(以下标 i 表示),再将各分区切割,以所包含的乡镇市区为最小单位(以下标 k 表示,如表 3 所示),各分区分别建立以上四种交通工具的可达性,最后再将四种交通工具计算出的可达性值加总,作为该分区的总可达性值[5]，如表 4 所列。

表 3　可达性指标变量下标说明

m	1		2		3		4		
	高速铁路		台铁		高速大巴		私家车		
i	1	2	3	4	5	6	7	8	9
	基隆	北台北	南台北	桃园	新竹	苗栗	台中	彰化	南投
	10	11	12	13	14	15	16	17	
	云林	嘉义	台南	高雄	屏东	宜兰	花莲	台东	

（1）指标 A（费用为指标）：基于就业人口数和旅行时间，计算交通工具的可达性值，再根据出行量估算交通工具选择比例，加权得出总交通可达性[6]。

（2）指标 B（社会经济指标）：直接使用出行量估算作为吸引力变量，旅行时间与可达性呈直线关系，计算各分区交通工具的可达性总和[7]。

（3）指标 C（高铁通车增益）：考虑旅行时间的两部分，以就业人口数为变量，旅行时间与可达性为指数关系，通过交通工具选择比例加权，得出总交通可达性。

（4）指标 D（县市差异关键指标）：类似于指标 C，但旅行时间与可达性为线性关系，通过交通工具选择比例加权，计算总交通可达性。

5.3　可达性指标估算

表 4　可达性指标估算表

可达性指标	公式	特性	变数代号说明
指标 A	$\bar{t}_{i,m} = \dfrac{\sum_k (t_{k,i,m} \times P_k)}{\sum_k P_k}$ $A_{j,m} = \sum_i \dfrac{E_j}{(\bar{t}_{i,m} + t_{i,j,m})}$ $A_j = A_{j,m} \times \dfrac{\sum_i T_{i,j,m}}{\sum_i \sum_m T_{i,j,m}}$	① 以就业人口为吸引力变数。 ② 指标形态为直线型，各变量与可达性为线性关系。 ③ 利用出行量推估表计算各交通工具的搭乘比例，作为计算总可达性时的权重	$\bar{t}_{i,m}$ 为抵达 i 区场站 m 的平均旅行时间； $t_{k,i,m}$ 为 k 区中心抵达 i 区场站 m 的最短时间； $t_{i,j,m}$ 为从 i 到 j 搭乘交通工具 m 的旅行时间； P_k 为 k 区的居住人口数； E_j 为 j 区的就业人口数； $T_{i,j,m}$ 为从 i 区到 j 区搭乘交通工具 m 的推估出行量
指标 B	$\bar{t}_{i,m} = \dfrac{\sum_k (t_{k,i,m} \times P_k)}{\sum_k P_k}$ $A_j = \sum_m \sum_m \dfrac{T_{i,j,m}}{(\bar{t}_{i,m} + t_{i,j,m})}$	① 以出行量为吸引力变数。 ② 指针形态为直线型，各变量与可达性为线性关系	
指标 C	$\bar{t}_{i,m} = \dfrac{\sum_k (t_{k,i,m} \times P_k)}{\sum_k P_k}$ $\times \dfrac{T_{i,j,m}}{\sum_m \sum_j \sum_i T_{i,j,m}}$ $A_j = \sum_m \sum_i \dfrac{E_j}{e^{\bar{t}_{i,m}}}$	① 以就业人口为吸引力变数。 ② 指针形态为指数型。 ③ 利用出行量推估表计算各交通工具的搭乘比例，作为计算总平均旅行时间的权重	

(续表)

可达性指标	公式	特性	变数代号说明
指标 D	$\bar{t}_{i,m} = \dfrac{\sum\limits_{k}(t_{k,i,m} \times P_k)}{\sum\limits_{k} P_k} \times \dfrac{T_{i,j,m}}{\sum\limits_{m}\sum\limits_{j}\sum\limits_{i} T_{i,j,m}}$ $A_j = \sum\limits_{m}\sum\limits_{i} \dfrac{E_j}{\bar{t}_{i,m}}$	① 以就业人口为吸引力变数。 ② 指标形态为直线型，各变量与可行性为线性关系。 ③ 利用出行量推估表计算各交通工具的搭乘比例，作为计算总平均旅行时间的权重	

5.4 城际轨道运输可达性对居民城际出行的影响

本文以台湾地区为对象，探讨了通车后指标 C 中区域高速铁路对可达性的影响。研究发现：

(1) 高铁开通初期显著提升了可达性，特别是在城际出行方面。

(2) 高铁通车后，2005 年至 2007 年间可达性增加了 166 714.2，而 2007 年至 2017 年的 10 年间增加了 666 856.91，增长了 4 倍。

(3) 聚类分析显示，拥有高铁站的六个地区内主要大型城市分区在可达性上增长最多，尤其是南台北分区。

(4) 南台北分区的显著增长归因于以下几点。

① 高铁站与其他交通工具形成综合交通枢纽，提升了可达性。

② 高铁速度快、旅行时间短，增加了居民的城际出行可达性(表 5)。

③ 生活成本导致居民在南台北分区居住、北台北或桃园分区工作，高铁开通极大地方便了他们的通勤。

表 5 南台北分区至台北车站时间成本

交通工具	乘车时间(分)	交通花费(元/新台币)	地点
高铁	8	40	板桥车站-台北车站
台铁	10	15	
捷运(地铁)	13	25	
公交车	40—60	18	

5.5 交通可达性优化对碳排的影响

台湾岛的城际交通可达性优化对减碳有着重要的影响。城际交通可达性指的是不同城市之间或城市内部的交通连接程度和便利程度。通过提高城际交通可达性，可以减少交通拥堵、节省时间和能源，并减少对环境的负面影响。以下是城际交通可达性优化对减碳的一些影响。

(1) 促进公共交通使用：提升城际交通的便利性，鼓励居民优先选择公共交通，如高铁、地铁和公交，以替代私家车出行，从而降低碳排放[8]。

(2) 降低交通拥堵：优化交通网络减少拥堵，因为拥堵会增加车辆的燃料消耗和排放。改善道路设施和交通管理，可以有效减少因等待造成的碳排放[9]。

(3) 促进城市发展规划：城际交通可达性的提升往往伴随着城市规划的整合，合理的交通布局有助于缩短通勤距离，同时为步行和骑行提供更多机会，进一步降低碳足迹[10]。

总体而言，台湾岛的城际交通可达性优化可以减少个人汽车使用、减少交通拥堵、降低短途航班需求，并促进城市规划的可持续发展。这些措施可以有效地减少碳排放，有助于应对气候变化和改善环境质量。

6. 结语

本文旨在研究台湾地区高铁影响可达性，可达性影响居民城际出行，从交通可达性的角度，在增加了绿色高效的高速铁路后，势必能提升整体的城际交通可达性，在整体交通可达性提升下，原本的核心城市具有相对优势，因为交通是一个城市发展的命脉，对外的交通路网越便利，自然就更容易吸引人口、产业、投资进驻。因此，在整体交通可达性的提升下，城际之间的交通工具往来结构变化与影响，透过交通可达性指标的建立，提出了优化与改善方案及应用场景。对于后续交通管理层面建议可以从提高可达性支网层面以及出行成本着重去优化。

参考文献

[1] REILLY W J. The law of retail gravitation[M]. WJ Reilly，1931.
[2] LEVINSON D，KRIZEK K J. Accessibility. The Oxford Research Encyclopedia of Transportation[D]. Oxford University Press.，2018.
[3] HANDLEY J. Accessibility and economic development in cities[J]. Journal of Transport Geography，2017(62)：212-219.
[4] WILCOX R R. Introduction to robust estimation and hypothesis testing[M]. Academic press，2011.
[5] BANISTER D. Transport planning for sustainable cities：Policy and practice[C]. Routledge. 2019.
[6] O'REGAN K M. & Quigley J M. Economic impacts of employment growth on urban systems[J]. Journal of Economic Literature，1997，35(2)：693-734.
[7] DALY A，HESS S，DE JONG G. Calculating errors for measures derived from choice modelling estimates[J]. Transportation Research Part B：Methodological，2012，46(2)：333-341.
[8] 刘国权,孟祥伟,谢富红,等. 基于可达性的城市交通服务综合评价指标体系研究[J]. 交通运输工程学报,2014,14(2)：46-56.
[9] LEMP J D，NÆSS P. The impedance of travel time[M]. Journal of Transport Geography，2019(75)：152-162.
[10] 丁愫,陈报章. 城市医疗设施空间分布合理性评估[J]. 地球信息科学学报,2017,19(02)：185-196.

新能源汽车推广下上海市道路交通领域碳达峰研究

A Study on Carbon Peaking in the Field of Road Transportation in Shanghai under the Promotion of New Energy Vehicles

龙荣显[1]　成子龙[2]　杨骐畅[3]　张佳珊[4]　陶梦鑫[5]　刘晨辉[6]

摘　要：交通运输行业是碳排放的主要行业之一，而道路交通领域的碳排放又是交通运输领域碳排放的重要组成部分。研究道路交通领域的碳达峰趋势对于整个交通运输行业的碳达峰具有十分重要的意义。针对不同场景，结合燃油消耗量、电力消耗量以及新能源汽车的发展研究状况对上海市的道路交通领域碳达峰的影响，研究发现在考虑政策影响下和碳排放因子变化的这两种情景下，上海市道路交通领域碳排放分别能在 2028 年和 2027 年达到碳达峰，峰值分别 2 279 万 t 和 2 183 万 t。

关键词：道路交通；上海市；碳达峰；Gompertz 模型；新能源汽车

Abstract: The transportation industry is one of the main industries for carbon emissions, and the carbon emissions in the field of road transportation are an important part of the carbon emissions in the transportation sector. It is of great significance to study the trend of carbon peaking in the field of road transportation for the carbon peak of the entire transportation industry. The study finds that under the two scenarios of considering the policy influence and the change of carbon emission factors, the carbon emissions in the road transportation sector in Shanghai can reach the carbon peak in 2028 and 2027, with a peak of 22.79 million tons and 21.83 million tons, respectively.

Key words: road traffic; Shanghai; carbon peaking; Gompertz model; new energy vehicles

1. 引言

双碳是中国提出的两个阶段碳减排奋斗目标（简称"双碳"战略目标）：二氧化碳排放力争于 2030 年达到峰值，努力争取 2060 年实现碳中和。而根据学者研究表明，道路交通对交通源碳排放的贡献率为 75%～80%[1]。而新能源汽车产业的发展对碳排放有着重要的影响，当下，推动新能源汽车的发展已经成为许多地方制订减碳降碳的重要措施。按照《新能源汽车产业发展规划（2021—2035 年）》的计划，2025 年我国新能源汽车渗透率达到 25%[2]。根据公安部交通管理局数据，2023 新能源汽车保有量达 2 041 万辆，全年新注册登记新能源汽车 743 万辆，占新注册登记汽车数量的 30%[3]。由此可见，我国新能源汽车市场格局及消费者认知以前所未见的速度演变。

在上海市层面，为响应国家提出的双碳政策方针，推动城市可持续发展和能源结构转型，在《上海市碳达峰实施方案》中明确指出，上海市会在 2030 年前实现碳达峰，而上海市交通委也联合市发展改革委印发

1　龙荣显，湖南大学，新能源汽车、交通安全，硕士研究生，联系邮箱：2363685964@qq.com。
2　成子龙，湖南大学，联系邮箱：1277248011@qq.com。
3　杨骐畅，湖南大学，联系邮箱：984775067@qq.com。
4　张佳珊，湖南大学，联系邮箱：jiashan_zhang@hnu.edu.cn。
5　陶梦鑫，湖南大学，联系邮箱：2845116114@qq.com。
6　刘晨辉，湖南大学，新能源汽车、公共交通运营、交通安全，博士，教授，联系邮箱 1：chenhuiliu@hnu.edu.cn。

了交通领域的碳达峰实施方案《上海市交通领域碳达峰实施方案》[4],因此结合新能源汽车的发展,研究上海市不同情景下的道路交通领域碳达峰的趋势与路径是非常有必要的。

李明君等[5]总结了内蒙古自治区的交通领域碳排放的特点,阐述总结了内蒙古自治区交通领域碳达峰工作的进展,指出了当前制约内蒙古自治区碳达峰机制的因素,并提出了相应的建议。汤峥等[6]对2010—2020年武汉市交通运输行业的碳排放进行了测算和分析并预测了2025—2060年的碳排放量。方涵潇等[7]以2021年为基准年,分别设置参考情景、低碳情景和强化低碳情景,对2022—2035年湖南省交通运输领域碳排放量进行预测分析,结果表明在预测期内,能源消费碳排放仅在强化低碳情景下达峰。Wang等[8]以成都市为例,计算道路交通领域的碳排放,结果发现在强化低碳的背景下成都有望在2040年前实现碳中和。Liu等[9]对中国交运输行业的碳排放进行了研究分析,发现资本投入效应是产生碳排放的关键因素,而技术的进步则是降低碳排放的关键因素。Zhang等[10]考虑共享单车的普及和新冠疫情对碳排放的影响,结果发现引入自行车道后,共享单车的减碳效果明显提升。从上述的研究可以看出目前针对道路交通领域碳达峰的研究中,考虑结合新能源汽车的发展历程与趋势的研究较少,但是发展、推广新能源汽车是我国交通领域节能减排的重要手段之一,因此本文结合上海市的新能源汽车数据进行上海市的道路交通领域的碳排放研究。

2. 研究方法

本文采取自上而下的碳排放计算方法,将上海市道路交通领域的碳排放看作是新能源汽车电力碳排放与燃油车能源消耗碳排放量之和,分别计算两者的碳排放量。

3. 新能源汽车电力消耗量

数据来源为2023(第六届)X-Game上海智能新能源汽车大数据竞赛提供的上海市新能源汽车运行数据,包括上海市2013—2022年历年新能源汽车推广数据以及2018—2022年新能源汽车行驶数据,数据样例如表1—表2所列。

表1 2013—2022年上海市新能源汽车推广量数据样例

年份	车辆动力类型	车辆注册属性	截至当年年底历史累计推广量(万辆)
2021	BEV	私人车	27.3
2021	BEV	非私人车	3.3
2021	PHEV	私人车	29.8
2021	PHEV	非私人车	1.1
2022	BEV	私人车	45.2
2022	BEV	非私人车	5.1
2022	PHEV	私人车	42.2
2022	PHEV	非私人车	2.6

表2 2018—2022年上海市新能源汽车行驶数据样例

年份	车辆动力类型	车辆注册属性	车均年度总出行天数(天)	车均年度总出行里程(km)	车均每日出行里程(km)	车均百公里用电量(度)
2020	BEV	私人车	255.7	22 090	84.3	17.3
2020	BEV	非私人车	271.1	58 406.5	207.4	17.6

(续表)

年份	车辆动力类型	车辆注册属性	车均年度总出行天数(天)	车均年度总出行里程(km)	车均每日出行里程(km)	车均百公里用电量(度)
2020	PHEV	私人车	248.4	19 077.1	72.3	8.7
2020	PHEV	非私人车	286.9	60 390.3	205.6	2
2021	BEV	私人车	270.4	24 506.7	88.8	18.2
2021	BEV	非私人车	305.7	72 364.8	232.5	18.1
2021	PHEV	私人车	256.3	19 725	72.2	8.6
2021	PHEV	非私人车	306.1	63 366.4	200.7	1.9
2022	BEV	私人车	238.7	19 752.7	78.8	19.5
2022	BEV	非私人车	262.6	65 476.5	246	19
2022	PHEV	私人车	206.9	14 764.1	67.5	9.2
2022	PHEV	非私人车	238.2	47 128.5	190.5	2.6

可以发现，上海市新能源汽车在2022年的车年均年度总出行里程与历史趋势不符，因此需要对上海市2022年的新能源汽车的车均年度总出行里程进行一定的调整。

PHEV车辆的车均年度总出行里程因为变化范围不大，因此采用近三年的平均值来代替2022年的车均年度总出行里程；BEV车辆的车均年度总出行里程在2022年之前都呈现明显的上升趋势，因此采用线性回归模型对2018—2021年的数据进行建模后，拟合替代2022年的BEV车辆的车均年度总出行里程。

调整后的2022年上海新能源汽车车均年度总出行里程有一定上升，其中BEV类型车辆的私人车与非私人车的出行里程分别上升至27 798 km及80 341 km，同时PHEV车辆的私人车与非私人车的出行里程也上升为20 482 km及63 014 km。具体情况如图1所示。

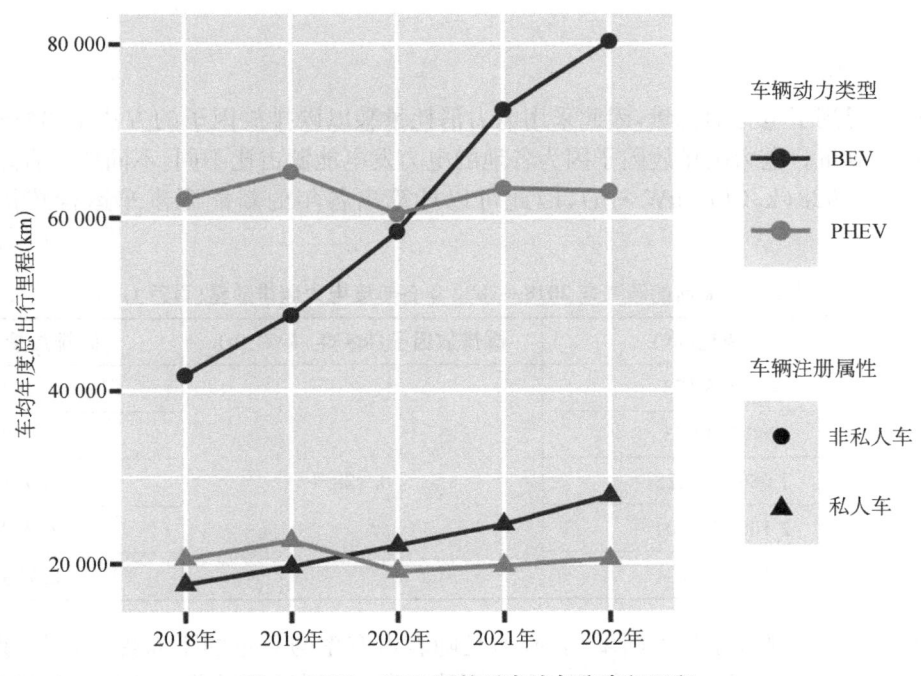

图1 2018—2022调整后车均年度出行里程

经过调整后计算历年的BEV和PHEV的新能源汽车耗电量之和如表3所列。

表 3　上海新能源汽车 2018—2022 各年度电力消耗量

年份	电力消耗量(度)	年份	电力消耗量(度)
2018	487 718 173	2021	2 168 630 724
2019	760 034 623	2022	4 066 426 194
2020	1 068 559 222		

4. 燃油车汽柴油消耗量

《上海市统计年鉴》[11]在能源终端消费量中,单独统计了交通运输、仓储和邮政业汽柴油消费量和生活消费的汽柴油消费量,收集其 2010—2021 年的数据作为燃油车汽柴油消耗量,其中 2010—2021 年的数据样例如表 4 所列。

表 4　2010—2021 年上海交通及生活领域汽柴油消耗量数据样例

年份	交通运输、仓储和邮政业汽油消耗量(万 t)	交通运输、仓储和邮政业柴油消耗量(万 t)	生活消费汽油消耗量(万 t)	生活消费柴油消耗量(万 t)	汽油消耗量	柴油消耗量
2018	64.73	190.93	215.71	9.49	280.44	200.42
2019	63.5	205.93	218.5	10	282	215.93
2020	55.9	197.93	210.5	9	266.4	206.93
2021	60.9	209.93	215.5	8.9	276.4	218.83

5. 碳排放计算

5.1　基准情景

1) 电力碳排放与预测

在前文中已经得到了电力消耗量,因此采用电力消耗量乘以碳排放因子的方法得出每年的新能源汽车电力消耗的碳排放量。电力碳排放因子因为各地的电力发电能源占比不同,不同地区有差异,根据已有的研究[12],选取为 0.928($kgCO_2/kW \cdot h$),因此可以计算出各年的新能源汽车运行碳排放量如表 15 所列。

表 5　上海新能源汽车 2018—2022 年各年度电力碳排放量(百万 t)

年份	电力消耗(度)	碳排放因子($kgCO_2/kW \cdot h$)	碳排放量(百万 t)
2018	487 718 173		0.452 603
2019	760 034 623		0.705 312
2020	1 068 559 222	0.928	0.991 623
2021	2 168 630 724		2.012 489
2022	2 168 630 724		3.773 644

虽然新能源汽车的碳排放量是不断增加的,但是随着占有率与总量的不断提高,到后期也会达到饱和,因此会存在一个上限值。Gompertz 模型的特点是在初期增长较快,随着时间的推移增长速率逐渐减慢,最终趋于饱和,大致呈现的曲线特点是:初期和末期成长缓慢,而中间段成长迅速,是一种广义的 Logistic 方程,曲线走向为 S 形曲线。这也与新能源汽车的发展趋势较为吻合;因此本文采取 Gompertz

模型对其进行拟合研究,公式如式(1)所示。

$$y = K \times e^{\alpha e^{\beta x}} \tag{1}$$

其中,K 是碳排放的上限值,在《上海市交通领域碳达峰实施方案》中的目标是"电动化率力争 2035 年达到 40%",结合 2022 年上海市新能源汽车占汽车总量比例 19.8%,BEV 和 PHEV 碳排放量为 377 万 t,同时考虑到汽车总量的增加,因此将此上限值设为 800 万 t。α 和 β 是参数拟合值,根据现有的数据进行拟合得出,结果如图 2 所示。

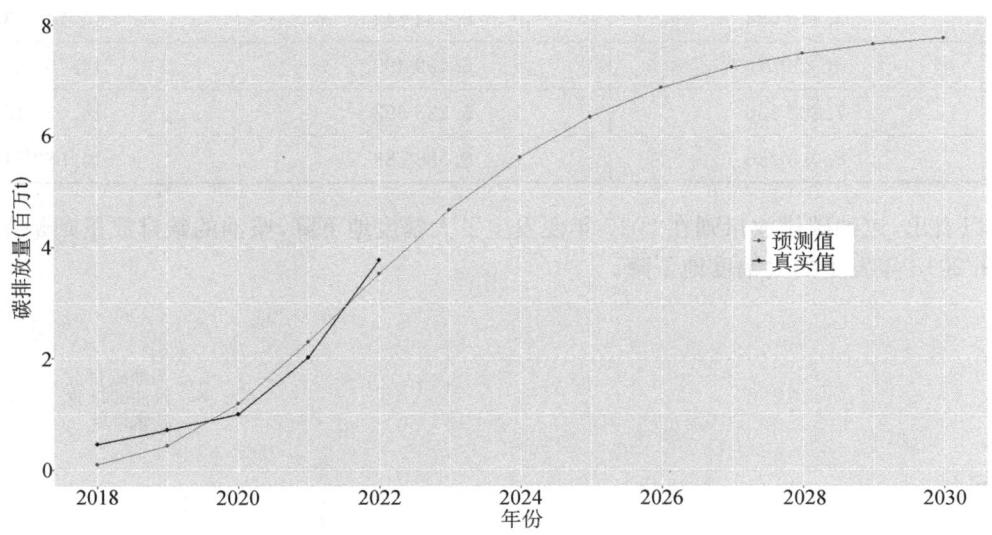

图 2　电力碳排放量

2) 汽柴油碳排放与预测

汽柴油因其燃烧反应不同,具有不同的碳排放因子,本次研究选取《综合能耗计算通则》(GB/T 2589—2020)、《省级温室气体清单编制指南》(发改办气候〔2011〕1041 号)所拟定的推荐值,通过式(2)进行碳排放因子的计算。

$$CarbonCofficient_i = ALH_i \times 10^{-9} \times AHC_i \times R_i \times 10^3 \times \frac{44}{12} \tag{2}$$

$CarbonCofficient_i$ 表示第 i 种能源的碳排放因子,ALH_i 表示第 i 种能源的平均低位发热量,AHC_i 表示第 i 种能源的单位热值含碳量,R_i 表示第 i 种能源的碳氧化率,计算结果如表 6、表 7 所列。

表 6　汽柴油碳排放因子

能源名称	平均低位发热量/ (kJ/kg 或 kJ/m³)	单位热值含碳量/(tC/TJ)	碳氧化率	碳排放因子/ (kgCO₂/kg)
汽油	43 124	18.9	98%	2.929
柴油	42 705	20.2	98%	3.01

表 7　汽柴油碳排放量

年份	汽油碳排放量(百万 t)	柴油碳排放量(百万 t)	汽柴油碳排放量(百万 t)
2010	6.278 019	6.280 967	12.558 99
2011	7.369 657	6.729 457	14.099 11
2012	8.255 094	7.237 846	15.492 94
2013	8.941 651	7.296 24	16.237 89

(续表)

年份	汽油碳排放量(百万 t)	柴油碳排放量(百万 t)	汽柴油碳排放量(百万 t)
2014	9.737 753	6.952 799	16.690 55
2015	10.438 37	7.350 42	17.788 79
2016	11.539 09	7.725 165	19.264 25
2017	12.121 67	7.092 463	19.214 13
2018	8.214 088	6.032 642	14.246 73
2019	8.259 78	6.499 493	14.759 27
2020	7.802 856	6.228 593	14.031 45
2021	8.095 756	6.586 783	14.682 54

图 3 可以看出,汽油碳排放量则在 2017 年便发生了大幅度地下降,柴油的碳排放量则是在 2017 年达到顶峰后,在 2018 年发生的大幅度地下降。

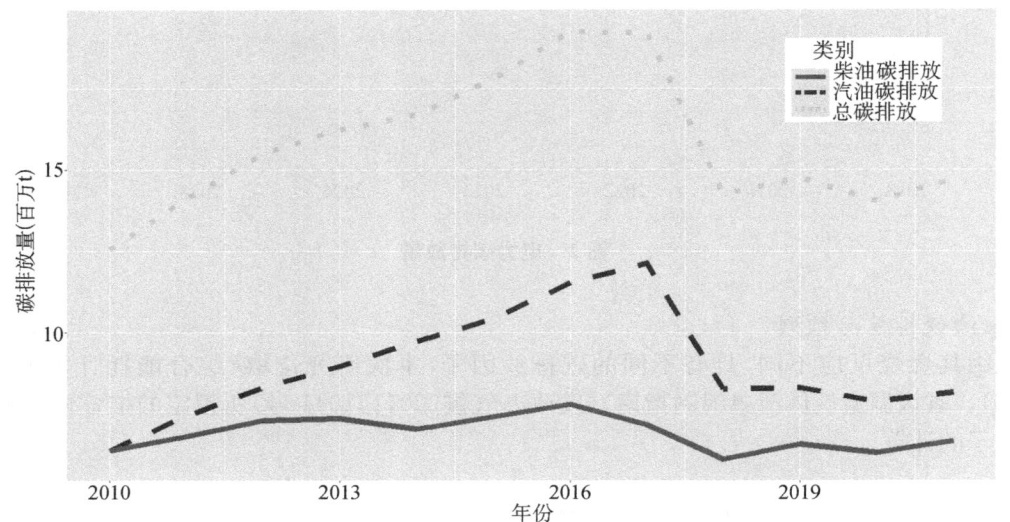

图 3 上海市汽柴油碳排放量变化图(2010—2021 年)

时间序列模型是一种统计模型,用于分析和预测时间序列数据的变化。它可以帮助我们了解数据的长期趋势。时间序列模型包含多种模型,结合上海汽柴油历史碳排量,最终选取 AR(Auto Regressive)模型作为拟合的时间序列模型,结果如图 4 所示。

6. 基准情景道路交通碳排放

叠加新能源汽车与汽柴油的碳排放量得出 2023—2030 年的碳排放量如图 5 所示,可以看出虽然道路交通领域的碳排放量的增量在不断减少,增速逐渐放缓但是仍未在 2030 年达到碳达峰。

综上所述,按照当前的趋势发展,且不考虑其他因素的影响,则上海市难以在 2030 年之前完成道路交通领域的

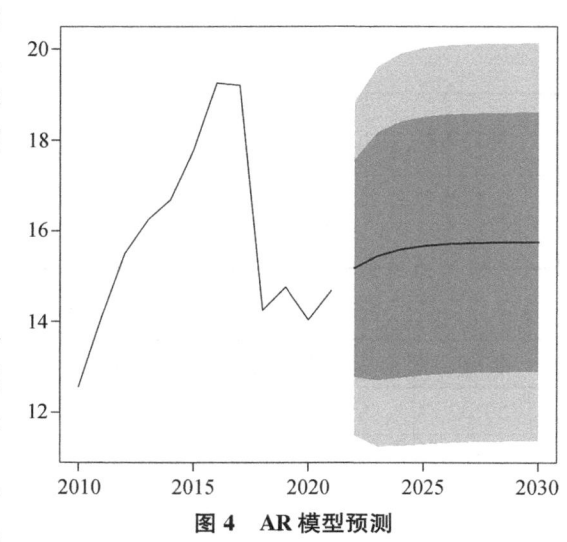

图 4 AR 模型预测

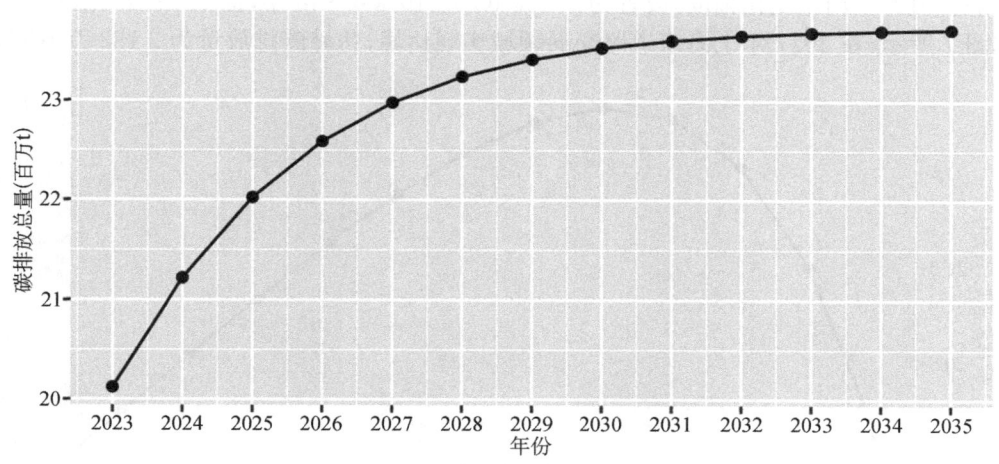

图 5 基准情景下未来年交通碳排放量

碳达峰。

6.1 考虑政策影响下的碳排放场景

上海市针对碳达峰这一场景制订了相应的减碳降碳计划,如:"在2025年营运类型的交通工具排放强度比2020年下降5%左右""2025年,城市交通汽柴油消费量进入平台期,不再出现大幅度的增长。"结合上述两个条例,可以看出上海市的道路交通碳排放量是会受到政策因素的影响的。因此,在基准场景的基础上,使汽柴油的碳排放量到达2025年后不再增加且以0.5%(因为政策要求是针对营运类型的交通工具排放强度比5年下降5%,本研究包括非营运与营运,因此折半取值)趋势下降,而新能源汽车的碳排放量则以每年0.5%的速率下降。预测结果如图6所示,可以看出在此情境下道路交通领域的碳排放量会在2028年进入平台期,并在之后达峰并开始缓慢下降。

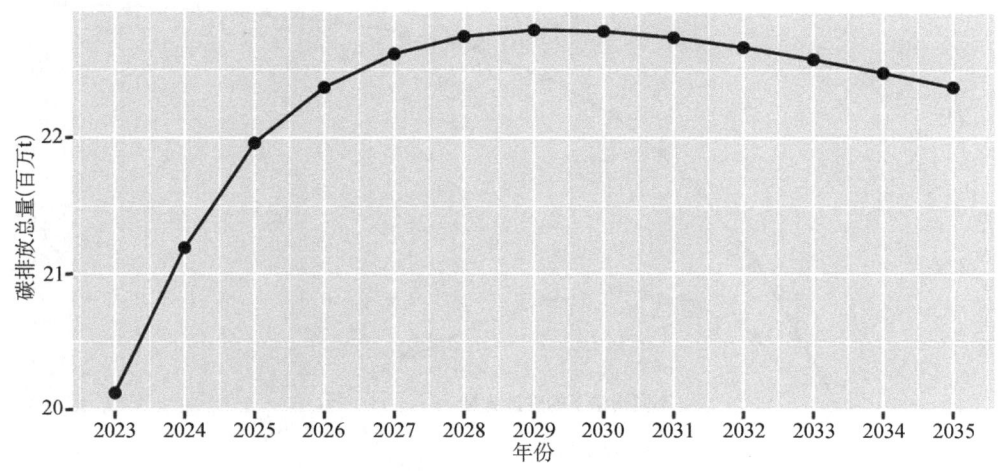

图 6 考虑政策影响下未来年交通碳排放量

6.2 考虑碳排放因子下的碳排放场景

根据《上海市生态环境局关于调整本市温室气体排放核算指南相关排放因子数值的通知》,可以看到"核算使用外购电力、热力所导致的排放时,电力排放因子缺省值由 $7.88\ tCO_2/10^4\ kW\cdot h$ 调整为 $4.2\ tCO_2/10^4\ kW\cdot h$",也就是说随着科技的进步,清洁能源的发展,各类型能源发电量占比的变化,电力的碳排放因子是会出现下降的趋势,因此,本情景考虑电力碳排放因子的变化对上海市道路交通领域碳排放的变化。结合缺省值的平均年变化幅度,设置为 $0.368\ tCO_2/10^4\ kW \cdot h/$年,即 $0.036\ 8\ kgCO_2/kW \cdot h/$年,预测结果如图 7 所示,在 2027 年上海市道路交通领域实现达峰,达峰碳排放量为 2 183 万 tCO_2。

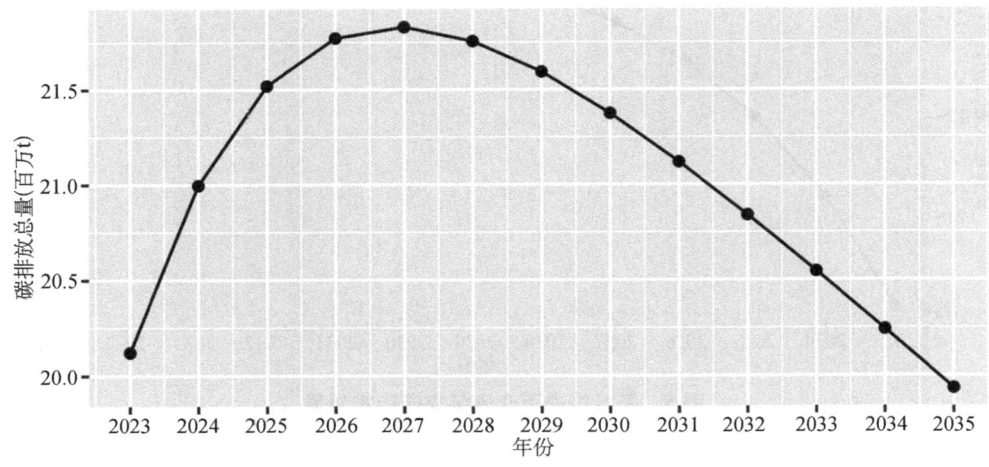

图 7 考虑碳排放因子的未来年交通碳排放量

7. 结语

通过对比三种不同情景下的碳排放量如图 8 所示,可以看出,在基准情景下,在 2035 年,上海市道路交通领域仍旧难以达到碳达峰;在考虑部分政策因素的影响下,上海市的道路碳排放量能在 2028 年进入平台期后逐渐下降;考虑碳排放因子的情景下上海市道路交通碳排放量能够在 2027 年达到碳达峰,达峰碳排放量为 2 183 万 t。

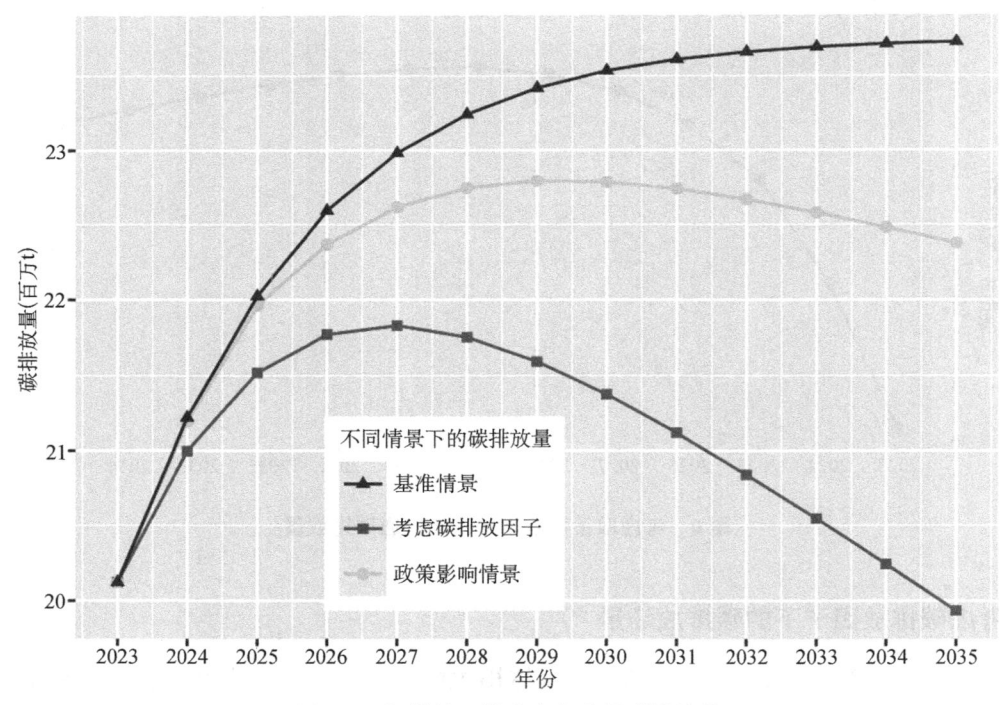

图 8 不同情境下的未来年交通碳排放量

目前上海市道路交通领域的碳排放量仍旧呈现上升的趋势,且如果不采取相应的措施,则在 2030 年仍将难以达到碳达峰,为争取达到碳达峰,需要大力发展新能源汽车并且发展相应的科技提高电力的转换效率,这样有可能在2030年前完成碳达峰的目标。本文研究还有不足的地方。

(1) 将交通运输行业的汽柴油消耗量全看作道路交通的消耗量,实际上也有部分的消耗量是其他交通领域造成的,这使得计算的总体碳排放量会高于实际值,但是碳排放量的总体变化趋势仍保持一致。

(2) 为考虑交通运输占比变化带来的影响,道路交通的出行量包括私家车、出租车、公共汽车等方式,每种方式的单位碳排放量不同,且还有轨道交通、非机动车出行等方式影响着道路交通的交通出行总量,因此要想更为精准地计算、预测碳排放量与碳达峰时间需要更为精细与多样化的数据进行分析。

展望未来,在现有的基础上,根据更为细化的数据,分析未来年的碳排放趋势与碳排放量,得出更为精确的预测。

参考文献

[1] 周嘉仪,李楠,冯伟航,等. 我国道路源二氧化碳排放估算及未来情景预测[J]. 环境科学学报,2023,43(10):267-278.

[2] 国务院办公厅. 国务院办公厅关于印发新能源汽车产业发展规划(2021—2035年)的通知[EB/OL]. (2020-10-20)[2024-01-02]. https://www.gov.cn/zhengce/content/2020-11/02/content_5556716.htm.

[3] 公安部交通管理局. 权威发布|全国机动车保有量达4.35亿辆 驾驶人达5.23亿人 新能源汽车保有量超过2000万辆[EB/OL]. (2024-01-11)[2024-03-20]. https://mp.weixin.qq.com/s/toTCYv2YNwP8c1Xmi-5q4g?poc_token=HF7 L-mWjs2Prwz6VJgExspj2Ao_bra2rn-qAOlAF.

[4] 上海市交通委,上海市发展改革委. 关于印发《上海市交通领域碳达峰实施方案》的通知[EB/OL]. (2023-02-06)[2024-01-02]. https://www.shanghai.gov.cn/gwk/search/content/c611f44e6ee247739088c15679ba35e3.

[5] 李明君,岳丹,杨道源,等. 内蒙古自治区交通运输领域碳达峰体制机制研究[J]. 交通节能与环保,2022,18(04):13-17.

[6] 汤峥,彭莎,黄宇. 武汉市交通运输业碳排放达峰路径研究[J]. 环境科学与管理,2022,47(12):40-45.

[7] 方涵潇,刘灿,蒋康,等. 湖南省交通运输领域碳排放达峰路径研究[J]. 交通运输系统工程与信息,2023,23(04):61-69.

[8] WANG J, LI Y, ZHANG Y, et al. Research on Carbon Emissions of Road Traffic in Chengdu City Based on a LEAP Model[J]. Sustainability, 2022, 14(9): 5625.

[9] LIU M, ZHANG X, ZHANG M, et al. Influencing factors of carbon emissions in transportation industry based on CD function and LMDI decomposition model: China as an example[J]. Environmental Impact Assessment Review, 2021, 90: 106623.

[10] ZHANG X, LI W. Effects of a bike sharing system and COVID-19 on low-carbon traffic modal shift and emission reduction[J]. Transport Policy, 2023, 132: 42-64.

[11] 上海市统计局. 统计年鉴[EB/OL]. [2024-02-19]. https://tjj.sh.gov.cn/tjnj/index.html.

[12] 孙彦明,刘士显. "双碳"目标下中国交通运输碳排放达峰预测[J]. 生态经济,2023,39(12):33-40.

基金项目

Norwegian Agency for International Cooperation and Quality Enhancement in Higher Education (Diku) (UTF-2020/10115)。

国省道智慧公路建设标准体系研究

Research on the Standard System of Smart Highway Construction of National and Provincial Highways

潘 琳[1]

摘 要：江西国省道智慧公路总里程数已逾700 km，在建设里程及应用方面都达到较高的水平。但随着工程的持续推进，由于缺乏统一的建设标准规范，出现工程效果参差不齐、资源浪费等现象。与智慧高速建设体系标准齐备相比，国省道智慧公路的建设标准体系严重滞后，为加强项目建设规范，提高智慧公路建设品质，本文通过对南昌湾里S417望城至招贤段及S106店前至南安段的智慧公路系统分析，结合相关"智慧+交通"标准经验，提出对国省道智慧公路建设标准体系的建议。

关键词：普通公路、智慧公路；科技示范路；标准体系；顶层设计

Abstract: As of now, the total mileage of smart highways in Jiangxi provincial and state roads has reached over 700 kilometers, and has achieved a high level in terms of construction mileage and application. However, with the continuous advancement of the project, due to the lack of unified construction standards and specifications, there have been uneven project effects and phenomena of resource waste. Compared with the well-equipped construction system standards of smart expressways, the construction standard system of smart provincial and state roads is seriously lagging behind. In order to strengthen the standardization of project construction and improve the quality of smart highway construction, this article analyzes the smart highway system of Nanchang Wanli S417 Wangcheng to Zhaoxian section and S106 Diqian to Nan'an section, and combines relevant "smart + transportation" standard experience to propose suggestions for the construction standard system of provincial and state smart highways.

Key words: ordinary highways; smart highways; technology demonstration roads; standard system; top-level design

1. 引言

智慧公路建设范围涵盖了公路建设公路管理、公路养护、公路运营等各方[1]。南昌市公路事业发展中心从2018年起对S417望城至招贤段及S106店前至南安段省道开展"畅安舒美"智慧公路建设试点工作，探索国省道"建、管、养、运"数字化转型，并取得了较好的成效，之后九江、宜春、抚州、吉安等全省各地市相继开展了智慧公路建设，累计建设里程超700 km。

虽然江西在国省道智慧公路应用以及建设里程数方面都达到较高水平，但仍存在智慧公路建设水平参差不齐、资源浪费等现象[2]。出现这一现象的原因主要是国省道建设标准体系还不够健全。相对于智慧高速公路近年来不断出台各类建设标准，普通公路智慧化建设标准相对滞后。截至目前，仅有安徽省芜湖市于2021年出台了《国省干线智慧公路建设指南》（DB3402/T 15—2021），且该地标仅涉及智慧公路部分物联设备的建设工作。本文通过对南昌湾里智慧公路系统进行分析，结合相关"智慧+交通"标准经验，

---

[1] 潘琳，学士学位，高级工程师，联系邮箱：369039764@qq.com。

提出对国省道智慧公路建设标准体系的建议。

2. 湾里智慧公路建设情况概述

南昌湾里智慧旅游公路项目的建设覆盖了 S417 望城至招贤段及 S106 店前至南安段，线路起于"湾里新经济产业园"，终于"安义万埠县"与 105 国道相接位置，全程 21.3 km，该路段是湾里城区通往梅岭景区狮子峰等景点的主要通道，承载了大部分的游客运载压力，人流、车辆较为密集。线路中很大一部分是盘山公路，存在大量急弯陡坡和事故易发地段。路段通过 2018 年"畅安舒美"省级示范路及 2020 年的科技示范路两次升级建设，现已建设 2 个平台（智慧旅游公路监管应用平台、手机信令大数据平台），5 个子系统（信息采集子系统、重点路段环境监测与智能处治子系统、弯道车辆监测预警子系统、第三方数据共享平台子系统、信息发布和推送子系统），系统架构图如图 1 所示。

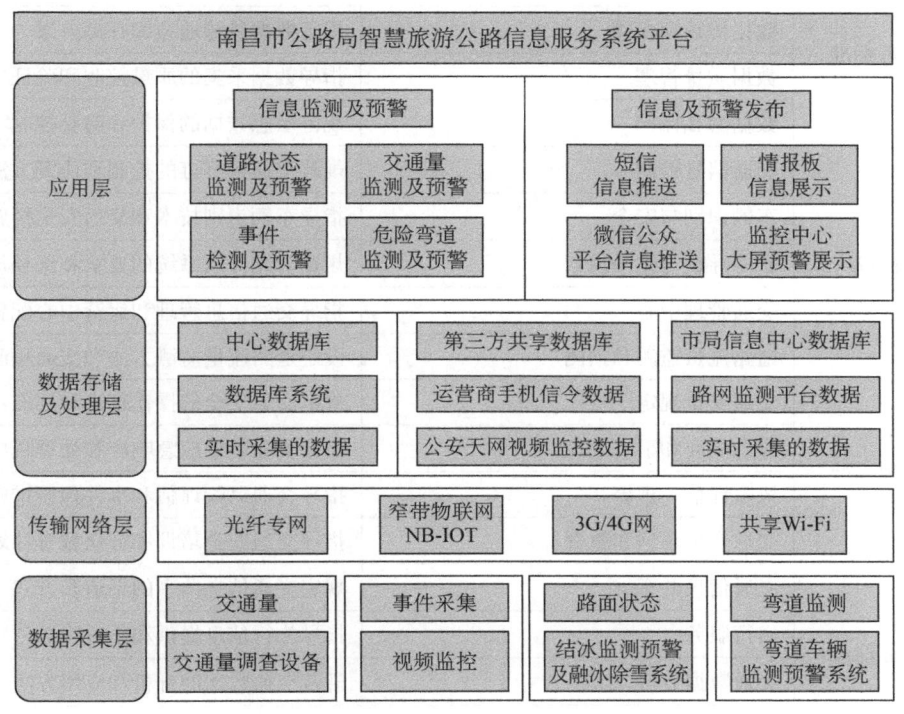

图 1　湾里智慧公路系统建设架构

根据南昌湾里智慧旅游公路建设经验以及对全省其他智慧公路的分析研究，国省道智慧公路基本架构为：数据通过物联层进行自动采集，通过传输层实现数据上云或者进入本地机房，通过数据存储及处理层对数据进行分析操作，最终在应用层进行交互操作及数据显示。

3. 相关"智慧＋交通"建设标准体系研究

目前智慧高速公路的建设体系相对完善，本文将依托现有智慧高速公路寻找构建国省道智慧公路建设体系的思路，选择交通运输部 2020 年发布的《公路工程建设标准管理办法》、山东省 2022 年实施的《智慧高速公路建设指南》（DB37/T 4541—2022）、河北省 2023 年实施的《智慧高速公路建设指南》（DB13/T 5677—2023）、芜湖市 2021 年实施的《国省干线智慧公路建设指南》（DB 3402/T 15—2021）以及山东省高速公路建设标准体系等[3-6]。通过对这些文件的梳理比较，本文将主要标准体系进行如下分类（表 1）。

表1 智慧十交通标准类型说明

一级分类	二级分类	说明
基础设施建设标准	道路规划与设计	规定道路宽度、弯道设计和坡度设置
	设施设备配置	指导交通信号、监控设备等配置
	通信网络和数据传输	规定通信网络范围和数据传输速率
	电力供应和能源管理	设定电力接入、备用电源和能源管理
	环境保护与生态平衡	强调土壤保护、生态平衡和环境影响
	维护和养护	指导设施维护计划和紧急维修措施
	通行安全和道路标识	规定交通标志、标线和安全区域设置
数据采集与管理标准	数据采集设备配置	确定数据采集设备的种类和布局
	数据传输和存储	规定数据传输通道和存储方案
	数据质量管理	指导数据采集的质量控制和验证方法
	数据隐私保护	规范敏感数据的保护和隐私控制
智能交通系统标准	交通信号控制	规范交通信号灯的控制和协调方法
	车辆识别与安全	指导车辆识别技术和交通安全措施
	智能导航与路径规划	规定智能导航系统的要求和路径规划
	交通管理中心	指导交通信息管理和运营中心配置
	道路流量监测和预测	设定道路流量监测方法和交通预测
安全与应急管理标准	交通安全规定	规范交通安全的操作规定和标准
	应急响应和事故处理	指导交通事故应急响应和处理程序
	风险评估和预警	指导交通风险评估和事件预警措施
	交通安全培训和教育	指导交通安全培训和公众教育计划
信息共享与服务标准	交通信息共享	规定交通信息共享的渠道和方式
	出行服务	指导旅行信息提供和出行服务
	交通数据分析	规范交通数据的分析和应用方法
	服务质量和用户体验	强调提供高质量的信息和服务体验
技术创新与发展标准	新技术应用	指导新技术在智慧公路中的应用方法
	创新发展策略	规定智慧公路项目的创新发展方向
	科研合作和开放创新	指导与科研机构的合作和开放创新

4. 国省道智慧公路建设标准体系建议

根据上述分析,以及参考相关建设标准指南,国省道智慧公路建设标准体系的搭建应当基于公路建设周期及后端支撑,即需要涵盖智慧公路"建、管、养、运"各个环节,其中外场硬件应当以目前江西省智慧公路使用过并得到认可的设施设备为主,还需包含用于支撑系统的软件系统及后端硬件设备,除此之外,还应当具备一定前瞻性,应当考虑大数据治理以及人工智能在建设中的作用[7]。为此将国省道智慧公路建设的标准体系划分为基础标准、建养标准、运营标准以及支撑标准,如图2所示。

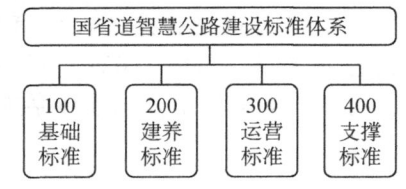

图2 国省普通公路建设体系基本划分

4.1 基础标准

基础标准包括：术语、定义类相关标准；编码规则、代码结构和图形符号等分类编码与符号类标准(图3)。

术语和定义标准用于统一国省道智慧公路领域基本概念，为各相关标准协调兼容和制定奠定基础。如制定通用性术语概念进行规范和定义的《国省道智慧公路通用术语规范》等。

分类编码与符号标准用于统一认识和理解国省道智慧公路建设标准的对象、边界以及各部分间的层级关系和内在联系，对相关技术、功能对象进行标识解析。如制定针对施工图设计、施工及养护运维各阶段公路工程信息模型进行分类与编码的《国省道智慧公路编码规范》等。

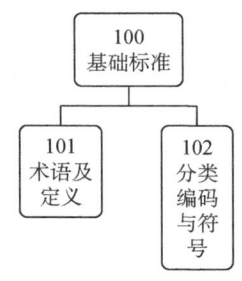

图3 基础标准架构体系

4.2 建养标准

建养标准主要包括勘察设计、建设管理、智慧工地，以及交通设备状态监测、边坡/桥梁健康监测、智能安全锥、无人机巡检、智能公路病害识别(图4)。

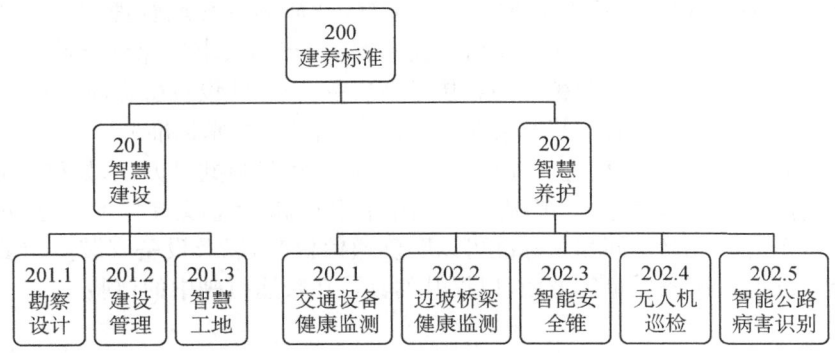

图4 建养标准架构体系

在智慧建设中，勘察设计应重点对相似工程环境进行分类梳理，充分利用信息化手段并形成相关模板及规范，制定如《国省道智慧公路 施工信息模型应用规范》从而减少因人员经验导致的设计错误及资源浪费，在管理方面构建一体化的建设管理平台，实现建设全过程、各阶段、各环节有效衔接，制定《国省道智慧公路 工程管理信息平台技术规范》等。智慧工地宜利用BIM、GIS、物联网、移动互联网等技术，实现对工地现场"人、机、料、法、环"以及施工过程关键内容进行动态管理，制定《国省道智慧公路 工地建设技术规范》等。

在智慧养护中，交通设备运行状态监测是对目前建设的智慧系统中的硬件设备及相关传统信息化设备运行状态的一种，标准应确定相关检测的实施手段，软硬件接口以及被监测设备状态分类等，制定如《国省道智慧公路交通设备健康监测管理规范》等。智能安全锥标准的目的在于充分利用先进的传感技术和数据分析，从而减少交通事故的发生提升维护人员的安全系数，可以制定《国省道智慧公路 智能安全锥设计和管理规范》等文件，明确智能安全锥的规格、位置、通信要求等具体要求。无人机巡检标准的目标在于充分运用先进无人机技术，以提升道路设施监测的效率。可制定《国省道智慧公路 无人机巡检技术规范》等相关文件明确无人机应用的场景、飞行路径规划、数据采集频率等具体要求。

智慧公路病害识别标准的目标在于应用图像识别和人工智能技术，快速准确地检测和识别道路病害，以支持及时维护和修复。可以制定《国省道智慧公路 病害识别技术规范》等文件，明确应用场景、技术要求和数据处理流程。这将确保智慧公路病害识别技术在不同地理环境和道路类型中得到有效应用。

4.3 运营标准

运营标准分为路网管控以及出行服务，其中路网管控包括视频监控、环境监测、弯道预警、结冰预警，出行服务包括信息交互、车路协同以及智慧驿站(图5)。

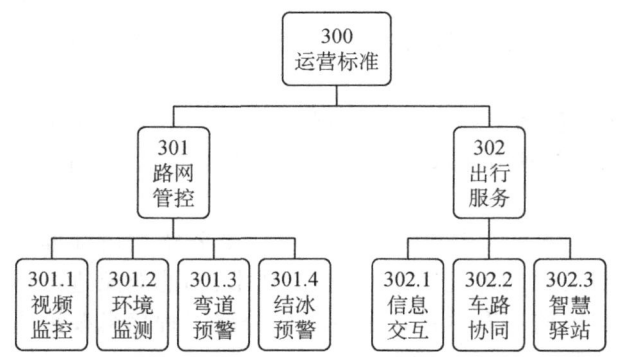

图 5　运营标准架构体系

在路网监管中,视频监控标准的核心目标在于确保道路监控系统的高效性,以实时获取并分析道路情况,从而提升整体交通管理水平。可制定《国省道智慧公路 视频监控技术标准》,以明确相关技术要求、摄像头类别、应用场景和数据处理流程,确保监控资源合理应用,减小资源浪费。环境监测标准旨在实现对道路周边环境的实时监测,以预警和应对恶劣天气等情况,从而提升交通管理的安全性和效率。可制定《国省道智慧公路 环境监测技术标准》,以明确相关技术要求、布局要求确保环境监测系统在不同气象条件下的可靠运行。弯道预警以及结冰预警作为新技术新装备,应当从设备稳定性、功能全面性以及使用安全性上进行充分考虑,可以制定《国省道智慧公路 路网管控新装备技术标准》。

在出行服务方面,应当充分考虑信息交互标准要求提供多种信息共享方式,如移动应用、电子屏幕等,向驾驶员提供实时的路况、天气等信息。可制定《国省道智慧公路 信息交互技术规范》规定信息展示的格式、更新频率、选点规范等。车路协同相关标准可以明确通信机制,以及设备安装点位要求。智慧驿站则可涵盖驿站布局、设施配置、服务质量等方面,以提升驾驶员在长途行驶中的体验。

4.4　支撑标准

支撑标准分为数据中台、应用平台、信息安全、网络通信以及供电系统,其中数据中台包括数据储存及治理、算法与模型、数据服务;应用平台包括电子地图、数据驾驶舱以及智慧助手;网络通信包括通信设备、通信链路以及通信接口(图6)。

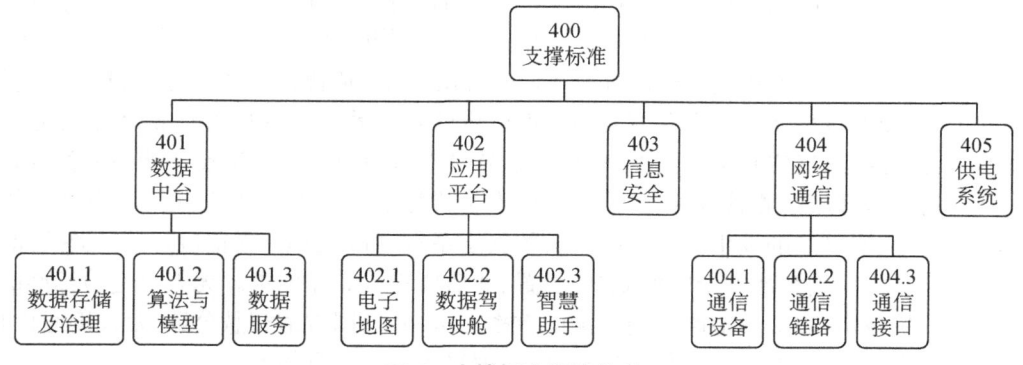

图 6　支撑标准架构体系

数据中台是支撑标准的关键组成部分,数据储存与治理标准应规定数据采集、存储、清洗和备份的流程,确保数据的完整性和可靠性,同时数据隐私和安全要求也需明确,以防止敏感信息泄露。算法与模型标准则应指导智慧公路中的数据分析和预测模型的开发与应用,标准可包括算法选择、验证、优化以及模型迭代的规范,以确保其准确性和有效性,还应推动模型开放共享,促进算法技术的持续创新。数据服务标准是确保数据可用性的关键,应明确数据的开放标准、接口规范以及数据共享的模式,数据服务的可靠性、实时性和跨平台共享也需要得到规范,以支持数据在智慧公路各个方面的应用。可制定《国省道智慧公路 数据中台建设指南》。

应用平台作为支撑体系的关键组成部分,包括电子地图、数据驾驶舱以及智慧助手等。电子地图标准应明确地图数据图层内容、精度要求、维护和版本管理的规范。数据驾驶舱标准则应规定数据展示的方式、指标体系和数据源接入的规范,以提供全面的数据分析支持。智慧助手标准可涵盖用户界面设计、功能模块规范和交互流程,以提升用户体验。可以制定《国省道智慧公路 应用系统开发规范》等。

网络通信是支撑体系的基础,通信设备、通信链路以及通信接口的标准需要确保数据传输的稳定和快速。通信设备标准应规定设备选型、部署要求和维护流程,以保障智慧公路各设备之间的通信畅通和稳定。通信链路标准则需明确通信带宽、延迟和可靠性等技术要求。通信接口标准应规范各个设备之间的数据交互方式和协议,确保数据无缝传输。可以制定《国省道智慧公路 网络通信建设指南》。

信息安全标准是支撑体系的重要保障,涵盖数据加密、用户认证、防护措施等方面。数据加密标准应规范数据在传输和存储过程中的加密机制,以防止数据泄露和篡改。用户认证标准则需确保系统用户的身份验证和权限控制。防护措施标准应规定网络防火墙、入侵检测等安全措施的要求,以应对潜在的网络风险。可以制定《国省道智慧公路 网络安全管理规范》。

供电系统是支撑体系的基础设施,标准应规定供电设备的选型、布局和维护要求,以确保智慧公路各项设备的正常运行。可以制定《国省道智慧公路 供电系统建设指南》。

5. 结语

目前,普通公路的智慧化建设标准体系与项目实施进度存在滞后问题,导致普通公路的智能化建设规范性不足。江西省已将智慧公路拓展到 700 余公里,具备一定构建普通公路智慧化建设标准体系的基础。然而标准体系的搭建需要各方共同努力,从顶层规划到适应普通公路智能化的供应商体系,都存在着巨大的提升空间。本文基于南昌湾里智慧旅游公路的建设经验以及关于省内其他地市智慧公路建设情况的分析,对标准建设体系提出了一些想法,我们坚信在标准体系的建设之中需要实事求是,多利用已有经验,注重与地方标准、国家标准以及行业标准的衔接[7],唯有持续优化才能构建先进而适用的高质量标准体系,才能为普通公路的智慧化建设提供明确指导,同时也为全国智慧公路的建设贡献出江西力量。

参考文献

[1] 刘安.基于全要素感知的智慧高速公路应用方案[J].中国科技信息,2023(2):36-40.
[2] 胡强.江西省普通公路智慧感知和服务设施体系[J].中国公路,2021(1):85-89.
[3] 芜湖市市场监督管理局.《国省干线智慧公路建设指南》(DB3402/T 15—2021)[S].2021.
[4] 中国标准化研究院.标准体系构建原则和要求(GB/T 13016—2018)[S].2018.
[5] 山东省市场监督管理局.智慧高速公路建设指南(DB37/T 4541—2022)[S].2022.
[6] 河北省市场监督管理局.智慧高速建设指南(DB13/T 5677—2023)[S].2023.
[7] 张伟.山东智慧高速公路建设标准体系研究[J].中国交通信息化,2022(11):55-60.

道路定制客运运行评估及可持续发展关键问题
——以上海市为例
Evaluation of Road Customized Passenger Transport Operation and Key Issues for Sustainable Development: a Case Study of Shanghai

叶新晨[1]

摘　要：本文以上海市为例，总结了定制客运的发展特征，评估定制客运的运行状况，分析了定制客运的发展形势，提出定制客运可持续发展的关键问题。

关键词：定制客运；发展特征；运行评估；可持续发展问题

Abstract: This article takes Shanghai as an example to summarize the development characteristics of customized passenger transportation, evaluate the operation status of customized passenger transportation, analyze the development situation of customized passenger transportation, and propose key issues for the sustainable development of customized passenger transportation.

Key words: customized passenger transportation; development characteristics; operational evaluation; sustainable development issues

1. 引言

定制客运是指班车客运经营者依托电子商务平台发布道路客运班线起讫地等信息，开展线上售票，依据旅客需求约定发车时间，停靠地点的班车客运服务活动[1]。2016年，交通部在《关于深化改革加快推进道路客运转型升级的指导意见》中首次提出了定制客运的概念。

为了鼓励定制客运发展，交通部修订或发布了一系列的规范指南。2020年，交通部修订《道路旅客运输及客运站管理规定》，出台《班车客运定制服务操作指南》，2023年6月发布《道路客运定制服务规范》。

全国已有较多城市开通了定制客运服务。2021年，全国（不含港澳台）共开通定制客运线路数量3 257条，占全国（不含港澳台）班线数量的2.27%[2]。本文以上海为例，分析定制客运行业的发展特征、运行现状，结合政策研究、行业调研，明确定制客运的发展趋势，思考定制客运可持续发展的关键问题并给出了建议。

2. 上海市道路定制客运行业发展特征

2.1 以试点运营逐步推广

上海作为率先开展定制客运试点的城市之一，早在2016年，行业管理部门（上海市交通委道路运输

1　叶新晨，上海市交通发展研究中心，硕士研究生，工程师，注册咨询师（投资），注册城乡规划师，联系邮箱：yexinchen123@foxmail.com。

处)积极探索定制客运发展,通过发布政策文件、鼓励企业试点运营、开展网络平台备案等工作,不断规范定制客运市场。

2016年,上海市行业管理部门重点选择了3家不同类型的客运企业开展第一批定制客运试点。随后,2家市内包车企业作为第二批试点企业自建平台,开始区域定制线路服务尝试。

2017年3月上海市管理部门首次明确定制客运管理的基本原则。2018年7月,细化了定制服务管理相关标准,明确定制客运服务仅限市域范围内。2023年5月,明确了平台、班线、运力、接送模式等试点运营要求,开展行业宣贯。

2023年7月至新客运开展了第一条线路试点,连接上海至启东,每日发送两班,分别于每日的6:50和12:30分别发送。2023年累计发送班次291班。2023年累计售票5 078张,其中客运站售票95.3%(表1)。

表1 2023年省际定制班线运营情况

始发地	目的地	发送班次(班)	售票情况(张)			检票数(张)
			总售票数	联网售票平台	定制客运平台	
上海	启东	291	5 078	4 839	239	4 435

数据来源:企业调研。

2.2 企业规模逐步精简

上海市道路客运管理部门规定,开行定制客运的企业必须要取得道路客运班线经营资质。近年来上海道路客运经营企业的规模变化情况,如表2所列。

表2 近五年上海市道路班车客运规模

指标名称	2019年	2020年	2021年	2022年	2023年
(1)班车客运经营企业(户)	34	34	31	29	23
其中:100辆及以上的企业	4	4	1	1	1
50~99辆的企业	5	2	3	1	1
10~49辆的企业	15	14	14	15	10
5~9辆的企业	5	8	9	8	6
5辆以下的企业	5	6	4	4	5
(2)班车客运企业车辆数(辆)	1 454	1 096	755	667	434
(3)班车客运车辆座位数(客位)	70 804	50 828	33 009	29 824	18 424
(4)班车客运企业户均车辆(辆/户)	43	32	24	23	19
(5)班车客运企业车均座位(客位/辆)	48.7	46.4	43.7	44.7	42.5

数据来源:2019—2022年数据来自文献[3],2023年数据来自行业调研。

近五年上海市道路班车客运规模变化情况,可总结出以下几个结论。

(1)班车客运企业数量逐年减少,且企业拥有的车辆数也在逐年减少,或说明行业正在向集约化方向发展。

(2)班车客运企业户均车辆数逐年减少,或与班车客运行业的市场需求相关,当车辆达到报废年限后,企业购买新车意愿减弱。

(3)班车客运车辆座位数在逐年下降,2023年的座位数仅为2019年的26%,说明企业最大运营能力在减弱。

(4)班车客运企业车均座位数基本在逐年下降,说明企业车辆更趋向于小型化。

2.3 发展模式与互联网连接紧密

根据行业调研,上海市定制客运发展主要分为两种模式:"+互联网"模式、"互联网+"模式。

(1)"+互联网"模式:由传统客运企业自建平台,利用传统运力开展互联网运作,提升客运服务能力,典型代表为上海长途汽车客运总站客运平台。

(2)"互联网+"模式:由互联网公司搭建平台,利用行业运力资源提供定制化的服务。目前典型的"互联网+"模式包括飞路、e乘巴士。

"+互联网"模式说明班线客运企业在行业运营中寻求转型;而"互联网+"模式说明客运行业仍然具有一定的吸引力,让互联网公司能嗅到商机。

2.4 网络平台以道路客运企业自建为主

截至2022年底,上海市已备案的定制客运平台共有8家,其中5家平台为道路客运企业自建或具备客运企业相关背景公司自建,另外3家平台为纯网络服务平台(表3)。

表3 定制客运平台(C端)基本属性

序号	单位名称	平台名称	平台属性
1	上海驿动汽车服务有限公司	驿动汽车	运输企业背景
2	上海飞路腾远汽车租赁服务有限公司	飞路巴士	运输企业背景
3	上海长途汽车客运总站有限公司	上海客运总站新出行定制平台	运输企业背景
4	强生致行互联网科技(上海)有限公司	侬好致行	运输企业背景
5	上海交运久彰网络科技服务有限公司	交运巴士	运输企业背景
6	上海蓝速汽车技术有限公司	长三角车生活	纯网络平台
7	上海中安电子信息科技有限公司	顶好出行	纯网络平台
8	上海桦实科技有限公司	e乘巴士	纯网络平台

数据来源:企业调研。

目前,上海市定制客运主要业务形态为市内包车客运定制服务,运营比较成熟的3家平台(驿动、飞路、e乘巴士)主营业务范围均为市内定制。以发展规模较大的4家网络平台的企业为例,分析定制客运平台的基本属性,如表4所列。

表4 定制客运平台(C端)基本属性

平台名称	驿动平台	飞路平台	e乘巴士	顶好出行
平台属性	运输企业背景	运输企业背景	纯网络平台	纯网络平台
接入企业数	86家	15家	3家	22家
面向个人定制线路数	45条	150条	—	153条
目前活跃线路数	30条	47条	20条	—
注册用户数	22万	32万	10万	4.7万
活跃用户数	3 557人	10 000人	8 000人	—
平均上座率	50%	50%	60%	—
经营范围	线路分布在临港新片区、宝山、嘉定、中心城等区域,主要为市内定制线路	覆盖上海所有行政区域,主要为产业园区的通勤线路	线路覆盖金山、浦东、崇明、松江及中心区域,为大学校区及市区乘客提供出行服务	省际定制客运线路,从上海发往长三角城市。主要班次开往地集中在江苏、山东、安徽

(续表)

平台名称	驿动平台	飞路平台	e乘巴士	顶好出行
是否可购票	可购票	可购票	可购票	不可购票

数据来源:企业调研。

分析各平台的基本属性,可以得出以下结论:

(1) 注册用户数较多,而活跃用户数较少,说明定制客运的客流规模有限。

(2) 面向个人定制线路数较多,但活跃线路数较少,说明大部分线路可实现个人定制,但受限于线路开行机制,实际能成功运营的线路数较少。

(3) 各家平台的经营范围各有侧重。驿动和飞路主要为园区的通勤定制线路,e乘巴士为远郊区(崇明、金山)或大学校区至中心城提供服务,顶好出行主要为跨省定制客运。

(4) 部分平台虽在行业管理部门已备案,但实际未经营,表现在乘客无法购票乘坐。顶好出行主要经营省际定制客运,作为GPS/BD运输车辆监控平台的子系统,该模块的运行成熟度较低,并未实际经营。

2.5 通过数字转型提升行业发展能级

"十四五"期间,上海全面推进数字化转型,道路客运行业管理部门开展道路客运行业数字化监管工作,加快道路客运行业实施数字化管理转型发展。针对道路客运行业全要素,建立涵盖"许可监管""运行监管""辅助决策"三大类的监管场景和相应的研判指标体系。通过道路客运数字化监管系统的建设和应用,约束定制客运网络平台落实备案机制,提高行业监管效能[4]。

3. 上海市定制客运运行评估

3.1 线路分布

1) 经营区域较为固定

驿动平台目前运营线路均为驿动汽车公司运营,共27条运营线路,59%的线路首发站均设置在嘉定区,这和驿动汽车的企业性质相关,驿动汽车是上海汽车城集团有限公司控股企业。41%的线路终点站在闵行区,为虹桥枢纽和东航之家。

飞路平台47条运营线路由6家公司运营,其中飞路腾远公司线路经营比例达30%、沪祥汽车为23%、顺祥电巴为17%(表5)。

表5 飞路平台运营线路分布

序号	运营公司	运营线路数(条)	占比
1	上海飞路腾远汽车租赁服务有限公司	14	30%
2	上海沪祥汽车租赁服务有限公司	11	23%
3	上海欧嘟欧汽车租赁有限公司	3	6%
4	上海燊茂汽车租赁有限公司	6	13%
5	上海顺祥电动巴士集团有限公司	8	17%
6	上海苏沛汽车租赁有限公司	5	11%
合计		47	100%

资料来源:企业调研。

飞路平台的47条运营线路,起讫点最多的浦东新区,其次为闵行区。对不同公司的运营线路起讫点进行分析:

(1) 飞路腾远汽车公司78%的线路首发站均在浦东新区(泥城、惠南、滴水湖、新桥、祝桥),线路所有终点站均在浦东新区(张江、金桥)。

(2) 沪祥汽车公司63%的线路首发站均在青浦区(华新、重固),63%的线路终点站均在闵行虹桥火车站,另外37%线路终点站均在长宁区临空园区。

(3) 顺祥电巴运营的线路,87%的线路起点均在闵行,87%终点在浦东张江。

(4) 苏沛汽车运营的5条线路,有3条起点是昆山花桥至长宁临空或虹桥商务区,4条的终点均为长宁临空。

2) 线路平均运距在40 km

两家平台的线路运距分布区间在31~40 km比例最高,分别为33%和28%。此外,驿动平台的线路平均运距为36.0 km,飞路平台的平均运距为41.4 km。

3) 票价每公里2~3元

两家平台的票价分布区间在11~15元的比例最高,分别为81%和85%。驿动平台48%的线路单公里票价为2.1~3.0元,其次为30%的线路单公里票价为1.1~2.0元;飞路平台47%的线路单公里票价为2.1~3.0元,其次为26%的线路单公里票价为3.1~4.0元(表6)。

表6 线路每公里票价分布

每公里票价分布(元)	驿动平台		飞路平台	
	线路数	占比	线路数	占比
1.1~2.0	8	30%	2	4%
2.1~3.0	13	48%	22	47%
3.1~4.0	5	19%	12	26%
4.1~5.0	1	4%	11	23%
总计	27	100%	47	100%

4) 站点位于线路两端

站点均位于线路的两端。驿动平台有63%的线路站点在6~10个,飞路平台47%的线路站点在11~15个。其中,驿动平台所有线路的平均站点为7个,飞路平台运营线路的平均站点数为13个,飞路平台的线路站点数明显多于驿动平台(表7)。

表7 站点分布

站点分布(个)	驿动平台		飞路平台	
	线路数	占比	线路数	占比
1~5	8	30%	0	0
6~10	17	63%	13	28%
11~15	2	7%	22	47%
16~20	0	0	11	23%
21~25	0	0	1	2%
总计	27	100%	47	100%

3.2 车辆类型

两家平台运营车辆类型类似,均以40~50座的大巴为主。驿动平台车辆品牌包括申龙、金旅、金龙、申沃等,包括12~17座轻客、20~33座中巴、40~50座大巴。飞路平台的车辆类型包括金龙、申龙、申沃、银隆、宇通等,主要为15~32的中型客车和40~53座的大型客车。

3.3 客流分析

1）稳定线路的客流上座率在60%以上

驿动平台2021年11月运营的27条线路平均上座率为60%。其中为保障进博会，线路开行半个月，总客流2.6万人次；2022年2月，受春节影响，上座率仅为50%，全月客流在2.9万人次。

飞路平台2021年11月运营的47条定制客运线路的平均上座率为70%，全月客流总计5.9万人次/月；2022年2月份，上座率为50%，全月客流总计4.1万人次。

2）发车班次以1至2班为主

统计两家平台2021年11月的线路发车班次情况。线路的发车班次差异较大。驿动平台74%的线路发车班次为2班，飞路平台51%的线路发车班次为1班（表8）。

表8 发车班次分布

发车班次(班/d)	驿动平台		飞路平台	
	线路数	占比	线路数	占比
1	2	7%	24	51%
2	20	74%	9	19%
3	2	7%	3	6%
4	2	7%	3	6%
4班以上	1	4%	8	17%
总计	27	100%	47	100%

3）热门线路均为高速线路

驿动平台客流较高的线路分布为汽车城（安亭）至虹桥枢纽、泥城至龙阳路。这部分线路填补轨道交通的空白，能明显发挥定制客运的优势。

飞路平台客流较高的线路分布为松江新城至长宁区临空、老闵行至张江。这部分线路走高速公路，能明显减少通勤时间，能明显发挥定制客运的优势（表9）。

表9 客流较大线路排名

排名	驿动平台		飞路平台	
	线路名	2021年11月客流（乘坐人次）	线路名	2021年11月客流（乘坐人次）
1	汽车城(安亭)-虹桥快线	3 087	松江新城-临空	1 976
2	泥城(公租房)-龙阳路线	2 512	老闵行-张江/集电港	1 822
3	汽车城(黄渡)-虹桥快线	1 685	嘉定-临空	1 772
4	汽车城(同济大学)-临空线	1 440	万祥-张江	1 737
5	泥城-龙阳路/陆家嘴线	1 388	浦江-张江/集电港	1 674

3.4 线路开行关闭

1）新线开通

目前两家平台均可提交线路征集请求。线路开行需要乘客在App或小程序中提交定制客运线路申请，众筹成功后即可开线。众筹成功的标准为班次超过1个月且购票率达到70%。具体操作为：

（1）乘客通过"线路征集"板块，输入申请的开行时间、始发地、目的地。

（2）运营公司根据乘客提交的定制申请，规划出相应的定制线路，并以众筹的形式开展提前预售。

（3）乘客可通过参与购买众筹车票，并通过微信分享功能，邀请相同出行方向和有相同需求的朋友一起参与众筹购票。

（4）购票人数达到众筹标准时，线路即可如期运行。如未达到众筹标准，系统会下发通知并执行退款。

2）线路关闭

在实际运营过程中，如果出现上座率连续4周低于50%，运营公司取消班次。

4. 定制客运发展形势

4.1 企业生存形势仍然严峻

在市场经济体制下，客运企业自负盈亏，定制客运的开通需要投入大量财力、物力，但受限于实际运营状况，企业开展定制客运的投资收益并不明显，企业的生存发展仍在探索之中。

4.2 "互联网+"带来生机

近年来，移动互联网信息技术快速发展，使得出行需求和出行供给的迅速匹配成为可能，为定制化线路的众筹、开通、推广提供有效的途径。此外，互联网平台能帮助定制客运公布起讫点、线上售票、运力调度等信息，能结合餐饮、酒店、景点等信息，实现交旅融合。

4.3 寻求差异化的发展方向

轨道网络的不断完善，网约车、顺风车的发展，很大程度影响定制客运的客流。定制客运需要寻求差异化的发展方向，目前定制客运线路主要解决填补现有集约交通方式无法直达的空白区域，与轨道交通形成互补，提供长距离的通勤出行。

4.4 满足个性化的出行需求

随着人们生活水平的提高，人们的出行需求日益多样化、个性化，对出行环境的舒适度以及出行的效率的要求更加强烈。定制客运的主要服务群体是对出行速度和舒适度都有较高要求的群体，可通过一人一座、专车直达的定制出行方式，实现直达运输，稳定客流。

5. 定制客运可持续发展关键问题

5.1 落实定制客运鼓励政策

国家和本市发布了一系列的鼓励政策，企业在积极探索开行定制客运班线，实际运营中仍然面临诸多困难，定制客运的发展并未形成规模。如何落实定制客运鼓励政策直接影响企业是否继续加大投入。作为管理部门，应该积极落实定制客运鼓励政策，为企业的运营提供便捷服务。

（1）加强与公安、文旅等部门的沟通对接，支持定制客运车辆在客流集散场所、枢纽等区域灵活停靠，减轻司机运营压力；推动允许大中型定制客运车辆使用公交专用道通行。

（2）通过共享司机证件、继续教育等信息，帮助网络平台掌握司机身份信息，减少多重身份校验等烦琐过程，确保安全运营。

5.2 加强定制客运运营监督

由于定制客运采用备案制，目前行业管理部门缺少有效的监管途径，定制客运存在业务规模小、服务不够规范、运营经验欠缺等问题。行业管理部门应加强监管，帮助企业规范运营。

（1）通过建立市级监管平台，加强定制客运网络平台数据接入规范，清退数据接入质量不达标的网络平台。通过数据接入，监管网络平台和运营企业的经营行为，杜绝企业线路复线等恶性商业竞争。

（2）可通过鼓励大型国有企业整合目前市场内定制客运平台资源，打造规模化、品牌化高品质定制出行网络平台，扩大定制客运影响力。

（3）通过定制客运网络平台备案、数据采集、运行监管等，开展定制客运网络平台的考核评估，规范企业运营行为。

5.3 加快定制客运市场培育

定制客运作为新兴的客运方式，目前市场占有率仍然偏低，通过激发客运企业自主创新内生动力，发挥定制客运个性化出行服务优势，实现高品质商旅出行服务。

（1）定制客运运行较为稳定的线路类型主要有高速快线和地铁接驳线，其中高速快线在效率和舒适度上有较强的竞争力，地铁接驳线主要服务目前的地铁空白区域。此外，目前市内定制客运线路主要为通勤线路，其他类型出行服务较少。因此定制客运稳定客流主要是轨道空白区域的长距离通勤出行人群。

（2）结合景点、医院等人流吸引点，开通旅游专线、就医直通车等方式，实现直达运输，稳定定制客运客流。

5.4 拥抱新技术助力线路开行

通过互联网新技术实现客流收集、线路开行推广等问题。

（1）利用互联网技术，帮助解决潜在线路开发成本较高的问题。定制客运企业通过与互联网公司（蚂蚁金服、腾讯等）合作，利用手机信令数据分析用户行动轨迹，设计线路，解决线路开发成本较高的问题。

（2）借助市级出行服务平台，推广定制客运模块。通过随申行 App 整合定制客运模块，有利于为定制客运吸引客流。此外，定制客运功能整合进随申行，也会对各家网络平台提出新要求，增加网络平台运营的合规性。

6. 结语

本文以上海市为例，分析了定制客运行业的运行效果，各家平台实际运营各有地区侧重性，在市场经济体制下，线路的开行和关闭呈现优胜劣汰。目前运营较为稳定的定制客运仍然是轨道空白区域的长距离通勤班线。定制客运应通过差异化的发展来提升生存能力，如何落实定制客运的鼓励政策、加强行业运营监督、加快市场培育、运用新技术是影响定制客运可持续发展的关键问题。

参考文献

[1] 中华人民共和国交通运输部.道路客运定制服务规范(JT/T 1470—2023)[S].2023.
[2] 全国班车客运定制服务发展年度报告[R].交通运输部公路科学研究院公路与综合交通发展研究中心,2022.
[3] 上海市交通行业发展报告[R].上海市交通发展研究中心,2023.
[4] "上海市道路旅客运输数字化监管系统"上线[J].交通与港航,2024,11(2):88.

新阶段我国中小城市交通治理的路径
The Path of Traffic Governace in Small and Medium-sized Cities in China in the New Stage

王晔涵[1] 顾 煜[2]

摘 要：在大城市交通体系日臻完善的同时，我国大量的中小城市的交通矛盾正日益凸显，迫切需要结合新型城镇化和城市双修，从现代化、系统化的角度，研究中小城市交通治理和优化方法，提高交通高质量发展水平。本文评估了中小城市的发展现状，对中小城市目前在交通治理方面存在的问题及原因进行了分析，立足公交治堵、管理治堵、科技治堵，提出结合政策和条件的治理和优化的路径。

关键词：交通治理；中小城市；交通管理

Abstract: While the transportation system of large cities is improving day by day, the traffic contradictions are becoming increasingly prominent in a large number of small and medium-sized cities in China. It is urgently necessary to combine new urbanization and urban "dual renovation", and to study the methods of traffic governance and optimization in small and medium-sized cities from a modern and systematic perspective, thus enhancing the level of high-quality transportation development. This paper evaluates the development status of small and medium-sized cities, and analyzes the existing problems and causes of traffic management in small and medium-sized cities. Based on the congestion control of public transportation, management and science and technology, the path of governance and optimization combined with policies and conditions is proposed.

Key words: traffic governance; small and medium-sized cities; traffic management

1. 引言

控制特大城市、发展中小城市是我国城镇化的重要方略，在新型城镇化战略和城市"双修"背景下，中小城市的城市空间进一步拓展，城乡一体化尤其是交通同步化的进程加快，城市交通体系的建设和管理需求加速。2023年，全国常住人口城镇化率超过66%[1]，近五年每年新增约1 800万人口进入城市。而伴随城镇化快速发展，城镇人口不断增加，其机动化出行特别是私人小汽车出行比例大幅增长。但中小城市由于不具备发展轨道交通等现代化交通设施的政策条件，交通发展基础相对薄弱，交通拥堵正由特大城市、大城市加速向中小城市蔓延。叠加近年来电动自行车保有量激增，骑行、停放等矛盾对城市交通秩序、安全与环境造成了很大的影响。

通过借鉴大城市交通问题的解决历程和经验，在新发展背景下，纾解中小城市交通难题，已经不能简单依靠道路设施建设入手，更要结合《交通强国建设纲要》以及区域协同发展的要求，以"智能、平安、绿色、共享"为交通发展目标，探索城市交通综合治理新模式，推进交通拥堵治理取得新成效。

---

1 王晔涵，上海市城乡建设和交通发展研究院，硕士研究生，工程师，联系邮箱：wang_yehan111@163.com。
2 顾煜，上海市城乡建设和交通发展研究院，硕士研究生，高级工程师。

2. 中小城市交通发展的突出问题

根据 2014 年国务院关于调整城市规模划分标准的通知，以城区常住人口为统计口径，将城市划分为五类、七档，城区常住人口 50 万以下的城市为小城市，城区常住人口 50 万以上 100 万以下的城市为中等城市。根据 2020 年中国人口普查数据，除港、澳、台地区外（本文中所列数据均不包含港澳台地区），内地（大陆）共有 685 个城市，其中近 9 成都是中小城市[2]。中小城市由于受到交通基础设施发展相对滞后、中心城区空间受限、电动自行车和私人小汽车数量增速加快等多方面因素影响，交通运行和治理方面也存在很多突出问题。

1) 城区交通拥堵日益突出

中小城市的城区交通拥堵呈现由高峰时段拥堵转向全天候、常态化拥堵，拥堵范围扩大化的趋势（图 1）。一方面由于中小城市的老城区往往是公共服务等职能相对集中的区域，其建筑密集、道路空间狭窄，在发展过程中存在新、老城区发展不能同步的问题，老城区的交通系统的升级改造受到较大的限制，城区道路网结构不完善，道路网结构性干路系统性不强，城区整体路网格局滞后于城市空间扩展。而不合理城市空间结构下，潮汐交通拥堵现象愈加明显。另外，一些城市存在大量人口在旧区工作、新区居住的现象，往返通勤引发轴向通道上客流巨幅增长，带来巨大潮汐交通压力，增加了运输组织的难度。另一方面，随着个体机动化和电动车的出行需求日益上升，尤其是近年来电动自行车保有量激增，骑行、停放的空间需求扩大，对道路安全和交通秩序的影响逐渐显现，电动自行车和机动车的混合行驶，导致交通的实际通行能力受到严重制约。

图 1　中小城市机动车和电动车混行情况

2) 停车供需矛盾日益突出

机动车保有量的迅速增长还带来了停车需求的增加，然而中小城市的交通基础设施供给短缺、交通管理水平不高，"停车难""停车乱"问题突出（图 2）。中小城市的核心城区建成较早，许多既有建筑的配建停车位不足，公共停车场的建设速度滞后于机动车增长速度，而老城区的道路宽度普遍较窄，不具备路内停车条件，导致中小城市中心城区停车供给短缺。另外，中小城市的停车管理混乱，车辆路内停车等问题的管理力度小，违停现象严重，从而加剧了道路交通的拥堵和混乱。

图 2　中小城市车辆路内停车、路边违停情况

3）公共交通出行分担率持续下降

受城市空间尺度和人口规模的影响，中小城市居民一般出行距离较短，个体化出行得更有较好的灵活性和可达性，因此，非机动车出行占主要地位。由于传统地面公交的可达性和服务水平较低，公交出行时耗较长，大大降低了人们公交出行的意愿。而受到近几年疫情的影响，中小城市地面公交客流也呈现了"断崖式"的下滑，公交分担率持续下降(图3)。中小城市的经济水平难以长期维持其财务和补贴平衡，进一步导致公交投入不足，公交吸引力更加难以提升。并且，根据我国对申报建设地铁和轻轨的城市的一般公共财政预算收入、地区生产总值和市区常住人口的要求，中小城市受到中心城区人口、财政等条件的限制，无法申报建设地铁或轻轨，发展其他高等级公交，也由于受到混合交通条件的影响难以实现，因而只能依赖于常规的地面公交作为公共交通系统的主要方式，中小城市公共交通系统服务水平已失去了对机动车和非机动车的优势。

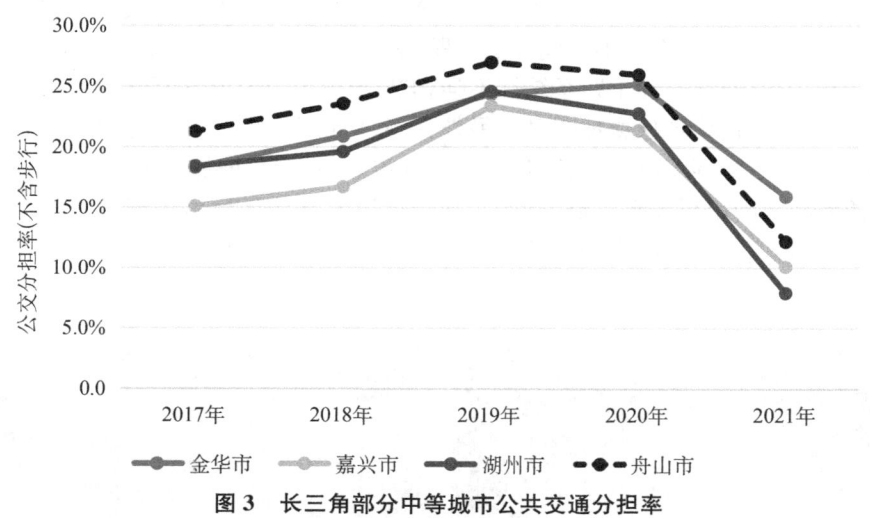

图 3　长三角部分中等城市公共交通分担率

4）对外交通结构失衡增强了小汽车使用

随着国家铁路高速化、高速公路网络的发展，中小城市的国家和省级交通网络服务得到了大幅提升。但由于高等级枢纽过于集中组织，中小城市与周边大城市的交通联系不够顺畅、便捷，甚至要经过多次转换。而随着长途客运的萎缩，大量没有发展铁路和支线机场的城市，其对外交通也转为小汽车出行。而在市域范围内，由于中小城市大部分为组团式发展格局，各组团独立于中心城区发展，以组团内部的出行为主，各组团之间以及组团与中心城区之间的联系不密切，小汽车出行成为组团间的长距离出行的主导交通方式，进一步加剧了小汽车的使用。

3. 新阶段中小城市交通治理发展方向

中小城市是我国城镇化的基本面。当前的主要工作，在于提高交通秩序和出行环境，同时，交通的治理根源在于缓解需求和供给的矛盾。需求端要通过政策调控，一方面减少机动车使用，引导绿色出行，另一方面，鼓励错峰出行，以缓解出行需求在时间上的过度聚集。供给端既要以更加完善的公共交通网络满足群众多样化的出行需求；同时也要通过完善城市路网体系布局，优化路口、完善交通设施以及现代化、数字化手段加强管理，提高交通设施和治理水平。

1）坚持个体机动化向绿色出行转变

由于中小城市中心城区规模较小，出行距离短，居民出行多以慢行和电动自行车为主。随着经济社会的快速发展，私人小汽车的数量迅速增长，个体机动化出行比例也不断上升(图4)。与此同时，城市范围的扩大带来了出行距离和时间的增加，中心城区慢行空间受到机动车的压缩，导致相当一部分的慢行交通出行比例逐渐向个体机动化和电动车出行转移，慢行出行的比例呈下降趋势，造成道路交通拥堵持续加剧,与城市绿色低碳、可持续发展要求相悖。从长远来看,以机动车为主的城市交通应逐步引导向公共交通和慢行交通等绿色出行方式为主导的阶段转变。

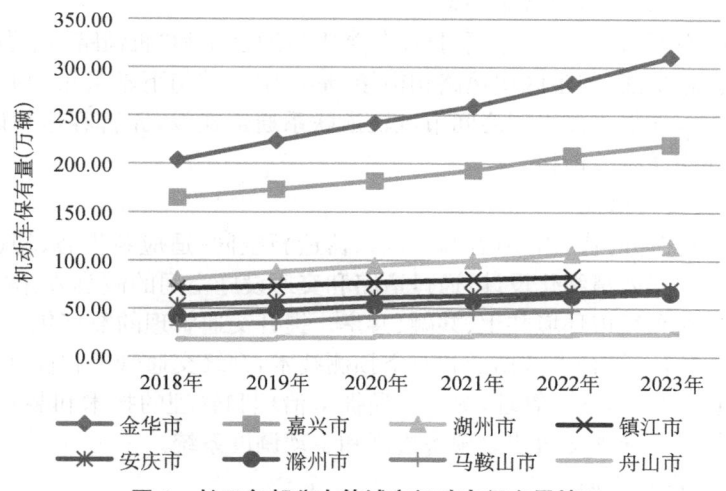

图4 长三角部分中等城市机动车保有量情况

数据来源:历年金华市、嘉兴市、湖州市、镇江市、安庆市、滁州市、马鞍山市、舟山市统计年鉴。

2)坚持城市交通发展由粗放型扩张向精细化治理转变

早期的增量发展模式下,随着城市规模的不断扩张、人口的不断增长,中小城市围绕中心城区逐渐向外延伸发展,在中心城区外围形成新城区独立发展。然而,城市人口和公共服务仍集聚在中心城区,且由于中小城市中心城区建成较早,交通基础设施建设落后,不能适应新的发展定位,相关的交通配套设施也不够完善,难以适应日益增长和追求个性化的交通出行需求。城市交通已进入存量和增量均需关注的新阶段。过去单纯依靠增量设施扩张的粗放型发展模式使得交通问题愈发突出,与民众生活需求存在较大差距,而对于现有的存量设施缺乏及时更新维护也导致服务质量逐渐下滑。面对这些困境,我们需要将城市交通治理置于以人为本的基础上,从解决机动车拥挤问题出发,转向实施全面的交通治理策略,涵盖了道路建设、公共交通、步行/骑行以及停车管理等多个方面。此外,还应打破以往的单点治理模式,逐步走向区域化治理,通过优化交通组织、控制需求增长以及强化交通管理等手段,不断改善和提升整体出行环境。

4. 中小城市交通治理和优化策略思考

1)提倡紧凑城市空间布局

中小城市人均建设用地偏高、整体城市空间结构松散的现状,应结合城市更新和减量化政策,加强城市规划的引导作用,从节约资源、优化环境、城乡统筹的角度出发,建设紧凑型城市,不断提高中小城市集约程度,从而有效缩短交通距离,降低人们对小汽车的过度依赖,构建适合"公共交通+慢行交通"的城市空间模式。

2)调整公共网络服务方式

传统公交的改造更新已成为当今基础设施转型的方向,坚持公交优先发展政策,优化公交站点线网布局,构建城乡一体化公交线网。结合城市特点,分层次设置线路和相应服务标准,将公交始发终到的点位由公共中心和汽车站向社区、居民点调整,实施微公交、微枢纽和循环公交改造,通过缩小车型、灵活组织、信息化调度,以及支线+专线+定班线等扩大网络覆盖范围、激活公交网络便利性。并引入市场化机制参与公交运营,改善公交站点候车环境,更新开发场站设施,支撑公交线路优化和运营。同时,需要增强与区域枢纽、城市中心的客运定班线、高速快线、通勤包车等特种服务,填充长途客运的空白,降低小汽车的使用。

3)提高道路网络整体容量

加强道路系统化建设,优化路网级配结构。完善对外联系道路,提高中心城区通达性,并形成中心城区骨干路网系统,均衡分流减轻中心城区交通压力。优化改造重要节点,畅通老城区路网微循环。对中心城区的瓶颈路段进行改造,通过工程改造、交通工程设计、信号配时优化等综合治理手段,提升节点通过能力,并结合用地更新,改善老城区路网微循环条件。

同时,要加强对外联系通道建设,一方面,打通各类未贯通公路和"瓶颈路",加强中心城区至各县市快速通道建设,提升干线公路功能,与市区快速路相衔接,形成中心城与下辖县市中心城及周边重点地区的快速联系通道。另一方面,加强主要组团之间市域轨道联系通道建设,完善客运基础,提升组团之间道路客运服务,推动市内市外交通有效衔接。

4）增强智慧管理政策的效能

在当今信息化和共享交通时代,需要运用新方法、营造新空间、适应新生态、塑造新品质,聚焦城市建成区域,结合城市更新工作开展精细化设计,通过道路和交通设施空间的微改造、微更新、微循环,小切口、大效能精准施策,促进交通和城市环境共生、共融、共享。提升交通管理的数字化和智能化水平,将传统交通管理与智能化管理相结合。结合大数据云和时空预测技术,升级交通管理和控制系统,实施一批关键路口、关键路段、绿波通道等的智慧交通管理,提升交通拥堵治理和管理的技术和装备水平,对学校、医院等区域实施需求控制和诱导,对异常交通建立预备机制和主动调度系统。

5）提升慢行交通网络和空间

全面恢复非机动车道,完善支路网络。符合条件的城市道路全部恢复非机动车道,形成完整、连续的骑行网络。实施人行道净化,开展人行道断面专项整治行动。城市道路人行道净宽达到规范要求,结合商业步行街、滨水景观和旅行步道等,形成畅通、舒适、独立的步行网络。

图 5　上海市嘉定区老城区道路

结合公园、绿地建设休闲步道,提高人居环境品质;结合环城绿道、公园绿道环线等建设,扩大步道渗透范围,丰富连通功能。同时加强绿道标识设计,建设配套设施,建设舒适宜人的城市绿道。结合道路和河道街角绿地改造、公建和公园围墙拆除,建设街角广场、口袋公园等矩阵化的微空间,消解消极空间,活化市民活动系统。结合城市界面整治和交通秩序治理,对生活性道路和学校、医院等附近的道路实施街道提升（图 5）,进一步缩小路口面积、统一人行道建设和设施标准,加强治理沿路停车,整治建筑立面和功能,增强人行空间舒适度。

5. 结语

随着经济社会的迅速发展,城市物质技术基础不断强化,满足城市居民对优质公共服务和生态环境、健康安全等需求的能力日益增强,城市可持续发展的客观条件更为坚实。在此背景下,针对中小城市在发展过程中日益凸显的公共交通比例低、中心城区交通拥堵严重、对外交通联系不畅等交通问题,有针对性地提出交通治理和优化策略,分类精准施策,修补城市功能,提升环境品质,不断提升中小城市交通治理能力,打造和谐宜居、富有活力、各具特色的现代化城市。

参考文献

[1] 国家统计局. 中国人口普查分县资料—2020[M]. 北京:中国统计出版社,2022.
[2] 国家统计局. 中国统计年鉴—2023[M]. 北京:中国统计出版社,2024.

数据驱动下的道路拥堵治理方式研究

A Data-driven Research on the Urban Road Congestion Management

汪 津[1] 张 翔[2] 于 琛[3] 王鼎元[4]

摘 要：随着上海市经济水平的持续提高，全市道路交通拥堵形势依然严峻，亟须形成一套系统性道路拥堵治理方法，为缓拥堵工作开展提供技术支撑，从而提升路网整体通行效率和承载能力。本文提出基于高德地图瓦片地图路况信息数据的拥堵识别技术路径，并从虚实两个方面剖析道路拥堵成因，进而提出点线面分类拥堵治理思路，形成数据驱动下的拥堵识别-成因剖析-治理思路的系统性拥堵治理方法，突破了传统缓拥堵工作中经验主义为主、系统性不强等局限性。

关键词：数据驱动；拥堵识别；拥堵成因；拥堵治理

Abstract: With the continuous improvement of Shanghai's economic level, the city's road traffic congestion situation is still severe. It is urgent to form a set of systematic road congestion control methods to provide technical support for the development of congestion relief work, thereby improving the overall traffic efficiency and carrying capacity of the road network. This paper proposes a technical path for congestion identification based on the road condition information data of AutoNavi map tile map, and analyzes the causes of road congestion from both virtual and physical aspects, and then puts forward the idea of point, line and surface classification for congestion management, and forms a data-driven congestion identification-cause The systemic congestion management method of analysis-management ideas breaks through the limitations of traditional congestion mitigation work, such as empiricism and weak systematicness.

Key words: data-driven; congestion identification; congestion causes; congestion management

1. 引言

随着上海市经济水平的持续提高，城市规模不断扩大，居民交通出行需求持续增长。虽然全市燃油机动车保有量每年增幅相对稳定，但由于国家、市政府层面持续出台新能源汽车相关利好政策，同时由于上海地理区位特殊性决定了交通构成复杂性，路网布局差异性造成了道路运行瓶颈性，全市道路交通拥堵形势依然严峻。交通拥堵不仅增加出行时间成本，还会带来环境污染、潜在交通安全隐患、城市活力降低等问题。

目前，一方面上海积极贯彻落实公共交通优先发展战略，持续推进轨道交通建设，同时从信号优先、公交专用道建设等方面强化地面公交路权优先；另一方面，"道路交通缓拥堵"从 2018 年开始被列为政府实事项目，市交通委与道运局围绕交通大整治、道路交通补短板、道路精细化管理等一系列要求，每年实施一批以道路拥堵点设施改善为主的小改小革项目，项目实施的整体性、系统性有待进一步提高。因此，有必

---

1 汪津，上海市交通发展研究中心，交通大数据分析与仿真模型研究，硕士研究生，联系邮箱：2531044213@qq.com。
2 张翔，上海市交通发展研究中心，道路交通治理和慢行发展研究，硕士研究生，联系邮箱：zhangxiang@shjt.org.cn。
3 于琛，上海市交通发展研究中心，交通大数据分析与仿真模型研究，高级工程师，联系邮箱：yuchen@shjt.org.cn。
4 王鼎元，上海交通规划设计研究院有限公司，学士学位，联系邮箱：wangdingyuan@shjt.org.cn。

要结合上海市实际情况,借助交通大数据,结合调研和调查,聚焦拥堵区域和节点,由整体到局部,系统地分析拥堵成因,综合施策,制定道路交通缓拥堵治理方案。

2. 道路拥堵动态发现

2.1 基于互联网电子地图路况信息数据的拥堵识别技术

由于互联网电子地图的路况信息是基于多年积累的海量用户交通出行数据,通过大数据挖掘计算所得,具有数据样本规模大(实现全市所有道路全覆盖)、对外发布实时性强(如高德地图路况信息2 min更新一次)两大优点。本文以高德地图相关道路运行状态数据作为拥堵动态识别技术的分析基础。

电子地图以拥堵指数也即当前路段平均通行时间相对自由流情况时通行时间的比值来衡量拥堵状态,该比值越大对应拥堵越严重,拥堵状态信息以分类颜色来表达,以深红、红、黄、绿分别表示严重拥堵、拥堵、缓行、畅通四种拥堵状况。通过瓦片地图解析技术可以获取当前数据获取周期(每15 min 1次)全市每个路段不同区段的拥堵状态信息(以分类颜色来表达),根据官方指标定义以及相关研究成果,本文拟将四种拥堵状况与拥堵程度值对应关系设置为严重拥堵为5,拥堵为3,缓行为1.5,畅通为0,如表1所列。

表1 路段拥堵程度拥堵指数对应表

拥堵程度值	0	1.5	3	5
拥堵状态	畅通	缓行	拥堵	严重拥堵

基于路段不同区段在某时段的拥堵程度值,通过构建路段拥堵指数对其拥堵状态进行量化分析,路段拥堵指数具体计算方法如下所述。

路段拥堵指数=分区段里程占比×分区段拥堵程度值。

(1) 当路段拥堵指数大于2,则该时段该路段视为处于拥堵状态。

(2) 当路段拥堵指数大于4,该时段该路段视为处于严重拥堵状态。

2.2 拥堵特征分析体系

1) 拥堵路段识别

道路拥堵治理主要针对常态化拥堵,对于此类拥堵识别是研究重点,因此本次研究基于相同时期(工作日、周末)一段时间内分时路段拥堵指数平均值对该路段拥堵特征进行分析,具体分析指标如表2所列。

表2 路段拥堵特征指标表

特征指标	指标说明
日均拥堵时长	统计时期内,每天处于拥堵状态时长的平均值
日均严重拥堵时长	统计时期内,每天处于严重拥堵状态时长的平均值
严重拥堵比例	严重拥堵时长占拥堵时长的比例

2) 拥堵节点筛选

基于交叉口所有进出口道路的路段拥堵指数,交叉口的拥堵指数计算方法如下所述。

交叉口拥堵指数=交叉口所有路段拥堵指数平均值。

(1) 当交叉口拥堵指数大于1.5,则视为拥堵。

(2) 当交叉口拥堵指数大于3,则视为严重拥堵。

基于路网的拓扑关系分析交叉口的相邻交叉口拥堵状态,若某交叉口A处于拥堵状态,相邻交叉口B处于拥堵状态,则该相邻交叉口B处于该交叉口A的蔓延范围之内;若该相邻交叉口B的相邻交叉口C

同样处于拥堵状态则该相邻交叉口 C 处于该交叉口 A 的蔓延范围之内。基于交叉口拥堵指数对交叉口拥堵特征进行分析,具体分析指标如表 3 所列。

表 3 节点拥堵特征指标表

特征指标	指标说明
日均拥堵时长	统计时期内,每天处于拥堵状态时长的平均值
日均严重拥堵时长	统计时期内,每天处于严重拥堵状态时长的平均值
严重拥堵比例	严重拥堵时长占拥堵时长的比例
交叉口拥堵蔓延指数	处于该交叉口拥堵蔓延范围内的交叉口数量

3)拥堵区域判别

基于区域内所有交叉口拥堵指数数据,区域的拥堵指数计算方法如下所述。

区域拥堵指数=所有交叉口拥堵指数平均值。

(1)当区域拥堵指数大于 1,则视为拥堵。

(2)当区域拥堵指数大于 2,则视为严重拥堵。

基于区域相邻关系分析区域的相邻区域拥堵状态,若某区域 A 处于拥堵状态,相邻区域 B 处于拥堵状态,则该相邻区域 B 处于该区域 A 的蔓延范围之内;若该相邻区域 B 的相邻区域 C 同样处于拥堵状态,则该相邻区域 C 处于该区域 A 的蔓延范围之内。基于区域拥堵指数对区域拥堵特征进行分析,具体分析指标如表 4 所列。

表 4 区域拥堵特征指标表

特征指标	指标说明
日均拥堵时长	统计时期内,每天处于拥堵状态时长的平均值
日均严重拥堵时长	统计时期内,每天处于严重拥堵状态时长的平均值
严重拥堵比例	严重拥堵时长占拥堵时长的比例
区域拥堵蔓延指数	处于该区域拥堵蔓延范围的区域数量

3. 道路拥堵预警机制

拥堵预警主要从发生时间、发生空间、拥堵时长、拥堵程度等方面进行判别,拥堵预警各准则层预警指标以及预警界限值如表 5 所列。

表 5 拥堵预警指标表

准则层	预警指标	预警界限值
发生时间	是否在工作日(0 为否,1 为是)	=1
	是否在早晚高峰(0 为否,1 为是)	=1
发生空间	是否在重点关注区域(0 为否,是为 1)	=1
拥堵时长	日均拥堵时长(h)	>4
	日均严重拥堵时长(h)	>2
拥堵程度	严重拥堵比例	>50%
	交叉口拥堵蔓延指数	>6

决策分析者根据相关经验、服务目标等因素,对各准则层的重要程度进行分级,不同等级预警指标达

到预警界限值将触发相应等级预警,最终预警等级采用向上叠加机制(图1)。

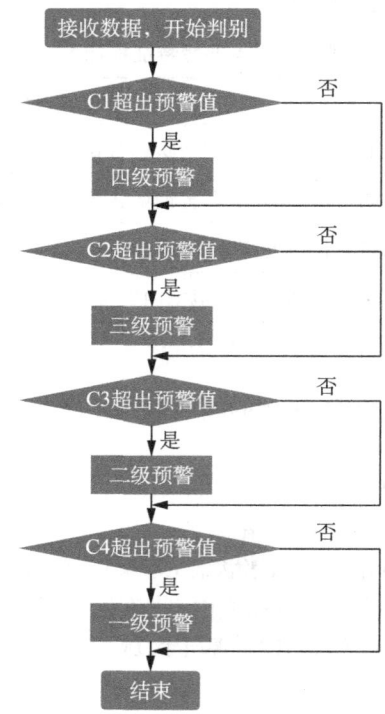

图1 道路拥堵预警工作机制流程图

4. 道路拥堵成因剖析

道路拥堵成因可以从三个方面进行分析,第一个是城市空间布局,第二个是交通系统结构,第三个是道路交通本身,基于现有的土地利用开发情况以及交通系统结构背景下的道路拥堵成因主要分为两种,一种是通行能力不足所导致的物理瓶颈,另一种是交通秩序紊乱所导致的虚拟瓶颈,如表6所列。

表6 拥堵成因判断方法表

成因类型	拥堵成因	判断方法
物理瓶颈	区域路网结构不完善	区域交通特征总体分析
	路段时空资源分配不合理	流量大小、方向不均衡性分析
	交叉口时间资源分配有待优化,空间利用效率不高	流量大小、方向分析
虚拟瓶颈	医院、学校等周边临时停车行为干扰	可结合拥堵类型、POI数据
	非机动车、行人干扰	可结合拥堵类型、共享单车OD数据
	地面公交运行干扰	站点停靠公交班次分析

5. 拥堵治理思路

5.1 交通秩序整治

对于交通秩序紊乱所导致的虚拟瓶颈,可以通过管理维护、优化设计、加强执法等措施进行治理,具体如表7所列。

表 7 交通秩序整治措施表

优化问题	措施名称	优化策略
交通语言系统不完善	管理设施维护	交通标志、标线不清或功能不完善,宜及时除去遮挡,或改变标志、标线位置,重新施划标志、标线
	标线精细化设计	对于不规则交叉口通过完善导流线、禁停线等方式提升交通秩序
临时停车行为干扰	监控系统完善	闯禁令、违反禁止标线、违章停车等违法行为抓拍
	限时停车	对于医院、学校等临时停车需求较高区域可考虑实施该措施
机非干扰	机非隔离设施	主干路非机动车道应与机动车道分隔设置;当次干路设计速度大于或等于40 km/h 时,非机动车道宜与机动车道分隔设置
行人干扰	二次过街设施	结合设施条件,对于人流较大或者空间尺度较大的交叉口,设置二次过街设施
地面公交停靠干扰	港湾式公交站改造	对于地面公交运行干扰较为严重的拥堵路段,可结合断面条件考虑实施相应措施

5.2 节点拥堵治理

在交通秩序整治的基础上,对于交叉口可以通过对存量设施资源从时间、空间两个维度重新优化分配,提高资源利用效率以及与实际交通需求的匹配程度,具体治理措施如表 8 所列。

表 8 节点治理措施表

措施类型	措施名称	优化策略
交通渠化优化	交叉口待行区	交通标志、标线不清或功能不完善,宜及时除去遮挡,或改变标志、标线位置,重新施划标志、标线
	导流岛设计	把各流向的交通流行驶轨迹所需空间之外的多余面积用标线或实体做成导向交通岛
	增设专用车道	根据进口道交通量流向特征,通过压缩较宽中央分隔带、人行道、道路中线偏移增设大流向专用车道
交通组织优化	车道功能再划分	根据进口道实际转向流量比例调整各方向车道数量
	可变转向车道	高峰时段各车道转向流量不均衡比例达到一定条件(各车道转向流量不均衡比例达到 15% 以上),在被借用车道通行未受严重影响的前提下(被借用的车道高峰时段车道通行饱和度不高于 0.85),可考虑设置
	借道左转设置	进口道左转交通量较大且难以通过常规的交通改善手段来提升通行能力,处理好与机动车、非机动车和行人交通的关系,保障各类车辆和行人的通行和交通安全
	信号灯优化	根据交叉口实际流量对各相位信号方案进行优化调整

5.3 路段拥堵治理

在交通秩序整治的基础上,对于路段可以通过对存量设施资源从时间、空间两个维度重新优化分配,提高资源利用效率以及与实际交通需求的匹配程度,具体治理措施如表 9 所列。

表 9 路段治理措施表

措施类型	措施名称	优化策略
交通组织优化	定时式单行道	在高峰时间内,规定道路上的车辆只能按照交通流方向(方向分布系数 $KD > 2/3$ 的车流方向)单向行驶,而在非高峰时间内,则恢复双向运行

(续表)

措施类型	措施名称	优化策略
交通组织优化	可逆性单行道	常用于车流流向具高明显不均匀性的道路上,依据全天的车流量及方向分布系数确定,一般当 KD>3/4 时,即可实行可逆性单向交通
	潮汐车道	当满足①道路上机动车道数不少于双向 3 车道;②交通量方向分布系数大于 2/3;③重交通方向在使用变向车道后,通行能力得到满足,轻交通方向在去掉变向车道后,剩余的通行能力也能满足交通量需求时,可启动可变车道措施
	限时通行	根据拥堵时间分布特征可考虑实施分车种限时通行管理措施
设施局部完善	增加车道	利用绿化带空间,在不影响路段慢行交通出行的基础上可利用部分非机动车道、人行道空间考虑增加车道

5.4 区域拥堵治理

在拥堵区域内,一方面要调整交通组织,均衡内部交通压力的时空分布;另一方面通过交通需求控制,来缓解交通供给不足所造成的交通压力。区域交通拥堵治理基本思路即区域内部禁限和区域外部分流,减少该类交通对区域造成交通压力,具体治理措施如表 10 所列。

表 10 区域治理措施表

措施类型	措施名称	优化策略
路口流向禁限管理	禁止左转弯	当一个路口某一方向压力过大时,可以考虑在此方向的相对方向上禁止车辆左转弯,如果路网具备分流绕行条件时,可利用远引交叉或立交平做的方式,解决因路口流向禁限后所带来的路网交通压力转移问题
	禁止直行和禁止右转弯	配合单行系统综合使用
区域车种禁限管理	市区货车禁限	具体货车禁限的时间范围、空间范围、车种范围,视禁限区域具体情况而定
	市区客车禁限	按路网条件和服务对象确定准行车种,按不同时段确定准行车种

参考文献

[1] 李晓韫. 宝山吴淞创新城片区道路拥堵治理实践[J]. 上海公路,2023(2):138-145.
[2] 于琛. 多元数据融合环境下的交通拥堵分析方法探析[J]. 城市公用事业,2021,008(002):10-16.

基于精细化管理的共享单车综合管理研究
Research on Comprehensive Management of Shared Bicycles Based on Refined Management

张 禹[1] 陈小敏[2]

摘 要：随着共享单车在城市内广泛使用，为居民提供出行便利的同时，也因为投放车辆堆积、企业无序竞争、考核管理滞后、用户不文明使用等原因对居民日常出行产生不利影响。本文通过梳理分析现状共享单车运营管理过程中存在的各种问题，充分运用精细化管理、以人为本、可持续发展等理念，提出共享单车精细化管理方案，对后续规范共享单车日常使用和管理，促进城市慢行交通有序发展有重要意义。

关键词：共享单车；精细化管理；综合管理

Abstract: With the widespread use of shared bicycles in cities, providing convenient transportation for residents, it also has adverse effects on their daily travel due to factors such as the accumulation of vehicles, disorderly competition among enterprises, lagging assessment management, and uncivilized use by users. This article analyzes the various problems existing in the operation and management process of shared bicycles, fully applies the concepts of refined management, people-oriented, and sustainable development, and proposes a refined management plan for shared bicycles. This is of great significance for standardizing the daily use and management of shared bicycles in the future and promoting the orderly development of urban slow traffic.

Key words: shared bicycles; refined management; comprehensive management

1. 引言

自2016年共享单车大规模商业化运营以来，已经以一种绿色共享交通工具得到城市居民的广泛接受，作为有效解决居民出行最后一公里问题的重要出行方式，在城市综合交通系统中发挥了重要的补充作用，显著提高了城市居民出行便捷性。此外，共享单车出行所倡导的绿色、低碳、环保、共享等理念，也为保护城市环境与治理空气污染作出了重大贡献。但随着共享单车市场规模发展逐渐饱和，各家单车企业的竞争愈发激烈，逐渐从增量市场竞争转为存量市场博弈，在有限的城市空间内通过增加车辆投放数量、提高投放车辆覆盖率等手段争抢市场份额，导致部分区域共享单车堆积严重，影响居民日常出行舒适性，因此需要由互联网租赁自行车监督管理部门综合研究制定共享单车管理方案，基于城市精细化管理的策略，对共享单车进行综合管理。

国内目前关于共享单车的综合管理主要集中在对单车投放总量进行控制、通过行政手段对共享单车进行综合管理，关于共享单车精细化管理的研究较少。江小毅[1]提出应根据城市承载能力和管理水平，从供需动态平衡的角度，预测共享单车的合理需求规模，实行总量控制、优化空间布局、加强政府监管、规范企业运营。郭斌[2]提出单车治理区别于传统的管理模式，应建立以政府、市场和社会组织广泛参与和多方主体协作的共享单车治理体系，规范和引导共享单车有序、良性发展。张靖怡[3]运用博弈的方法，构建并

---

1 张禹，上海交通规划设计研究院有限公司，综合交通规划、静态交通规划、交通咨询，硕士研究生，工程师，联系邮箱：phoenixred@163.com。
2 陈小敏，上海市交通发展研究中心，综合交通规划、公共交通规划、高快速路网规划，硕士研究生，高级工程师，联系邮箱：542526132@qq.com。

分析了共享单车监管系统中政府、共享单车企业和公众相互之间的利益博弈关系,为接下来共享单车监管系统优化和保障措施的提出奠定基础。

2. 现状发展问题分析

共享单车作为一种政府鼓励发展的绿色共享出行方式,在行业发展的初期政府部门给与了共享单车企业很多帮助,帮助企业培养用户使用共享单车出行习惯,但随着商业竞争逐渐加剧,共享单车企业的车辆运营策略逐渐偏移了以人为本、共享出行的宗旨,具体表现为车辆投放供需错配、运营管理无序、行业监管困难、用户不文明使用等现象。

2.1 车辆投放供需错配

共享单车作为一种日常交通出行工具,其使用需求与人员出行频率、出行强度密切相关,企业投放车辆前应该根据所投放区域的共享单车使用需求预测情况对投放车辆数量进行优化,确保所投放的车辆可得到有效使用。但是,目前行业内仍然缺乏可有效精准测算投放区域内共享单车使用需求的方法,因此在部分共享单车使用需求较高的区域投放车辆数量不足,如与轨道交通站点距离较远的居民小区、有骑行风景线的大型旅游景区、城市新开发地区等。反而在城市核心区的商业广场、轨道交通站点周边区域等人流量较大、以步行交通出行为主的区域投放大量共享单车,车辆实际使用频率较低,占用人行道资源,影响行人正常通行。因此目前共享单车投放出现供需错配的情况较为普遍,车辆投放精细化管理程度较低,主要原因在于难以精确测算城市内不同区域对共享单车的实际使用需求,因此各家运营企业均采用超额投放车辆的策略,提高车辆供给以已覆盖用户使用需求,存在普遍的供需错配情况。

2.2 企业无序竞争

随着共享单车企业市场竞争加剧,各共享单车企业间的存量市场博弈愈发严重,各企业倾向于在城市核心区增加车辆投放数量,以抢占大量优质市场份额,在核心区以外的区域减少投放数量,以降低企业运营成本。此类投放策略导致核心区车辆投放总量超过总体使用需求以及核心区最大承载能力,造成车辆淤积、占用人行道路、违规停放等负面影响。同时,在非核心区由于投放车辆减少,居民使用共享单车出行不便,居民更倾向于使用公共交通、私家车以及自备非机动车出行,培养用户使用共享绿色出行方式较为困难。出现企业无序竞争的原因主要在于缺少公平有效的共享单车服务质量评价考核制度,针对超额投放、占用道路、车辆使用率低等问题,无法通过使用有效的调控机制对车辆投放进行调整,导致各企业无序竞争。

2.3 用户不文明使用

共享单车用户作为车辆最直接的服务对象,在车辆的使用过程中扮演着很重要的角色,但是根据目前用户对共享单车使用习惯的反馈,仍然不可避免地存在部分用户在使用车辆过程中出现不文明使用车辆的情况,如车辆使用后乱停乱放导致占用人行道或机动车道资源,在人行道、公园绿地等禁止骑行区域违规骑行等一系列问题。产生用户不文明使用共享单车的主要原因在于各家共享单车运营企业没有形成有效的用户用车约束机制,对发现的不文明用车用户没有及时采取相应的联合惩治措施,因此需要联合相关企业及行业监管部门,共同制定共享单车用户文明使用规定。

3. 精细化综合管理

实现共享单车精细化管理首先要平衡车辆的需求和供给,精准满足居民出行需求的同时避免车辆超投;其次加强车辆日常运营管理工作,确保车辆有序运营;最后,通过制定用户文明使用措施,引导和鼓励用户共同参与共享单车精细化管理工作中。

3.1 精准投放和动态调整

根据国内主要城市共享单车投放数量统计,目前北京市投放共享单车约100万辆、上海市约90万辆、深圳市45万辆、广州市40万辆,其中北京、深圳、广州已实行共享单车分区管理,将城市划分为不同的投放区域,对各投放区域内的共享单车投放总量进行管控,避免车辆被全部投放至城市核心区域。

在共享单车投放较为成熟的区域,通过共享单车运营大数据分析评估已投放车辆的使用情况,通过车辆活跃度、车辆周转率等指标分析评估已投放车辆使用情况,同时从道路停放区域面积等指标评估区域共享单车承载能力,精准确定共享单车适宜的投放总量。在新建成的区域,根据区域规划人口数量、预测交通出行量、预测共享单车出行量以及后续区域发展规划等指标综合预测共享单车需求总量,同时结合区域规划共享单车承载量,综合确定新建成区域共享单车适宜的投放总量。

各区域投放共享单车总量应根据区域人口及出行量变化情况进行定期动态调整,及时将车辆活跃度、车辆周转率较低的区域的车辆进行优化调整,降低车辆资源闲置,对于车辆周转率较高,车辆需求量较大的区域,适度增加投放数量,以满足使用需求(图1)。

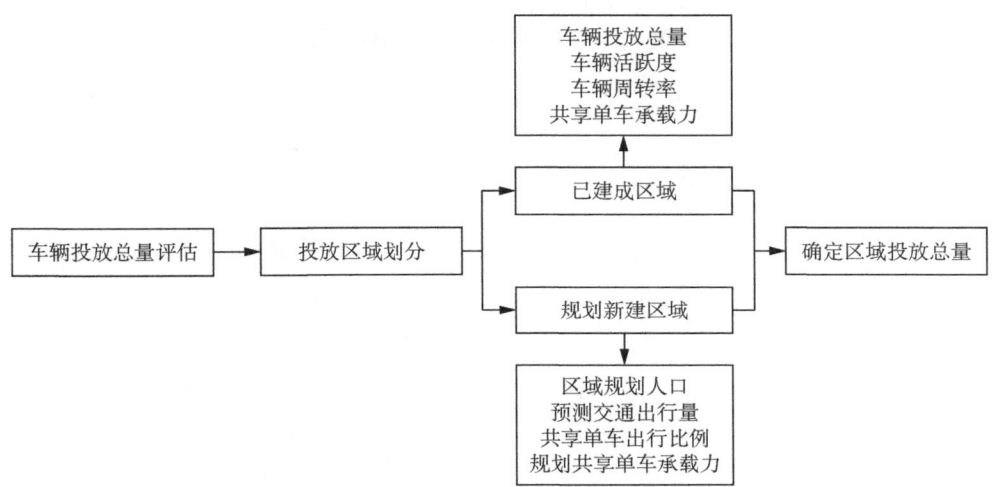

图1 共享单车投放总量评估流程

根据深圳市、北京市在应用共享单车分区投放总量控制前后的车辆运行数据分析,深圳市实行分区投放后,共享单车日均周转率由2019年的1.8次/车提高至2022年的5.0次/车;北京市实施分区投放后,共享单车日均周转率由2020年的0.9次/车提升至2022年的3.3次/车,分区投放均取得了显著的效果,有效提高了共享单车车辆周转率,减少闲置车辆数量。

3.2 服务质量考核

为提高共享单车企业对运营车辆的服务管理质量,应定期组织针对共享单车运营企业的服务质量考核工作,考核企业的车辆运营服务质量是否与区域发展需求相匹配,针对车辆日常运营维护、车辆有效利用率、车辆停放秩序等服务情况进行考核评价。根据评价结果评估企业提供的互联网租赁自行车服务情况,分析各项工作中的不足之处,为后续针对性优化企业互联网租赁自行车运营管理提供研究方向,促进企业完善日常运营管理流程。

3.3 培养用户文明用车习惯

共享单车运营企业应研究制定共享单车文明使用规范,引导用户文明使用共享单车,制定相应的奖励和惩戒措施,通过积分奖励、赠送骑行卡等措施鼓励和引导用户文明骑行、规范停放、遵守规则,逐步培养用户自主文明用车习惯。针对部分用户不文明用车的行为,采取相应的处罚措施,如实施联合惩治措施,限制不文明用户在一定时间内使用各品牌共享单车的权利,引导用户改正不文明用车习惯,营造良好的用车环境。目前北京市已制定《北京区域互联网租赁自行车行业规范用户停放行为联合限制性公约》,根据统计数据,北京市 2023 年下半年第三方共采集违规停放信息 15 679 组,共 533 人被纳入三家单车企业联合限制骑行名单,全年共 858 人被纳入三家单车企业联合限制骑行名单,有效惩治不文明用车行为,促进行业良好发展。

4. 结语

本文通过总结分析现状共享单车运营管理过程中存在的问题,分析产生问题的原因,应用城市精细化管理的理论,通过优化共享单车分区域投放、实施服务质量考核以及培养用户文明用车等角度给出共享单车综合管理优化建议。本文对进一步优化共享单车精细化管理有重要的参考和借鉴意义。

参考文献

[1] 江小毅.丽水市共享单车运营规模预测及治理研究[J].丽水学院学报,2022,44(03):15-21.
[2] 郭斌.长沙市共享单车协同治理研究[D].湖南工业大学,2022.
[3] 张靖怡.协同治理视角下牡丹江市共享单车监管问题研究[D].东北林业大学,2022.

非机动车停放综合治理研究

Research on Comprehensive Management of Bicycle Parking

陈婷婷[1]

摘 要：非机动车交通给骑行者带来便利的同时，也造成了部分地区人行道车满为患。高密度商业商办、城区医院、轨道站点周边是非机动车停放矛盾最突出的三类地区，一方面，骑行者使用习惯偏向停在人行道，单位时间车流集中出现易导致人行道挤满非机动车；另一方面建筑配建非机动车停车场库规划设计不到位，外卖快递车辆、共享单车停放考虑不足，加剧了人行道非机动车停放紧张。对此，本文强调"配建为主、人行道为辅"的停放原则，提出严控路内人行道非机动车停放，通过路内路外、地上地下统筹规划布置非机动车停车位，及创新灵活的管理运营方式，缓解人行道停放压力，保障城市公共空间品质。

关键词：非机动车；人行道停放；共享单车；外卖快递

Abstract: Bicycles not only bring convenience to cyclists, but also lead to overcrowded sidewalks in certain areas. This article identifies three types of areas where bicycles parking contradictions are most prominent: high-density commercial and office districts, urban hospitals, and rail transit stations. On the one hand, cyclists tend to habitually park on sidewalks. Concentration of traffic can easily lead to sidewalk congestion with bicycles. On the other hand, inappropriate planning and design of bicycle parking facilities, as well as inadequate consideration of parking for electric-assisted bicycles and shared bicycles, exacerbate the parking dilemma. To address this, the article emphasizes the principle of prioritizing dedicated parking facilities with sidewalks as supplementary spaces. It proposes to strictly control bicycle parking on sidewalk, and to plan and arrange bicycle parking spaces both on and off the road, above ground and underground, as well as innovate flexible management and operation methods, in order to alleviate sidewalk parking pressures and ensure the quality of urban public spaces.

Key words: bicycle; parking on sidewalk; shared bicycle; takeaway and delivery

1. 引言

非机动车交通作为慢行交通的重要组成，兼具灵活、畅达、快捷、低碳等特性，颇受大众喜爱，但停放淤积、行为随意、速度过快等问题也给城市运营带来了诸多困扰。其中，人行道非机动车停放问题尤为突出，特别是高密度商业商办、城区医院、轨道站点周边，非机动车停放需求极其庞大。人行道非机动车停放与地区城市品质间的矛盾日益突出，非机动车停放何去何从成为地区发展必须正视的问题。本文旨在剖析人行道非机动车停放矛盾突出地区的主要问题和原因，探索道路、建筑、管理多方协同的治理对策。

2. 非机动车停放现状问题

现状非机动车停放问题主要集中在人行道，对城市品质和行人通行产生了许多负面影响（图1）。根

---

1 陈婷婷，上海市交通发展研究中心，慢行交通、综合交通、道路交通，硕士研究生，工程师，联系邮箱：cttggjf@163.com。

据调查轨道站点、医院、商业商办周边是非机动车停放矛盾最突出的地区(图 2)。

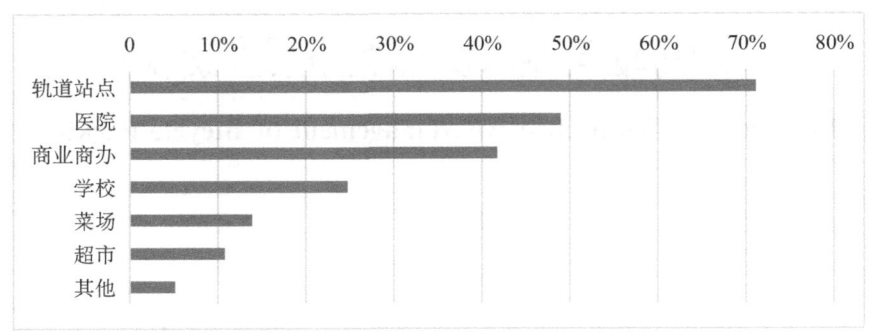

图 1　非机动车停放矛盾突出地区

(a) 商圈周边　　　　　　　(b) 医院周边　　　　　　　(c) 轨道周边

图 2　商圈、医院、轨道站点周边高峰时期非机动车停车情况

上海 2021 年出台《上海市非机动车安全管理条例》,对非机动车停放点设置管理、共享单车总量及调度管理、外卖快递车辆通行管理等核心问题做出了明确规定[1],上海非机动车停放秩序大大改善。但人行道车满为患,车辆无序停放、高峰淤积等问题仍时有发生,几乎是城市中心地区和郊区老城的通病,尤其在高密度商业商办、城区医院和轨道站点周边。

3. 人行道非机动车停放问题原因剖析

根据调查,上海电动自行车约占非机动车总量的 80%,使用率第二高的是共享单车,其次为私人脚踏自行车。在电动自行车和共享单车成为非机动车出行主力的大背景下,人行道非机动车停放问题愈发突出,主要原因是人的使用特性、规划设计问题,以及停放设施建设管理不能适应新业态需求。

3.1　使用者需求特征

(1) 观念固化。人行道停放非机动车观念一定程度上已固化,即使人行道未划设非机动车停车位,骑行者仍习惯并偏向将非机动车停在目的地附近的人行道上。

(2) 使用集中。非机动车的流量具有持续性和集中性,单位时间内车流量大导致某一地点某一时段汇聚大量非机动车[2]。即使共享单车调蓄,也不能及时避免。

3.2　规划设计不到位

(1) 公共建筑配建问题。《上海市建筑工程交通设计及停车库(场)设置标准》(DG/TJ 08—7—2021)明确了商业商办和医院等不同公共建筑类型的非机动车配建指标和设置要求[3],但建筑主体往往主观动力不足,对非机动车停车重视度不够。规模上,车位配建数量易被打折;设计上,布局位置不便于上下电梯或进出建筑出入口;管理上,路线指引缺乏,甚至非机动车停车场库被挪作他用。上述问题综合导致员工和外来人员使用意愿不足,配建非机动车停车场实际利用率不高。

(2) 轨道站点周边配套问题。轨道站点规划设计忽视非机动车停放需求，导致很多轨道站点周边非机动车停车空间不足甚至缺失。在非机动车接驳轨交出行方式日益增多的当下，轨道站点周边不得不利用人行道停放非机动车。

(3) 停车位尺寸标准问题。现状上海非机动车停车位划设尺寸仍以自行车尺寸为依据，实际电动自行车占比高，单个电动自行车停放面积约是普通自行车的1.5倍，导致原停放点可停非机动车数量锐减。

3.3 新业态考虑不足

新业态车辆停放需求在建筑配建中未充分考虑。公共建筑配建非机动车库服务对象为自身吸引的非机动车，在共享单车和外卖快递蓬勃发展的背景下，吸引的非机动车中共享单车、外卖快递车辆占比较大，由于特殊的车辆属性，这部分地块自身吸引的车辆往往不能停车入库，几乎全转移至人行道。既有的建筑配建非机动车停车库功能定位和停放管理模式已不能适应新的非机动车出行结构需求。

4. 非机动车停放对策

4.1 总体原则

在现有"配建停车场＋路侧停放点"组成的非机动车停放设施供给体系下[4]，针对非机动车停放矛盾突出地区人行道车满为患问题，本文提出"配建为主、人行道为辅"的停放原则，注重路内路外分配，强调多主体、多方式协同治理。

高密度商业商办、城区医院、轨道站点等吸引的非机动车停车应在主体建筑用地范围内解决，引导停车入库，考虑新业态需求。人行道以偶发性停放为主，在不超过自身承载及不影响城市品质的前提下承接少量共享性停放需求。

4.2 商业商办和医院非机动车停放对策

杨浦滨江南段大桥东滨江段整体以办公商业为主，品质要求高，非机动车停放需求大。为预防人行道非机动车停放对区域品质的影响，本文以该区域为例，开展高密度商业商办地区非机动车停放对策研究，进行路内路外、地上地下统筹规划布置，并提出运营管理建议。

1) 优化路内路外停车资源配置

(1) 科学预测非机动车地面停放需求。需求预测包括共享单车、外卖快递、因使用习惯不愿意停入地下的少量私人非机动车。其中，为解决不同车型尺寸差异问题，需按照面积对电动自行车进行当量换算。

(2) 严控人行道非机动车停放。以区域内各市政道路功能定位、风貌要求为前提，根据《上海市道路非机动车停放点设置技术导则》[5]，考虑人行道宽度、地块出入口、公交站点、行道树等，摸排人行道可划设非机动车停车位数量，并考虑品质要求予以弹性折减。其中风貌道路、人流聚集道路不建议布置停车位（图3）。

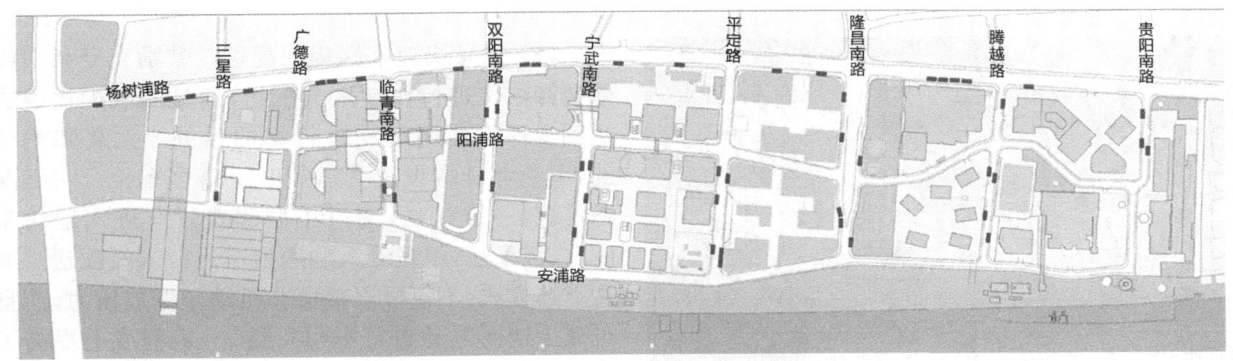

图3　路内人行道非机动车停放摸排示意图

（3）合理分配停车需求。建筑在满足自身配建需求外，应同步满足预测的地面停放需求。确实地面无法布置的，通过优化路外停车资源配置和创新管理，进行地面地下统筹布置。

员工访客的私人非机动车，应引入地下车库。通过设置与垂直电梯、建筑出入口衔接顺畅的非机动车停车库，便捷的非机动车流线，清晰的引导标识等，提高地下非机动车库的使用率。

共享单车停放，针对其共享属性，可考虑利用人行道停放。如共享单车需求仍不能满足的，需要地块利用临街空间、建筑退界、建筑背街、内部道路、公共通道等设置地面非机动车停车位，允许共享单车停放（图4）。

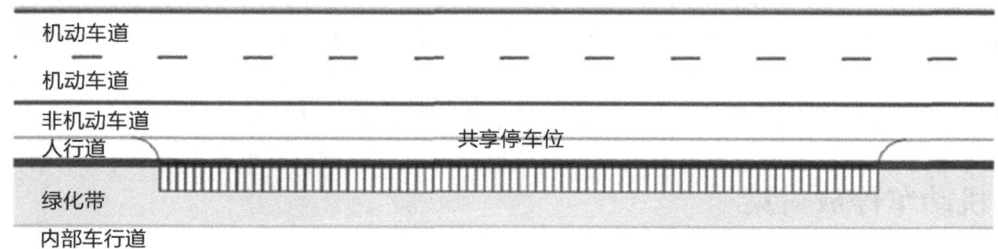

图4　建筑退界内布设非机动车停车位

外卖快递车辆停放，联合外卖企业共同研究交通组织方案，重点明确地下空间流线组织和设施配置要求。

2）创新管理外卖快递车辆

（1）地下车库设外卖车停放专区。鼓励在原非机动车停车场设外卖车停放专区（图5），将外卖车引入地下，缓解地面非机动车停放压力。原地下非机动停车场需分离外卖车和员工访客非机动车停车空间，明确各自区域，方便分区管理，避免互相挤占空间。为进一步保障楼宇秩序，外卖车停放专区邻近区域建议配套设置外卖取送餐点（图6），利用数字化手段整合各楼宇订餐信息，统一集中收取、分拣，对同一楼宇的订单进行集采集配。

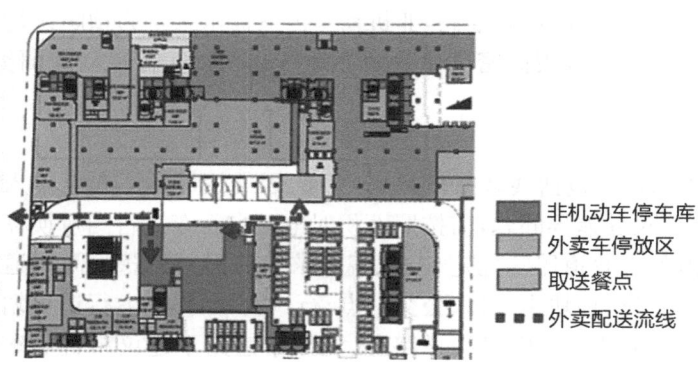

图5　地下外卖车停放专区及相关配套

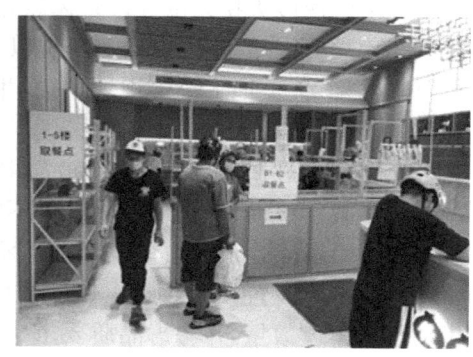

图6　地下外卖取送餐点

（2）倡导快递末端集中配送。鼓励充分利用配建装卸泊位进行快递末端配送，通过二级配送模式达到全程不使用电动自行车的目的。无装卸泊位的，可参考日本设置货运短时上落客车位。两级配送模式：一级配送，通过小型厢式货车进入地块车库；二级配送，组织专人利用拖车进行末端配送。通过上述方式，不仅可以减缓非机动车停放压力，而且可减少地面电动自行车出行量，一定程度上提高了城市整体品质（图7）。

图7　充分利用卸货区开展末端集中配送

4.3 轨道站点非机动车停放对策

(1) 合理配建。轨道交通站点周边非机动车停车场应按照"流线安全、便捷停放、规模适宜"的原则，根据轨道交通站点的服务等级、周边道路交通条件、规划用地条件、客流需求等进行合理规划设计，建议不同区域配建标准如表1。为保证轨道站点人行通行空间充足，上述非机动车停车位不应设在人行道上。

表1 轨道交通站点周边非机动车停车[6]

设计指引	新城与其他建设区	城市更新地区
非机动车停车配建指标（车位/100 高峰小时人次单向旅客）	新城及外环外轨道交通站点 200 m 范围：15～25	外环内轨道交通站点 100 m 范围内：5～9

(2) 缓解换乘压力。类似杨浦滨江南段大桥东滨江段的商业商办集中区域，若轨道交通尚未开通，大量通勤采用轨道换乘共享单车模式的，建议区域上下班高峰期间配备短驳专线，缓解附近区域人行道停放压力[7]。

5. 结语

本文从使用者需求、规划设计、新业态停放管理三个角度，剖析停放矛盾突出地区人行道非机动车淤积原因，并提出"配建为主、人行道为辅"的停放原则。对商业商办和医院周边，非机动车停车应路内路外、地上地下统筹规划布置，严控人行道非机动车停放，优化路内路外停车资源配置，创新管理外卖快递车辆。对轨道站点周边，规划阶段应合理配建非机动车泊位，轨道换乘共享单车需求大的集中开发区域可通过短驳专线缓解停放压力。系列措施打破以往人行道停放非机动车的固有观念，倡导道路、建筑等城市空间的综合治理，及适应新业态的创新管理，有利于促进非机动车"停车入位"观念的形成和地区规划建设理念的转变。

参考文献

[1] 上海市人民代表大会常务委员会. 上海市非机动车安全管理条例[Z]. 2021-05-01.
[2] 邱泽慧,黄瑜云,蒙姝桦. 城市非机动车停放的管理现状、问题与对策研究[J]. 产业与科技论坛,2023,22(19)：183-184.
[3] 上海市建筑工程交通设计及停车库（场）设置标准（DG/TJ 08—7—2021）[S]. 上海：同济大学出版社,2021.
[4] 谭云龙. 道路资源稀缺型城市电动自行车发展对策研究——以广州为例[C]//韧性交通：品质与服务——2023 年中国城市交通规划年会论文集. 2023.
[5] 上海市交通委员会. 上海市道路非机动车停放点设置技术导则[R]. 2017.
[6] 上海市交通委员会. 上海市慢行交通规划设计导则[R]. 2021.
[7] 黄文苑. 低碳视角下产业片区轨道站点核心区慢行研究——以尖岗山高新产业片区为例[C]//2022 中国城市规划年会论文集. 2022.

浅析应急处置系统在路网应急管理工作中的应用

A Brief Analysis of the Application of Emergency Response System in the Emergency Management of Road Networks

陈 崧[1]

摘 要：随着公路路网规模和交通量持续稳定增长，应急事件发生的频率也越来越高，公路保通保畅的运行压力不断增加，各级公路管理部门需要不断提高路网监测和应急处置能力，以满足人民群众和社会经济发展的需要。应急处置系统的应用研究对于应急处置战略的制定和应急处置能力的提升有重要意义，本文就应急处置系统建设的总体设计、建设内容、建设意义作出了分析。

关键词：应急处置；指挥调度；应急预案；评估；GIS；BIM

Abstract: With the continuous and steady growth of the scale and traffic volume of the highway network, the frequency of emergency events is getting higher and higher, and the operating pressure of the highway is increasing, and the highway management departments at all levels need to continuously improve the road network monitoring and emergency response capabilities to meet the needs of the people and social and economic development. The application research of emergency response system is of great significance for the formulation of emergency response strategy and the improvement of emergency response capacity, and the overall design, construction content and construction significance of emergency response system construction are expounded in this paper.

Key words: emergency response; command and dispatch; emergency response plans; assess; GIS; BIM

1. 引言

党的二十大报告指出，完善国家应急管理体系，完善重点领域安全保障体系和重要专项协调指挥体系，建立大安全大应急框架，推进安全生产风险专项整治，提高防灾减灾救灾和重大突发公共事件处置保障能力，加强国家区域应急力量建设。

2021年10月，交通运输部《数字交通"十四五"发展规划》提出打造综合交通运输"数据大脑"，深入推进国家综合交通运输信息平台建设，统筹集约建设平台基础架构、数据资源和网络安全体系，推动各业务应用系统共建共用、智能协同和迭代完善，切实增强综合交通运行动态掌控和突发事件应急指挥能力。深化综合交通运输调度和应急指挥系统建设，完善智能协同应用，满足"看得见、听得着、能指挥"需求，实现"能推演、能联动"等功能，提升重大突发事件的应急处置能力和安全保障能力。

应急处置工作对于完善社会治理体系，提高公共安全治理水平具有重要意义，传统应急系统存在及时性不高、交互性不强、科学决策能力不足等问题，本文对GIS、BIM、移动互联网等技术在路网应急指挥场景下的应用进行了研究，提出了应急处置系统的建设方案。

---

[1] 陈崧，江西路通科技有限公司，学士学位，工程师，联系邮箱：253482387@qq.com。

2. 应急处置系统

应急处置系统的建设是把路网应急管理工作的相关数据汇聚起来,包括应急事件信息、实时视频、情报板数据、车检器数据、车辆定位信息、隧道信息、气象信息等数据信息,对此类数据进行处理,形成数据资源池,支持通过数据共享交换平台进行数据共享,实现各单位工作协同,打破数据孤岛。结合应急处置工作场景,构建应急资源管理、应急事件管理、应急指挥调度、移动应用、视频融合应用、GIS 应用等系统,打造高效、智能、便捷的新型 GIS+BIM 应急指挥平台,提升应急处置工作的及时性、交互性和科学决策能力(图 1)。

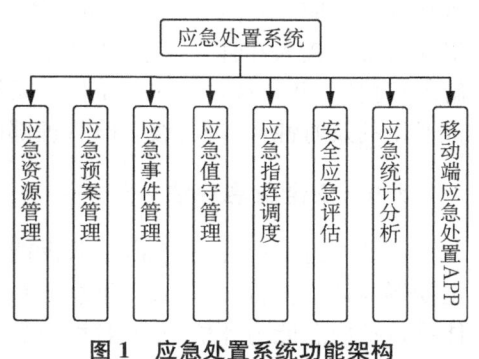

图 1　应急处置系统功能架构

3. 应急处置系统建设内容

3.1　应急资源管理

应急资源管理主要是对应急站点、应急物资、应急装备、应急队伍、应急人员、应急机构、应急专家等相关资源信息进行统一管理,支持对应急资源信息进行增删改查。还包括对应急资源调用的管理,系统支持进行应急资源调用申请,申请材料包括调用申请单编号、申请单位名称、经办人姓名、联系方式、审批单位名称、审批单位联系方式、调用资源类别、名称、数量、主要参数、调用时间要求、申请原因、用途等,资源调用申请获准后,系统可实现划拨单的生成。系统按照应急资源类型、所在站点等维度展示应急资源信息,信息通过 GIS 地图进行展示,并给出调配路线方案及预计时间,应急资源调用记录可以随时回溯。

3.2　应急预案管理

对应急预案进行分类管理,实现总体预案与专项预案的管理与修订、审核、发布等功能。应急预案管理包括预案模板管理、应急预案匹配、预警预测机制管理、应急响应处置机制管理、专项预案管理、防汛预案管理、突发事件预案管理、防洪预案管理等功能。系统支持根据突发事件类型、事件级别、发生的区域、事故责任单位等信息,按照匹配规则,确定预案选择条件,利用案例信息、专家信息、气象信息、事故分级分类标准信息等信息确定与事件相匹配的预案。依托 GIS+BIM 技术,可以实现应急预案的模拟和应急事件的演练,为应急工作开展提供数据支撑。

3.3　应急事件管理

系统支持采集应急资源调用、应急事件报警、工作人员报警等信息,将应急事件信息汇集起来统一管理,包括突发事件类型、事件级别、发生的区域、事故责任单位等信息。支持用户对汇总的应急事件进行查看判断,根据应急事件类型、事件级别、发生区域等信息,判断其是否紧急并确认,确认为应急事件后便于统一跟踪进度。支持用户对应急事件管理职责进行查看判断确认,确认为应急事件后,发布报警信息,由指挥中心统一调度。

3.4　应急值守管理

系统支持为应急值班值守人员提供统一的事件报送功能,满足突发阻断事件、养护施工事件、灾毁事件等事件类型的统一报送,通过信息上报、审核和催报,实现一级报送、多级应用,同时支持应急值守人员的值班管理、生成每日报告、编辑发送短信等功能。

3.5 应急指挥调度

应急事件发生后,应急处置系统可第一时间定位事件发生位置,并在 GIS 地图上标记显示,同时支持查找附近的应急站点和应急物资等资源,为应急人员行动提供参考。视频融合支撑平台将本省/市的路网摄像机统一接入并管理起来,指挥中心人员通过视频融合支撑平台可以调用附近的视频监控数据,快速了解现场情况,并指挥现场应急工作。系统支持通过语音、视频、短消息等方式与现场应急人员进行通讯,保证通讯的及时性,实现各级公路管理部门、应急管理部门、其他相关单位之间高效协同。

3.6 安全应急评估

系统支持从应急响应速度、救助能力、应急事件处置等多个维度对该组织机构进行应急能力评估,可定期形成评估报告,支持查看下载。系统支持制定安全应急评估指标体系,结合专家意见判定权重,指标体系包括应急能力评估、专业救助力量评估、应急资源评估、处置效果评估、应急救援及时性评估、事件原因判断准确性评估、事件现场监控监测能力评估、灾害损失评估、应急处置成本评估、次生灾害判断准确性评估、奖励与责任评估几个方面。评估结果对于应急预案完善、应急演练等工作具有重要意义,与传统应急指挥系统相比,本系统应急响应流程更加标准、事件现场与指挥中心联动及时性更强、事件定位更加准确,极大地提升了应急处置工作效率,降低了各方面损失。

3.7 应急统计分析

系统支持按年、季、月、周,统计全省、各地市填报的突发事件的数量信息,能够根据事件的状态(已处理、未处理)以现行报表制度为基础,实现各类突发事件按照时间、地域等不同维度地汇总、统计、分析和查询。按照应急业务的类型、编码、名称、所在路线、行政区划等条件,查询应急业务的信息,并在电子地图上标注出相应位置信息,点击图标可显示出相应应急业务的基本信息,并能够链接显示详细信息。

3.8 移动端应用

开发移动端应急处置 App、小程序,一方面支持查看应急资源、应急事件、报警发布等信息;另一方面支持现场的应急人员与指挥中心联系,可上传图片、视频、音频等数据,便于应急工作开展,实现路网运行监测信息、突发事件信息、应急处置信息、出行服务信息等统一发布。

4. 系统关键技术应用

4.1 数据采集与交换共享

将路网应急工作相关的各类数据信息采集起来,采集方式包括数据交换、数据导入、人工录入、直接使用等,结合各类数据源的特点及数据更新、交换要求,综合考虑网络条件,确定不同类型的数据采用不同的数据采集方式。(部分)数据采集内容与采集方式如表 1 所列。

表 1 数据库(部分)数据采集内容与采集方式

数据类	数据来源	采集方式	更新频率	数据内容
公路基础数据	外部系统	数据导入	定时更新	公路路线、桥梁、隧道、基点、影像地图等基础数据
三维电子地图数据	软件厂商制作	人工录入	按需更新	示范路段制作三维电子地图
应急资源数据	外部系统	数据接入	实时更新	应急管理机构、应急车辆、应急人员、应急装备等相关数据
指挥调度数据	外部系统	数据接入	实时更新	应急预案、风险源、报警事件等相关数据
视频数据	外场设备	数据接入	实时更新	固定视频监测数据、移动视频监测数据、事件监测数据等

数据共享交换平台能够实现对数据抽取、传输、整合，以及装载的一站式支持，支持构建数据中心、数据仓库、数据交换和数据同步等数据集成类应用，同时也可以作为数据加工处理工具由业务人员直接使用。支持各种主流数据库（Oracle、SQLServer、DB2、MySQL、Sybase、PostgreSQL、达梦、人大金仓等）的全量和增量数据抽取和装载。内置各种增量数据抽取方式，用户只需要简单地设置即可实现对各种数据库的数据的增量数据抽取，为实时数据集成提供了良好的支持。支持各种格式文件（txt、excel、xml）的批量读取和解析，能够自动识别目录中新增和修改的文件，并且能够在本地和远程服务器之间同步文件夹。内置多种数据清洗转换规则，支持动态扩充。对于简繁体、汉字拼音、乱码处理、字符集转换、中文数字的中国特有的问题提供内置的转换规则进行处理。能够实现与外部系统的数据共享交换。

4.2 视频融合应用支撑

系统接入的视频具有多源、分散、标准不一致等特点，为保证软件平台顺利实现各类视频的应用，需要建立一个统一的视频融合平台，接入各类视频设备，更好地支撑应用系统的运行。面向视频卡、编码设备、DVR、DVS、NVR、IPC、解码器、解码卡等数字图像设备集中监控管理需求开发的视频管理云平台。云平台支持现在市面的大部分的主流视频编码设备，同时支持 GB 28181(2016)协议接入。视频融合应用支撑平台的建设将本省/市的路网监控设备进行了统一管理，能够为应急处置工作提供有力的保障。

4.3 GIS 应用支撑

路网应急工作对于地理信息数据的使用需求较大，GIS 技术与网络技术结合能够使得用户随时随地获取丰富的地理信息，并且支持用户对地理信息进行编辑分享，作为底层应用支撑，为应急工作开展提供基础数据和业务数据。系统中的地图以底图和专题图为主，融合了地理信息空间数据与业务数据，用户可根据工作需求定制专题图。GIS 与公路基础设施空间数据结合，对路线、桥梁、隧道、视频监控摄像机等设施设备进行实时监测，便于应急工作开展。GIS 应用支撑包括数据采集处理、数据管理、数据交互、数据展示等功能，为路网应急工作提供直观的可视化信息和分析结果。

4.4 BIM 应用支撑

建立 BIM 模型重现示范路的构造，与 GIS 技术结合，为应急处置工作提供应急演练、预案模拟、应急指挥等可视化场景支撑，通过对现场情况进行仿真模拟，制定最佳人员疏散线路、应急物资调用方式。BIM 模型能够精准还原现实世界中的设施设备，能够生动地模拟车流、人流的流动疏散过程（图2），易于理解，能够为应急指挥中心和现场应急人员提供数据支撑。

图 2　BIM 模型建设效果

5. 应急处置系统建设意义

5.1 提升应急处置科学决策能力

传统应急事件处置过程存在依赖过往经验、决策能力较弱的问题，应急处置系统的建设依托 GIS＋BIM 技术，对应急事件有更加清晰的认识和理解，并且支持应急处置事件复盘，召集相关专家进行评估，为类似事件处置提供数据支撑，提升了应急处置工作科学决策的能力。

5.2 提高应急处置效率

路网应急管理工作涉及到不同级别的公路管理部门，以及公安、消防、交警等外部单位，传统的应急协同工作存在上报数据不及时、定位不准确、协同联动效率较差等问题，应急处置系统的建设有助于解决以上问题,数据实时传输、GIS定位实时展示、协同联动效率高,能有效提升突发事件应急处置能力。

5.3 突破传统应急预案局限性

传统应急预案演习由于演习时间长、成本高、存在安全隐患等问题难以模拟,通过GIS+BIM技术,可以最大限度地模拟紧急情况,通过可视化界面对应急演练过程进行展示,易于理解,易于判断应急预案是否可行,为应急预案的制定和完善提供了成本较低、耗时较短的方式。

5.4 满足公众公路应急信息需求

通过系统可有效地将应急处置信息及时向社会公众发布,如路况信息、道路阻断、高速公路关闭、施工绕行、突发事件、处治进展、交通诱导、公众安全防护措施等信息,为社会公众提供及时、丰富、权威的信息服务。

6. 结语

公路是保障经济社会发展和人民生产生活的重要基础条件,也是建设"交通强国"的重要支撑,路网应急管理工作是各级公路管理部门日常工作的重要方面,通过应急处置系统的建设,可实现GIS、BIM、视频融合等技术在路网运行监测和应急处治工作中的应用,有助于提升公路管理部门的应急处置效率,也具有很好的适应性和扩展性。

参考文献

[1] 中华人民共和国交通运输部. 关于印发全国公路网管理与应急处置平台建设指导意见的通知[EB/OL]. (2009-11-24). https://xxgk.mot.gov.cn/2020/jigou/glj/202006/t20200623_3312143.html.

[2] 中华人民共和国交通运输部. 关于印发数字交通"十四五"发展规划的通知[EB/OL]. [2021-10-25]. https://xxgk.mot.gov.cn/2020/jigou/zhghs/202112/t20211222_3632469.html.

[3] 刘君,胡伟超,孙广林. 公路突发事件应急预案自动生成系统开发及应用[J]. 中国安全生产科学技术,2017(10):53-58.

[4] 齐万强,王艳玲,李颖. 智慧高速公路集成指挥平台的构建与研究[J]. 电子测试,2018(14):71-71,73.

[5] 刘兴旺. 路网运行监测与应急处置平台建设如何进一步体现智慧[J]. 中国公路,2016(3):72-73.

城市更新下既有隧道匝道改建工程实践
Practice of Existing Tunnel Ramp Reconstruction under Urban Renewal

孙 衍[1]

摘 要：随着我国城市发展进程，不可避免地出现因为区域提升改造而需对既有城市基础设施进行改造，但目前我国实际案例较少。本文通过介绍北外滩核心区城市更新涉及的既有唐山路匝道改建工程，从改建匝道边界线制、新老匝道衔接以及对运营隧道保护角度，探讨既有运营匝道更新改造中的设计、施工难点问题，为城市更新的既有城市基础设施改造方案提供实践经验与思考。

关键词：城市更新；地下基础设施；隧道改造

Abstract: With the process of urban development in China, it is inevitable that the existing urban infrastructure needs to be reconstructed because of regional urban renewal. But there are few actual cases in our country at present.
This paper introduces the reconstruction project of the existing road ramp involved in the urban renewal of the core area of the North Bund. The difficult problems in design and construction in the reconstruction of operating tunnel are discussed from the point of the boundary restriction of the reconstruction ramp, the connection between the new and old ramps and the protection of the operating tunnel. The discussion of this paper provide practical experience for the urban renewal of the existing urban infrastructure renovation plan.

Key words: urban renewal; underground infrastructure; tunnel reconstruction

1. 引言

城市是随着其经济、社会、文化、居民的发展和迁移而逐步演化，是国家及城市发展状态的现实写照。伴随着我国城市建设与城市化进程的推进，城市更新已经逐步成为了我国城市发展面对的主旋律。党的二十大报告中在区域协调发展布局中，提出针对城市发展，要坚持人民城市人民建、人民城市为人民，提高城市规划、建设、治理水平，加快转变超大特大城市发展方式，实施城市更新行动，加强城市基础设施建设，打造宜居、韧性、智慧城市。2021年在住房和城乡建设部的推动下以北京、上海为代表的21座城市开展城市更新试点工作，如上海[1]等城市均已颁布城市更新相关条例、办法或者行动计划，但整体而言仍处于摸着石头过河阶段。

城市更新的理念以及实施路径自"二战"至今在西方被总结为贫民窟改造的推倒重建、城市中心的强化利用与城市衰败、中产阶级回归城市与邻里复苏、公共参与下的整体综合社区规划四个主要阶段[2]。与此对应的我国城市更新也分为围绕工业生产的城市改善，城市建设曲折发展，围绕经济建设的地产开发与经营活动的更新改造以及多元化综合化城市更新建设四个主要阶段[3]。虽然在更新理念和阶段中因为二者发展情况及初始条件差异而有所不同，但整体而言无论我国还是西方均认识到城市更新是在政府、开发商、社区、居民等多方因素综合性开展的城市区域整体或局部规划引导下的城市建设改造活动[4,5]，已从单纯的旧城改造变成了一定范围的城市功能提升、模块升级[6]。

---

1 孙衍，上海黄浦江越江设施投资建设发展有限公司，博士/高级工程师，联系邮箱：sunyansy1@126.com。

国内外因为城市更新带来的基础设施改造提升的案例可以分为针对废弃基础设施改造,使其具备新功能;原有功能保障条件下,通过局部改造,提升或调整其功能;针对运营基础设施,进行拆除重建,与新城市功能体重新建设三个主要类别[7,8]。目前我国既有基础设施的改造案例还较少,典型的香港西九龙高铁站的上盖重建以及重庆沙坪坝高铁站重建。但是根据我国大型城市发展规律研判,随着城市更新进程的推进,基础设施改造提升的场景逐渐增多,将从城市更新的初级阶段逐步向实施阶段转移,但可借鉴项目实施经验及规划方案目前较少。本文将围绕上海市北外滩开发规划,介绍城市重大基础设施运营保障同时开展改建提升的实践方案,为后续城市更新提升应用案例储备及工程指导经验。

2. 北外滩核心区规划概述

根据上海市人民政府批复的《虹口区北外滩街道控制性详细规划》,北外滩位于上海市虹口区南部,核心区包括中部周家嘴路—东大名路—海门路—旅顺路围合而成的区域,规划总用地面积约 81 hm^2。该区域整体改造提升的目标是将原旧城区、旧街坊以整体提升理念,结合原有城市文化底蕴与人性化环境,融入新时期城市形象活力,承载北外滩高端服务功能,最终形成具有世界级魅力的城市中心以及顶级商务核心区,与外滩、陆家嘴共同打造"黄金三角"核心商务区,是上海"五个中心"建设中重要的功能服务聚集区之一,在发展理念、建设水平和管理模式方面成为长三角区域城市发展及全球城市建设的标杆,也是上海2035远景目标中对标世界级滨水区,提升"一江一河"沿岸地区功能的关键。

图1 北外滩规划效果图

北外滩的功能定位为:与外滩和陆家嘴错位联动、居职相融、孵化创新思维的新时代顶级中央活动区;汇聚现代化国际大都市核心发展要素的世界级会客厅最闪亮的一幅画卷;全球超大城市精细化管理的典型示范区。其中核心区更是目标打造上海最强活力、最好形象、最优品质的标志性商务核心区,成为北外滩最具活力和吸引力的标志性功能区域(图1)。为此在区域公共空间规划上,提出了以无车区为核心,构建最优环境品质的慢行区域,建立地上、地面、地下全方位互联的立体空间网络,将步行的慢行网络与空间格局作为支撑核心区营造活力、乐趣的顶级中心的核心,激发空间最大化活力。

正是基于北外滩核心区规划策略与无车区理念,在对核心区道路交通进行慢行系统梳理与重构中现状以无车区中心为出口的新建路隧道唐山路匝道成为了制约方案落地的难题,为此提出将新建路隧道唐山路匝道改造至东余杭路的改造方案。而对于运营期隧道如何实施隧道匝道改建,则为城市更新提出了新的设计、施工问题。

3. 既有运营匝道更新改造中的设计、施工难点分析

现状新建路隧道建成于2010年,是"井字形"通道"4+2+2"中,两条越江通道之一,主要联系北外滩与小陆家嘴。在北外滩设置两级出口,主出入口过周家嘴路,二级设置东余杭路进口匝道与唐山路出口匝道,本次涉及改造的为唐山路出口匝道。新建路隧道主线流量,现状高峰小时流量为1 952~2 245 pcu/h,现状唐山路匝道高峰小时流量约300 pcu/h,约占越江交通总量16%。

新建路主线隧道在本次改造范围(唐山路至东余杭路)范围与更新匝道基本平行,新建路主线隧道处于暗埋段,埋深约2.7~3 m。靠近唐山路的一段范围为单层双/三孔箱涵结构,采用地下连续墙+内衬的叠合墙结构;其余为单层双孔箱涵结构。改造匝道的设计与实施涉及邻近主线隧道施工、新匝道与主线连接以及旧匝道改造三个关键因素,在设计与施工中需重点分析影响因素(图2)。

图 2　新建路隧道唐山路匝道口

3.1　匝道平总断面线型设计难

由于改建匝道车道边界条件受既有唐山路匝道、新建路隧道主线以及地面道路影响,其平面线形、纵断面均受到制约。在进行匝道改建设计时,首要原则是以不改变原有匝道,同时新建匝道需保证维持原有隧道技术标准和服务区域的功能。在设计中,对纵向坡度、道路宽度以及平面线形提出了较大难题。

(1) 纵向坡度解决方案:新匝道沿现状新建路改建,至东余杭路转向东至接地点,匝道改建会占据新建路东幅地下空间,需考虑现状新建路沿线管线在匝道实施后,新匝道暗埋段需考虑管线敷设。因此新建匝道以在 4.9% 纵坡接顺原唐山路匝道后,以 0.3% 缓坡沿新建路布置,以满足暗埋段上方管线敷设覆土要求。在东余杭路沿线以较大的 6.9% 纵坡接地,接地点距交叉口约 80 m,以确保匝道出口与交叉口有足够缓冲空间(图3)。

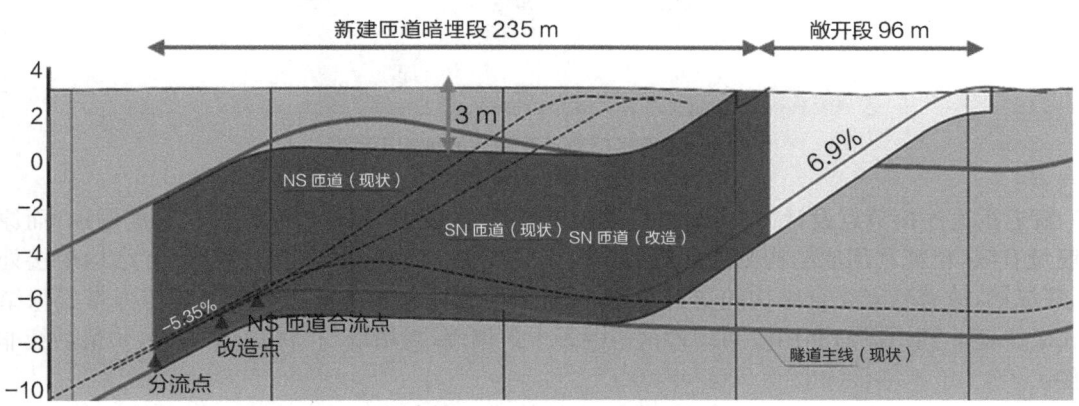

图 3　匝道纵断面设计

(2) 车道宽度优化方案:由于新建匝道一侧受既有匝道影响,另一侧受已出让地块影响,其平面线形与宽度也受到限制。车道宽度考虑采用"单向一车道+紧急停车带"规模,与原匝道保持一致。根据预测,远期匝道按照"单车道+紧急停车带"饱和度为 0.57,可以满足交通需求,同时也考虑后续可结合实际交通运行情况以及大小车比例情况,预留灵活调整敞开段划线条件。

(3) 道路平面小曲率半径设计方案:同样由于上述边界条件限制,匝道在从新建路转向东余杭路位置其转弯半径控制为 $R=40$ m 小半径,也结合纵坡限制了设计车速为 30 km/h,与原匝道一致。虽经过视距验算后满足要求,但同时仍后续仍应结合交通管理部门意见和经验,深化优化地面标线和线形诱导标志设计,才能有效降低运营后车辆事故发生。

3.2 新老匝道结构体系连接与转换设计与施工难题

既有隧道匝道改建面临的核心难题就是新匝道与老匝道连接区域的处理,既涉及围护结构如何设计,也涉及主体结构的连接,同时还要从设计层面考虑到不同施工时序期间对主线隧道的影响。

针对新匝道的改建一般考虑两种思路,一是将老匝道全部拆除,然后完全新建新匝道,二是利用部分老匝道结构,通过新建匝道建立与老匝道的连接实现新匝道的结构体系完整。在进行新老匝道衔接段施工期间不可避免地需要封闭既有唐山路匝道,同时也给主线隧道带来安全风险压力,因此在考虑改建方案时,施工时序与工期是重要影响因素。利用老匝道结构施工可以更好地减少工程废弃量并加快工期,因此在设计中作为优先方案,这也就要求对隧道主体、围护结构连接以及施工期间体系受力进行细致复核。

(1) 围护及止水体系衔接方案:原匝道结构为地墙叠合墙结构,故该节点的新建结构也采用叠合墙,以保证新老结构组合体系的结构形式的统一。同时需在原匝道结构内部底板上沿横向钻孔,向下施工MJS止水帷幕,与原匝道结构两侧的地墙形成封闭的止水体系(图4)。

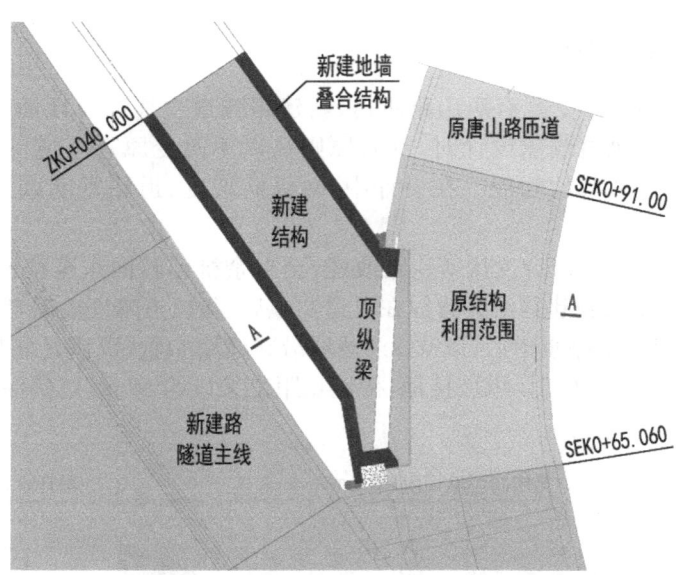

图4 匝道接口节点改造后的结构平面图

(2) 新老匝道连接节点设计方案:改造后的接口节点为"三通"节点,顶、底板的跨度增加,而原匝道结构的配筋量有限,单纯利用原结构则局部受力难以满足要求。考虑在新建结构与原有结构衔接处沿纵向设置顶、底纵梁,改善新老组合结构的受力条件,在新结构底板与老结构底板间浇筑传力带确保结构受力连续。在老匝道非利用段与利用段间设置钢筋混凝土封堵墙,封堵墙与结构钢筋连接,预留后续非利用段改造条件。

(3) 施工期间围护受力解决方案:对原有匝道结构进行单侧拆除,衔接新建匝道结构施工时,结构底部一侧为地墙、另一侧因凿除底板与地墙分离直接作用在地基上,为结构受力不利工况。为此在进行结构改造前,首先将老匝道地墙顶端凿除露出主筋后,将地墙接高使基坑围护形成整体,通过第一道混凝土支撑将基坑受力形成体系,此后同步进行新建结构侧土方开挖与老匝道结构凿除,以确保基坑围护体系形成。

3.3 施工期既有隧道运营安全保障难题

新建匝道在施工期间需要面对与运营新建路主线紧接施工,以及对老匝道实施废除改造,以上两项施工活动的开展不可避免地对新建路主线隧道的运营可能带来风险,尤其针对施工运营期可能产生的不均匀沉降、匝道拆除影响需要重点研究,以确保既有运营隧道安全。

(1) 差异沉降解决方案:由于利用老匝道作为新匝道一部分,如前文所述,已考虑顶板卸载、结构与围护体系连接方案将新老匝道实现刚性连接,并在接缝处按照施工缝防水构造控制渗水,来控制新老匝道结构的差异沉降。同时重点关注隔断主线隧道与新建匝道基坑之间渗水通路,对新建基坑坑底加固等措施控制主线隧道与新建匝道之间差异沉降。

(2) 既有隧道监护监测方案:鉴于黄浦江越江设施的重要性,新建路隧道作为重要的黄浦江越江隧道划为"一类隧道",需对新建路隧道保护区进行专项安全监测与监护工作。主要包括人工监测、自动化监测以及人工监护,重点对新建路隧道主线现状结构进行监护、监测隧道沉降和隧道的水平位移,对隧道专项专线安全监护方案与应急处置预案。施工前需开展新建路隧道现状结构检测,将结构安全数据设定监测限值作为预警预报值,以作为评估施工对隧道结构影响的依据与应急预案启动依据。

(3) 低影响拆除施工方案:为减少老匝道拆除时机械切割震动、冲击等对既有隧道影响,施工中考虑采用低影响的绳锯对既有匝道顶板、侧墙、底板以及地墙进行切割拆除。施工前对需拆除结构进行细致调查,细化切割范围,现场确定切割边界,拆除顺序,控制单块切割重量,确保吊装安全(图5)。

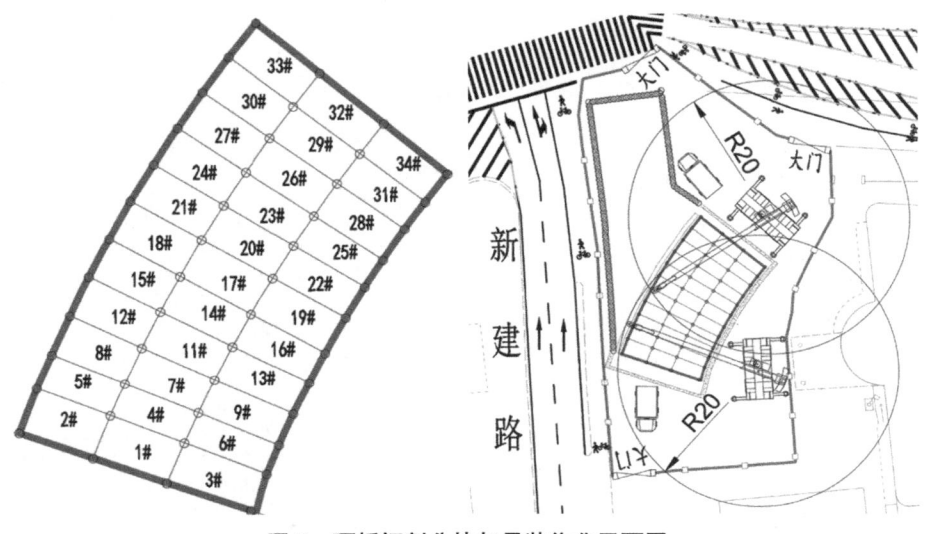

图5 顶板切割分块与吊装作业平面图

4. 结语

本文以北外滩核心区城市更新改造需求为切入点,介绍既有新建路隧道唐山路匝道改建的必要性,并以此案例讨论了既有隧道匝道改建工程的重要设计、施工实践难题。

可以得出,改建隧道与新建隧道的差异重点体现在既有运营基础设施、需改造结构以及新建结构三者的相互制约关系。也就体现出城市更新改造中遇到同类改造隧道项目,要重点讨论改建结构边界线制对方案实施的可行性与合理性问题,新设施与老设施相互连接与体系重构问题以及改建工程实施期间对既有设施的保护问题。

期望本文可以为城市更新中遇到既有隧道改造提供实践经验与研究思路,使研究者可以从城市更新规划、设计方案以及施工策略综合角度推进城市更新决策方法与实施技术创新。

参考文献

[1] 上海市规划和自然资源局.《上海市城市更新条例》,上海市人民代表大会常务委员会公告[第77号]. https://ghzyj.sh.gov.cn/gzdt/20210831/fc38143f1b5b4f67a810ff01bfc4deab.html.

[2] 方可.西方城市更新的发展历程及其启示[J].城市规划汇刊,1998(01):59-61,51-66.

[3] 翟斌庆,伍美琴.城市更新理念与中国城市现实[J].城市规划学刊,2009(02):75-82.

[4] 阎树鑫,万智英,李嘉男.城市更新行动:内涵、逻辑和体系框架[J].城市规划学刊,2023(01):62-68.

[5] 阳建强.中国城市更新的现况、特征及趋向[J].城市规划,2000(04):53-55,63-64.

[6] 王世福,易智康,张晓阳.中国城市更新转型的反思与展望[J].城市规划学刊,2023(01):20-25.

[7] 梁中良.已建城市交通基础设施的立体空间改造利用——以深圳北站商务中心区为例[C]//中国城市规划学会.2020中国城市规划年会论文集.2021:13.

[8] 彭敏.北京城市交通基础设施更新规划初探[J].城市规划,2018,42(09):88-92.

快速路高架施工方案比选方法研究

Research on the Comparative Selection Method of Elevated Construction Schemes for Expressways

王文聪[1]

摘 要：快速路高架施工会改变城市道路交通网络，影响原本的交通流形态，导致车辆绕行，提升周边路网负载。针对城市快速路改造施工特点，提出一种适用于城市快速路占道施工方案的比选方法。使用 TransCAD 进行真实路网建模，调整路网属性参数模拟不同需求和施工方案下的路网运行状态，通过计算不同运行状态下的时间成本和能源消耗成本，结合施工预算建立了广义成本模型，对比选择最优方案。最后以上海市内环高架（政本路-周家嘴路段）施工为例，以此论证所提方法的实用性。

关键词：交通工程；快速路；占道施工；广义施工成本；TransCAD

Abstract: Elevated construction of expressway will change the urban road traffic network, affect the original traffic flow pattern, lead to vehicle detour, and enhance the load of the surrounding road network. Aiming at the construction characteristics of urban expressway reconstruction, a Comparative Selection method is proposed for urban expressway occupancy construction schemes. TransCAD is used to model the real road network, adjust the attribute parameters of the road network to simulate the operation status of the road network under different demands and construction schemes, calculate the time cost and energy consumption cost under different operation status, and establish a generalized cost model combined with the construction budget to compare and select the optimal scheme. Finally, the construction of Shanghai Inner Ring Elevated Road (Zhengben Road-Zhoujiazui section) is taken as an example to demonstrate the practicality of the proposed method.

Key words: traffic engineering; expressway; construction program; generalized construction cost; transCAD

1. 引言

随着我国城镇化建设从高速发展转向高质量发展，一些大中型城市的快速路已经超过或即将超过第一轮设计服役年限，对快速路进行维修养护、升级改造既是提升其服务水平，也是改善交通品质、优化区域路网布局的关键途径。

由于在路网中的功能性和桥梁结构构造的复杂性，城市中心区高架路大修施工具有交通影响范围大、影响程度深的特点，除影响施工区域内快速路交通及其投影相邻的地面道路交通外，周边路网的地面道路也将承受快速路分流的压力。2016 年，上海中环线主线部分封闭维修导致部分出入口车流量较高，车流通行不畅，周边分流路段出现严重拥堵；2019 年春节上海同济路高架封闭施工期间，车辆行驶至地面道路或利用周边道路进行绕行，社会民众反馈较多，影响较大。因此，确定合适的快速路施工方案变得尤为重要。通过评估不同指标，可以全面分析施工区及其周边路网的交通影响，进而选出最佳施工方案并制定有效的交通管理措施，以降低施工造成的负面社会影响。

交通仿真技术可以有效地协助分析和评估占道施工方案的影响。它不仅能评估现有路网的交通流状

---

[1] 王文聪，上海市城市建设设计研究总院（集团）有限公司，硕士，工程师，联系邮箱：tjwencong@163.com。

态,还能模拟各种施工规划和调整方案对路网运行的影响,为选择最佳施工方案提供科学依据。Elmitiny[1]通过交通仿真分析施工期间交通组织和紧急疏导方案,但未讨论不同交通需求下的施工方案适应性;Khamphay等[2]则关注城市道路施工对车辆延误的影响,并探讨了基于社会力模型的分析方法,但仅针对延误一个指标进行分析。廖清[3]运用TransCAD四阶段模型对施工交通方案进行优化,但其仅考虑了交通指标。杨达等[4]基于车辆延误指标评价高速公路施工区交通状态,吕佳璐等[5]则提出了基于模糊数学的评价方法,计算较为复杂。这些研究展示了仿真技术在分析和优化施工期间交通流中的应用,但是都集中于交通运行状态的分析,对交通影响及其外部成本的变化考虑较少。

总体而言,目前关于道路施工影响交通流的评估方法过于理论化且计算复杂,且尚未提供一个从多个维度系统性定义评价指标的框架。因此,需要针对城市快速路施工对于城市道路交通网络的影响进行全面分析,将施工给社会通行带来的额外成本纳入广义交通影响评价之中。本文针对城市快速路的占道施工影响进行分析,综合运用大数据技术、宏观交通流建模,提出了用于计算占道施工的交通影响的广义施工成本方法,并通过上海市内环高架路路网的施工示范段进行案例分析,证明了所提出的量化评价方法科学合理,可以为其他城市更新项目提供参考与借鉴。

2. 快速路施工交通影响机理分析

2.1 不同施工方式的影响

按占道情况,可以将施工方案分为部分占道施工、半幅占道施工和全封闭施工,如图1所示。部分占

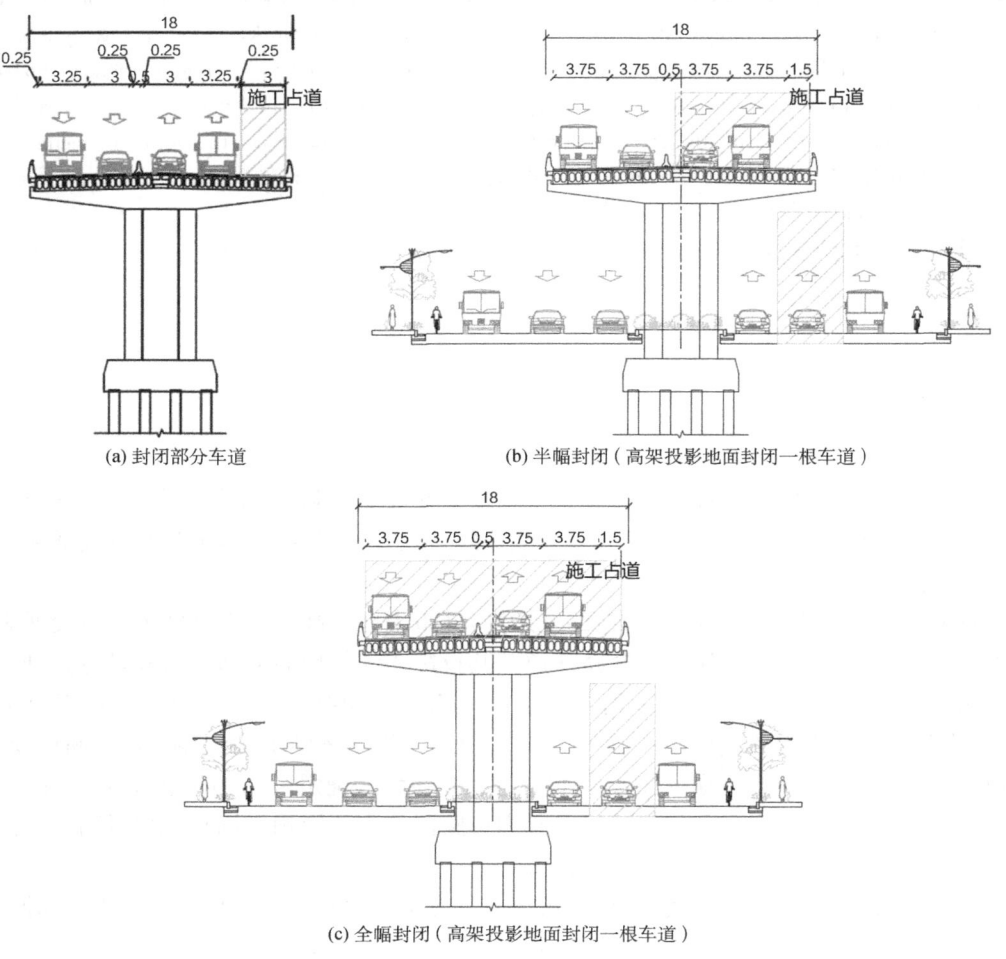

图1 占道施工方案示意图

道施工成本较低,仅临时占用某一方向的部分车道,通常不需要地面部分配合封闭车道,该方式将会导致在施工区上游出现车道数减少,大量机动车合流。施工区部分通常伴有限速标志和其他引导标志标牌,通行能力相比理论上的相同车道数的道路通行能力更低;半幅占道施工需要封闭一段道路的某一方向,有时还需配合封闭地面投影的部分车道,使用该路段通行的车辆需要从上游出口匝道进入地面道路绕行,在施工路段的下游再进入快速路,上下游匝道的交通压力因此将会有所提升,周边路网流量的方向不均衡性也可能显著增强,全封闭占道施工导致使用该段道路的所有机动车全部绕行,对周围道路产生更大的交通分流压力。

2.2 不同施工时长的影响

占道施工项目的持续时间可以从几天到几年不等,临时施工几天对交通流的影响相对有限,但长期施工则需要考虑整体路网的运行情况选择最佳组织方案。在交通量大的城市中心的快速路路段,其所关联路网交通量也已将近饱和,封闭道路施工(含半幅封闭与全封闭)虽然施工作业效率更高,但是长期封闭对居民出行的负面影响较大,可能需要考虑更加灵活地分时段封闭作业施工。

2.3 施工影响路网范围划定

以施工地点为核心,可以认为施工区域最邻近的主次干道是机动车绕行的首选路线,附近的一些其他支路可以认为是次要选择的绕行路线,因此,一般可以以施工路段上下游路段的主要交叉口连接的主次干道合围区域作为占道施工的交通影响区域,车辆在该范围内产生绕行、分流。在实际项目分析中,还需要根据主次干道的运行情况考虑是否扩展到干道外围道路(图2)。

不同绕行路线的流量转移比例分类定义可以如表1所列。

表1 绕行路线分类

类别	转移比率	说明
主要绕行路线	≥30%	在理想状态下,项目两边的路网布局是对称的,拥有相同的绕行路线,因此,单侧路线理应承担总分流量的50%
次要绕行路线	<30%,≥10%	
其他路线	<10%	

注:转移比率指利用该路线绕行的流量占全部绕行流量的比率。

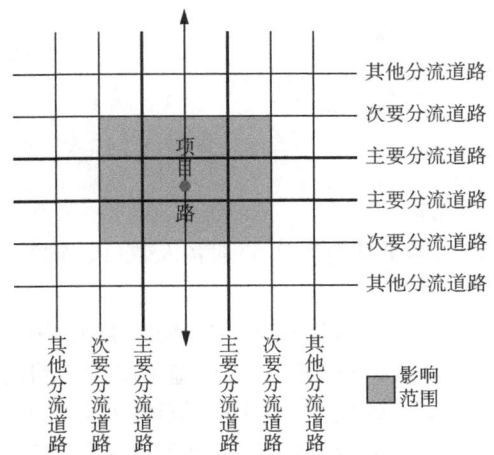

图2 占道施工项目主要影响研究范围示意图[7]

3. 快速路施工方案比选方法

3.1 快速路占道施工交通影响评价流程

针对城市中心的快速路施工项目,首先采集施工路段范围周边路网现状运行数据,并通过TranCAD

建立路网模型,校正宏观交通流仿真精度。通过调整路网结构参数以模拟不同施工方案下的交通运行效果,通过广义施工成本计算模型,对比评估不同的施工方案,相关技术流程如图3所示。

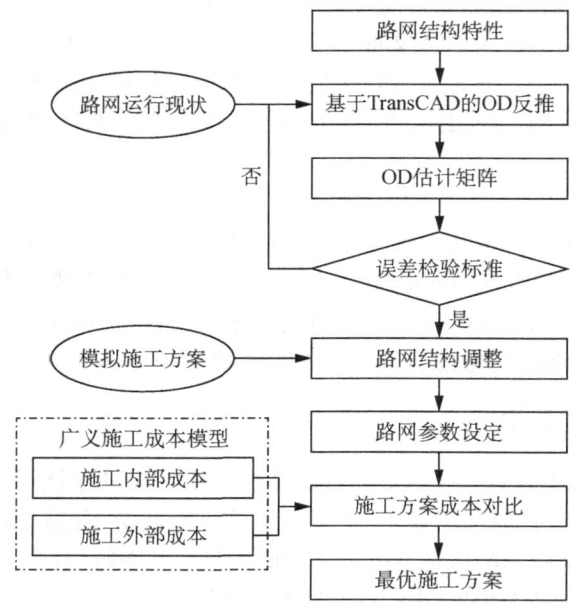

图3 施工方案交通影响评价方案

3.2 占道施工广义成本模型

1)占道施工广义成本组成

占道施工的广义成本可以分为内部成本与外部成本。内部成本指的是施工项目直接引起的费用,可以认为是不同施工方案的预算,由施工方给出。而外部成本主要体现在机动车绕行而增加的额外时间和能源成本,其他方面损失由于比重不大,因此本文不予以考虑。

2)额外延误时间成本

延误时间成本 $EC_{Congestion}$ 按式(1)计算。

$$EC_{Congestion} = \frac{t \times N}{3\,600} \times \lambda_{car} \times C_0 \tag{1}$$

其中 t——车均增加延误时间(s);

N——高峰小时车流量(pcu/h);

λ_{car}——小汽车出行载客系数,即平均每辆车的乘客人数(人/辆);

C_0——单位时间成本(元/人·h)。

车均增加的延误时间通过宏观交通仿真模拟获得,具体而言,对现状路网运行数据展开OD反推,然后调整道路网络节点路段的属性参数,重新将OD分配至施工阶段的路网,得到影响范围路网内的各路段的新交通量和行程时间,新的行程时间与现状行程时间差值即为增加的延误时间。

本文拟定载客系数定为1.5,单位时间成本根据上海市2022年人均月工资统计数据,确定为70元/h。

3)额外拥堵能源成本

冯雨芹[8]建立了一个以道路交通流状态为核心参数的城市不同级别道路燃油消耗模型,其关键参数是路段的饱和程度。以该模型为基础,提出额外能源成本 $EC_{Congestion}$ 的计算公式,即式(2)。

$$EC_{Energy} = \left[a \times \left(\frac{V}{C}\right)^2 + b\left(\frac{V}{C}\right) + c\right] \times P \tag{2}$$

其中 EC_{Energy}——额外燃油成本(元);

F——车辆通过路段燃油消耗指标(L/km);
V/C——饱和度;
a, b, c——拟合参数;
P——单位能源成本(元/L)。

对不同级别的城市道路,表 2 展示了额外能源成本模型的回归参数情况。

表 2 油耗模型回归参数

参数	a	b	c
快速路	9.159	−8.447	8.592
主干路	7.810	−7.530	7.789
次干路	6.907	−6.229	7.957
支路	5.197	−2.858	7.972
匝道(上行)	8.782	−4.959	10.100
匝道(下行)	7.137	−6.294	5.456

考虑到目前上海市新能源汽车的渗透率,根据调查,单位能源成本拟定为 $P=5$ 元/L。

最终,外部成本为延误时间成本与额外能源成本之和,即式(3)。

$$EC_{External} = EC_{Congestion} + EC_{Energy} \tag{3}$$

其中 $EC_{External}$——占道施工外部成本(元);
$EC_{Congestion}$——额外延误时间成本(元);
EC_{Energy}——额外拥堵能源成本(元)。

4. 案例分析

本文以上海内环高架年轻化工程的一段为案例。其范围为政本路-周家嘴路,全长 2.7 km。高架主线内圈全线为两车道,外圈黄兴路上匝道鼻端至中山北路下匝道鼻端处为 3 车道,其余主线为 2 车道断面,地面主线黄兴路主线为双向四车道,中山北二路地面为双向六车道,如图 4 所示。

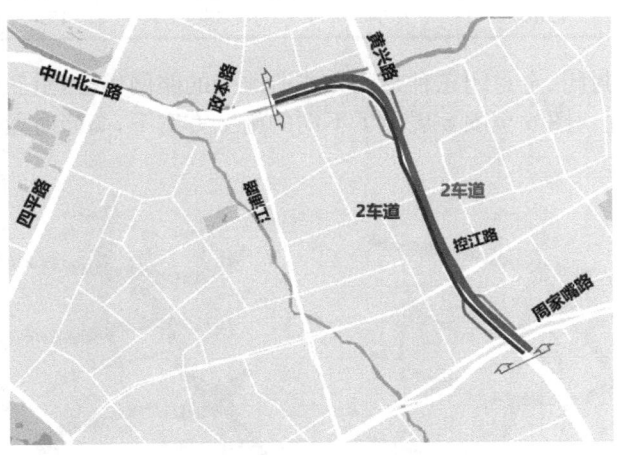

图 4 案例工程范围:内环高架路

4.1 影响范围路网建模

以施工路段为中心,结合交通运行影响特性分析,将影响范围拓展至邻近的主次干路、快速路等,将其作为边界,并在 TransCAD 软件中建立路网模型。其中,路网间地块视作一个交通小区,路网外围延伸部分设置外部交通小区模拟过境交通。如图 5 所示,图中红色虚线框内是案例工程路段。

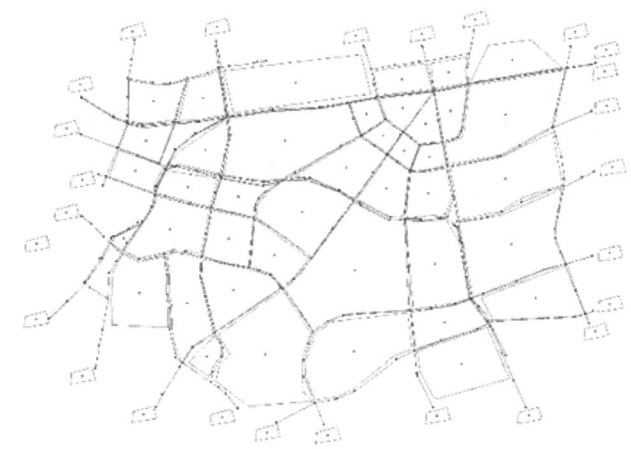

图 5　TransCAD 建立的案例工程影响范围内的路网和交通小区

4.2　基于宏观交通仿真的交通影响评价

根据现状调查得到的路网数据进行 OD 反推,得到早高峰时段内交通小区 OD 出行矩阵,部分结果如表 3 所列。

表 3　高峰时段 OD 反推结果(部分)

小区 ID	1	2	3	4	5	6	7
1	—	2.29	2.20	2.29	2.51	2.03	2.29
2	3.16	—	6.21	2.26	9.58	4.87	8.18
3	3.12	9.80	—	0.92	10.86	4.58	8.69
4	3.41	3.91	1.72	—	29.16	11.51	14.69
5	3.67	9.84	10.14	20.29	—	206.28	30.27
6	3.02	5.26	4.47	7.76	262.05	—	17.45
7	3.43	7.64	7.54	10.66	25.45	13.34	—

根据封闭部分车道、半封闭、全封闭三种封闭方式所改变的路网属性,重新分配路网交通流量,对比现状和施工期间路网运行情况。图 6 至图 8 展示了不同的施工方案下,高峰时段的路网运行情况。

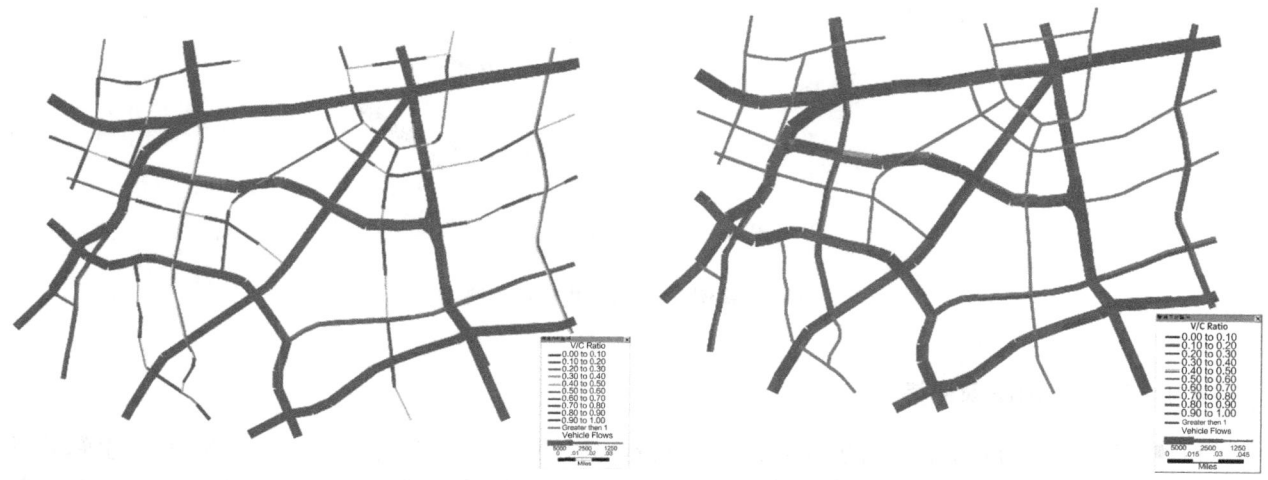

图 6　半封闭施工下的路网运行情况　　**图 7　全封闭施工下的路网运行状态**

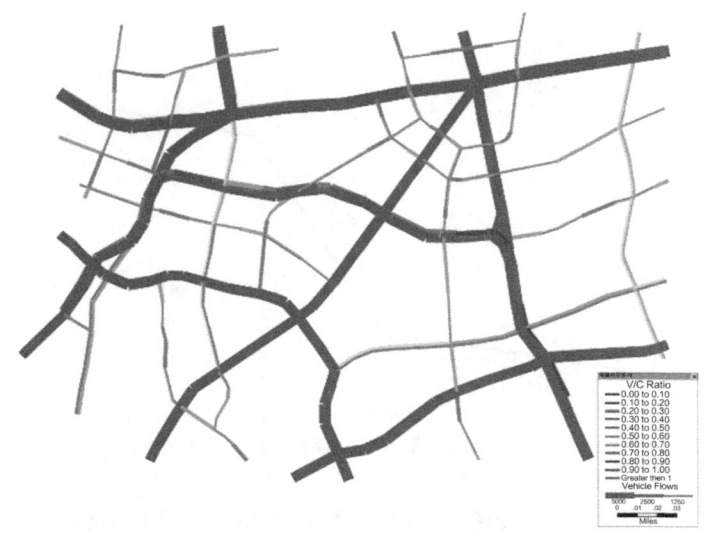

图 8 封闭部分车道施工的路网运行状态

4.3 占道施工方案适应性分析

为探索不同路网运行状况下的施工方案适应性，采用同样的方法，以高峰时段的饱和度为基准，从饱和度为 0.5 倍高峰时段到 1.0 倍高峰时段进行调整，分析得到三类施工方案下的延误时间成本，如表 4 和表 5 所列。

表 4 不同需求条件下的延误时间成本（单位：万元）

饱和度	施工方案		
	部分封闭	半封闭	全封闭
0.5	13.31	17.83	20.24
0.6	25.39	30.32	34.98
0.7	30.1	42.63	56.06
0.8	69.81	163.78	236.23
0.9	87.29	178.86	269.92
1	99.07	192.43	276.04

表 5 不同需求条件下的能源消耗成本（单位：万元）

饱和度	施工方案		
	部分封闭	半封闭	全封闭
0.5	2.26	2.71	3.06
0.6	5.04	6.69	6.72
0.7	6.25	6.74	8.58
0.8	8.34	9.1	9.29
0.9	11.13	12.5	12.71
1	19.85	22.97	24.14

再结合不同施工方案所需要的直接经济成本，可以得到不同交通需求下的施工方案广义成本对比，如图 9 所示。

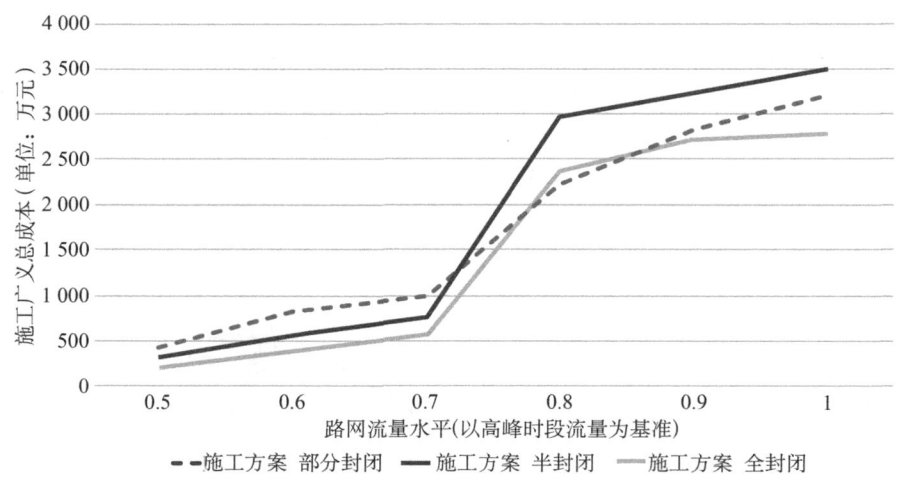

图9 不同交通需求条件下的施工方案广义成本对比

从图中可以看出,当路网的交通需求从0.7倍高峰时段增加至0.8倍高峰时段时,施工方案的最优选择可能会发生变化,在路网交通运行需求水平达到0.8倍高峰时段后,施工最优方案可能会变成部分封闭施工,在路网交通运行需求水平低于高峰时段的0.8倍时,全封闭或者半封闭的施工方案可能最优。这一分析结论可以支持内环高架改造工程采用精细化的分时段施工方案的设计。

5. 结语

本文提出了针对城市中心区域高架施工的交通影响评价体系,给出了拥堵成本、油耗成本、出行时间成本等多维度成本的量化计算公式,并给出了考虑交通影响的施工方案选择一般比选思路,最后通过上海市内环高架路一段示范路段的施工进行了案例研究实证分析。

本研究的关键创新点在于:

(1) 面向城市高架施工对城市道路网络的影响进行了范围划定、影响指标量化方式确定。

(2) 确定了交通拥堵成本、能源消耗成本的定量度量方式。

本文仍然存在一些不足,比如欠缺对于交通小区的精细化调查,对于交通拥堵成本和燃油成本的参数确定未在更大范围内采集数据进行标定与修正。

参考文献

[1] ELMITINY N, RAMASAMY S, RADWAN E. Transit facilities' emergency evacuation planning and preparedness using traffic simulation[C]//86th Transportation Research Board Annual Meeting. 2007.

[2] Thanistha K,杨达,吴悦竹,等.城市道路施工区交通延误建模与仿真[J].科学技术与工程,2021,21(19):8234-8240.

[3] 廖清.城市快速路施工交通组织优化研究[D].广州:华南理工大学,2023.

[4] 杨达,陈玉婷,文成.高速公路施工区交通延误模型研究综述[J].交通运输工程与信息学报,2018,16(03):28-37.

[5] 吕佳璐,毛霖,周姜宇,等.基于VISSIM仿真及模糊数学的道路施工期交通影响评价研究[J].物流科技,2021,44(07):85-86+89.

[6] 王树国.基于跟驰状态下车头时距的高速公路施工区通行能力计算[J].工程建设与设计,2023(11):80-83.

[7] 徐飞,胡玮.占道施工项目交通影响评价及交通组织方案研究[J].上海公路,2020(02):107-110+130.

[8] 冯雨芹.基于交通流状态的城市道路燃油经济性模型研究[D].哈尔滨:哈尔滨工业大学,2012.

智慧示范公路综合管理系统设计
Design of the Comprehensive Management System for Smart Demonstration Highways in Nanchang City

喻 征[1]

摘 要：本文以南昌市湾里旅游示范公路和南昌市内某国省道干线为依托工程，对其交通状况进行监测，构建了南昌市示范公路综合管理系统，进行系统架构设计、数据结构设计、模块功能设计，根据业主需求对接入的设备进行监测、管理、操作，并对采集的数据进行计算和分析，为道路监测工作提供极大便捷。

关键词：交通状况监测；公路综合管理系统设计；数据存储；数据分析；事件告警

Abstract: To ensure the hardware equipment and traffic conditions of the demonstration tourist highway in Wanli, Nanchang City, as well as the traffic conditions of relevant national and provincial highways within Nanchang city are monitored. The monitoring work involves analyzing the characteristics and data features of various subsystems in the current highway monitoring systems in Nanchang city. A comprehensive management system for the demonstration highways in Nanchang city has been constructed. This system enables real-time management of the road monitoring equipment on the Wanli tourist demonstration route and the relevant national and provincial highway mainlines in Nanchang city. It processes and analyzes the monitoring data collected by the equipment to reflect the real-time conditions of the relevant roads, facilitating maintenance personnel in their management tasks.

Key words: traffic condition monitoring; comprehensive highway management system design; data storage; data analysis; event alerts

1. 引言

普通国省道是连接市际间、区域内关键节点的重要桥梁，具有良好的连接与集散作用，具有路网结构错综复杂、交通参与种类多元丰富、路口交通事故频发等特点。并且随着我国公路建设的日益发展以及公路信息化积水平的显著提升，各项目道路信息感知监测设备也逐渐运用到道路日常管理养护的工作中来。但是，普通国省干线由于公路开放环境、交通参与者复杂、多方执法管理、经费来源单一等特征，限制了普通国省干线智慧公路的建设。并且，许多厂家只是简单地对数据进行了采集而未对数据做进一步的处理，各厂家之间也没有形成统一的数据规范，给相关单位的监测工作和数据管理工作带来了很大的麻烦。因此，建立一个公路综合管理系统，将公路的各方面数据进行统一的数据融合和业务绑定是很有必要的，这也是公路信息管理的一个重点工作。

建立公路综合管理系统的目的是将公路上各模块的监测数据进行深度融合，将一个类型的数据在多个方面去利用，去反映相关道路的实时状态。在系统中，通过对公路的交通量调查、气象环境、视频监控、结构物健康状态监测、车辆超载、外场情报板、设备状态监测等数据的收集存储和模型计算，特别是并针对道路行驶状况有重大影响的关键数据如道路气象环境数据、交通量数据、结构物健康监测数据进行实时计算和模型处理来给出特定的预警事件以及对应道路的实时状况。

---

[1] 喻征，江西省交通科学研究院有限公司，大学本科，工程师，联系邮箱：2461803508@qq.com。

2. 项目概述

根据江西省交通运输厅印发的《"十四五"公路养护管理发展纲要》，"十四五"期间要继续深化国省干线示范路建设工作，突出先进、智慧、绿色、安全等主题，打造新时期养护管理示范工程。本文所研究的智慧示范公路综合管理系统依托江西省普通国省干线公路交通安全提升示范路工程，该系统的设计将结合地市管辖路段的实际情况和资金保障情况，先行解决安全风险等级高的路段，并逐步实现重点路段的交通安全和信息化提升，达到公路"安全保障能力系统提升、安全管理水平显著提升、交通事故明显下降"的目标。本系统将重点加强公路沿线监控设施建设，通过建设高精地图及三维实景地图，实现基础设施数字化管理；通过部署传感设备实现桥梁、隧道、高边坡结构监测；通过视频、雷达和气象环境设备实现交通态势感知，合理增设公路运行监测与可变情报板设施，适当规划建设综合智能视频监测终端、弯道会车预警、主动安全预警、危险路段行车引导等系统，采用动静结合的监测方式，完善公路路网运行监测网络，从而进一步提高公路通行能力、路况水平、科技水平、安全水平等。同时，经现场调研了解，本系统所依托工程起止桩号 K32+500～K37+000，为恶劣天气影响路段，应按照道路交通事故预防"减量控大"总体要求，以提升恶劣天气影响路段管控能力为目标，以优化"一路三方"交通应急管理模式为抓手，切实防范化解恶劣天气导致的交通安全风险。

响应江西省综合交通运输事业发展中心对全省交通的总体规划，本系统以综合智能监测、主动预警等手段，对 S417 线 K21+998～K51+961 段进行智慧化提升，构建一套"创新、协调、绿色、开放、共享"的交通工程体系，实现道路的"可视、可测、可控"，最终达到全面提升提高公路的服务质量、提高公路的通行效率、保障公路行车安全的目标。

3. 综合管理系统

系统开发的前端框架为 VUE，后台服务框架是 SpringBoot＋MyBatis，数据存储则是 Redis、MongoDB、MySQL 相结合的方式。前端框架采用 VUE 的原因主要是该前端框架用户交互响应速度快，可支持页面动态效果多，也能够很好地实现系统 UI 所设计的功能。SpringBoot＋MyBatis 是目前软件开发主流的后台框架，可对接各类型编程语言开发的系统，其社区活跃度也能够保证平台后期框架的优化和漏洞修复。整合 Redis、MongoDB、MyBatis 作为数据存储方案的主要原因是系统需要接入多个数据频繁上报且数据量较大的模块数据，如气象数据和结构物健康监测数据。由于 MongoDB 支持大数量快速读写的特性，所以动态监测类数据，如道路温湿度数据、道路结冰雨雪数据、结构物应力监测数据等主要存放在 MongoDB 中。Redis 虽然读写速度快但内存占用较大，因此主要用于存放用户登录信息以及一些读写较频繁的系统配置数据。MySQL 主要用于存放基础信息，如设备基础信息、道路基础信息等。如图 1 所

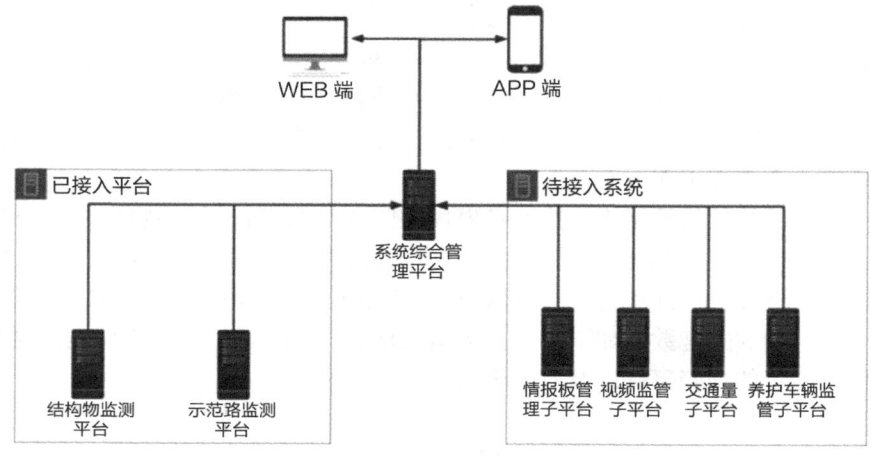

图 1　系统架构结构图

示,从结构上讲,该系统需要接入结构物健康监测子平台、示范路监测子平台、情报板管理子平台、视频监测子平台、交通量监测子平台、养护车辆监测子平台。

系统层级依次从上到下分为四个层级:访问层、接口层、服务层、存储层(图2)。存储层除需要与内部硬件数据采集程序进行数据交互之外,还需要与外部的交调系统和轴载系统进行对接以收集交通量数据和车辆超载数据。服务层主要涵盖业务功能模块和系统基础,其中业务功能模块有桥梁边坡监测功能、事件中心功能、环境监测功能、雾区引导功能、冰雪处治功能、护栏检测功能、重点弯道功能、交通流量功能、设施健康功能、短信管理功能、诱导屏管理功能、视频管理功能、养护车辆管理功能、大屏模块功能组成,系统基础模块由菜单管理功能、用户管理功能、角色管理功能以及字典信息管理功能组成。并且,服务层还涉及与第三方地图服务、车辆信息采集服务、桥梁基础信息服务、海康视频服务以及外场诱导屏设备进行业务对接。接口层即为API网关,系统采用HTTP、HTTPS、TCP、UDP这4个主要通信协议,通过相应的API接口即可与第三方业务系统进行数据通信。访问层分为移动设备和PC两个用户终端。访问层、接口层、服务层这三者之间的数据交互都会受到用户权限控制,保障系统与第三方系统进行交互的数据安全。

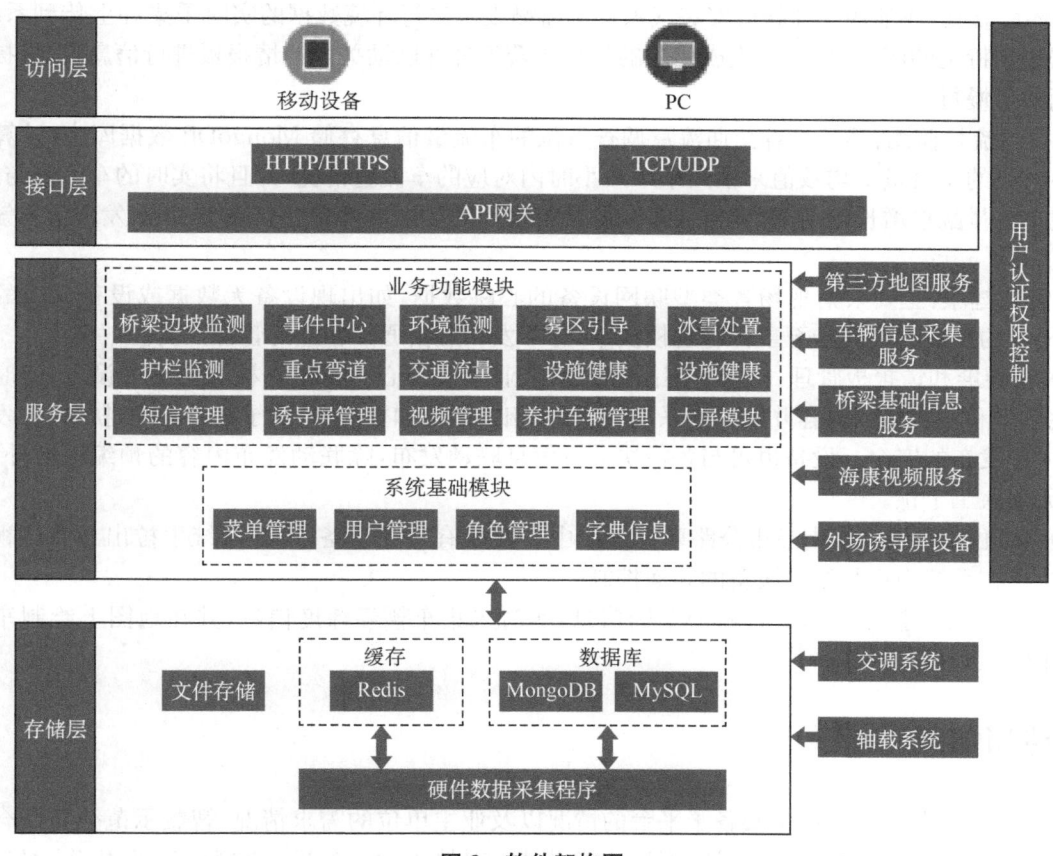

图2 软件架构图

4. 模块功能

系统平台集合了12个业务功能模块和4个基础功能模块组成,这里只针对12个业务功能模块进行阐述说明。

(1)桥梁边坡监测功能:通过布设在结构物内部的传感器来监测各项指标的实时数据并在系统模型中对数据进行分析以判定结构的实时健康状态。

(2)事件管理:收集监测路段的事件数据,包括路段施工事件、交通事故事件、气象预警事件、超载事件、护栏撞击事件、结构物健康预警事件、交通流量预警事件、设备离线预警事件,其中气象预警事件和施工事件直接同商业导航地图对接,提示公众关于出行的相关注意事项。

(3) 雾区引导:在山路的一些特殊弯道路段安装行道轨迹灯和能见度监测设备,在系统中对环境的能见度数据的实时采集和监测,当能见度下降到一定的阈值时,系统控制行道轨迹灯开启并在相关联的情报板进行预警信息投放以及向商业导航地图同步相关信息,整个过程全自动运行无须人工干预。

(4) 冰雪处治:在某些易结冰路段安装融雪剂喷洒设备和路面气象环境监测设备,通过对路面气象环境数据的实时监测,当相应的指标数据达到特定的阈值时,系统自动开启喷洒设备进行融雪剂喷洒作业,全过程无须人工干预,保证了 24 h 作业的可行性。

(5) 护栏监测:在某些特殊路段的防护栏上安装撞击感知设备,实时感知护栏的监测状态并将实时数据同步至系统中。如果发生车辆撞击护栏事故,系统监测到相应的数据时生成对应的护栏撞击事件同步到事件中心管理模块中以及在系统大屏监测模块的地图中进行展示,并下发通知短信给相应的管理人员。

(6) 重点弯道:在某视野盲区较大的急弯路段安装双向会车预警设备,当出现双向会车的情况时,以语音播报和文字显示两种方式告知行驶车辆:前方来车,减速慢行。

(7) 环境监测:在某些特殊路段安装气象环境监测设备进行环境数据的实时采集并上传到系统中,当相关数据达到特定的阈值时,系统生成相应的气象预警事件并联动关联的情报板进行信息投送,提醒来往行驶车辆减速慢行。

(8) 交通流量监测:系统将各交通流量调查点位的车流量信息存储 MongoDB 数据库中,计算前十天各点位各时段的车流量平均数值来预测未来几小时内对应的车流量情况,并且将实时的车流量与之对比,如果出现车流量翻倍增长的情况,则生成车流量预警事件同步至事件管理模块中,并下发短信告知相应的管理人员。

(9) 设施健康:主要采集现场各类型联网设备的心跳数据,如出现设备无数据或设备离线的情况时吗,生成相应的预警事件同步至事件管理模块中,并下发相短信通知相应的管理人员。

(10) 诱导屏和情报板管理:接入了南昌市公路事业发展中心所有情报板和诱导屏设备,实时监测设备的心跳数据和实时显示内容并展示在系统中,可对相关账号和登录 IP 赋予在系统中进行内容发布的权限,保证内容发布的安全。设备也可与各模块进行信息联动发布,除联动发布内容的预编辑之外,全程自动进行,无须人工干预。

(11) 视频管理:接入了南昌市公路事业发展中心的所有视频设备,可在系统中拉出各点位视频的实时画面,也可在系统中进行视频设备的画面控制。

(12) 车辆管理:接入市局所有养护车辆信息,实时采集车辆经纬度信息,并在地图上绘制车辆热力图,展示车辆巡检情况。

5. 应用情况

根据南昌市公路事业发展中心各子平台的情况以及业主单位的需求情况,智慧示范公路综合管理系统进行了系统架构设计、数据结构设计、模块功能设计。对接入的设备进行监测、管理、操作,对接入的数据进行计算和分析,为相应的监督管理工作提供了操作上的实时性和便捷性,为相应的道路养护工作提供了依据。

目前,该系统已根据该设计方案完成开发和部署,各功能模块已投入使用,其中雾区引导模块、冰雪处置模块以及环境监测模块在 2024 年 1 月和 2 月的寒潮期间做到了自动预警、自动处置、自动引导、自动广播,为业主单位针对冰雪灾害的处置提供了有力的帮助。

6. 结语

本文基于当前国内智慧公路发展现状以及南昌市公路事业发展中心信息化业务特点,介绍了南昌市公路事业发展中心智慧公路信息化管理体系，对建设国省道智慧公路信息化监测管理平台有一定的参考性，其中相关功能模块划分设计基本覆盖当前国省道信息化监测设备、信息化监测业务、信息化管理业务。目前，该系统得到了业主单位极大的认可，系统内的各功能模块很好地贴合了相关国省道管理单位的工作内容，但是在使用过程中也遇到了一些问题，比如是否能将一些纸面流程性的道路管理工作转移到系统中与相关的功能模块进行结合，这样的问题是值得我们去好好思考以进一步对系统进行迭代工作的。

参考文献

[1] 王鑫涛.郑州市普通国省道干线智慧公路建设探析[J].中国交通信息化,2021(10):105-106+109.

[2] 陈昱.普通国省道智慧公路建设研究与应用[J].智能城市,2022,8(03):16-18.

[3] 殷浩.江苏省普通国省干线智慧公路建设体系[J].中国交通信息化,2021(07):91-93.

[4] 交通运输部印发《指导意见》推动交通运输领域新型基础设施建设[J].中国交通信息化,2020(09):92.

[5] 杨浩.基于MongoDB与Hadoop MapReduce的数据分析系统性能改进研究[J].微型电脑应用,2019,35(11):61-64.

安徽省普通国省干线公路现状及与经济社会发展适应性分析

Analysis on the Current Situation of General National and Provincial Highways and their Adaptability to Economic and Social Development in Anhui Province

戴 越[1]　陈琳娜　卢 川

摘　要：随着新一轮国家公路网的印发实施，安徽省启动了普通省道网的规划修编工作，准确掌握普通国省干线公路网的现状，分析其与经济社会发展的适应性，是规划修编的基础和核心工作。本文通过与区域其他省份相关指标的对比，分析把握安徽省普通国省干线公路的发展现状，通过与经济社会发展相关因素的回归分析，剖析干线公路网与经济社会发展互适性问题。

关键词：普通国省干线公路；经济社会发展适应性；分析

Abstract: With the issuance and implementation of new national highway network planning, Anhui Province has initiated the revision of the general provincial highway network planning. Accurately grasping the current situation of the general national and provincial highway network and analyzing its adaptability to economic and social development are the foundation and core work of the plan revision. By comparing relevant indicators with other provinces in the region, this study examines the development status of general provincial highways in Anhui Province. It also assesses the compatibility between the highway network and economic and social development through regression analysis of factors related to economic and social development.

Key words: general national and provincial highways; adaptability of economic and social development; analysis

1. 研究背景

安徽省东向对接长三角，西向联通中部地区，具有承东启西、连南接北的区位优势。2019年，中共中央、国务院出台《长江三角洲区域一体化发展规划纲要》，将长三角一体化发展上升为国家战略，擘画了新时代长三角一体化发展宏伟蓝图。2021年，中共中央、国务院出台《关于新时代推动中部地区高质量发展的意见》，推动中部地区加快崛起。安徽省作为长三角和中部地区中的一员，其交通发展要尤为注重与长三角和中部地区其他省份的协调和联动，在区域交通一体化的视野下，谋划交通发展的重大问题。2022年，安徽省启动了新一轮干线公路网的规划调整工作，首先需要对干线公路网的现状及其与经济社会发展互适性进行分析。

---

[1] 戴越，安徽省交通规划设计研究总院股份有限公司，联系邮箱：15386834@qq.com。

2. 安徽省普通国省干线公路现状及与周边省份的对比分析

2.1 总量规模

截至 2022 年底,安徽省普通国省道总里程 23 382 km,在周边 10 个省市中排名第 4 位,低于湖南、河南、湖北,位于长三角地区第 1 位;安徽省普通国省道密度 16.69 km/百 km^2,在 10 个省份中排名第 2 位,仅低于河南省(18.57)。普通国省道总量规模较大(表1—表2、图1)。

表 1　普通国省道里程和密度

序号	省份	普通国省道里程 (km)	里程排名	普通国省道密度 (km/百 km^2)	密度排名
1	山西	12 549	8	8.01	9
2	上海	1 022	10	16.22	3
3	江苏	12 999	7	12.13	7
4	浙江	8 212	9	7.78	10
5	安徽	23 382	4	16.69	2
6	江西	18 669	6	11.19	8
7	山东	19 770	5	12.69	6
8	河南	31 015	2	18.57	1
9	湖北	27 355	3	14.71	5
10	湖南	31 201	1	14.73	4

表 2　安徽省与长三角、中部地区、全国普通国省道密度

地区	安徽省	长三角	中部地区	全国
普通国省道密度(km/百 km^2)	16.69	12.7	14.02	6.21

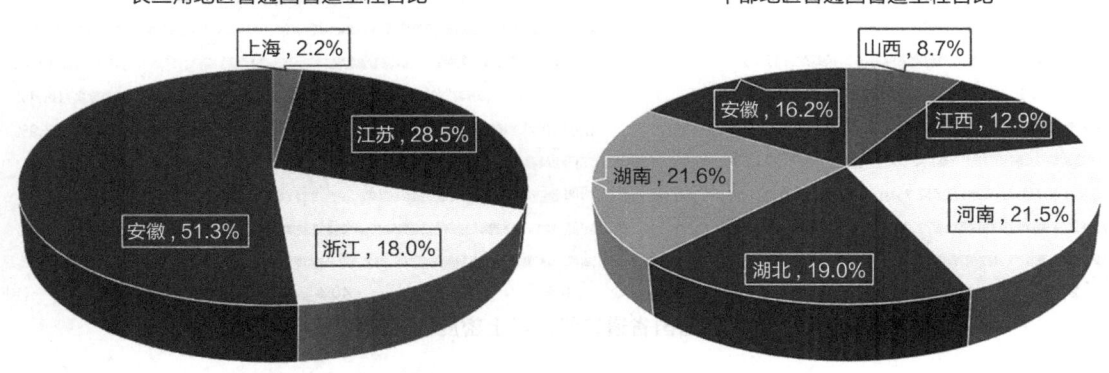

图 1　安徽省在长三角和中部地区中普通国省道里程占比

2.2 高等级公路占比情况

安徽省普通国省道二级及以上里程 15 547 km,普通国省道二级及以上密度 11.10 km/百 km^2,在 10 个省份中排名第 6 位,处于中等水平。安徽省普通国省道二级及以上占比 66.5%,普通省道二级及

以上占比53.9%,在10个省市中排名第9位(表3),由于总量规模较大的原因,二级及以上公路占比较低。

周边省份中,江苏、上海、山东普通国省道二级及以上公路占比达到95%以上,浙江、山西、湖北普通国省道二级及以上公路占比在85%~90%之间,江西、河南普通国省道二级及以上公路占比达到70%以上(表4),湖南普通国省道二级及以上公路占比最低,为50.8%(图2)。

表3 周边省市高等级公路占比情况

序号	省份	普通国省道总里程(km)	二级及以上里程(km)	二级及以上里程排名	二级及以上密度(km/百 km²)	二级及以上密度排名	二级及以上公路占比	二级及以上公路占比排名
1	山西	12 549	11 031	8	7.04	9	87.9%	6
2	上海	1 022	1 002	10	15.91	1	98.1%	2
3	江苏	12 999	12 890	7	12.02	5	99.2%	1
4	浙江	8 212	7 320	9	6.94	10	89.1%	4
5	安徽	23 382	15 547	5	11.10	6	66.5%	9
6	江西	18 669	14 017	6	8.40	7	75.1%	7
7	山东	19 770	19 034	3	12.22	4	96.3%	3
8	河南	31 015	22 272	2	13.34	2	71.8%	8
9	湖北	27 355	24 169	1	13.00	3	88.4%	5
10	湖南	31 201	15 864	4	7.49	8	50.8%	10

表4 安徽省与长三角、中部地区、全国普通国省道高等级公路占比情况

地区	安徽省	长三角	中部地区	全国
二级及以上密度(km/百 km²)	11.10	10.24	10.01	3.95
二级及以上公路占比	66.5%	80.6%	71.4%	64.2%

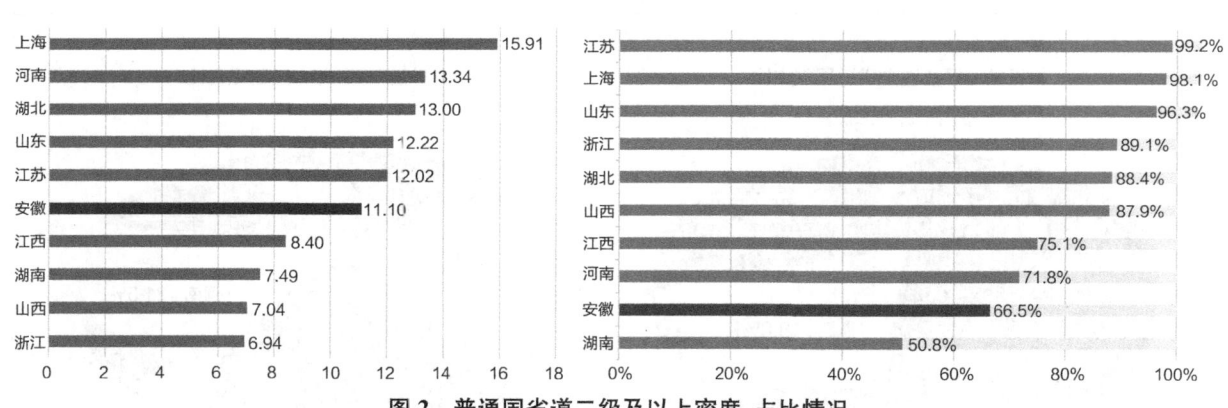

图2 普通国省道二级及以上密度、占比情况

2.3 建设进程

"十四五"以来,安徽省以连通、提质、升级为重点,加快构建普通国省道骨架网,着力提升普通国省道技术等级。2020—2022年,安徽省普通国省道二级及以上公路里程增加1 212 km,年均增长率4.14%,增速在10个省份中遥遥领先,在总量规模较大的条件下,安徽省普通国省道技术等级快速提升(表5)。

表 5 2020—2022 年普通国省道二级及以上公路里程

序号	省份	2020年(km)	2021年(km)	2022年(km)	增长值(km)	排名	增长率	排名
1	山西	10 996	11 001	11 031	35	9	0.16%	9
2	上海	957	1 002	1 002	45	8	2.33%	3
3	江苏	12 443	12 618	12 890	447	5	1.78%	4
4	浙江	7 085	7 153	7 320	235	7	1.64%	6
5	安徽	14 335	14 984	15 547	1 212	1	4.14%	1
6	江西	13 586	13 877	14 017	431	6	1.57%	8
7	山东	19 019	19 040	19 034	15	10	0.04%	10
8	河南	21 526	22 071	22 272	746	4	1.72%	5
9	湖北	23 394	23 767	24 169	775	2	1.64%	7
10	湖南	15 111	15 561	15 864	753	3	2.46%	2

通过和周边省份的对比，不难发现，安徽省普通国省干线公路发展呈现出"规模较大、等级偏低"的特点，普通国省道总量规模较大、密度较高，但高等级公路占比较低，与此同时，高等级公路建设步伐明显提速，阶段性的特征十分鲜明。

3. 安徽省普通国省道与经济社会发展适应性分析

3.1 公路网络与经济社会发展的关系

已有研究成果表明，公路网络发展和经济发展具有密不可分的联系，从发展历程来看，公路网发展都将经历瓶颈制约、基本适应、适度超前三个阶段。

（1）瓶颈制约阶段。早期公路网建设落后于社会经济的发展，是社会经济发展的瓶颈制约，该阶段特点表现为公路建设进度缓慢、公路网络规模不能支撑经济社会发展。

（2）基本适应阶段。随着交通需求的增长，公路网建设加快，公路网的规模开始逐渐适应经济社会发展。该阶段特点表现为公路网发展速度和经济社会发展速度一致。

（3）适度超前阶段。当路网规模适应经济社会发展需求时，公路网发展不再单独追求里程规模的增长，建设速度开始放缓。但高等级公路建设随着人民生活水平和经济社会的发展，还将保持一段时间的快速增长，而后趋于稳定。该阶段特点表现为路网规模增速放缓、结构趋于完善，侧重于路网服务质量的提升。

3.2 影响因素分析

通过文献检索及对各省市公路交通与经济社会的发展关系分析发现，公路网络发展与地方经济、人口规模、城市化发展进程具有较强的相关性[1-2]。人均地区生产总值直接反映了一个地区的整体经济实力，不同经济水平对公路网络基础设施的需求不同。在发展早期，经济发展整体较为落后，人口增长速度快、基数大，人口为影响公路发展的主导因素。近年来，经济社会快速发展，人口密度对公路网密度的影响有所减弱[3]。城镇化是经济社会发展的必然趋势，城镇化进程快速发展所带来的最直接效应是客运需求的快速增长，进而带来公路网里程规模的增长。

研究选取人均地区生产总值、常住人口密度、城镇化率三个指标来反映安徽省经济社会发展水平。同时，从路网规模、技术等级两个方面分析，选取普通国省道路网密度、普通国省道二级及以上公路密度两个指标来反映安徽省普通国省道网络发展水平。

3.3 干线公路网与经济社会发展适应性分析

1）普通国省道规模和经济社会发展适应性分析

对安徽省 2018—2022 年安徽省普通国省道密度和经济社会发展的三个指标（人均地区生产总值、常住人口密度、城镇化率)进行拟合分析,当相关决定系数 $R^2>0.7$ 时,可认为两组数据具有较好的线性相关性。通过分析结果可知,安徽省普通国省道规模增长和经济社会发展基本呈线性关系。近 5 年来安徽省普通国省道规模的增长速度和经济社会发展速度基本适应(图 3)。

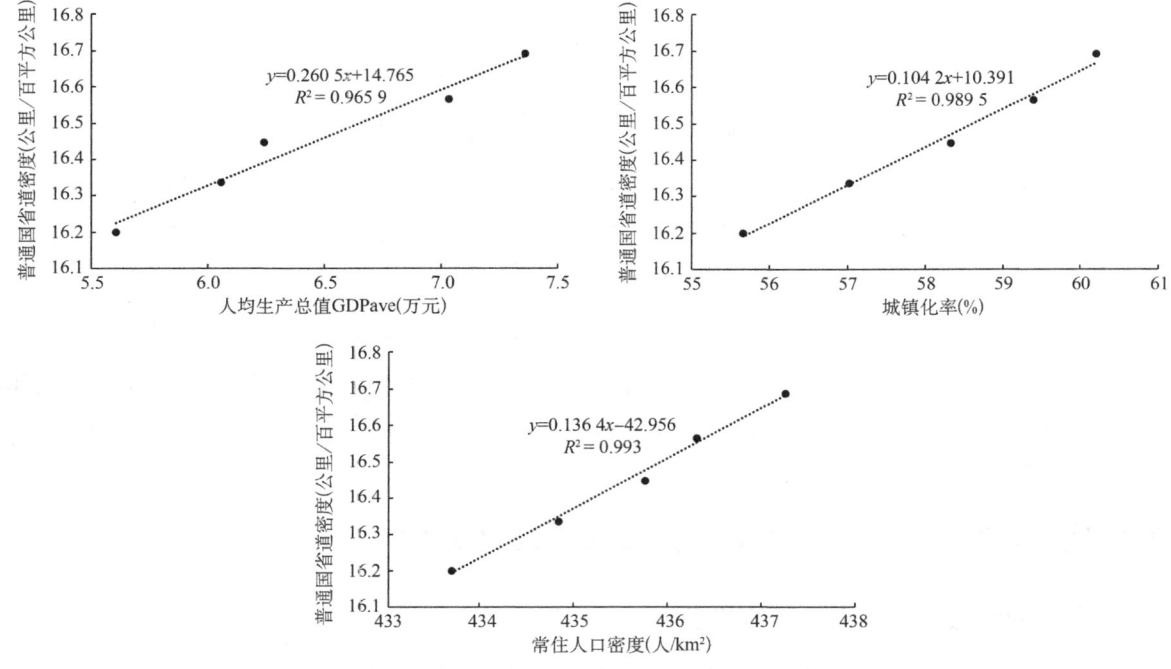

图 3　普通国省道密度与经济社会发展关系图

2) 普通国省道技术等级与经济社会发展适应性分析

对安徽省 2018—2022 年安徽省普通国省道二级及以上公路密度和经济社会发展指标进行拟合分析,可以看出,安徽省普通国省道技术等级提升和经济社会发展基本呈指数关系。其中,普通国省道二级及以上公路密度和人均生产总值的指数关系较小,和城镇化率、常住人口密度间具有明显的指数关系(图 4)。

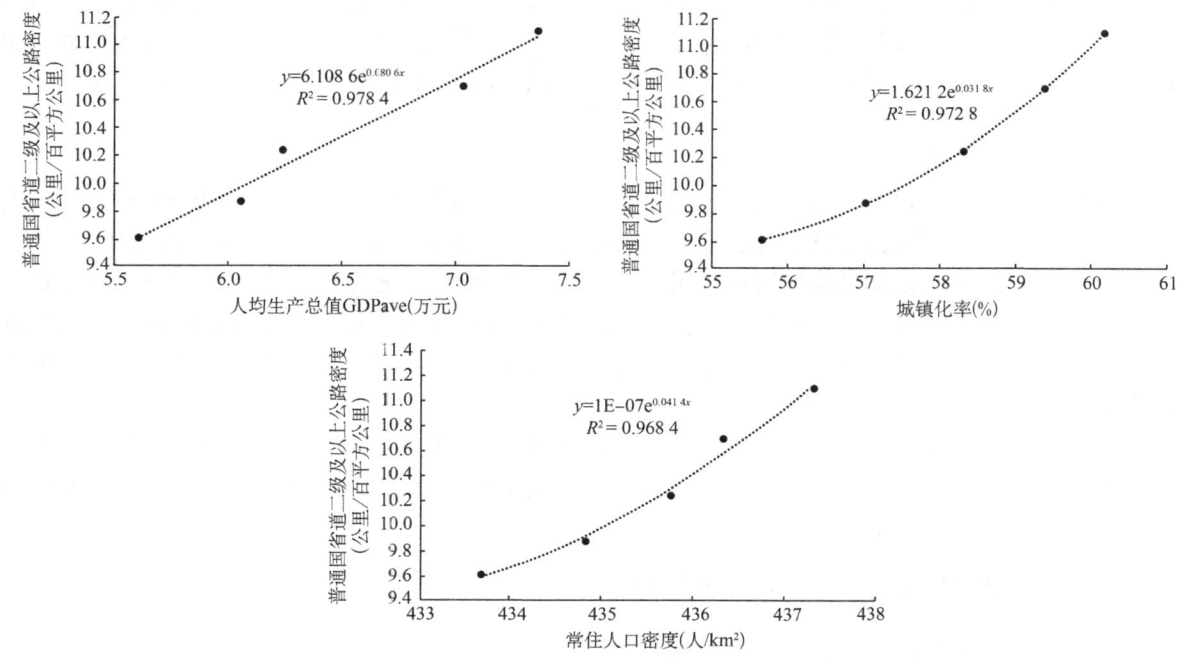

图 4　普通国省道二级及以上公路密度与经济社会发展关系图

近5年来安徽省普通国省道二级及以上公路密度快速增长,增长速度高于经济社会发展水平。安徽省高等级公路保持快速增长,网络发展更加侧重结构完善和服务质量提升。

综上,一方面安徽省普通国省道规模增长和经济社会发展速度呈线性关系,规模增长和经济社会发展关系相适应。另一方面,安徽省普通国省道技术等级提升和经济社会发展呈指数关系,技术等级提升显著快于经济社会发展。由此判断,目前安徽省普通国省道正处于由"基本适应"阶段向"适度超前"阶段的过渡期。

4. 结语

(1)在区域干线公路网布局发生变化的大背景下,研究对安徽省普通国省干线公路的现状以及与经济社会发展的适应性进行了分析,相关研究结论为准确把握路网阶段性特征提供了依据。

(2)通过与长三角、中部地区等相关省份的对比分析,可以看出,安徽省普通国省干线公路呈现出总量规模较大、路网密度较高,但技术等级偏低的特点,路网结构有较大的优化空间。

(3)通过普通国省道规模和技术等级与人均生产总值、城镇化率、常住人口密度等影响因素的相关性分析,可以看出安徽省普通国省道在总量规模上适应经济社会发展,在技术等级提升上,适度超前于经济社会发展,发展阶段处于"基本适应"向"适度超前"的过渡阶段。

(4)后续普通国省干线公路网的规划修编和建设重点,应注重"网络优化、结构调整、效能提升",实现由"规模化发展"向"高质量发展"转型。

参考文献

[1] 张静晶. 公路交通与经济社会发展适应性评价研究[D]. 成都:西南交通大学,2005.
[2] 叶亮. 公路交通运输与社会经济发展关系的类比研究[J]. 公路,2014,59(11):138-143.
[3] 陈胜武. 普通国省干线公路与社会经济发展关系探讨[J]. 现代交通技术,2014,11(05):88-91.

基于BIM+GIS技术的公路工程施工阶段创新技术研究与应用

Research and Application of Innovative Technology in Highway Engineering on Construction Stage Based on BIM+GIS Technology

崔聪聪[1]　尧逸民[2]　陈　国　张　驰　李爱民　张　斌

摘　要：本文充分利用BIM+GIS技术应用优势，开展施工阶段BIM技术创新研究。在公路工程施工阶段，对关键工点实现了可视化交底，创建了智能化、数字化、信息化指挥作战平台，并融合轻量化技术、互联网、物联网、大数据、AI等科技手段实现了数字基建。创新技术研究提升了高速公路项目的科技管理的水平，保证了项目现场的安全、质量。研究成果实现了"互联网+"与建筑工地的跨界交融，促进了高速公路新基建行业转型升级，为今后BIM在高速公路改扩建工程项目管理中的应用研究提供坚实的基础。

关键词：改扩建工程；项目管理；参数化建模；模型轻量化

Abstract: In order to promote the efficient management mode of highway reconstruction and expansion projects, the construction scheme is optimized based on BIM technology, the key work points are disclosed visually, and the intelligent, digital and information command and combat platform is created. The BIM model is innovatively completed, and the digital infrastructure is realized by integrating lightweight technology, Internet, Internet of Things, big data, AI and other technological means, which improves the level of science and technology management of highway projects and ensures the safety and quality of project sites. It realizes the cross-border integration of "Internet +" and construction sites, promotes the transformation and upgrading of new highway infrastructure industry, and provides a solid foundation for the application research of BIM in the management of highway reconstruction and expansion projects in the future.

Key words: reconstruction and expansion projects; project management; parametric modeling; model lightweight

1. 引言

随着科技的不断进步，以信息技术为核心的土木行业改革正在循序推进，目前，很多学者针对公路工程项目信息化管理做了大量研究，结合BIM等新技术进行了很多工程应用实践[1-8]。在交通强国战略的背景下，在交通运输部BIM技术示范应用意见的指导下，以BIM技术为核心，以公路工程施工管理为研究对象，利用人工智能、物联网、大数据等新一代信息技术与交通运输深度融合，推进公路数字化转型。

陈志等[9]利用BIM技术对改扩建过程中交通导改进行施工模拟，提高了BIM技术在施工阶段的应用效率；唐川等[10]实现了改扩建工程中4D可视化施工及管理；孙福深[11]利用BIM技术，对国省道改扩建施工安全管理进行探索；黎宇阳等[12]研究分析了BIM+GIS技术在高速公路项目中的优势，列举了具体的应用情况；孙源等[13]提出了搭建BIM轻量化体系，通过自主研发的BIM仿真系统平台，为大体量BIM

1　崔聪聪，江西省交通设计研究院有限责任公司，研究生，工程师，联系邮箱：18353121945@163.com。
2　尧逸民，长安大学，研究生，工程师，联系邮箱：1317733782@qq.com。

模型提供了审阅浏览平台。随着公路工程行业迅猛发展,越来越多的技术人员认识到了信息技术的重要性,开始引入 BIM 技术[14]。

在数字技术驱动的新浪潮下,工程的"数字化""智慧化"成为产业转型升级的核心引擎,本文结合樟树至吉安高速公路改扩建工程在设计、施工、运维阶段迫切需要实现全过程数字化管理的需求,针对当前公路工程施工、管理过程中创新性不足等问题,充分发挥自主研发的地形裁剪技术、参数化建模技术和模型轻量化技术,创新融合 BIM 轻量化平台,解决道路、桥梁、隧道模型建立与应用的难点,着力研究推进 BIM 技术在公路工程中的数字信息化施工管理,为今后高速公路改扩建项目中 BIM 的应用提供科学依据。

2. 工程概况

樟树至吉安高速公路改扩建工程建设项目路线起于宜春市樟树市昌傅镇境内的樟树枢纽南端,终点与大广高速 Y 形相接,位于吉安市吉州区兴桥镇境内,项目包括枢纽互通 1 处、一般互通 6 处、改扩建及新建服务区各 1 处。项目采取"边施工边通车、保持四车道通行"的交通组织方式。

3. BIM 与 GIS 集成研究

地理信息系统(Geographic Information System,GIS)为工程设计提供强大的数字化地理平台,协助工程进行规划设计,针对与地理空间有关的工程管理进行分析。建筑信息模型(Building Information Modeling,BIM)是一种全新的理念和技术,可完成构件级项目管理。

3.1 GIS 场景搭建

利用机载激光雷达获取高精度三维激光点云、高分辨率数码影像及经过数据处理获取的高清数字正射影像(DOM)、数字高程模型(DEM)、数字线划图(DLG)、数字表面模型(DSM)等基础数据,通过机载三维激光雷达测量,实现了地面三维坐标和影像数据同步,快速实现地物真实形态特性再现,为合理的 BIM 技术应用提供了基础数据。

3.2 BIM+GIS 技术应用优势

BIM 技术与 GIS 技术的集成研究能够将地理信息系统与建筑信息模型技术相结合,利用两者的技术优势实现公路三维数字化,BIM+GIS 融合技术将是交通行业的重大变革,正在颠覆传统工程建设领域原有的生产和管理方法。经过研究发现,通过 IFD 编码可以实现信息属性的附加,利用 ID 建立 BIM 与 GIS 数据模型间的准确映射,能够将几何模型和属性数据关联,从而进行协同设计、仿真模拟等信息模型应用模式。

4. 施工阶段 BIM 技术创新研究

深度利用交付的三维数字化模型,结合高清地理影像,搭设多阶段交通导航布置模型。对该项目的关键工点进行数字化表达,从而实现虚拟设计、虚拟建造。利用 BIM 模型结合信息化技术实现人员、钢筋加工场、梁场生产信息化智慧管理。

4.1 参数化建模技术研究

按照 WBS 项目工作分解结构原理对桥梁、路基构件组成进行分类,基于参数化创建流程,使用 Revit 软件,实现了桥梁、路基参数化族库的创建;采用 Revit 与 Dynamo 结合的方式,通过设计合理的数据处理逻辑算法,读取建模数据库中的几何尺寸和空间坐标信息,并调试节点程序,载入参数化族库,实现全线模型的数字化交付,参数化模型如图 1 所示,为后期的

图 1　参数化建模

建、管、养、运一体化提供数字化模型。

4.2 模型轻量化技术研究

模型轻量化是 BIM 技术应用的前提，轻量化后的模型能够为业主快速、高效地定位关键工点，研究小组自主研发 BIM 模型轻量化引擎，通过 Visual Studio 搭建开发环境引用 Revit API.dll 和 Revit APIUI.dll 程序集，以 C# 作为二次开发语言。将模型从底层开始轻量化，采用几何简化算法、渲染优化算法、文件格式优化及数据结构设计四种方法对 BIM 轻量化体系进行搭建。轻量化后的模型大小减少了百倍，加载速度提高了 50 倍，轻量化后的加载模型如图 2 所示，研究成果为模型全生命周期的应用提供轻量化基础。

图 2　BIM+GIS 三维模型

4.3 利用 BIM 技术实现工点级重大施工过程可视化推演

施工阶段中，将分部分项工程所对应的拆分模型直接用于施工模拟，轻量化模型与实景地形模型相结合，真正达到 BIM 技术优化施工技术方案的目的。

1）无人机航拍视频与模型实景叠加

利用无人机沿道路设计中心线进行航拍，提取素材片段进行数据处理与分析，还原出摄像机的运动轨迹，确定三维虚拟空间的真实比例，通过视频反向追踪技术，将航拍视频与轻量化的 BIM 模型相结合，展示路线三维设计方案，清晰直观地展现工程实体与周围环境及周边路网用地的关系，真实还原现场施工环境，实景叠加效果如图 3 所示。

图 3　无人机航拍视频与模型实景叠加

2）重要工点桥梁施工模拟

针对改扩建项目旧桥拆除及新建桥梁施工工期紧、保通要求高的特点，将分部分项工程所对应的拆分模型用于施工模拟,模型与实景模型相结合,如图4所示。

通过BIM技术对项目沿线重点桥梁进行施工模拟,能够提前预知可能发生的工程难题、安全和质量问题,从而有效降低施工过程中的安全风险。

图4 袁河特大桥施工模拟

图5 交通组织可视化

3）交通组织可视化交底

利用交付的三维数字化模型,结合高清地理影像,搭设多阶段交通导行布置模型。对该项目的关键工点进行数字化表达,在交通导改和组织施工前利用BIM技术开展预演,如图5所示。

将BIM模型融入交通转换的转换段落、转换节点,充分发挥BIM三维可视化的优势,让班组技术人员能在施工前熟悉施工工艺及施工工序技术流程,有效改变CAD时代识图难的局面,对安全设施布设等进行推演分析直观展示枢纽互通转换期间的施工方案和保通方案,为施工组织及交通组织方案决策提供重要参考。

4）大临设施方案比选,厂外无厂创新实践

该项目基于Revit软件对场地建设整体方案进行建模,相比传统二维的标准化场地建设,利用BIM模型可以实现可视化的工地建设方案比选,更加高效地优化场站规划方案。通过建立参数化、标准化族库,能够形成基于BIM技术的工地标准化建设,图6展现了大临设施建设方案。

利用BIM+GIS技术对砼集中生产场地、钢筋加工场地、结构集中预制场地进行有效的规划,利用BIM+GIS技术搭建施工场地三维场景,为工区划分,运输道路选址等工作提供数据依托,对施工场地布置进行科学合理策划,实现厂外无厂创新实践。

图6 大临设施方案比选

4.4 基于BIM模型创建智能化、数字化、信息化指挥作战平台

基于BIM模型建立的数字指挥调度中心和数字工地管理平台,能够推进樟吉高速改扩建项目管理精

细化、指挥调度可视化,全面提升樟吉高速改扩建项目管理水平,实现生产全过程信息化管理,如图7所示。

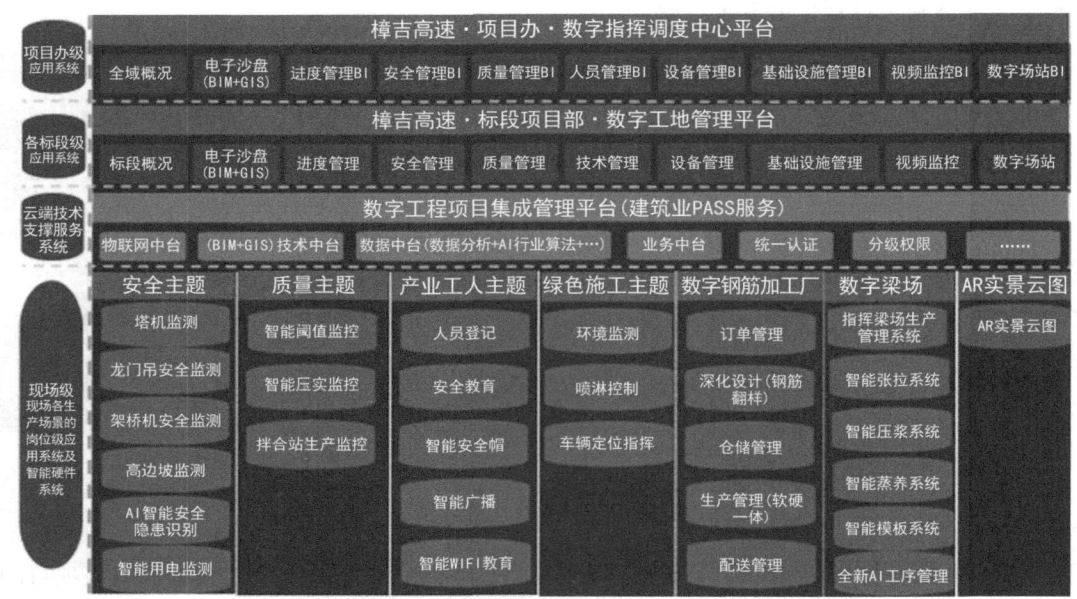

图7 应用系统总体布局

1)基于BIM技术的数字指挥调度中心

为有效提升对项目全局的洞察能力,及时发现潜在风险与问题,第一时间做出有效决策与判断,项目组推进数字指挥调度中心的建设,结合BIM模型,系统实现对项目进度、质量、安全、环境等总体信息的全面监测和展示,增强项目管理的时效性和数据决策准确性。

指挥调度系统平台如图8所示,可以纵观项目总体布局,直观察看项目的地理环境,直观展现各类单位工程、场站的数量和具体位置。平台以"BIM+GIS+物联网+云计算"为基础,结合无人机、倾斜摄影等创新技术,通过三维动态虚拟的数字化巡检方式,带来全新的互动式体验。

图8 数字工地GIS一张图

通过"数字指挥调度平台"可以一览场地布置、视频监控和产能统计数据。更好地进行现场生产管理,以生产计划管理、厂区管理、作业工序管理为主线,依托物联网技术、BIM技术、互联网等先进信息化技术,实现人员、钢筋加工场、梁场生产信息化智慧管理。

2）基于BIM技术的数字工地管理

针对工点分散,参建单位多,施工协同管理复杂等难点,通过搭建BIM协同管理平台,利用智能管控中心对整个项目进行整体统一管理,如图9所示。

数字工地管理将建设期业务流程覆盖,搭建质量、安全、进度、现场监控等管理信息平台,达到业务协同、数据互通、全员参与的目标。推进数字技术与业务管理的有效融合,为管理者现场管理提供数字化赋能,提升项目管理的精细化水平。

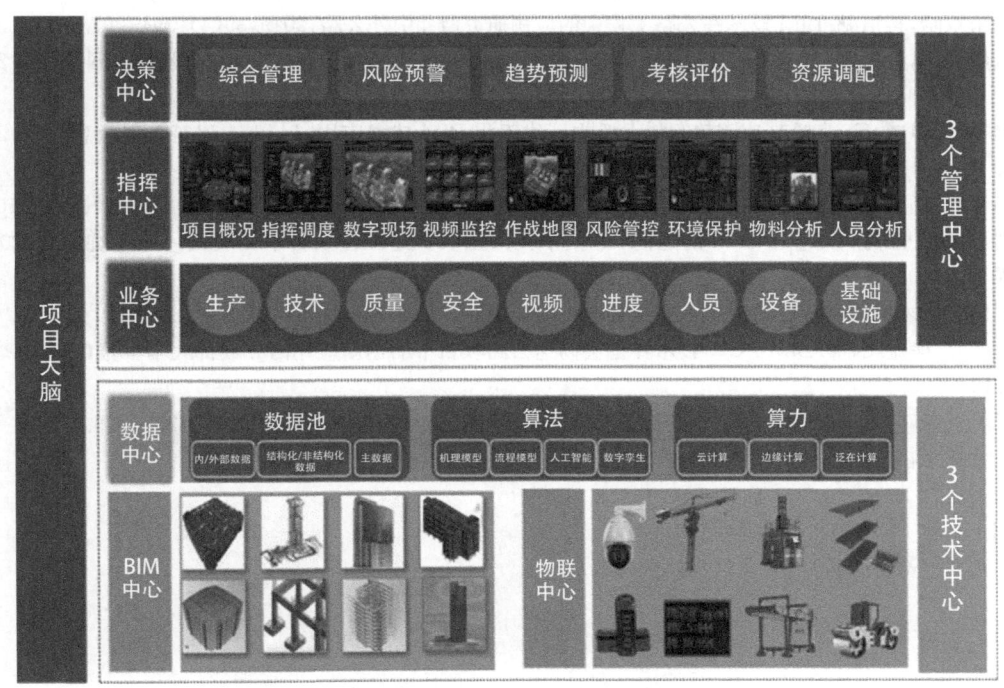

图9 数字工地管理平台架构图

5. 结语

本文以樟吉高速为工程背景,充分利用BIM＋GIS技术应用优势,开展施工阶段BIM技术创新研究,得出以下结论。

（1）提高模型利用率,将分部分项工程所对应的拆分模型用于施工模拟,轻量化模型与实景模型相结合,真正实现一模到底,做到BIM技术优化施工技术方案的目的。

（2）实现工点级重大施工过程可视化推演,樟吉改扩建项目结合本项目枢纽互通交通组织、袁河特大桥桥梁施工模拟、莲花形路段交通组织分析、上跨天桥拆除重建等建设管理重难点,为改扩建高速公路"保四通行"施工提供了新的技术路径。发挥BIM模型信息集成优势,为进度、质量安全管理、工序验收提供支撑。

（3）基于BIM模型创建智能化、数字化、信息化指挥作战平台,对全线公路BIM模型建模,并轻量化后上传到GIS平台中,与倾斜摄影结合。通过对BIM模型进行施工进度模拟,实时反应全线进度情况,解决了多种施工工序之间衔接的细节问题,完善公路信息化管理。

（4）基于现阶段高速公路建设管理需求及其标准化发展理念,研究分析了BIM＋GIS技术的主要理念及其技术特点,发挥了BIM＋GIS技术在高速公路施工阶段的应用优势,通过互联网、物联网、大数据、BIM、GIS、等科技手段实现了数字基建,实现了"互联网＋"与建筑工地的跨界交融。

参考文献

[1] 高雷,陈琳.既有高速改扩建施工安全保通措施[J].公路,2018,63(10):14-17.
[2] 王晓辉.绕城高速公路改扩建项目规划与设计的实例分析[J].公路工程,2017,42(5):192-196.
[3] 马晓宁,王选仓,张涛.高速公路改扩建条件评价体系研究[J].公路交通科技,2016,33(4):52-58.
[4] 程方圆,姚国明,奎永才,等.集成GIS/BIM的公路隧道数字化管理研究及应用[J].隧道建设(中英文),2019,39(12):1973-1980.
[5] 徐展,付灯林,谢媛芳,等.融合BIM和VR的公路施工场地布置辅助决策系统[J].公路,2019,64(12):182-188.
[6] 孙建诚,朱双晗,蒋浩鹏.BIM技术在公路工程中的应用研究[J].中外公路,2019,39(4):294-297.
[7] 沈照庆,魏鹏飞,董朝辉,等.基于BIM技术的道路改扩建研究与应用[J].长安大学学报(社会科学版),2017,19(6):43-53.
[8] 王凤国,杨露,申威,等.京哈高速陶赖昭特大桥改扩建工程BIM技术应用[J].土木建筑工程信息技术,2018,10(6):98-101.
[9] 陈志,杨艳群,杨秀靖,等.BIM技术在公路改扩建工程交通导改中的应用[J].交通工程,2019,19(5):6-10.
[10] 唐川,周颖觅,丁江勇,等.基于BIM的逆向4D技术在大型改扩建工程项目中的应用[J].建筑施工,2019,41(11):2051-2053,2060.
[11] 孙福深.BIM技术的国省道改扩建施工安全管理中的应用[J].居舍,2018(15):59.
[12] 黎宇阳,但晨,徐益飞,等.BIM+GIS技术在德会高速公路项目中的创新应用[J].成都大学学报(自然科学版),2022,41(02):157-163.
[13] 孙源,王国光,赵杏英,等.BIM模型轻量化技术研究与实现[J].人民长江,2021,52(12):229-235.
[14] 黄炎.BIM技术在公路改扩建设计中的应用[J].中外公路,2022,42(06):255-259.

基金项目

江西省交通厅一般科技项目(编号:2022X0038)。

上海市货车驾驶员安全意识评估与改善研究
Research on the Evaluation and Improvement of Safety Awareness of Truck Drivers in Shanghai

邱 坤[1]　陈萌苒[2]　胡昕妍[3]　王晓梦[4]

摘　要：随着上海市经济和城市化进程加快，货车数量显著上升。然而，由于货车驾驶情况复杂，货车数量的上升导致货车在上海市交通事故中的事故率也相应上升。货车在上海市交通事故中的事故率超过50%。本文通过问卷调查并建立模型分析了上海市货车驾驶员的安全意识水平及其影响因素。研究结果显示，驾驶员的整体安全意识水平较高，年龄和驾龄与安全意识呈正相关，而抽烟习惯与安全意识无显著相关性。为提升安全意识，建议采取以下措施：实施基于实践的培训、加强知识回顾、改善员工福利、引入驾驶模拟器培训，并通过考试选拔慎重的驾驶员。

关键词：交通事故；货车驾驶员；安全意识；影响因素

Abstract: In recent years, with the accelerated economic and urbanization process in Shanghai, the number of trucks has increased significantly. However, due to the complicated driving conditions of trucks, the accident rate of trucks in traffic accidents in Shanghai exceeds 50%. This article uses a questionnaire survey and builds a model to analyze the safety awareness level of truck drivers in Shanghai and its influencing factors. Research results show that drivers have a high overall safety awareness level, age and driving experience are positively correlated with safety awareness, while smoking habits have no significant correlation with safety awareness. To increase safety awareness, the following measures are recommended: implement practice-based training, strengthen knowledge review, improve employee welfare, introduce driving simulator training, and select people who drive carefully through examinations.

Key words: highway traffic accidents; truck drivers; safety awareness; influencing factors

1. 引言

上海市的经济发展和城市化进程推动了货物运输需求的持续增长，截至2022年，上海市货运总量达到141 059万t，其中公路货运量为44 846万t，占总货运量的31.79%，营运载货汽车保有量自2020年的20.17万辆增长至2022年的25.81万辆，近年反映出逐步上升的趋势[1]。然而，这一增长也带来更多交通安全问题，2023年，中国货车事故占比超过了20%，死亡占比超过了30%[4]。由于重型车辆载重量大、体积大，发生事故更容易造成较高的死亡率和经济损失，同时，在美国政府统计数据显示，货车每行驶一亿英里的死亡率要高于其他所有机动车，其中分心驾驶和疲劳驾驶为主要原因[5]。由此可见，对货车交通安全的研究对于加强交通安全管理有很大的必要性。

国内研究疲劳驾驶主要通过驾驶员心率、眼动等生理指标评估[6]。梁心灿[7]在研究货车驾驶人分心驾驶方面，采用模拟驾驶实验和交通仿真分析，确定典型分心次任务，分析分心驾驶对车辆运动状态、车队

1　邱坤，上海海事大学，学士学位。
2　陈萌苒，上海海事大学，学士学位。
3　胡昕妍，上海海事大学，学士学位。
4　王晓梦，上海海事大学，交通安全，讲师，联系邮箱：wangxm@shmtu.edu.cn。

稳定性以及道路交通流效率和安全水平的影响。覃文文等[8]从驾驶人的角度系统阐述了驾驶行为辨识、危险驾驶行为与行车安全分析、事故致因分析及驾驶安全风险评估等研究进展。冯忠祥等[9]对公众安全意识进行调查,选取交通安全行为、交通安全态度和交通管理认知三个因子作为三个一级评价指标。卢小林等[10]建立交通安全文明认知、交通安全主观规范、交通安全行为态度三个维度的交通安全意识评价指标体系,构建一套综合问卷调查法、AHP法和模糊综合评价法的定量化交通安全意识测评方法。

当前,国内外关于驾驶员行为的研究主要集中在不安全驾驶行为及其监控措施[7]。然而,从驾驶员思想意识层面深入探讨以减少交通安全事故的研究相对较少。驾驶员的安全意识是影响其安全驾驶行为的关键因素。对货车驾驶员安全意识的评估和提升研究,旨在提出能够有效提高其安全意识的措施,减少不安全驾驶行为,进而降低货车交通事故发生率,保障道路交通安全。

2. 货车驾驶员安全意识评价体系建立

2.1 货车驾驶员安全意识问卷设计

1) 问卷设计准备

本研究的对象为上海市货车驾驶员,问卷采用线上问卷链接发放的方式。结合文献,本研究主要从驾驶员安全知识、驾驶态度和驾驶环境三个维度出发,综合考虑货车驾驶员安全意识的影响因素,并且每个维度都从多个方面考虑,具体结构如图1所示。

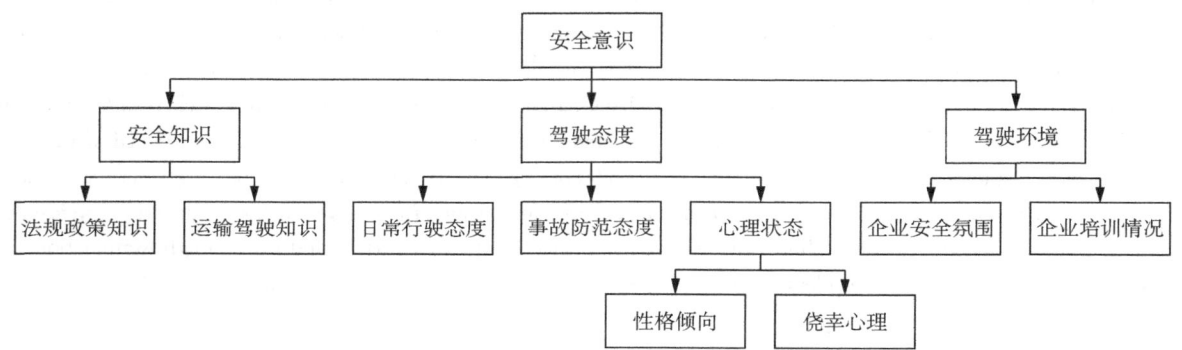

图1 货物运输驾驶员安全意识结构

在问卷设计中,需要考虑并控制背景变量对实验结果的影响,因此设计了货车驾驶员背景的相关问题(如年龄、驾龄、学历、婚姻等情况),设计了个人习惯对安全意识是否有影响的相关问题(如抽烟、接打电话等)。为减少问卷的顺序效应和提高数据质量,在设计问题之后需打乱题目顺序;为确保答案的严谨性,需设计反向计分项目,并且每个项目最终使用李克特量表法计分。

2) 信效度分析

问卷一共收集189份,在回收的所有问卷中,选择信息缺失过多、所有项目几乎同一个选项的问卷作为无效问卷剔除,可得到问卷178份,问卷有效率达94%。在得到样本数据后,对该问卷进行信效度检验,其中信度分析通过"Cronbach'α"(克隆巴赫)系数来评估问卷中各问题之间的内部一致性。将问卷项目分为三块进行计算,具体计算结果如表1所列。

表1 问卷可靠性统计

分类	基于标准化项的克隆巴赫 Alpha	项数
1	0.658	23
2	0.829	10
3	0.960	23

通过量表信度系数的计算结果,可以得到本研究中各量表信度系数 α 分别为 0.650、0.767、0.960,信度检验系数均大于 0.6,均可以结束。说明问卷整体能够较为准确地反映出货车驾驶员的情况,能够提供有效的统计数据。

在效度分析上,本研究通过皮尔逊相关系数(Pearson correlation coefficient)度量方法对问卷的题目与题目之间、问卷总体与题目之间的相关程度进行分析。计算结果得出各题目之间的皮尔逊相关系数得分绝大多数处于在 0 与 0.6 之间,表明大多数题目之间存在一定的线性相关性,即各题目的研究方向既具有一致性,又具有相互独立性,能够代表不同的研究目的,存在极少数的变量之间存在强烈的正相关性,表明这些项目之间有着较为密切的关联,因此得到本问卷的效度良好。

2.2 货车驾驶员安全意识评价模型建立过程

1) 模型假设

本研究将采用因素分析法,对上海市货车驾驶员的安全意识指标体系进行评级分析并建立模型,旨在构建一个安全意识评价模型,形成货车司机安全意识的评价体系,并计算各项维度和项目的权重,最终能够定量分析货车司机安全意识情况,提供科学准确的对策。最终的评分将根据安全意识评价模型计算得出,以提供货车驾驶员安全意识的分析和对策建议。模型如式(1)—式(2)所示。

$$Y = \sum_{i=1}^{3} a_i X_i \tag{1}$$

$$X_i = \sum_{j=1}^{n} a_{ij} X_{ij} ; 其中 \begin{cases} i=1、3, & n=3 \\ i=2, & n=5 \end{cases} \tag{2}$$

式中 Y——安全意识总分;
X_i——一级指标总分;
a_i——一级指标的权重系数;
X_{ij}——二级指标总分;
a_{ij}——二级指标权重系数。

本研究使用因素分析法验证该评价体系,计算各项指标权重 a_i 与 a_{ij},最后代入样本数据,评价其安全意识。

2) 因素分析方法的检验

本文首先需要对安全意识的三个维度进行 KMO 以及 Bartlett 检验,得到的各维度与安全意识的 KMO 和 Bartlett 球形度检验结果如表 2 所列。

表 2 各维度与安全意识的 KMO 和 Bartlett 球形度检验

检验项目	统计量	安全知识	驾驶态度	驾驶环境
KMO 取样适切性量数	KMO 值	0.632	0.675	0.646
Bartlett 球形度检验	近似卡方	108.333	110.234	110.235
	自由度	6	10	8
	显著性	0.000	0.000	0.000

由表 2 可知,各维度与安全意识的 KMO 检验值均大于 0.600,Bartlett 球形度检验概率均为 0.000,小于 0.010。结合表 2 可知本研究中各项目均可做因素分析。

3) 主要因素的确定与命名

为评估货车驾驶员的安全意识,本研究采用主成分分析法,提取出三个主要因素。由于前文提到了安全意识的三个维度,因此用这三个维度命名这三个主要因素,并将安全知识、驾驶态度和驾驶环境作为安全意识的一级指标。二级指标的确定与命名使用最大方差正交法进行载荷矩阵旋转,得到更加清晰的成分矩阵,具体的命名结果如表 3 所列。

表3 旋转后的成分矩阵

二级指标	成分1	成分2	成分3
货物知识	0.922	—	—
注意事项	0.921	—	—
相关法律法规	0.901	—	—
事故防范	—	0.664	—
性格倾向态度	—	0.609	—
侥幸心理态度	—	0.515	—
事故与准时	—	0.480	—
日常行车态度	—	0.439	—
培训有效性	—	—	0.902
培训合理性	—	—	0.897
企业安全氛围	—	—	0.685

4) 计算指标权重

主要因素确定后,评价货车驾驶员的安全意识水平需对该评价体系进行加权。因素分析法使用成分矩阵表示提取的主要因素与各变量之间的关系。通过各因素成分矩阵计算其特征值,并使用标准化的数据作为各指标的权重。结算结果如表4所列。

表4 安全意识指标及指标权重

评价对象	一级指标 X_i	一级指标权重 a_i	二级指标 X_{ij}	二级指标权重 a_{ij}
安全意识 Y	安全知识 X_1	$a_1 = 0.244$	相关法律法规 X_{11}	$a_{11} = 0.336$
			货物知识 X_{12}	$a_{12} = 0.336$
			注意事项 X_{13}	$a_{13} = 0.328$
	驾驶态度 X_2	$a_2 = 0.386$	日常行车态度 X_{21}	$a_{21} = 0.245$
			事故防范 X_{22}	$a_{22} = 0.225$
			事故与准时 X_{23}	$a_{23} = 0.190$
			性格倾向态度 X_{24}	$a_{31} = 0.177$
			侥幸心理状态 X_{25}	$a_{32} = 0.162$
	驾驶环境 X_3	$a_3 = 0.370$	企业安全氛围 X_{31}	$a_{41} = 0.363$
			培训有效性 X_{32}	$a_{42} = 0.361$
			培训合理性 X_{33}	$a_{43} = 0.276$

2.3 模型评价结果

根据表4对安全意识各级指标权重的汇总,结合上文提到的公式,计算出货车驾驶员安全意识的评价得分,本次调研的安全意识最高分为5,最低分为2,具有较大差距。但较多分数在3分到5分之间,说明此次调查的货车驾驶员总体安全意识较高。表5是随机选取的10个样本进行计算并展示。

表5 10个随机样本的安全意识得分情况

编号	安全知识	驾驶态度	驾驶环境	安全意识	位次
1	4.45	3.12	3.75	3.77	127

(续表)

编号	安全知识	驾驶态度	驾驶环境	安全意识	位次
2	4.50	3.53	3.23	3.75	124
3	5.00	3.64	3.65	4.10	90
4	4.34	4.33	3.77	4.15	86
5	4.78	4.78	3.83	4.46	52
6	5.00	5.00	4.23	4.74	30
7	4.20	4.12	4.54	4.29	73
8	4.12	4.32	4.12	4.19	79
9	5.00	3.35	4.67	4.34	65
10	5.00	4.26	4.87	4.71	34

3. 货车驾驶员安全意识分析

均值差异性检验(Mean Difference Test)用来检验两个样本之间均值是否有显著性差异的统计方法，主要分为两种类型：独立样本均值差异性检验和相关样本均值差异性检验。因为本研究各样本数据间的关联性不强，所以采用独立样本均值差异性检验中的单因素方差检验法。

3.1 均值差异检验——单因素方差检验

对年龄进行单因素方差检验，不同年龄段的各变量平均值见图2—图4。

图2表明，驾驶态度的平均值在31~40岁年龄段逐步下降并达到最低点，然后随着年龄的增长逐渐上升，至51~60岁年龄段时达到最高。31~40岁这一年龄段的驾驶员，可能因为过于自信或忽视风险，在面对新、复杂或危险情况时容易导致事故。随着年龄的上升，人们的心态变得更加成熟，能够冷静应对各种交通状况，减少冲动和偏激行为，更加注重交通安全并遵守交通法规。

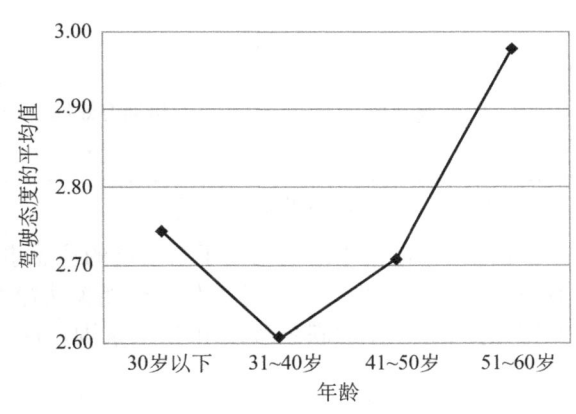

图2 驾驶态度平均值图

图3表明驾驶人员对驾驶环境的反应会随着驾龄的逐渐增加而发生上下波动。可能是在长期的驾驶过程中会形成惯性思维，对某些路况和交通情况可能会产生预设的判断和反应方式。当驾驶环境与预设不符时，可能会导致驾驶人员对环境认知产生波动。

图4显示，安全知识的平均值和驾驶态度的平均值随着年龄的变化趋势基本一致。在31~40岁这一年龄段，人们通常处于事业和家庭的双重压力下，可能会忽视对驾驶安全知识的学习和更新。而到了40岁之后，随着年龄的增长，人们的心态变得更加成熟，对安全知识的重视程度也有所提升，使得驾驶员的安全知识平均值逐步上升。

3.2 相关性分析

将安全知识、驾驶态度、驾驶环境三个维度的二级指标与年龄、驾龄、抽烟习性进行相关性分析，从具体的项目为安全意识的提升提供对策。其皮尔逊相关系数均大于0，具体结果如表6所列。

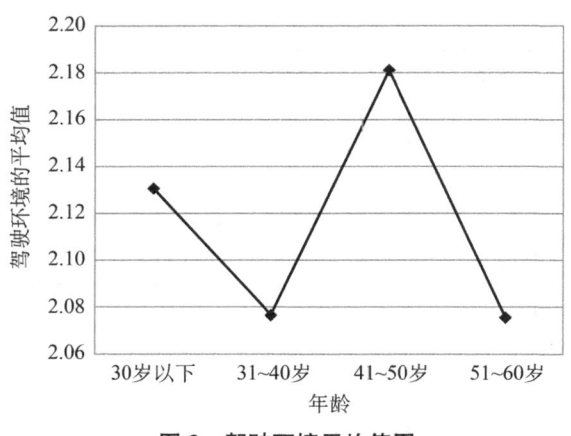

图3 驾驶环境平均值图

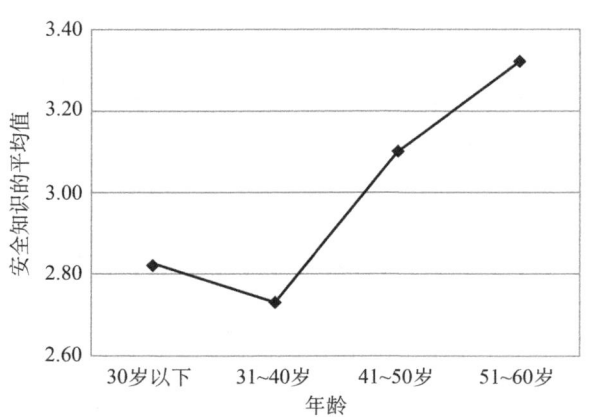

图4 安全知识平均值图

表6 二级指标与变量的相关性

指标	年龄	驾龄	抽烟习性
安全知识	相关法律法规*	相关法律法规*	—
	货物知识*	货物知识*	
	注意事项*	注意事项*	
驾驶态度	日常行车态度*	日常行车态度*	性格倾向态度*
	事故防范*	事故防范*	
		性格倾向态度*	
		侥幸心理态度*	
驾驶环境	培训有效性*	培训有效性*	培训合理性*
		培训合理性*	
		企业安全氛围*	

*：在0.05级别（双尾），相关性显著。

由上表得出，年龄正相关于驾驶员的注意事项知识水平、事故防范能力、性格倾向和侥幸的心理、培训有效性和培训合理性。驾龄正相关于相关法律法规、货物知识、注意事项、日常行车态度、驾驶员的性格、对待熟路、对工作的满意程度和安全氛围。此外，没有抽烟习惯的驾驶员更容易接受培训，且性格更加平和。

4. 货车驾驶员安全意识提高对策

货车驾驶员面临更复杂的环境和更高的工作要求，需具备卓越的技能和经验。他们面临常疲劳、高压力，在恶劣条件（如夜间、恶劣天气和危险路段等）下工作，需要有较强的体力、心理承受力和应急能力。

为应对货车驾驶员的特殊需求，同时根据因素分析后得到的安全意识等各指标的权重，结合安全知识、驾驶态度以及驾驶环境三个维度及背景变量结合得到的分析结果，提出以下具体措施：

（1）加强学习培训，包括典型案例教学、日常学习和经验培训，提高驾驶员的安全意识和应对能力。

（2）善外部环境，改善员工福利，注重心理健康，以确保货车驾驶员的稳定心态和安全驾驶行为。

通过本次调查显示，特别需要关注的是，驾驶员的安全意识与年龄和驾龄正相关，说明经验积累对安全至关重要，根据该结果提出以下具体措施：

（1）通过案例教学和多样化培训，如课堂、模拟和实操，可强化货车驾驶员的安全意识，理解规范，掌握技能，并加强考核监管，确保安全规范得到遵守。

（2）日常学习有助于货车驾驶员更新知识、提升技能，并持续关注安全。公司应提供在线和集中学习等多种方式，帮助驾驶员掌握最新安全知识，优化驾驶方法，并增强他们的责任感和使命感。

（3）经验培训能提升驾驶员的应急处理能力。公司可通过培训和交流促进驾驶员间学习分享，增强团队协作，引入驾驶器模拟。

5. 结语

本文针对上海市的货车驾驶员，创建符合上海市的货车驾驶员安全意识调查问卷，并建立了货车驾驶员安全意识评价模型。通过模型计算分析，揭示货车驾驶员安全意识的影响因素及其不同的影响程度。具体分析货车驾驶员的总体安全意识水平，并探讨了"年龄""驾龄""抽烟习惯"三个因素对货车驾驶员安全意识的影响在不同维度和二级指标上的相关程度。

分析显示，多数驾驶员安全意识良好，但少数意识较弱，安全意识得分差异大。具体表现为：驾驶员的年龄、驾龄越大，其安全意识就越好，且三个维度有不同程度的相关性；抽烟习性与驾驶员的整体安全意识相关性不大，但是没有抽烟习惯的驾驶员，性格更谨慎，不抽烟者相比抽烟者更容易接受教育与培训。

考虑到驾驶员作为交通系统中不可靠的因素，驾驶行为问卷量表调查数据存在一定的主观性。为了更加全面地揭示货车驾驶员交通事故发生的内在机理，应该考虑引入其他多种风险因素变量，实现多因素条件下的货车驾驶员驾驶行为安全水平及交通事故风险预测建模。

参考文献

[1] 中华人民共和国国家统计局. 中国统计年鉴[M]. 北京：中国统计出版社，2021.

[2] 中华人民共和国国家统计局. 中国统计年鉴[M]. 北京：中国统计出版社，2022.

[3] 中华人民共和国国家统计局. 中国统计年鉴[M]. 北京：中国统计出版社，2023.

[4] 崔乐. 基于大型货车内轮差事故的驾驶员主动安全控制研究[J]. 现代农村科技，2018(12)：104.

[5] WU J X, RASOULI S, ZHAO J, et al. Large truck fatal crash severity segmentation and analysis incorporating all parties involved：A Bayesian network approach[J]. Travel be haviour and society，2023(30)：135-147.

[6] 罗通强，李仰光，刘坚坚，等. 驾驶员疲劳监测技术研究现状及发展趋势[J]. 中国汽车，2024(05)：25-31.

[7] 梁星灿. 货车分心驾驶行为对交通安全的影响研究[D]. 北京：北京交通大学，2021.

[8] 覃文文，李欢，李武，等. 货车驾驶人驾驶行为与行车安全研究进展[J]. 交通运输系统工程与信息，2022，22(05)：55-74.

[9] 冯忠祥，季诺亚，罗毅，等. 基于问卷调查的公众交通安全意识评价方法[J]. 中国公路学报，2020，33(06)：212-223.

[10] 卢小林，沈飞燕，潘述亮，等. 基于AHP-模糊综合评价法的公众交通安全意识评价[J]. 中国水运，2023(02)：152-154.

基于产业链协同发展的交通一体化研究

——以汽车产业为例

Research on Transportation Integration Based on the Coordinated Development of the Industrial Chain—Take the Automotive Industry as an Example

李 喆[1]

摘 要：汽车产业链包括零部件制造、整车总装和最后的服务贸易环节，每个环节均涉及物流运输。由于零部件供应商较为分散，货物运输需求通常较大，汽车货运需求分析也成为近年来的研究热点。本文分析了产业与运输的关系，长三角区域汽车产业链协同发展的特征，汽车产业链运输特征，研究了产业协同发展对区域交通一体化的影响，并提出了未来区域交通一体化发展需对产业的区域协同发展予以考虑。

关键词：产业链；产业物流；汽车产业；交通一体化

Abstract: The automotive industry chain includes parts manufacturing, vehicle assembly and finally service trade, each of which involves logistics and transportation. Due to the scattered parts suppliers, the demand for cargo transportation is usually large, and the analysis of automobile freight demand has also become a research hotspot in recent years. This paper analyzes the relationship between industry and transportation, the characteristics of coordinated development of the automotive industry chain in the Yangtze River Delta region, the transportation characteristics of the automotive industry chain, and studies the impact of industrial coordinated development on regional transportation integration. It also proposes that the future development of regional transportation integration needs to consider the regional coordinated development of industries

Key words: industrial chain; industrial logistics; Automotive industry; transportation integration

1. 引言

近年来，我国汽车产业发展迅速，2023年，我国汽车产销量分别完成3 016.1万辆和3 009.4万辆，同比分别增长11.6%和12%，产销量连续15年稳居全球第一。其中，新能源产销分别完成958.7万辆和949.5万辆，同比分别增长35.8%和37.9%。同时汽车出口需求也呈现连续上升趋势，2023年汽车出口491万辆，同比增长57.9%，汽车出口成为拉动汽车产销量增长的重要力量。

汽车产业链条分为上游的软硬件生产、中游的汽车整车制造、和下游的整车装配。汽车物流贯穿着整个汽车产业的产业链，包括原材料物流、零部件采购物流、整车物流、销售物流和售后备品物流等环节。由于汽车产业涉及的生产、组装等产业链环节较多，无法在一个地区完成全部的生产环节，因此汽车产业逐渐呈现了区域协同发展的格局。汽车物流是汽车产业的重要组成环节，汽车产业的协同发展也推动了区域交通的一体化。本文通过对汽车产业链条的梳理，分析了汽车产业链区域协同发展对区域交通一体化发展的塑造和影响，对物流运输体系和交通一体化发展具有一定的参考和支撑价值。

---

[1] 李喆，上海市交通发展研究中心，铁路与货运研究，硕士研究生，工程师，联系邮箱：18720173217@qq.com。

2. 产业与运输的内涵及关系

2.1 产业链定义

产业链是各个产业部门之间基于一定的技术经济关联,并依据特定的逻辑关系和时空布局关系客观形成的链条式关联关系形态[1],其本质是一种存在着上下游关系和相互价值交换的企业群结构。不同产业链的上游、中游和下游内容有所差异。以汽车行业为例,产业链可以细分为产品设计、配件生产、产品组装、成品销售等环节。

2.2 产业与运输的关系

产业链运输系统是产业链有效运转的基础环节,通过合理配置运输资源、不断提高运输效率,可实现产业链整体效益的最优化。产业链的整体架构决定了运输需求和运输组织。

汽车产业链运输系统包括原材料、生产设备、半成品、成品的集散、运输、装卸等流程,可能涉及公路、铁路、水运甚至空运等运输方式中一种或多种方式以及公路通道、铁路线路、铁路场站、港口码头、水运航道等交通设施。整个过程一般先是通过集运系统将货物从分散的供应端集中到铁路、港口等货运场站,再通过干线运输实现货物的空间转移,最后通过疏运系统将货物分散至不同的需求端,从而实现产品从生产到消费的全过程移动[2]。

3. 汽车产业协同发展分析

3.1 汽车产业发展特征

我国汽车产业经过多年发展已成为重要的国民经济支柱产业,形成长三角、珠三角、京津冀、中三角、成渝西部、东北等六大汽车产业集群。其中,长三角汽车产业集群以上海-江苏为中心,聚集了上百个年工业产值超过百亿元的产业园区。近几年,除了传统的造车行业外,新能源汽车产业规模逐步扩大。上海市在新能源汽车产业领域处于全国领先水平,聚集了上汽、特斯拉等整车生产企业,以及博世、华域等汽车零部件生产企业,形成了安亭、金桥、临港等汽车产业主要聚集区。

2023年上海整车产量超过200万辆,其中新能源汽车产量约129万辆,同比增长35%,产值突破3 500亿元。2024年1月,上汽集团整车合计生产24.39万辆,批售24.49万辆,同比增长2.90%,其中新能源车共批售6.4万辆,同比增长99.68%。其旗下子品牌上汽乘用车荣威、MG、R汽车新能源销量持续高位;豪华纯电智能品牌智己汽车,销量也在不断攀升。产业链的全方位合作对运输链的协同提出了更高的要求。

3.2 汽车产业区域协同发展现状

产业集群的建设有助于优化一定空间范围内的产业结构,推动产业的健康可持续发展,同时伴随相关企业集聚度的提升,也将实现紧密的一体化布局,通过加强协同合作提高产业链的竞争力。长三角三省一市均以各自龙头企业为引领,形成较完善的汽车全产业链配套和有特色的产业链环节。其中,在动力系统、传动系统和汽车电子等关键零部件方面,浙江和安徽侧重于生产,江苏和上海侧重于研发;整车生产方面,浙江、江苏和安徽均有较大优势,上海则在整车研发方面具备突出优势;原材料方面,浙江和安徽均是轻工重地;服务方面,上海、江苏和浙江均已形成较成熟的服务生态。以近年来发展迅速的新能源汽车产业为例,目前长三角地区已经形成了新能源汽车的"4小时产业圈",地区间分工合作体系明显,即由上海提供芯片、软件等组成汽车"大脑",江苏提供动力电池,浙江提供一体化压铸机,安徽整车组装。一台新能源汽车的完整产业链构建在4 h车程内,发挥各地区优势,促进高质量发展。

3.3 汽车产业链运输特征

汽车产业运输主要包括两个方面：一是生产过程中的零部件运输，二是销售过程中的整车运输。

目前汽车整车运输方式主要为陆路板车运输和铁路集装箱运输，2023年8月首趟笼车内贸班列由无锡西站正式开行。陆路运输一般由物流公司依托自身资源，经营特定路线的公路运输，大多线路为"单向运输"，少部分线路可做到"往返运输"，陆路运输具有可门到门、灵活度高等优势。铁路运输中，笼车相较于传统的集装箱运输，车厢简化了装载方案，提升了运输安全性、高效性与便利性。笼车运输单批运量大、装卸效率高、运输稳定性和安全性强的特点，为企业运输提供了更多方案选择。

汽车零部件主要包括汽车动力总成、汽车电子、汽车内外饰等。零部件运输也称为原材料采购运输，包括一切生产物资的采购、仓储、供应等环节。现代汽车生产过程中，企业不断追求提高效率和降低成本，汽车产业链中零部件的采购、生产、销售等环节均尽量不以仓库存储的形式存在，而是处于周转的状态。因此，对于汽车零部件运输的灵活性和时效性要求相对较高。同时，现代汽车产业链相对集中，形成了区域产业集群，一般为中短距离运输，所以汽车零部件运输通常以公路运输为主要方式。

4. 产业协同发展对区域交通一体化的影响

2023年作为新能源汽车出口的重要窗口期，加强了长三角城市间的合作，促进港口间协作更加紧密。2022年江苏、浙江、上海均出台多式联运相关规划，利用各区域的优势调整运输结构，优化海运、陆运及铁运相互协同的运输方式，打通集疏运末端网络，使得内陆企业进一步"靠近"海港出海口。例如，常州的国产新能源汽车通过常州港运往上海外高桥港口或搭乘海铁联运班列从江苏常州铁路货场发往宁波舟山港，最终海运至境外国家；上海海事通过在无锡西站设置海事查验的前置，车辆在无锡西站装箱时即完成海事查验，到达上海后不需要再重新开箱检查，实现了区域间交通、海事的一体化联动发展。

虽然目前长三角区域汽车产业的运输一体化较为成熟，但在疫情、重大灾难等情况下，区域一体化物流运输发展仍存在一定的短板。如2022年疫情期间，受上海封城的影响，汽车产业的产销环节最敏感环节的供应链变得较为脆弱，上海的汽车配件公司要么封闭式生产，要么几乎全部停工，产业供应链变得不稳定，导致订单出现下降。同时，由于通过海运出口的货物到达上海港后海关查验等各方面更加严格，因此导致大量货物积压在港口，延长了交货时间。

5. 结语

汽车产业链包含的零部件生产、整车组装、出口运输等环节较多，通常无法一个地区涵盖从上游到下游的整个产业链，因此形成了区域产业集群协同化发展。区域集群发展对区域交通运输的一体化带来了一定的要求。目前常态下区域交通运输一体化的现状较好，但特殊情况下物流链的阻碍会导致产业链的中断，因此未来区域交通一体化发展需要更多从产业区域的分布和发展角度出发来进行思考和设计。

---- 参考文献 ----

［1］李松.产业生态：产业研究的生态学视角[J].商情,2018,000(001):293.
［2］李璐,张戎.城市货运需求模型综述[J].交通与港航,2023,10(3):1-8.

地铁快慢车线路节能控车优化

Energy-Efficient Operation Control of Express/Local Trains for Subway Lines

王大庆[1]　薛小平[2]　楚彭子[3]

摘　要：为响应市民快捷出行需求，快慢车运营模式已在多个城市得到应用，此类线路列车运行控制更为复杂。本文针对快慢车线路列车节能运行，以优化列车自动运行的速度等级（ATO等级）为着眼点，联合车底周转、均衡发车、能耗节省以及按需停站等需求确定目标函数，以发到间隔、越行间隔、停站时间、快车发车时间等为约束条件，构建了具有整数线性规划（ILP）特征的快慢车线路节能控车模型，并结合Gurobi求解器开展算例分析。算例结果显示节能控车方案较常规方案节省能耗3.975%，较均采用较高ATO等级的方案节能11.667%。合理规划控车的ATO等级，能够实现满足运营需求前提下的能耗节省。相应方法可指导快慢车线路控车计划的优化。

关键词：地铁；快慢车运营；节能控车；整数线性规划；车底周转

Abstract: For the demands of citizens' travel, the operation mode of express/local trains has been applied in many cities, and the train operation control of such lines is more complicated. Aiming at the energy-efficient operation of trains on express/local train lines, this paper focuses on the optimization of the speed level (ATO level) of automatic train operation (ATO), and determines the objective function based on the requirements of rolling stock circulation, departure equilibrium, energy consumption and dwell on-demand, takes the departure-arrival interval, overtaking interval, dwell time and express train departure time as the constraint conditions, an energy-efficient operation control model for express/local trains with integer linear programming (ILP) features is constructed, and an experiment is carried out with Gurobi solver. The experiment results suggest that the energy-efficient train operation control scheme saves 3.975% of energy compared with the conventional optimization scheme, and saves 11.667% of energy compared with the scheme with higher ATO level. Rational planning of ATO level for train operation control can save energy under the premise of meeting operation requirements. The corresponding method can guide the optimization of train operation plan of express/local train lines.

Key words: subway; operation of express/local trains; energy-efficient train control; integer linear programming; rolling stock circulation

1. 引言

凭借着安全、便捷、可靠、舒适的服务，地铁已成为大城市重要交通方式。地铁的运营依赖电力，运营者面临着降低能耗的压力。作为占比较大部分（40%）[1]，列车运行能耗及其节省吸引着越来越多的科研人员。列车运行受列车运行控制系统控制，先进的列车运行控制系统能够根据控车曲线与控车计划（如，时刻表）自动控车[2-3]，因而优化控车曲线与控车计划以及制动能量回收等节能方法被广泛关注[3-6]。例如，Wang等[3]基于最优化理论讨论常规线路节能控车计划以及车底周转计划的获取。Liu等[4]关注考虑

1　王大庆，上海申通地铁集团有限公司技术中心，列车运行控制、信号系统安全评估，总工程师，工学硕士，正高级工程师。
2　薛小平，同济大学电子与信息工程学院，网络与分布式计算、信号系统安全评估，工学博士研究生，教授。
3　楚彭子，上海申通地铁集团有限公司技术中心，列车运行控制与安全，工程师，工学博士，联系邮箱：cpz_myhk@163.com。

节能的控车曲线多目标优化。Domínguez等[5]基于仿真手段探讨列车自动运行（Automatic Train Operation，ATO）控车曲线的决策优化。刘飞等[6]强调通过协调多列车之间牵引与制动的重叠时间来节省能耗。

为更好地服务市民出行，上海、北京、广州等城市在常规"站站停"列车的基础上，加开考虑"直达"或"快捷"需求的快车，形成快慢车运营模式。快慢车线路中存在"快车"越行"慢车"的控车需求[7-8]，节能控车优化与常规线路存在差异。随着快慢车混合运营模式的普及，相关问题鲜有研究，亟待商榷。鉴于ATO系统能够按速度等级（简称为ATO等级）对应的控车曲线（即目标速度曲线）控制列车运行，且不同等级对应不同能耗，本文针对快慢车线路节能需求，探讨基于ATO等级的节能控车优化，为此类线路贡献节能方法。

2. 问题描述

列车依据控车曲线正常运行时，区间运行时间与ATO等级呈对应关系。图1示意了ATO等级划分及其在控车计划中的应用情况。具体地，对于单个区间，采用不同的ATO等级，区间运行时间不同，相应的能耗也不同。在制定控车计划时，可以合理地规划不同列车在不同区间的ATO等级，进而指导列车节能运行，如图1(b)所示。还展示了快慢车混合运行的情况。

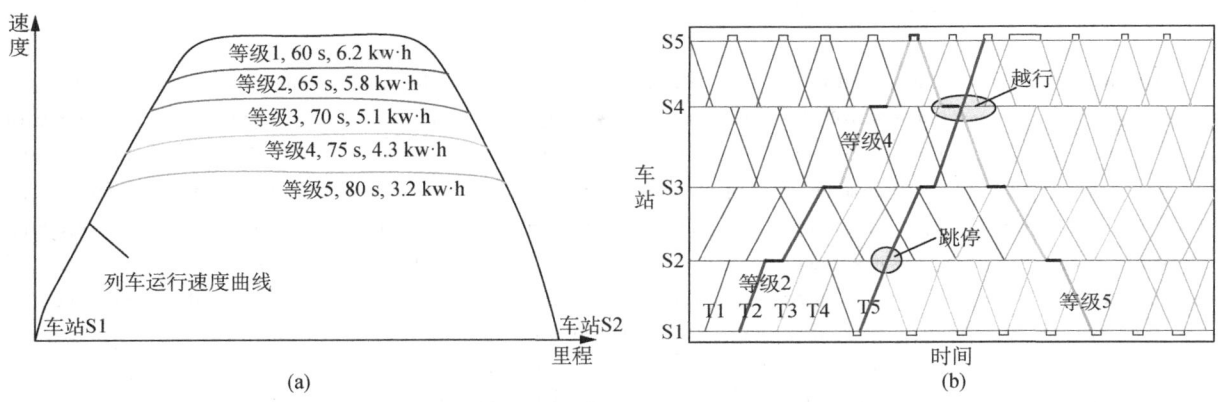

图1 ATO等级及其在控车计划中的应用

(1) 快车、慢车：如图2所示，快车为仅在少量车站停车且具有较高旅行速度的列车（又分为大站车和直达车），慢车通常在每个车站均会停车。图1(b)中列车T1至T4为慢车，各站均停车。列车T5为快车，在S1、S3及S5站停车，跳停S2和S4站，于S4站越行列车T4。

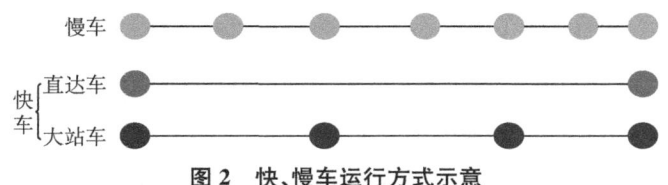

图2 快、慢车运行方式示意

(2) 列车服务：列车从某个运行方向的始发站出发，经折返后回到该车站，可称为完成了一次列车服务[3]，如图1(b)中列车T2加粗的运行线。单个时段所提供的列车服务数量与客流需求及行车间隔有关。

本文主要关注点是：对于快慢车线路，如何借助最优化理论求取考虑ATO等级决策的能耗最优控车计划，涉及控车计划时间边界、ATO等级选择边界、停站时间、快慢车混合运行条件等影响因素。

为界定问题背景，设置以下假设条件：
(1) 列车在区间的运行时间、运行能耗与ATO等级呈严格的对应关系。
(2) 慢车不得"跳停"运行，且已知各个列车在端点站的初始发车次序以及快车在始发站的发车时间。

(3) 线路为直通线路，交路方案为大交路，不考虑灵活编制，且列车在端点站的折返方式为站前单一折返。

(4) 仅考虑一个车辆基地，且位于端点站，前往另一端点站的方向为上行方向，车站索引依次增大。

3. 模型准备

为构建易于求解的快慢车线路节能控车优化模型，本文将涉及的一系列表达式均表示为线性形式，以使得相应模型为整数线性规划（Integer Linear Programming，ILP）问题。

3.1 符号定义

集合：列车服务集合 N，索引为 i、k；快车服务集合 N_e；行车方向集合 R，包含上行方向 up 和下行方向 dn，索引为 r；车站集合 S，索引为 j；端点站集合 $S_{t,r}$；具备越行条件的车站集合 $S_{s-s,r}$；快车停靠的中间站集合 $S_{d,r}$ 以及跳停站集合 $S_{s,r}$；ATO 等级集合 C，索引为 c。

(1) 参数：列车在运行方向 r 车站 j 的最小发到间隔 $I_{j,r}$；慢车到达运行方向 r 越行站 j 后快车通过该越行站的最小时间间隔，即最小到通间隔 $H_{d-t,j,r}$；快车通过运行方向 r 越行站 j 后慢车在该站发车的最小时间间隔，即最小通发间隔 $H_{t-f,j,r}$；列车在运行方向 r 车站 j 的计划停站时间 $W_{p,j,r}$ 与最大停站时间 $W_{\max,j,r}$；列车服务 i 相应列车在运行方向 r 车站 j 到达或发车的参考时间 $D_{i,j,r}$；快车所采用的 ATO 等级 C_e；列车服务 $i-1$ 与 i 在始发站先后发车的期望时间间隔 $H_{p,i-1,i}$；列车服务 i 相应列车在运行方向 r 车站 j 与 $j+1$ 之间采用 ATO 等级 c 运行的平均能耗 $E_{i,j,j+1,r,c}$；列车服务 i 相应快车、慢车在运行方向 r 车站 j 与 $j+1$ 之间采用 ATO 等级 c 运行时的区间运行时间 $T_{e,j,j+1,r,c}$ 和 $T_{l,j,j+1,r,c}$；适当大的正数 M。

(2) 变量：列车服务 i 相应列车在运行方向 r 车站 j 的到达时间 $x_{a,i,j,r}$ 和发车时间 $x_{d,i,j,r}$；列车服务 i 与 k 是否选择同一个车底的决策变量 $\zeta_{i,k}$，取 1 时，k 接续使用 i 的车底；列车服务 i 相应列车在运行方向 r 车站 j 与 $j+1$ 之间是否采用 ATO 等级 c 的判断变量 $g_{i,j,j+1,r,c}$，取 1 时，采用等级 c；列车服务 i 相应列车在运行方向 r 车站 j 是否越行列车服务 k 对应列车的判断变量 $z_{i,k,j,r}$，取 1 时，存在相应的越行作业；列车服务 i 与列车服务 k 对应列车在运行方向 r 车站 j 到达和发车的时间先后顺序判断变量 $\lambda_{a,i,k,j,r}$ 和 $\lambda_{d,i,k,j,r}$，取 1 时，i 的相应作业在 k 之前；用于计算列车发车间隔与期望间隔的偏离程度的辅助变量 $h_{d,i-1,i}$。

3.2 约束条件

结合运营需求，针对快慢车越行需求、列车发到间隔、停站时间、ATO 等级、车底周转等设置约束条件[7-10]，以确保控车计划的可行性。

(1) 发到间隔方面，列车在中间站和折返站的发到间隔不应小于相应的最小值，保证列车在区间的平顺运行。对此，针对不同车站与运行方向，并考虑可能的列车发车顺序和越行作业，有式(1)。

$$x_{a,k,j,r} - x_{d,i,j,r} \geq I_{j,r} - M \times (1 - \lambda_{d,i,k,j,r} + z_{i,k,j,r}), \forall i, k \in N, i \neq k, j \in S, r \in R \tag{1}$$

(2) 越行间隔方面，需要考虑列车在越行站的到通间隔和通发间隔。当快车越行慢车时，两间隔均不应小于相应的最小值，即式(2)。

$$\begin{aligned} x_{a,k,j,r} - x_{a,i,j,r} &\geq H_{d-t,j,r} - M \times (1 - z_{i,k,j,r}) \\ x_{d,i,j,r} - x_{a,k,j,r} &\geq H_{t-f,j,r} - M \times (1 - z_{i,k,j,r}) \end{aligned}, \forall i \in N/N_e, k \in N_e, j \in S_{s-s,r}, r \in R \tag{2}$$

(3) 车底周转方面，根据站前折返作业的特点以及列车服务的定义，对于列车在上行折返站的到达作业与发车作业，有式(3)。

$$x_{a,i,\max(S),up} = x_{a,i,\max(S),dn}$$
$$x_{d,i,\max(S),up} = x_{d,i,\max(S),dn}, \forall i \in N \quad (3)$$

对于两不同列车服务,当使用相同车底时,它们在下行折返站的到达时刻与发车时刻是相同的,即式(4)。

$$\begin{aligned} x_{a,i,1,dn} - x_{a,k,1,up} &\geqslant M \times (\zeta_{i,k} - 1) \\ x_{a,k,1,up} - x_{a,i,1,dn} &\geqslant M \times (\zeta_{i,k} - 1) \\ x_{d,i,1,dn} - x_{d,k,1,up} &\geqslant M \times (\zeta_{i,k} - 1) \\ x_{d,k,1,up} - x_{d,i,1,dn} &\geqslant M \times (\zeta_{i,k} - 1) \end{aligned}, \forall i,k \in N, i \neq k \quad (4)$$

需要注意的是,任意列车服务至多接续使用1个车底,任意列车服务的车底也至多被1个列车服务接续,进而有式(5)—式(6)。

$$\sum_{k \in N} \zeta_{i,k} \leqslant 1, \forall i \in N \quad (5)$$

$$\sum_{i \in N} \zeta_{i,k} \leqslant 1, \forall k \in N \quad (6)$$

(4) 停站时间方面,对于慢车,其在各个车站的停站时间不小于相应的期望停站时间,且不大于最大停站时间,即式(7)。

$$\begin{aligned} x_{d,i,j,r} - x_{a,i,j,r} &\geqslant W_{p,j,r} \\ x_{d,i,j,r} - x_{a,i,j,r} &\leqslant W_{\max,j,r} \end{aligned}, \forall i \in N/N_e, j \in S, r \in R \quad (7)$$

对于快车,其在需要停车的中间站的停站时间等于期望停车时间,在需要跳停的中间站不停车(停站时间为0),即式(8)—式(9)。

$$x_{d,k,j,r} - x_{a,k,j,r} = W_{p,j,r}, \forall k \in N_e, j \in S_{d,r}/\{1, \max(S)\}, r \in R \quad (8)$$

$$x_{d,k,j,r} - x_{a,k,j,r} = 0, \forall k \in N_e, j \in S_{s,r}, r \in R \quad (9)$$

同时,快车在端点站一般需要停车,停站时间要求与慢车通常一致,即式(10)。

$$\begin{aligned} x_{d,k,j,r} - x_{a,k,j,r} &\geqslant W_{p,j,r} \\ x_{d,k,j,r} - x_{a,k,j,r} &\leqslant W_{\max,j,r} \end{aligned}, \forall k \in N_e, j \in S_{t,r}, r \in R \quad (10)$$

(5) ATO等级方面,其与区间运行时间相关联,呈对应关系。区间运行时间可结合ATO等级的选择确定。由于快车在部分车站不停车,故而应与慢车分别考虑,有式(11)—式(12)。

$$\begin{aligned} x_{a,i,j+1,up} - x_{d,i,j,up} &= \sum_{c \in C}(T_{l,j,j+1,up,c} \times g_{i,j,j+1,up,c}) \\ x_{a,i,j+1,dn} - x_{d,i,j+1,dn} &= \sum_{c \in C}(T_{l,j,j+1,dn,c} \times g_{i,j,j+1,dn,c}) \end{aligned}, \forall i \in N/N_e, j, j+1 \in S \quad (11)$$

$$\begin{aligned} x_{a,i,j+1,up} - x_{d,i,j,up} &= \sum_{c \in C}(T_{e,j,j+1,up,c} \times g_{i,j,j+1,up,c}) \\ x_{a,i,j,dn} - x_{d,i,j+1,dn} &= \sum_{c \in C}(T_{e,j,j+1,dn,c} \times g_{i,j,j+1,dn,c}) \end{aligned}, \forall k \in N_e, j, j+1 \in S \quad (12)$$

需要注意的是,所有列车在任意区间运行时只能选择单个ATO等级,且快车的ATO等级通常是预先设定的,进而有式(13)—式(14)。

$$\sum_{c \in C} g_{i,j,j+1,r,c} = 1, \forall j, j+1 \in S, i \in N, r \in R \quad (13)$$

$$g_{k,j,j+1,r,c} = 1, \forall k \in N_e, j, j+1 \in S, c = C_e \quad (14)$$

(6) 快车发车时间方面,已有的运营经验大多考虑预设快车在始发站的发车时间,且通常按分钟取整数。基于此,设置约束,有式(15)。

$$\begin{aligned}x_{d,k,1,up}&=D_{k,1,up}\\ x_{d,k,\max(S),dn}&=D_{k,\max(S),dn}\end{aligned},\ \forall k\in N_e \tag{15}$$

(7) 时间范围方面,若一次性分析单日计划时,通常会考虑首班车和末班车在各个车站的运营时间。若按照时段依次规划控车计划时,需要考虑第一个列车服务和最后一个列车服务的时间要求。为降低计算难度,本文关注后者,设置的约束为式(16)。

$$\begin{aligned}x_{d,1,1,up}&=D_{1,1,up}\\ x_{a,\max(N),1,dn}&=D_{\max(N),1,dn}\end{aligned} \tag{16}$$

(8) 区间越行方面,地铁线路通常不支持列车在区间越行,因而对于任意"两站一区间",存在"先发先到"的要求,即式(17)—式(19)。

$$\begin{aligned}\lambda_{a,k,j+1,up}-\lambda_{d,i,j,up}&=0\\ \lambda_{a,k,j,dn}-\lambda_{d,i,j+1,dn}&=0\end{aligned},\ \forall i,k\in N,i\neq k,j,j+1\in S \tag{17}$$

$$\begin{aligned}x_{a,k,j,r}-x_{a,i,j,r}&\geqslant M\times(\lambda_{a,i,k,j,r}-1)\\ x_{a,k,j,r}-x_{a,i,j,r}&\leqslant M\times(\lambda_{a,i,k,j,r})-1\end{aligned},\ \forall i,k\in N,i\neq k,j\in S \tag{18}$$

$$\begin{aligned}x_{d,k,j,r}-x_{d,i,j,r}&\geqslant M\times(\lambda_{d,i,k,j,r}-1)\\ x_{d,k,j,r}-x_{d,i,j,r}&\leqslant M\times(\lambda_{d,i,k,j,r})-1\end{aligned},\ \forall i,k\in N,i\neq k,j\in S \tag{19}$$

(9) 其他方面,针对目标函数的线性需求以及变量属性设置约束条件,有式(20)—式(24)。

$$\begin{aligned}h_{d,i-1,i}&\geqslant x_{d,i,1,up}-x_{d,i-1,1,up}-H_{p,i-1,i}\\ h_{d,i-1,i}&\geqslant H_{p,i-1,i}-x_{d,i,1,up}+x_{d,i-1,1,up}\end{aligned},\ \forall i-1,i\in N \tag{20}$$

$$x_{a,i,j,r},x_{d,i,j,r}\in Z,\ \forall i\in N,j\in S,r\in R \tag{21}$$

$$h_{d,i-1,i}\in Z,\ \forall i-1,i\in N \tag{22}$$

$$\zeta_{i,k},\lambda_{a,i,k,j,r},\lambda_{d,i,k,j,r},z_{i,k,j,r}\in\{0,1\},\ \forall i,k\in N,j\in S,r\in R,c\in C \tag{23}$$

$$g_{i,j,j+1,r,c}\in\{0,1\},\ \forall i\in N,j,j+1\in S,r\in R,c\in C \tag{24}$$

3.3 目标函数

实际中,运营者期望单个时段内的列车能够按照一定的间隔均衡服务[9]。基于此,以期望间隔与待优化间隔两者偏差的绝对值尽可能小为优化目标。结合约束条件(20),该目标可表示为式(25)。

$$\min f_1=\sum_{i-1,i\in N}h_{d,i-1,i} \tag{25}$$

为了保障旅行时间的稳定性,列车在各个车站的停站时间应尽可能等于计划停站时间,尤其是中间站。由于已经在约束条件中限制待优化停站时间不小于期望停站时间,因而可将两者的差值尽可能小作为目标函数,可表示为式(26)。

$$\min f_2=\sum_{i\in N,j\in S/\{1,\max(S)\},r\in R}x_{d,i,j,r}-x_{a,i,j,r} \tag{26}$$

同时,在编制运营计划时,应尽可能减少列车的出库作业,优化车底周转[3]。结合约束条件(5)和(6),对于任意列车服务,如果其不使用正线上的车底,那么需要对其配置出库作业。对此,设置优化目标,有式(27)。

$$\min f_3 = \sum_{k \in N}\left(1 - \sum_{i \in N} \zeta_{i,k}\right) \tag{27}$$

此外，列车运行能耗可根据 ATO 等级与对应平均能耗计算得到。将能耗尽可能小作为优化目标时，相应表达式为式(28)。

$$\min f_4 = \sum_{i \in N, j, j+1 \in S, r \in R, c \in C}(E_{i,j,j+1,r,c} \times g_{i,j,j+1,r,c}) \tag{28}$$

当分别考虑以上 4 项目标函数时，相应的模型属于多目标规划问题。若将它们加权求和，则可得到单目标规划问题，求解方法更为简便。对此，本文采用后者，所得数学模型为 ILP 问题，能够借助常规求解器(如：COPT、gurobi、cplex 等)直接求解，有式(29)。

$$\min F = \sum_{m=1}^{4} w_m \times f_m \tag{29}$$
$$s.t. \text{约束条件}(1)-(24)$$

4. 算例分析

4.1 算例描述

为了分析上述模型的可行性，选择含有 1 个车辆基地和 7 个车站的某线路作为仿真对象，如图 3 所示。车站 S3 与 S5 具备越行条件，列车出库后由车站 S1 进入正线，上行方向为 S1 至 S7。仿真线路采用大交路方案，快车于车站 S1、S5 以及 S7 存在上下客作业，其他车站均不停车，即属于大站车。慢车于各个车站均停车。列车在车站 S1 至 S7 的期望停站时间分别为 60 s、36 s、36 s、41 s、36 s、41 s、60 s，最大值为 5 min。车站 S3 上、下行方向的最小到通间隔均取 70 s，最小通发间隔均取 77 s。车站 S5 上、下行方向的最小到通间隔均取 68 s，最小通发间隔均取 61 s。同时，设定了列车在不同车站的最小发到间隔。此外，针对各个区间均设置 5 个 ATO 等级，上行方向不同 ATO 等级的平均能耗分布如图 4 所示。

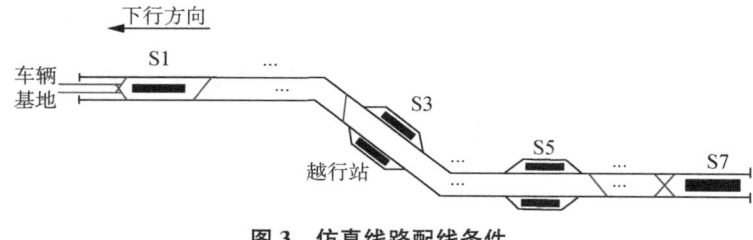

图 3 仿真线路配线条件

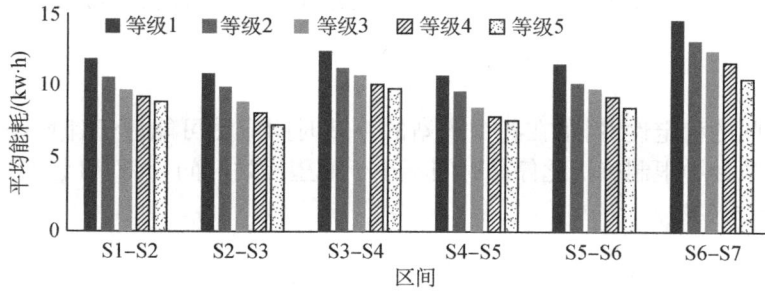

图 4 上行方向 ATO 等级运行能耗分布

运营需求方面，各列车服务均需在 2 h 内完成发车，共提供列车服务 26 次，期望间隔为 5 min。第一个列车服务于 0 s 出发，最后一个列车服务于 10 080 s 完成。上、下行均考虑快车两列次，上行发车时间为

1 800 和 5 400 s,下行为 2 700 和 6 300 s,并要求快车均按照 ATO 等级 2 运行。为了开展对比分析,共考虑三种控车方案优化方法。

(1) 节能控车:基于上述优化模型,快车 ATO 等级为等级 2,慢车 ATO 等级不固定(不使用等级 1),且考虑节能的优化方法。

(2) 速度优先:将快、慢车 ATO 等级均固定为等级 2 的优化方法。

(3) 常规控车:快车 ATO 等级固定为等级 2,慢车 ATO 等级不固定(不使用等级 1),但不考虑能耗节省的优化方法。

仿真中,使用 Python 语言编程,调用求解效率较为出众的 Gurobi 求解器获取最优节能控车方案,该求解器的运算终止条件取上下界 Gap 为 0.1%。计算机平台为 16G 内存、i7 处理器、Win10 系统的便携式计算机。

4.2 结果分析

计算得到的三种控车方案如图 5 所示。经检查,各方案均满足相应的约束条件与运营要求。三个方案中,快车(大站车)的控车方案是一致的,这与快车均采用等级 2 运行、发车时间相同,且停站时间相同有关。对于慢车,可以看出节能控车方案中存在一定的"早发车"和"晚收车"特点,这与该方案考虑了能耗节省有关,时间的富裕可为控车能耗提供更多的优化空间。

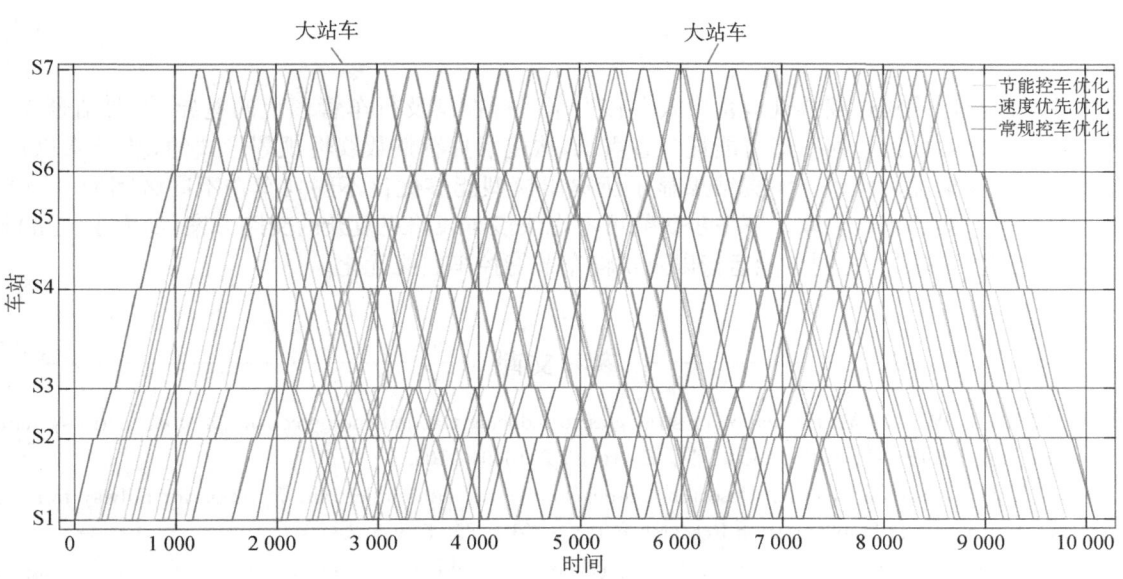

图 5 不同方法得到的控车方案

表 1 进一步展示了不同控车方案的指标。节能控车方案的总能耗最小,较速度优先方案节能 11.667%,较常规控车方案节能 3.975%。进一步结合表 2 可知,该方案涉及 ATO 等级 2 最少,更多地考虑了等级 3、4 和 5,进而节省较多能耗。速度优先方案中各列车均以 ATO 等级 2 运行,因而能耗最大。常规控车方案的能耗位于两者之间,且以 ATO 等级 2 和 3 应用较多。

表 1 不同控车方案指标情况

方案	中间站平均停站时间/s	总能耗/(kW·h)	总越行次数/次	车底数量/列	计算耗时/s
节能控车	38.731	3 027	5	9	7.5
速度优先	44.977	3 426.8	5	9	2.5
常规控车	39.508	3 152.3	5	9	3.1

表 2　不同控车方案 ATO 等级选择的分布

方案	等级 1	等级 2	等级 3	等级 4	等级 5
节能控车	0	68	75	32	137
速度优先	0	312	0	0	0
常规控车	0	98	114	39	61

中间站平均停站时间的期望值为 38 s，节能控车方案的结果与之最为接近，这可能是由于相比其他方案，该方案以采用较低的 ATO 等级居多，而这些等级对应的区间运行时间更大，占用了较多的时间，相应的偏差主要源于快车越行慢车时，慢车需在越行站等待较长时间。这一点可以通过观察速度优先方案可以看出，该方案区间运行时间最小且固定，中间站平均停站时间最短。

总越行次数（快车越行慢车的总次数）和车底数量方面，三者不存在差异，且车底周转方案和快车越行慢车的方案也是一致的，这显示出本文模型的稳定性。计算效率方面，三者分别耗时 7.5 s、2.5 s 和 3.1 s，即节能控车方案的计算耗时最多，这是由于相应方法在优化控车方案的同时充分考虑了能耗节省，计算更为复杂。鉴于节能的有益性以及开展控车计划优化的时效性要求较低，在一定的耗时范围内，采用"节能控车"的优化方法显然是可以接受的。

5. 结语

地铁的快慢车运营模式较常规运营模式存在列车运行控制及行车管理上的差异，需要结合运营需求确定合适的控车方案。针对列车运行能耗节省需求，构建了具有整数线性规划形式的、基于 ATO 等级的快慢车线路节能控车优化模型。仿真结果显示所提出模型能够优化不同列车在不同区间的 ATO 等级，可用于节能控车方案的高效求取。下一步研究可考虑快慢车线路更复杂的交路方案（如大小交路）与折返方式（如站后折返）、多列车协同节能运行以及快慢车节能控车曲线优化。

参考文献

[1] SU S, TANG T, WANG Y. Evaluation of strategies to reducing traction energy consumption of metro systems using an optimal train control simulation model[J]. Energies, 2016(9): 105.

[2] YIN J, TANG T, YANG L, et al. Research and development of automatic train operation for railway transportation systems: A survey[J]. Transportation Research Part C, 2017, 85: 548-572.

[3] WANG Y, ZHU S, D'ARIANO A, et al. Energy-efficient timetabling and rolling stock circulation planning based on automatic train operation levels for metro lines[J]. Transportation Research Part C, 2021(129): 103209.

[4] LIU K, WANG X, QU Z. Research on multi-objective optimization and control algorithms for automatic train operation[J]. Energies, 2019, 12(20): 3842.

[5] DOMÍNGUEZ M, FERNÁNDEZ A, Cucala A P, et al. Optimal design of metro automatic train operation speed profiles for reducing energy consumption[J]. Proceedings of the Institution of Mechanical Engineers, Part F: Journal of Rail and Rapid Transit. 2011, 225(5): 463-474.

[6] 刘飞,唐方慧,刘琳婷,等. 基于 Dueling DQN 算法的列车运行图节能优化研究[J]. 都市快轨交通, 2024, 37(2): 39-46.

[7] 温芳,柏赟,陈垚. 考虑快慢车的城轨跨线运营开行方案与时刻表优化[J]. 交通运输系统工程与信息, 2024, 24(3): 172-183.

[8] 闻千,付义龙,荆敏. 城市轨道交通既有线路开行快慢车方法研究[J]. 都市快轨交通, 2024, 37(1): 95-101.

[9] 楚彭子,虞翔,董丹阳,等. 考虑替开与均衡性的城轨列车运行调整[J]. 武汉理工大学学报（交通科学与工程版）, 2022, 46(3): 389-393.

[10] 刘循,楚彭子. 城轨复杂交路信号能力与行车组织匹配分析[J]. 武汉理工大学学报（交通科学与工程版）, 2023, 47(6): 1060-1065.

城市充电网络供需匹配分析与实践

Analysis and Practice of Supply and Demand Matching of Urban Charging Network

鞠 晨[1]

摘 要：作为城市静态交通的重要组成部分，充电设施的建设主要由各市场化运营商自行主导布局，若不加以引导可能会导致资源分配不均、重复建设以及供需不匹配等问题，造成社会资源浪费。为准确地评估城市各区域内充电设施供应情况与充电需求满足情况是否匹配，本文提出一种结合人口因素、现有设备网络分布、充电运营数据的充电设施供给需求满足评估模型，并结合某市数据开展分析，验证了模型的适用性。

关键词：城市静态交通；充电设施网络；供需匹配分析

Abstract: As an important component of urban static transportation, the construction of charging facilities are mainly led and laid out by market-oriented operators themselves. Without guidance, it may lead to problems such as uneven resource allocation, duplicate construction, and mismatch between supply and demand, resulting in social resource waste. To accurately evaluate whether the supply of charging facilities in various regions of the city matches the satisfaction of charging demand, this paper proposes a charging facility supply and demand satisfaction evaluation model that combines population factors, existing equipment network distribution, and charging operation data, and conducts analysis based on data from a certain city to verify the applicability of the model.

Key words: urban static transportation; charging facility network; supply and demand matching analysis

1. 引言

在传统能源供应日益紧张、城市节能环保问题日趋凸显的背景下，新能源汽车已成为未来汽车发展的主要方向[1]。我国从战略上高度重视新能源汽车发展，政策导向明显：《交通强国建设纲要》明确指出"优化交通能源结构，推进新能源、清洁能源应用"；"十四五"规划纲要指出，要加快壮大新能源汽车等战略性新兴产业。在国家及各级政策的扶持下，我国新能源汽车保有量增长迅猛。据公安部数据统计[2]，截至2023年底全国（不含港澳台地区）新能源汽车保有量达2 041万辆，其中纯电动汽车保有量1 552万辆，占比76.04%。方便快捷的充电网络是新能源汽车推广的重要支撑，而合理的规划引导是城市充电设施网络良性发展的前置条件[3-5]。充电设施建设目前总体上是以市场主导为主，虽然总体上数量增长较快，但在局部仍然普遍存在供需不匹配等问题，难以满足日益扩增的充电需求，将制约电动汽车进一步的发展和推广。

当前，在关于充电设施网络布局规划的现有研究[6-8]中，大多仅局限于小规模地块的局部优化、或聚焦与公共汽车或出租车等营运车辆配套的专用基础设施的建设，而对超大城市充电网络的供需匹配及建设节奏的分析研究严重不足。因此，本文在对特大型城市充电网络建设发展及运营现状进行分析的基础上，提出一种结合人口因素、现有设备网络分布、充电运营数据的充电设施供给需求满足评估模型，并结合某市数据开展分析，验证了模型的适用性。

---

1 鞠晨，上海电器科学研究所（集团）有限公司，工学博士研究生，高级工程师，联系邮箱：juchen@seari.com.cn。

2. 城市充电设施网络发展现状

随着新能源汽车的持续推广和应用,截至 2024 年 3 月,上海市新能源汽车累计推广量为 141 万余辆,累计建设公共(含公用和专用)充电桩超 21 万台,累计建设个人桩约 61 万个。虽然车桩比维持在一个较高的水平,但从空间布局上看,公共充电设施在各街镇的建设发展及运营情况存在较大差异。在公共充电场景中,当前主要充电需求方为出租车、营运类车辆及部分私家车,其充电特征主要体现为单次补电量大,且充电时间短。这些用户类型主要在公共区域具有一定规模的直流充电站进行补电。针对该类规模化直流站的布局及运营情况进行分析发现:该类站点的运营效果显著优于街镇的整体水平,尤其是外围区域的街镇,区域内场站整体的运营效果较差但是优质场站的运营效果却较为突出,如图 1 所示。

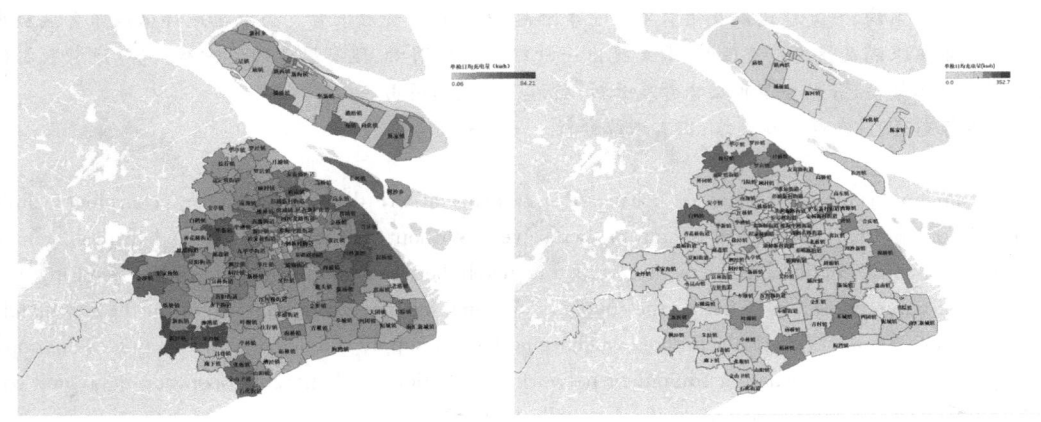

(a) 上海市街镇单枪日均充电量分布　　(b) 优质公用场站单枪日均充电量分布

图 1　公用充电站单枪日均充电量分布

在社区充电场景中,主要的充电需求方为私人乘用车群体,其充电需求的增长与电动汽车的渗透率直接相关。根据上海充换电市级平台的数据统计,近 30 天全市小区共享场站利用率中位数为 3.8%,有 25% 的场站利用率超过 9.3%,如图 2 所示。小区共享充电站的单枪日均充电量大多数不高于 15 kW 时、单枪利用率大多数不高于 10%,整体来看运营水平偏低,与街镇内私人桩的保有量、小区车位管控水平有着较为直接的关系。

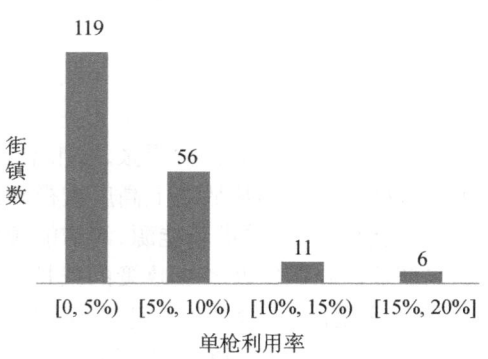

图 2　小区共享站的利用率分布

从全市充电网络的建设布局与运营的整体情况来看,有以下优化方向:

(1) 充电设施(枪)空间分布不均匀,可以根据充电需求的增长进一步优化。当前靠近市中心方向的街镇充电枪数量较多,而远离市中心方向的街镇充电枪数量较少。

(2) 部分街镇存在充电枪冗余或充电枪缺口等问题。部分街镇充电设施供大于求,出现了充电枪冗余的情况,导致单枪利用率偏低;而另一部分充电设施仍供不应求,存在一定的充电枪缺口。

(3) 优质公用场站的运营水平差异较大,场站的利用率存在明显分化。全市的优质公用场站约占公用场站总数的 28%,覆盖了约 90% 的街镇,但是各街镇的优质公用场站的运营水平存在较大程度的差异。

3. 影响因素分析及评估方法设计

3.1 充电网络发展影响因素分析

充电设施网络的发展,受到地理位置、历史背景、产业结构以及居民数量等多种因素的影响,每个街镇都有其独特的发展背景和条件。

(1) 地理位置对于充电设施建设的影响是显而易见的。位于市中心或交通要道的街镇,由于车流量大、充电需求高,往往能够优先享受到充电设施建设的资源和支持。相比之下,一些偏远或交通不便的街镇,由于充电需求相对较小,充电设施建设可能相对滞后。

(2) 历史背景也是影响充电设施建设的重要因素。一些街镇可能由于历史原因,基础设施建设相对完善,包括电力网络、道路等,这为充电设施建设提供了良好的条件。而一些街镇则可能需要更多的投入来完善基础设施,才能满足充电设施建设的需要。

(3) 产业结构也是影响充电设施建设的关键因素。一些街镇可能以工业或物流业为主,这些行业对电动汽车的需求较高,因此充电设施建设也相对较快。而一些以农业或旅游业为主的街镇,充电设施建设可能相对较慢。

(4) 居民数量也是一个不可忽视的因素。人口密集的街镇,由于充电需求量大,充电设施建设也更加紧迫。而人口较少的街镇,充电设施建设可能相对缓慢。

3.2 充电网络评估方法设计

为了评估各街镇的充电设施供应与需求的匹配情况,本文设计一种充电设施供给需求满足模型,结合各个街镇的新能源汽车使用人数、充电设施数量、充电设施订单量、充电设施类型(如快充、慢充等)以及充电设施分布等数据,来评估每个街镇的充电设施供应是否能够满足当地的充电需求。

截至2024年3月,上海市新能源汽车累计推广量为141万余辆,去除大巴车及燃料电池车大约138万辆,2022年末全市常住人口约为2 475万人(表1),估算出新能源汽车的使用者的比例约为总人口的5.58%。

表1 各区土地总面积、常驻认可及人口密度[9]

地区	行政区域面积 (km²)	年末常住人口 (万人)	其中 外来人口	人口密度 (人/km²)
全市	6 340.50	2 475.89	1 006.26	3 905
浦东新区	1 210.41	578.20	236.59	4 777
黄浦区	20.46	50.78	21.23	24 819
徐汇区	54.76	109.85	31.47	20 060
长宁区	38.30	68.46	21.13	17 875
静安区	36.88	94.05	22.04	25 502
普陀区	54.83	124.29	36.22	22 668
虹口区	23.48	68.19	18.02	29 042
杨浦区	60.73	119.92	28.21	19 746
闵行区	370.75	268.88	119.87	7 252
宝山区	270.99	227.19	89.41	8 384
嘉定区	464.20	189.34	103.98	4 079

(续表)

地区	行政区域面积（km²）	年末常住人口（万人）	其中	人口密度（人/km²）
			外来人口	
金山区	586.05	82.37	30.69	1 406
松江区	605.64	195.45	110.79	3 227
青浦区	670.14	126.56	69.42	1 889
奉贤区	687.39	112.63	55.90	1 639
崇明区	1 185.49	59.74	11.31	504

综合各行政区的人口密度，可算出行政区内街镇平均人口数量，以及各街镇平均新能源汽车使用人数。通过接入市级平台的充电设施数据，可统计出的各类充电枪数量，进一步计算出各街镇的人枪比数据。人枪比是一个用来衡量充电枪使用效率或充电服务覆盖率的指标。它表示平均单个充电枪可以为多少人提供充电服务。在这个概念中，人枪比数值越大，意味着单个充电枪需要服务的人数越多，反映了充电设施的供应紧张的情况。相关计算公式如下：

(1) 全市新能源汽车使用人口比例=累计新能源汽车推广量/全市常驻人口；
(2) 街镇平均面积=行政区面积/行政区内街镇数量；
(3) 街镇平均人口数量=街镇平均面积×行政区人口密度；
(4) 街镇平均新能源汽车使用人数=街镇平均人口数×全市新能源汽车使用人口比例；
(5) 单位面积优质充电枪数=街镇优质充电枪数①/街镇平均面积；
(6) 人枪比(优质充电枪)=街镇充电枪数/街镇平均使用新能源汽车人数；
(7) 人桩比(个人桩)=街镇个人桩数/街镇平均使用新能源汽车人数。

4. 城市充电设施网络供需匹配评估实践

4.1 供应评估

为了衡量各行政区各街镇充电设施在服务方面的实际能力，并最大程度地降低行政区之间存在的差异所带来的不利影响，本文将采用一种针对每个行政区内部的综合评估方法，以准确地计算出行政区内部每个街镇的综合人枪比指数，并将公共小区场站和公用优质场站建设情况的优先级充分纳入考量范围之中，在此基础上，计算并运用每个行政区综合人枪比指数的上四分位数和下四分位数作为明确的界限，以此判定评估出各个街镇的充电设施供给情况。

1) 公共桩:人枪比综合指数

考虑到新能源汽车不同场景充电需求的转换，将综合指数分为在各行政区内部的四个维度，分别是优质枪人枪比、小区公共枪人枪比、全部公共枪人枪比、个人桩人枪比。其中优质枪人枪比代表了优质充电枪的供应情况；小区充电枪人枪比代表小区内公共充电枪的供应情况；全部公共充电枪人枪比涵盖了优质快充枪和小区两个特定场景以外的其他场景的充电枪补充供应情况。计算公式为式(1)。

$$R_i = G_i + C_i + E_i \tag{1}$$

式中 R_i——第 i 个街镇的人枪比综合指数；
    G_i——第 i 个街镇的公共充电枪人枪比；
    C_i——第 i 个街镇的小区充电枪人枪比；
    E_i——第 i 个街镇的优质充电枪人枪比。

---

① 优质充电枪：是指公用场站中，直流充电枪数≥5个的充电站中的充电枪。

另外用 R_i^d 代表第 i 个行政区内街镇综合指数下四分位数,用 R_i^u 代表第 i 个行政区内街镇综合指数上四分位数,用于行政区内部供给情况判定。

2) 各行政区街镇公共桩供给情况评估方法

计算出各个行政区中各个街镇的 R_i 后,优先判定优质充电枪和小区充电枪的人枪比,如果这两个数值为 0,说明此街镇的公共充电枪供给严重不足,判断为低供给;其他街镇依据各行政区的上下四分位数来界定各街道的 R_i 值介于整个行政区的位置,从而在特定行政区范围内推算比较出供给情况,供给评估方法见(表 2)。

表 2 街镇供给评估方法

划分依据	低供给	中等供给	高供给
$C_i=0$	√	×	×
$E_i=0$	√	×	×
$R_i \leqslant R_i^d$	×	×	√
$R_i^d < R_i < R_i^u$	×	√	×
$R_i \geqslant R_i^u$	√	×	×

3) 全市公共充电枪供给评估结果统计

根据上述方法全市各街镇最后统计结果如图 3 及图 4 所示,全市 215 个街镇乡中,充电设施高供给的有 49 个街镇,占比 23%;充电设施中等供给的有 86 个街镇,占比 40%;充电设施低供给的有 80 个街镇,占比 37%,其中有 19 个街镇为小区充电枪低供给、12 个街镇为优质充电枪低供给。

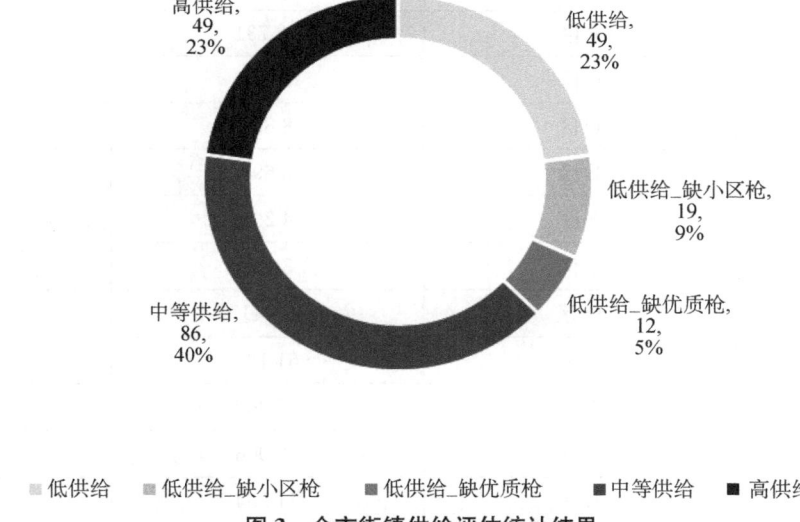

图 3 全市街镇供给评估统计结果

4) 各街镇个人桩供应量评估

个人桩与公共桩共同构成了新能源汽车充电设施网络的重要组成部分,共同推动新能源汽车的发展。个人桩具有非共享性质,主要用于满足私家车的充电需求,通过计算街镇内新能源汽车的平均拥有人数与个人桩数量的比值,可以评估出该街镇个人桩的充电保障能力。如果人车比过高,说明该街镇的个人桩数量不足,反之则说明个人桩的数量相对充裕。表 3 为各行政区个人桩数量以及街镇平均个人桩数量。

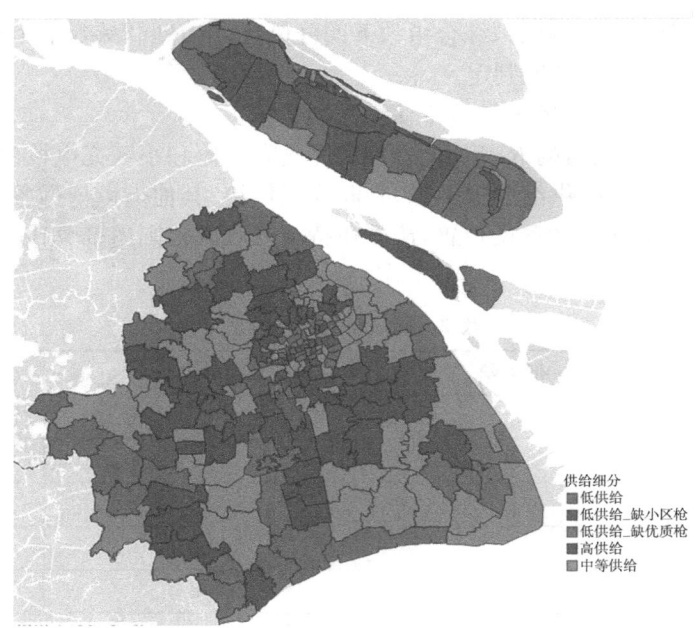

图 4　全市街镇供给评估结果地图标记

表 3　各行政区个人桩数量

区域	行政区	个人桩总数	街镇平均个人桩数量
中心城区	A 区	149 636	4 157
	B 区	12 731	1 273
	C 区	9 020	644
	D 区	8 897	684
	E 区	8 695	725
	F 区	4 290	536
	G 区	3 628	363
	H 区	1 441	144
非中心城区	I 区	61 135	4 703
	J 区	55 969	3 292
	K 区	52 906	5 291
	L 区	41 294	3 754
	M 区	40 079	3 340
	N 区	36 358	3 305
	O 区	21 168	2 117
	P 区	16 750	931

对比中心城区与非中心城区的个人桩数据，中心城区除（A 区、B 区）以外，街镇的个人桩数量在 1 000 个以下，而非中心城区以及 A 区、B 区的个人桩数量在 1 000 个以上。通过数据对比也能发现中心城区的个人桩建设数量远低于中心城区以外，反映了中心城区个人桩建设相对滞后。进一步对应各街镇的新能源汽车使用比例，算出个人桩的人枪比（默认个人桩 1 桩配 1 枪）。计算公式为式（2）。

$$P_i = \frac{U_i}{G_i} \tag{2}$$

式中 P_i——第 i 个街镇的个人桩人枪比；

U_i——第 i 个街镇个人桩总数；

G_i——第 i 个街镇平均使用新能源汽车人数。

个人桩人枪比评估方法见表 4。

表 4　个人桩人枪比评估方法

划分	$P_i=1$	$1<P_i\leqslant 5$	$5<P_i\leqslant 10$	$P_i>10$
充足	√	×	×	×
一般	×	√	×	×
不足	×	×	√	×
严重不足	×	×	×	√

根据上述方法进行分析，与公共桩类似，社区桩的建设分布情况在中心城区普遍存在个人桩建设数量不足，非中心城区情况稍好，如图 5 所示。其中 H 区有 90% 的街镇个人桩数量呈现严重不足的情况，G 区

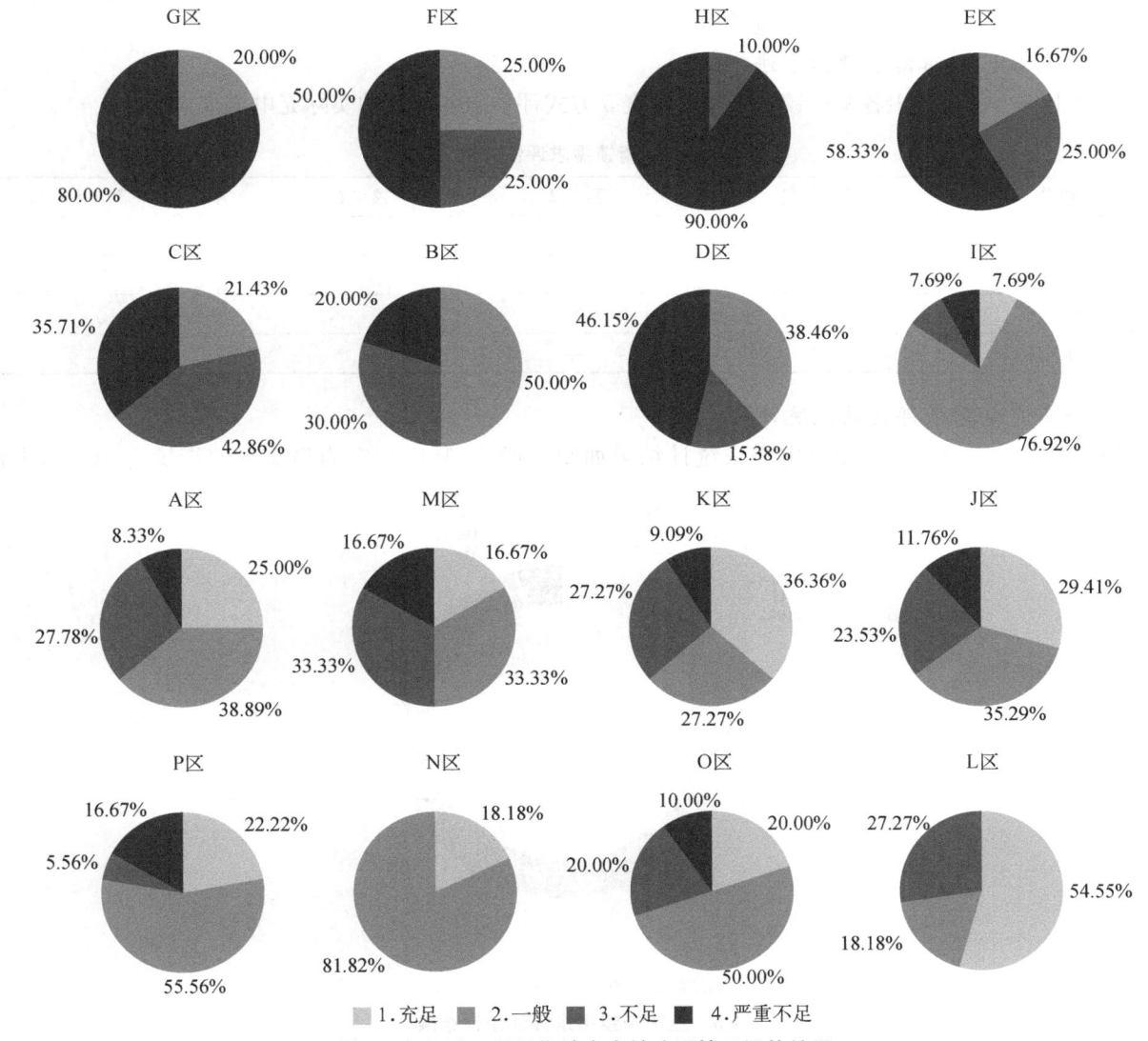

图 5　各行政区所属街镇个人桩建设情况评估结果

次之,有 80% 的街镇个人桩建设严重不足。非中心城区中,L 区有 54.55% 的街镇个人桩建设充足,没有建设严重不足的街镇。

4.2 需求评估

为了能够更为精准地评估各行政区内各街镇具体的充电需求大小情况,将各街镇的优质枪日均订单量当作主要的参考依据,且统计周期和数据选定为最近一个月所产生的充电订单。之所以不考虑电量的多少,主要是为了规避电桩功率大小所带来的影响,而以订单作为依据,能够更为直观地反映出充电需求的多少。在相同的时间段内,倘若优质充电枪单枪日均订单量越高,那么就意味着此街镇充电需求越大;而优质充电枪单枪日均订单量越低,或者根本没有优质充电枪,那就表明此街镇充电需求越小。

1) 优质枪单枪日均充电量

以接入市级平台的公共充电设施为基础,统计最近一个月内的优质充电枪的单枪日均充电量,计算公式为式(3)。

$$T_i = \frac{S_i}{Q_i} \div 30 \tag{3}$$

式中　T_i——第 i 个街镇优质枪的单枪日均充电量;
　　　S_i——第 i 个街镇最近一个月内优质充电枪所产生的订单总量;
　　　Q_i——第 i 个街镇优质充电枪数。

2) 各行政区街镇需求评估方法

计算出各个行政区中各个街镇的 T_i,按照表 5 方式评估出各街镇的实际充电需求大小。

表 5　街镇需求评估方法

划分	T_i 为空	$T_i \leqslant 2$	$2 < T_i < 8$	$T_i > 8$
低需求	×	√	×	×
中等需求	×	×	√	×
高需求	×	×	×	√
需求空白	√	×	×	×

3) 全市充电需求评估结果统计

根据上述方法全市各街镇充电需求统计结果如图 6 所示,其中划定为高需求的街镇有 10 个,占比

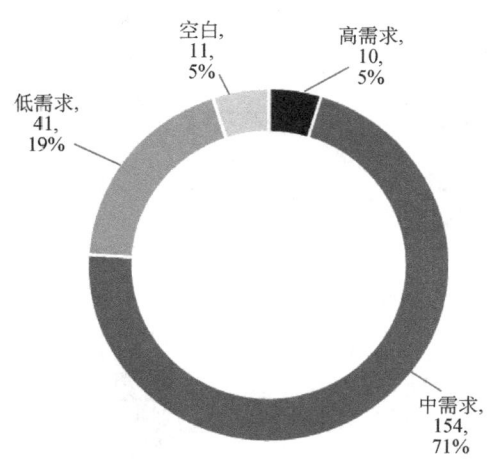

图 6　全市街镇需求评估统计结果

5%；划定为中等需求的节奏有 154 个，占比 71%；划定为低需求的街镇有 41 个，占比为 19%；划定为空白区域的街镇有 11 个，占比为 5%。按照地图标记全市各街镇的需求评估结果如图 7 所示。

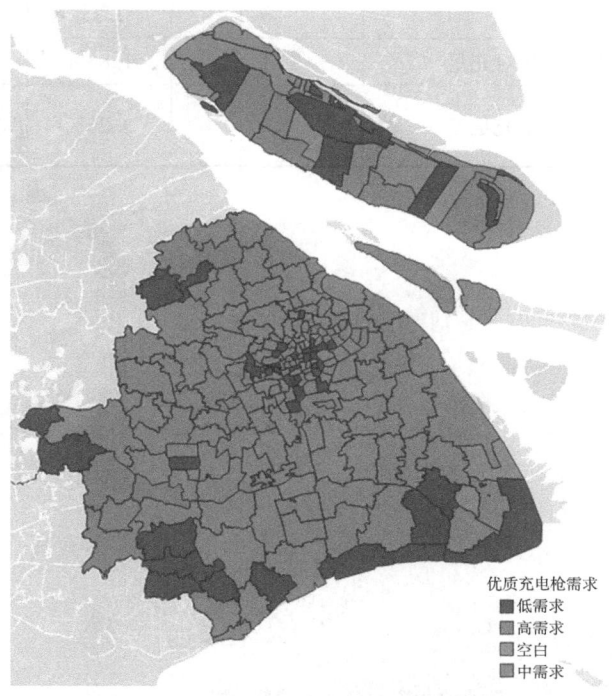

图 7　全市街镇需求评估结果地图标记

4.3　供需匹配分析

通过将上两个小结中各街镇的供应与需求评估结果相互结合，便能够得出各个街镇实际充电设施供给与需求之间的匹配状况。如表 6 与图 8 所示，供给大于需求以及供给与需求平衡的街镇总计有 148 个，其所占比例达到总数的 68.8%，这类街镇的充电设施建设已然与现有的充电需求相匹配，宜维持现状；另外，还存在中等供给高需求、低供给中等需求、低供给高需求这三类街镇，它们合计有 56 个，占比总数的 26%，此类街镇现有的公共充电设施建设无法满足当下的充电需求，因而需要适度地补充充电资源；最后，还有低供给低需求的街镇 11 个，占比总数的 5%，对于最后这类街镇，应以适度建设填补空缺为主。

表 6　街镇供给需求匹配结果统计

供需情况结合	个人桩建设情况	街镇数量(个)	占比	建议
供给大于需求	不限	67	31.2%	维持现状
供给与需求平衡	个人桩相对充足	45	20.93%	维持现状
供给与需求平衡	个人桩不充足	36	16.74%	维持现状 个人桩适度补充
中等供给高需求	个人桩相对充足	3	1.40%	适度增加充电设施
中等供给高需求	个人桩不充足	2	0.93%	适度增加充电设施 个人桩适度补充
低供给中等需求	个人桩相对充足	17	7.91%	逐步增加充电设施
低供给中等需求	个人桩不充足	29	13.49%	逐步增加充电设施 个人桩适度补充

(续表)

供需情况结合	个人桩建设情况	街镇数量(个)	占比	建议
低供给高需求	不限	5	2.3%	优先增加充电设施
低供给低需求	个人桩相对充足	4	1.86%	适度填补空缺
	个人桩不充足	7	3.26%	适度填补空缺 个人桩适度补充

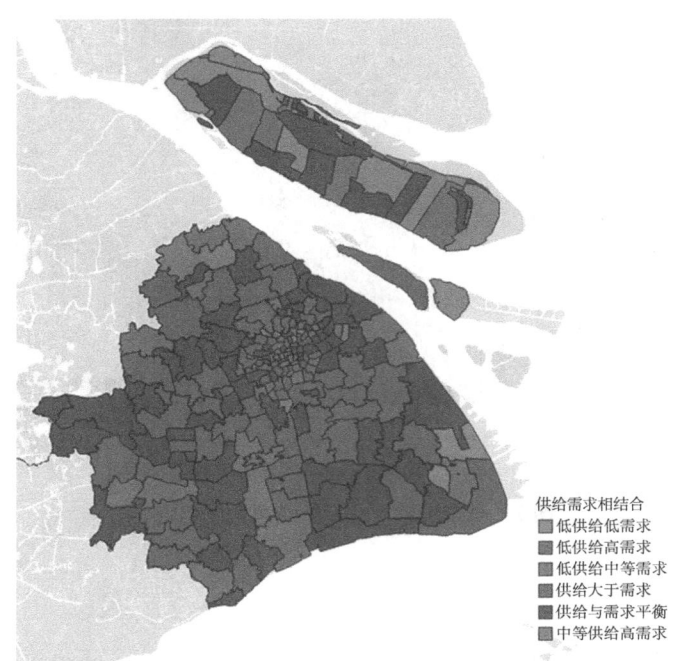

图8 全市街镇充电设施供需评估地图标记

5. 结语

本文旨在探究城市充电设施网络的供给需求匹配情况。首先,在充分分析充电网络影响因素及建设运营现状的基础上,提出了人口因素、现有设备网络分布、充电运营数据的充电设施供给需求满足评估模型。其次,可以更加准确地评估城市各区域内充电设施供应情况与充电需求满足情况是否匹配。最后,基于该模型,结合某市实际数据开展了应用分析,验证了模型的适用性。研究成果可为政府和企业提供决策支持,推动城市静态交通网络的进一步完善与优化。

参考文献

[1] 李晓慧,孙新国,胡灵芝.基于可变模糊集的电动汽车充电站选址评价[J].淮阴工学院学报,2021,30(01):48-52.
[2] 中华人民共和国公安部交通管理局.全国机动车保有量达4.35亿辆 驾驶人达5.23亿人 新能源汽车保有量超过2000万辆.[EB/OL](2024-01-11). https://www.mps.gov.cn/n2254098/n4904352/c9384864/content.html
[3] LIN H, DING Y, LI L. Research on layout planning of Charging Infrastructure for Private Electric Vehicle Charging Station[J]. IOP Conference Series: Earth and Environmental Science, 2021, 714(4): 042087 (5pp).
[4] 魏冠元,王冠群,阮观梅,等.电动汽车充电站选址智能决策与优化研究综述[J].计算机工程与应用,2023,59(21): 52-65.
[5] 汤晓栋,鞠晨,高晓.基于AHP-TOPSIS的电动汽车充电网络运营综合评价[J].电器与能效管理技术,2020(06):

89-95.

［6］WANG H Y, TANG J N, GUO D H, et al. Optimal Planning of Charging Stations Based on Charging Behavior of Electric Vehicles and Charging Selection[J]. SAE Internation Journal of Sustainable Transportation, Energy, Environment, & Policy, 2021, 2(1): 3-24.

［7］吴鹏.基于POI数据的电动汽车充电站选址规划[C]//中国科学技术协会,交通运输部,中国工程院,湖北省人民政府.2022世界交通运输大会(WTC2022)论文集(交通工程与航空运输篇).人民交通出版社股份有限公司,2022:7.

［8］刘晓天,傅军,赵思翔,等.基于二层规划并计及负荷预测的电动汽车充电桩选址定容方法[J].电测与仪表,2021,58(05):144-150.

［9］上海市统计局.上海统计年鉴2023.[EB/OL].https://tjj.sh.gov.cn/tjnj/index.html.

基于信号强度差值的漏缆故障诊断方法研究
Research on Leakage Cable Fault Location and Diagnosis Method Based on Signal Strength Difference

余凤琴[1]　邹劲柏[2]　胥智鹏　沙宏　冯毅超

摘要：针对城市轨道交通系统中泄漏电缆老化导致传输性能下降，以及因安装引发的潜在损坏，迫切需要实现对泄漏电缆故障的快速精确定位。本文提出一种基于漏缆无线信号拟合信号强度差值的故障定位及诊断方法。根据城市轨道交通漏缆线性铺设特点，在车辆上安装无线采集设备收集车辆沿线接收信号强度，根据偏态程度对观测信号进行卡尔曼滤波并通过非线性回归模型拟合 RSSI 衰减模型参数，进而结合漏缆传输损耗线性衰减特点构建距离传输损耗模型，最后基于随机森林模型实现故障的快速定位及诊断。

关键词：城市轨道交通；漏缆；故障定位；RSSI；信号强度

Abstract: In view of the degradation of transmission performance caused by leakage cable aging in urban rail transit system, and the potential damage caused by installation, it is urgent to realize the fast and accurate location of leakage cable fault. In view of the above problems, this paper proposes a fault location and diagnosis method based on the difference of signal strength of the wireless signal fitting of the leakage cable. According to the linear characteristics of leakage cable laid in urban rail transit, wireless acquisition equipment is installed on the vehicle to collect the received signal strength along the vehicle, the observed signal is filtered by Kalman filter according to the degree of skewness, and the parameters of RSSI attenuation model are fitted by nonlinear regression model, and then the distance transmission loss model is constructed by combining the linear attenuation characteristics of leakage cable transmission loss. Finally, the random forest model was used to realize fast fault location and diagnosis

Key words: urban rail transit; leaky cable; fault localization; rssi; signal strength

1. 引言

随着移动通信技术及城市轨道交通的迅速发展，轨道交通对移动通信需求不断增长，为满足无线信号在隧道中传播兼具较好的信号质量，漏泄电缆大规模运用于地铁隧道[1]。在城市地铁隧道区域，由于覆盖场景的结构特殊，一般均采用辐射性漏泄同轴电缆进行隧道沿线信号覆盖[2]。漏缆的性能对城市轨道交通移动通信网络的安全运行有着很重要的影响，漏缆及天馈等无源器件出现问题是漏缆故障发生的主要原因。随着城市轨道交通线路的扩展，漏缆铺设的隧道环境越来越复杂，设备质量、安装工艺、外力损伤等方面的问题，导致漏缆的跳线、接头和隔直器等发生故障。然而在实际维护工作中，受到隧道环境、巡检方式和窗口时间等问题制约，导致故障不能及时发现和处理，因此漏缆故障定位及诊断成为一项具有重要意义的研究[3]。基于移动终端接收信号强度[4]（Received Signal Strength Indicator，RSSI）在直接反应移动通信网络质量时具有不可替代的优势。潘兴驰等[5]针对室内定位，提出融合迭代平均滤波的 RSSI 室内定位算法，较好地提高了室内定位的精度。杨斌等[6]提出基于泄漏电缆的高压电缆线路故障测距方法，实现了高压电缆线路短路故障测距。以上方法都不能较为迅速地实现故障诊断及快速定位。

---

1 余凤琴，上海应用技术大学轨道交通学院，轨道交通无线通信，硕士研究生，联系邮箱：1554641034@qq.com。
2 邹劲柏，上海应用技术大学轨道交通学院，轨道交通无线通信，教授，联系邮箱：zoujb@sit.edu.cn。

针对上述问题,本文提出了一种基于漏缆无线信号拟合信号强度差值的漏缆故障定位及诊断方法,本方法采用无线峰值信号拟合校准解决了无线信号非连续采集的波形对齐,并通过信号强度差值法判断漏缆的故障情况。能够实现漏缆故障的简单快速定位及诊断。

2. 漏缆故障定位及诊断方案设计

采用漏泄电缆进行覆盖[7],使得信号覆盖均匀,因此在隧道场景中得到广泛的应用。本文设计面向城市轨道交通场景在地铁车辆上安装无线采集设备,采集地铁沿线漏缆传输信号强度数值,根据漏缆信号线性传输特点,计算 RSSI 无线信号的衰减差值与距离之间的关系,确定车辆运行的位置信息,实现漏缆的故障定位,根据 RSSI 偏态程度对观测信号进行卡尔曼均值滤波并通过非线性回归模型拟合衰减模型参数,对拟合曲线的观测实现故障诊断。

2.1 隧道场景下漏缆信号传输模型

漏泄电缆的结构与同轴电缆相似[8],是一种微波通信电缆,由内导体、绝缘介质层、外导体和外护套层组成,其中内导体是铜管,是信号传输的载体,外导体通常是铜管或者皱纹铜管。内外导体的区别在于外导体表面有规律地分布着槽口。槽口允许无线信号从漏缆中漏出,从而覆盖隧道内的整个区域。以铁路隧道为例,铁路隧道一个最典型的漏缆敷设方案如图1所示。

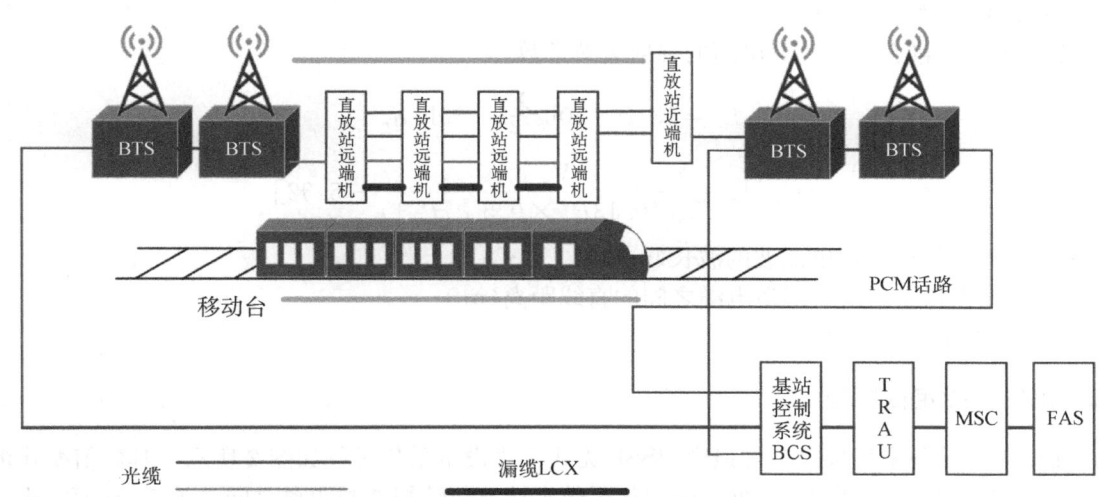

图 1　铁路隧道漏泄电缆覆盖方案示意图

特殊的结构设计导致漏缆的信号衰减主要分为横向的传输损耗和纵向的耦合损耗。漏泄电缆内导体的信号衰减,与同轴电缆类似,主要包括导体衰减和介质衰减。漏泄电缆的外部模式信号衰减主要是信号辐射引起的耦合衰减[9]。在城市轨道交通场景下,漏缆与列车之间的距离是固定的,因此耦合损耗对漏缆接收信号的传输不产生影响,主要影响因素是传输损耗。传输损耗指标[10]限制信号轴向的传输距离,它包括三个部分组成,导体衰减常数、漏缆介质衰减常数和漏缆辐射衰减常数。漏缆的传输损耗公式如式(1)—式(6)所示。

$$L_t = \alpha L \tag{1}$$

式中　α——漏缆的传输损耗系数;
　　　L——要覆盖的距离。

$$\alpha = \alpha_c + \alpha_d + \alpha_r \tag{2}$$

式中　α_c——漏泄电缆的导体衰减常数(Np/m);

α_d——漏泄电缆的介质衰减常数(Np/m)；

α_r——漏泄电缆的辐射衰减常数(dB/100 m)。

1) 导体衰减常数

$$\alpha_c = \frac{1}{\ln\frac{D}{d}} \times \left(\frac{1}{d} + \frac{1}{D}\right)\sqrt{\frac{\pi f \varepsilon}{\delta}} \tag{3}$$

式中　δ——导体的电导率(S/m)；

f——传输电磁波信号的频率(Hz)；

ε——等效相对介电常数的实部；

D——漏泄电缆外导体的等效直径(mm)；

d——漏泄电缆内导体的等效直径，单位为 mm。

2) 介质衰减常数

工程上计算射频同轴电缆的介质衰减常数公式

$$\alpha_d = 9.1 \times 10^{-5} f \sqrt{\varepsilon_r} \tan \delta_r \tag{4}$$

式中　ε_r——绝缘介质的相对介电常数；

$\tan \delta_r$——损耗角正切值。

3) 辐射衰减常数

根据漏泄电缆的耦合损耗计算电缆的辐射衰减常数

$$L_c = 53.2 - 10\lg \frac{\lambda^2}{r} - 10\lg \alpha_r \tag{5}$$

$$\alpha_r = \lg\left[\lg \frac{|V_o|^2}{2Z_o r(0.13P_r \times 0.5 |H_\varphi^t|)} - 5.32\right] \tag{6}$$

式中　λ——漏泄电缆中传输电磁波的波长(m)；

r——半波偶极子天线与漏泄电缆之间的直线距离(m)；

L_c——漏缆的耦合损耗。

2.2 漏缆故障定位原理

通过无线采集设备采集接收信号强度 RSSI，无线采集设备采集过程如图 2 所示。其数值变化的主要因素是漏泄电缆的线性传输损耗，根据传输损耗系数来计算传输损耗与距离之间的关系，从而得出故障点的距离信息，如式(7)。

$$\Delta RSSI = \alpha L \tag{7}$$

式中　$\Delta RSSI$——指接收信号差值；

L——传输距离；

α——指漏缆传输损耗系数。

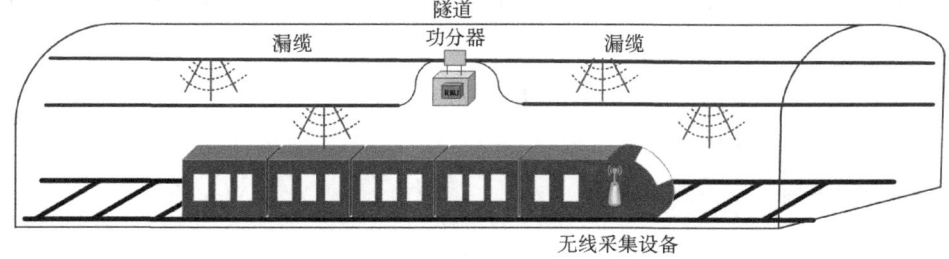

图 2　无线采集设备采集过程示意图

2.3 漏缆故障诊断方案

硬件故障是漏泄同轴电缆通信系统中最常见的故障类型，包括短路故障、短路故障和接头松动故障。通过对无线采集设备采集的 RSSI 数据进行卡尔曼滤波处理，再进行非线性数据拟合，实现数据的预处理，之后再将数据输入随机森林算法学习故障数据特征进行故障诊断。

1) 故障类型分类

不同的漏缆故障类型对应不同的 RSSI 数据变化趋势。在本文中，举例几种典型的漏缆故障类型[11]。

（1）快速信号衰减

当接收信号强度出现快速信号衰落时，可能存在漏缆芯线断路或者严重机械损伤，信号在断线处或严重损伤点会迅速衰减。漏缆芯线断路当电缆受到的拉力过大时，包层由于弹性被拉长，而缆芯铜线则容易被拉断，所以芯线断路是漏缆常见的一种故障。

（2）逐渐信号衰减

当无线采集设备采集的接收信号强度出现逐渐的信号衰落，可能表示在信号衰落的区域出现了漏缆老化、绝缘劣化或者接触不良等情况，导致信号缓慢降低。

（3）局部信号强度降低

接收信号强度出现局部的降低，可能出现局部机械损伤或局部短路，此时接收信号强度会出现局部下降的趋势。局部下降之后会逐渐恢复正常。如接头松动，在漏缆系统中，会存在有多个接头存在。

2) 随机森林算法

随机森林算法[12]是由多个独立的决策树组成，算法使用两个随机过程，一个是随机挑选训练子集作为决策树单元的训练集，采用可放回的随机抽样方法，以获取多个随机且独立的训练子集，每个子集构建基础的决策树分类器，多个随机生成的决策树组成随机森林模型。

该算法的具体步骤为：

（1）首先给定 RSSI 观测数据的训练集数 T，以及 RSSI 的特点。

（2）整数 X，X 包括信号强度的均值、最大值、最小值及标准差。从 T 中取样生成训练子集，其中训练子集数应小于 T。

（3）从 X 个特征中随机挑选 x 个特征值用于构建决策树，比如一棵树只关注信号强度的均值和最大值。选择其中一个子集作为决策树的输入，按照决策树生成算法构造决策树。

（4）重复上述步骤 K 次，直到生成 K 棵决策树，每棵树会独立判断一段 RSSI 数据是否表示故障。最终这 K 棵决策树组成随机森林。

最后，通过结合多个决策树的判断，随机森林算法能够更加准确和可靠地诊断出 RSSI 数据中的故障，减少单一模型可能带来的误判风险。

3. RSSI 滤波处理及拟合参数估计

在城市轨道交通隧道场景下，采集地铁沿线漏缆的接收信号强度呈现线性的变化趋势，针对 RSSI 数据进行故障定位，定位节点的准度取决于信号强度观测样本质量的好坏[13]。对于收集的接收信号强度数据，需要对其观测样本数据进行滤波处理以及测距模型参数的确定[14]。

3.1 卡尔曼滤波处理

卡尔曼滤波[15]是一种用于估计动态系统状态的递归算法，适合处理含噪声的时间序列数据。用于过滤 RSSI（接收信号强度指示）数据时，卡尔曼滤波能够在有噪声的测量数据中提取出更为准确和稳定的信号强度值。以下是卡尔曼滤波在过滤 RSSI 数据时的原理：

对于一组 RSSI 观测样本数据可以使用以下模型来描述系统，状态转移方程如式(8)。

$$RSSI_k = RSSI_{k-1} + w_k \qquad (8)$$

式中　$RSSI_k$——时刻 k 的实际信号强度；

　　　$RSSI_{k-1}$——时刻 $k-1$ 的实际信号强度；

　　　w_k——过程噪声，假设 $w_k \sim N(0, Q)$，即均值为0，协方差为的高斯分布。

卡尔曼滤波中的预测步骤，协方差矩阵的更新为式(9)。

$$P_{k|k-1} = P_{k-1|k-1} + Q \tag{9}$$

式中　$P_{k|k-1}$——预测误差协方差矩阵，表示预测时刻的状态估计误差；

　　　$P_{k-1|k-1}$——更新后 $k-1$ 时刻的状态估计误差，Q 是过程噪声协方差矩阵。

3.2 峰值信号拟合参数估计

在隧道场景下，漏缆线性铺设采集无线信号具有非连续性，根据漏缆无线信号传输特点，其峰值信号应在相同位置处采样获得，由此结合卡尔曼滤波拟合峰值点实现无线信号曲线对齐。

基于接收信号强度差值进行漏缆故障[16]定位时，由于测距精度取决于参数 α 的选择，传统测量方法中一般将 α 用经验值来代替。为了提高测距的精度，通过对隧道内地铁沿线漏缆的不同距离下的信号强度进行连续观测建模；对于同一车辆在同一线路上行驶收集到的接收信号强度进行多次非线性拟合估计，进而得出符合所测试地铁隧道场景的衰减模型参数 α。当剩余观测值与第 i 次拟合曲线的平均误差小于 0.5dm 时，此时即可将第 i 次拟合参数作为输出值输出。并采用无线峰值信号拟合校准解决了无线信号非连续采集的波形对齐。

4. 实验结果与分析

根据本文所建立的漏缆故障定位及诊断模型，对所收集的上海地铁1号线12月的 RSSI 数据进行分析处理，验证本文提出的一种基于信号强度差值的漏缆故障定位及诊断方法的可实现性。本文使用采用 Python3.7 版本作为基础编程语言，使用 PyTorch 和 Matlab 实验和测试，全部实验在一台实验 Windows11，Intel Core I7-12560H、16GB 内存的计算机上运行。

4.1 漏缆故障定位方法

首先选取上海地铁2号线 8021888 车辆的 RSSI 数据观测样本，在此样本中可观察的数据如图3所示，地铁车辆上安装的无线采集设备每隔10秒采集一次车辆所处位置的 RSSI 数大小。数据中有时间信息而没有车辆位置信息，此时先对样本数据进行数据预处理。未预处理的数据如图4所示。通过使用平滑窗口来平滑数据，去除重复的数据，确保等时间间隔采样接收信号强度。

	A	B	C	D	E	F	G
1	id	update_time	upload_time	issi	csq	zone	rssi
2	3285489	2023/12/13 3:03:18	2023/12/13 3:03:32	8021888	27	886	-59
3	3295481	2023/12/13 5:04:06	2023/12/13 5:04:19	8021888	28	886	-57
4	3299018	2023/12/13 5:45:53	2023/12/13 5:46:07	8021888	28	886	-57
5	3300869	2023/12/13 6:08:49	2023/12/13 6:09:03	8021888	23	880	-67
6	3301010	2023/12/13 6:10:33	2023/12/13 6:10:47	8021888	26	881	-61
7	3301050	2023/12/13 6:11:03	2023/12/13 6:11:17	8021888	31	881	-51
8	3301077	2023/12/13 6:11:23	2023/12/13 6:11:37	8021888	31	881	-51
9	3301283	2023/12/13 6:13:53	2023/12/13 6:14:07	8021888	10	881	-93
10	3301350	2023/12/13 6:14:43	2023/12/13 6:14:57	8021888	22	881	-69
11	3301417	2023/12/13 6:15:33	2023/12/13 6:15:47	8021888	28	881	-57
12	3301430	2023/12/13 6:15:43	2023/12/13 6:15:56	8021888	31	881	-51
13	3301540	2023/12/13 6:17:03	2023/12/13 6:17:16	8021888	31	881	-51
14	3301622	2023/12/13 6:18:03	2023/12/13 6:18:16	8021888	27	881	-59
15	3301879	2023/12/13 6:21:12	2023/12/13 6:21:26	8021888	29	881	-55
16	3303947	2023/12/13 6:46:10	2023/12/13 6:46:24	8021888	27	882	-59
17	3304904	2023/12/13 6:57:09	2023/12/13 6:57:22	8021888	30	882	-53
18	3305237	2023/12/13 7:00:58	2023/12/13 7:01:12	8021888	27	882	-59

图 3　上海地铁 2 号线 8 021 888 车辆 RSSI 样本数据

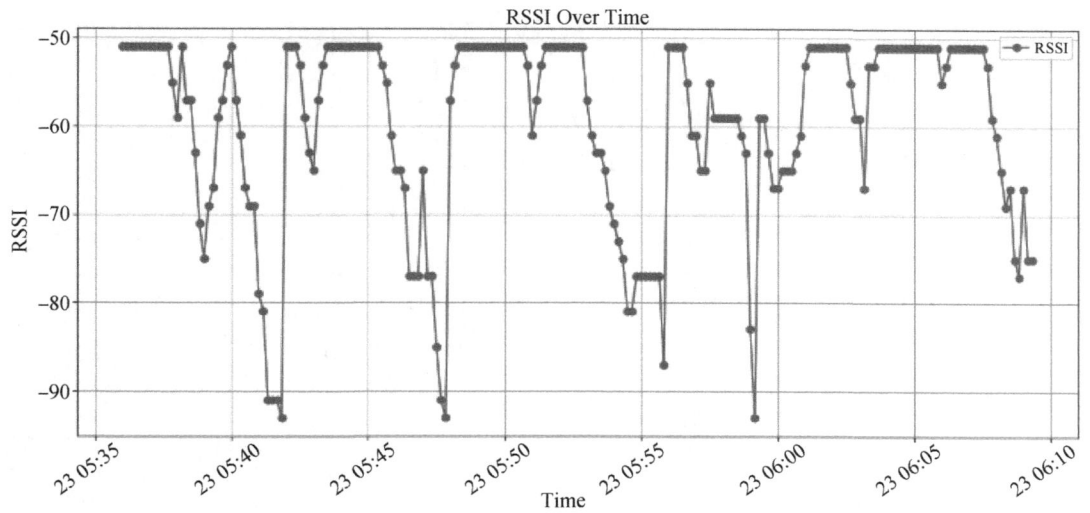

图 4 未预处理的 RSSI 数据

在完成数据预处理之后，将清洗之后的数据进行卡尔曼滤波处理，减少受环境影响的 RSSI 噪声，提供更加平滑可靠的信号。减少由于突发干扰引起的异常波动，从而获得更加稳定的信号。如图 5 所示，是对 8021888 车辆四天的 RSSI 数据进行卡尔曼滤波之后的效果图，可见在这四天内 8021888 车辆行驶在 2 号线路上，随着时间的变化，采集的 RSSI 数据有轻微波动但是整体趋势相同。使用卡尔曼滤波较好地使得不稳定的数据被过滤，使得四天的数据较为平稳。并实现无线信号非连续采样数据曲线的对齐。

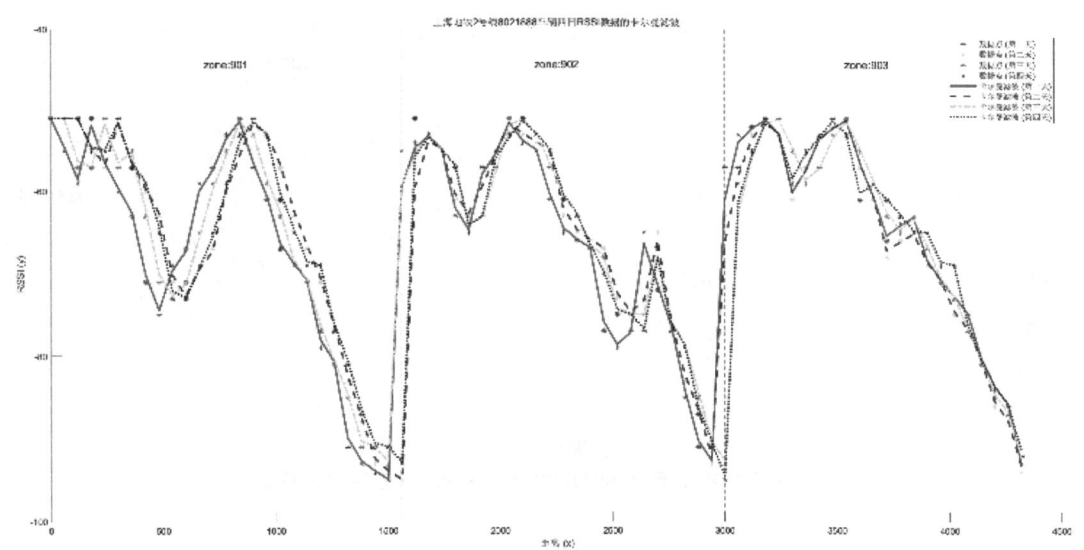

图 5 卡尔曼滤波之后的四日 RSSI 数据

在卡尔曼滤波之后，使用漏缆故障定位模型来计算出 RSSI 数据所对应的具体位置距离信息，在本文中规定列车起始车站是起始点 0，计算距离 0 基准点的距离，进而计算出 8021888 车辆每点 RSSI 数据对应的距离信息。如图 6 所示是上海地铁 2 号线 8021888 车辆在 8 月 23 日行驶的部分位置信息，全长 4 320 m。

在确定位置信息之后，结合 8021888 车辆行驶位置信息标注 RSSI 观测数据采集区间的小区号，得到如图 7 所示，上海地铁 2 号线 8021888 车辆 8 月 23 采集 RSSI 数据对应的位置信息。

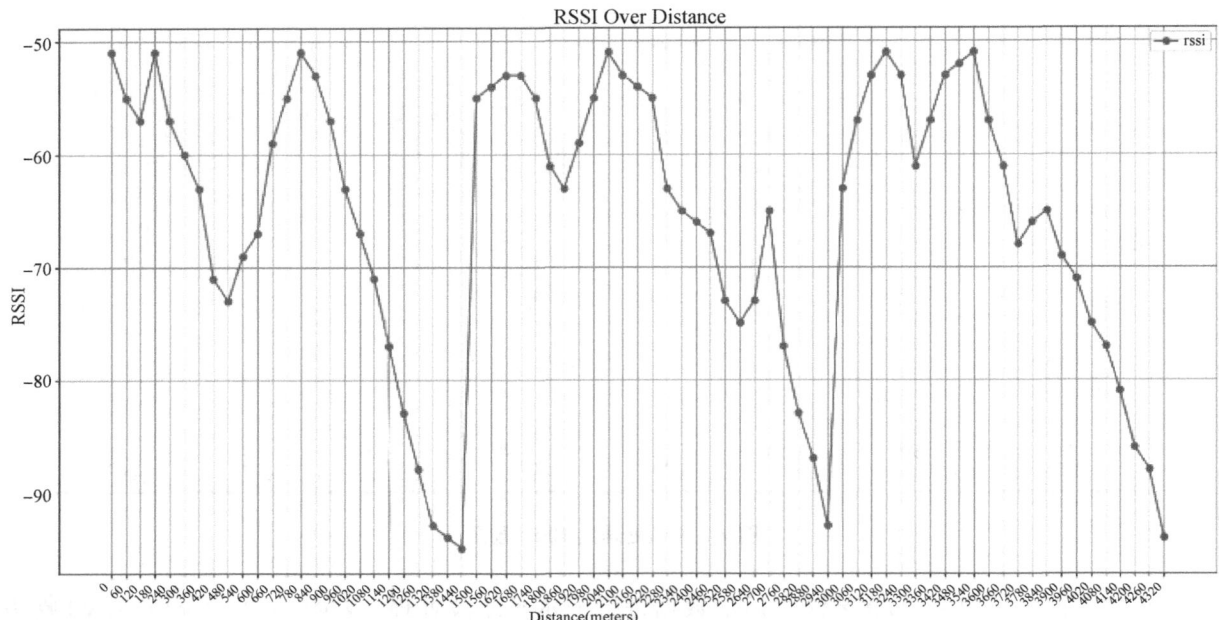

图6 8021888车辆RSSI对应位置信息图像

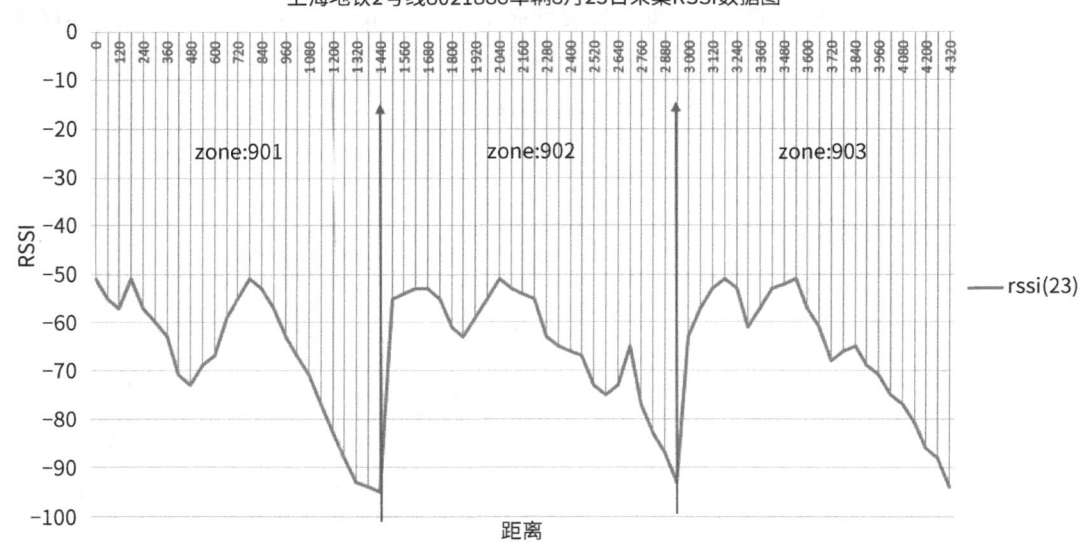

图7 上海地铁2号线8021888车辆8月23日完整定位信息

4.2 漏缆故障诊断方法

根据漏缆故障诊断方案将故障类型分为三类,绘制出这三种故障类型的RSSI数据变化趋势图像如图8—图10所示。首先预处理RSSI观测数据,确保数据已标注正常和故障情况,之后将三种故障类型的数据进行特征构建和提取,计算出对应故障数据的均值、最大值、最小值及标准差,其次将处理好的数据输入随机森林模型训练,并通过评估模型性能,调整参数以获得最佳效果。最后使用训练最佳的随机森林模型实现对一端采样RSSI数据的故障诊断(表1—表2)。

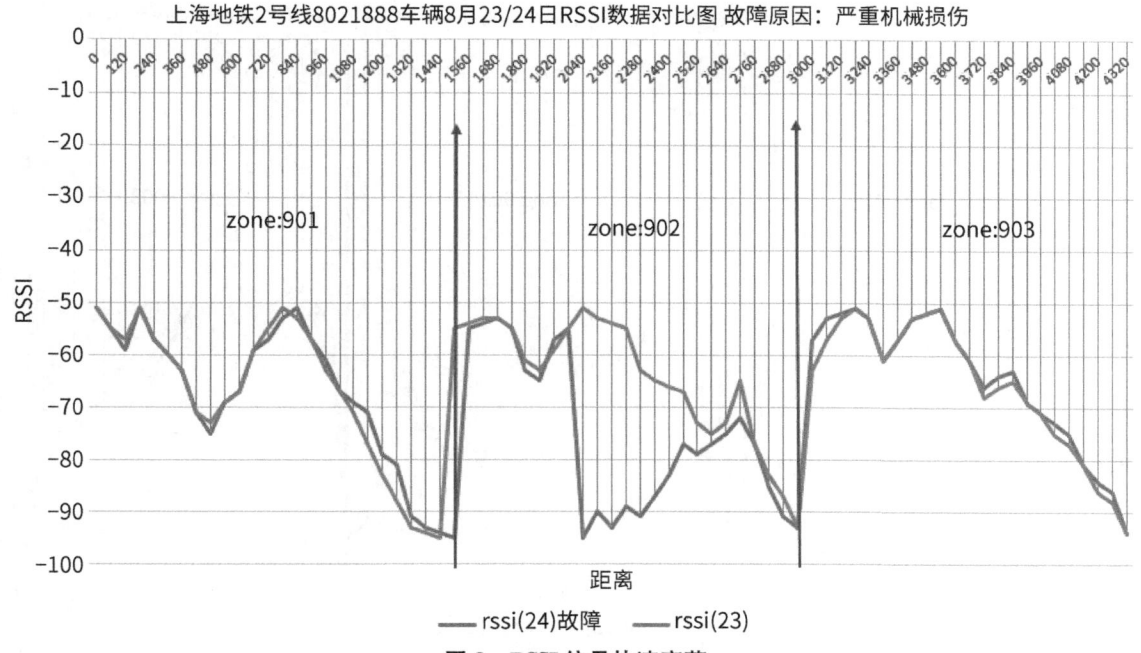

图 8 RSSI 信号快速衰落

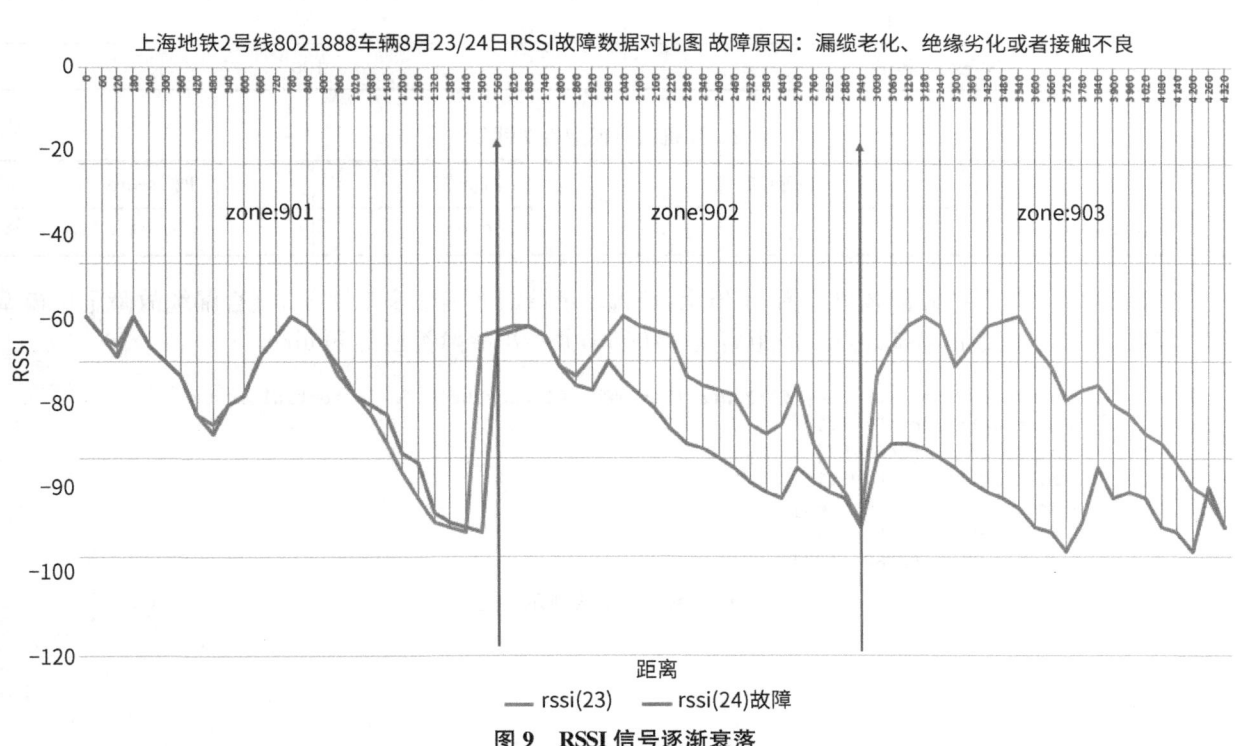

图 9 RSSI 信号逐渐衰落

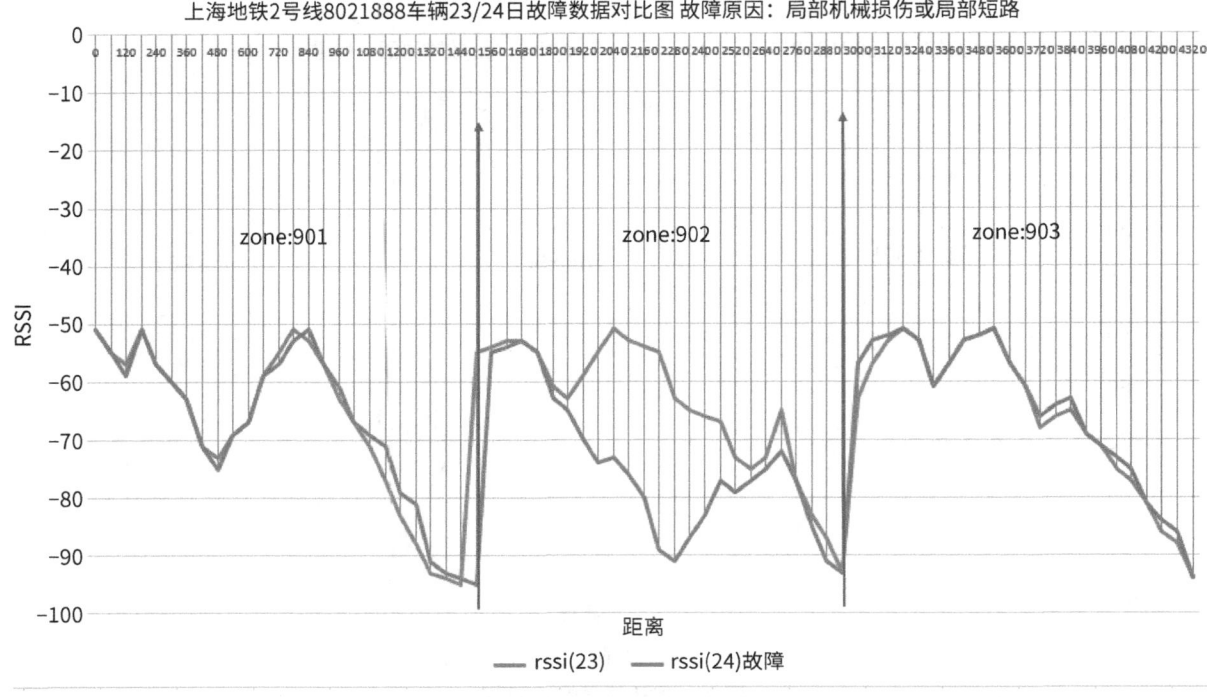

图 10　RSSI 信号局部衰减

表 1　最佳参数及优化结果

Learning_rate	0.01
Max_depth	3
N_estimators	100

表 2　随机森林模型性能评估

	准确率	召回率	F1-score
Random Forest	0.87	0.94	0.93

随机森林模型诊断故障的效果如图 11 所示,警告显示诊断准确性小于 90%,结合漏缆故障定位模型指出故障数据所在位置距离基准点 0 的距离是 3 700 m,并指出故障类型是 Fault1。

```
Warning: Model accuracy is lower than 90%. Please check for potential issues.
Fault detected: Fault1
Sample data: [240 -57]
Fault detected: Fault1
Sample data: [3780  -64]
Fault detected: Fault1
Sample data: [1080  -69]
```

图 11　漏缆故障诊断示意图

5. 结语

本文设计了一种基于漏缆无线信号拟合信号强度差值的漏缆故障定位及诊断方法研究。首先采用无线峰值信号拟合校准解决了无线信号非连续采集的波形对齐,并根据隧道漏缆信号线性传输的特点,利用传输损耗公式计算接收信号强度差值得出信号传输的距离信息,实现通过 RSSI 数据的变化来确定列车行驶的位置信息。进而检测 RSSI 数据异常变化实现故障定位。再结合随机森林算法根据异常 RSSI 变化特点实现故障诊断。本文提出的方法能够实现漏缆故障点的快速定位和故障诊断。

---- 参考文献 ----

[1] 胡燕玲,黄世泽,王梦莹,等.漏泄电缆在轨道交通无线通信系统中的应用[J].铁道通信信号,2019,55(07):83-86.
[2] 成都大唐新型辐射型漏缆谱写时代新篇章[J].现代传输,2023(06):13-14.
[3] 车颜泽.泄漏电缆在线故障监测及精确定位技术研究[J].科技与创新,2016(18):139-140.
[4] 冯阳,杜顺季,叶锦锋.一种接收信号强度的室内定位稳健估计方法[J].城市勘测,2023(05):115-119.
[5] 潘兴驰,闫文林.融合迭代平均滤波的 RSSI 室内定位算法[J/OL].[2024-06-28].导航定位学报,1-12.
[6] 杨斌,李明贞,周承科.基于泄漏电流的高压电缆线路故障测距方法[J].电测与仪表,2020,57(05):120-124.
[7] 王屹,胡杰,郭轩.地铁隧道场景下低损耗泄漏电缆的研究与应用[J].长江信息通信,2023,36(05):182-184.
[8] BARBIERI N, DE SOUZA JÚNIOR O H, BARBIERI R. Dynamical analysis of transmission line cables. Part 1—Linear theory[J]. Mechanical Systems and Signal Processing, 2004, 18(3): 659-669.
[9] HOU P, ZHU J, NAGAYAMA K, et al. Prediction Evaluation for RSSI Data Generated from Leaky Coaxial Cables over Indoor Environment[C]//2022 IEEE International Conference on Consumer Electronics (ICCE). IEEE, 2022: 01-05.
[10] 罗健.漏泄同轴电缆传输特性研究[D].北京交通大学,2012.
[11] 郭进喜.基于线性调频脉冲压缩技术的漏缆故障定位方法研究[D].中国矿业大学(北京),2018.
[12] 张明,张倩,李效,等.一种改进随机森林算法的并网逆变器开路故障诊断方法[J/OL].[2024-06-25].电源学报,1-12.
[13] ZHU J, HOU P, NAGAYAMA K, et al. Two-dimensional RSSI-based indoor localization using multiple leaky coaxial cables with a probabilistic neural network[J]. IEEE Access, 2022, 10: 21109-21119.
[14] 张益,李飞.基于信号强度差值的改进质心定位算法[J/OL].[2024-06-28].西华大学学报(自然科学版),1-7.
[15] 郭永帅.利用扩展卡尔曼滤波对无人机进行在线辨识[J/OL].[2024-06-28].齐齐哈尔大学学报(自然科学版),2024,(04):1-6.
[16] 郭进喜,刘扬,刘中华,等.无线通信中泄漏同轴电缆的传输衰减模型[J].科学技术与工程,2018,18(07):143-146.

电动公交停车库防排烟设计探讨

——基于上海临港 X2 综合停车楼通风与防排烟设计

Discussion on Smoke Control and Exhaust Design of Electric Bus Parking Building
—Ventilation and Smoke Control Design Based on Shanghai Lingang X2 Integrated Parking Building

刘慕云[1] 陈 瑾[2] 刘慧雯[3]

摘 要：上海临港 X2 综合停保场，是国内首个数字轨道中运量 DRT 和常规电动公交相结合的停保场，将在中运量数字轨道交通系统建设中发挥重要作用。本文基于该项目综合停车库通风和防排烟系统的设计，从防火分区、防火单元、防烟分区的划分，通风和防排烟系统的设置，以及通风、防烟和排烟量的计算、风机选型等，探讨中运量 DRT 及多层常规电动公交停车库防风和排烟类型、防火单元的划分、充电设施的设置、排风/排烟系统运行控制方式等问题，并提出建议。为类似工程设计提供参考。

关键词：中运量 DRT；常规电动公交车；充电设施；通风与防排烟；防火单元；运行控制

Abstract: Shanghai Lingang X2 comprehensive parking lot, the first digital rail DRT and conventional electric bus combined parking lot, will play an important role in the construction of medium volume digital rail transit system. Based on the design of ventilation and smoke control system of the integrated parking garage in this project, from the division of fire zones, fire units and smoke control zones, the setting of ventilation and smoke control system, the calculation of ventilation, smoke control and smoke exhaust volume, fan selection and so on, This paper discusses the exhaust and smoke types of DRT and multi-storey conventional electric bus parking garage, the division of fire prevention units, the setting of charging facilities, and the operation control mode of exhaust/smoke system, and puts forward suggestions. It provides reference for similar engineering design.

Key words: DRT parking building; electric bus parking building; charging facilities; ventilation and smoke exhausting; fire unit; operation control

1. 引言

上海作为特大型城市，公共交通是城市的命脉，建设一体化的城市公共交通系统是促进经济和社会可持续发展的基础条件。随着城市经济的发展，交通客流快速增长，交通问题已经成为特大城市的突出矛盾。大力发展公共交通及基础设施建设，实现"公交优先、公交先行"的目标，已成为城市建设发展的优先战略[1]。上海浦东新区临港新片区在国土空间规划[2]中，明确构建多层次的公共交通体系，大力发展大、中运量公交系统，来提升公共交通服务水平。随着临港公交线路运营的增加和公交流量的增长，停保场的需求进一步加大。因此，新建公交停保场，为公交运营企业提供配置齐全、功能完善的基础设施，发挥更大的经济和社会效益。目前，上海临港 X2 综合停保场，是国内首个数字轨道中运量 DRT 和常规电动公交相结合的停保场，将在中运量数字轨道交通系统建设中发挥重要作用。为保持电动公交停车库内的环境

---

1 刘慕云，上海市政工程设计研究总院（集团）有限公司，本科，高级工程师，联系邮箱：muyunliu@126.com。
2 陈瑾，上海市政工程设计研究总院（集团）有限公司，建筑节能，硕士研究生，工程师，联系邮箱：511140128@qq.com。
3 刘慧雯，上海市政工程设计研究总院（集团）有限公司，本科，高级工程师，联系邮箱：lhw61512@163.com。

卫生,设置了通风系统,将充电桩、蓄电池、电缆等工作时产生的废热和废气[3]排出;电动停车库充电设施在充电过程中一旦发生火灾,会产生大量的有毒烟气[4]。因此,为了火灾时人员的逃生和消防救援要求,需要设置防烟和排烟系统。

2. 工程概况

上海临港停保场为新建复合型立体综合停车场,项目位于临港两港大道与X2路相交以西的南侧地块。占地面积48 657.4 m²。包括一座多层综合停车楼、一栋多层公交业务楼、一座两层公交维修及中运量DRT洗车用房、一栋35 kV变电站、一栋中运量DRT检测用房、常规电动公交洗车房及两个门卫室,总建筑面积72 232.97 m²,其中地上建筑面积71 154.15 m²,地下建筑面积1 078.82 m²。停车规模为9辆中运量DRT和473辆常规电动公交车。其中,室外地面停放29辆常规电动公交车。

综合停车楼位于基地中央,地上四层,为"建四停五",无地下室,建筑面积59 693.44 m²,建筑高度为24 m。其中,一层停放中运量DRT车和常规电动公交车,周围布置设备用房,二层至四层及屋顶停放常规电动公交停车,设置2个双车道上下坡道。

停车楼内楼梯间和前室尽量采用自然通风防烟方式;不满足自然通风防烟的楼梯间、前室、避难走道及其前室采用机械加压送风。停车楼一层左右两端为敞开式[5],停放中运量DRT和常规电动公交车;二层至四层停放常规电动公交车;一层至三层停车位均设有充电桩,四层和屋面预留常规电动公交充电设施。按防烟分区(防火单元)设置通风和排烟系统[6]。

3. 公交综合停车楼防烟设计

3.1 防烟系统设置

对于公交综合停车楼内靠外墙的楼梯间或前室,可开启外窗有效面积满足规范[7]要求时,采用自然通风防烟方式;不满足自然通风的防烟楼梯间1及其合用前室1、封闭楼梯间1,均采用机械加压送风系统;一层避难走道及其前室1至前室6均设置了机械加压送风。如图1和图2所示。

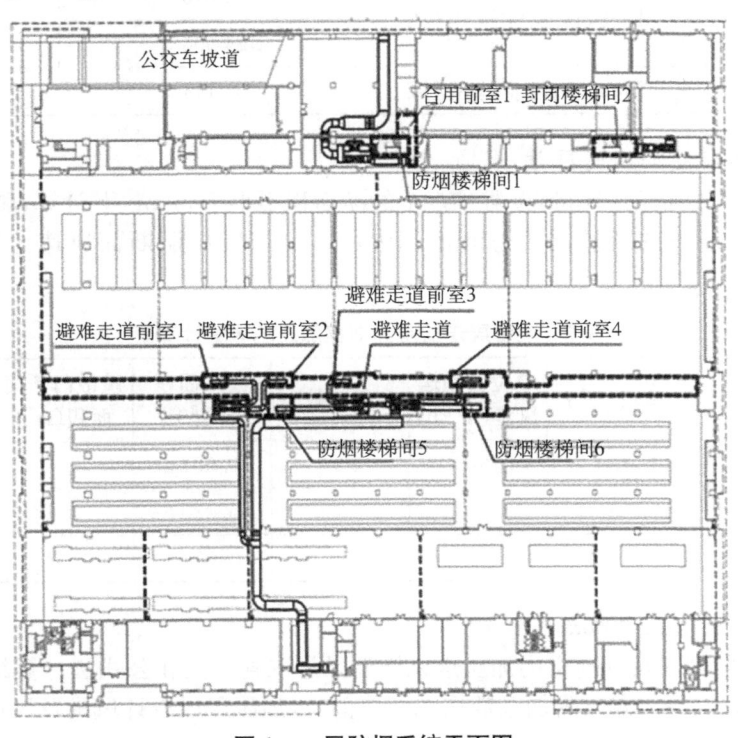

图1 一层防烟系统平面图

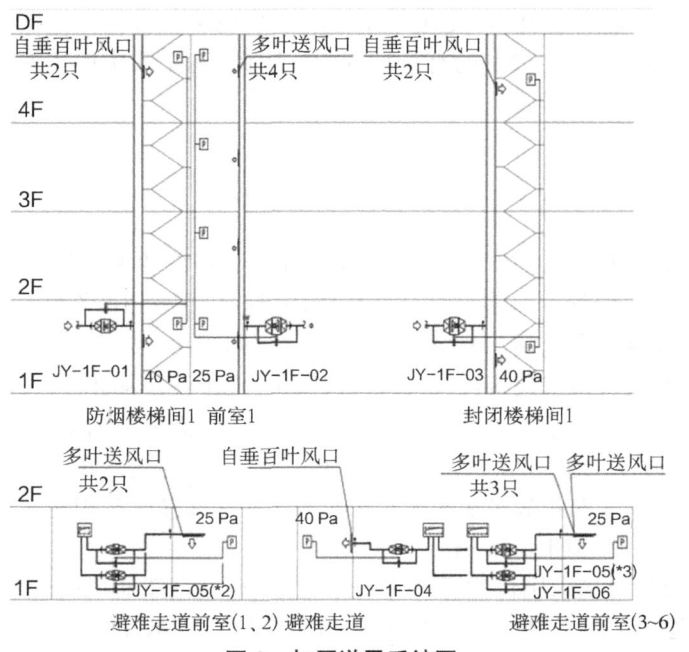

图 2 加压送风系统图

3.2 机械加压送风量的计算及风机选型

1)楼梯间和前室加压送风量

公交综合停车楼防烟楼梯间1及其合用前室1、封闭楼梯间1的加压送风量计算,如表1所列。

表1 合用前室和楼梯间加压送风量计算表

服务区域	防烟形式	查表法 计算风量(m³/h)	公式法 计算风量(m³/h)
防烟楼梯间1	楼梯间和前室分别送风	25 310	27 495
合用前室1	楼梯间和前室分别送风	24 805	38 988
封闭楼梯间1	楼梯间送风前室不送风	36 114	39 275

2)避难走道及其前室加压送风量

一层避难走道的机械加压送风量,按避难走道的净面积不小于30 m³/h计算,避难走道前室的机械加压送风量,按直接开向前室的疏散门的总断面积乘以1.0 m/s门洞断面风速计算其加压送风量。如表2所列。

表2 避难层走道及其前室加压送风量计算表

服务区域	面积(m²)	单位面积送风量(m³/h)	门个数	漏风面积(m²)	疏散门断面面积(m²)	门洞风速(m/s)	计算风量(m³/h)
避难层走道1	350	30	2	0.061 2	—	—	10 527
避难走道前室1至前室5	—	—	1	0.030 6	3.6	1	12 960
避难走道前室6	—	—	2	0.061 2	7.2	1	25 920

3)加压送风设计风量及风机选型

通过表1和表2,楼梯间及其前室的加压送风计算风量取查表法和公式法计算结果的较大者,即公式法的计算风量。风管和设备的漏风附加系数按1.2取值[8],加压送风设计风量及风机选型,如表3所列。

表3 机械加压送风设计风量及风机选型表

服务区域	查表法和公式法取大值(m³/h)	设计风量(m³/h)	风机型号	风机风量(m³/h)	风机风压(Pa)
防烟楼梯间1	27 497	32 994	SWF-No.8	33 210	1 186
合用前室1	38 988	46 785	SWF-No.10	46 952	1 168
封闭楼梯间1	39 275	47 129	SWF-No.10	48 152	998
避难走道1	—	12 633	SWF-No.5.5	13 450	1 229
避难走道前室1至前室5	—	15 552	SWF-No.5.5	15 764	936
避难走道前室6	—	31 104	SWF-No.7	31 380	608

3.3 防烟系统控制

机械加压送风机的启动应满足规范[7]要求：现场手动开启；通过火灾自动报警系统自动启动；消防控制室手动启动；系统中任一常闭加压送风口开启时，加压送风机应能自动启动。

机械加压送风系统应与火灾自动报警系统联动，当火灾确认后，应能在15 s内联动开启该防火分区楼梯间的全部加压送风机和相应避难层的加压送风机。该防火分区内着火层及其设计要求相邻层的前室或合用前室的常闭送风口应开启，同时开启其加压送风机；该防火分区的避难间或避难走道及其前室的加压送风系统应开启。加压送风系统楼梯间或前室设置压力传感器，通过压力传感器联动风机上的旁通阀，调节风压，确保前室、避难间、封闭楼梯间和走道之间的压差为25～30 Pa，防烟楼梯间和走道之间的压差为40～50 Pa。

4. 电动公交停车楼通风与排烟系统

4.1 一层停车库通风与排烟系统

停车楼一层停放中运量DRT和常规电动公交车，建筑层高为6.1 m，净高为5.9 m。设置九个防火分区。两边为设备和管理用房，按要求设置通风系统[9]；防火分区九的防烟分区10和14，靠近外墙，利用敞开部分采用自然通风；其余防火分区的12个防烟分区(防火单元)，按照防烟分区分别设置通风和排烟系统。一层防烟分区示意图和通风与排烟系统平面图，如图3和图4所示。

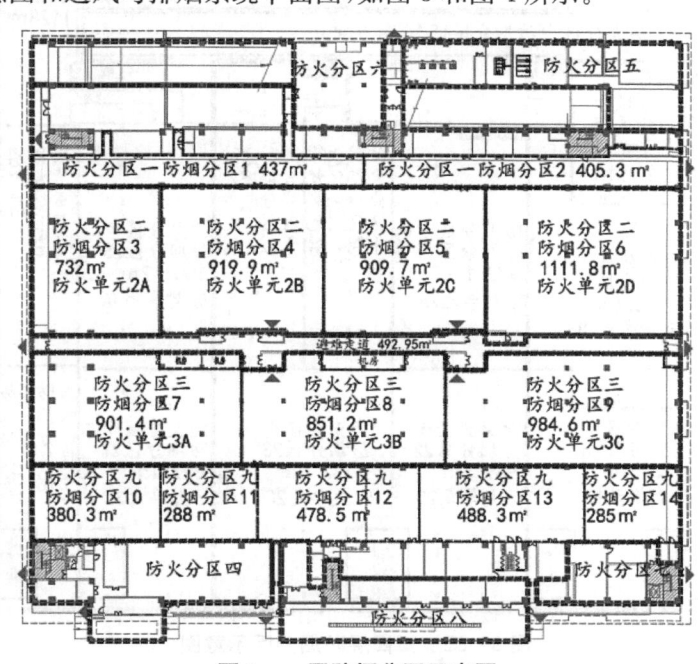

图3 一层防烟分区示意图

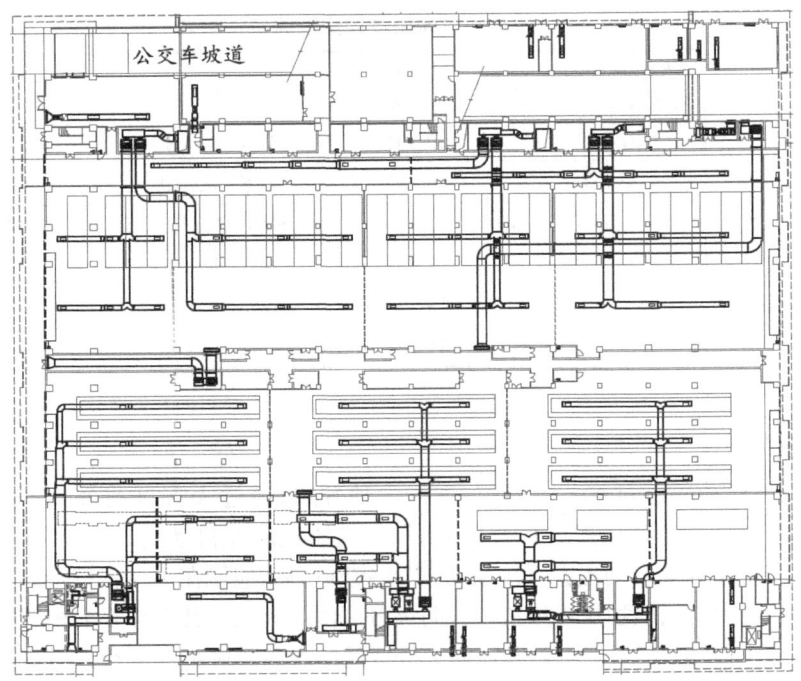

图4 一层通风与排烟系统平面图

4.2 二层至四层及屋面停车库通风与排烟系统

停车楼二层至四层及屋面停放常规电动公交车,层高为5.8 m,净高5.6 m。每层为三个防火分区,共14个防烟分区(防火单元)。设备及管理用房设置通风系统;靠近外墙的防火分区十的防烟分区16和防火分区三的防烟分区24、26、28采用自然通风,外墙可开窗有效面积不小于地面面积的2%;其余10个防烟分区采用机械排烟,每个防火单元作为一个防烟分区,按防烟分区设置通风和排烟系统;屋顶层为敞开式,停车区域满足自然通风;二层至四层防烟分区示意图和通风与排烟系统平面图,如图5和图6所示。

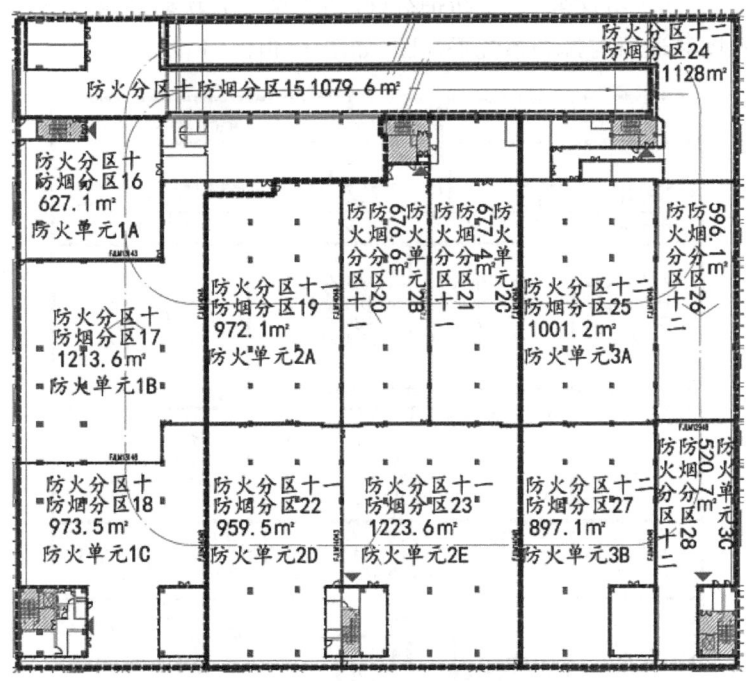

图5 二层至四层防烟分区示意图

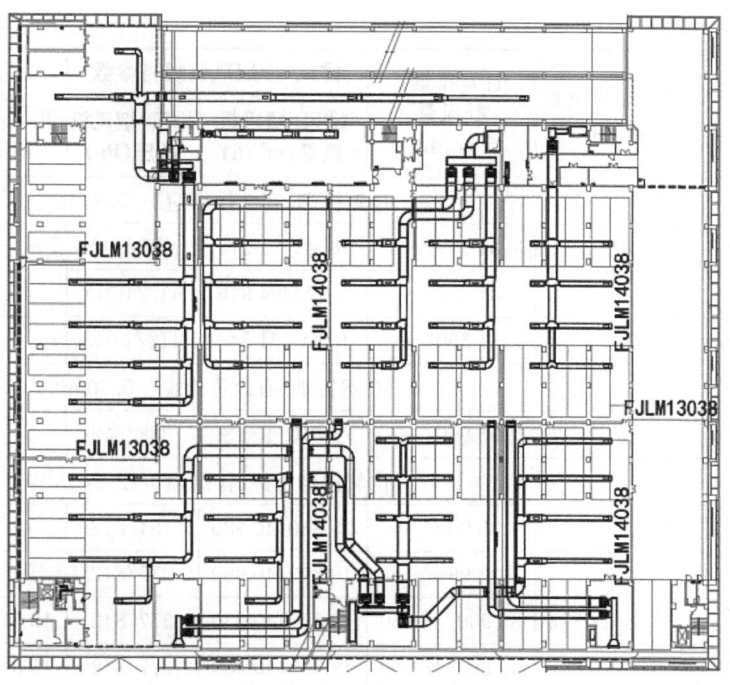

图 6　二层至四层通风与排烟系统平面图

4.3　一层至四层公交停车库通风量、排烟量及风机选型

停车库楼内每个防烟分区的排风量按 3 m 层高和 6 次/h 换气次数计算[10]，通风机设计风量的漏风附加系数按 1.1 取值，进风量按照排风量的 85% 计算；停车楼内每个防烟分区的排烟量，按汽车库防火规范[6]，采用层高插值法计算；停车楼一层中运量 DRT 检修区域的排烟量按不小于 60 $m^3/(h \cdot m^2)$ 计算；排烟风机设计风量的漏风附加系数按 1.2 取值[11]，补风量按照排烟量的 50% 计算。

停车楼一层至四层，每个防烟分区（防火单元）的通风与排烟系统合用，风机选用消防通风（两用）低噪声柜式离心风机，排风/烟风机电机外置，进/补风机电机内置。风机电源为普通和消防双电源，根据每个防烟分区（防火单元）所需设计进风量和设计排风量、设计补风量和设计排烟量，选择风机。一层至四层停车库通风量、排烟量及风机选型，如表 4 所列。

表 4　一层至四层停车库通风、排烟量及风机选型表

楼层	防火分区	防烟分区	面积 (m^2)	计算排/进风量 (m^3/h)	计算排烟/补风量 (m^3/h)	排风/排烟风机规格参数		进/补风机规格参数	
						排风/烟风机风量(m^3/h)	排风/烟风机风压(Pa)	进/补风机风量(m^3/h)	进/补风机风压(Pa)
一层	一	1	437	7 866/—	34 350/—	19 500/44 070	377/832	—	—
		2	405	7 295/—	34 350/—	19 500/44 070	377/832	—	—
	二	3	732	13 176/—	34 350/—	19 500/44 070	377/832	—	—
		4	920	16 558/14 074	34 350/17 175	19 500/44 070	377/832	19 500/21 160	388/969
		5	910	16 375/13 893	34 350/17 175	19 500/44 070	377/832	19 500/21 160	388/969
		6	1 112	20 012/—	34 350/—	23 720/44 070	383/832	—	—
	三	7	901	16 225/—	34 350/—	19 500/44 070	377/832	—	—
		8	851	15 322/—	34 350/17 175	19 500/44 070	377/832	17 810/21 160	416/869
		9	985	17 723/—	34 350/—	19 500/44 070	377/832	—	—

(续表)

楼层	防火分区	防烟分区	面积 (m^2)	计算排/进风量 (m^3/h)	计算排烟/补风量 (m^3/h)	排风/排烟风机规格参数		进/补风机规格参数	
						排风/烟风机风量(m^3/h)	排风/烟风机风压(Pa)	进/补风机风量(m^3/h)	进/补风机风压(Pa)
一层	九	10	380	自然排烟,有效排烟窗>15.38 m^2					
		11	288	5 184/—	34 350/—	9 042/21 015	435/992	—	—
		12	479	8 613/—	34 350/—	9 990/94 946	412/1 013	—	—
		13	488	8 789/—	34 350/—	9 990/94 946	412/1 013	—	—
		14	285	自然排烟,有效排烟窗>5.70 m^2					
二层至四层	十	15	1 080	19 434/—	33 960/—	21 610/40 980	383/842	—	—
		16	627	自然排烟,有效排烟窗>12.54 m^2					
		17	1 214	21 845/—	33 960/—	25 830/40 980	384/842	—	—
		18	974	17 523/—	33 960/—	19 500/40 980	377/842	—	—
	十一	19	972	17 498/14 873	33 960/16 980	19 500/40 980	377/842	16 510/20 340	329/677
		20	677	12 179/10 352	33 960/16 980	19 500/40 980	377/842	16 510/20 340	329/677
		21	677	12 193/10 364	33 960/16 980	19 500/40 980	377/842	16 510/20 340	329/677
		22	960	17 271/—	33 960/—	19 500/40 980	377/842	—	—
		23	1 224	22 025/—	33 960/—	25 830/40 980	384/842	—	—
	十三	24	1 128	自然排烟,有效排烟窗>22.56 m^2					
		25	1 001	18 022/15 319	33 960/16 980	21 610/40 980	383/842	12020/20 340	359/677
		26	596	自然排烟,有效排烟窗>11.92 m^2					
		27	897	16 148/—	33 960/—	19 500/40 980	377/842	—	—
		28	521	自然排烟,有效排烟窗>10.41 m^2					

4.4 电动公交车库通风与排烟系统控制方式

电动公交停车库平时机械通风,排/进风机采用定时自动连锁启停或现场手动控制启停方式运行[12]。

机械排烟/补风机采用以下控制方式:现场手动启动;火灾自动报警系统自动启动;消防控制室手动启动;系统中任一排烟阀或排烟口开启时,排烟/补风机自动启动;排烟防火阀在280℃时自行关闭,并应连锁关闭排烟风机和补风机。

一层中运量DRT和常规电动公交停车库、二层至四层常规电动公交停车库每个防烟分区分别独立设置[13]一套排风/排烟系统和一套进/补风系统,通风、排烟系统合用。排风/烟风机和进/补风机均为双速风机。平时通风,火灾时切换为高速运行进行排烟,并联动开启相应的补风机进行补风[14]。

5. 技术探讨

5.1 电动公交停车库通风主要是排除废热和废气

以汽油为燃料的内燃机汽车库,通风系统主要是排出 CO、NO_x、C_mH_n、甲醛和铅等有害气体,以及排出可燃、易爆的汽油蒸汽[4]。电动公交停车库,通风系统主要是把充电设施、蓄电池、充电电缆等工作时产生的有害废热和废气排出,保持车库内的环境卫生和用电设施的安全;按照规范[8]要求,电气设备工作环境温度不高于40℃，因此，在电动公交停车库内设置换气次数不小于6次/h的通风系统，完全可以满足排除停车库内的余热要求。

5.2 电动公交停车库排烟主要是排除有毒烟气

燃油车库火灾时，车辆自身燃烧将会产生大量有毒烟气，特别是油箱着火燃烧时，会产生爆炸危险，为保障人员疏散和消防人员扑救火灾需要，设置排烟系统，及时将可燃、有毒烟气排出室外。停放电动公交停车库，电动汽车在充电过程中一旦发生火灾，电气设备及电缆材料等燃烧会产生有毒烟气，消防救援十分困难，只能采用干粉灭火器扑救充电设施；电动汽车的蓄电池发生火灾时，会产生大量的有毒气体[5]，干粉灭火器有效扑救的可能性很小。因此，除了为及时发现灾情，提供救援和疏散保障，设置火灾自动报警系统、自动喷水灭火系统、消防应急照明和疏散指示标志外，还应设置与消防联动的排烟系统，将车库内有毒气体排出室外[15]。

5.3 电动公交停车库不宜划分防火单元

对于一层中运量DRT和常规电动公交停车区域，如果按照分散式充电汽车库标准[4]划分不大于1 000 m^2的防火单元，不仅建筑的安全出口数量增多，且难度较大，也会影响到停车数量减少，排烟机房和排烟系统数量增加，设备投资费用增加等问题。因此，建议参照原有汽车库、停车库防火规范[6]划分防烟分区（防火单元）的面积规定，设置相应的排烟系统和补风系统。不宜按照分散式充电设施标准划分小于1 000 m^2的防火单元。

5.4 电动公交车库坡道的防烟分区长边长度不受60 m的限制

根据相关规范[6]，停车库的防烟分区长边不宜超过60 m。考虑到常规电动公交车车身长度为10.5 m和12 m，坡道有一定的坡度要求，因此，为确保多层或高层电动公交车坡道通行要求，不宜在坡道上方设置挡烟垂壁划分防烟分区。所以，对于电动公交车坡道作为一个防烟分区设置时，防烟分区长边长度往往超过60 m的规范限制，甚至超过最长75 m的限制要求，也是可行的。

5.5 电动公交车库防火分区的防火卷帘宜采用消防水幕分隔

根据规范[16]，停车库的防火分区或防火单元敞开部分火灾时采用防火卷帘等隔断，即火灾时防火卷帘快速落下，将火势蔓延控制在一个防火分区或防火单元内[17]。然而，火灾前期对该防火分区或防火单元内部未受影响的车辆就没法撤离，造成财产损失。如果采用水幕阻止火势蔓延，或者部分通道采用水幕隔断，火灾前期，便于部分未受火灾影响车辆撤离，减少财产损失。

5.6 电动公交车库每个停车位均宜设置充电设施

按照分散式充电设施标准[4]规定，分散充电设施应布置在建筑的首层、二层或三层，不宜布置地下建筑的四层以下，主要是考虑消防救援因素。对于四层以上电动小汽车来说，转移或挪动至四层以下区域充电比较方便。但是，对于四层以上常规电动公交停车库，因为车辆较长，转移或挪动至四层以下充电较为困难和不方便。因此，参照上海市既有停车场改造情况和实际需求，建议每个常规电动公交停车位均设置充电设施。

5.7 电动公交停车库排风和排烟系统控制方式与燃油车库不同

以汽油为燃料的内燃机汽车库，排风机的启停是采用现场手动，或根据室内CO气体浓度自动控制通风风机运行[18]，排出CO、NO_x、C_mH_n等气体；电动汽车库主要是充电设施、蓄电池、充电电缆等工作时产生的废热和废气[19]。因此，电动公交停车库排风机的启停，采用现场手动或定时自动启停方式运行，进风机与排风机连锁启停。

电动公交停车库排烟风机的控制方式采用现场手动启动、火灾自动报警系统自动启动、消防控制室手动启动。补风机与排烟风机连锁启动。

6. 结语

上海临港 X2 综合停保场,是国内首个数字轨道中运量 DRT 和常规电动公交相结合的多层停保场,不仅少占公共建设用地,缓解城市用地紧张问题,也解决了在有限的用地范围内停放更多电动公交车问题。电动公交停车库的通风主要是排出废热和废气,排烟主要是排出有毒气体[20]。建议多层电动公交停车库不宜划分防火单元,达到多停车的目的;坡道的防烟分区长边长度不受 60 m 规范限制;优化取消避难走道及其前室,采用水幕代替部分防火卷帘,便于火灾前期未受影响的车辆撤离;每层所有停车位设置充电设施,方便电动公交车充电;电动公交车库机械通风系统应采用手动或定时自动启停控制方式,机械排烟应采用手动或自动联动控制方式。

参考文献

[1] 刘晨.都市圈新城交通规划建设经验借鉴[J].综合运输,2018,40(01):95-99+106.
[2] 上海市浦东新区人民政府办公室.浦东新区人民政府关于印发《浦东新区交通强区建设实施方案(2023—2035 年)》的通知[R].浦府〔2023〕198 号,2023.
[3] 广东省标准.电动汽车充电基础设施建设技术规程(DBJ/T 15—150—2018)[S].北京:中国城市出版社.2018:11-13.
[4] 中华人民共和国国家标准.电动汽车分散充电设施工程技术标准(GB/T 51313—2018)[S].北京:中国计划出版社.2018:10-11.
[5] 中华人民共和国行业标准.车库建筑设计规范(JGJ 100—2015)[S].北京:中国建筑工业出版社,2015:28-30.
[6] 中华人民共和国国家标准.汽车库、修车库、停车场设计防火规范(GB 50067—2014)[S].北京:中国计划出版社.2014:26-26.
[7] 上海市工程建设规范.建筑防排烟系统设计标准(DG/TJ 08-88—2021)[S].上海:同济大学出版社,2021:6-34.
[8] 中华人民共和国国家标准.民用建筑供暖通风与空气调节设计规范(GB 50736—2012)[S].北京:中国建筑工业出版社,2012:39-40.
[9] 孙一坚,沈恒根.工业通风[M].北京:中国建筑工业出版社,2010:1-8.
[10] 纪世昌.地下车库通风及排烟系统设计[J].洁净与空调技术,2022(04):62-63+66.
[11] 中华人民共和国国家标准.消防设施通用规范(GB 55036—2022)[S].北京:中国计划出版社.2022:23-25.
[12] 李兰.某地下车库通风防排烟系统设计[J].建筑热能通风空调,2022,41(05):103-105+77.
[13] 张雷.地下车库通风排烟设计探讨[J].暖通空调.2011,41(6):65-68.
[14] 刘慕云.深圳月亮湾综合车场通风与排烟设计探讨[J].建筑热能通风空调,2021,40(07):100-103.
[15] 王耀正.郑州某地下车库空气品质实测及通风系统优化研究[D].郑州:郑州大学,2022:13-20.
[16] 中华人民共和国国家标准.建筑设计防火规范(GB 50016—2014)[S].北京:中国建筑工业出版社,2012:39-40.
[17] 杨维民.地下汽车库通风与排烟问题探讨[J].消防技术与产品信息.2014(3):32-34.
[18] 张迪.地下停车场通风系统的通风形式和控制研究[D].华中科技大学,2012:2-5.
[19] 王爱爱.某地下车库通风及防排烟优化设计[J].建筑热能通风空调,2017,36(01):103-105+75.
[20] 苏晓峰.地下停车场污染物扩散数值模拟与通风系统优化[D].重庆大学,2013:6-15.

基于软件无线电的轨道交通零现场测试平台研究

Research on Zero On-site Testing Platform for Rail Transit Based on Software-defined Radio

邹劲柏[1]　陈凌霄[2]　刘晓勇[3]　陈砚明[4]

摘　要：为解决轨道交通领域无线通信系统在真实的轨道沿线测试不仅耗时而且成本高昂的问题，本文基于软件无线电硬件和软件平台，还原轨道交通真实电磁环境，在实验室内再现轨道交通专用无线通信网络端到端业务和场景。寻找新技术的限制与改进，减少新技术的上市时间，为未来轨道交通无线通信技术提供仿真测试和决策支持。搭建了 5G-R(NSA/SA)、LTE-M 及卫星定位模拟测试平台，针对搭建的零现场测试网络给出了完整的性能测试结果，满足对应标准规范，验证了零现场测试平台的可靠性。

关键词：轨道交通；软件无线电；5G-R

Abstract: To address the issue of high costs and time consumption associated with real-world trackside testing of wireless communication systems in the rail transit field, a laboratory setup was created based on software-defined radio hardware and software platforms to recreate the actual electromagnetic environment of rail transit. This setup enables the reproduction of end-to-end services and scenarios specific to rail transit wireless communication networks within a laboratory setting. The goal is to identify limitations and improvements for new technologies, reduce their time to market, and provide simulation testing and decision support for future rail transit wireless communication technologies. A 5G-R (NSA/SA), LTE-M, and satellite positioning simulation testing platform was established, and comprehensive performance test results for the zero-field testing network were provided. These results meet the corresponding standards and regulations, verifying the reliability of the zero-field testing platform.

Key words: rail transit; software defined radio; 5G-R

1. 引言

国际铁路联盟已确认将 5G 作为铁路下一代移动通信的主体技术制式，国铁集团《关于加快推进 5G 技术铁路应用发展的实施意见》也指出务实推进 5G-R 铁路专网的建设和应用。作为实现交通强国铁路先行的重要领域和重要基础，国内外致力于研发基于 WLAN、LTE-M、5G-R 等各种主流无线通信技术的车地无线通信系统，用于减轻车体重量、简化系统设计、降低运行难度，而由于设备成本和相关许可的限制，车地无线通信系统在通信网络、电子硬件和软件等方面采用新技术的机会有限，往往存在昂贵的车地无线通信的现场测试[1-3]。为了解决这个缺点，在可控的实验室环境中开发仿真工具和测试程序，用于执行具有明确操作规范和满足测试结果需求的测试架构是非常必要的，通过执行完整的实验室测试流程最大限度接近现场测试，支持在轨交代表性无线环境中对新无线系统实现仿真测试，以寻找新技术的限制和改进。

---

1 邹劲柏，上海应用技术大学轨道交通学院，轨道交通车地无线通信、移动通信技术、电磁场传播理论及应用，联系邮箱：zoujb@sit.edu.cn。
2 陈凌霄，上海应用技术大学轨道交通学院，移动通信技术、软件无线电系统开发、无线电波传播理论，硕士研究生，联系邮箱：226152100@mail.sit.edu.cn。
3 刘晓勇，上海应用技术大学轨道交通学院，无线电频谱管理技术，无线电设备检测，电磁兼容，联系邮箱：Liuxiaoyong@yahoo.cn。
4 陈砚明，上海应用技术大学轨道交通学院，铁路移动通信系统、无线电传播，联系邮箱：11352896@ceic.com。

国内外通过测试铁路无线通信系统的关键性能指标来减少现场测试的需求的相关研究并不多见。其中,由欧盟的"地平线2020计划"资助的未来铁路移动通信系统(Future Railway Mobile Communication System,FRMCS)项目还在为铁路分析新的无线通信系统的能力,值得注意的是2020年11月5GRAIL项目正式启动,从现有GSM-R迁移,通过开发和测试用于轨旁基础设施和车载设备的FRMCS原型,并提供增强的吞吐量和安全功能,验证首个FRMCS规范,以支持轨道交通信号系统当前和未来的性能需求[4]。为研究铁路无线通信系统新的需求以及挑战,欧盟的Shift2Rail计划高度重视开发新的车地无线通信系统,该系统需要能够克服欧洲列车控制系统(European Train Control System,ETCS)和基于通信的列车自动控制系统(Communication Based Train Control System,CBTC)的缺点,建立一个适应性强的铁路车地无线通信系统(Train to Ground,T2G),用于所有细分领域(城市、区域、高速、货运)的列车控制应用,并能够将卫星定位应用到未来的轨道交通领域,降低传统的定位方式对于轨旁设备和车载设备的依赖,是新型铁路信号系统设计和开发的重要组成部分[2,5]。

在验证方面,Shift2Rail在其创新计划2中包括开发新的实验室测试框架相关的研究工作,即EmulRadio4Rail(EMULation of RADIO access technologies for RAILway)项目,该项目开发了一个可配置和可编程的测试工具和评估实验平台,用于测试和验证各种适用于轨道交通系统的无线接入技术,对LTE、Wi-Fi以及卫星通信进行了原型开发和集成演示[6-9],并对基于GNSS定位技术结合可编程和可配置的实验平台评估虚拟应答器在铁路环境中的表现[10-11];欧盟曾在GATE4Rail(GNSS Automated Virtualized Test environment for Rail)在处理Shift2Rail多年行动计划的任务TD4.2和TD6.2时项目中展开了列车定位评估方法的相关工作[12],即GNSS4Rail,提出在铁路和全球导航卫星系统基础设施方面实现对环境的真实表征,基于GNSS定位技术并结合可配置和可编程的实验平台评估虚拟应答器在铁路环境中的表现。

2. 技术概述及设计思路

2.1 软件无线电技术

软件定义无线电(Software Defined Radio,SDR),也称为软件无线电,是一种可编程的收发器,能够操作各种无线通信协议,而无须更改或更新硬件。包括发送端调制由软件定义和产生无线信号,接收端还使用软件恢复信号[13]。该技术基于软件定义的无线协议,而非基于硬件的解决方案。可开发各种制式空中接口的实验验证平台,能够快速实施完整的协议栈并评估新的无线通信技术。

当前基于SDR的开源无线通信系统实验平台有srsLTE,OAI等,其中srsLTE是爱尔兰Software Radio Systems公司开发的开源平台,根据GNU Affero General Public License,提供轻量级LTE核心网络的使用,重点开发eNodeB和UE[14];开放空中接口平台(Open Air Interface,OAI)是由法国EURECOM组织严格按照3GPP协议要求搭建的开源无线通信系统实验平台,在OAI Public License的许可下,可以在通用服务器上构建和定制核心网、基站和终端,同时也支持接入商用/定制终端和核心网设备[15-16]。

2.2 设计思路

基于SDR硬件与软件平台,结合离散事件模拟仿真器、卫星模拟仿真器、无线通信系统,设计了电磁环境感知与仿真工具对真实轨道交通电磁环境数据进行感知与仿真,在实验室还原轨道交通场景下的真实电磁环境,并在该环境下模拟轨道交通专用无线通信网络和GNSS信号,使其与真实铁路设备能够耦合,进而能够在实验室内搭建一个包含端到端回程网络和GNSS信号模拟生成的测试平台,可分析对应网络的接收信号功率、传输损耗、信噪比、带宽、时延、丢包率等关键数据指标,对轨道交通相关基础设施与网络通信性能进行检测。

电磁环境感知与仿真包括电磁环境的采集感知模块和电磁环境仿真模块。电磁环境采集感知模块可采集环境中的电场强度和磁场强度并存入电磁数据库,结合插值算法对空间中离散的电磁环境数据进行插值与补全,实现整个空间环境的电磁频谱地图构建。电磁环境仿真模块利用智能感知工具采集的数据,仿真和模拟各种信号源,实现实验室中还原真实的电磁环境。

进一步搭建面向5G-R(NSA/SA)、LTE-M以及GNSS定位的测试平台,并给出了相应的测试系统架构框图,如图1所示,不仅完成了网络性能测试,还能模拟车载设备和地面设备之间的业务数据交互。

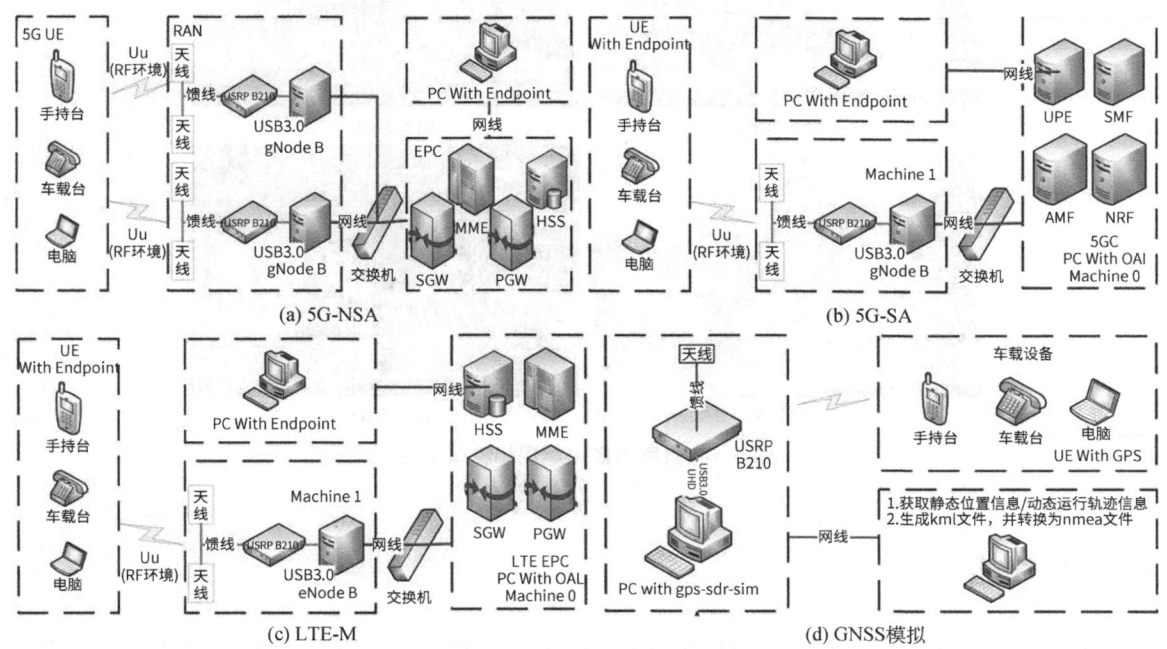

图1 相关系统架构框图

3. 零现场测试平台概述

依照图1所示架构依次搭建了5G-R(NSA/SA)、LTE-M系统及GNSS定位模拟的测试平台,基于符合3GPP标准规范的开源软件无线电通信系统,结合控制单元,它提供了5G和LTE系统及GNSS架构中网元的实现,包括从物理层到网络层的完整协议栈。基于离散事件模拟仿真器开发符合业务需求的测试脚本,从而使得能够对不同带宽下给定流量的吞吐量、抖动及丢包率等关键数据指标进行测试。

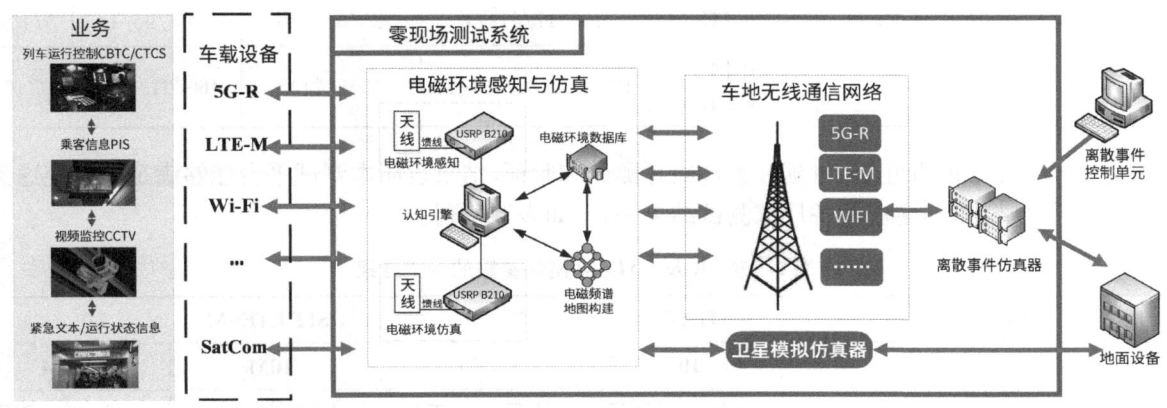

图2 零现场平台架构图

如图3所示,分别用于评估实验室条件下5G-R(NSA/SA)、LTE-M系统中车地设备通过车地无线通信网络实现端到端数据传输的能力,测试给定流量的关键数据性能。

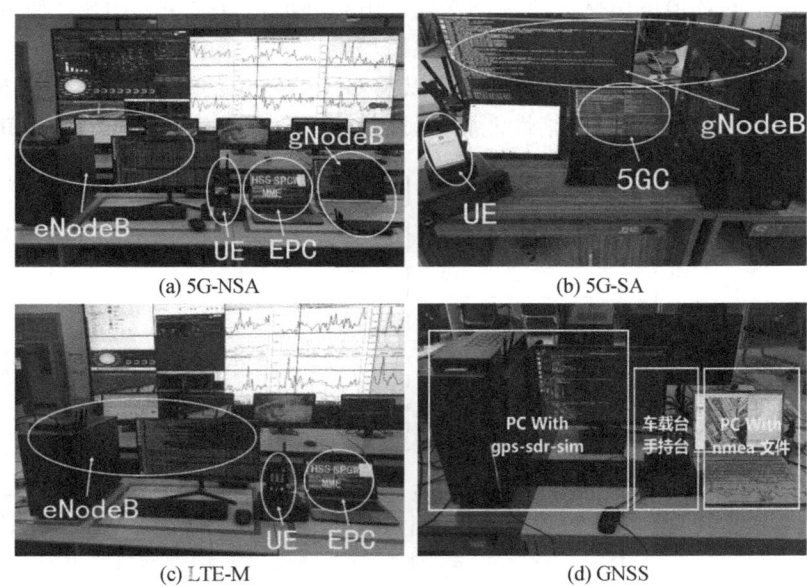

图 3　实验室内搭建零现场测试平台

4. 平台性能

对零现场测试平台进行两方面的测试：数据传输性能测试和系统稳定性测试，并给出 5G-R 和 LTE-M 测试平台完整测试结果，验证测试平台的可靠性和可行性。

将插入测试白卡的手持台（顶桥 EP821）依次接入 CUCC、搭建的 5G-R 以及 LTE-M 网络中，根据用例预设置条件进行配置的网络相关参数信息如表 1 所列。

表 1　测试网络的信息

网络信息	用户 IMSI15	SPN	源小区标识 ECI/ENBID/CI	源小区上/下行中心载频(MHz)	源小区 MCC/MNC/TAC	带宽(MHz)
SIT 5G-R	208950000000006	SIT 5G-R	—/0xe00/—	1920/2110	208/95/1	10
SIT LTE-M	208950000000005	SIT LTE-M	105217/411/1	2540/2680	208/95/1	5/10/15
CUCC	—	中国联通	12278027/47961/11	1955/2145	460/01/6339	10

围绕不同带宽下的吞吐量、时延和丢包展开测试和验证，结果表明本测试平台能够满足轨道交通无线通信系统的性能要求，与主流设备厂家测试结果一致，如表 2 所列。

表 2　5G-R 及 LTE-M 网络参数的测试结果

网络名称		SIT 5G-R		SIT LTE-M					
带宽		10M		5M		10M		15M	
		上行	下行	上行	下行	上行	下行	上行	下行
网络吞吐量(Mb/s)	最大值	19.583	33.256	6.400	13.559	10.667	24.243	15.871	32.200
	最小值	6.598	9.152	3.065	4.211	3.960	5.517	9.064	8.560
	平均值	10.681	16.568	5.527	8.657	7.631	10.817	14.293	19.111

(续表)

网络名称		SIT 5G-R		SIT LTE-M					
带宽		10M		5M		10M		15M	
		上行	下行	上行	下行	上行	下行	上行	下行
网络吞吐量(Mb/s)	最低要求	—	—	0.712	0.712	3.712	6.712	6.712	6.712
	主流设备厂家测试结果	—	—	5.000	7.000	8.000	13.000	11.000	19.000
业务丢包率(100%)	CBTC	0.000		0.000	0.000	0.000	0.005	0.000	0.000
	紧急文本	0.000		0.000		0.000		0.000	
	CCTV(2路)	0.000		0.000		0.000		0.000	
	PIS	0.000		0.000		0.000		0.000	
	主流设备厂家测试结果	—		小于0.005					
网络时延(ms)	最大值	54		36		41		43	
	最小值	33		25		30		31	
	平均值	39		29		33		33	
	主流设备厂家测试结果	—		小于150					

根据 CBTC 信号厂家综合考虑地下线路和高架线路 2 种场景,每个区间段不高于 6 辆列车。故本文的所述的测试用例以 15M 带宽为例,同时加载 6 路 CBTC、紧急文本、列车状态监控、1 路 PIS、3 路 CCTV,测试结果如表 3 所列,结果表明各项业务均完全满足系统要求。

表 3 15M 带宽下 LTE-M 系统稳定性测试结果

业务类型	15M 测试结果
CBTC	6 路最大时延 56.5 ms;上下行丢包率分别均为 0%
PIS	平均流量 6.002 Mb/s,丢包率为 0%
CCTV	平均流量 6.002 Mb/s,丢包率为 0%
列车紧急文本	6 路紧急文本最大为 57.5 ms,丢包率为 0%
列车运行状态	6 路列车状态监控最大时延 53.5 ms,丢包率为 0%

5. 结束语

2020 年国家铁路集团公布《加快推进 5G 技术铁路应用发展的实施意见》,计划 2030 年全面建成铁路 5G 公专网基础设施,随着轨道交通通信系统及网络相关技术飞速发展,现场测试的资金和时间成本越来越大。为解决此问题,通过在实验室搭建了零现场仿真测试平台,实现轨道交通基础设施端到端的业务和场景,证明了测试策略的可靠性和可行性。所提出的零现场测试平台在未来的使用中,本文也考虑了两种使用方法:①与真实的现场车载设备和地面设备连接,实时协同仿真不同轨道交通环境下的通信行为;②基于平台实现不同轨交环境的射频级别的实验,并得出统计性的 IP 指标及 IP 损伤模型。例如:不同指标与速度和吞吐量之间的统计模型,用于真实的轨道交通无线通信系统测试。本文提出的仿真测试策略将不仅可用于轨道交通行业,还可用于测试汽车或飞机等其他领域的无线通信系统,具有广阔的发展前景。

参考文献

[1] BOUAZIZ M, YAN Y, SOLER J, et al. Zero on-site testing strategies for wireless TCMS[J]. IEEE communications magazine, 2019, 57(9): 64-69.

[2] BOUAZIZ M, YAN Y, KASSAB M, et al. Evaluating TCMS Train-to-Ground communication performances based on the LTE technology and discreet event simulations[C]//Communication Technologies for Vehicles: 13th International Workshop, Nets4Cars/Nets4Trains/Nets4Aircraft 2018, Madrid, Spain, May 17-18, 2018, Proceedings 13. Springer International Publishing, 2018: 110-121.

[3] 兰蒙, 邹劲柏, 纪文莉, 等. 基于软件无线电的 LTE-M 无线通信系统零现场测试[J]. 都市快轨交通, 2022, 35(6): 151-157.

[4] LAN M, ZOU J B, JI W L, et al. Zero on-site testing of LTE-M wireless communications system based on software-defined radio[J]. Urban rapid rail transit, 2022, 35(6): 151-157

[5] NIKOLOPOULOU V, MANDOC D, GOGOS S. 5grail paves the way to the future railway mobile communication system introduction[J]. Transportation Research Procedia, 2023, 72: 2197-2204.

[6] ABUTEIR M, MARTINEZ A, ARRIOLA A, et al. Safe4Rail-3: Advanced safety architecture and components for Next Generation Train Control and Monitoring System in Railways[J]. Transportation Research Procedia, 2023(72): 3355-3362.

[7] BERBINEAU M, SABRA A, DENIAU V, et al. Zero on site testing of railway wireless systems: the emulradio4Rail platforms[C]//Proceedings of the 2021 IEEE 93rd Vehicular technology conference (VTC2021-spring), 2021

[8] BERBINEAU M, CLAVIER L, SABRA A, et al. IP Impairment Models for Performance Evaluation of Wireless Systems in Railway Environments[J]. IEEE Access, 2023.

[9] BERBINEAU M, MORENO J, KHARBECH S, et al. Emulation of various radio access technologies for zero on-site testing in the railway domain: the Emulradio4rail platforms[C]//Proceedings of the 8th transport research arena TRA, Finland, 2020.

[10] GARCÍA-LOYGORRI J M, KHARBECH S, CLAVIER L, et al. Emulation of end-to-end communications systems in railway scenarios: physical layer results[C]// Proceedings of the 2020 14th European conference on antennas and propagation (EuCAP), F 15-20 March 2020

[11] BERBINEAU M, MORENO J, KHARBECH S, et al. Emulation of various radio access technologies for zero on site testing in the railway domain-the Emulradio4rail platforms[C]//8th Transport Research Arena, TRA 2020. 2020: 9 pages.

[12] STALLO C, NERI A, SALVATORI P, et al. Geo-Distributed Simulation and Verification Infrastructure for safe train Galileo-based positioning[C]//2020 European Navigation Conference (ENC). IEEE, 2020: 1-10.

[13] QUIÑONES V, ÁGUILA A, CORDERO I. GNSS4Rail simulation tool. supporting Virtual Balise (VB) location for GNSS based railway operations[C]//2021 International Conference on Electrical, Computer, Communications and Mechatronics Engineering (ICECCME). IEEE, 2021: 1-5.

[14] AKEELA R, DEZFOULI B. Software-defined Radios: Architecture, state-of-the-art, and challenges[J]. Computer Communications, 2018(128): 106-125.

[15] GOMEZ-MIGUELEZ I, GARCIA-SAAVEDRA A, SUTTON P D, et al. srsLTE: An open-source platform for LTE evolution and experimentation[C]//Proceedings of the Tenth ACM International Workshop on Wireless Network Testbeds, Experimental Evaluation, and Characterization. 2016: 25-32.

[16] NIKAEIN N, MARINA M K, MANICKAM S, et al. OpenAirInterface: A flexible platform for 5G research[J]. ACM SIGCOMM Computer Communication Review, 2014, 44(5): 33-38.

[17] WANG R, PENG Y, QU H, et al. OpenAirInterface-An effective emulation platform for LTE and LTE-Advanced [C]//2014 Sixth International Conference on Ubiquitous and Future Networks (ICUFN). IEEE, 2014: 127-132.

非开挖排水管道修复工程造价分析
Cost Analysis of Trenchless Drainage Pipeline Pepair Project

顾雨薇[1]

摘 要：随着我国城市排水系统的不断完善,未来城市排水系统维护的重点将转向管道破损和缺陷的修复工作。本文首先通过介绍排水管道非开挖技术的特点、同时将常见的几种非开挖修复技术的造价指标进行对比,最后结合上海市静安区非开挖修复排水管道的某工程项目实例进行分析。研究结果为后续城市基础设施建设养护和同类型的项目提供一定参考价值。

关键词：排水管道修复；非开挖修复技术；造价分析

Abstract: With the continuous improvement of urban drainage system in our country, the focus of maintenance of urban drainage system in the future will turn to the repair of pipeline damage and defects. This paper first introduces the characteristics of trenchless drainage pipeline technology, compares the cost index of several common trenchless repair technologies, and finally analyzes a project example of trenchless drainage pipeline repair in Jing'an District of Shanghai. The research results provide some reference value for the subsequent urbaninfrastructure construction and maintenance and similar projects.

Key words: drainage pipeline repair; trenchless repair technology; cost analysis

1. 引言

随着城市建设的迅速推进,排水管道的规模不断扩大。截至 2016 年底,上海市的公共排水管道总长度已经超过 1.9 万 km[1]。许多管道在运行多年后存在变形和破损的问题,如漏水、腐蚀、管体泄漏等病害。面对这一严峻形势,地下排水管道修复技术应运而生,主要分为两大类处理方法：一是通过开挖管道修复技术进行修复,二是采用非开挖管道修复技术进行修复。静安区位于上海市中心城区中部,毗邻 6 个区,东与黄浦区、虹口区、宝山区相邻；西与长宁区、普陀区、宝山区接壤；南与徐汇区相连；北与宝山区相接[2]。在这人口众多、建筑密集的城市区域,尤其是在老城区的小巷中,施工空间极其有限。要修复排水管网,传统的开挖修复方式几乎没有足够的操作空间,只能依靠人工开挖。由于这种施工方式速度缓慢,同时也不可避免地会对周围居民的出行造成一定影响,而且受环境限制因素影响较大。因此,施工范围小、安全环保的非开挖修复技术是应对这一难题的最优选择。

2. 非开挖修复技术

2.1 非开挖修复工法

排水管道的修复方法按照难易及对环境影响的程度由小到大依次为局部修复、整体修复、翻新。如

---

1 顾雨薇,中铁上海设计院集团有限公司,空间数据科学和可视化,硕士研究生,联系邮箱：minigyw@163.com。

表1所列,局部修复分为点状原位固化法、不锈钢双胀环法和不锈钢快速锁法等;整体修复包含热水原位固化法、紫外光原位固化法、原位热塑成型法、管片拼装内衬法、不锈钢管片内衬法、短管内衬法、螺旋缠绕内衬法、无机防腐砂浆喷涂法、水泥基材料喷筑聚合物基材料喷涂法、水泥基聚合物模筑法和碎裂管法;翻新较常用的是开槽埋管法[4]。

非开挖修复技术可分为整体修复、局部修复、辅助修复。表2[2]列举了较常使用的工艺,该造价指标的测算采用上海市2024年3月的信息价。由于修复的管径不同会造成造价的差异,因此本文选取了相同管径(DN 1 000)的排水管道对比。从表2[3]对比可知,短管内衬法的修复尽管相比较而言造价是最低的,但这种工艺只适用于钢筋混凝土管,而且修复后断面损失较明显。而CIPP翻转式原位固化法施工速度快,具有优异的耐腐蚀和耐磨损性能,有效阻止地下水渗漏,整体修复效果较明显。因此即使造价较高,但实际施工中运用较为广泛。

除表1所列以外,整体修复技术还有折叠管牵引内衬法、机械制螺旋管内衬法。然而折叠管牵引内衬法适用于管径较小,施工过程中易导致漏水的情况,施工安全性较差;机械制螺旋管工程材料成本太高,因此这两种方法在实际施工中使用的频率较低[1]。

表1 管道非开挖修复工法

大类名称	工法名称	适用管径	适用材质	适用断面形式	内衬管材质
局部修复法	点状原位固化法	DN 300～DN 1 200	各类材质	圆形管道	玻璃纤维、树脂
	不锈钢双胀环法	DN≥800	各类材质	圆形管道	不锈钢
	不锈钢快速锁法	DN 300～DN 1 800	各类材质	圆形管道	不锈钢
原位固化法	热水原位固化法	DN 300～1 800	各类材质	圆形、蛋形、矩形管道;检查井	醋酯纤维毡、树脂
	紫外光原位固化法	DN 300～DN 1 500	各类材质	圆形、蛋形、矩形管道;贴片法可用于检查井	玻璃纤维、树脂
	原位热塑成型法	DN 300～DN 1 200	各类材质	圆形、蛋形、矩形管道	热塑聚合物树脂
现场制管法	管片拼装内衬法	DN 800～DN 4 000	各类材质	圆形、矩形、马蹄形管道;检查井	PVC
	不锈钢管片内衬法	DN≥1 200	各类材质	圆形管道;检查井	不锈钢
	短管内衬法	DN 800～DN 3 000	各类材质	圆形、矩形管道;检查井	PE管、HDPE管
	螺旋缠绕内衬法	DN 300～DN 4 000	各类材质	圆形、矩形、异形管道	PVC-U带状型材
喷涂法	无机防腐砂浆喷涂法	DN≥300	混凝土、钢筋混凝土管、钢管	圆形、蛋形、矩形管道;检查井	铝酸盐无机防腐砂浆
	水泥基材料喷筑法	DN≥300	混凝土、钢筋混凝土管、钢管	圆形、蛋形、矩形管道;检查井	硅酸盐无机防腐砂浆
	聚合物基材料喷涂法	DN≥800	混凝土、钢筋混凝土管、金属管	圆形、蛋形、矩形管道;检查井	聚合物基(含聚氨酯、改性聚脲)
	水泥基聚合物模筑法	DN≥1 300	混凝土、钢筋混凝土管	圆形、蛋形、矩形管道;检查井	聚合物改性水泥基流体防腐材料
碎裂管法	碎裂管法	DN 300～DN 600	混凝土、钢筋混凝土管、陶土管	圆形管道(管道更新)	PE管、球墨铸铁管

表 2 典型非开挖修复工法特点及指标

修复类型	工法名称	适用管径	优点	缺点	造价指标
整体修复	CIPP 翻转式原位固化	DN 150～DN 2 200	快速施工,优异的耐腐蚀和耐磨损性能,有效阻止地下水渗漏,整体修复效果显著	造价成本高	6 200 元/m (DN 1 000)
	短管内衬	钢筋混凝土管 DN 350～DN 2 400	设备简易,快速施工,高强度内衬管,接口质量好	修复后断面损失较明显	3 500 元/m (DN 1 000)
局部修复	局部树脂固化	DN 200～DN 1 500	快速施工,出色的耐腐蚀性能,长久的使用寿命	造价成本高,施工技术要求高	11 500 元/处 (DN 1 000)
	喷涂聚氨酯技术	钢筋混凝土管 DN≥800	密封料具备优良的柔韧性,抗变形能力,确保流水畅通无阻,不影响管道的通畅性	适合的管道范围局限	400 元/m (DN 1 000)
	不锈钢双胀环	DN≥800	使用速度快,质量稳定性能优秀	影响水流形态和过水断面	4 500 元/处 (DN 1 000)
辅助修复	土体注浆	全部	有效阻止水流入,填补土体空隙,提高承载能力	辅助其他方法使用	250 元/m³ (DN 1 000)

2.2 开挖修复和非开挖修复技术对比分析

非开挖修复技术是近几十年来新兴的一种施工技术,它的施工技术是利用非开挖的方法敷设、维修、更换排水管道。通过开挖修复和非开挖修复技术对比,如表 3 所列,非开挖修复有施工范围小、施工周期短、确保交通运作正常、减少对周围环境的破坏等优势。同时,开挖修复会产生额外的路面翻挖恢复、周围构筑物保护路线范围交通配合费以及管线保护费。通过对比分析,不管是从经济效益还是环境、社会效益,非开挖修复技术的工艺是更好的选择。

表 3 开挖修复和非开挖修复技术对比分析

项目		开挖修复	非开挖修复
施工工艺		开挖路面后拆除旧管道及基础,翻排新建管道	不开挖路面,利用旧管道和检查井恢复有问题的管道
直接成本	修复费用	开挖修复、管线保护等措施费(如环境复杂,考虑施工封闭、交通改道等费用)	造价由修复方式、管径、管道状况等因素决定
	路面翻挖恢复	开挖沟槽造成原路面翻挖恢复费用	无
	周围构筑物保护	围护费用	无
	交通配合费	临时标志标线、交通配合费等	费用较少,对交通影响小
	管线保护	开挖施工影响地下管线,产生费用	无
非直接成本	社会成本	影响周围居民的生活	基本不影响交通
	环境成本	开挖施工可能会造成环境危害	影响小
适用情况		周遭环境允许施工的情况下,大多数都适用	除接口错位较大,旧管条件较差,基本都适用
施工周期		较长	较短
总成本		较大	较小

3. 实例分析

3.1 项目规模

工程范围内点位较多,涉及静安区12条道路路段,主要内容为针对所属路段排水管道结构性缺陷管段开展修复,其中涉及局部树脂固化修复DN 300~DN 1 500管道,非开挖CIPP翻转式原位固化DN 300~DN 1 200管道,开挖修复DN 150~DN 800管道,土体注浆,路面结构恢复。

3.2 修复方案

根据本工程的CCTV检测报告,工程范围内出现的管道结构性缺陷主要有渗漏、腐蚀、破裂、错位、脱节、变形和胶圈脱落等7种,每一种都含有几种缺陷等级。针对工程范围内所有排水管道存在结构性缺陷管段开展修复,其中局部修采用点状原位固化法(局部树脂固化),整体修复采用热水原位固化法(CIPP翻转式原位固化),开挖修复采用开槽埋管。

3.3 造价编制依据

(1)《上海市城镇排水管道非开挖修复工程预算定额》(试行)(2014);
(2)《上海市城镇给排水工程预算定额》SHA 8—31(02)—2016;
(3)《上海市市政工程预算定额》SHA 1—31(01)—2016;
(4)《市政公用工程设计文件编制深度规定(2013年版)》。

3.4 工程费用

本工程的工程费用主要分为管道修复、土体注浆、检查井修复、清除管道淤泥、临时排水、封堵及拆除、管线保护、翻挖老路、路线范围交通配合等费用。采用的信息价为2024年3月份《上海建设工程造价信息》中公布的价格。

3.5 造价指标分析

1) 管道修复

该项目管道修复的造价主要分为局部修复和整体修复以及开挖修复:①针对现状管道个别点状损坏情况,选择局部现场固化修复技术(局部树脂固化);②对于存在若遇到整段管道有>3处的点状局部损坏情况,采用整体修复技术(CIPP整体修复);③对于有重大缺陷等级的排水管道,非开挖修复技术难以修复的采用开挖修复(开槽埋管)。表4为上述非开挖修复方式适用的管径和优缺点。

表4 实例使用非开挖修复方式的适用范围

修复方式	适用管径	优点	缺点
局部树脂固化	DN 200~DN 1 500	快速施工,修复针对性强,长久的使用寿命	如缺陷位置多,修复效果不明显
CIPP整体修复	DN 150~DN 2 700	快速施工,优异的耐腐蚀和耐磨损性能,内衬材料柔软,有较好的适应性	采用分段修复的方式,增加施工难度

本文提取相同管径、不同修复方式的样本数据进行分析:通过表5造价指标分析对比可以发现,同管径的情况下,开挖修复的造价指标高于非开挖管道修复。然而以下造价指标只是管道修复的直接费用,间接产生的管线保护费、路线范围交通配合费、翻挖新建路面等费用未计入该造价指标。最终测算结果得出,DN 600非开挖管道修复的指标为2 844元/m,DN 800指标为4 806元/m;DN 600开挖管道修复的指标为8 600元/m,DN 800开挖管道修复的指标为9 938元/m。

表5 管道修复经济指标

修复方式	单位	管径	经济技术指标(元)
局部树脂固化	处	DN 600	5 836
	处	DN 800	8 452
CIPP整体修复	m	DN 600	2 844
	m	DN 800	4 806
翻排新建管道	m	DN 600	8 691
	m	DN 800	9 938

2）管道预处理

管道修复之前需要预处理，即封堵处理以及拆除。该项目主要使用的是气囊封堵，经测算，DN 600封堵及拆除的指标为2 500元/只，DN 800封堵及拆除的指标为4 000元/只。排水管道还需要清除淤泥，但是管道内的淤泥性质较为特殊，一般需要有相关资质的专业单位进行集中处置。经过询价，上海地区的淤泥的处置费为848元/m^3，而清淤、排水、疏通这些工序测算到的指标为250元/m^3。最终测算结果得出，DN 600管道预处理的指标为200元/m，DN 800管道预处理的指标为320元/m。

3）检查井修复

第一，针对开裂部分进行了聚氨酯环缝堵漏处理，然后对井壁进行了铝酸盐防腐砂浆喷涂。第二，本项目对检查井进行压密注浆的修复。

通过测算，堵漏聚氨酯环缝指标为450元/m；喷涂防腐砂浆的指标为350元/m^2；土体注浆指标为250元/m^3。最终测算结果得出，检查井修复指标约为36 000元/座。

4）其他费用

（1）为确保施工段的管道内没有水，需要采取临时排水措施，即敷设临时管道和临泵抽水。该项目的临时管道为焊接钢管，经过测算，临时排水的指标为700元/m。

（2）管道修复前后都需要进行CCTV检测管道的工作，并将这两次CCTV检测管道的费用计入修复工程的指标中。CCTV检测的指标为30元/m。

（3）开挖修复管道时会产生翻挖新建的费用，翻挖新建车行道（4 cm SMA-13＋7 cm AC-25＋30 cm ATB＋15 cm 碎石）的指标为830元/m^2；翻挖新建人行道（6 cm 同质砖＋3 cm 级配石屑＋2 cm 碎石镶嵌＋15 cm 碎石垫层）的指标为300元/m^2。

5）实例造价总结

综合管道修复、管道预处理、检查井修复和其他费用的测算结果，DN 600～DN 800排水管道非开挖修复指标约为7 000元/m，而同管径的翻挖新建排水管道指标约为10 000元/m。

4. 结语

本文将非开挖修复技术与传统开挖修复进行对比，并介绍非开挖修复的方法与特点。同时以静安区某管网修复工程为例，展开分析了非开挖修复工程的造价指标。综上所述，非开挖修复技术具有综合成本低、对周围环境影响小、施工周期短、施工方式灵活等优点。在城市人口密集的地区，这种工艺施工占地面积小，最大程度地不影响周围居民的交通出行，具有较好的社会和环境效益。但目前非开挖修复技术还在完善发展中，设计标准、造价定额还在不断更新中，本文的分析为后续非开挖项目修复项目的设计及造价分析能提供一定的帮助和参考。

参考文献

[1] 沈云.排水管道非开挖修复技术的造价分析[J].城市道桥与防洪,2020(1):221-223.

［2］上海市静安区规划局.打造世界级魅力都心,构建静安国际商务港[J].上海城市规划,2008(4):27-34.

［3］李琰,陈雨酷,杨紫维.城市排水管道非开挖修复工艺优选与实践[J].工业技术创新,2018,5(2):65-69.

［4］中华人民共和国住房与城乡建设部.cJJ/T 210—2014,城镇排水管道非开挖修复更新工程技术规程[S].北京:中国建筑工业出版社,2014.